大江　忠　著

要件事実国際売買法

第一法規

はしがき

　「国際物品売買契約に関する国際連合条約」(ウィーン売買条約、CISG) は、1980年に採択された国際物品売買契約についての統一的な実体法を目指した条約である。本条約は、物品売買契約の両当事者の営業所が異なる締約国に所在するときには、適用排除をしない限り当然適用され、また、国際私法の原則に従って締約国の法律が準拠法に指定されたときにも適用される。日本においても、本条約が2009年8月1日に国内法 (本条約が日本の実体法に組み込まれている) として発効し、既に18年が経過した。現在、締約国は85か国に達している。

＊　　　＊　　　＊

　本書は、本条約の適用が問題となる国際物品売買契約に関する事件が、我が国の裁判所に係属したことを前提とする設例を設けて、その訴訟物、請求原因、抗弁、再抗弁がどのようになるかを、要件事実論の観点から本条約の条文ごとに検討したものである。そのような検討が可能となるのは、条文が定める法律要件に該当する要件事実が認められると所定の法律効果が生じるという実体法の性質を本条約が有していること、そして、法廷地が我が国となる以上要件事実論が前提となるということに基づいている。

　一般論になるが、要件事実が訴訟当事者にとってその主張及び立証に成功しないと敗訴を招くという理論的な機能があることを忘れてはならないが、むしろ日常的に重要なことは、要件事実が裁判所にとって訴訟指揮の指標として機能することである。その意味では、要件事実の検討は、法規を実際の法廷で機能させるための法制度の基盤の整備でもある。要件事実論は、実体法の要件・効果システムと手続法の弁論主義を前提とする「道具」であって、対象となる民商事実体法は

どのような法典であっても、判断を回避することなく裁判所は事件を裁くことができるのである。

＊　　　＊　　　＊

　本書は、国際物品売買契約を取り扱う法律実務家のために著したものである。また、その分野を志す司法修習生・法科大学院生にとっても、要件事実論の素養を基礎として、本条約の内容をより具体的に理解を深める一助となることを願うものである。

　最後に、読者層がごく限られるであろう本書の出版を、あえてお引き受けいただいた第一法規株式会社に感謝申し上げるとともに、今回も本書の編集を担当していただいた、草壁岳志さん、岡本享子さん、河田愛さんに、欧文の点検を含め煩瑣な作業を含めて大変お世話になった。心から御礼申し上げる次第である。

平成30年2月10日

大　江　　　忠

凡　例

1　条文

　本条約の条文の訳文は、外務省ホームページ登載による。また、条文の見出しは、ウィーン売買条約研究会の試訳（『NBL 866 号』商事法務（2007年）14 頁以下）による。

2　日本の法令の内容現在

　原則、平成 30 年 1 月 1 日現在の内容によった。
　民法（改正民法）は、平成 29 年 6 月 2 日に法律第 44 号として公布されたものをいう。それ以前のものについては、「改正前民法」と明記した。

設例凡例

1　訴訟物の注記の事案の概要において、例えば「日本の X 会社」「ドイツの Y 会社」の国名は、営業所の存在する国を表し、「日本に営業所を有する X 会社」「ドイツに営業所がある Y 会社」の趣旨であって、取引主体の設立準拠法国（国籍）を意味するものではない。そして、事案の概要における日本の相手会社の営業所の存在する国は、特に断らない限り、締約国である（すなわち、設例の事案は、特段の事情がない限り、本条約の 1 条(1)(a)が適用される事案である）。また、設例において、厳密には必要となる X 会社及び Y 会社の代表・代理関係の主張は省略している（ただし、特にそれを問題とする設例は除く）。

2　設例の事案における法廷地は日本とする。日本が法廷地となるための訴訟上の要件に関する事実（例えば、契約において、管轄裁判所を日本の裁判所に定めたなどの事実）は省略している（ただし、1 条(2)イの設例については、管轄合意の条項を参考までに掲記した）。なお、権利・義務を実現するための具体的な手続問題については、「手続は法廷地法による」原則（Lex Fori）が不文であるが確立しており、設例における手続問題は、日本法による記述である。

3　設例は、CLOUT の CASE を参考にしたものが多いが（「CLOUT（判例番号）」と表記）、CASE の事案そのものではなく、関連条文の解説との関係で大きな修正を加えている。

また、設例として事務局注釈の CASE を取り上げた事案については、本書の掲記する攻撃防御方法の構造が事務局注釈の解説とどのように対応しているかを読者自身で点検することができるように、これはなるべく忠実に再現することに努めたが、事実関係に修正を加えたことは CLOUT の場合と同様である。

<h2 style="text-align:center">文献凡例</h2>

曽野＝山手・国際売買　　曽野和明＝山手正史『国際売買法』青林書院（1993年）

注釈Ⅰ　　甲斐道太郎＝石田喜久夫＝田中英司編『注釈国際統一売買法Ⅰ　ウィーン売買条約』法律文化社（2000年）

注釈Ⅱ　　甲斐道太郎＝石田喜久夫＝田中英司＝田中康博編『注釈国際統一売買法Ⅱ　ウィーン売買条約』法律文化社（2003年）

潮見＝中田＝松岡・概説　　潮見佳男＝中田邦博＝松岡久和編『概説 国際物品売買条約』法律文化社（2010年）

杉浦＝久保田・実務解説　　杉浦保友＝久保田隆編著『ウィーン売買条約の実務解説〈第2版〉』中央経済社（2011年）

新堀・条約と貿易契約　　新堀聰『ウィーン売買条約と貿易契約』同文館出版（2009年）

高桑・国際商取引法　　高桑昭『国際商取引法〈第3版〉』有斐閣（2011年）

事務局注釈　　UNCITRAL 事務局（吉川吉樹訳、曽野裕夫補訳）『注釈　ウィーン売買条約最終草案』商事法務（2015年）

フォルソン他・アメリカ国際商取引法　　ラルフ・H・フォルソン＝マイケル・W・ゴードン＝ジョン・A・スパニョール（柏木昇、久保田隆訳）『アメリカ国際商取引法〈第6版〉』木鐸社（2003年）

CLOUT 番号　　CLOUT の判例番号。UNCITRAL（国際連合国際商取引法委員会（The United Nations Commission on International Trade Law）は、CISG が準拠法とされた各国の判例をホームページで「CLOUT：Case Law on UNCITRAL Texts」として一般に公開している。
http://www.uncitral.org/clovt/index.jspx

判例凡例

判例の末尾に、第一法規株式会社「D1-Law.com 判例体系」の判例 ID を〔　〕で付した。

大判　大審院判決
最判　最高裁判所判決

民録　大審院民事判決録
民集　最高裁判所民事判例集
裁判集民　最高裁判所裁判集民事
新聞　法律新聞
判時　判例時報
判タ　判例タイムズ

法令略語

会社　会社法
外為　外国為替及び外国貿易法
商　商法
消費者契約　消費者契約法
仲裁　仲裁法
法適用通則　法の適用に関する通則法
民　民法
民執　民事執行法
民訴　民事訴訟法

目　次

はしがき
凡　例

国際物品売買契約に関する国際連合条約 …………………………………1
第1部　適用範囲及び総則 ……………………………………………………4
　第1章　適用範囲（1条－6条）……………………………………………4
　第2章　総則（7条－13条）………………………………………………54
第2部　契約の成立（14条－24条）…………………………………………89
第3部　物品の売買 …………………………………………………………141
　第1章　総則（25条－29条）……………………………………………143
　第2章　売主の義務（30条）……………………………………………170
　　第1節　物品の引渡し及び書類の交付（31条－34条）………………177
　　第2節　物品の適合性及び第三者の権利又は請求（35条－44条）…195
　　第3節　売主による契約違反についての救済（45条－52条）………270
　第3章　買主の義務（53条）……………………………………………334
　　第1節　代金の支払（54条－59条）……………………………………340
　　第2節　引渡しの受領（60条）…………………………………………369
　　第3節　買主による契約違反についての救済（61条－65条）………376
　第4章　危険の移転（66条－70条）……………………………………404
　第5章　売主及び買主の義務に共通する規定 …………………………452
　　第1節　履行期前の契約違反及び分割履行契約（71条－73条）……452
　　第2節　損害賠償（74条－77条）………………………………………481
　　第3節　利息（78条）……………………………………………………513
　　第4節　免責（79条－80条）……………………………………………516
　　第5節　解除の効果（81条－84条）……………………………………543
　　第6節　物品の保存（85条－88条）……………………………………560
第4部　最終規定（89条－101条）…………………………………………583
訴訟物索引 …………………………………………………………………609
事項索引 ……………………………………………………………………618
法令索引 ……………………………………………………………………629
CLOUT索引 …………………………………………………………………631
判例索引 ……………………………………………………………………632

国際物品売買契約に関する国際連合条約

UNITED NATIONS CONVENTION ON CONTRACTS
FOR THE INTERNATIONAL SALE OF GOODS
(VIENNA SALE CONVENTION)
Vienna, 11 April 1980、

　この条約の締約国は、国際連合総会第6回特別会期において採択された新たな国際経済秩序の確立に関する決議の広範な目的に留意し、平等及び相互の利益を基礎とした国際取引の発展が諸国間の友好関係を促進する上での重要な要素であることを考慮し、異なる社会的、経済的及び法的な制度を考慮した国際物品売買契約を規律する統一的準則を採択することが、国際取引における法的障害の除去に貢献し、及び国際取引の発展を促進することを認めて、次のとおり協定した。

....

THE STATES PARTIES TO THIS CONVENTION,

　BEARING IN MIND the broad objectives in the resolutions adopted by the sixth special session of the General Assembly of the United Nations on the establishment of a New International Economic Order,

　CONSIDERING that the development of international trade on the basis of equality and mutual benefit is an important element in promoting friendly relations among States,

　BEING OF THE OPINION that the adoption of uniform rules which govern contracts for the international sale of goods and take into account the different social, economic and legal systems would contribute to the removal of legal barriers in international trade and promote the development of international trade,

　HAVE AGREED as follows:

国際物品売買契約に関する国際連合条約（United Nations Convention on Contracts for the International Sale of Goods：ウィーン売買契約条約、国際物品売買契約条約又はCISGともいう）は、国連国際商取引法委員会（UNCITRAL）の起草により1980年（昭和55年）に採択された。日本は2008年（平成20年）7月1日に加入し、2009年（平成21年）8月1日から発効することとなった。

　2017年（平成29年）3月現在、締約国は、英国を除く主要先進国を含む85か国に及ぶ（そのほか、ガーナとベネズエラの2か国は署名のみで発効せず）。つまり、米国、カナダ、ドイツ、フランス、オランダ、イタリア、スペイン、オーストラリア、ロシア、中国、韓国、マレーシア、シンガポール、タイ、サウジアラビア、アラブ首長国連邦など、我が国の主要な貿易相手国が締約国になっている（例えば、下記の表が示すとおり、2016年（平成28年）の日本の輸出総額約70兆円のうち、米国、中国、韓国3か国で約31兆5,000万円、45パーセントを占める）。日本の企業が関わる貿易取引の多くは、本条約の適用排除をしない限り、1条(1)(a)によって本条約の適用を受けることになる。

　前文がいうように、本条約は、「異なる社会的、経済的及び法的な制度を考慮した国際物品売買契約を規律する統一的準則」である。法的な側面に限っても、大陸法系、英米法系をはじめとして世界には多数の法体系（法秩序）が存在する。それを統一するということは、困難を極めるものである。その統一された本条約の範囲内においても、幾多の制約がある。しかし、統一された範囲においては、「国際取引における法的障害の除去に貢献し、及び国際取引の発展を促進すること」はいうまでもない。

　ASEAN、アフリカ諸国の地場系企業は概して規模が小さく資金も十分でない。そのため、契約交渉に当たり法的な助言を受けることも少ないため、契約の準拠法として相手先又は第三国の法律が適用されることが多く、不利な状況に置かれがちである。しかし、締約国である限り、双方の間で締結した契約の中に準拠法に関する定めがない場合でも同条約を適用できるため、主に小規模な契約を取り扱う企業にとって利便性が高い。

日本の主要な貿易相手国（2016年）
（一般社団法人日本貿易会 JFTC キッズサイトによる）

単位　100億円

順位	輸出総額　7,004		輸入総額　6,604	
1	米国	1,414 (20.2%)	中国	1,702 (25.8%)
2	中国	1,236 (17.6%)	米国	732 (11.1%)
3	韓国	502 (7.2%)	オーストラリア	332 (5.0%)
4	台湾*	427 (6.1%)	韓国	272 (4.1%)
5	香港*	365 (5.2%)	台湾*	250 (3.8%)
6	タイ	298 (4.2%)	ドイツ	239 (3.6%)
7	シンガポール	215 (3.1%)	タイ	219 (3.3%)
8	ドイツ	192 (2.7%)	サウジアラビア	212 (3.2%)
9	オーストラリア	153 (2.2%)	インドネシア	199 (3.0%)
10	英国*	148 (2.1%)	マレーシア	188 (2.8%)
参考	アジア	3,711 (53.0%)	アジア	3,320 (50.3%)
	中東	258 (3.7%)	中東	650 (9.8%)
	EU	798 (11.4%)	EU	815 (12.3%)

＊上記のように、日本の輸出入の主要相手国のうち、英国、台湾、香港のみが締約国（又は地域）ではない。台湾と香港に関しては、中国が締約国であるため、法廷地が中国である場合は、本条約が適用されるであろうが、法廷地が台湾又は香港である場合は、適用されない可能性が高いであろう。いずれにしても、本条約の適用については明確でないので、準拠法規定で適用の有無を明確にしておくべきである。

第1部　適用範囲及び総則

第1章　適用範囲

　第1章は、本条約の適用範囲を定めている。1条は、本条約が適用される物品売買契約の「国際性」の観点から規定する。2条は、取引内容から、売買取引であっても、各国の国内法の規律にゆだねることが妥当と考えられるものについて、本条約から適用除外とすべき取引類型を規定する。3条は、本条約が適用される売買契約と、本条約が適用されない製作物供給契約及び役務契約と売買の混合契約とを区分する。4条は、売買契約問題であっても、契約や慣習の有効性と所有権の問題については本条約は定めないこととしている。5条は、製造物責任については規定しないことを明らかにする。6条は、当事者が、本条約全体又はその一部の適用を排除できることを明らかにしている。

●(適用基準)

第1条
- (1) この条約は、営業所が異なる国に所在する当事者間の物品売買契約について、次のいずれかの場合に適用する。
  - (a) これらの国がいずれも締約国である場合
  - (b) 国際私法の準則によれば締約国の法の適用が導かれる場合
- (2) 当事者の営業所が異なる国に所在するという事実は、その事実が、契約から認められない場合又は契約の締結時以前における当事者間のあらゆる取引関係から若しくは契約の締結時以前に当事者によって明らかにされた情報から認められない場合には、考慮しない。
- (3) 当事者の国籍及び当事者又は契約の民事的又は商事的な性質は、この条約の適用を決定するに当たって考慮しない。

Article 1
(1) This Convention applies to contracts of sale of goods between

parties whose places of business are in different States:
(a) when the States are Contracting States; or
(b) when the rules of private international law lead to the application of the law of a Contracting State.

(2) The fact that the parties have their places of business in different States is to be disregarded whenever this fact does not appear either from the contract or from any dealings between, or from information disclosed by, the parties at any time before or at the conclusion of the contract.

(3) Neither the nationality of the parties nor the civil or commercial character of the parties or of the contract is to be taken into consideration in determining the application of this Convention.

1 本条約の適用範囲

本条約が適用される契約は、「国際性を有する」(between parties whose places of business are in different States)「物品売買契約」(contracts of sale of goods) であって、かつ、次の(1)又は(2)の要件を充足するものである。

ここに「国際」とは、「国と国との間の」(international) という意味ではなく、「国境を越えた」(transnational) という意味である。また、本条約の売買の目的物は、「物品」に限られる。「物品」性に関するCLOUT131 は、コンピュータのプログラムの売買において、プログラムは引き渡され、インストールされたが、その代金支払請求事件について、合意した価格による標準ソフトウェアの売買は、本条所定の物品の売買契約であるとしている。これに対して、CLOUT161 は、ハンガリーの有限責任会社の持分 (shares) の売買について、本条約の適用を受ける契約が締結されるかについての確認が求められた事案であるが、「物品」の売買と「権利」の売買とが区別され、当該契約は権利の売買に関するものであるから、本条約の適用範囲ではないので、本条約は適用されないとする (本条(1)(a))。

(1) 本条約自体による適用

本条(1)(a)は、異なった締約国に営業所を有する当事者間の契約に本条約が適用されることを規定している。本条(1)(a)所定の要件に該当すれば、当事者が条約の適用を排除している場合 (6条) 以外は、本条約が適用され

る。本条(1)(a)は本条(1)(b)に優先すると考えられているので、本条(1)(a)が適用される場合には国際私法を介在する必要はない。このため、本条(1)(a)は本条約の直接適用を定めた条文である。

　例えば、東京に営業所のある日本の会社と北京に営業所のある中国の公司が締結した物品売買契約については、本条約が適用される。また、東京に営業所のある日本の会社と北京に営業所のある別の日本の会社が締結した物品売買契約は、異なる国にある営業所間の契約であるので、ともに日本の会社間の物品売買契約であっても本条約の適用がある（もちろん、実務的には、準拠法を日本法とする合意をする（6条）ことが多いであろう）。

訴　訟　物　　XのYに対する売買契約に基づく代金支払請求権
　　　　　　＊本件は、日本のX会社が中国のY公司との間で、精密機械を500万円で売買する契約を締結し、代金の支払を求めた事案である。
請求原因　1　XはYとの間で、精密機械を500万円で売買する契約を締結したこと
　　　　　　＊本件は、精密機械という物品の売買契約であって、かつ、営業所が異なる国（日本と中国）に所在する当事者XY間の物品売買契約であるから、本条(1)(a)によって、本条約の適用を受ける。
　　　　　　＊本件契約に、この契約には、準拠法条項として、「本契約は日本法によって支配され解釈されるものとする（This agreement shall be governed by and construed in accordance with the laws of Japan.）」が置かれていても、日本法には、本条約が含まれており、本条約が適用されることに変わりはない。本条(1)(a)によって、当然に本条約の適用を受けるにかかわらず、このような準拠法条項を置く意味については、後記4(3)(4)参照。
　　　　　　＊本条約は、原則として任意規定であり、当事者は本条約の全部の規定の適用を排除することも、本条約の一部の規定に限

ってその適用を排除することも可能である（6条の解説2参照）。
＊本条約の適用を受ける場合において、代金の支払請求権の請求原因が、上記で足りるとすることについての問題については、46条の解説1(2)の履行請求権の成立要件と立証責任の解説参照（46条は売主の義務規定であって、買主の義務である代金の支払義務は53条が定めるが、履行請求権の問題としては共通する）。

　上記の設例とは異なり、日本の会社の東京営業所が中国の公司の大阪営業所と締結した物品売買契約については、営業所が同一国にある（「国際性」の要件を欠く）ので、本条約は適用されない。また、米国法人X会社が日本における営業の拠点として子会社である現地（日本）法人Aを設立し、X会社の指示の下にA会社に日本の買主Y会社との間で売買契約を締結させたような場合には、その売買は「国際性」の要件を欠くので、本条約は適用されない。一見、売主側に複数の営業の拠点があるようにみえるが、この場合には売主たる当事者は日本法人であるA会社であり、本条(1)は異なった国に営業所がある「当事者間」の売買契約のみを適用対象とすると規定しているからである（曽野＝山手・国際売買40頁）。
　なお、本条約の射程外の事項に関する準拠法の手当ての問題については、次の(2)アの解説但書以下参照。
(2) 国際私法を介した適用
　本条(1)(a)の適用がない場合（「いずれの当事者の営業所も締約国にある」という要件を充足しない場合）も、本条(1)(b)の発動によって本条約が適用される可能性はある。すなわち、本条(1)(b)は、法廷地の国際私法の準則を適用した結果、締約国の法が準拠法となる場合に、当事者間の契約に本条約が適用されることを規定する。つまり、締約国間でなくとも、法廷地国際私法の準則を参照した結果、締約国法が指定される場合にも、本条約は適用される。
　例えば、日本（締約国）に営業所のある日本企業が英国（非締約国）に営業所を有する英国企業と締結した物品売買契約に関する紛争が、日本の裁判所に提起された場合には、日本の裁判所は、まず日本の国際私法（「法適用通則法」）を適用し、その結果日本法が準拠法とされる場合には、本条約が適用される。この場合は、さらに、以下のアとイが示すとおり当事者が準拠法の指定をしている場合と指定をしていない場合に分けられる。

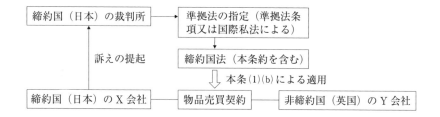

ア　当事者による準拠法の指定がある場合

　法適用通則7条は、「法律行為の成立及び効力は、当事者が当該法律行為の当時に選択した地の法による」旨を規定しており、契約中に定められる準拠法が本条約である場合には、本条約が適用されることとなる。

　例えば、「本契約上の当事者の権利義務は本条約によって支配され解釈されるものとする (The rights and obligations of the parties under this agreement shall be governed by and construed in accordance with the CISG.)」という条項の場合は、本条約適用の意思は明示される。ただし、本条約の射程外の事項（4条、5条）についての備えがない。その場合は法廷地の国際私法が準拠法を指定する役割を果たすのであるが、法廷地が決まるまで基準が明確化しない問題が残る。しかし、この問題は、法廷地候補の関係各国の国際私法を検討することにより、本条約の射程外の事項に関する準拠法を予測することは可能である。例えば、法適用通則7条で当事者自治を採用しつつ、当事者による選択がないときには、同法8条1項が、最密接関係国法が準拠法となると定め、同条2項が、特徴的給付を行なう当事者の常居所地法を最密接関係地法と推定する（「特徴的給付の理論」）。つまり日本の裁判所で争われた場合契約に置かれている条項が上記の準拠法条項であると、本条約の射程外の事項については、売主営業所の所在地の法が準拠法と推定される。これなら、いずれが売主かにより、準拠法が予測可能ではある。ただし、当事者が、このような予測に満足せず、あらかじめ解決の基準となる準拠法を明確にしておく場合には、「本契約は日本国法（CISGを含む）によって支配され解釈されるものとする (This agreement shall be governed by and construed in accordance with the laws of Japan, including the CISG.)」とすることで足りるであろう（欧文契約書式においては、文中でも強調する文言を大文字で表すことが行われる）。

イ　当事者による準拠法の選択がない場合

　当事者が準拠法を定めていない場合、我が国の国際私法である法適用通則

8条1項によれば、その法律行為の最も密接な関係のある地、「最密接関係地」の法と定めている。同条2項で、同法律行為において、特徴的給付を当事者の一方のみが行なうものであるときは、その給付を行なう当事者の常居所地法が「最密接関係地」の法と推定すると定めている。例えば、貿易売買契約では、日本企業が輸出者となる場合、特徴的給付を行なう売主（輸出者）の営業所の所在地の法（日本法）が準拠法として適用されることになる。したがって、輸出契約においては相手当事者の営業所が非締約国にあっても、（日本法の一部を構成する）本条約が適用されることになる。

訴訟物　　XのYに対する売買契約に基づく代金支払請求権
　　　　　　＊英国（非締約国）のX会社は日本のY会社との間で、ウィスキー○本を○ポンドで売買する契約を日本で締結し、X会社は、一般的な取引条件どおりに物品を運送人に交付してY会社への引渡しを行なった。本件は、本件売買契約中の管轄裁判所が日本の裁判所である旨の定めに従って、X会社がY会社に対して代金の支払を求めた事案（法廷地は日本）であり、本件条約が適用されるかが争点となった事案である。

請求原因　1　XはYとの間で、ウィスキー○本を○ポンドで売買する契約を締結したこと
　　　　　　＊英国は本条約の締約国ではないので、本条(1)(a)による本条約の適用はない。本件の場合は、日本法を準拠法とする定めが置かれていないとすると、本条(1)(b)の適用が問題となる。法廷地である日本の国際私法（法適用通則法）により締約国の法の適用を導くことになる場合には、本条約は締約国の法律の一部となっているから本条約が適用されることとなる。これは、契約の締結時が基準となり、本件においては、契約の締結場所が売主であるXの営業所が日本にあるために、日本の実定法を適用することとなることから、本条約が適用される。
　　　　　　2　紛争の解決の条項として、「売主及び買主は、本契約により、取消不能の形で、本契約に基づき又は本契約に関連して生ずる紛争解決のため、東京地方裁判所及び日本国において管轄権を有するその他の上級裁判所の専属的裁判管轄に服することとする（The Seller and the Buyer hereby irrevocably submit to

the exclusive jurisdiction of the Tokyo District Court and other higher courts having jurisdiction in Japan for the settlement of disputes arising under or inconnection with this Agreement.)」ことを合意したこと
　　＊管轄裁判所の条項も、専属的であるか、それとも非専属的であるかについて規定しなければならない。ただし、管轄合意の効力は多くの国において認められているが、専属的裁判管轄の合意は一定の要件（例えば、当該事件がある国の裁判権に専属的に服さないこと、指定された裁判所が当該事件につき管轄権を有することなど）を満たす場合に限り有効である。なお、非専属的な管轄裁判所とは、当該裁判所に提訴してもよいが、自己により都合のよい裁判所があればその裁判所に提訴してもよく、必ずその裁判所に提訴することを要しない裁判所をいう。

　以上のように、本条(1)(b)は、当事者がある締約国の法（法廷地法の場合も含む）を準拠法と指定しているがそれが国内実体法への指定とは認め得ない場合（上記ア）や、国際私法がある締約国の法を準拠法として一般的に指定するといった場合（上記イ）について、本条約の適用を義務付けており、その限りで、準拠法国の国内法と条約のいずれを準拠法の内容として把握すべきかについての基準を定めているようにみえる。ところが、このように解すると、法廷地国が95条の留保宣言をしていない場合には、準拠法国である他の締約国がたとえ95条の留保宣言をしていても、やはり本条(1)(b)によって条約が適用されることになる。この結論については、曽野＝山手・国際売買34頁が、これでは、留保宣言をした締約国が法廷地となり、その国の国際私法が自国法を準拠法と指定する場合には、本条(1)(b)に拘束されずに自国の国内法を適用できることと整合性を欠くことになるという問題が生ずるという。なお、留保の有する具体的意味内容については、95条の解説を参照されたい。
(3)「適用」の意義
ア　直接適用
　本条(1)(a)は、当事者の営業所がそれぞれ異なる締結国に所在するときには本条約が適用されると規定しており、締結国の裁判所はこの要件を満たす契約について、国際私法などを介することなく、本条約が直接適用される。例えば、売買契約の当事者の営業所が異なる締約国にある物品売買契約に関

して日本の裁判所に訴えが提起された場合には、日本の国際私法の適用を待たずに本条約が直接に適用される。日本の国際私法である法適用通則法によって日本法が準拠法になった場合に、本条約が適用になるのではない。

なお、(a)が適用される場合には、国際私法を介入する必要はないから、(a)は(b)に優先する規定と考えるべきであろう。

イ　間接適用

本条(1)(b)は、当事者の一方又は双方の営業所が非締約国に所在するときであっても、法廷地の国際私法の準則により締約国の法が適用されるときには本条約が適用されるとしている。これは直接適用される場合と異なり、法廷地の国際私法を経由しているので、間接的な適用であると解される（高桑・国際商取引法87-88頁）。

なお、(b)に基づく適用は、国際私法の準則によって指定された国の法としての本条約の適用（外国法としての適用）ではなく、本条(1)(b)の要件が満たされる場合には本条約を適用しなければならない締約国の義務としての本条約適用である（自国法としての適用）として、この場合、国際私法の準則は、参照されるにすぎず、適用されるわけではないとする見解からは、(a)の場合と同様に、国際私法を介さないので、本条約の直接適用であると解することになる。

2　当事者の認識可能性

本条(2)は、本条約を適用する要件の1つである「当事者の営業所が異なる国に所在するという事実」に関する当事者の認識可能性について定める。当事者の認識可能性の要件は、当事者が純粋に国内的な取引と思っていたにもかかわらず、不意に本条約の適用を受けるのを回避するために設けられたものである。

(1)　営業所が異なる国に所在する事実が「認められない」とする基準

まず、当該取引の渉外性が、「当事者によって明らかにされた情報」でなければならないが、この「明らか」の判断の基準については、見解が分かれる。

主観説は、一方当事者が渉外性に関する事実について不知であれば、本条約の適用はないとする。

客観説は、両当事者について、一般的に分別のある人間を基準として渉外性を認識できたかどうかを基準とする。当事者双方を基準とする利点としては、外国人のための内国代理人と契約した内国人の救済が挙げられている。

(2) 取引の渉外性の判断事由の列挙の意義

　本条(2)は、当事者が異なった締約国に営業所を有している場合であっても、契約上又は契約締結時以前における取引関係若しくはそれ以前に当事者によって開示された情報からその事実がわからないときは、当事者が異なった締約国に営業所を有するとされないと定める。本条約が適用される取引であることを承知していなかった当事者に本条約を適用することは、当事者に不測の損害をもたらすからである。本条(2)は認識可能性判断の事由として、「契約から認められない場合」と「契約の締結時以前における当事者間のあらゆる取引関係から若しくは契約の締結時以前に当事者によって明らかにされた情報から認められない場合」を挙げている。この列挙が、限定か例示かが問題となる。具体的な相違点としては、第三者から当事者の一方のみが情報を得たような場合が考えられる。この場合でも、その情報から渉外性が認識されるのであれば、適用を認める見解と、予見可能性の問題が残るとして本条約の適用を否定する見解とがある。

(3) 判断の基準時

　本条(2)の判断基準時は、契約締結時である。契約締結後に認識しても、本条約は適用されない。逆に、契約締結時のどの程度前に認識していたかは問題にならない。このいわゆる認識要件は、それを否定する側に立証責任がある。

3　当事者の国籍並びに当事者及び契約の民商事性

　本条約の適用を決定するに当たって、当事者の国籍及び契約の民事的又は商事的な性質は関係しない（本条(3)）。

　まず、本条約の適用を決定するに当たっては、国籍は関係しない。例えば、本条約の適用を左右する「営業所」を特定する場合に、設立準拠法国、本店所在地等の基準は利用されない。

　しかし、「契約の民事的又は商事的な性質」については、本条約の適用を左右する唯一の例外がある。それは、消費者契約に関する2条(a)である。ただし、本条の規定はあくまで適用範囲の確定の局面においてのみ適用されるものである。したがって、その他の場面では当事者の人的要素が考慮されることはあり得る（例えば、検査期間及び通知期間の長さについて、商人か否かで区別するなど）。

4　本条約における準拠法条項の意義

　本条(1)(a)又は(b)に該当すれば、本条約が適用される。締約国は85か

国に達し、かつ日本の主要貿易相手国が既に締約国であるから、国際物品売買契約に準拠法条項を置いて準拠法を指定する必要はないかのようである。しかし、以下(1)ないし(4)のように、準拠法条項を置く意義が認められる(吉川英一郎「CISG 下における準拠法条項ドラフティング」同志社商学 63 号 4 号（2012 年）59-61 頁）。

(1) 当事者の準拠法条項による本条(1)(b)発動の制御

　本条(1)(a)の適用がない場合（「いずれの当事者の営業所も締約国にある」の要件を充足しない場合）も、本条(1)(b)によって本条約が適用される可能性はある。本条(1)(b)が発動するか否かは、法廷地の国際私法によるが、我が国の法適用通則 7 条をはじめとする諸国の国際私法は契約の準拠法決定に当たって当事者自治の原則を採用しているため、当事者が準拠法条項を置くことによって、本条約を適用するか否かを決する（例えば、前記 1(2)ア）。

(2) 6 条による本条約の適用排除

　6 条は、当事者による本条約の適用の排除を許容する。当事者は準拠法条項により適用排除の意思を明示することができる。

ア　排除の意思を明示するために準拠法条項は必須である。また同時に、排除後の基準を指定するためにも準拠法条項は意味がある（6 条の解説 2 参照）。ただし、排除後の基準の指定は理論的には必須ではない。本条約排除後の基準は、明示されなければ、法廷地の国際私法が適用され決定される。

イ　本条約の排除を望まない当事者が、「本条約排除の意思がないこと」を明示するために準拠法条項が必要となる場合がある。この点について多少補足する。6 条は、本条約が適用される場合における当事者による排除を規定しているにとどまる。例えば、本条(1)(a)によって本条約が適用される場合に、準拠法条項（による排除）がなければ、本条約が適用されるはずである。そのため、本条約の適用を希望する（＝排除を希望しない）当事者が「本条約排除の意思がないこと」を、準拠法条項を置いてまで明らかにする必要はないようにみえる。しかし、6 条においては、非締約国法（例えば英国法）を準拠法に指定することは、本条約を排除する意思であると通説は解している。そうである以上、本条約が定める事項については、本条約を適用し、本条約が定めていない事項については英国法を適用する意思である場合には、準拠法条項の規定として、「主として本条約をを準拠法とし、その射程外の事項については英国法を準拠法とする」ことを明示すべきこととなる。

(3) 本条約の定めていない事項の規律の補充

　本条約が適用される場合であっても、本条約が定めていない事項（例えば、4条所定の契約・慣習の有効性及び所有権に対する効果、5条所定の死亡傷害に関する売主の製造物責任等）には本条約の適用はあり得ない。したがって、準拠法条項は、本条約の適用範囲外の事項に関する基準を指定する意味がある（準拠法が指定されていない場合は、本条約の適用範囲外の事項に対する基準は、法廷地の国際私法の適用により決定される。4条の解説6を参照）。

(4) 7条(2)所定の「解決されていないもの」の規律の補充

　7条(2)は、本条約に解決方法が定められていない問題について、本条約の基礎となる原則に解決をゆだねるが、その原則がない場合は国際私法によることとなり、国際私法上の当事者自治を通じて、その準拠法を制御する意味がある。

5　紛争解決手続における裁判所又は仲裁廷の選択

(1) 裁判所と仲裁廷の相違

　本条約の「裁判所又は仲裁廷は、……猶予期間を与えることができない」という文言（45条(3)及び61条(3)）に現れているように、本条約の適用による解決は、裁判所又は仲裁廷によることができる。裁判所と仲裁廷の手続きにおいては、次のような差異がある。

　国際売買契約のように、納期遅延、品質不良、不可抗力事由などが紛争になる場合には、専門的な知見をもち、業界や商品に詳しい実務家がより適切な判断をすることが期待できること、また、外国でされた判断（判決・仲裁判断）についての承認・執行の可能性の観点からすると、仲裁を選択する利点も多い。

(2) 外国でされた判断（判決・仲裁判断）の承認・執行

ア　外国裁判所の判決の場合

　民訴118条によれば、外国裁判所の確定判決は、次の①ないし④の要件のすべてを具備する場合に限り、その効力を有するとされている。すなわち、①法令又は条約により外国裁判所の裁判権が認められること、②敗訴の被告が訴訟の開始に必要な呼出し若しくは命令の送達（公示送達その他これに類する送達を除く）を受けたこと又はこれを受けなかったが応訴したこと、③判決の内容及び訴訟手続が日本における公の秩序又は善良の風俗に反しないこと、④相互の保証があることである。

　このうち、①「外国」裁判所について、日本による未承認国（例．台湾）

	訴　訟	仲　裁（括弧内は我が国の仲裁法）
手続の開始	原告による訴え提起	当事者の書面による合意（仲裁13条）
機関	国家や州の裁判所	仲裁機関（＊）を利用することも、個別に仲裁人を選任するアドホック仲裁を利用することも可能。
判断者	裁判所（裁判官）	仲裁人は当事者が選任できる（仲裁16条、17条）。
言語	わが国の場合、日本語（裁判所74条）	当事者が合意により定めることができる（仲裁30条）。
手続の規律	民事訴訟法による厳格な手続	仲裁法の強行規定に反しない限り、当事者が決定できる（仲裁26条）。
準拠すべき法	国際私法により決定される国内法	当事者の合意があればその基準による。当事者の選択がない場合には、最も密接な関係を有する国の法を適用する。当事者双方の明示された求めがある場合には、仲裁廷は衡平と善により判断する。民事上の紛争にかかる契約があるときは、その定めによる（仲裁36条）。
判断形式	判決、決定	仲裁判断
不服申立て	控訴、上告	一定の場合に限って仲裁判断の取消し（仲裁44条）
強制執行（債務名義）	確定判決	確定した執行決定がある仲裁判断によって強制執行ができる（民執22条6号の2）。
外国でされた判断	一定の要件を満たす外国の確定判決は、承認執行される（民訴118条、民執24条）	外国を仲裁地とする仲裁判断についても、ニューヨーク条約（あるいは仲裁地がニューヨーク条約の締約国でない場合には仲裁45条、46条）により、承認・執行される。

＊よく利用される仲裁機関としては、日本商事仲裁協会（JCAA）、中国国際経済貿易仲裁委員会（CIETAC）、香港のHong Kong International Arbitration Centre（HIAC）、シンガポールのSingapore International Arbitration Centre（SIAC）、パリに本拠があり東京を含む世界の主要都市に機関を設けているInternational Chamber of Commerce（ICC）、ロンドンのThe London Court of International Albitration（LCIA）、米国のAmerican Arbitration Association（AAA）などがある。

＊以下においては、外国でされた判断（判決・仲裁判断）の承認の点について補足する。

の裁判所が、民訴118条の「外国」裁判所に該当するかという問題がある。「ここでいう外国とは、わが国とは異なった、独立の裁判権の行使主体を意味する。国家だけでなく国際機関も含まれる。国家の場合には、わが国が承認した国家であることを要するかどうかについて議論があるが、承認制度の根拠を当事者の権利保護を図ることによる渉外的生活の安定にあるとする立場から、未承認国も含まれるとするのが通説である」とされている（秋山幹男ほか『コンメンタール民事訴訟法Ⅱ〈第2版〉』日本評論社（2006年）513頁）。

②については、その判決をした外国裁判所の属する国と日本との間でハーグ条約等の司法共助に関する条約が締結されている場合には、同条約に従った送達手続がとられ、かつ、送達書類には日本語の翻訳が付されている必要があるとされている。例えば、米国ニューヨーク州、ドイツ連邦共和国、英国、シンガポール等は、相互保証があるとした裁判例があるが、中華人民共和国については相互保証がないと判断した裁判例がある。上記のように、場合によっては、外国裁判所の判決も日本で執行が可能であり、その場合、日本で外国裁判所の判決の内容自体を争う機会はないので、外国の裁判所に提起された訴訟について、送達書類が届いた場合には、送達手続が適切なものか、相互保証がある国における訴訟であるか確認のうえ、日本で執行される可能性がある場合には、当該外国の裁判所で応訴の手続きをとる必要がある。

④の「相互の保証」があるか（その判決をした外国裁判所の属する国において、その判決と同種類の日本の裁判所の判決が、日本法と重要な点において異ならない条件で、効力が認められるか）が問題となる。

㋐　承認される場合

我が国において民訴118条の要件を充足して外国の確定判決が承認された主な国・地域は、カリフォルニア、オレゴン、ハワイ、ミネソタ、バージニア、メリーランド、ニューヨーク、ネバダ、ワシントンD.C.（以上アメリカ合衆国）、イングランド・ウェールズ、ドイツ、韓国、シンガポール、香港、クイーンズランド（オーストラリア）等である（あくまで、個々の事件において、民訴118条の要件を充足する必要があり、上記国・地域の裁判所の確定判決であるからといって、一律にその国・地域の裁判所の確定判決が日本において承認されるわけではない）。

㋑　相互の保証がないとして承認されない場合

例えば、日本法人が中国法人との間の契約に関する紛争解決を訴訟で行なったとしても、日本の判決を中国で、中国の判決を日本でそれぞれ執行でき

ないという問題がある。これは、中国法によれば外国判決の中国での承認・執行には当該外国との間に条約があることを求めており、日中間には判決の相互承認・執行を定めた条約がないため、中国では日本の判決の効力は認められず、他方、日本法によれば、外国判決の承認・執行には「相互の保証」（同種の判決が同様の条件で承認・執行されること）（民訴118条4号、民執24条3項）が要件とされているが、中国が上記の法制である以上、日本でも中国の判決は承認・執行されないためである。この点を大阪高判平成15年4月9日判時1841.111〔28090358〕は明確に指摘する。同判決は、中国の人民法院が下した判決について、民訴118条4号の「相互の保証があること」の要件を充足するものではないとし、承認をしなかった。すなわち同判決は、「中華人民共和国民事訴訟法268条は、外国の裁判所が下した法的効力を生じた判決等について、中華人民共和国が締結若しくは加盟した国際条約に従い、または互恵の原則により審査を行った後、中華人民共和国の法の基本原則または国家主権・安全・社会公共の利益に反しないと認めるときは、その効力を承認する裁定をする旨定めている。これは、中華人民共和国において外国の裁判所の判決の効力を承認する裁定をするについて、必ずしも条約その他何らかの国家間の合意により確保されている必要はないとするものと解されるが、中華人民共和国の法の基本原則または国家主権・安全・社会公共の利益に反しないことを要件としており、同国が我が国とは経済体制を異にすることからすると、我が国の裁判所の経済取引に関する判決が中華人民共和国においてその効力を承認されるかどうかは判然としない。そして、……中華人民共和国最高人民法院が司法解釈をした『中華人民共和国民事訴訟法の実施に関する若干問題の意見』の第318条には、『外国裁判所が下した法的効力が生じた判決・決定の承認と執行を請求しあるいは申し立てたときに、もしその外国の裁判所の所在国と中華人民共和国との間に締結若しくは加盟した国際条約あるいは互恵の関係がない場合には、中国の法院はその判決・決定を承認または執行することができない。』としており、これについては、中華人民共和国が2国間の司法共助条約・協定があることを外国判決の承認と執行を認める前提条件としていることを示すとする解釈があり、横浜地方裁判所小田原支部の貸金請求訴訟の判決について熊本地方裁判所玉名支部がした差押え、譲渡命令について、同事件の申立人が、中華人民共和国大連市中級人民法院に、上記判決及び差押え、譲渡命令の承認と強制執行を申し立てた事案において、上記最高人民法院は、1994年6月26日、大連市中級人民法院の上級裁判所である遼寧省高級人民法院の問合わせに対し、『我が国が右各裁判（上記判決及び差押え、譲渡命令）を承認、執行し

うるか否かにつき検討した結果、当院は、以下のとおり思量する。我が国と日本は、相互に裁判所の判決、決定を承認、執行するとの国際条約を締結していない。相互の関係も作り上げられていない。民事訴訟法第268条の規定に基づき、人民法院は、日本の裁判所の判決を承認、執行しない。それゆえ、日本人Ａ（上記承認、執行の申立人）の申立てを却下するとの貴院の処理意見に同意する。』との回答をし、これを受けて、大連市中級人民法院は、同年11月5日、中華人民共和国の法律の基本原則または国家主権、安全、社会公共利益に違反するものは承認及び執行をしないとの原則を述べたうえで、『中華人民共和国と日本との間には相互に裁判所の判決、決定を承認・執行する国際条約を締結し、また加盟していないし、相互の互恵関係も成立していない。』として、上記申立てを却下する決定をしたことが認められる。

　そして、他に、経済取引に関する我が国の裁判所の判決の効力が、中華人民共和国で承認された事例はないし、上記相互の互恵関係を認める有権解釈がされた事実もない……。

　以上のような中華人民共和国における我が国の裁判所の判決に対する扱いによれば、中華人民共和国において、我が国の裁判所の判決が重要な点で異ならない条件のもとに効力を有するものとされているとまで認めることはできず、本件人民法院判決は、民事訴訟法118条4号の要件を満たしているものと認めることはできない」と判示する。

(3) 外国仲裁廷の仲裁判断の場合

ア　外国仲裁判断の承認及び執行に関する条約

　外国仲裁判断の承認・執行は、承認・執行を求められた国の訴訟法に従うことが原則である。ところで、外国仲裁判断の承認・執行に関しては、「外国仲裁判断の承認及び執行に関する条約」（ニューヨーク条約、1958年成立・1959年発効）があり、実務的には、大きな意味を有する。同条約の加盟国は、日本、アメリカ、カナダのほか、英国、フランス、ドイツ等の諸国、さらに、アジアでも、中国、韓国、タイ、インドネシア、マレーシア、インドといった我が国貿易相手国のほとんどに及んでいる。仲裁合意や公序等に反する等の拒否事由（同条約5条）に該当する場合を除いて加盟国は外国仲裁判断に拘束力を与える義務を負う（同条約3条）。このため、外国仲裁判断の承認・執行の問題は、条約の未発達な訴訟と比較すると、同条約によって確実性が高まっている。

　同条約1条3項は、「いかなる国も、この条約に署名し、これを批准し、若しくはこれに加入し、又は第10条の規定に基づき適用の拡張を通告する

に当たり、他の締約国の領域においてされた判断の承認及び執行についてのみこの条約を適用する旨を相互主義の原則に基づき宣言することができる。また、いかなる国も、契約に基づくものであるかどうかを問わず、その国の国内法により商事と認められる法律関係から生ずる紛争についてのみこの条約を適用する旨を宣言することができる」と定めている。外国仲裁判断の承認・執行が拒絶される原因は、2種類の事由がある。1つは、同条約それ自体、及び各法域の仲裁法制度自体に内在する拒絶事由であり、2つは、法制度自体は整っていたとしても、各法域の裁判官その運用そのものに基づく拒絶である。

| 仲裁物 | XのYに対する売買契約に基づく代金支払請求権

＊本件は、訴訟事件ではなく仲裁事件であるので、「訴訟物」という表現は適切でなく、仲裁の対象となる権利関係を、こなれない表現であるが、便宜「仲裁物」と表記した。

＊日本のX会社はミャンマー（本条約の非締約国）のY会社との間で、精密機械を売買する契約を①契約の準拠法は日本法（ただし、本条約は除く）とし、②一切の紛争は、日本商事仲裁協会の仲裁にゆだねる条項を入れて締結した。

| 申立理由 | 1　XとYは、本件精密機械を○万円で売買する契約を締結したこと

2　申立理由1の契約には、「本契約は日本国の国内実質法によって支配され解釈されるものとする。本契約当事者は、本契約へのCISGの適用が厳格に排除されるべきことを、明示的に合意する（This Agreement shall be governed by and construed in accordance with the domestic and substantive laws of Japan. The Parties hereto expressly agree that the application of the CISG to this Agreement shall be strictly excluded.）」との準拠法条項があること

＊この準拠法条項は、申立理由3の仲裁条項と連動するものではなく、裁判による解決の場合であっても、本条約によらず本条約を除いた日本法による解決を、当事者は合意によって選択し得る（6条の解説2(2)参照）。

3　申立理由1の契約には、「この契約から又はこの契約に関連して、当事者の間に生ずることがあるすべての紛争、論争又は意見の相違は、一般社団法人日本商事仲裁協会の商事仲裁規則

に従って、(都市名)において仲裁により最終的に解決されるものとする ("All disputes, controversies or differences which may arise between the parties hereto, out of or in relation to or in connection with this Agreement shall be finally settled by arbitration in (name of city), in accordance with the Commercial Arbitration Rules of the Japan Commercial Arbitration Association.")」との仲裁条項があること

　＊事前又は事後の仲裁合意がなければ仲裁手続を行なうことはできない。仲裁合意は書面で行なう必要がある(仲裁13条2項)。
　＊本事案では、仲裁廷が契約準拠法である日本の民法・商法に従って審理され、手続問題はJCAA所定の商事仲裁規則に従うこととなる。審理の結果、Yに代金支払を求める仲裁判断が出された場合には、日本とミャンマーは両者ともニューヨーク条約の加盟国であるから、この仲裁判断をミャンマー裁判所は原則として承認・執行すべきこととなろう。

イ　日本と中国における仲裁判断の承認

　日本と中国は、互いの国における判決は、上記(2)ア(イ)のとおり、相互の保証が欠けるため承認を得ることができない。しかし、日本と中国は、仲裁判断の承認・執行に関するニューヨーク条約に加盟しているので、日中間の仲裁判断の承認・執行については、同条約を優先して適用してその承認・執行を決することになる(ニューヨーク条約の締約国は他のニューヨーク条約の締約国の仲裁判断を承認・執行する義務がある)。そして、中国は、1987年の同条約に加盟後制定の民訴269条(現283条)で、「国外仲裁機構の仲裁判断は、申請により、中級人民法院が承認・執行をする」とされている。

　具体的にみると、まず、中国国際経済貿易仲裁委員会(CIETAC)の仲裁判断は、日本で執行が認められている。例えば、岡山地判平成5年7月14日判時1492.125〔27819998〕は、「本件仲裁判断の承認及び執行については、日中貿易協定及びニューヨーク条約が適用され(右条約7条1項により、日中貿易協定が優先的に適用されると解される部分は右協定が右条約に優先する。)、その限度において民事訴訟法は適用されないと解される。

　ところで、ニューヨーク条約3条は仲裁判断が拘束力を持つ要件を指定するとともに、右要件を具備したならば、当該仲裁判断はその判断が援用される領域の手続規則に従って執行するものと規定し、日中貿易協定8条4項は

両締約国は、仲裁判断について、その執行が求められる国の法律が定める条件に従い、関係機関によって、これを執行する義務を負うと規定している。右各規定に照らすと、ニューヨーク条約及び日中貿易協定上、外国仲裁判断の承認、執行の手続は、その判断が援用される国の法律に従うことで足り、それ以上に右各規定が仲裁判断の執行手続につき関係国共通の基準を定めているものではないと解される」と判示し、本件仲裁判断はニューヨーク条約及び日中貿易協定に照らし有効であるので、日本法により本件仲裁判断に基づく強制執行を許可するとした。

逆に、日本の仲裁機関における仲裁判断、例えば日本商事仲裁協会の仲裁判断も、ニューヨーク条約により中国で承認・執行が認められる（上海市第一中級人民法院〔2002年1月16日〕、福建省福州市中級人民法院〔2004年4月24日〕）。

● (適用除外)

第2条 この条約は、次の売買については、適用しない。
 (a) 個人用、家族用又は家庭用に購入された物品の売買。ただし、売主が契約の締結時以前に当該物品がそのような使用のために購入されたことを知らず、かつ、知っているべきでもなかった場合は、この限りでない。
 (b) 競り売買
 (c) 強制執行その他法令に基づく売買
 (d) 有価証券、商業証券又は通貨の売買
 (e) 船、船舶、エアクッション船又は航空機の売買
 (f) 電気の売買

Article 2

This Convention does not apply to sales:
 (a) of goods bought for personal, family or household use, unless the seller, at any time before or at the conclusion of the contract, neither knew nor ought to have known that the goods were bought for any such use;
 (b) by auction;
 (c) on execution or otherwise by authority of law;
 (d) of stocks, shares, investment securities, negotiable instru-

　　　　　ments or money;
　(e)　of ships, vessels, hovercraft or aircraft;
　(f)　of electricity.

1　売買の「性質」による本条約の適用除外
(1) 消費者売買の適用除外（本条(a)）

　本条(a)は、国内法の消費者保護法の適用を優先するために、「個人用、家族用又は家庭用に購入された物品の売買」には、本条約の適用はないことを原則とする。「個人用、家族用又は家庭用に購入された物品の売買」とは、物品の性質は問題とされず、買主の購入時における使用目的によって判断される。そのため、通常は消費者が購入する物品であっても営業用に購入された場合には、本条約が適用される。

　これに対し、通常は営業用に使用される物品であっても、個人用、家族用又は家庭用に購入された場合には、本条約は適用されないのが原則である。ただし、例外として、「売主が契約の締結時以前に当該物品がそのような使用のために購入されたことを知らず、かつ、知っているべきでもなかった場合」（本条(a)2文）には、その物品売買契約に本条約を適用することとしている（曽野＝山手・国際売買 47-48 頁）。例えば、CLOUT190 は、イタリアの輸入車を扱うオーストラリアの売主（被告）は、スイスの買主（原告）に対してランボルギーニ・カウンタックを売却したが、売主は買主にその自動車を引き渡すことができなかった事案について、自動車は個人用に購入されたものであるから、本条(a)1文に従い、本条約は適用されないとした。なお、傍論であるが、裁判所は、仮に売主が「当該物品がそのような使用のために購入されたことを知らず、かつ、知っているべきでもなかった」という事実（本条(a)2文）が売主によって証明されていたら本条約が本件に適用され得たと指摘している。

> **訴訟物**　　X の Y に対する売買契約に基づく代金支払請求権
> 　＊米国の X 会社は日本に常居所（10 条(b)）を有する Y との間で、本件物品（業務用冷蔵庫）を〇万円で売買する契約を締結した。本件は、X 会社が Y に対し、本条約に基づいて代金の支払を求めたところ、Y は、本件売買は、Y における個人用、家族用又は家庭用に購入された物品の売買である

から本件売買には本条約の適用はないと主張し、これに対し、X会社は契約の締結時以前に本件物品がそのような使用のために購入されたことを知らず、かつ、知っているべきでもなかったので、本条約の適用があると主張した事案である。

請求原因 1　XはYとの間で、本件物品（業務用冷蔵庫）を○万円で売買する契約を締結したこと

（消費者売買）

抗　　弁 1　本件売買物品（業務用冷蔵庫）は、Yの個人用、家族用又は家庭用に購入されたものであること
　　　　　　＊業務用冷蔵庫であっても、家庭用として備え付けて使用する人はいるであろう。

（売主の善意・無過失）

再 抗 弁 1　Xは契約の締結時以前に本件物品がそのような使用のために購入されたことを知らず、かつ、知っているべきでもなかったこと
　　　　　　＊この再抗弁が認められなかったときは、請求原因1の売買契約には本条約の適用はなく、法廷地である日本（設例凡例2参照）の法適用通則7条又は8条を介して、例えば我が国民法、消費者契約法の適用を受けることとなる。

(2)「競り売買」の適用除外（本条(b)）

　競り売買は、公開買付け又は売却であって、事前に一般に通知され、物品は最高値をつけた者に落札・売却される。競り売買は、準拠国内法の特別な準則の対象となっており、落札者の営業所が異なる国に所在する場合でも、これらの準則の対象とするのが適切だからである（事務局注釈9頁）。

(3)「強制執行その他法令に基づく売買」の適用除外（本条(c)）

　裁判上又は行政上の強制執行その他法令に基づく売買は、通常その権限に基づき強制執行による売買が行なわれた国において、特別な準則によって規律されているから、この条約の適用範囲から除外している。そのうえ、このような売買は、国際取引において重要ではなく、純粋な国内取引といえるからである（事務局注釈9頁）。

2 売買の「物品」による本条約の適用除外
(1)「有価証券、商業証券又は通貨の売買」の適用除外（本条(d)）
　有価証券、商業証券又は通貨の売買は契約条件の交渉可能性がないこと及び売買方法とその効果が各国の特別法に服しているため、この条約の適用範囲から除外している。ところで、船荷証券も訳文の「有価証券」に含まれるかのようである。しかし、「有価証券」に対応する条約中の文言は、negotiable instrument であって、船荷証券は negotiable instrument ではなく、(d) の対象とはならないから、本条約が適用される。
(2)「船、船舶、エアクッション船又は航空機の売買」の適用除外（本条(e)）
　船、船舶、エアクッション船又は航空機の売買は、物品売買に限っておらず、法体系により、不動産売買と同一視されたりする。また、登録要件の対象ともされており解釈上の疑義が生じるので、この条約の適用範囲から除外された（事務局注釈 10 頁）。
　CLOUT1115 は、ロシアの組織とカナダの会社が、廃船になったディーゼル潜水艦の形で海の金属くずを売買する契約を締結し、ロシア法に組み込まれた本条約が適用されるかが争点となった事案であるが、契約の目的物に関して、「廃船になった」という記述は、潜水艦が軍艦であるという状態でなくなったことを意味し、船舶としての状態でなくなったわけではないので、ロシア海軍によって廃船にされたとしても、船舶であるとみなされるとし、潜水艦が浮かんでいられる以上、そのためには外部装置の補助が必要であっても、それは船舶であるとみなされるとしたうえで、本条(e)によって、本条約は適用されないとした。
(3)「電気」の適用除外（本条(f)）
　電気の供給契約は、国ごとに特別な条件が付されていることが多いため、本条約の規定が適合しないと考えられるからである。

● (製作物供給契約、役務提供契約)

第3条
　　(1)　物品を製造し、又は生産して供給する契約は、売買とする。ただし、物品を注文した当事者がそのような製造又は生産に必要な材料の実質的な部分を供給することを引き受ける場合は、この限りでない。
　　(2)　この条約は、物品を供給する当事者の義務の主要な部分が労働

その他の役務の提供から成る契約については、適用しない。

Article 3

(1) Contracts for the supply of goods to be manufactured or produced are to be considered sales unless the party who orders the goods undertakes to supply a substantial part of the materials necessary for such manufacture or production.

(2) This Convention does not apply to contracts in which the preponderant part of the obligations of the party who furnishes the goods consists in the supply of labour or other services.

---

1 製作物供給契約

本条(1)本文は、買主の注文に従って、売主が製造し又は生産する物品の売買には、既製品の売買に対するのと同様に、本条約の規定を適用することを定める。これに対し、本条(1)2文は、物品の製造又は生産に必要な材料の実質的な部分について、買主が売主(製造者)に供給することを引き受ける契約を、本条約の適用範囲から除外することを定める。このような契約は、物品売買契約というより、むしろ役務又は労働を供給する契約に近いことから、本条(2)の基本準則と平仄を合わせて、本条約の適用範囲から除外するものである。例えば、CLOUT105は、オーストリアの会社がかつてのユーゴスラビアの会社に対し、ブラシとほうきを注文し、オーストリアの会社が注文した物品の製造のための材料を提供することになっていた事案であるが、物品を注文した買主が、物品の製造に必要な材料の実質的な部分を供給し(本条(1))、物品を引き渡す売主の義務は主に労働と役務の供給からなっていた(本条(2))のであるから、本条約は適用されないと認定した。

訴訟物	XのYに対する売買契約に基づく代金支払請求権

＊日本のX会社はベトナムのY会社に本件物品(木工家具)を売買する契約をしたとしてその代金の支払を、(専属的管轄の合意により日本の裁判所に)求めたところ、Y会社は、本件契約の目的物たる物品の製造又は生産に必要な材料の実質的な部分(紫檀材)をX会社に支給しており、本条(1)2文により本条約の適用除外に当たると主張した事案である。

* Yの適用除外の主張が認められると、本件契約は、例えば請負契約としての性質を有することになろうが、それに適用される法律は、契約当事者間で準拠法の合意がない場合は、法廷地における国際私法によって選択される準拠法ということになる（これは裁判所の所在国が異なれば準拠法も異なる可能性があることを意味し、法的な予測可能性を確保するためには、契約において準拠法を定めておくことが望ましい）。
* 法適用通則8条は、当事者による準拠法の選択がない場合について規定する。同条1項は、「前条の規定による選択がないときは、法律行為の成立及び効力は、当該法律行為の当時において当該法律行為に最も密接な関係がある地の法による」と定めて「最密接関係地法」の原則を採り、同条2項は「前項の場合において、法律行為において特徴的な給付を当事者の一方のみが行うものであるときは、その給付を行う当事者の常居所地法（その当事者が当該法律行為に関係する事業所を有する場合にあっては当該事業所の所在地の法、その当事者が当該法律行為に関係する2以上の事業所で法を異にする地に所在するものを有する場合にあってはその主たる事業所の所在地の法）を当該法律行為に最も密接な関係がある地の法と推定する」と定めて、最密接関係地法を特徴的給付の理論によって推定することとしている。「特徴的給付」とは、ある契約を他の種類の契約から区別する（特徴付ける）基準となる特徴的な給付を当事者の一方のみがする場合に、その当事者の所在地をその契約と最も密接に関係する地と解するものである（小出邦夫『逐条解説法の適用に関する通則法〈増補版〉』商事法務（2014年）108頁）。
* 本件の場合、特徴的給付は、Xの物品の製作・引渡しという給付である（この点は契約の法的性質が売買であれ請負であれ変わらない）。したがって、本件においては、その契約交渉や締結がベトナムで行なわれた等の特段の事情が存しない限り、特徴的給付をする当事者であるのでXの営業所の所在地である日本の法律が適用されることになる。
* 最密接関係地法の推定に関しては、その推定を根拠付ける事実及び推定を覆す事実についての主張・立証の問題がある。この点について、職権探知が妥当するとの見解もあるが、権

利関係を基礎付ける事実の収集について弁論主義が採られている以上、連結点確定のための前提となる事実の認定についても当事者の主張・立証によるべきであり、その主張・立証によって認定した事実に基づき裁判所が職権で準拠法を判断するべきとする見解もある。裁判実務は、法律行為における当事者の意思や不法行為における原因事実発生地につき、それらが事実問題であって、当事者の主張・立証を要するとしている（小出・前掲108頁参照）。

請求原因 1　XはYとの間で、本件物品を〇万円で売買する契約を締結したこと
　　＊本条約には、我が国民法555条のような売買契約の成立によって発生する権利・義務についての包括的な条文が置かれていない。それでも、売買契約に基づく代金支払請求権の発生原因事実が請求原因1のとおりでよいと考えられることについては、23条の解説2を参照されたい。

（製作物供給契約）

抗　弁 1　YはXに対し、本件物品の製造又は生産に必要な材料の実質的な部分を供給することを引き受けたものであること
　　＊物品の「製造又は生産に必要な材料の実質的な部分を供給することを引き受ける場合」には、物品の引渡義務により加工のための役務の提供の面が重要な部分であることが明らかになる。
　　＊本条に基づく適用除外の要件である「物品を注文した当事者Yによって材料の重要な部分を供給することを引き受ける場合」であることの立証責任は、適用除外を主張する当事者Yが負うことになる。なお、Xが主張する売買契約が実際は製作物供給契約であるというYの主張は、抗弁でなく、積極否認であるとする見解もあり得る。

2　役務提供契約

　売主が機械の売買を合意し、併せてその機械を工場で稼働できる状態で設置することやその据付けの監督を引き受ける場合がある。このような場合に、機械の売買が契約の主要な部分であって、それに比して設置据付け等が二次的であるから、もちろん、本条約の適用がある。CLOUT26は、ホテル建設に利用される資材の提供及び取付けに関する契約の事案であるが、本条

約は契約締結前に買主の国であるユーゴスラビア及び売主の国であるオーストリアにおいてそれぞれ発効しおり、さらに、役務の提供が売買に対して二次的であることは契約の文言から明らかであるので、当該契約は本条約の適用範囲内であるとしている。しかし、本条(2)は、このような程度を越えて、売主の義務の「主要な部分」が労働その他の役務の提供からなる場合には、そのような契約に対してはこの条約が適用されないと規定する。つまり、役務的要素の強い混合契約は、本条約の適用対象から外れる。下記の2つの設例のほか、フランチャイズ契約、リース契約等も売買以外の要素が支配的であるので、本条(2)によって本条約の適用外となろう。

訴訟物 XのYに対する売買契約に基づく代金支払請求権
*日本のX会社が米国のY会社に対し、本件機械を売ってY会社工場内に設置し技術者1名を1年間派遣してY会社独自で操作できるように指導する総額1億円（うち機械の代金4,000万円）の契約を締結した。本件は、X会社がY会社に対して、機械の売買契約に基づいて4,000万円の支払を求めたところ、Y会社は、本件契約は機械の売買単独で契約したものではなく、その操作の技術指導を受ける部分に重点があるので（6,000万円）、本条(2)によって本条約の適用はないと主張した事案である。

請求原因 1 XはYとの間で、本件機械を4,000万円で売買する契約を締結したこと

（役務提供契約）

抗弁 1 請求原因1の契約は、それに加えて、XがY工場内に本件機械を設置し技術者1名を1年間派遣してY独自で操作できるように指導することも、その代金6,000万円で契約内容となっていたこと
*本条(2)は、役務の提供が「主要な部分」であるか否かの判断を、当事者が1つの契約で物品の供給と役務の提供を結合している契約についてのみ求めている。そのため、物品の供給と役務の提供が密接な関係にない場合には、別個の契約として扱い、物品の供給についてのみ条約が適用される余地がある。また、両者は密接な関係にあるが、役務の提供が契約の「主要な部分」ではないため、本条(2)により条約の適用対象となる場合には、物品の引渡しについての契約違反が契

約全体の解除を正当化するか否かという問題が生じ得る（曽野＝山手・国際売買 53-54 頁）。

訴訟物　　XのYに対する売買契約に基づく代金支払請求権
　　　　＊日本のX会社は米国のY会社に本件物品を売買する契約をしてその代金の支払を本条約に基づいて求めたところ、Y会社は、本件売買契約は物品の売買が含まれるものの、物品を供給するX会社の義務の主要な部分が労働その他の役務の提供からなる契約（下記抗弁1のようなフルターンキー契約）であって、本条(2)により本条約の適用除外に当たる売買契約であると主張した事案である。
　　　　＊Yの適用除外の主張が認められると、本件契約は、例えば請負契約としての性質を有することになろうが、それに適用される法律は、国際私法によって選択される準拠法ということになる。

請求原因　1　XはYとの間で、本件物品を○万ドルで売買する契約を締結したこと

（役務提供契約）

抗弁　1　請求原因1の契約は、プラント輸出のフルターンキー契約（設計から機器・資材・役務の調達、建設及び試運転までの全業務を単一のコントラクターが一括して定額で、納期、保証、性能保証責任を請け負う契約）の一部を構成するものであること
　　　　＊本条(2)に基づく適用除外についての立証責任は、役務からなる売主Xの義務が支配的部分であることを、適用除外を主張する買主Yが負うことになる。本条(2)は、本条(1)とは書き振りが異なるが、本条約の適用がない旨を主張する当事者が立証責任を負うことは同様であると解される。
　　　　＊「フルターンキー契約」とは、プラントの錠（キー）を回せば稼動できる状態で買主に引き渡すところから生じた名称である。
　　　　＊CLOUT881は、ゴミの分別工場プラントのデザイン、引渡し、組立て及び作動が対象となった契約について、契約で定められている組立て、調整及び作業訓練（研修）並びに同様の作業工程は、合意された履行の本質的部分を構成するもの

であって、物品と金銭を交換することに関わる関係よりもむしろ参加と援助をするという相互的な義務の網を構成するフルターンキー契約には、本条(2)によって、本条約は適用されないとしている。
 ＊抗弁1の事実が認められると、本件契約は本条約の適用外となるが、多くの場合、プラント輸出契約は詳細な契約書式が使用されるので、実務的にも本条約を適用する必要性は低い。なお、Xが主張する売買契約が実際は役務提供契約であるというYの主張は、抗弁でなく、積極否認であるとする見解もあり得る。

3 販売店契約・代理店契約

　販売店契約（distributorship agreement）や代理店契約（agency agreement）が「売買契約」に含まれるかが、問題とされることがある。販売店契約や代理店契約は、いわゆる枠契約（framework contract）であって、個別具体的な売買契約ではないから、本条約の適用はないのが原則である。CLOUT420は、定まった価格での特定の量の物品の売買を規定していない代理店契約には、本条約の適用はないとしている。しかし、多くの販売店契約には、個別売買契約に関する事項が規定されており、販売店契約に基づき、商品を買主に売り渡す義務が製造業者に認められる条項が置かれている場合があり、枠契約と個別売買契約の両者の差は微妙である。

● (条約の規律する事項)

第4条 この条約は、売買契約の成立並びに売買契約から生ずる売主及び買主の権利及び義務についてのみ規律する。この条約は、この条約に別段の明文の規定がある場合を除くほか、特に次の事項については、規律しない。
　(a)　契約若しくはその条項又は慣習の有効性
　(b)　売却された物品の所有権について契約が有し得る効果

Article 4

This Convention governs only the formation of the contract of sale and the rights and obligations of the seller and the buyer arising from such a contract. In particular, except as otherwise expressly provided in

this Convention, it is not concerned with:
  (a) the validity of the contract or of any of its provisions or of any usage;
  (b) the effect which the contract may have on the property in the goods sold.

1　条約の規律する事項

　本条は、この条約の適用範囲を、本条約に別段の明文の規定がある場合（特に以下に挙げる2及び3の場合を含む）を除いて、売買契約の成立並びに売買契約から生ずる売主及び買主の権利及び義務に限って規律することを定めている。しかし、どこまでが、契約の成立の問題であり、どこからが無効・取消しかという効力の問題であるのかは、各国の法制度により大きく異なる。例えば、契約の錯誤の問題を契約不成立として扱う国もある。以下述べるところは、あくまで、我が国の法制からみた切分けである。その切分けの結果、契約の有効性の領域の問題については、本条約においては解決することができないのであって、その領域の問題については、法廷地の国際私法を介した準拠法によることとなるのである（その場合の予測可能性を高めるためには、準拠法を指定しておく必要がある）。

　以下においては、本条約が規律していない領域を、「契約若しくはその条項……の有効性」、「慣習の有効性」、「売却された物品の所有権について契約が有し得る効果」の3つに分けて検討する。

2　本条約が規律しない「契約若しくはその条項……の有効性」（本条(a)）
(1) 原則

　本条約は「契約若しくはその条項……の有効性」には関与しない。例えば、我が国民法における当事者の制限行為能力に基づく取消し、心裡留保による無効、虚偽表示による無効、錯誤による取消し、詐欺による取消し、強迫による取消し、公序良俗違反による無効（90条）、無権代理による無効などに該当する問題は、法廷地の国際私法により指定される国内法による解決が図られる。

ア　公序良俗違反

　本条約は、国内法の公序良俗違反の効力の問題は規制対象外としている。したがって、公序良俗違反については、国際私法によって日本法が準拠法と

なる場合は、民 90 条が適用される。

| 訴訟物 | X の Y に対する売買契約に基づく代金支払請求権 |

＊米国の X 会社は日本の Y 会社に本件物品を売買する契約をしたとしてその代金の支払を求めたところ、Y 会社は、本件物品が禁制品である化学的成分を含んでいること（公序良俗違反）が判明し、本件契約は無効であると主張した事案である。

＊本件契約が無効であるとする契約の有効性に関する Y の主張は、本条約が定めるところではないので、それに適用される法律は、国際私法によって選択される準拠法ということになる。日本の民法が準拠法となると、民 90 条の要件が充足されているかが問題となる。

| 請求原因 | 1　X は Y との間で、本件物品を〇万ドルで売買する契約を締結したこと |

（公序良俗違反）

| 抗弁 | 1　請求原因 1 の本件物品が禁制品である化学的成分を含んでいること |

イ　強行法規違反

外為法のような経済統制を目的とする国内法の違反や、特定の物品や動物の取引を規制する条約ないし強行法規については、以下の 2 番目の設例が示すとおり、もともと売買取引の効力には関係しない問題としてとらえられることになろう。

| 訴訟物 | X の Y に対する売買契約に基づく物品引渡請求権 |

＊本件は、中東の締約国の X 会社が日本の Y 会社に対して売買契約に基づいて本件物品（石油掘削用の極厚の鋼管）の引渡しを求めたところ、Y 会社が外為 48 条に基づく経済産業大臣に対する本件物品の輸出申請に対してミサイル発射管に転用される可能性があるとして不許可となったことを抗弁として主張した事案である。

| 請求原因 | 1　Y は X との間で、本件物品を〇万円で売買する契約を締結したこと |

（強制法規違反）

抗　弁　1　Yが外為48条に基づく経済産業大臣に対し本件物品の輸出申請をしたこと
　　　2　抗弁1の申請は、ミサイル発射管に転用される可能性があるとして不許可となったこと

＊外為48条1項は、「国際的な平和及び安全の維持を妨げることとなると認められるものとして政令で定める特定の地域を仕向地とする特定の種類の貨物の輸出をしようとする者は……経済産業大臣の許可を受けなければならない」と定め、これについて、69条の6は、同条項の規定による「許可を受けないで同項の規定に基づく命令の規定で定める貨物の輸出をした者」（1項2号）は、「7年以下の懲役若しくは700万円以下の罰金に処し、又はこれを併科する」ことになる。この抗弁事実については、本条約が定めるところではなく、法廷地の裁判所の国際私法による準拠法が定める国内法の適用判断によることとなる。

＊最判昭和40年12月23日民集19.9.2306〔27001237〕は、1950年施行の旧外為法についてであるが、「同法は本来自由であるべき対外取引を国民経済の復興と発展に寄与する見地から過渡期的に制限する取締法規であると解せられるのである。……これに違反する行為は刑事法上違法ではあるが、私法上の効力に何ら影響がないといわなければならない」と判示する。このように、外為法をはじめ、輸出入に関する公法は、国家の外交政策としての特定国・地域との取引制限や、経済政策としての取引方法や決済手段の制限を過渡期的に定めている取締法規である。強行法規としての外為法が存在しても、私法上の売買契約は有効に成立しており、したがっていったん成立した契約上の売主と買主との債権債務関係も有効に存在している。つまり、売主は買主に対して履行（船積み）をする義務を有し、買主は履行を請求する権利を有する。売主が履行地の法により契約の履行に至らない場合は、買主が売主の契約不履行により被った経済的な損害を売主は賠償する責めを負うことになろう（なお、その場合は、損害賠償請求権という別の訴訟物となるが、79条（免責）の適用の有無が問題となり、売主の立場としては免責を確実にす

るためには免責約款が必要となろう）。

ウ　代理

　代理による効力の問題も本条約の規制対象ではなく、本来は国内法による解決にゆだねられるはずである。申込みの相手先について、代理人が契約当事者であるか否かで争われている事件においては、その判断に8条が適用され、あるいは、国内法の補充による判断がされており一定しない。

　8条が適用されたものとしては、書面と状況から判断して被告は代理人ではなく売主本人と認定した（CLOUT416）。さらに、販売店ではなく製造業者を契約当事者と認定したスイスの判決（CLOUT334）などがある。これに対し、国内法の補充によったものとしては、商事代理人についての判断をオーストリア法の代理法に求めたもの（CLOUT239）がある。

　ただし、代理人の悪意ないし善意有過失が本人に帰することができるか否かについては、79条の範囲において、第三者の行為に関する帰責につき妥当する原則に従い決定される。

エ　原始的不能

　本条約は、原則として無効の問題を適用の対象としない。ただし、本条約の規制が国内法の無効の問題に取って代わっている限り、これらの規定は適用されるべきではない。

　例えば、68条3文は、不能の給付を対象とする契約もまた有効であることを前提としている。また、79条(1)は、原始的不能の給付をも規制の対象に含んでいる（79条の解説1参照）。したがって、国内法の規定の適用はここでは排除される。

オ　契約の取消し

　本条約は、原則として契約の取消しの問題を適用の対象としない。例えば、詐欺や強迫を理由とする取消しについては、国際私法によって準拠法となる国内法に従って判断される。ただし、目的物の性質や契約相手の支払能力に関する錯誤については、これを理由として取消しを認める国内法の規定（平成29年改正後我が国の民法95条）は本条約によって排除されると解するのが一般である。これらの事由（契約で合意された品質の物品を給付する義務）については、45条及び71条(1)で排他的に規制しているからである（それ以外の錯誤の場合には、適用される国内法に従い取消しが可能である）。このような場合に、本条約における救済手段と並んで錯誤取消しが可能であるとする見解もあるが、そう解すると、国内法が同一の事実に対し、より広範囲にわたる別の法的効果を与え得ることとなり、統一化という本条

約の目的に反することとなろう。

訴訟物 XのYに対する売買契約に基づく代金支払請求権
＊米国のX会社は日本のY会社に本件物品を売買する契約を締結してその代金の支払を求めたところ、Y会社は、本件契約はX会社の詐欺行為によるものであるとして取消しを主張した事案である。
＊本件契約の詐欺取消しという契約の有効性に関するYの主張に関しては、本条約が定めるところではないので、それに適用される法律は、国際私法によって選択される準拠法ということになる。日本の民法が準拠法となると、民96条の要件が充足されているかが問題となる。

請求原因 1 XはYとの間で、本件物品を○万ドルで売買する契約を締結したこと

（取消し）

抗弁 1 Xの代表者Aは、請求原因1の売買契約の申込みをするに際し、Yの代表者Bに対し、欺偽行為をしたこと
2 Bは、抗弁1のAの行為によって錯誤に陥ったこと
3 Bが抗弁2の錯誤に基づいて請求原因1の売買契約の承諾の意思表示をしたこと
4 YはXに対して、抗弁3の売買契約の承諾を取り消す意思表示をしたこと
＊改正民法95条1項は、錯誤による意思表示を取り消し得るものとしている。

カ 標準約款

売買契約のように定型的な契約は、反復的使用のためにあらかじめ準備された標準約款が用いられることが多い。本条約は、標準約款の使用によって生ずる問題に関して規定を設けていない。

(ｱ) 標準約款の契約への組込み

標準約款の有効性の問題は、まず、その前提として、これがいかに契約の一部として組み込まれるかという問題があるが、これについては標準約款についての国内法の適用を否定し、当事者の意思表示に関する解釈問題として、本条約（第2部の規定と8条の解釈原則）を適用して判断されるのが一般である。

(イ) 組み込まれた約款の有効性

いったん契約に組み込まれた標準約款についての有効性の問題については、本条約の範囲外となっており（4条(a)）、国際私法の準則により決定される国内法で判断されることになると思われる。我が国民法は、平成29年民法改正に際し、新たに定型約款（民548条の2ないし548条の4）の規定を置いた。

しかし、標準約款の有効性の問題も本条約による判断がされたとみる余地がある場合もある。例えば、標準約款が相手方当事者の言語に翻訳されていない場合の効力についても、8条が判断基準とされることがある。例えば、交渉がイタリア語でされた売買契約において、ドイツ語で記載された売主の責任を限定する標準約款が無効とされ、買主から権利譲渡されたリース会社の売主に対する売買代金の返還及び損害賠償請求を認容し（CLOUT345）、意思表示の到達を規定する24条により、当事者によって合意された言語で、以前の取引において当事者に使用され又は取引における慣習として用いられていない限り、標準約款は相手方に「到達」してはいないが、状況から被告は通知についての確認義務があったとして請求を認容した例がある（CLOUT132）。これに対して、標準約款の曖昧さについて、「一般原則」によりこれを使用する側の当事者に不利に解釈されるべきであるとし、家具の契約への不適合を理由とする売買代金請求を認めなかったもの（CLOUT165）がある。

キ 時効

時効は、本条約の規制対象ではない。本条約にも、39条(2)などいくつかの除斥期間の規定が含まれているが、あえて時効の規定が置かれなかったのは、時効については1974年の「国際物品売買における時効に関する条約」の対象にされていたからでもある。したがって、同条約に加盟していない限り（加盟国は多くない。先進国では米国が1994年に加盟している）、時効に関する問題は、国際私法が指定する国内法によることとなる。

(2) 本条約の規定が契約の有効性に関する国内法上の準則と矛盾（抵触）する場合

本条約の規定には、契約の有効性に関する国内法上の準則と矛盾（抵触）する疑義が生ずるものもある。有効性（validity）という概念自体が本条約と国内法との間で統一されていない以上、このような事態が生じることは避けられない（法体系によっては、一定の物品売買契約については、書面要件は、契約の有効性の問題とされている）。有効性に関する規定の抵触が疑われる場合には、用語の表面的な意味に拘泥することなく、各々のルールがど

のような役割を果たしているかに着目して「別段の明文の規定」の存否を考える必要がある。そして両者が矛盾（抵触）する場合には、本条約の準則が適用される。

　上記の矛盾（抵触）の可能性がある本条約の規定として、特に契約の方式の自由を定める11条が議論される。同条によれば、本条約が適用される契約は、原則としていかなる方式要件にも服しないこととしている（換言すれば、いかなる方式によっても有効であることを意味する）からである。

　ところで、方式自由の原則を定める11条は、締約国が96条に基づく方式留保を宣言している場合には制限される。留保が宣言されており、当事者のいずれかの営業所がその留保宣言国にある限り（12条1文）、留保国の裁判所、及び他の締約国の裁判所は、方式についてどちらの国内法を適用すべきかを、それぞれの国際私法に従って判断しなければならない。その結果、留保宣言国の法が適用されることになる場合には、裁判所は通常、そこにおける方式規定を顧慮しなければならない。

　なお、米国統一商事法典においては、第2-201条は、5,000ドル以上の売買契約は、書面によらなければならないとしている。しかるに、米国は本条約12条及び96条による留保宣言を行なわなかった。その理由は、当事者が書面を要件とすることを望む場合には、契約でその旨を定めることができるからであるとされている。

3　本条約が規律しない「慣習の有効性」（本条(a)）

　慣習の有効性についても、本条約は規律しておらず、国内法にゆだねられる。すなわち、ある慣習が国内法の強行法規に違反する場合には無効と判断され得る（例えば、ある慣習が公序良俗違反等によってその効力を認め得ないか否かは、国内法の判断による）。ただし、ある国際的慣習が国内法の定める方式規定に反する場合については、96条による方式留保がなされていない限り、11条の方式自由の原則が妥当するため、国内法の適用は排除される。

　なお、慣習の有効性の問題とは異なって（有効性の問題をクリアした段階では）、慣習の規範的効力ないし規範的意義（慣習にいかなる役割を担わせるか）については9条、8条(3)が定める（曽野＝山手・国際売買57頁）。

4　本条約が規律しない「売却された物品の所有権について契約が有し得る効果」（所有権の移転）（本条(b)）

　本条(b)は、本条約は売買の対象となった物品の所有権の移転を規律する

ものではないことを明定する。これは、例えば、所有権の移転のために別個に実際に契約を必要とするドイツ法と、原則として売買契約が成立したときに所有権が移転する英仏法との相違を統一することは事実上困難であるし、統一する必要性もないからである（事務局注釈 15 頁）。本条約が所有権の移転自体を本条約が定める必要性がないとしたもう 1 つの理由は、一部の法体系で所有権の移転と結び付けられている契約上の問題について、所有権の所在を経由しない基準を設けたからである。つまり、第三者の権利から自由な物品を移転する売主の義務、代金を支払う買主の義務、物品の滅失・損傷の危険の移転物品を保存する義務などの問題について、本条約は、所有権の所在を経由しないで定める方策（narrow issue approach）を採っている。

42 条及び 43 条は、売主の義務として、第三者の請求権の対象とならない物品を引き渡さなければならないとしているが、これは債権法上の観点から定められた義務であり、本条と矛盾するわけではない（曽野＝山手・国際売買 58 頁）。

5 本条約の規制外か否かが問題となるその他の領域

本条 2 文の「とりわけ」(in particular) とう文言は、本条約が規制しない領域が本条 2 文(a)(b)に限られないことを示している。本条の文言及び 1 文と 2 文の原則・例外関係からみて、本条約は、実質的な売買法及び契約の成立以外の問題を規制の対象としないことが明らかである。本条 2 文(a)(b)が明示す領域のほかに、公法や手続法に関する問題は当然対象外であるが、以下、民商事に関係する本条約の対象外か否かが問題となるその他の領域の問題をいくつかみることとする（注釈Ⅰ〔高嶋英弘〕46-49 頁）。

(1) 契約締結上の過失

契約締結段階で物品の品質に関する説明・情報提供義務違反があった場合、買主は「契約締結上の過失」として、売主に対して損害賠償を求めることができるかが問題となる。原則としては、契約締結上の過失に基づく法的救済手段は、問題が本来の売買契約上の義務、とりわけ売買目的物の品質や法的瑕疵の不存在に関連している限り、本条約の救済手段と競合して適用されてはならない。本条約が、物品の品質等に関する契約不適合について規律をしていることから、その救済は専ら本条約によることとなり、国内法の下での契約締結上の過失理論に基づく責任追及は認められないというべきである。

(2) 履行

履行については、本条約は明文規定を置いていない。そのため、例えば、

CLOUT7は、ドイツのファッション小売業者とイタリアの服飾製造業者が、「Autumn goods, to be delivered July, August, September＋－（7月、8月、9月＋－に引き渡されるべき秋物）」仕様としてファッション物品についての売買契約を締結し、9月26日に売主が最初の引渡しをしようとした際、買主は物品の受領を拒否し、引渡期間の満了を主張し、10月2日に送り状を返送した。当事者は、付加的要素（＋－）についての意味を争った事案について、裁判所は本条約を売主の国の法として適用したが、履行の問題についての欠缺を埋めるためにドイツの国内法も考慮し、引渡しは合意された引渡期間内に提供されたと判断し、売主の代金支払請求は正当であるとした。

　法理を離れて、実務的に考えた場合、国際売買契約においては、当事者が契約において、履行の内容（履行期・品質数量・価格・引渡時期及び方法・代金決済の方法など）を具体的に定めることが通例である（CLOUT7のような紛争はまれであろう）。そうでなければ、国際売買契約においては当事者が履行に向けて具体的な行動を開始することすら難しいであろう。履行に関する法の後見的役割は小さい。履行についての規定が存在しないことが、本条約の大きな欠点ということではあるまい。

(3) 相殺
ア　自働債権と受働債権がともに本条約が定めるものである場合
　相殺については本条約に規定がない。そのため、国際私法により準拠法とされる国内法により相殺の可否が決定されると解する見解が有力である。しかし、自働債権と受働債権がともに本条約が定めるものである場合（本条約に服する契約関係から生じた2つの金銭債権が対立している場合）に限っては、58条、81条(2)、84条(2)などを根拠として（これらの法条を「根拠」とすることができるのは、7条(2)を介するからである）、本条約の規制内容として（本条約の規制対象外として、国際私法による準拠法となる国内法によることなく）相殺が可能であると解すべきであろう。

訴訟物　　　XのYに対する売買契約に基づく代金支払請求権
　　　　　＊イタリアのX会社は日本のY会社との間で、新築のホテルに据え付けるドア200個を600万円で売買する契約を締結した。ドアは引き渡され、Y会社によって取り付けられた。その後、引き渡されたドアのうち、20個に不具合が発見された。X会社は、不具合のあったドアを新しいドアと交換することに合意し、新しいドアは後にY会社によって取り

付けられた。本件は、X会社がY会社に代金の支払を求めたところ、Y会社は、20個のドアの取外し及び新たなドアの取付費用50万円との相殺を主張した事案である（CLOUT125）。なお、X会社とY会社は日本法を準拠法とすることに合意していた。

請求原因 1　XはYとの間で、新築のホテルに据え付けるドア200個を600万円で売買する契約を締結したこと
＊本件売買契約には、本条約が適用される（1条(1)(a)）。なお、日本法が準拠法とされるが、それによっても、その日本法には本条約が含まれている。

（相殺）

抗弁 1　XからYに対しドアは引き渡され、Yによって取り付けられたこと
2　引き渡されたドアのうち、20個に不具合が発見されたこと
3　Xは、不具合のあったドアを新しいドアと交換することに合意し、新しいドアは後にYによって取り付けられたこと
4　Yは、20個のドアの取外し及び新たなドアの取付けに費用として50万円かかったこと
＊本条約には、売主が欠陥ある物品を引き渡した際の交換費用の補償に関する明文規定は存在しない。しかし、48条(1)の趣旨によれば、Xは交換費用を負担しなければならないと解される。
5　YはXに対して、Yの代金支払債務とXの費用負担義務とを対等額で相殺する意思表示をしたこと
＊上記後説によれば、Yの代金支払債務とXの費用負担義務がともに本条約の定める債務であるから、本条約による相殺が認められる。上記前説によれば、本条約は相殺についての条項を含んでいないので、法廷地の国際私法（法適用法）によることとなるが準拠法である日本法（民505条）によると、抗弁1ないし5の事実によってその要件事実は充足されており、相殺ができることになり、結論は変わらない。

イ　受働債権が本条約によるものでない場合
　本条約に服する契約関係から生じたものではない債権が受働債権として相殺に供される場合には、その相殺の許容性は国際私法の指定する国内法によ

り判断されることになる。例えば、日本のY会社は米国のX会社が製造するエンジンを同社との独占的販売契約に基づき日本国内で販売していたが、X会社はY会社に対し売買契約により引き渡した個別のエンジンの代金の支払を求めたところ、Y会社はX会社がより高性能のエンジンの供給を拒絶したことが販売店契約違反に当たるとして発生した損害賠償請求権とX会社が求める代金債務との相殺を主張した事案である。この場合、枠契約としての販売店契約と個別エンジンの個別の売買契約とは別のものである。個別の売買契約の代金の支払請求権は53条により認められるが、本条約は販売店契約を定めておらず、それは国際私法の下での準拠法により規律されるべきものである。なお、ユニドロワ国際商事契約原則を7条(1)の「一般原則」に読み込む見解によれば、この場合における相殺は、同原則第8.1ないし5によって認められることになろう。

(4) 債権譲渡、債務引受け、重畳的債務引受け、契約による第三者への権利設定

　本条約には、債権譲渡に関する規定が存在しないので、法廷地の国際私法を通して国内法が適用される。債権譲渡に限らず、債務引受け、重畳的債務引受け、契約による第三者への権利設定についても同様である。

　ドイツの国際私法を適用して、イタリア法を準拠法とし債権譲渡を認定した事例（CLOUT132）がある。また、CLOUT269は、保険者は事故から生じた損害賠償を求めて運送人を訴えた事案であるが、請求は第三者によって保険者に譲渡された権利を含むものであったが、第一義的には、本条約の条項がこの場合関連していないとされた。すなわち、一般的には、本条約は物品の売買に適用されるが、本件で紛争となっている事案は運送契約に関するものであり、それは条約の範囲外であり、また、仮に、条約が本件契約に適用されるとしても、請求権の譲渡、法の作用による譲渡、及び第三者による損害賠償請求権の実現は、条約によって規定されるものではないとしている（1条、4条）。

(5) 立証責任
ア　本条約の規定の立証責任

　本条約中、立証責任の所在を文言上明示する規定は、79条(1)のみである（if he proves that）。そのため、本条約の各個別の規定の立証責任を、本条約自体が定めているかが問題となる。この点は、肯定すべきである。なぜならば、立証責任を明定するのは79条(1)に限られるが、①条文によっては、一定の証明責任分配を前提としていると解釈することができること、また、②立証責任の分配は実体法と密接に関わっており、立証責任につき国内法を

適用するのは、各国の国内法の独自性からみて実際的ではないからである。①の具体例をみよう。例えば26条であるが、契約が成立していることによりその効果を主張する者の相手方が同条所定の事実の立証責任を負うと解される。44条の「合理的な理由」は「必要とされる通知」と代替する要件であるから、「必要とされる通知」の立証責任を負う者が「合理的な理由」の立証責任を負うと解される。75条においては、契約価格と代替取引の価格との差額の立証責任を負う者は、当然損害賠償請求権を行使する者が立証責任を負うと解される。本書は、各条文について、その立証責任の所在を検討するものである。②について補足すると、立証責任について国内法を適用するとしても、それは法廷地の国際私法を介することになるが、7条(2)によれば、国際私法の適用はなるべく避けることが要請されていることにも沿わない。

イ　立証責任の分配

　本条約が立証責任を広く定めているとの見解を採るとき、個々の規定に関する具体的な立証責任の分配及びその分配基準が問題となる。これは、基本的には、本条約の規定自体の構造・原則例外関係から導き出すべきである。例えば、解除の効果（81条）を主張する者は、解除の要件事実を立証すべき責任を負うべきであり、物品の返還不能による解除権の喪失の効果を主張する者は82条(1)に該当する要件事実の立証責任を負う。さらに、82条(2)に該当する要件事実は、解除の効果を主張する者が立証責任を負うと解される。この立証責任の分配は、81条と82条の構造の対比から導き出すことができるであろう。ただし、この作業に際しては条文の文言が重要な基準ではあるが、それのみで決定されるわけではない（注釈Ⅰ〔高嶌英弘〕49頁）。ほかに考慮すべき要素としては、条文の位置、条文相互の関係など構造的な側面が基本であるが、立証の難易など総合的な判断によって、立証責任は決定されると考える。

ウ　本条約における「但書」

　我が国においては、立証責任の分配については、法律要件分類説が通説・判例であるが（司法研修所編『〈増補〉民事訴訟における要件事実第一巻』法曹会（1986年）5-11頁）、法律要件分類説においては、条文の本文と但書によってその立証責任の負担を当事者に振り分ける基準の1つであるといわれる。本条約の条文においても、本文・但書の書き分けが行なわれている。本条約の外務省の公式訳文で、「但書」として訳されている文言は、unless, provided that, however, exept の4つであり、その内容は、次のとおりであると考えられる。

(ア) unless

　unless は、2 条(a)、3 条(1)、21 条(2)、25 条、46 条(1)、62 条、66 条において、いずれも「ただし、……この限りでない」と訳されている。我が国におけるこの「但書」は、本文に対する例外規定として用いられ、本文の立証責任を負う者とは相対する当事者が「但書」の立証責任を負うとされている。

　また、unless は、28 条、46 条(3)、において、「……を除くほか」と訳されている（28 条は立証責任とは無関係）。この「A 場合を除くほか B」の構造は、B が原則で A がその例外であることを示すが、A と B の立証責任を負う者は異なる。

(イ) provided that

　provided that は、18 条(3)、42 条(1)、73 条(2)、86 条(2)、87 条、88 条(1)、90 条、94 条(3)において、「ただし、……に限る」と訳されている（90 条と 94 条は、立証責任とは無関係であると解される）。我が国におけるこの「但書」は、本文に付加する要件を示すものとして用いられ、本文と「但書」の立証責任を負う者は同じものとされている。

(ウ) however

　however についての訳文は多様である。34 条、37 条、48 条(1)において「ただし、……権利を保持する」、41 条において「ただし、……次条の規定によって規律される」、47 条(2)、63 条(2)において「ただし、……権利を奪われない」、29 条(2)、50 条において「ただし、……（場合には、）……できない」、76 条(1)において「ただし、……適用する」と訳文上は区々の表現が採られている。この however については、その本文（に該当するものを含む）との立証責任の関係は、各条項ごとに検討することとする。

(エ) except

　except は、35 条(2)(b)2 文において、「ただし、……この限りではない」と訳されており、その主張・立証責任は、上記(ア) unless の場合と同様に解される。

6　本条約の定めていない事項の規律を補充する準拠法を定める条項

　本条約の定めていない事項の規律を補充する準拠法条項について、吉川英一郎「CISG 下における準拠法条項ドラフティング」同志社商学 63 号 4 号（2012 年）60 頁は、次のとおりの指摘をする（1 条の解説 4(3)参照）。

(1) 本条約が適用される場合であっても、本条約が定めていない事項（例えば、本条所定の契約・慣習の有効性及び所有権に対する効果、死亡傷害に関する売主の製造物責任に関する5条等）には本条約の適用はあり得ない。したがって、準拠法条項は、本条約の適用範囲外の事項に関する基準を指定する意味がある（準拠法が指定されていない場合は、本条約の適用範囲外の事項に対する基準は、法廷地の国際私法の適用により決定される）。例えば、以下は、原則として本条約を指定し、本条約射程外の事項には日本国法を指定する準拠法条項である。

「本契約自体の諸規定により明示的にも黙示的にも解決が得られない本契約関連問題は、以下のA及びBによって支配されるものとする。
A 国際物品売買契約に関する国際連合条約（以下「CISG」という）によって、及び
B 問題がCISGによってカバーされない範囲に限っては日本国法を参照することによって」

(Any questions relating to this Contract which are not expressly or implicitly settled by the provisions contained in the Contract itself shall be governed:
A by the United Nations on Contract for the International Sale of Goods (Vienna Convention of 1980, bereafter referred to as CISG), and
B to the extent that such questions are not covered by CISG, by reference to the laws of Japan.)

(2) また、当該契約自体や将来の紛争の各論点が本条約の適用範囲内であるか否かが、契約締結の時点では明確に判断できない状況にある場合、後日、本条約が適用されないと判断されるときに備えて、補充のための基準を指定することができる。

● (人身損害についての適用除外)

第5条 この条約は、物品によって生じたあらゆる人の死亡又は身体の傷害に関する売主の責任については、適用しない。

Article 5
This Convention does not apply to the liability of the seller for

death or personal injury caused by the goods to any person.

1 人身損害についての適用除外
(1) 適用除外の理由
　本条は、物品によって惹起された人の死亡又は身体的傷害に関する売主の責任については、本条約が適用されない旨規定している。除外対象とする製造物責任による人的損害については、それを契約責任とするか不法行為責任とするかなど、以下2でみるように、各国法の相違が大きく、これを条約として統合し立法化するのは時期尚早とされ、各国の製造物責任法制による処理を優先するため除外されたものである。
(2) 製造物（生産物）責任の準拠法
　本条によって除外された領域の問題は、国際私法によって定まる準拠法によって解決されることになる。法適用通則18条は、製造物責任（同条は、製造物責任法にいう「製造物」以外に、未加工の農水産物や家屋などの不動産も対象とするため、「生産物」責任としている）について不法行為の特則を定めている。生産物責任の準拠法は、「被害者が生産物の引渡しを受けた地」の法である（法適用通則18条本文）。生産物責任事件では、生産物が転々流通するために、不法行為の原則的な準拠法である結果発生地法（同法17条本文）の適用は生産業者にとって予測が難しく、また、加害行為地法の適用（同条但書）も加害行為地自体の特定に困難があることから、生産物責任について特則を設けたものである。「生産物の引渡地法」の適用は、被害者保護の観点から、被害者とより密接な関係にある法を適用するという考慮に基づいている。
　他方で、生産物が本来予定された市場とは全く別の国で市販され、被害者に引き渡された場合のように、その国での引渡しが生産業者にとって通常予測できないときは、引渡地法ではなく、「生産業者等の主たる事業所の所在地の法」によるとしている（同法18条但書）。

2 各国の製造物（生産物）責任
(1) 米国
　米国においては、消費財の欠陥により消費者が被害を被った場合の救済として、1960年代から「厳格責任」（Strictliability）の考えが裁判に取り入れられた。厳格責任とは、①消費者（原告）に損害が発生したこと（損害の発

生)、②製品に欠陥があったこと（欠陥の存在）、③損害が製品の欠陥によって生じたこと（因果関係の存在）の3要件を消費者が立証すれば、製造業者や販売業者（被告）の過失を立証することなく、賠償責任を認めるというものである。

遡ると、20世紀初頭までは当事者間に直接の契約関係（売買契約）が必要であったが、1916年のニューヨーク州最高裁の判決（Mac Pherson 対 Buick Motor Co. 事件）を契機に、①製品の欠陥、②加害者の過失（欠陥の見落とし）、③その損害と欠陥の因果関係、の3点を原告が証明できれば原告適格が認められるという原則が確立された。その後、製品の高度化、複雑化に加えて、様々な販売経路を経て消費者に届くようになり、例えば製品の欠陥事故において、製造者が設計・製造段階でその欠陥の存在を技術的に知り得たということ（過失の存在）を、原告の消費者が立証するのは困難になった。そこに、1963年にカリフォルニア州最高裁のグリーンマン事件（家庭用電動工具のPL訴訟）において、初めて上記の厳格責任を適用した画期的判例が出された。すなわち原告側の立証責任から、②加害者の過失の証明が外されたのである。これは、その後1965年の第2次不法行為法リステイトメントで402A条として採用された（以上の米国の動きは、欧州にも影響を与え、欧州でも厳格責任導入の機運が高まっていった）。

その運用の中で、厳格責任は過失責任（行為時での危険性の認識ないし認識可能性が要件の1つであり、行為時の技術水準では危険が予見できなかったことの抗弁が許される）と異なり、生産者の行為でなく生産物の客観的状態を問題にするので、販売時の技術水準では認識できなかった危険性についても生産者は責任を負うとの補強がされた。しかし、この考えでは、生産者は危険性について販売時にいかに調査をしても責任を免れないので、安全な生産物の設計や使用の指示・警告を行なおうとする動機付けがなくなり、新製品開発の意欲も損なわれる。

このため、製造物（生産物）責任法の明確・均一化を期して、1998年に第3次不法行為法リステイトメントが作成され、「製造上の欠陥」について厳格責任が維持されたが、「設計上の欠陥」と「警告上の欠陥」については過失と同様に扱うという修正、すなわち設計・警告上の欠陥に関しては、予見可能な損害の発生する危険性を合理的に回避できたのに、それをしなかったことを要件とすることになった。

(2) EU諸国

EUでは、域内の競争条件を一定に保つために1985年に生産物責任に関する指令が作成され、各構成国はその内容を実施する国内法を制定してい

る。指令によると、生産物責任は生産物の欠陥に基づく責任であり（1条）、過失は文言上、要件でない。生産物はあらゆる動産であり（2条）、農産物も含まれる（農産物について当初認められた構成国のオプションは、1999年の指令改正により廃止された。例えばドイツは、指令の実施法である1990年施行の生産物責任法が、農産物も含む改正がされた）。生産者や輸入者等が基本的な責任主体であるが、生産物の供給者も例外的に責任を負う場合がある（3条）。開発危険の抗弁を免責事由（7条）として認めるか否かは、各構成国のオプションである（15条(b)）。また構成国は責任限度額を定め得る（16条）。

指令による法調和は生産物責任の主要事項に及ぶものの、各構成国の法の全体を個別にみないと、各国の生産物責任の実際はわからない。というのは、指令は実施法以外の各構成国法中の生産物責任に関する法の適用を必ずしも排除しないからである（13条）。例えば、ドイツでは、指令に基づく生産物責任法の制定以前から、一般の不法行為法であるドイツ民法823条1項の過失を推定し、立証責任を生産者側に転換する最高裁判例の確立により、独自の生産物責任判例法理が展開されていた。

(3) 日本

製造物責任法（1995年施行）は、製造物責任を認めるための要件を、①製造物（2条1項）の欠陥（3条、2条2項）、②損害の発生（3条）、③欠陥と損害との間の因果関係（3条）とし、製造業者等の過失を要件としない。また、①免責事由（開発危険の抗弁等。4条）、②請求期間制限（5条）の抗弁を定めている。

製造物には、自然の農産物は含まれない（2条1項参照）。「欠陥」とは、「当該製造物の特性、その通常予見される使用形態、その製造業者等が当該製造物を引き渡した時期その他の当該製造物に係る事情を考慮して、当該製造物が通常有すべき安全性を欠いていること」である（2条2項）、一般に①製造上の欠陥、②設計上の欠陥、③指示・警告上の欠陥が含まれる。なお、欠陥は製造物の安全性に関するものであるから、製造物の品質や性能の瑕疵は欠陥でない（中国工場で製造した冷凍餃子への毒物混入事件に関連して販売中止や回収の措置が採られた同工場製造の別の毒物の混入のない冷凍食品について、取引観念上商品価値がなくなったので債権法改正前民法570条の瑕疵担保責任の「瑕疵」はあるが、毒物の混入がない冷凍餃子には、身体・生命・財産に被害を生じさせる客観的な危険性がないので製造物責任3条、2条2項の「欠陥」があるとはいえない（東京地判平成22年12月22日判タ1382.173〔28173991〕）。

また、製造物責任を負う主体は、①製造業者、加工業者、輸入業者（2条3項1号）、②表示製造業者（同2号）、③表示実質的製造業者である（同3号）。輸入業者は、被害者が海外の製造業者を訴えることが困難であり、かつ、欠陥製品を国内市場の流通に置いた点で製造業者と同じであること、製造業者や輸出業者との契約によって責任の転嫁や求償権の確保等の対策をとり得ることから責任主体とされている。単なる販売者は、欠陥発見の期待可能性がないことや被害者は契約責任の追及が可能であることから、原則として同法上の責任主体から除外されている。被害者は加害者に対して、製造物責任法に基づく請求のほか、過失が証明できるときは、不法行為に基づく損害賠償請求権（民709条）を行使できる（製造物責任6条）。この場合、製造物責任法上の責任主体や請求期間などについての制限の適用はない。

3　物的損害

本条によって適用が除外されているのは、製造物責任の人の死亡又は身体的傷害に関する側面だけで、財産に対する損害は除外されていない。つまり、物的損害に関する売主と買主の間の契約事項については、本条約の適用があり得る。これは、我が国においては、一般に積極的債権侵害とされる問題（不完全履行時に、債務者（売主）が注意義務などを怠ったために、債権者のもともとあった財産などに損害を与える）である。

> **訴訟物**　XのYに対する売買契約の目的物不適合に基づく損害賠償請求権
> ＊日本の製造業者Y会社が韓国のX会社に業務用の機械を売却したが、その機械に隠れた瑕疵（契約不適合）があったため、X会社の工場において使用中その機械は爆発し、X会社の従業員が負傷するとともに、工場の他の機械にも損害が生じた。本件は、X会社がY会社に対して、74条に基づいて爆発した機械と工場内の他の機械への損害に限って賠償を求めた事案である。
>
> **請求原因**　1　YはXとの間で、業務用の機械を〇万円で売買する契約を締結したこと
> 2　YはXに対し、業務用の機械を引き渡したこと
> 3　Xの工場において使用中その機械は契約不適合（隠れた瑕疵）により爆発したこと
> 4　請求原因3の爆発により工場内の他の機械が全壊したこと

            5　爆発した機械と他の全壊した機械の時価直前の時価
　　　　＊XはYに対して、74条に基づいて爆発した機械の時価の賠償を請求できることはもちろん、その契約不適合の機械に基づき生じた他の機械の損傷（全壊）についてもその損害の賠償を求めることができる。

(合理的な期間の経過)
抗　弁　1　Xが物品の不適合を発見し、又は発見すべきであった時から合理的な期間が経過したこと
　　　　＊買主Xが不適合を発見すべきであった時点は、不適合の態様によるが、適切な検査によって発見できたような不適合である場合には、38条の定める物品検査期間が満了した時点である。他方、検査をしなくても明らかな不適合については、引渡し時である。
　　　　＊買主Xが不適合を発見し、若しくは発見すべきであった時からの「合理的な期間」は、目的物の性質、瑕疵の性質、当事者の置かれた状況、関連する取引慣習などを考慮して判断される。

(通知)
再抗弁　1　XはYに対して、合理的な期間内に不適合の性質を特定した通知を行なったこと
　　　　＊買主Xが行なうべき不適合の通知は、不適合の性質を特定して行なわなければならない（39条(1)）。

(除斥期間)
抗　弁　1　Yに物品が現実に交付された日
　　　　2　抗弁1の日から2年以が経過したこと
　　　　＊39条が、買主Xが物品の不適合を発見し又は発見すべきであった時から合理的な期間内に、かつ、物品が現実にXに交付された日から2年以内に、売主に対し不適合の性質を明確にした通知を行なわなかった場合には、Xは、物品の不適合に基づいて援用し得る権利を失う旨を規定している。

● (条約の適用排除、任意規定性) ════════════════

第6条　当事者は、この条約の適用を排除することができるものとし、第12条の規定に従うことを条件として、この条約のいかなる規定も、

その適用を制限し、又はその効力を変更することができる。

Article 6

The parties may exclude the application of this Convention or, subject to article 12, derogate from or vary the effect of any of its provisions.

1　本条約の任意規定性
　本条は、本条約の任意規定性を定める。すなわち、当事者は、「この条約の適用を排除することができ」るし、また、12条の規定に従うことを条件とするが「この条約のいかなる規定も、その適用を制限し、又はその効力を変更することができる」と定める。以下、分説する。

2　本条約の適用排除と準拠法条項
　当事者の営業所が異なる国にある場合の物品売買契約については、1条(1)(a)又は(b)に該当する限り、本条約の規定が適用される。しかし、本条は、本条約の規定が任意規定であることから、当事者は契約の準拠法として、この条約以外の法を選択することで、この条約の適用を排除することができる。国際物品売買契約に対する本条約の適用の排除の合意は、訴訟中など契約締結後でもできる（CLOUT278）。
(1)　単純な準拠法条項
　まず、「本契約は日本法によって支配され解釈されるものとする（This agreement shall be governed by and construed in accordance with the laws of Japan.)」という単純な準拠法条項がある。この条項であると、指定された日本法が、本条約を含む日本法の法体系全体なのか、日本固有の（本条約を含まない）ローカル法なのかという問題が生じる。前者と解するのが通説の立場（本条約は、加盟すると国家法の一部になってしまうので、単に「国家法」によるという表現では不十分だからである）である。
　これを具体例でみると、例えば、CLOUT630は、スイスの売主と米国の買主との間の売買契約では、契約に基づいて売主が物品を引き渡したが、買主が代金を支払わなかったので、売主が仲裁を申し立てた事案であるが、売買契約には「本契約の成立、解釈と履行に関するすべての事項にはスイス法を適用する」という準拠法条項があったことから、チューリッヒの国際商業会議所・国際仲裁裁判所における仲裁廷の仲裁判断は「本条約はスイスの実

体法規定の一部を構成する」として本条約を適用している。これに対して、CLOUT92は、イタリアの売主と日本（当時、本条約の締約国ではなかった）の買主との間で締結された皮革・衣料の売買契約について、「排他的にイタリア法に準拠する」という条項を含んでいた。仲裁廷は、日本がいまだ本条約に加盟していないことを考慮して、また、その契約自体が専らイタリア法に準拠していることからも、契約に本条約が適用されないことを多数決で決定した（その理由は、両当事者によるイタリア法の選択は本条約の黙示の排除（本条）である）。仲裁人の1人は異議を唱え、本条約が適用されるべきであるとした（その理由は、イタリア法の選択は1条(1)(b)に従って本条約を適用することを両当事者が意図していたことを裏付けており、本条に従った宣言ではないとする）。

　以上のような紛れをなくすためには、次の(2)ように本条約の適用排除の合意と準拠法の指定に言及することが考えられる。
(2) 条約の適用排除の合意と準拠法の指定
　上記(1)の紛れを一掃するための準拠法条項として、当事者が契約に本条約が適用されることを希望せず、日本法の売買法が適用されることを望む場合には、契約にその旨を明文で規定する必要がある。「本契約は、国際物品売買契約に関する国際連合条約（CISG）の適用を排除し、日本法を準拠法とする」("This agreement shall be governed and interpreted in accordance with the laws of Japan, excluding the United Nations Conventionon Contract for the International Sale of Goods (CISG).") という条項を契約に入れるべきである。これによって、本条約の適用を排除して、日本法を準拠法とすることができる（一般論としてこのような準拠法条項を入れることができるのは、例えば高い競争力のある物品の製造メーカー（日本）が買主の要請に応じて売買契約を締結するような場合である）。このように、本条約を排除する条項と並んで、準拠法条項が存在すれば、後者によって指定される準拠法による（法適用通則7条）。

　本条約は、直接適用可能な（「自動執行力」のある）条約であり、また当事者がいずれも締約国に営業所を有する場合には、原則として直接適用される。他方で、本条約は、契約に当たっての当事者自治の原則を前提としており、当事者は本条約の適用を排除し（本条）、いずれかの国家法を準拠法として指定できる。

　ところで、特定の国の法を選択することが本条約の適用を黙示的に排除することになるとしても、それだけでは、本条約の適用を排除するという明確な意思表示を証するものとはならないこと、また、当事者間で適用法につい

て日本法を選択するとしても、一般的に、本条約の異なる締約国における当事者間の契約には、本条約が適用されることとなっており、本条約の適用を排除する旨を契約当事者間で示す明確な文言がない場合には、準拠法の選択は本条約の適用を排除するという主張としては認められない。なお、当事者が非締約国法の適用を合意している場合には、明示的に本条約の適用が排除されたことになると解されている（CLOUT278）。

(3) 本条約の適用排除する条項のみで、準拠法の指定がない場合

本条約の適用を排除する条項はあるが、準拠法に関する指定がなければ、一定黙示の意思が探求され、それでも準拠法合意が確認できない場合、我が国の法適用通則法によれば、最密接関係地法による（同法8条1項）。最密接関係地法の推定則として、特徴的給付の理論が定められており（同条2項）、典型的な売買契約の場合、売主の事業所所在地法が最密接関係地法の推定を受ける。ただし、推定であるので、事案の状況からより密接な関係を有する地が存在する場合、その地の法による。我が国の法適用通則法上、明示の準拠法合意がない場合の準拠法確定は、上記のように柔軟性を有している。具体的妥当性には資するが法的安定性を欠く面もある。そのような状況下で、本条約を排除したにもかかわらず、明示の準拠法合意をしないことは、およそ実務的ではない。また、日本企業は、準拠法合意において日本法を指定することが考えられるが、単に日本法とするのみにとどまらず、日本法に基づく具体的な条項を含めた詳細な契約書の作成が必要となろう。

3 条約中の一部の規定の適用制限又はその効力変更

当事者は、本条約の任意法規性の現れの1つとして、本条約の規定とは異なる解決を定める条項を採用することによって、この条約の適用を一部排除し、また、この条約のいかなる規定もその適用を制限し、若しくはその効力を変更することができる。実務的な観点からすると、条約締約国の企業間の物品売買契約で事前の合意がない場合には、自動的に本条約が適用されることになるので、適用を除外したい本条約の規定については、契約書の中で確認する必要がある。

唯一の例外は、書面性も要求しない方式自由の原則が、書面を要求する旨を留保した締約国にいずれかの当事者が営業所を持つ売買契約の場合には働かない（曽野＝山手・国際売買60-61頁）。すなわち、12条は部分的な排除及び変更の対象とすることはできない。12条は方式自由を定める11条に対する留保宣言を定めた96条に関する私法上の効果規定であって、96条は本条約の「第4部　最終規定」（89条ないし101条）に属する。本条約の最終

規定は、国際公法に属するものである。
　なお、本条約がその制定過程で各国の意見対立を調整するため、open-ended な抽象的な表現（reasonable, preponderant, substantial 等）が多用される結果となっており（要件事実論的な表現をすれば、評価的要件や規範的要件が多い）、裁判所におけるその文言の解釈について予測可能性が高いとは言い切れない。このリスクを回避するためには、本条に従って、契約書で具体的な規定を置く必要は高いといえよう。

4　インコタームズの採用
　国際商業会議所（ICC）が作成したインコタームズは、あくまで民間の団体が作成した貿易取引条件の解釈に関する統一規則であって、それ自体が直ちに法として機能するものではない。それは、例えば、契約当事者が「本契約で使用される FOB、CIF などの貿易条件はインコタームズ 2010 規則により解釈され、支配されるものとする」("The trade terms such as FOB, CIF, etc. as used in this contract shall be construed and governed by the INCOTERMS 2010.") というインコタームズを採用する合意条項を契約中に入れることによって、その内容が適用されることになる。
　インコタームズの内容は、貿易取引で FOB、CIF 等の定型貿易条件（Trade Terms）が使用される場合、その条件が定める物品引渡しについての売買契約当事者の費用負担、商品引渡場所、危険の移転、売主、買主の権利、義務、他の事項の解釈についての統一規則である。1936 年に公表されて以後、幾次の改訂を経て、2010 年改訂版が最新のインコタームズである。
　なお、インコタームズは売買契約に基づく売主、買主の義務を定めた規則であって、運送契約に基づく運送人と荷送人、荷主間の責任分担を規律するものではない。その具体的内容については、第 4 章「危険の移転」の冒頭の解説 4 を参照されたい。

第 2 章　総　　則

　第2章「総則」は、全体を通じて適用される解釈や契約方式自由に関する原則や定義を定める。まず、本条約の解釈・補充原則となる7条で信義則と一般原則を定め、行為や契約の解釈・補充原則となる8条では主観的基準や客観的基準を示し、総合判断の重要性を規定しているほか、契約の解釈・補充に用いられる慣習や慣行の効力については9条が定める。次に、本条約の適用範囲を明確にするために、1条(1)にいう「営業所」について10条が置かれている。さらに、契約の方式自由の原則に関して、11条、12条、13条の規定を置いている。

● (条約の解釈及び補充)

第7条
 (1)　この条約の解釈に当たっては、その国際的な性質並びにその適用における統一及び国際取引における信義の遵守を促進する必要性を考慮する。
 (2)　この条約が規律する事項に関する問題であって、この条約において明示的に解決されていないものについては、この条約の基礎を成す一般原則に従い、又はこのような原則がない場合には国際私法の準則により適用される法に従って解決する。

Article 7

　(1) In the interpretation of this Convention, regard is to be had to its international character and to the need to promote uniformity in its application and the observance of good faith in international trade.

　(2) Questions concerning matters governed by this Convention which are not expressly settled in it are to be settled in conformity with the general principles on which it is based or, in the absence of such principles, in conformity with the law applicable by virtue of the rules of private international law.

1　条約の解釈
(1) 解釈に当たっての国際性
　本条(1)の定める国際性からみて、法廷地における裁判所は、当然のことではあるが、本条約の解釈に関する他の締約国の判例や仲裁判断なども考慮する必要がある（CLOUT547 においては、本条に関する統一的な解釈の必要性を強調している）。
(2) 解釈に当たっての信義則
　本条(1)の信義則は、本条約の解釈の統一性など国際的な性格を有する。また、我が国民法1条2項（信義則）が強行規定で適用法規であるのに対し、本条(1)は、任意規定としての解釈原則である。
　本条の信義則を具体化する本条約中の規定として、事務局注釈20頁は、次のアないしキを指摘したうえで、さらに信義則はこれらの例にとどまらず、本条約の規定の解釈及び適用のすべての局面に適用されるとしている。
ア　16条(2)(b)（相手方が申込みを撤回することができないものであると信頼したことが合理的であり、かつ、当該相手方が当該申込みを信頼して行動した場合には、申込みは、撤回不能である）
イ　21条(2)（通信状態が通常であったとすると期限までに申込者に到達したであろう状況の下で発送された、遅延した承諾の効力を規定する）
ウ　29条(2)（合意による変更又は終了を書面によって行なうことを必要とする旨を定めた契約の条項について、当事者がこの条項に依拠することができない場合があり得る）
エ　37条及び48条（物品の不適合を追完する売主の権利）
オ　40条（物品の不適合が、売主が知り、又は知らないことはあり得なかった事実であって、売主が買主に対して明らかにしなかったものに関するものである場合には、売主は、買主が38条及び39条に従って不適合の通知を行なわなかったという事実を援用することができない）
カ　49条(2)、64条(2)及び82条（契約解除権の喪失）
キ　85条から88条まで（物品保存のための措置を採る義務を契約当事者に課す）
(3) 我が国民法1条2項の信義則との比較
　我が国民法1条2項における信義則は、同条3項の権利濫用と同時に、一定の権利の存在を前提として、一般条項として権利を制約する機能を有することが強調される。しかし、本条の信義則は国際的な法統一を考慮して本条約を「解釈」する点で機能するものであり、我が国民法の信義則規定（民1条2項）が強行規定であって事案に対して適用されることを原則とするものと

は異なる。なお、本条は本条約全体の解釈に関わるため、当事者間合意で個別排除してもその適用を完全に排除できるか否かには疑問もある。

2　本条約を補充するための一般原則

本条(2)は、条約中に明示的解決基準がない場合には、直ちに国際私法の準則により適用されることとなる法規による解決をするのではなく、それに先立って、本条約の基礎にあると考えられる一般原則に従うべきことを定める。

本条約の基礎にある一般原則としてユニドロワ国際商事契約原則が挙げられる。これは、私法統一国際協会（UNIDROIT）が国際商事契約のための一般的準則を定めるために作成したもので、国家法でも条約でもなく、「これは各国で行われている契約法および債権法に共通する原則を要約したともいうべきものであり、当事者の援用によりあるいは裁判官、仲裁人が法規の欠缺を補うために適用されることを目的」とするもの（高桑昭『国際商取引法〈第2版〉』有斐閣（2006年）13頁）であって、契約法規律の国際的リステイトメントといえる。しかし、同原則は詳細な規定からなっており、これをすべて本条約の一般原則に読み込むことはかえって本条約の予測可能性を低めることになり、すべて読み込むことはすべきでないと考えられる。

以上に対して、本条約に存在する具体的な規定から抽出することができる一般原則として、杉浦＝久保田・実務解説34頁は、当事者自治の原則の優越（6条）、信義の遵守（本条(1)）、表示への信頼保護（禁反言則）（16条(2)(b)、29条(2)など）、重要な局面での通知・応答・情報開示の要求（19条(2)、21条(2)、39条(1)、48条(2)、65条(2)、68条など）、当事者相互の協力義務及び損害軽減義務（54条、60条(a)、77条、85条、86条など）を挙げ、本条(1)の信義則とも重なり合うことを指摘している。

以下においては、本条約が国際物品売買という極めて商業的な色彩の強い取引に由来する(1)「合理性の原則」について、その具体的規定を挙げるとともに、(2)禁反言則において、その設例を検討することとする。

(1) 合理性の原則

ア 「合理性」の基準

「当事者は合理人（reasonable person）の標準に従って行動すべし」という原則は、本条約が基礎としている一般原則である。合理性という要件は、評価的（ないし規範的）要件であって、その評価を根拠付ける事実が主張・立証すべき要件事実となると考えられる。本条約の規定は、当事者の履行義務に関連する合理性と妥当性にふさわしい基準を設けている。条約の中の合

理性の基準の広がりを示すものとして、以下の例がある。
- ㋐ 当事者言明や相手方と行為について真意による解釈ができない場合に、相手方と「同種の合理的な者」がしたであろうという解釈によるという基準（8条(2)(3)）
- ㋑ 申込みを受けた者がそれを撤回不能と信頼したことが合理的であり、それを前提として行動した場合においては、申込みの撤回ができない（16条(2)(b)）
  これは、禁反原則の法理としても整理できる。
- ㋒ 「同種の合理的な者」によって契約違反の結果が予見できなかったという基準による契約違反の重大性の否定（25条）
- ㋓ 買主に不合理な不便や不合理な費用を生じさせない場合に、約定の時期の前における売主の交付書類の不適合の追完を許容する（34条）
- ㋔ 買主が売主の技能や判断に依存することが不合理である場合、特定の目的への適合を売主が保証することの否定（35条(2)(b)）
- ㋕ 買主に不合理な不便や不合理な費用を生じさせない場合には、引渡期日の前の引渡しに生じた不適合を売主が追完することを許容する（37条）
- ㋖ 買主が契約締結時に物品を検査する合理的な機会がない場合における物品の検査時期の延期（38条(3)）
- ㋗ 買主に合理的な理由があるときには、買主が不適合や第三者の権利・請求に関する通知を懈怠しても、代金減額権や損害賠償請求権を認める（44条）
- ㋘ 売主が「不合理に遅滞せず、かつ、買主に対して不合理な不便又は買主の支出した費用につき自己から償還を受けることについての不安を生じさせない」場合には、売主に不履行の追完を許し、買主が合理的な期間内にその要求に応じないときは、当該要求に示した期間内に履行することを売主に許している（48条(1)(2)）
- ㋙ 相手方当事者による予測される重大な契約違反に基づく契約の解除をする意図を有する当事者が、相手方がその履行につき適切な保証の提供を可能とするため「合理的な通知」を求めている（72条(2)）
- ㋚ 契約が解除されて引渡場所に時価が存在しない場合に「合理的な代替地となるような他の場所」における価格を損害賠償額計算のための市場価格とすること（76条(2)）
- ㋛ 損害額の軽減のために合理的な措置をとることを契約違反を援用する当事者に求める（77条）
- ㋜ 当事者が締結時に「合理的に当該障害を①考慮すること、あるいは②当

(七) 引渡し時に代金を支払わなければならない買主が代金を支払わない場合において、売主が占有ないし支配している物品を保存するために合理的な措置を採るべきこと（85条）
(ソ) 物品を保持しているが当該物品を拒絶する意図のある買主に物品を保存するための適切な措置を採ることを求め、かつ、合理的な費用が償還されるまで、買主は物品を保持することができる（86条(1)）
(タ) 物品を拒絶している買主に物品の占有取得義務を課す（ただし、「代金を支払うことなく、かつ、不合理な不便又は不合理な費用を伴うことなしに」できる場合に限る）（86条(2)）
(チ) 物品保存措置義務を負う当事者がそれらを相手方当事者の費用で、当該費用が不合理でない限り、第三者の倉庫に寄託できる（87条）
(ツ) 相手方が物品の取戻し代金若しくは保存行為の費用の支払を不合理に遅滞する場合は、物品を保存するための措置を採る義務を負う当事者が、相手方にその意図を「合理的に通知」することで物品売却を許容する（88条(1)）
(テ) 物品が急速に劣化しやすい場合若しくは保存に不合理な費用がかかる場合に物品を売却する「合理的な措置」を採ることを物品保存措置義務者に負わせる、また、その当事者が保存と売却に要した「合理的な費用」を留保する権利を与える（88条(2)(3)）。

イ 「合理的な期間内」

本条約においては、当事者のする行為（通知を含む）について「合理的な期間内」に行なうべきことが定められていることが、多くみることができる。この「合理的な期間内」の基準は、上記の「合理性」基準原則に含まれるの1つの類型といえるであろう。

(ア) 承諾の期間が定められていない場合、合理的な期間内に申込みに対する承諾が申込者に到達しないときには効力を生じない（18条(2)）
(イ) 引渡期日が定められておらず又は契約から決定できない場合、売主は契約締結後の合理的な期間内に物品を引き渡さなければならない（33条）
(ウ) 契約不適合の物品を受領した買主は、合理的な期間内に不適合の性質を特定して通知しなければ、契約不適合を援用することができない（39条(1)）
(エ) 第三者の権利・請求を知った時、又は知るべきであった時から合理的な

㈲ 期間内にその権利・請求に関する通知を怠った場合には、第三者の権利・請求の対象となっていない物品を受け取る権利を買主からは失う（43条(1)）
㈸ 39条の通知の際に又は合理的な期間内に不適合に関する通知がされたときに限り、売主に不適合につき代替品の引渡しや修補（修補の請求が不合理でない限り）を請求することを買主に認める（46条(2)(3)）
㈹ 売主の履行を促すために、買主は合理的な付加期間を定めることができる（47条(1)）
㈺ 売主が物品を引き渡した場合に、①売主の違反を知り又は知るべきであったときから（引渡しの遅延を除く）とりわけ、②引渡しの行なわれたことを知った時から、合理的な期間内に買主が売主の不履行に対する契約の解除の意思表示をしない限り、解除の意思表示をすることができない（49条(2)）
㈼ 買主の履行を促すために、売主は合理的な付加期間を定めることができる（63条(1)）
㈽ 買主が代金を支払った場合に、①売主が違反を知り、又は知るべきであった時、②買主に与えられた売主による付加期間が経過した時、又は③買主が当該付加期間内に義務を履行しない旨の意思表示をした時から合理的な期間内に売主が買主の契約違反（買主の履行の遅滞を除く）に対する契約の解除の意思表示をしなかった場合には、売主は解除の意思表示をすることができない（64条(2)(b)）
㈾ 売主が通知し異なった指定確定するための合理的な期間を与えたが買主が契約に従って指定を提供しない場合、又は売主の要求後合理的な期間内にしない場合には、売主が物品に関する指定ができる（65条）
㈿ 分割部分についての相手方の義務の不履行が将来の引渡部分について重大な契約違反が生じる場合には、合理的な期間内に、当事者は契約の将来の部分を解除できる（73条(2)）
㈷ 「合理的な方法で、かつ解除後の合理的な期間内に」当事者になされた代替取引の価格について契約解除による損害賠償額を設定する（75条）

(2) 禁反言の原則（エストッペル）

禁反言の原則は、一方の自己の言動・表示によって他方がその事実を信用し、その事実を前提として行動（地位、利害関係を変更）した他方に対し、それと矛盾した事実を主張することを禁じられるという法準則である。16条(2)、29条(2)は、この準則を踏まえた規定である。

訴訟物　XのYに対する売買契約の物品不適合に基づく損害賠償請

求権

＊日本のY会社はドイツのX会社との間で、圧延金属板を○ユーロで売買する契約を締結した。本件は、X会社は引渡しを受けた圧延金属板が欠陥品であることを理由に解除して損害賠償を請求したところ、Y会社は不適合通知が物品受領後直ちに行なわれなかったと主張し、これに対し、X会社が和解を目指してY会社に対し物品不適合の情報を繰り返し求めたため、将来Y会社が契約不適合の通知が遅かったなどという主張をX会社がしないものとY会社が信じたとY会社が再反論した事案である。

請求原因 1 YはXとの間で、圧延金属板を○ユーロで売買する契約を締結したこと
2 YはXに対し、圧延金属板を引き渡したこと
3 請求原因2の圧延金属板は契約不適合であったこと
4 XはYに対し、請求原因1の売買契約を解除する意思表示をしたこと
5 Xの損害及び損害額
＊Xは解除をしており、代替取引をしていないので、76条の適用を主張することができる。また、その場合、引渡しを受けた後（請求原因2）の解除であることが現れており、76条(1)2文が適用される。

（合理的な期間の経過）

抗　弁 1 Yが物品の不適合を発見し、又は発見すべきであった時から合理的な期間が経過したこと
＊39条(1)に基づく抗弁である。この期間内にXが不適合の通知をしたことは、再抗弁に位置付けられる。本件では、その通知をしていないため、それに代わる次の再抗弁が主張されたものである。

（禁反言の原則）

再抗弁 1 Xが和解を目指してYに対し物品不適合の情報を繰り返し求めたため、XとしてはYが契約不適合の通知が遅かったという主張をしないとものと信じたこと
＊禁反言の原則は本条(2)での本条約の基礎を構成する一般原則といえるから、Xの主張を認め、その結果Yには不適合による損害賠償責任があることになろう。

3 補充基準として国際私法

本条(2)は、補充基準として、上記2のとおり、まず、本条約の一般原則によって補充すべきことを定めているが、さらに、その一般原則が見当たらない場合には、国際私法の規則による準拠法によって補充すべきものとしている。

例えば、当事者間での合意成立後の一方当事者の「確認書」の取扱いに関する条文は、本条約の立法過程で見送られたため規定がない。まず、本条(2)により本条約の基礎をなすと考えられる一般原則で補充することになる。ユニドロワ国際商事契約原則を一般原則に読み込む解釈に従えば、同原則2.1.12条（確認書）は、「契約締結後の合理的期間内に送付された、契約の確認のための書面が、追加的なまたは契約内容と異なる条項を含むときは、それらの条項は契約の一部となる。ただし、それらの条項が契約を実質的に変更するとき、またはその受取人が不当に遅延することなくその齟齬について異議を述べたときはこの限りではない」と定めているが、同条により、実質的な変更を含む場合や相手方が遅滞なく異議を述べた場合を除けば契約の一部となる。これに対し、一般原則では「確認書」に関する規律は見いだせないとした場合は、国際私法の準則により適用される法に従うこととなる。裁判管轄合意が東京地裁であり、日本の国際私法（法適用通則8条1項、2項）により、最密接関係地法となるので日本民商法が補充適用されることとなると、商509条、526条の趣旨からは、受領した確認書を吟味し、必要があれば何らかの意見表明をすることが商人として要求されているため、確認書の内容が口頭の合意内容を大きく変更しており相手方が予測し得ない場合を除き、異議申立てを行なわずに沈黙していた場合には、同意の外観を生ぜしめ、受領者はこれに拘束されることになるであろう。

なお、国際私法の規則による国家法による解決は、あくまでも最後の手段であり、この解決策に安易に頼ることは避けるべきとされている。

4 本条と8条及び9条との違い

本条は本条約自体の解釈に関するものである。これに対し、8条と9条は当事者間の契約条項の解釈に関するものである。8条は契約条件を示すものとして当事者の行動と表示行為のみを扱っている。9条は、慣習のような当事者以外の事情を扱っている。

● (当事者の行為の解釈)

第8条
(1) この条約の適用上、当事者の一方が行った言明その他の行為は、相手方が当該当事者の一方の意図を知り、又は知らないことはあり得なかった場合には、その意図に従って解釈する。
(2) (1)の規定を適用することができない場合には、当事者の一方が行った言明その他の行為は、相手方と同種の合理的な者が同様の状況の下で有したであろう理解に従って解釈する。
(3) 当事者の意図又は合理的な者が有したであろう理解を決定するに当たっては、関連するすべての状況(交渉、当事者間で確立した慣行、慣習及び当事者の事後の行為を含む。)に妥当な考慮を払う。

Article 8
(1) For the purposes of this Convention statements made by and other conduct of a party are to be interpreted according to his intent where the other party knew or could not have been unaware what that intent was.
(2) If the preceding paragraph is not applicable, statements made by and other conduct of a party are to be interpreted according to the understanding that a reasonable person of the same kind as the other party would have had in the same circumstances.
(3) In determining the intent of a party or the understanding a reasonable person would have had, due consideration is to be given to all relevant circumstances of the case including the negotiations, any practices which the parties have established between themselves, usages and any subsequent conduct of the parties.

1 本条の概要

本条は、契約と契約条項そのものを解釈する準則を定めている。私的自治の原則が機能する売買契約のような取引においては、当事者の主観的な意図は尊重されなければならない。本条(1)が、「相手方が当該当事者の一方の意

図を知り、又は知らないことはあり得なかった場合（knew or could not have been unaware）」には、当該表意者の主観的な意図に従って解釈されるとする所以である。

しかし、相手方が、表意者の主観的な意図を知らず、かつ、知り得ないこともある。このような場合には、表示の客観的意味への相手方の信頼（すなわち、取引の安全）は保護されるべきであるから、本条(2)は、「当事者の一方が行った言明その他の行為は、相手方と同種の合理的な者（reasonable person）が同様の状況の下で有したであろう理解に従って解釈する」こととしている。

さらに、本条(3)は、本条(1)(2)を受けて、「当事者の意図又は合理的な者が有したであろう理解を決定する」場合の基準を定めるものである。

しかし、本条(1)(2)を主張・立証責任の面からみると、本条(2)の「合理的な者が同様の状況下で有したであろう理解」による解釈が原則であり（デフォルトルール）、合理的な者の理解を排して、表意者の主観的意図どおりに解すべきであるとするためには、表意者が本条(1)の「相手方が当該当事者の一方の意図を知り、又は知らないことはあり得なかった」という事実の主張・立証責任を負い、その立証に成功しなかった場合には、本条(2)によると解すべきである。以下では、本条(1)(2)の順に説明するが、上記のように、立証責任の観点からすると、本条(1)の立証に表意者が成功しなかったときには、本条(2)が適用されることに注意が必要である。

2 「相手方が当該当事者の一方の意図を知り、又は知らないことはあり得なかった場合」の解釈
(1) 当事者の真の意思（「誤表は害せずの原則」falsa demonstratio non nocet）

本条(1)は、本条約における当事者の意思の優位の基本的立場から、表示の内容の解釈について、相手方が表意者の主観的意図につき「悪意」又は「善意であっても重過失」がある場合は、表意者の主観的意図を決め手とすることとし、「当事者の一方が行った言明その他の行為は、相手方が当該当事者の一方の意図を知り、又は知らないことはあり得なかった場合には、その意図に従って解釈する」と定める。
(2) 本条(1)の意思解釈と心裡留保（民93条）の比較

講学上、法律行為の際に表示行為から合理的に推測される効果意思と内心の真実の効果意思とが一致しない場合における意思表示の解釈について「表示主義」（表示行為から合理的に推測される効果意思に従う）と「意思主義」

（内心の効果意思に従う）があり、伝統的に取引の安全の考慮から表示主義が通説とされている。これを前提として、改正民法93条本文は、意思表示は、表意者がその真意ではないことを知っていたときであっても、そのためにその効力を妨げられないとする。内心の意思は欠缺しているが、表意者はそのことを知って意思表示を行なっており、意思表示に対する相手方の信頼を保護すべきだからである。ただ、例外として、改正民法93条但書は、相手方がその意思表示が表意者の真意ではないこと（改正前は、「表意者の真意」）を知り、又は知ることができたときは、その意思表示は、無効とする。本条(1)が定める表意者の相手方の真意を知っている場合には表意者の表面的な言明の効果は生じない点においてはほぼ共通しているが、さらに、本条(1)は、その意図（すなわち、表意者の真意）の意思表示があったものとして取り扱う点は、民法が定めている効果を超えている（改正民法93条但書の場合は、上記のとおり、表意者の表示された意思表示を無効にできるにとどまり、真意どおりの効果を認めるわけではない）。

訴訟物　　XのYに対する物品売買契約に基づく代金支払請求権
＊米国のX会社と日本のY会社がともに時価が100万ドルであることを知っている本件物品について、X会社が誤って「10万ドル」で売るとの申込みをY会社にし、Y会社はX会社が100万ドルを10万ドルと間違って表現したことを知りながら、承諾した。本件は、X会社がY会社に対して、Y会社がX会社の意図（100万ドルで売る意図）を知っていたのであるから、契約価格は100万ドルで成立したと解すべきであるとして100万ドルの支払を求めた事案である。

請求原因　1　XはYに対し、本件物品を10万ドルで売るとの申込みをしたこと
　　　　2　請求原因1のXの申込みの意思表示について、YがXの意図が本件物品を100万ドルで売るという意思であることを知り、又は知らないことはあり得なかったことを基礎付ける事実
　　　　＊取引における私的自治は当事者の意思を前提とするので、まずは、当事者の主観的な意思が重視される。そのため、「相手方が当該当事者の一方の意図を知り、又は知らないことはあり得なかった場合」には、表意者の行為は、それを行なった者の主観的な意図に従って解釈される。しかし、「相手方が当該当事者の一方の意図を知り、又は知らないことはあり

得なかった場合」であることを表意者が立証できない限り、表意者の意図とは実際には異なるとしても、表示の客観的意味への相手方の信頼は保護され（曽野＝山手・国際売買80-81頁）、本件物品はXが「10万ドル」で売る申込みをしたものと解されることになる。
3　Yは、請求原因1のXの申込みを承諾する意思表示をしたこと

3　「相手方と同種の合理的な者が同様の状況の下で有したであろう理解」による解釈

本条(1)が適用されない場合（表意者が本条(1)の要件に該当する事実を主張・立証をせず、又はできなかった場合）には、本条(2)の客観的解釈の適用を受ける。すなわち、表意者の主観的意図について相手方が悪意又は重過失善意でなかった（軽過失又は無過失による善意であった）場合には、本条(1)は適用されず、本条(2)の適用を受けることとなる。この場合には、具体的な相手方の理解とは無関係に表示の意味は客観的に定められる。つまり、本条(2)は、当事者の一方が行なった言明や行為は、「相手方と同種の合理的な者が同様の状況の下で有したであろう理解」に従って解釈するものとしている。

| 訴訟物 | XのYに対する物品売買契約に基づく代金支払請求権 |

＊米国のX会社が本件物品について64万ドルで売る申込みをすべきところを「46万ドル」で売るとの申込みをY会社に対して行ない、Y会社はこれを承諾した。Y会社は本件物品の相場は60万ドルをした下回らないものなので、X会社の申込み金額はやや安いと考えたが、あえて安売りをしているものと考えていた。本件は、X会社がY会社に対して行なった「46万ドル」との表示は、Y会社と同種の合理的な者が同じ状況（本件物品の相場が60万円を下回らない等）の下で得たであろう理解は64万ドルであると主張して、契約価格は64万ドルで成立したとして、64万ドルの支払を求めた事案である。以下にみるとおり、X会社の請求は棄却されるであろう。

| 請求原因 | 1　XはYに対して、本件物品を46万ドルで売るとの申込みをしたこと |

＊本条(3)によれば、当事者の意図又は合理的な者の理解を決定するに当たっては、まず実際に使用された言語又は実行された行為がどのようなものであったかを検討するが、さらに事件の一切の関連した状況に適切な配慮を払わなければならない。これには、交渉、当事者間で確立した慣行、慣習及び当事者の事後の行為が含まれる。Ｘの行なった本件物品を「46万ドル」で売るとの申込みの意思表示は、Ｙと同種の合理的な者が同じ状況の下で得た理解は、その文言どおり、売値は「46万ドル」であると解することになるであろう。
　2　請求原因1のＸの申込みの意思表示について、ＹがＸの意図が本件物品を64万ドルで売るという意思であることを知り、又は知らないことはあり得なかったことを基礎付ける事実
　　　＊前記2の設例の請求原因2の場合と異なり、46万ドルという表示された本件物品の代金額が相場の価額と前記2のような桁違いではないことから、請求原因2の立証は、困難である。
　3　Ｙは、請求原因1のＸの申込みを承諾する意思表示をしたこと

4　「当事者の意図又は合理的な者が有したであろう理解」の内容を決定する基準
　本条(3)は、「当事者の意図又は合理的な者が有したであろう理解」の解釈をするために、「関連するすべての状況（交渉、当事者間で確立した慣行、慣習及び当事者の事後の行為を含む。）に妥当な考慮を払う」と規定している。本条(3)は、考慮を払うべき状況を括弧内において「交渉、当事者間で確立した慣行、慣習及び当事者の事後の行為」が含まれているが、考慮を払うべき状況は必ずしもこれらに列挙されるものに限定されない。
　本条(3)に関する設例を、以下3つ挙げたが、このほかに、「レター・オブ・インテント（LOI）」という表題の書面による取決めも、一律に法的拘束力がないとはされず、本条(3)の観点から、契約としての法的拘束力を求める事例もある（23条の解説3の設例参照）。

　訴訟物　　ＸのＹに対する売買目的物不適合に基づく代替品引渡請求権
　　　＊日本のＸ会社は、イタリアのタイルを製造するＹ会社から

タイルを継続的に買う契約を口頭で締結したが、その後、Y会社はX会社に対し、Y会社の標準注文書を送付した。その際、当事者間では同書式の裏面に印刷されていた標準取引約款（イタリア語を使用）の諸条件が当事者間の取引に適用されないことを確認したうえで、この標準注文書は4回にわたる注文で使用され、両当事者間でタイルの取引が継続された。5回目の本件売買契約においては、X会社に引き渡されたタイルの品質について争いが生じた。本件は、X会社がY会社に対してタイルの品質不良に基づいてその代替品の引渡しを求めたところ、Y会社は当事者が使用した標準注文書には、物品の欠陥に関する買主からのクレームは、物品の引渡しから10日以内に通知すべき旨が規定されているのにもかかわらず、X会社による通知はこの期間を徒過していたとY会社が主張し、これに対し、X会社はY会社の標準注文書は本件取引に適用しない旨の合意があったと反論した事案である（CLOUT222）。

請求原因 1　XはYとの間でタイルを継続的に買う契約を口頭で締結したこと
2　請求原因1の後、4回にわたる個別の売買が行なわれ、5回目に、Xの買注文でタイルを代金〇万円で売買する契約を締結したこと
3　YからXに引き渡されたタイルは、品質において粗悪で契約不適合のものであったこと
4　XはYに対して、代替品の引渡しを請求する意思表示をしたこと

（合理的な期間の経過）
抗　弁 1　XのYに対する標準注文書の裏面に印刷された標準取引約款には、物品の欠陥に関する買主からのクレームは、物品の引渡しから10日以内に通知すべき旨が規定されていたこと
2　XのYに対するタイルの引渡しから10日が経過したこと

（当事者の意図）
再抗弁 1　請求原因1の継続的売買基本契約締結後、Yから標準注文書がXに送付されたが、Xは、中小企業であってイタリア語も十分理解できないこともあり、同書式の裏面に印刷されていた標準取引約款（使用言語はイタリア語）の諸条件が当事者間

の取引に適用されないことをYに申し入れ、Yもこれを確認していたこと

＊我が国には、米国内法上の原則である口頭証拠排除原則（parol evidence rule）、すなわち、いったん書面により合意された内容について、その他の合意（例えばその書面と矛盾する口頭の了解など）を証拠として提出して、書面合意の内容が口頭了解の内容と異なるということを証明することは認められないとする原則は採用されていない。しかも、本条(3)は、「当事者の意図又は合理的な者が有したであろう理解を決定するに当たっては、関連するすべての状況（交渉、当事者間で確立した慣行、慣習及び当事者の事後の行為を含む。）に妥当な考慮を払う」としているから、本件のX会社の再抗弁は認められる余地がある。

訴訟物　　XのYに対する売買契約に基づく代金支払請求権

＊日本のX会社とタイのY会社が、X会社が引き渡す原材料を用いてY会社が製造する物品をX会社が買い入れる合意をした。Y会社が原材料の10パーセントを使用した後で、X会社とY会社の取引関係が終了し、残った原材料はX会社に返送された。本件は、X会社がY会社に対し、当初引き渡したすべての原材料の価格の支払を求めたところ、Y会社は使用した10パーセントに限られるべきであると主張した事案である（CLOUT215）。

請求原因
1　XはYとの間で、YがXから買い入れた原材料を用いてYが製造した物品をXが継続的に買い入れ、いずれの売買も円建で行なう契約を締結したこと
2　XはYとの間で、一定量の原材料を売り渡したこと
3　Yは請求原因2の原材料の10パーセントを使用してXに売り渡す物品を製造したこと
4　請求原因3のようにYが10パーセントの原材料を使用した段階で、XとY間の取引関係は終了したこと
5　請求原因2の売買の後、Yは、その時点で既にすべての原材料が使用されないであろうことを知っていたにもかかわらず、何の留保も付さずに、Xに対して送り状を送付するように求めていたこと

＊請求原因5の事実が本条(3)により考慮されると、Yは使用された10パーセントの分だけでなく、引き渡されたすべての原材料の分を支払わなければならないと考えられる。
6 請求原因2の時点におけるXがYに売り渡した原材料の市場価格は○円であったこと
＊原材料の購入価格が当事者間で定められていないとしても、55条を適用してその購入価格は定め得る。

訴訟物 XのYに対する売買契約に基づく代金支払請求権
＊日本の商社Y会社はロシアのA会社との間で、靴の売買基本契約（基本契約）を締結したが、この契約には、当事者間の紛争を日本における商事仲裁に付託する旨の仲裁条項が規定されていた。Y会社は、A会社に対する靴の供給を履行するため、イタリアの靴の製造業のX会社との間で上記基本契約の条項を前提として靴を購入する契約を締結した。日本における商事仲裁条項についてもX会社から特段の異議は出なかった。X会社は靴をY会社に供給したが、Y会社はX会社に代金を一部のみを支払った。本件は、X会社がY会社に対して、日本の裁判所に代金の支払を求めて訴えを提起したところ、Y会社は、X会社との契約においては、Y会社とA会社間の売買契約が引用され、その条項がX会社とY会社間の売買契約に包摂されているとして、日本における商事仲裁合意の存在を理由とする妨訴抗弁を主張した事案である。

請求原因 1 XはYとの間で、Xが製造した靴○足を○万円で売買する契約を締結したこと

（妨訴抗弁）
抗 弁 1 YはAとの間で、請求原因1の売買契約に先立って、靴の売買基本契約を締結したこと、及び、この契約には、「本契約から生じ又は関連するすべての争いについては、いかなる裁判所にも管轄はなく、日本における商事仲裁の仲裁規則に従って、その仲裁によって解決する」旨の仲裁条項が規定されていたこと
＊仲裁14条1項本文は、「仲裁合意の対象となる民事上の紛争について訴えが提起されたときは、受訴裁判所は、被告の申

立てにより、訴えを却下しなければならない」としている。
　また、同条1項但書の3つの事由は、それぞれが再抗弁に位置付けられると考える。
＊仲裁については、1条の解説5参照。
2　YはXに対して、請求原因1の売買契約について、抗弁1のAとの売買基本契約を適用する旨の申入れをしたこと
3　YとXとの取引の中で、製造者Xは直ちに異議を申し立てなければならない義務が生じていたことを基礎付ける事実
4　Xは、抗弁2のYの申入れに対して、直ちに返答をしなかった（異議を述べなかった）こと
＊売主Yから製造者Xに対してのA会社との売買基本契約を適用する旨の申入れに対して製造者Xが売主Yに直ちに返答しなかったことにより、売主Yの申込みは、製造者Xによって黙示的に承諾されている。18条(1)により、沈黙は、原則として承諾とはみなされないと定められているが、本条(3)の下で、当事者の間の取引の中で、製造者は直ちに異議を申し立てなければならない義務が生じている場合には、その異議申立てが遅延すると、製造者Xは売主Yの申込みを承諾したことになる（CLOUT23）。

5　「合理的な者が同様の状況の下で有したであろう理解」による解釈リスクとその回避のための特約
　本条(2)(3)の「合理的な者が同様の状況の下で有したであろう理解」による解釈は、例えば、18条(1)によれば直ちに承諾にはならない沈黙が本条文を通じて承諾と解されたり、相手方の理解できない言語で記載された契約書が無効となったり、あるいは、完全合意条項がないと契約書以外の証拠が本条(3)で考慮されたり、権利不放棄条項がないと経緯に照らして権利を放棄したものとみなされるリスクがある。
(1)　完全合意条項
ア　意義
　完全同意条項（Entire Agreement Clause）とは、当事者の合意はすべて契約書中に表示されており、それ以外の合意はないと明示する契約条項（下記設例の抗弁参照）である。契約書が完成するまでには、いくつかの交渉の過程を経、その間、申込みやレター・オブ・インテント（LOI）などの交換があったうえで最終の文書に至る。その間、当事者が提案した事項につき、

実現したもの、抹消されたもの、妥協、変更されたものがあり、その結果が契約書として結実する。完全同意条項は、最終的に契約書だけが両当事者の合意を示すものであり、従来の交渉の過程で行なわれたやり取りなどはすべてこの契約書に取って代わられている、という点を明確にする機能がある。

　6条は（12条を例外として）、条約規定の全部又は一部を当事者の任意で適用し、又は適用排除を決定できる旨を定めているため、当事者間で契約書が作成され、「完全合意条項」が明示的に規定された場合には、完全合意条項の解釈の局面において本条(3)及び11条の適用が排除されるかが問題となる。

訴訟物　　XのYに対する売買契約に基づく代金支払請求権
　　　　＊アラブ首長国連邦のX会社は日本のY会社との間で、石油〇万バレルを50万ドルで売買する契約を締結したが、その直後から石油の相場が急騰し、X会社が出荷する時点では、契約時の倍額になっていた。本件は、X会社がY会社に対して、交渉の最終局面で、石油価額が高騰した場合は、代金額を調整するとY会社が述べていたと主張して、100万ドルの代金の支払を求めたところ、Y会社は、完全合意条項が取り決められていると反論した事案である。

請求原因　1　XはYとの間で、石油〇万バレルを50万ドルで売買する契約を締結したこと
　　　　2　石油の相場が急騰し、Xが出荷する時点では、100万ドルになっていたこと
　　　　3　YはXに対し、請求原因1の契約締結直前の段階では、相場が急騰したときには、代金額を調整すると表明していたこと

（完全合意条項）

抗　弁　1　請求原因1の契約には、「本契約書は、本契約の目的に関する当事者間の合意のすべてを構成する唯一のものであり、従来の、又は現時点の、交渉、申合せの一切を無効とし、これらに優先する（This Agreement constitutes the entire and only agreement between the parties with respect to the subject matter hereof and supersedes, cancels and annuls all prior or contemporaneous negotiations or communications.）」との条項があること
　　　　＊当事者が、いったん合意したことを後に合意によって変更す

ることは自由であり、同じ事項について複数の合意があるときは後の合意が優先する。しかし、「優先する」というだけでは、前の合意がすべて無効になったとは限らないから後の合意に抵触しない範囲では前の合意が引き続き有効ということになるが、その範囲が明確でない場合がある。このような、完全合意条項の解釈について訴訟になった場合に、管轄権を有する裁判所が、その解釈に際してその契約書以外にも交渉の経緯等の証拠を斟酌するか否かは、裁判の手続きに関する問題であるから、本条約の適用範囲外の問題である。契約の解釈基準やいかなる証拠を採用するかという手続規範は、管轄権を有する裁判所の所在する国の法令によって決定されると解される。

*仲裁の場合、仲裁人は証拠法の拘束を必ずしも受けない。完全合意条項が存在していても、過去のやり取りが仲裁人に提出され、仲裁人がそれに影響された裁定を下すことも考えられ、仲裁が多くの場合に紛争の最終的解決方法であると、それを不当であるとして争う機会は実際にはない。したがって、完全合意条項を入れる場合であっても、交渉過程で意見が対立した点については、交渉の結果、どういう妥協（bargain）が成立したのかを最終の契約書中で明確にしておく必要があろう。

(2) 権利不放棄条項

権利不放棄条項（No Waiver Clause）は、例えば、「本契約のいかなる条項又は条件も、一定の状況における行為又はその他の理由により、本契約当該条項若しくは条件又は他の条項若しくは条件のさらなる放棄をしたもの、又は放棄している状態が続くものと構成されたり、解釈されたりしないものとする」という条項である。具体的には、当初の取引においては、相手方の債務不履行を問題として取り上げなかったとしても、それ以降も同様の債務不履行や他の債務不履行を容認するものではないことを定める。

例えば、一方の当事者が契約違反をした場合、その時に権利を行使しないことがあるが、後日に同様の契約違反に対して権利を行使した時に、あの時に権利を行使しなかったことは、権利を放棄したものであり、もはや契約違反とはならないと主張されることがあるので、そのような事態にならないようにするための規定である。

なお、この権利不放棄条項を定めたからといって、すべての権利が放棄されないというわけではない。例えば、時効による権利消滅は、この規定があったとしても影響を受けない。

訴訟物　　　XのYに対する売買契約に基づく代金支払請求権
　　　　　　　＊日本のX会社は米国のY会社との間で、缶詰を継続的に売買する基本契約を締結していたが、あるとき、1缶2.5ポンドの桃の缶詰30缶を1ケースに詰める約定で、1,000ケースを売買する契約を締結してその代金の支払を求めたところ、Y会社は、引き渡された缶詰が24缶入りの1,250ケースであったとして契約解除を主張し、これに対して、従来もその程度の差異はあったがY会社は解除をしたことはなく、Y会社は解除権を放棄したものであるとX会社が主張し、さらに権利不放棄条項が問題となった事案である。
　　　　　　　＊梱包方法が物品の品書（Clescription）の一部となっていると考えられるときは、重要な条項（condition）であるから、指示されたように梱包されていないときは、物理的損害の有無にかかわらず、買主は受領を拒否できる。この点については、35条の解説1を参照されたい。

請求原因　1　XはYとの間で、缶詰を継続的に売買する基本契約を締結したこと
　　　　　　2　XはYとの間で、1缶2.5ポンドの桃の缶詰30缶を1ケースに詰める約定で、1,000ケースを売買するという契約を締結したこと

（解除）

抗　弁　　1　XはYに対し、24缶入りの1,250ケースの桃の缶詰を引き渡したこと
　　　　　　　＊請求原因2の約定による総重量75,000ポンドは満たしているが容器の点で、重大な契約違反といえる。
　　　　　　2　YはXに対し、請求原因1の売買契約を解除する意思表示をしたこと

（権利放棄）

再抗弁　　1　Yが、過去においてXの同種の違約を放置し、Yが解除権を放棄したことを基礎付ける事実
　　　　　　　＊本件の場合、従来もその程度の差異（契約不適合）はあった

ものの、Yは解除をしなかったことが度重なり、Yは解除権を放棄したものであることなどである。
＊なお、この権利放棄の抗弁は、本条の「当事者の行為の解釈」問題ととらえるほか、9条所定の「当事者間で確立した慣行」と評価されることもあろう。

(権利不放棄条項)
再々抗弁 1 請求原因1の売買基本契約に、次の条項があること

記

本契約の約束事項、債務、合意又は条件の厳格な履行を主張すること、又は契約違反に伴う権利又は救済を行使、求めることを怠ることは、かかる違反又は他の約束、合意、条件を放棄するものではない。(No failure by any party to insist upon the strict performance of any covenant, duty, agreement, or condition of this Agreement or to exercise any right or remedy consequent upon a breach thereof shall constitute a waiver of any such breach or any other covenant, agreement, term or condition.)
＊仮に再々抗弁1の権利不放棄条項が存在しない場合には、Yが過去の違約について抗弁1のXの違約に対して格別制裁を要求しない場合であっても、Xに必ず通知をして、「一切の権利を留保する (reserve all rights)」又は「自分の契約上の権利は何ら損なわれない (without prejudice to our rights under this agreement)」旨を申し入れていれば、その事実が権利放棄の評価障害事実として再々抗弁たり得る。
なお、権利不放棄条項が存在しても、実務上は、上記の通知は、念のため行なっておくべきであろう。

● (慣習及び慣行)

第9条

(1) 当事者は、合意した慣習及び当事者間で確立した慣行に拘束される。

(2) 当事者は、別段の合意がない限り、当事者双方が知り、又は知っているべきであった慣習であって、国際取引において、関係する特定の取引分野において同種の契約をする者に広く知られ、か

つ、それらの者により通常遵守されているものが、黙示的に当事者間の契約又はその成立に適用されることとしたものとする。

Article 9

(1) The parties are bound by any usage to which they have agreed and by any practices which they have established between themselves.

(2) The parties are considered, unless otherwise agreed, to have impliedly made applicable to their contract or its formation a usage of which the parties knew or ought to have known and which in international trade is widely known to, and regularly observed by, parties to contracts of the type involved in the particular trade concerned.

---

1 合意した慣習及び慣行

本条約の任意規定性(6条)を基にして、本条(1)は当事者が「合意した慣習(usage)」と「当事者間で確立した慣行(practices)」に拘束力を認める。

(1) 合意した慣習

本条(1)は、取引界の一定の慣習についても、それに拘束される旨の合意が当事者間であらかじめ明示的又は黙示的にされているときは、別段の合意がない限り、事後の取引において改めてその慣習への言及がなくとも、それが拘束力を持つとする。たとえそれが一般的でない慣習であっても、当事者間であらかじめ合意しているのであるから問題はない(曽野=山手・国際売買85頁)。

(2) 当事者間で確立した慣行

本条(1)によれば、当事者は、当事者間で確立している慣行によっても拘束される。当事者間で確立している慣行がある場合は、別段の合意がない限り、その慣行が支配し続けるとの当事者の期待を保護するのが合理的であるからである。慣行とは、その当事者間でのみ通常顧慮される一定の行態を意味する。したがって、ここでは一般的効力を持つ慣習ではなく、当事者間において発展してきた特定の慣行が対象とされている。当事者間で確立した慣行として拘束力を持つには、長期にわたる取引関係が存在し、その下で同様の売買契約が繰り返し行なわれてきたことが必要で、例えば、従来の取引に

おいて、通知期間の徒過が繰り返し黙認されてきた場合などがこれに該当する（8条の解説5(2)の設例の再抗弁参照）。

　上記のような確立した慣行の存在を立証するには、①当事者間で従来された類似の取引が同じように扱われ、②その際何ら異議が述べられなかったことを示せば足りる。

　なお、8条(3)の「慣行」は、当事者の意図や理解の解釈基準として慣行が用いられており、本条(1)では、慣行の契約補充的効力が強調されている点に相違がある。

2　黙示的に適用される（あらかじめ合意していない）慣習
(1)　当事者があらかじめ合意していない慣習の拘束力
　上記1の限りでは、「当事者があらかじめ合意していない慣習」にいかなる形でどの程度まで拘束力を認めるべきかは、未解決の問題として残る。この点について、本条(2)は当事者間合意がなくても慣習が適用される（黙示的に慣習を取り込む）場合を規定する。当事者が特定の慣習に拘束されるのは、当事者の合意によって、その慣習が明示的又は黙示的に契約の一部となるからであり、6条の当事者自治の原則により、契約は本条約の規定に優先するので、契約の一部となった慣習は、本条約の規定に優先することになる。

　本条(2)によると、契約に黙示的に適用される慣習は、当事者が知っていたか又は知るべきであったこと、かつ、国際貿易において、関連する特定の取引で行なわれている種類の契約の当事者に広く知られており（国際的な周知性）、かつ、常に遵守されていること（一般遵守性）を満たすものでなければならない。

　取引は、ある商品、地域又は取引業者に限定されたものでもよい。実際にある慣習が契約に黙示的に適用されるか否かは、同種の取引で広く知られており、かつ、常に遵守されているかどうかにかかる。もし広く知られており、かつ、常に遵守されていれば、当事者はその慣習を「知るべきであった」といえるからである。

(2)　具体例
ア　CLOUT425は、ドイツの売主Xとオーストリアの買主Yの間の木材売買契約において、品質適合性が争点となり、Xはドイツにおける「地域的な商慣習（regional trade usage）」（買主は14日以内に品質不適合の通知をしないと失権する）が本件売買契約に適用されるべきと主張した事案であるが、裁判所は、本条の慣習適用の可否について、①本条(1)の当事者が明示

的又は黙示的に合意した商慣習は必ずしも国際的慣習である必要はないが、②本条(2)の国際取引慣習は同じ業界で取引をする者の過半数がこれを認識していれば広く知られて通常遵守されているものと解し得るとしたうえで、その慣習が存在する場所の取引当事者がそれを知っているか、又は知り得べき場合に限り、その慣習が契約に適用されるとした。本件では、Xが注文を受諾する際に地域的な商慣習の適用を明示したことや、以前にもYとの間で木材取引があり、Yはその慣習を知っていたはずであるとしてXの主張を認めた。

イ　インコタームズ

　インコタームズを採用する場合は、契約においてその旨を明示して援用（incorporation）するのが通常であり、この場合は、6条によってインコタームズが適用されることに問題はない。しかし、インコタームズによることを明記しなかった場合（FOBなどの略称条件のみを契約中に使用している場合など）に、インコタームズが、本条(2)によって黙示的に適用されるか否かの問題がある。この点については、インコタームズが国際的な慣習であるとする見解（9条(2)経由で慣習としての拘束力を認めたものとして、CLOUT447、CLOUT575など）もあるが、インコタームズは時代によって改訂され先進的な内容も含まれており、国によっては貿易関係者によって「通常遵守されている」とはいえず、本条(2)所定の国際的慣習とまではいえないであろう（高桑・国際商取引法111頁）。ただし、本条によらなくても、8条(3)によって解釈上インコタームズを適用し得る余地は残るであろう。

　なお、インコタームズの取引条件の具体的内容については、第3部第4章「危険の移転」の解説4を参照されたい。

3　「慣習」の訴訟手続上の取扱い

　訴訟における慣習の取扱いは、法廷地の訴訟法に従って判断される。多くの国においては、慣習の存在とその内容は、事実問題として、その効力を主張する当事者により証明されるであろうが、当事者が慣習の存在を証明した場合、裁判官は、その慣習が問題となる契約に適用されるか否かを、法律問題として判断することになる（注釈Ⅰ〔高嶋英弘〕87頁）。

4　リスクの回避策

　本条が適用されるか否か解釈の余地を残すことは、法的安定性が損なわれることを意味する。そのため、実務上、準拠法条項で7条ないし9条の個別排除又は条約全体の全部排除をする条項を入れ、あるいは権利不放棄（No

Waiver）条項や完全合意（Entire agreement）条項を明記することによって、そのリスク回避を図ることとなる。

● （営業所）

第10条 この条約の適用上、
 (a) 営業所とは、当事者が2以上の営業所を有する場合には、契約の締結時以前に当事者双方が知り、又は想定していた事情を考慮して、契約及びその履行に最も密接な関係を有する営業所をいう。
 (b) 当事者が営業所を有しない場合には、その常居所を基準とする。

Article 10
For the purposes of this Convention:
 (a) if a party has more than one place of business, the place of business is that which has the closest relationship to the contract and its performance, having regard to the circumstances known to or contemplated by the parties at any time before or at the conclusion of the contract;
 (b) if a party does not have a place of business, reference is to be made to his habitual residence.

---

1 営業所（本条(a)）
(1)「営業所」の意義
　本条約の適用上、「営業所」とは、当事者が営業の拠点として「契約及びその履行」を一般的に行ない得る場所と解すれば足り、日本の商法における営業所のように厳密に解する必要はないと解される。また、本条(b)が、「当事者が営業所を有しない場合には、その常居所を基準とする」としていることからみても、営業所についての厳密な定義は必要でないと解される（曽野＝山手・国際売買41頁）。
(2) 営業所が複数存在する場合における特定の「営業所」を決定する必要性
　本条(a)は、契約当事者が2以上の営業所を有する場合を対象とする。こ

のような場合に、本条約上、以下のア、イように、1つの営業所を特定しなければならないことが要請されることがある。

ア　本条約適用の要件としての「営業所」

　基準となる営業所の決定は、この条約が契約に適用されるか否かを決定するに当たって重要である。この条約が適用されるためには、物品売買契約は、営業所が異なる国に所在する当事者間で締結されたものであることを要する。さらに、1条(1)(a)の場合には、これらの国が、いずれも締約国でなければならない。

(ア)　当事者の一方(X)のすべての営業所が、相手方(Y)が営業所を有する締約国以外の締約国に所在する場合

　この場合には、1条(1)(a)に該当することが明らかなので、この条約の適用をすることに問題は生じない。Xについてどの営業所を基準としたとしても、XとYの営業所は異なる締約国に所在するからである。

(イ)　Xの営業所の1つが、Yの営業所と同じ国か、又は非締約国に所在する場合

　例えば、下記表のようにA国、B国が締約国、C国が非締約国とする。Xの営業所がA国とB国にあり、Yの営業所がA国にある甲場合と、Xの営業所がA国とC国にあり、Yの営業所がB国にある乙場合とを想定する。

　甲場合においては、Xの営業所が本条(a)の基準によってA国にあると認められるときは(下記表＊)、Yの営業所もA国にあるから本条約の適用はない。乙場合においては、Xの営業所が本条(a)の基準によってC国にあると認められるときは(下記表＊＊)、1条(1)(b)の適用を受け、本条約の適用の有無が決定されることになる(最密接関係地法が本条約締結国である場合には本条約が適用され、他方、最密接関係地が本条約非締結国であれば本条約は適用されない)。

	A国（締約国）	B国（締約国）	C国（非締約国）
甲場合	X（＊）、Y	X	—
乙場合	X	Y	X（＊＊）

　このように、Xの複数の営業所のうち、いずれが1条において基準となる営業所であるかを決定することが、XY間の物品売買契約に対して本条約を適用できるか否かを判断するに当たって決め手となる。

訴訟物　XのYに対する売買契約の引渡義務違反（履行不能）に基づく損害賠償請求権

＊英国（非締約国）で設立されたY会社の主たる支店（営業所）がフランス（締約国）にあり、日本のX会社はY会社のフランス支店との間で、本件物品を1,000万円で買い入れる契約を締結した。しかし、Y会社が物品を引き渡すことを拒否したため、X会社は本件契約を解除し、急遽第三者A会社から代替品を1,500万円で購入した。本件は、X会社がY会社に対し、74条、75条に基づいて代替品を調達した代金との差額等を損害としてその賠償を求めたところ、Y会社は自社は英国（非締結国）に属するので、本条約の適用はないと主張した事案である。

請求原因
1　YはXとの間で、本件物品を1,000万円で売買する契約を締結したこと
2　Yはフランス支店こそが事業遂行の場所であり、請求原因1の契約とその履行について最も密接な関係を有する営業所であること

　＊本条(a)に基づく要件事実である。この事実が認められると、締約国である日本のXとの契約は、1条(1)(a)により本条約が適用される。

3　Yは請求原因1の本件物品の引渡しをしないことを決定したこと

　＊請求原因2の事実は、重大な契約違反に該当する。そのため、請求原因3のとおり、付加期間を与えることなく解除することができる（49条(1)(a)）。

4　YはXに対し、請求原因1の売買契約を解除する意思表示をしたこと
5　XはAから、解除後の合理的な期間内に、本件物品（代替品）を1,500万円で買い受ける契約を締結したこと
6　Xの損害及びその数額

　＊本件の損害額は、次のとおりである。
　　（Aからの買付価格1,500万円）－（Yとの契約価格1,000万円）＋（74条による損害賠償額）

　　（74条による損害賠償額）は、例えば、X会社の工場が原料が供給されないため1か月間操業が停止したことによる損

害額などである。

イ　本条約の具体的な規定が適用される要件としての「営業所」

　基準となる営業所の決定は、12条、20条(2)、24条、31条(c)、42条(1)(b)、57条(1)(a)及び96条という各個別の規定の適用についても、必要となる。そのうち、20条(2)、24条、31条(c)及び57条(1)(a)の場合には、2つの異なる国に所在する営業所のいずれかを選択するだけではなく、ある1つの国に所在する2つの営業所のいずれかを選択することが必要となることがあり得る（31条の解説1(1)ウの設例参照）。

　このほか、69条(2)は、「買主が売主の営業所以外の場所において物品を受け取る義務を負う」場合における、危険の移転に関する準則を規定しているが、この場合には、本条に基づいて基準となる営業所を決定する必要はない。

(3)　2以上の「営業所」から特定の営業所を特定する要件

　本条(a)は、基準となる営業所を決定する場合において、「契約及びその履行に最も密接な関係を有する」営業所であると定めている。「契約及びその履行」という文言は、申込みと承諾と契約の履行の両方を含む、取引全体に言及するものである。本店や主たる営業所の所在地は、本店やそうした営業所が、「契約及びその履行に最も密接な関係を有する」営業所となり、当該取引に関係してくるのでない限り、本条の適用上問題とされない。

　「最も密接な関係」を有する営業所の決定に当たっては、本条(a)が「契約の締結時以前に当事者双方が知り、又は想定していた事情」が考慮されるべきことを規定する。それゆえ、本条(a)がいう「契約の履行」とは、当事者が契約を締結するに際して想定していた履行を指している。売主がA国に所在する自己の営業所で契約を履行することが想定されていたのであれば、本条(a)にいう売主の「営業所」がA国に所在するものであるとの決定は、契約締結後に売主がB国に所在する自己の営業所で契約を履行することにしても変わらない。

　当事者の一方が契約の締結時に知り得ない要素としては、他国に所在する本店による契約締結についての監督、又は物品が外国産であること若しくは物品の最終仕向地が含まれるだろう。これらを、契約の締結時に当事者双方が知らず、又は想定していなかった場合には、こうした要素は考慮されない。

2　常居所（本条(b)）

　本条(b)は、当事者が営業所を有していない場合を対象とする。国際物品売買契約は、多くの場合、営業所を有する大中規模の事業者によって締結される。しかし、時折、常設の「営業所」を有さない者が、2条(a)の意味での「個人用、家族用又は家庭用」のためではなく、商事目的のために物品売買契約を締結することがある。本条は、このような場合においては、その常居所を基準とすると規定している。

● (方式の自由)

第11条　売買契約は、書面によって締結し、又は証明することを要しないものとし、方式について他のいかなる要件にも服さない。売買契約は、あらゆる方法（証人を含む。）によって証明することができる。

Article 11

　A contract of sale need not be concluded in or evidenced by writing and is not subject to any other requirement as to form. It may be proved by any means, including witnesses.

1　売買契約の方式

　本条1文は、売買契約が、書面によって締結し、又は書面によって証明することを要しないものとし、方式について他のいかなる要件にも服さないと規定する。本条が設けられた趣旨は、事務局注釈31頁によると、国際物品売買契約の多くは高度に発達した通信手段を用いて締結されており、常に書面による契約を伴うとは限らないからである。

　国によっては、方式要件を要求し、方式要件が遵守されない場合に契約を無効とし、又は無効とし得ることとしているが、本条はその法制に取って代わるものである。したがって、この限りでは、本条約が契約の有効性には関与しないとする4条(a)は適用されない。

　また、国際物品売買契約が書面によることを要求する国内法の違反に対する行政上又は刑事上の制裁がある場合がある。その制裁の目的が、買主又は売主を行政上管理すること、外国為替管理の法制の実効性を高めることなどであっても、書面によらない契約を締結した当事者に適用されるのであり、

本条によってその契約自体が当事者間で拘束力を有するからといって、行政上又は刑事上の制裁が控えられるということはない（事務局注釈31頁）。

訴訟物　　XのYに対する売買契約に基づく代金支払請求権
　　　　　　＊イタリアの製靴業者X会社（売主）は、日本のA会社（販売店）との間でX会社製造の靴の販売に関して独占販売契約を締結し、A会社のグループ会社Bが靴を購入しさらにこれを日本の販売業者に転売することで口頭合意した。その後、X会社は、日本の販売業者Y会社（買主）から買注文を受けたので、X会社は注文を受けた靴についてB会社を通じてY会社に納品し、インボイスは直接Y会社に送付した。しかし、X会社とY会社間では売買契約書を作成していなかった。X会社はA会社に靴代金の支払に関する指図をしたが、A会社はそれに従わずY会社に支払請求を行なったため、Y会社はA会社に代金を支払い、X会社は代金を受け取れなかった。本件は、X会社がY会社に対して、代金の支払を求めたところ、Y会社は口頭契約であってX会社とY会社間では売買契約は成立していないと主張した事案（CLOUT414）である。

請求原因　1　XはYとの間で、靴100足を◯ユーロで売買する契約を口頭で締結したこと
　　　　　　＊本件においては、Yは、口頭での約束であるから、契約として成立していないと主張するが、本条1文は、書面契約を要求していない。口頭での契約の合意が証拠上認められれば（下記2「証明の問題」参照）、Xの請求は求められることになる。

2　証明の問題
　本条2文は、売買契約の証明について「あらゆる方法（証人を含む。）によって」することができることを定める。本条1文において、既に「書面によって証明することを要しない」こととされているのに、本条2文において、あえて「証人」の文言が使用されるのは、書面以外の証拠方法として証人による証明も重要な証拠方法であることを確認する趣旨であろう。書面による証明はもとより許されている。

3　96条の留保宣言

　本条は、我が国民法と同様に書面によらない諾成契約を認めるものである。しかし、営業所が異なる国に所在する当事者間の物品売買契約においては、実務上は契約書という書面によることとして、契約書等以外の証拠を排除した方が法的安定性に資するであろう。国によっては、国際物品売買契約が書面によって締結されることが、重要な公序に関わる要件と考えられている。例えば、英米法諸国においては、一定金額を超える物品の売買契約については、契約書等の書面に表示されなければ裁判上その主張を認めないものとする1677年の英国の詐欺防止法（Statute of Frauds）が、今日でも残っていることが多い（米国統一商事法典（UCC）2-201条）。そのため、96条は、締約国に対して、当事者のいずれかが自国に営業所を有する取引に本条を適用しないでよいとする留保宣言を認めている（例えば、ロシアは、96条の留保宣言をしており、売買契約には書面が要求される）。

●(第96条に基づく留保宣言の効果)

第12条　売買契約、合意によるその変更若しくは終了又は申込み、承諾その他の意思表示を書面による方法以外の方法で行うことを認める前条、第29条又は第2部のいかなる規定も、当事者のいずれかが第96条の規定に基づく宣言を行った締約国に営業所を有する場合には、適用しない。当事者は、この条の規定の適用を制限し、又はその効力を変更することができない。

Article 12

　　Any provision of article 11, article 29 or Part II of this Convention that allows a contract of sale or its modification or termination by agreement or any offer, acceptance or other indication of intention to be made in any form other than in writing does not apply where any party has his place of business in a Contracting State which has made a declaration under article 96 of this Convention. The parties may not derogate from or vary the effect of this article.

1 96条に基づく留保宣言の効果

　本条は、96条の留保宣言をした締約国内に当事者の一方が営業所を有する売買契約についての実体法的効果を定めている。この効果は、すべての締約国を拘束する（曽野＝山手・国際売買 125 頁）。本条は、いくつかの国が、売買契約又はその変更若しくは終了には書面を要するということが、公序の重要な要素と位置付けられていることに配慮を示すものである。すなわち、本条は、締約国において、売買契約、合意によるその変更若しくは終了又は申込み、承諾その他の意思表示を書面による方法以外の方法で行なうことを認める 11 条、29 条又は第 2 部のいかなる規定も、締約国が 96 条に基づく宣言を行なうことによって、当事者のいずれかがその締約国に営業所を有する場合には、その適用を妨げることができることとしている。

　本条によって影響を受けるのは、11 条、29 条及び第 2 部（14 条ないし 24 条）に限定されているため、この条約に基づくすべての通知又は意思表示ではなく、契約の成立、合意によるその変更若しくは終了に関するもののみを対象とする。その他の通知は、状況に応じて適切な方法によって行なうことができる。

| 訴訟物 | X の Y に対する売買契約に基づく代金支払請求権 |

＊アルゼンチンの X 会社は日本の Y 会社との間で、本件物品を〇万ドルで売買する契約を口頭で締結した。Y 会社は物品が契約不適合で、本来の 2 分の 1 の性能であるとして半額を支払わなかった。本件は、X 会社が Y 会社に対して代金の支払を求めたところ、Y 会社は、主位的に、アルゼンチンは、96 条の留保国であるところ本件売買契約は書面性を有しないので無効であると主張し、予備的に契約不適合を理由とする減額権を行使した事案である。

請求原因　1　X は Y との間で、本件物品を〇万ドルで売買する契約を締結したこと

＊アルゼンチンは 96 条に基づく留保を行なっているので、このような留保国に営業所を有する X との売買契約は書面によらなければならないと解される。この Y の口頭契約の抗弁（全部抗弁）が認められれば、代金減額権の抗弁（一部抗弁）の判断を待つことなく、X の請求は棄却される。

（口頭契約）

抗弁　1　請求原因 1 の XY 間の売買契約は、口頭でされたものであ

ること
（代金減額権）
抗弁 1　XからYに対して引き渡された物品は、本来の性能の50パーセントの機能を有するものであったこと
2　YはXに対して、代金のうち50パーセントを減額する通知をしたこと

2　本条に対する6条の不適用
　本条が定めている事項に関する書面要件は、いくつかの国において公序の問題と位置付けられているので、当事者自治の一般原則は本条には適用されない。したがって、本条は、本条約が適用される契約において、唯一、当事者によって個別に適用排除できない規定である。すなわち、当事者は規定の効力を変更し、又はその適用を制限することができない。

●（書面の定義）

第13条　この条約の適用上、「書面」には、電報及びテレックスを含む。

Article 13
　For the purposes of this Convention "writing" includes telegram and telex.

1　「書面」の意義
　「書面」は、伝統的に、紙に文字などが書かれたものと解されてきた。本条は、電報とテレックスを書面に含むものと定める。ファクシミリも文書に含まれるであろう。電子メール等の電子的通信手段をどのように扱うかは、現在では重要な問題である。しかし、本条約は、電子的通信手段が普及する以前に起草されたため、これらを規定していない。この問題は、結局、各規定の解釈によることとなる。電子メールも本条の書面に含まれると解すべきであろう。
　また、書面性の問題とは離れるが、電子メールは、発信ボタンを押すことによって確実にメールソフトによって送信された合理的な証明として電子的に「消印」が刻印されることを含むITシステム上の過程を証明でき、裏付

けとなるサーバー通信ログがとれるなどの証明が可能であれば、締約国間では39条の「通知」でもあるというべきである。

2　12条により要求される「書面」

12条により例外的に「書面」が要求される場合の、本条の意義については、①本条は、12条の結果適用される留保国の国内法を緩和する実体原則であるとする見解、②本条は、国内法の下での書面要件の解釈の際に役立つだけで、本条約の実体原則ではないとする見解がある。しかし、上記の2つの見解に対しては、96条の趣旨からしてむしろ留保国の方式に関する規定を優先させ、留保国自身に自国の書面要件の性質を決めさせるべきであるとの批判がある。

そこで、本条の適用可能性を本条約が書面要件を規定しているわずかな場合（21条(2)と29条(2)）に制限する見解が説かれ、多数説といえる。さらに、この見解は、解釈原則としての本条の役割を、当事者自身が書面要件を合意した場合に制限する。このような本条の解釈は、12条の文言にも一致する。

3　21条(2)の通知

遅延した承諾といえども、申込者が口頭若しくは「書面」で反対の旨を通知しない限り、承諾は到達によりその効力を有する（21条(2)）。この通知も、電報又はテレックスによることができる。

第2部　契約の成立

1　国際売買契約の成立

　第2部は、国際売買契約の成立を規定する。当初の14条から17条までの4か条は「申込み」、次の18条から22条までの5か条は「承諾」、最後の23条及び24条は、契約成立時期と通知の「到達」について規定する。

2　我が国民法の売買契約と国際売買契約の成立の比較

　契約の成立要件が申込みと承諾である点では、本条約と我が国民法は同じである。また、改正前民法526条1項は隔地者間契約における承諾通知の発信主義を採っていたが、改正民法は同条項を削除して民97条1項の到達主義の原則によることとなったため、本条約18条(2)と同様となった。しかし、異なる点として、①申込みの撤回が原則として不可能（民521条1項、524条）ではなく可能（本条約16条(1)）である点、②申込みに変更を加えた承諾は新たな申込みになる（民528条）のではなく、変更が実質的でない場合には承諾となる（本条約19条(2)）点が挙げられる。つまり、申込みに変更を加えた承諾については、申込みと承諾の厳格一致を求める「ミラーイメージルール」（民528条）は維持されており、本条約19条(2)のいわゆる「ラスト・ショット・ルール」（申込みと承諾の内容が若干異なる場合に最後に送付した内容が契約内容となる準則）とは異なっている。

　なお、③商人間でも原則として諾否通知義務はなく、沈黙や不作為がそれ自体では承諾とはならない（本条約18条(1)）点も商509条とは異なっている。この点、当事者間で合意・確立した慣習・慣行や当事者が知り得べき慣習が認められた場合には、本条約18条(3)や9条経由で承諾と解されるので実務上の相違は少ないともいえるが、日本では慣習・慣行がなくても「平常取引をする者」であれば諾否通知義務があり、これを怠れば承諾となる点で、日本法の方が承諾となる範囲が広い。

　そのうえで、本条約を前提とする契約実務においては、①沈黙や不作為が承諾とされるリスクを避けるため、「契約交渉における沈黙や不作為はいかなる場合でも承諾の効力を持たない」といった趣旨の規定を契約中に設けることや、②口頭契約が成立した後に送られる確認書に法的効力を持たせるために、契約交渉の初期段階から可能な限り確認書を送付したり、当事者が確認書に拘束されることを契約に条項として設けることなどが考えられる。

●(申込み)

第 14 条
(1) 1人又は2人以上の特定の者に対してした契約を締結するための申入れは、それが十分に確定し、かつ、承諾があるときは拘束されるとの申入れをした者の意思が示されている場合には、申込みとなる。申入れは、物品を示し、並びに明示的又は黙示的に、その数量及び代金を定め、又はそれらの決定方法について規定している場合には、十分に確定しているものとする。
(2) 1人又は2人以上の特定の者に対してした申入れ以外の申入れは、申入れをした者が反対の意思を明確に示す場合を除くほか、単に申込みの誘引とする。

Article 14
(1) A proposal for concluding a contract addressed to one or more specific persons constitutes an offer if it is sufficiently definite and indicates the intention of the offeror to be bound in case of acceptance. A proposal is sufficiently definite if it indicates the goods and expressly or implicitly fixes or makes provision for determining the quantity and the price.
(2) A proposal other than one addressed to one or more specific persons is to be considered merely as an invitation to make offers, unless the contrary is clearly indicated by the person making the proposal.

1 1人又は2人以上の特定の者に対してした申入れ
　本条(1)前段は、物品を購入し又は売却する旨の申込みの要件が、次の(1)ないし(3)であることを定める。
(1) 相手方の特定性
　申込みは、「1人又は2人以上の特定の者」に対してした申入れでなければならない。申込みは、通常、1人の特定の者に対してされる。ただし、申込みを、特定多数の者に同時に行なうこともできる。もちろん、販売可能な物品の広告やカタログを、公衆一般に配布されたのであれば、「特定の者」に対してしたものではない。しかし、複数ではあっても、限られた名あて人

に直接郵送した場合には、「特定の者」に対してした申込みとなり得る。「特定の者」に送られた広告やカタログにおいて、承諾があるときは「拘束される意思」が示されており、かつ、それが「十分に確定」しているという要件は、申込みたり得るためには充足している必要がある。
(2) 拘束される意思

「承諾があるときは拘束されるとの申入れをした者の意思」（拘束される意思）が示される必要がある。承諾があるときは拘束されるという意思は、申入れの中で明示されている必要はない。この意思の存否は、交渉経過、当事者が当事者間で確立させている慣行、慣習及び当事者の事後の行為を含め関連する一切の状況（8条(3)）を考慮して客観的に判断される。多くの場合、特定の者を想定して契約内容を相当詳細に詰めたうえで申入れがされた場合は、この意思の存在が推定できる。

なお、申入れに、申込みが十分に確定しているとされる3要件のみ含まれているときに（下記(3)参照）、承諾があったときは拘束されるとの申込者の意思がないことが示されている場合がある。事務局注釈41頁は、「ある装置を製造して販売すると売主が申し入れた場合において、物品の種類と数量、及び1,000万スイスフランという代金だけが指定されているときには、承諾があるときは拘束されるとの意思があるか否かを決定するために、8条に照らして、申入れを解釈する必要がある……。通常の場合、引渡期日や品質基準などについての指定がなければ、売主は、このような大規模な売買を締結することはない……。それゆえ、これらの事項に関する指定が何もなされていない……ことから、承諾があった場合に契約に拘束されるとの意思は存在しないことが示唆される」としている（なお、以下の2つの設例参照）。

訴訟物　　XのYに対する売買契約に基づく物品引渡請求権
　　　　＊日本の買主X会社と米国の売主Y会社との間の本件物品の売買に関し、X会社の買注文をY会社が承諾し、物品、価格、数量などが合意された。しかし、その後取り交わしたそれぞれの契約書案では準拠法が食い違っており、その点当事者が交渉したが合意できなかった。その間市場価格が上昇したため、Y会社は売買の対象になっていた物品を第三者に売却した。本件は、X会社がY会社に対して、売買契約は成立しているとして、物品の引渡しを求めたところ、Y会社は契約の成立を否認して争った事案である。

請求原因　1　XはYに対し、本件物品を価格〇ドル、数量〇個で買注文

を出したこと
2　Yは、Xの買注文を受けて、そのとおりの条件で売る合意したこと
　　＊売買契約を締結しようと考える当事者においては、一般に、二段階の合意（「注文の合意」と「最終契約条件の合意」）を前提として行動することが多い。すなわち、第1段階における買主の買注文は拘束力ある申込みでなく（14条(1)参照）、第2段階における準拠法の食い違いは実質事項の相違であり、この相違が最終契約条件の合意に至らなかった場合（このような、当事者の行為の解釈は、従来の取引から（8条(3)）、客観的に判断して（8条(1)）行なわれる）は契約不成立と解される。そのため、本件において、Yが「請求原因2の後に、XY間で取り交わされた契約書案では準拠法が食い違っており、当事者が交渉したが合意しなかったこと」という主張をする場合は、抗弁ではなく、積極否認と解される。

訴訟物　　XのYに対する売買契約の目的物引渡債務の不履行に基づく損害賠償請求権
　　＊日本のY会社は米国のX会社に、ステッパー（半導体素子製造装置）1台を製造して30億円で売る申入れをし、X会社がそれを承諾して買うとの意思表示をした。本件は、X会社がY会社に対して、本件物品の引渡しがされなかったため予定されていた受注を受けることができなくなった。本件は、X会社がY会社に対して、得べかりし利益を失う損害を被ったとして、その賠償を求めたところ、Y会社は、本件売買については、製品のスペック、納期などの詰めが必要であるのにその交渉がなく、契約は成立していないと主張した事案である。

請求原因　1　YはXに対し、ステッパー（半導体素子製造装置）1台を製造して30億円で売る申入れをし、Xに到達したこと
　　＊請求原因1の申込みは、物品、数量、代金が示されているので（ステッパーの一応の仕様も示されていれば）、下記(3)の確定の要件は、一応外形的には充足されているとはいえる。しかし、本件のようなステッパーという装置の場合は、その

代金が多額に上り、買主X側の希望する用途に対応する仕様に関する交渉において詳細な諸条件の詰めが当然予定される取引である。そのような取引にもかかわらず、Yの本件申入れは、単に物品、数量及び代金のみが示されているにすぎないのであるから、当事者間に別段の慣行や了解がない限り、本件Yの申入れは、上記(2)の「拘束される意思」の存在を認定することが困難な場合が多い。本件は、請求棄却となるであろう。

＊本件とは対極にあるが、代金が明定されているか否かよりも、承諾に拘束される意思を優先した事案（CLOUT 330）がある。ファクシミリ送信によるソフトウエア・ディバイスの注文が、代金が定められていなくとも、承諾に拘束されるとする意思が明らかであったので、申入れは十分に確定的であるとしたものである。

2　XはYに対し、請求原因1の申入れを承諾し、Yに到達したこと
3　YはXに、本件物品を引き渡さなかったこと
4　損害及び損害額
　＊本件は、Xが契約を解除するものではなく、74条に基づく請求となる。損害としては、本件物品が引き渡されなかったために、半導体の製造ができず、得べかりし利益の喪失などが損害として主張されるであろう。

(3) 十分に確定される申込み

申入れは、それが十分に確定していなければならない（本条(1)1文）。本条(1)2文は、1文を受けて、申入れは、①物品を示し、かつ、②明示的又は黙示的に、その数量を定め、又はその決定方法について規定し、かつ、③明示的又は黙示的に、その代金を定め、又はその決定方法について規定している場合に、十分に確定しているものとすると規定している。その他の要素、例えば、物品の品質、梱包方法、引渡しの時期・場所、代金の支払時期・場所などは、申入れが「十分に確定」していることの要件ではない。これら確定の要件とされない事項についての補充は、次の(4)のとおり補充される。

例えば、「We hereby offer to sell to you [quantity] of [type of goods] for United States dollars (U.S.$　　) on the following terms and conditions.」というような売申込書の条項であれば、3要件は充足されることに

なり、その他の要素も付加できることになる。
(4) 確定されていない事項

物品を示し、かつその数量及び代金を定め、又はそれらの決定方法について規定しているだけの申込みが承諾され、契約が締結された場合には、契約のそれ以外の内容は、慣習又は実体売買法に関する本条約第3部の規定によって補充されることになる。例えば、申込みにおいて、代金支払の時期と方法について何ら定められていなかったという場合には、57条(1)は、買主は代金を売主の営業所で支払わなければならないと規定し、58条(1)は、売主が物品又はその処分を支配する書類を買主の処分にゆだねた時に、買主は代金を支払わなければならないと規定する。同様に、引渡条件が特に定められていない場合には、31条が、引渡しの方法と場所を規定し、33条が、引渡しの時期を規定している。

(5) 物品の数量

本条(1)2文によれば、申入れが明示的又は黙示的に、物品の数量を定め、又はその決定のための条項を規定している場合には、契約を締結するための申入れは、申込みとなるに十分に確定していることになるが、数量を決定する方法は、完全に当事者の裁量にゆだねられている。当事者が用いる決定方法が、履行段階になってはじめて、契約に基づき引き渡されるべき正確な数量を決定することも可能である（事務局注釈42頁）。

例えば、一定の期間内の「供給可能分」を買主に売却するという申込みや、一定の期間内の「必要量」を売主から購入するという申込みは、引き渡されるべき物品の数量を決定するに十分である。このような決定方法は、信義に従って、売主が現実に供給可能な数量、又は買主が現実に必要とする数量を意味するものと理解すべきである（事務局注釈42頁）。

(6) 代金

本条(1)2文は、代金に関して、数量に関するのと同じ準則を定めている。すなわち、申入れが申込みとなるためには、明示的又は黙示的に、代金を定め、又はその決定方法の条項を規定していなければならない。なお、代金が、契約締結の時点で確定し得るものであることは必要ない。例えば、申込みと、その結果として生ずる契約において、代金は引渡期日における特定の市場の実勢価格とされていてもよく、その期日が数か月、あるいは数年先であってもよい。このような場合、申込みは、明示的に代金の決定方法について規定していることになる（事務局注釈42頁）。

ア　代金の確定に関する具体例

中・高級毛皮を「35～65ドイツマルク」でという表示は品質に対応した

価格に数量を掛け合わせて代金が算定できるから確定的である（CLOUT 106）。過去の取引と同様なので、代金が決められていなくとも、取引過程により確定できる（CLOUT52）、市場価格により価格調整がされる売買代金は確定的である（CLOUT155、CLOUT158）。選択肢のある申入れについて、一部代金の示されていない選択肢があるので、不明確である（CLOUT 53。55条の解説1(2)の設例参照）。追加分の物品の代金を新年の10日前に決めるという合意は不明確であるから契約の成立を否定したもの（CLOUT 139）がある。

イ　インコタームズに準拠した価格条件

　インコタームズに準拠した価格条件を示す文例としては、例えば、「対象商品の価格は、ロサンゼルスを仕向地とするCIF条件で245米ドルとする（The price of the Products shall be U.S.$245.00 CIF Los Angeles.）」と記載するなどである（この文例では、米ドルを建値通貨とすることのみを規定して、建値通貨をもって価格表示通貨をも兼ねている）。国際売買契約の価格条件は、価格表示通貨を選定して通貨を特定する。なお、決済通貨（currency of settlement）として建値通貨と異なる通貨を使用する場合には、支払条件として、決済通貨を決定して契約書に明記することになる。決済通貨の決定に当たっては、為替リスク（ドル建ての場合円安になればより多額の円貨が必要になる）をめぐる両当事者の交渉力、決済における通貨の利便性、貿易に伴うユーザンス（支払猶予期間）などが勘案される。円建て・ドル決済という場合もあるが、通常は契約・表示通貨がそのまま決済通貨としても使用される。

　ちなみに、日本の貿易取引では、およそ、輸出決済の50パーセントが米ドル、40パーセントが円貨、輸入では70パーセントが米ドル、20パーセントが日本円で、いずれも米ドルの使用が多い。対アジア貿易に限っても、円貨と米ドルの使用比率は拮抗している状況で、日本は自国通貨建ての決済比率が低い。その原因は、①輸出先としての米国の割合が高く、輸入ではドル決済が主体である原油、食料、鉱産物などの比率が高い貿易構造であり、②世界の外国為替市場でドルが最も使用されており、ドル建ての取引費用が低く、為替リスク・ヘッジの手段も豊富であり、さらに、船賃、保険料など国際物流に係る費用もドル建てが一般的であって価格体系全体がドル建てになっていることである。

(7) 買主は、売主のカタログに記載されていた物品を注文する場合、あるいは予備部品を注文する場合に、注文時に代金について何らの指定を行なわないことがある（買主が売主の価格表を持っていないか、手元にある価格表が最新のものかどうかわからない場合に起こり得る）。もっとも、注文を行なうという行為から、買主は黙示的に、その物品に売主が現在付けている価格を支払うとの申込みを行なっているものとされることがある。この場合には、買主は、黙示的に代金の決定方法について定めていると解され、買主による物品の注文は、申込みとなる。同様に、将来の引渡しを受けるために、買主がカタログから物品を注文する場合には、その注文とその他の関連する状況から、買主は黙示的に、売主が注文時に付けている価格を、引渡しの時点で支払うとの申込みを行なっているものとされることがある（事務局注釈43頁）。

　申入れが黙示的にその代金を定めているか、又はその決定方法について規定しているか否かを判断するためには、その申入れを、8条、特に同条(3)に照らして解釈することが必要である（事務局注釈43頁）。

2　1人又は2人以上の特定の者に対してした申入れ以外の申入れ
　本条(2)は、1人又は2人以上の特定の者に対してした申入れ以外の申入れは、原則として、「申込みの誘引」であるとする。すなわち、不特定の者に対してされた申入れ（新聞やテレビの広告、ポスター、ちらし、ショーウィンドウの陳列、オークションへの出品など）は、原則として、申込みではなく、申込みの誘引である。

　しかし、本条(2)は、例外として、それが申込みとなるためのその他の要件を満たし、かつ、それが申込みであるとの意思が明確に示されている場合は、申込みとなることを定める。具体例としては、「この広告は申込みである」という明示の表示がある場合のほか、「これらの物品を、現金又は適正な銀行引受手形を呈示した最初の者に売却する」という表示がある場合には、申込みを行なうとの意思が明確に示されているといえよう（事務局注釈41頁）。

●(申込みの効力発生時期、申込みの中止) ══════════

第15条
　　(1)　申込みは、相手方に到達した時にその効力を生ずる。
　　(2)　申込みは、撤回することができない場合であっても、その取り

やめの通知が申込みの到達時以前に相手方に到達するときは、取りやめることができる。

Article 15

(1) An offer becomes effective when it reaches the offeree.
(2) An offer, even if it is irrevocable, may be withdrawn if the withdrawal reaches the offeree before or at the same time as the offer.

---

1 申込みの効力発生時期（本条(1)、24条）

本条(1)は、申込みの効力発生時期について、申込みが相手方に到達した時であることを定める。申込みが相手方に到達しない場合には効力を生じない。到達主義は、第2部が規律する意思表示（申込み、承諾、取りやめ、撤回、拒絶）の効力に関する一般原則である（24条は、到達時の判断基準を定める）。これに対し、契約が成立した後の法律関係を定める第3部（物品の売買）においては、原則として発信主義（27条）が採用されている。

2 申込みの取りやめ（本条(2)）

本条約は、「取りやめ（withdrawal）」と「撤回（revocation）」とを区別している。取りやめと撤回は、ともに自らがした申込みの効力を否定する意思表示である点において共通するが、取りやめは、申込みの効力発生前、すなわち到達前にされる意思表示であり、撤回は、申込みの効力発生後、すなわち到達後にされる意思表示である。本条(2)は、撤回可能であるか否かにかかわらず申込みの効力が発生する時（申込みが相手方に到達する時）までに通知をすることにより、申込みを取りやめることができると規定する。申込みが相手方に到達する以前の段階においては申込み自体の効力が発生していないから、申込みに対する相手方の信頼を考慮する必要はない。取りやめは意思表示であり、本条(2)の文言が示すとおり、効力が発生するには、相手方に到達する必要がある。申込みの取りやめにより、その申込みは、相手方に到達しても効力を生じない。

訴訟物　　XのYに対する売買契約に基づく物品引渡請求権
　　　＊韓国のY会社は日本のX会社に対して、本件物品を○ウォンで売る申込みをし、X会社はその承諾をした。本件は、X

会社がY会社に対し、本件物品の引渡しを求めたところ、Y会社は請求原因1の申込みを取りやめる意思表示をし、それは申込みの到達に先立って、X会社に到達したと主張した事案である。

請求原因 1 YはXに対して、本件物品を○ウオンで売る申込みをし、Xに到達したこと
2 XはYに対し、請求原因1の申込みを承諾し、Yに到達したこと
＊なお、本書の立場とは異なるが、履行請求が認められる要件として、相手方による不履行が存在することが必要であると考え、これは立証責任にも影響を及ぼすとする立場（46条解説1(2)参照）からは、「Yは、物品を引き渡さないこと」という事実も、立証することが必要となるであろう。

（申込みの取りやめ）

抗　弁 1 YはXに対して、請求原因1の申込みを取りやめる通知をし、それは、請求原因1の申込みの到達するに先立って、Xに到達したこと
＊申込みの取りやめは、その効果発生障害事由として、これを援用する当事者(Y)が立証責任を負う。
＊請求原因1の申込みが撤回をすることができないものであっても、この申込みの取りやめはすることができる。したがって、「請求原因1の申込みは撤回ができないものであること」は、再抗弁とならない。

● （申込みの撤回）

第16条

(1) 申込みは、契約が締結されるまでの間、相手方が承諾の通知を発する前に撤回の通知が当該相手方に到達する場合には、撤回することができる。
(2) 申込みは、次の場合には、撤回することができない。
　(a) 申込みが、一定の承諾の期間を定めることによるか他の方法によるかを問わず、撤回することができないものであることを示している場合
　(b) 相手方が申込みを撤回することができないものであると信

頼したことが合理的であり、かつ、当該相手方が当該申込みを信頼して行動した場合

Article 16
(1) Until a contract is concluded an offer may be revoked if the revocation reaches the offeree before he has dispatched an acceptance.
(2) However, an offer cannot be revoked:
(a) if it indicates, whether by stating a fixed time for acceptance or otherwise, that it is irrevocable; or
(b) if it was reasonable for the offeree to rely on the offer as being irrevocable and the offeree has acted in reliance on the offer.

---

1 申込みの撤回自由の原則

申込みは、相手方に到達し効力を生じた後であっても、相手方が承諾の通知を発する前であれば自由に撤回することができる（本条(1)）。貿易実務でいう、いわゆる自由申込み（free offer）である。申込みの撤回が原則として認められない我が国の制度とは異なっている。

本条約は、遅延又は延着した撤回の効力について規定していないが、これらの撤回は、承諾通知を発する前に撤回通知が到達していない以上、いずれも効力を有さず、したがって売買契約の成立に何ら影響を与えないこととなろう。

訴 訟 物　XのYに対する売買契約に基づく鉄鉱石引渡請求権

＊オーストラリアのY会社は日本のX会社に対して鉄鉱石を売る申込みをした。Y会社の申込みがX会社に届いた後、鉄鉱石の相場が急騰した。Y会社は、申し込んだ価格では利益が少額となったので、X会社に対して申込みの撤回通知を出した。オーストラリアを含む英法系では申込みは撤回できるのが原則であるため、Y会社は撤回通知が有効であると考えていた。これに対して、Y会社から撤回通知を受け取ったX会社は、Y会社に対して承諾の通知をした。X会社は、Y会社の申込みが承諾回答期限を付した確定申込

み（firm offer）であったため、撤回は不能であり、当然に契約は成立していると考えていた。本件は、X会社がY会社に対して、本件売買契約に基づく鉄鉱石の引渡しを求めた事案であり、契約の成否が争点となった。

＊本件は、国境を越えて営業所のある当事者間の物品売買契約であって、オーストラリア、日本両国とも本条約の加盟国であるから、1条(1)(a)に基づき本条約が準拠法として適用される。

請求原因 1 YはXに対して、鉄鉱石○トンを○豪州ドルで売る申込みをし、Xに到達したこと

2 XはYに対して、請求原因1の申入れの条件で買う旨の承諾をし、Yに到達したこと

＊18条(2)が定めるとおり、申込みに対する承諾は、同意の表示が申込者に到達した時にその効力が生じる。また、同条(1)は、申込みに対する同意を示す相手の言明その他の行為は承諾とするとして（請求原因2はこれに該当する）、沈黙又はいかなる作為も行なわないことは承諾とはならないとしている。日本法では、商人間の平常取引での申込みに対する沈黙はさらに進んで承諾とされる（商509条2項）点が異なる。

（申込みの撤回）

抗　弁 1 YはXに対して、請求原因1の売り申込みを撤回する通知をしたこと

2 抗弁1のYの撤回の意思表示は請求原因2のXの承諾の通知を発するに先立ってXに到達したこと

（確定申込み）

再抗弁 1 Yの申込みは、承諾回答期限を付した確定申込み（firm offer）であったこと

＊本条(2)(a)に基づく再抗弁である。単に承諾期間だけを示した申込みとして、「This offer shall remain valid until 30th September 2019.」などがある。このような場合、日本法では申込みは撤回ができない（改正前民法521条1項。債権法改正後もこの立場が対話者間に拡張したうえで民523条本文で維持された）。

2 例外

上記1のとおり、契約が締結されるまでは、申込みは被申込者の承諾通知発信前であれば撤回可能であるが、例外として、次の(1)又は(2)の場合、申込みを撤回することができない。

(1) 撤回不能の表示

本条(2)(a)は、「申込みが、一定の承諾の期間を定めることによるか他の方法によるかを問わず、撤回することができないものであることを示している場合」には、本条(1)の規定に該当する場合であっても、申込みを撤回することができないと定める。この「一定の承諾の期間を定める」場合は、いわゆる承諾回答期限を付した確定申込み（firm offer）である。

(2) 相手方の合理的信頼

本条(2)(b)は、「相手方が申込みを撤回することができないものであると信頼したことが合理的であり、かつ、当該相手方が当該申込みを信頼して行動した場合」に、申込みを撤回することができないと定める。すなわち、①相手方の信頼が合理的であることと、②その信頼に基づいて行動したことという2つの要件が充足される必要がある。本条(2)(b)は、本条約が禁反言（Estoppell）の原則を「条約の基礎をなす一般原則」（7条(2)）として認めていることを示唆するものである。上記1の設例の申込みの撤回の抗弁に対する「相手方の合理的信頼」の再抗弁である。

（相手方の合理的信頼）

再抗弁 1　Xが、請求原因1のYの申込みを撤回することができないものであると信頼したこと
　　　　2　再抗弁1のXの信頼が合理的なものであること
　　　　　＊本条(2)(b)にいう「相手方が申込みを撤回することができないものであると信頼したことが合理的」である場合は、本条(2)(a)と異なり、「申込みが……撤回することができないものであることを示している場合」である必要はない。したがって、本条(2)(a)を避けて、本条(2)(b)の主張・立証を選択することができる。
　　　　3　Xは請求原因1の申込みを信頼して行動したこと
　　　　　＊本条(2)(b)は、取引における合理的な信頼の保護を目的とするものであるが、その必要があるのは、信頼に基づいて行動が既に起こされた場合のみである。したがって、本条(2)

(b)の要件としての「行動」とは、申込撤回可能の原則（本条(1)）の適用を妨げるに足る実質的な行動に限られる。

3　撤回の効果

申込みが撤回されれば、申込みは効力を失う。撤回の場合には、取りやめの場合と異なり、申込みの存在を前提に相手方が何らかの行動を採ることがあり得よう。その場合、その行動が無に帰したことにより生じた損害の賠償を申込者に対して請求できるが、本条約には契約締結上の過失責任に関する規定を置いていないので、国内法の損害賠償に関するルールが適用できるか否かが問題となる。しかし、本条約によって撤回が正当化されている以上、損害賠償責任を認めるべきではないとの見解が主張されている。

4　本条(1)と18条(2)1文との関係

本条(1)は、申込みは、(2)の場合を除き、一般に契約が成立するまでは撤回できるが、撤回の通知は被申込者に到達しなければならないと定める。そのため、申込者が申込みを有効に撤回するためには、被申込者が承諾によって契約を成立させる前に撤回の通知を被申込者に到達させる必要がある。契約が成立してしまうと、申込みを撤回することはできないからである。契約が成立するのは承諾が効力を発生する時であるが、18条(2)1文は、承諾は申込者に到着した時に効力を発生するとしているので、厳密には承諾が申込者に到着する前に撤回の通知が被申込者に到達すれば、申込みは有効に撤回されたことになる理である。しかし、本条(1)は、撤回の通知が承諾の発送前に被申込者に到達することを要求する。

つまり、申込みは、一般的には撤回可能であるが被申込者が承諾を発送すると、撤回不能となり、次いで、承諾が申込者に到着した時点で、契約が成立する。この原則によると、承諾の発送と到着までの時間帯は、申込みは撤回不能であるが契約はまだ成立していない、いわば前契約段階で、申込者としては契約の成立を待つのみということになる。このような段階を設けた趣旨について、事務局注釈47頁は、「撤回可能な申込みが、契約が締結される前に撤回することができなくなるとの準則の意義は、この準則によって、申込みは原則として撤回可能であるとの考え方［英米法］と申込みは原則として撤回不能であるとの考え方［大陸法］との間に、うまい落とし所が見つかるという点にある」と説明している。

5　本条と改正民法 523 条 1 項との比較
　改正民法 523 条 1 項は、承諾期間の定めのある申込みは、申込者が撤回権を留保しない限り撤回できないが、承諾の期間の定めのない申込みは、相当な期間を経過するまで撤回できないとしている（民 524 条）。
　本条約の下でも、承諾期間のない申込みに関する限り、申込者は、民 524 条のような期間の制約なしに、原則として自由に申込みを撤回できる（本条(1)）。ただ、相手方が申込みを撤回不能のものと信頼したのが合理的であり、かつ、相手方がその申込みを信頼して既に行動した場合には申込みの撤回は認められない（本条(2)(b)）との制約が設けられている。なお申込みの撤回は、承諾の通知が発信される前に到達した場合に限り有効となる（本条(1)）。

●(拒絶による申込みの失効)

第 17 条　申込みは、撤回することができない場合であっても、拒絶の通知が申込者に到達した時にその効力を失う。

Article 17

An offer, even if it is irrevocable, is terminated when a rejection reaches the offeror.

1　申込みに対する拒絶による失効
　申込者が相手方から申込みの拒絶の通知を受けた場合は、申込者はもはや、相手方が翻意して承諾する可能性を気にすることなく、自己の行なった申込みから解放される。もともと撤回可能な申込みについては、この結論は当然であるが、本条は、申込みが撤回することができない場合であっても、拒絶の通知が申込者に到達した時にその効力を失うと定めている。したがって、申込みに対する応答が明示的又は黙示的な拒絶である場合には、当初の申込みはその効力を失い、その後同一の当事者間において、何らかの契約が締結されることがあるとしても、新たな申込み及び承諾によらなければならない。

訴訟物　　　Ｘの Y に対する売買契約に基づく物品引渡請求権

＊日本のY会社は韓国のX会社に対し、汎用の製造機械を〇万円で売る旨の申込みをしたが、X会社はこれを断った。Y会社は直ちに同機械を第三者に売却した。その直後、X会社が先のY会社の申込みを承諾した。本件は、X会社がY会社に売買契約が成立したとして引渡しを求めたところ、Y会社は、X会社が承諾をするに先立って、Y会社の申込みを拒絶していたと抗弁し、その拒絶をX会社が有効に取りやめていたかが争点となった事案である。

請求原因 1 YはXに対し、本件物品を〇万円で売る旨の申込みをしたこと
2 XはYに対し、請求原因1の申込みを承諾する意思表示をし、それがYに到達したこと

(先立つ拒絶)

抗　弁 1 XはYに対し、請求原因2の承諾の到達に先立って、請求原因1の申込みを拒絶する意思表示がYに到達したこと
＊相手方から申込者への応答が、申込みの内容の説明を求めたり、契約条件の変更の可能性について問い合わせたりするものである場合は、申込みの拒絶とはならない(曽野＝山手・国際売買112頁)。
＊申込みに対する有効な「拒絶」があったことは、その効果の利益(契約不成立による契約上の義務の不存在という利益)を受ける当事者(Y)が負う。

(拒絶の取りやめ)

再抗弁 1 Xの抗弁1の拒絶の通知(意思表示)がYに到達するに先立って、Xの拒絶を取りやめる意思表示が到達したこと
＊申込みが失効するのは、申込みに対する拒絶通知が到達した時であるから(本条)、拒絶通知(抗弁1)発信後であっても、その到達前により迅速な通信手段によって拒絶を取りやめて、承諾の通知が到達するようにした場合(再抗弁1)には、契約が成立する(曽野＝山手・国際売買112頁は、本書でいう「取りやめ」の用語ではなく、「撤回」としている)。「拒絶の取りやめ」の到達の立証責任は、その表示した当事者(X)が負う。

2　申込みに対する拒絶
　申込みは、明示的又は黙示的に拒絶され得る。19条(1)は、「申込みに対する承諾を意図する応答であって、追加、制限その他の変更を含むものは、当該申込みの拒絶であるとともに、反対申込みとなる」と規定する。
　それでも、応答が申込みに対する追加、制限その他の変更を含むものである場合には、申込みは拒絶されたのであり、相手方はもはや申込みを承諾することはできない。

3　申込みに対する追加、制限その他の変更を含む応答によって申込みが拒絶された場合における契約の成立
　申込みに対する追加、制限その他の変更を含む応答によって申込みが拒絶されたからといって、契約の締結が不可能となるわけではない。このような応答は反対申込みとなり、当初の申込者はこれを承諾することができる。また、追加、制限その他の変更が、申込みの内容を実質的に変更するものでない場合には19条(2)が、このような応答は承諾となり、契約の内容は、申込みの内容に承諾に含まれた変更を加えたものとすると定めている。申込者が、提案された追加、制限その他の変更を拒絶した場合には、当事者双方は当初の申込みの内容で、契約を合意することができる。

●(承諾の方法、承諾の効力発生時期、承諾期間)══════════

第18条

(1)　申込みに対する同意を示す相手方の言明その他の行為は、承諾とする。沈黙又はいかなる行為も行わないことは、それ自体では、承諾とならない。

(2)　申込みに対する承諾は、同意の表示が申込者に到達した時にその効力を生ずる。同意の表示が、申込者の定めた期間内に、又は期間の定めがない場合には取引の状況(申込者が用いた通信手段の迅速性を含む。)について妥当な考慮を払った合理的な期間内に申込者に到達しないときは、承諾は、その効力を生じない。口頭による申込みは、別段の事情がある場合を除くほか、直ちに承諾されなければならない。

(3)　申込みに基づき、又は当事者間で確立した慣行若しくは慣習により、相手方が申込者に通知することなく、物品の発送又は代金の支払等の行為を行うことにより同意を示すことができる場合に

は、承諾は、当該行為が行われた時にその効力を生ずる。ただし、当該行為が(2)に規定する期間内に行われた場合に限る。

Article 18

(1)　A statement made by or other conduct of the offeree indicating assent to an offer is an acceptance. Silence or inactivity does not in itself amount to acceptance.

(2)　An acceptance of an offer becomes effective at the moment the indication of assent reaches the offeror. An acceptance is not effective if the indication of assent does not reach the offeror within the time he has fixed or, if no time is fixed, within a reasonable time, due account being taken of the circumstances of the transaction, including the rapidity of the means of communication employed by the offeror. An oral offer must be accepted immediately unless the circumstances indicate otherwise.

(3)　However, if, by virtue of the offer or as a result of practices which the parties have established between themselves or of usage, the offeree may indicate assent by performing an act, such as one relating to the dispatch of the goods or payment of the price, without notice to the offeror, the acceptance is effective at the moment the act is performed, provided that the act is performed within the period of time laid down in the preceding paragraph.

1　承諾の要件
(1)「申込みに対する同意を示す相手方の言明その他の行動」
　本条(1)は、「申込みに対する同意を示す相手方の言明その他の行動は、承諾とする。沈黙又はいかなる行為も行わないことは、それ自体では、承諾とならない」と定めている。例えば、婦人服の注文を受けたとする売主の主張に対し、取引歴がなかったことより、沈黙は承諾を構成しないとして契約の成立を否定すること（CLOUT309）などが、その典型である。
　ところで、承諾は、手紙、電報テレックス、電子メール、口頭など方法は異なっても、申込みに対する同意を示す被申込者による言明（a statement）の形式を採るのが普通であるが、本条(1)は、その他の行為（other conduct）も承諾となり得るものとしている。

また、本条(1)の「それ自体では」という文言は、他の事実が加われば承諾となり得ることを示す。事務局注釈 53 頁は、「相手方の沈黙は、その沈黙が同意の表示であることを十分に保証する他の要素を伴うものであった場合には、承諾となり得る。特に、当事者が事前にそのように合意していた場合には、沈黙は承諾になり得る。そのような合意は、明示的になされる場合もあろうし、あるいは、……8 条……の解釈準則が定めるように、交渉、当事者間で確立した慣行、慣習及び当事者の事後の行為を考慮した結果としての当事者の意図の解釈として導き出される場合もあろう」としている。

訴 訟 物　　Xの Y に対する売買契約に基づく物品引渡請求権
　　　　　　＊過去 10 年にわたり、日本の X 会社は経常的に韓国の Y 会社に対し本件物品を買い付ける注文し、物品の発送は各注文の後 6 か月から 9 か月の期間内で行なわれてきた。最初の数回の注文は別として、Y 会社は買注文に対して確認書を送ることなく常に注文どおりに物品を発送していた。しかし、ある時、X 会社の買注文に対して Y 会社が物品を発送せず、また X 会社に物品を発送しない旨の通知もしなかった。本件は、X 会社は、Y 会社は買注文に対し確認書を送る必要がないとの慣行が当事者間で確立しており、Y 会社の沈黙は申込みの承諾となるとして、契約に基づいて Y 会社に対して商品の引渡しを求めた事案である（事務局注釈 53 頁【例 16A】）。

請求原因　1　X は Y に対して、本件物品を○万円で買う申込みをし、Y に到達したこと
　　　　　　2　過去 10 年にわたり、X は Y に対し経常的に物品を注文し、Y の物品の発送は各注文の後 6 か月から 9 か月の期間内でされるべきものとされており、最初の数回の注文の後、Y は注文に対し、その都度確認書を送ることはしなかったが、Y は常に X の注文どおりに物品を発送していたこと
　　　　　　3　請求原因 1 の申込みに対し、Y は物品を発送せず、また X に物品を発送しない旨の通知もしなかったこと
　　　　　　＊請求原因 3 の Y の不作為自体では、本条(1) 2 文により承諾とならないが、請求原因 2 の事実と併せると、請求原因 3 の事実は、本条(1) 1 文に基づき承諾となると解される。

| 訴訟物 | Xの Y に対する売買契約に基づく代金支払請求権 |

＊日本のX会社はオーストラリアのY会社との間で、高速道路道路建設のための鉄棒につきY会社の注文する本数を1本当たり5,000円で売買し、契約の変更は両当事者による書面による合意を必要とする条項を付して契約を締結した。その後、鉄棒の価格が低落したことにより、Y会社はX会社と交渉し、鉄棒1本当たり3,000円とすることに合意が成立したと考えて、その旨を記載したメモをファクシミリでX会社を含む会議出席者全員に送信した。本件は、X会社がY会社に対して、本条(1)2文により価格は変更されていないとして、鉄棒1本当たり5,000円の代金の支払を求めたところ、Y会社は本条(1)1文により変更後の3,000円であると主張した事案である。

| 請求原因 | 1 XはYとの間で、高速道路道路建設用の資材の鉄棒につきYの注文する本数を1本当たり5,000円で売買する契約を1月に締結したこと |

　2　請求原因1の契約においては、契約の変更は、両当事者による書面による合意が必要であると定められていたこと

　＊請求原因2は、理論的には再抗弁であるが、本件の事案のような場合には、実務上、請求原因に引き上げて主張されるであろう。

（価格変更）

| 抗　弁 | 1 Yは、鉄棒製品の市場価格低下の状勢を受けて、Xと交渉し、交渉が終了した9月に、鉄棒1本当たり3,000円とすることに合意が成立したと考えて、その旨を記載したメモをファクシミリでXを含む会議出席者全員に送信したこと |

　＊本件は、契約の変更に関して当事者間で書面により変更を行なう旨があらかじめ合意されており、これは29条(2)所定の「書面」には、13条により電報及びテレックスが含まれると解することができる。したがって、一方の当事者が作成した書面による契約変更の確認は、必ずしも29条(2)と矛盾するわけではない

　2　XはYに対し、Yの作成したメモに直ちに異議を述べず、異議を唱えたのは12月に至ってからであること

　＊XがYの作成した減額のメモに直ちに異議を述べなかった

ことは、8条(3)に従えば、Xが3,000円の変更に承諾（同意）したと解される余地がある。
　　3　YはXに対して、減額された対価（1本当たり3,000円）のみを支払ったこと

(2)　交叉申込み
　交叉申込み（cress offers）とは、申込みに対応した承諾がされるのではなく、偶然に当事者双方が互いに内容の一致した申込みをすることである。本条約は、申込みに続いて内容の一致した承諾がされることにより契約が成立するという鏡像原則（mirror image rule）を採っており、交叉申込みにおける申込みは、互いに他方の「申込みに対する同意」（本条(1)）を示すものではないから、承諾と認められないとする見解もあるが、交叉申込みによる契約の成立を認める立場が多数である。いずれの立場であっても、当事者が、合意により、本条約の契約成立に関する準則の適用を排除し（6条）、本条約の定めとは異なる仕方で契約を成立させることは可能である。また、交叉申込みがされた後に一方当事者が履行に着手するなど、行為により契約に拘束される意思を表示した場合は、本条(1)に基づきこれを承諾とみなすことができる。

2　承諾の効力発生時期
(1)　承諾の到達主義（本条(2)1文）
　本条(2)1文は、承諾の効力の発生時期について、承諾は、同意の表現が申込者に到着した時に効力を生ずるものとしている（到達主義）。同意を表現する形式がどのようなものであれ、承諾が法的効果を上げるためには、同意の表現が何らかの方法で申込みの有効期間内に（もし有効期間の定めがなければ、合理的な期間内に）申込者に到着しなければならない。この同意の表現は、通常、申込者に対する手紙、テレックス、電話、電子メール等による申込みに同意する旨の通知（notice）の形式を採り、承諾はその通知が申込者に到着した時に効力を生ずる。
(2)　日本法との比較
　改正前民法526条1項は、意思表示の効力発生時期に関する到達主義の原則（97条1項）の例外として、隔地者間の契約においては、承諾の効力発生時期について発信主義を採っていた。しかし、今日では、承諾通知が延着すること、又は不到達になることがまれであり、また、発信から到達までの時間もほとんど間隙を置かない手段があることから、到達主義の原則に対す

る例外を設ける必要性が乏しく、改正前民法526条1項を削除し、隔地者間の契約の成立時期についても原則として到達主義によることとなった。

> **訴訟物**　XのYに対する売買契約に基づく代金支払請求権
>
> ＊カナダのY会社は日本のX会社に対して、至急に必要となった電子部品を○万円で買う旨の申入れをしたので、X会社はY会社に対してその電子部品を送付したが、その承諾の通知は合理的な期間に遅れた。本件は、X会社がY会社に対して、代金の支払を求めたところ、Y会社は、X会社が承諾の通知をするために合理的な期間を経過するのを待った後に、他社から同一品質の電子部品を購入したので、X会社への代金の支払は拒絶すると主張した事案である。
>
> **請求原因**　1　YはXに対して、電子部品を○万円で買うとの申込みをし、Xに到達したこと
>
> ＊YからXへ「直ちに送付されたい」という文言が申込みに含まれていれば、Xが発送行為をすることにより、申込者Yへの到達を要しない承諾が認められ得る。しかし、一般に、ある文言（「至急に必要となった」）がそれだけで到達を要しない承諾を認めるのに十分であるかは、明確ではない。また、外部から認識できない行為（発注物品の製造開始など）については、通知の必要性が特に強まるともいえる。そのような場合には、Xは、当該行為を行なったことを別途申込者Yに通知しておくべきであろう。
>
> 　　　　　　　　2　XはYに対して請求原因1の申入れを承諾し、Yに到達したこと
>
> ＊無条件売承諾書の文例としては、例えば、「We are pleased to notify you of our acceptance of your offer dated [date] to purchase 4,000 metric tons of rimmed steel ingots from us on the terms and conditions specified therein.」がある。
>
> （合理的な期間の経過）
>
> **抗弁**　1　承諾（同意）の意思表示をするために取引の状況（申込者が用いた通信手段の迅速性を含む）について妥当な考慮を払った合理的な期間が経過したこと
>
> （期間内の承諾）
>
> **再抗弁**　1　請求原因2のXの承諾（同意）は、抗弁1の合理的な期間

内に Y に到達したこと
＊本件においては、この再抗弁は認められない。

3　口頭によらない期間の定めがある申込みに対する承諾（本条(2)2 文）

　申込者が期間を定めている場合には、その期間内に承諾が申込者に到達しないときは、承諾は、効力を生じない（本条(2)2 文）。ただし、21 条に定める要件のいずれかを充足する遅延した承諾は、例外的に効力を有する。期間は、特定の日付により定めることも、例えば、「10 日以内に」などの方法によって定めることもできる。

　承諾期間は、20 条の定めに従って計算される。①電報による場合は、電報が発信のために提出された時を、②書簡による場合は、書簡に示された日付、又は書簡に日付が示されていないときは、封筒に示された日付を、③電話、テレックスその他の即時の通信手段による場合は、申込みが相手方に到達した時を起算点とする（20 条(1)）。

訴訟物　　X の Y に対する売買契約に基づく石炭引渡請求権
　　　　＊オーストラリアの Y 会社は日本の X 会社に対して石炭を売る申込みをし、X 会社はこれを承諾した。本件は、X 会社が Y 会社に対して売買契約に基づいて石炭の引渡しを求めたところ、Y 会社は申込みに承諾期間を設けていたが、X 会社の承諾がその期間を経過後（又は承諾期間を設けていなかったが、X 会社の承諾が合理的な期間を経過後）であったか否かが争点となった事案である。

請求原因　1　Y は X に対して、石炭○トンを○豪州ドルで売る申込みをし、X に到達したこと
　　　　2　X は Y に対して請求原因 1 の申入れの条件で買う旨の承諾をし、Y に到達したこと
　　　　＊承諾の表明が到達したこと（本条(2)2 文）については、到達及びそれに伴う契約の成立を援用する者（本件の場合はX）が立証責任を負う。
　　　　＊無条件買承諾書の文例としては、例えば、「Your offer contained in a letter to us dated, 20, for the sale by you to us [quaantity] of [type of goods] at a price of United States dollars (U.S.$　　) is hereby accepted.」がある。

(定められた承諾期間の経過)
> 抗弁　1　請求原因1の申込みには、承諾期間を定めていたこと
> 　　　＊例えば、「This offer will expire unless we receive your written and unconditional acceptance at our office on or before［date and time］」などの条項が設けられた場合である。
> 　　　2　抗弁1の承諾期間が経過したこと

(期間内の承諾)
> 再抗弁　1　請求原因2のXの承諾（同意）は、抗弁1の承諾期間内にYに到達したこと
> 　　　＊請求原因2の行為が、定められた承諾期間内又は合理的な期間内に行なわれたこと、すなわち、本条(3)の期間内に行なわれたことを示す事実である。本条(3)2文は、「ただし［provided that］、……限る」とするもので、本文の要件（請求原因2）に対し付加的要件と位置付けられる（ただし、定められた承諾期間の経過の抗弁が提出されていない場合は、この再抗弁の主張・立証は不要である）。

(合理的な期間の経過)
> 抗弁　1　請求原因1の申込みがXに到達した日から取引の状況（申込者Yが用いた通信手段の迅速性を含む）について妥当な考慮を払った合理的な期間が経過したこと
> 　　　＊請求原因1の申込みに承諾期間が定められていなかった場合の抗弁である。

(期間内の承諾)
> 再抗弁　1　請求原因2のXの承諾（同意）は、抗弁1の合理的な期間内にYに到達したこと

4　口頭によらない期間の定めがない申込みに対する承諾（本条(2)2文）

　期間の定めがない場合には、取引の状況について妥当な配慮を払った合理的な期間内に申込者に到達しなければ、承諾は、効力を生じない（本条(2)2文）。「合理的な期間」は、同条の規定によれば、申込者が用いた通信手段の迅速性を含む取引状況により定まる。通信手段の迅速性については、申込み及びそれに対する応答が、書簡、テレックス、ファクシミリ、電子メール等のいずれによりされたかによって、より迅速な通信手段であればあるほど短い期間が合理的と判断されることになる。通信手段の迅速性を別にすれば、

期間が合理的であるか否かは、相手方が応答するのに必要な考慮期間により判断される。この期間は、例えば、当該物品の価格変動の激しさ、物品の品質低下の速さ、情報を収集する必要性など、当該取引の規模、対象、性質を考慮することになる。

5　口頭による申込みに対する承諾（本条(2)3文）

　口頭による申込みがされた場合には、別段の事情がある場合を除き、直ちに承諾されなければならない（本条(2)3文）。明文はないが、口頭による申込みにおいて承諾期間が定められている場合は、当然その期間内に承諾しなければならない。したがって、本規定の意味するところは、申込みにおいて承諾期間の定めがない場合における承諾期間である。「別段の事情」には、当事者間の交渉、申込みの相手方が情報を取得する必要性などが含まれる。「直ちに」は、厳格に解されており、遅滞なくという趣旨ではなく、申込みの直後に応答しなければならないことを意味するとされる。

訴訟物　　　XのYに対する売買契約に基づく物品引渡請求権
　　　　　　　＊日本のY会社代表者Aは韓国のX会社代表者Bに口頭で本件物品を5,000万円で売る申込みをしたが、Bは直ちに返事をせず、2日後になってAに対して買う承諾の意思表示をした。本件は、X会社がY会社に対して売買契約が成立したとして物品の引渡しを求めたところ、口頭の申込みであっても直ちに承諾をしなくともよい別段の事情の存否が争点となった事案である。

請求原因　1　Y代表者Aは面談中のX代表者Bに対して、口頭で本件物品を5,000万円で売る申込みをしたこと
　　　　　　2　請求原因1の口頭の申込みに対しては、直ちに承諾をしなくてもよい別段の事情があること
　　　　　　　＊本条(2)3文に基づく事実である。「別段の事情」には、当事者間の交渉、申込みの相手方が情報を取得する必要性などが含まれる。請求原因1及び3の事実のみでは、XY間に売買契約が成立しない。
　　　　　　3　X代表者BはY代表者Aに対して、請求原因1の申込みから2日後に、その申込みを承諾する意思表示をし、Yに到達したこと

6　申込者への到達を必要としない承諾（本条(3)）

　承諾に関する到達主義の例外として、同意の表示が到達することを要しない場合に関する規定が置かれている。すなわち、本条(3)によれば、申込みに基づき又は当事者間で確立した慣行若しくは慣習により、相手方が申込者に通知することなく、物品の発送又は代金の支払などの行為を行なうことにより同意を示すことができる場合には、承諾は、当該行為が行なわれた時に効力を生ずるとされる。ただし、この行為は本条(2)に定める期間内に行なわれなければならない。

　例えば、輸入者が自己の書式の発注書（PO：Purchase Order）を輸出者にファクシミリで送信し、輸出者はそれにカウンターサイン（countersign）してそれを返信することなく、船積みを行なう慣行がある場合、船積みした時点で承諾したものと解される。また、①輸入者が自己の書式のPOを輸出者にファクシミリで送信し、②輸出者はそれにカウンターサインすることなく、自社の書式の契約書を輸入者にファクシミリで送信した後に、③輸入者がそれにカウンターサインすることなく信用状（L/C）を開設した場合などは、②の輸出者による反対申込み（19条(1)）を、③の輸入者が履行行為（L/C開設）によって承諾したと解される。

　もちろん、本条(3)の規定が存在しなくとも、ある行為が、承諾に相当する「その他の行為」（本条(1)）とみなされるときは、その行為が申込者に到達した時（例えば、履行として承諾者が発送した物品が申込者に届いた時）に承諾の効力が発生し、その結果、契約が成立する。したがって、本条(3)の規定の存在意義は、契約の成立時期を早める点にある。

> **訴訟物**　　XのYに対する売買契約に基づく代金支払請求権
> ＊日本のX会社はオーストラリアのY会社に対して石炭を買う申込みをし、Y会社はX会社の申込みに基づき、又は当事者間で確立した慣行若しくは慣習により、YがX会社に通知することなく、石炭をX会社宛てに送付した。本件は、X会社がY会社に対して売買契約に基づいて代金の支払を求めたところ、X会社は申込みに承諾期間を設けていたが、Y会社の送付行為がその期間内（承諾期間を設けていなかった場合は、Y会社の行為が合理的な期間内）であったか否かが争点となった事案である。
>
> **請求原因**　1　XはYに対して、石炭○トンを○豪ドルで買う申込みをし、Yに到達したこと

2　Yは、Xの申込みに基づき、又は当事者間で確立した慣行若しくは慣習により、YがXに同意の通知をすることなく、石炭〇トンをXに対し送付したこと
　　＊本条(3)所定の到達を要しない承諾行為がされたことについては、契約の成立要件の1つであるから、契約の成立を根拠に代金の支払を求める買主Xがその立証責任を負う。実質的に考えても、承諾行為は買主X会社の支配領域に帰属するから、その立証も困難ではない立場にある。

(定められた承諾期間の経過)
抗　弁　1　請求原因1の申込みには、承諾期間を定めていたこと
　　　　2　抗弁1の承諾期間が経過したこと
(期間内の承諾)
再抗弁　1　請求原因2のYの石炭の送付は、抗弁1の承諾期間内に行なわれたこと
(合理的な期間の経過)
抗　弁　1　取引の状況について妥当な考慮を払った合理的な期間が経過したこと
(期間内の承諾)
再抗弁　1　請求原因2のYの石炭の送付は、抗弁1の合理的な期間内に行なわれたこと

● (変更を加えた承諾)

第19条

(1)　申込みに対する承諾を意図する応答であって、追加、制限その他の変更を含むものは、当該申込みの拒絶であるとともに、反対申込みとなる。

(2)　申込みに対する承諾を意図する応答は、追加的な又は異なる条件を含む場合であっても、当該条件が申込みの内容を実質的に変更しないときは、申込者が不当に遅滞することなくその相違について口頭で異議を述べ、又はその旨の通知を発した場合を除くほか、承諾となる。申込者がそのような異議を述べない場合には、契約の内容は、申込みの内容に承諾に含まれた変更を加えたものとする。

(3)　追加的な又は異なる条件であって、特に、代金、支払、物品の

品質若しくは数量、引渡しの場所若しくは時期、当事者の一方の相手方に対する責任の限度又は紛争解決に関するものは、申込みの内容を実質的に変更するものとする。

Article 19

(1) A reply to an offer which purports to be an acceptance but contains additions, limitations or other modifications is a rejection of the offer and constitutes a counter-offer.

(2) However, a reply to an offer which purports to be an acceptance but contains additional or different terms which do not materially alter the terms of the offer constitutes an acceptance, unless the offeror, without undue delay, objects orally to the discrepancy or dispatches a notice to that effect. If he does not so object, the terms of the contract are the terms of the offer with the modifications contained in the acceptance.

(3) Additional or different terms relating, among other things, to the price, payment, quality and quantity of the goods, place and time of delivery, extent of one party's liability to the other or the settlement of disputes are considered to alter the terms of the offer materially.

---

1 実質的な相違・変更を含む承諾

申込みに対する承諾を意図する応答であって、追加、制限その他の変更を含むものは、当該申込みの拒絶であるとともに、反対申込みとなる（本条(1)）。我が国民法528条も、これと同じ規律である。この規定は、契約が成立するためには、申込みの内容と承諾の内容が完全に一致していなければならないという鏡像原則（mirror image rule）を採用していることの当然の帰結である。しかし、申込みの内容と一致しない応答は、当該申込みに対応する承諾とみなすことができないにしても、新たな申込みと評価することを妨げるものではない。したがって、申込者が、当該反対申込みの内容と一致する応答をした場合には、これを承諾として契約が成立することになる。

申込みの内容と一致しない応答は、申込みの拒絶とみなされるから、この応答が申込者に到達した時に、申込みは失効する（17条）。

[訴訟物] ＸのＹに対する売買契約の債務不履行（品質の契約不適合）

に基づく損害賠償請求権
＊米国のX会社は日本のY会社との間で交渉を重ねた結果、レトルト食品を○万ドルで売買する主要条件が合意に達した。そしてX会社はY会社に対して裏面に一般条項が印刷された書式（Purchase Confirmation）を送付した。その印刷書式には、追加条件として厳しい品質保証責任規定が置かれていた。その書式を受け取ったY会社は、その内容を吟味しないで、早速に出荷した。本件は、X会社がY会社に対して、厳しい品質基準を充足しないレトルト食品が送られてきたとして、損害の賠償を求めた事案である。

請求原因
1　XはYとの間で交渉を重ねた結果、レトルト食品を○万ドルで売買する主要条件について（第1段階における）合意に達したこと
2　請求原因1の合意の直後、XがYに対して、追加条件として厳しい品質保証責任規定が記載された裏面条項のある印刷書式を送付したこと
　＊本件においては、XY間で主要条件の交渉が合意に達した段階（請求原因1）で、XからYに追加条件を付加した通知が到達したのであるから、それは、承諾ではなく、新たな申込みと解され（本条(1)）、請求原因1の主要条件と合体した新たな契約申込みの事実となる。
3　YはXに対してレトルト食品を船積みして出荷したこと
　＊上記のように追加条件を付した印刷書式（請求原因2）はXのYに対する反対申込みとなるから（本条(1)）、Yが、何らそれに異議を述べないで、船積みをして履行したことは、裏面条項を含む条件の申込みに対する行為による承諾（18条(1)）と解され、結果として裏面条項が契約書の一部として適用されることになる。
　＊本条約では、相手方が申込者に通知することなく、物品の発送又は代金の支払等の行為を行なうことにより同意を示すことができる場合には、承諾は当該行為が行なわれた時にその効力を生ずるとしている（18条(3)）。
4　Yが出荷したレトルト食品は請求原因2の品質基準に達していなかったこと
　＊品質に関する契約不適合を示す事実である。

5　Xの損害及びその数額
　　＊本件においては、Xは解除をしておらず、74条に基づく損害賠償をすることになる。
6　請求原因4の品質不良と請求原因5の損害との因果関係

2　申込みを実質的に変更しない承諾

　申込みに対して、実質的でない付加又は相違のみを含む（その変更が申込みを「実質的に変更しない」（not materially alter））承諾の表明は、承諾の機能を維持しており（新たな申込みとならず）、申込者が異議を唱えない限り、契約を成立させる。

　この場合の契約内容は、本条(2)2文により、変更されていない申込者の契約態様と相違する承諾により付加ないし変更された契約項目の両者から構成される。本条(2)は信義則及び実務上の理由により正当化することができる。なぜなら、鏡像原則（mirror image rule）を厳格に貫いて、本条(2)が存在しないとすると、些細な相違が存在するだけで、契約が不成立に終わるからである。

　なお、申込みを実質的に変更しない応答がされた場合であっても、申込者が不当に遅滞することなくその相違について口頭で異議を述べるか通知を発したときは、当該応答は承諾とならないことはもちろんである（本条(2)1文）。

(1)「実質的」変更の意義

　本条(3)によれば、代金、支払、物品の品質・数量、引渡場所・時期、責任の範囲、紛争解決に関する条項（具体的には、物品の代金増額、支払期日の前倒し、物品の品質変更、数量削減、管轄裁判所の変更など）が「実質的」であるとされる。本条(3)が定めるこれらの事項は、例示であって、その変更が「実質的」であると推定する法律上の推定規定であると解される（反対立証により推定を覆すことが可能）。本条(3)に掲記された事項に関する変更が申込者にとって有利であるとき、例えば、より高率の価格の割引、買主への無料配達の申入れ、買主が申込みにおいて求めた保証期間の延長などは、申込者による反対承諾を要することなく、容易に契約の構成要素となり得る。例えば、住所表示の変更、取引銀行の変更、機械の色の変更のような売主に負担を生じない技術的な細部の相違、梱包や発送の方法に関する変更が挙げられる。また、市場価格の変動に応じて価格は変更される旨の条項や一部の物品の引渡期日を延期する権利を売主が留保する条項も、実質的な変更と解されない余地があろう。さらに、判例によれば、引渡日を変更する

権利を留保する売主の標準約款（CLOUT362）、買主が特定期間内に引き渡された物品の引渡しを拒絶すべき契約上の要求（CLOUT50）が実質的に変更するものでないとしている。
　しかし、本条(3)所定の事項が広範囲に及ぶため、本条(3)の事項に関係しないで、本条(2)が直接適用される「実質的でない変更」はそう多くない。

| 訴訟物 | XのYに対する売買契約の代金支払請求権 |

＊X会社はY会社に対して、本件工作機械（色彩は黄色）を代金〇ドルで売る申込みをしたところ、Y会社は機械の色彩が赤色であれば代金は申込みの価格で買うと答えた。本件は、X会社がY会社に対して、黄色の機械についての売買契約が成立したとしてその代金の支払を求めた事案である。

| 請求原因 |

1　XはYに対して、本件工作機械（色彩は黄色）を代金〇ドルで売る申込みをしたこと
2　YはXに対して、Xの申込みの代金で色彩は赤色の本件工作機械を買う承諾をしたこと
3　本件機械が黄色であるか赤色であるかは、実質的に差異がないことを基礎付ける事実
　＊契約において目的物の色彩が実質的な違いか否かは、個別の事情（契約内容、注文の規模、当事者の関係、経済状況等）を考慮して判断することとなる。例えば、Yの工場にある機械は赤色で統一されており、Yの社名のロゴマークも赤色であるなどの事情がある場合は、黄色と赤色は実質的な差があるといえよう。
　＊単に実質的でない点においてのみ相違する同意の表明が存在することについての立証責任は、有効な契約の成立を主張する当事者（本件の場合、売主X）の側が負う。

（異議）

| 抗弁 |

1　XがYに対し、不当に遅滞することなくその相違について口頭で異議を述べ、又はその旨の通知を発したこと
　＊Yは、有効な異議の通知が発せられたことを立証しなければならない。

| 訴訟物 | XのYに対する売買契約解除に基づく損害賠償請求権 |

＊日本のY会社はイタリアのX会社に「包装」されたベーコ

ンを10ロットを〇ユーロで購入する申込みをしたところ、X会社は、数量・代金は申込みでよいが、「無包装」のベーコンでなら売るとの返答をした。その後、Y会社はX会社の返答における売買条件の変更について異議を唱えなかった。X会社からY会社に4ロットが引き渡された後、Y会社は残りの受領を拒絶した。X会社は、契約解除し、残った6ロットをY会社と合意された売買価格よりも大幅に下回る価格で売却した。本件は、X会社がY会社に対して、75条に基づいて損害の賠償を求めた事案である（CLOUT 227）。

請求原因
1 YはXに「包装」されたベーコンを10ロットを〇ユーロで買う申込みをしたこと
2 請求原因1のYの申込みに対し、Xは、数量・代金は申込みでよいが、「無包装」のベーコンでなら売るとの返答をしたこと
   ＊Yのオリジナル・オファーに対するXの返答は、カウンター・オファー（本条(1)）であり、承諾（18条(1)）ではないと解される。
3 YはXの返答における売買条件の変更について異議を唱えなかったこと
   ＊Yがその後のXに対する返答で売買条件の変更に対して何ら異議を申し立てない限り、Xのカウンター・オファーに対するYの返答は条件変更なしの承諾（18条(2)）と認められる。
4 YはXから4ロットが引き渡された後、残りの6ロットの受領を拒絶したこと
   ＊Yが売買物品の半数以上である6ロットの引取りをしなかったことは、契約の重大な違反となる（64条(1)(a)）。
5 YはXに対し、本件契約を解除する意思表示をしたこと
6 Yは、残りの6ロットをXとの契約代金より低額で売却したこと
   ＊請求原因6は、代替取引を示す事実である。
7 請求原因6の差額は〇ユーロであること
   ＊請求原因5ないし7は、75条の損害賠償の適用を受ける要件事実を示している。

訴訟物　XのYに対する売買契約に基づく物品引渡請求権

＊日本のX会社は米国のY会社から、衣料品を買う交渉を電子メールで行なった。X会社は同社の標準契約書式（「紛争すべてを日本の裁判所で排他的に裁判する」との条項と「日本法を準拠法とする」との条項がある）に目的物・数量・価格等を記載した契約書を作成し、X会社の代表者の署名をしたうえでY会社に郵送したが、Y会社からは同社の標準契約書式（「紛争すべてをニューヨークの裁判所で排他的に裁判する」との条項と「ニューヨーク州法を準拠法とする」との条項がある）に目的物・数量・価格等（いずれも同一内容）を記載した契約書がX会社宛てに返送されてきた。本件は、X会社がY会社に対して、本件衣料品の引渡しを求めた事案である。

請求原因
1　XはYに対し、本件衣料品100着を〇ドルで買う申込みを標準契約書式（「紛争すべてを日本の裁判所で排他的に裁判する」との条項と「日本法を準拠法とする」との条項がある）をもって行なったこと
2　YはXに対して、請求原因1の申込みを受けて、本件衣料品100着を申込みの〇ドルで売る承諾を標準契約書式（「紛争すべてをニューヨークの裁判所で排他的に裁判する」との条項と「ニューヨーク州法を準拠法とする」との条項がある）をもって行なったこと

＊Yによる標準契約書式の返送は、Yの書式では紛争解決に関する条項がXの申込み内容と相違していることから「実質的な変更」とされ、申込みの拒絶であるとともに反対申込みとされ、XY間の契約が有効に成立していないと解される。
＊14条の解説1(2)の1番目の設例参照。

(2)　書式の戦い

　輸出入取引業者は、自社の書式（輸出用はSales Confirmation、輸入用はPurchase Confirmation）を備えているのが常である。「書式の戦い（battle of forms）」とは、両当事者が、売買契約交渉の結果、基本的な合意に達した段階で、お互いに自己に有利な条件で最終的な契約を締結するために書式を相互に送付し、自己の内容で契約を成立させるように競い合うことをい

う。具体的には、①交渉は主要条件を中心にメール、電話などで交渉し、申込みと承諾により契約は成立しているが、その後にそれぞれの当事者が自己の書式を送付して、書式が交錯する場合と、②申込みと承諾が先行しないで、一方が、自己の印刷書式、例えば注文書を送付し、他方は売約書を送付して、印刷書式が交錯する場合である。いずれの場合も、印刷書式の表面の条件、例えば、物品、数量、価格、決済等は一致しているが、裏面に印刷されている条件の内容が異なっている場合に、契約が成立しているのか、また、契約が成立しているとして、いずれの書式の印刷書式が採用・適用されるかという問題が生ずる。

本条約は、書式の戦いに関する特別の規定を設けなかった。そのため、この問題は、本条(2)により、いわゆるラスト・ショット・ルールによって規律されることになる。

ア　ラスト・ショット・ルール（last shot rule）

ラスト・ショット・ルールとは、本条(2)が採用する方法である。つまり、この考え方は、各々の書式（ないし条項）を、申込みを拒絶する反対申込みと解し、それに対し一方当事者が異議を述べない場合にはその書式（ないし条項）の内容が最終的な契約内容になるとするものである。この解決は、条文の文言に忠実ではあるが、当事者が認識していない条項が、最終的な送付ないし言及といういわば偶然により、契約内容に取り込まれることになる。この処理は、当事者の真意に反し、取引の実態にも合致しないという批判がある。

イ　ノックアウト・ルール（knock out rule）

ノックアウト・ルールとは、当事者双方が定型条項を使用し、その定型条項以外について合意に達しているときは、契約は、その合意された内容及び定型条項のうち共通する条項に基づいて締結されるとする考え方である。本条約に規定がないノックアウト・ルールを具体的な売買契約の成立に関して適用するための法的構成としては、当事者が本条約の適用を制限ないし排除している（6条）と解したうえで、契約の解釈（8条）によりノックアウト・ルールを適用する方法である。これは、本条約に反しないでラスト・ショット・ルールの弊害を回避する方法である。

訴訟物　　XのYに対する売買契約の契約不履行に基づく損害賠償請求権

＊ブラジルのY会社は日本のX会社との間で、粗糖〇万トンを〇万円で売買する基本合意が成立したので、Y会社は最

終的に他の条件も記載した自社書式のSales ConfirmationをX会社に送付した。その直後X会社もやはり自社書式の承諾の形式を採ったPurchase OrderをY会社に交付した。このPurchase Orderの各条件は概ねY会社の書式の条件と一致していたが、裏面に梱包（packing）は「新しい袋」（new bag）とすることが記載されていた。Y会社は、約定の引渡期限までに新しい袋の調達・船積みをすることができないとして、used bagによる梱包を主張した。しかし、X会社はあくまでnew bagを要求したので、Y会社はその用意はできない旨を再度伝えた。それに対して、X会社は応答をしなかったので、Y会社は契約が不成立になったものとして、船積みを断念した。ところが、その後粗糖の国際価格が高騰した。本件は、X会社がY会社に対し、契約は成立したのに、Y会社が粗糖の船積みをしなかった契約不履行のため、逸失利益の損害を被ったとして賠償を求めた事案である。

請求原因
1 　YはXに対して、粗糖○万トンを代金○万円でused bag詰めで引渡期限を10月○日として売る旨の申込みを自社書式のSales ConfirmationをXに送付し、Xに到達したこと
2 　XはYに対して、請求原因1の粗糖○万トンを代金○万円で、梱包（packing）は「新しい袋」（new bag）とすることが記載された自社書式のPurchase Orderを送付して承諾し、Yに到達したこと
  ＊used bagか又はnew bagかという梱包の問題が、実質的な変更であれば、請求原因の段階において、既に申込みと承諾が一致しないことが現れるので（本条）、抗弁の判断を待つまでもなく、X会社の請求は棄却される。実質的な変更でないとすれば、請求原因の段階では契約が成立することとなる（本条(2)2文）。
3 　Yは、粗糖の船積みをしなかったこと
  ＊Y会社とすれば、請求原因2のカウンターオファーが、請求原因1のオファーに対する実質的変更と考えれば、XY間に契約は成立しておらず、船積みをしないことは自然な行動ということになる。
  ＊Xは、Yの請求原因2の意思表示が実質的な変更でないと考えれば、契約が成立していることになるから、Yが船積

みをしないことは、重大な契約の違反となるので、損害賠償請求に及んだと理解できる。

4 Xにおける損害の発生及びその数額
*本件においては、Xが解除をしておらず、74条に基づいて、粗糖を入手できなかったことにより想定された粗糖の販売による利益を得られなかった（逸失利益）の損害の賠償を求めている。

(異議)

抗 弁 1 Yは、請求原因2の到達直後、約定の引渡期限までに新しい袋の調達・船積みをすることができないとして、used bagによる梱包を主張したこと
*仮に、請求原因2が「申込みの内容を実質的に変更しない」ものとしても（その限りでは、請求原因1及び2によって、変更を加えられた内容で売買契約が成立する）、抗弁1のように、Yが遅滞なく異議を述べている場合は、Yの申込みに対応する承諾が認められないこととなり、やはり契約は成立していない扱いになる（本条(2)）。
*この問題は、梱包方法の問題ではなく、「引渡時期の変更」という申込内容の実質的な変更であると解すると、契約は成立していないことになる（本条(3)）。

● (承諾期間の計算) ════════════════════

第20条

(1) 申込者が電報又は書簡に定める承諾の期間は、電報が発信のために提出された時から又は書簡に示された日付若しくはこのような日付が示されていない場合には封筒に示された日付から起算する。申込者が電話、テレックスその他の即時の通信の手段によって定める承諾の期間は、申込みが相手方に到達した時から起算する。

(2) 承諾の期間中の公の休日又は非取引日は、当該期間に算入する。承諾の期間の末日が申込者の営業所の所在地の公の休日又は非取引日に当たるために承諾の通知が当該末日に申込者の住所に届かない場合には、当該期間は、当該末日に続く最初の取引日まで延長する。

Article 20

(1) A period of time for acceptance fixed by the offeror in a telegram or a letter begins to run from the moment the telegram is handed in for dispatch or from the date shown on the letter or, if no such date is shown, from the date shown on the envelope. A period of time for acceptance fixed by the offeror by telephone, telex or other means of instantaneous communication, begins to run from the moment that the offer reaches the offeree.

(2) Official holidays or non-business days occurring during the period for acceptance are included in calculating the period. However, if a notice of acceptance cannot be delivered at the address of the offeror on the last day of the period because that day falls on an official holiday or a non-business day at the place of business of the offeror, the period is extended until the first business day which follows.

1　申込みの承諾の期間の起算点を計算する方法

　承諾の期間が、例えば10日間といったように定められている場合には、10日という期間の起算点を明確にしておくことが重要である。そのため、本条(1)は、申込者が電報中で定めた承諾の期間は、「電報が発信のために提出された時から……起算する」と規定する。

　書簡の場合には、「書簡に示された日付」が起算点となるが、この日付が示されていないときには「封筒に示された日付」から期間が起算される。

　この優先順序の理由は、①申込みの相手方が封筒を捨ててしまうことがないわけではないが、申込みの承諾の期間の終期を計算するための基準として用いるため、書簡は保存しておくであろうこと、②申込者は日付の付された書簡の写しをとっておくであろうが、一般的には封筒の日付の記録は持っていないであろう。そのため、封筒の日付を基準とした場合には、申込者において、申込みの承諾の期間の最終日を知り得ないことになるからである。

2　公の休日又は非取引日の取扱い

　承諾の期間中の公の休日又は非取引日は、当該期間に算入する。承諾の期間の末日が申込者の営業所の所在地の公の休日又は非取引日に当たるために

承諾の通知が当該末日に申込者の住所に届かない場合には、当該期間は、当該末日に続く最初の取引日まで延長する。

● (遅延した承諾、通信の遅延)

第 21 条

(1) 遅延した承諾であっても、それが承諾としての効力を有することを申込者が遅滞なく相手方に対して口頭で知らせ、又はその旨の通知を発した場合には、承諾としての効力を有する。

(2) 遅延した承諾が記載された書簡その他の書面が、通信状態が通常であったとしたならば期限までに申込者に到達したであろう状況の下で発送されたことを示している場合には、当該承諾は、承諾としての効力を有する。ただし、当該申込者が自己の申込みを失効していたものとすることを遅滞なく相手方に対して口頭で知らせ、又はその旨の通知を発した場合は、この限りでない。

Article 21

(1) A late acceptance is nevertheless effective as an acceptance if without delay the offeror orally so informs the offeree or dispatches a notice to that effect.

(2) If a letter or other writing containing a late acceptance shows that it has been sent in such circumstances that if its transmission had been normal it would have reached the offeror in due time, the late acceptance is effective as an acceptance unless, without delay, the offeror orally informs the offeree that he considers his offer as having lapsed or dispatches a notice to that effect.

---

1 遅延した承諾の原則

承諾すべき期間を過ぎて申込者に到達した承諾は、原則として効力を有しない (18条(2)1文)。しかし、本条は、以下(1)及び(2)のとおり、この原則に対する例外を定めるものである。

改正前民法522条 (承諾の通知が到達しなかったときに延着の通知を必要とする事情の有無を調査・確認する義務や相手方への教示義務を申込者に課

すこととしていた）は、本条約の下記2(1)とほぼ同様の趣旨の規定であった。しかし、通信手段が発達した今日、承諾者が承諾期間内に承諾の通知を速やかに到達させることに困難はないので、仮に承諾の通知の延着があったときには、その不利益は承諾者が負うべきであるとして、承諾の通知が延着した場合に承諾者を救済することを図る改正前民法522条は削除された。

2 遅延した承諾の例外（本条）
(1) 通信状態を理由とする遅延
承諾を記載する書簡その他の書面が、通信状態が通常であれば期限までに申込者に到達していたであろう状況の下で発送されたことを示している場合には、それが承諾すべき期間を過ぎて申込者に到達したとしても、承諾としての効力を有する（本条(2)1文）。相手方（承諾者）の契約成立に対する信頼を保護するために置かれた規定である。遅延した承諾が有効であるためには、遅延の原因が通信にあることが必要である。ここでいう通信は、第三者が関与するもののみを意味し、申込者又は相手方（承諾者）により引き起こされた遅延は、通信の遅延には当たらない。遅延の原因には、書簡が郵便局内で行方不明になったというような個別の通信障害事由だけでなく、郵便局や航空会社のストライキのような一般的通信障害事由も含まれる。もっとも、遅延した承諾を受領した申込者は、自己の申込みを失効していたものとすることを遅滞なく相手方に口頭又はその他の方法で知らせることによって、契約の成立を妨げることができる（本条(2)2文）。

訴訟物 　　XのYに対する売買契約に基づく物品引渡請求権
　　　　　＊韓国のX会社は日本のY会社に対して、本件物品を〇ウォンで買う申込みをし、Y会社はX会社の申出どおりの代金で売ることを承諾した。X会社の申込みは承諾期間付きであり、Y会社の承諾は通常の通信状態ではなかったため、わずかに承諾期間を経過してX会社に到達した。本件は、X会社がY会社に対し、物品の引渡しを求めたところ、Y会社は、X会社が自己の申込みを失効していたものとすることを遅滞なくY会社に対して口頭で知らせ、又はその旨の通知を発したか否かが争点となった事案である。

請求原因 1 XはYに対して、本件物品を〇ウォンで買う申込みを承諾期間付きで行ない、Yに到達したこと
　　　　　2 YはXに対し、請求原因1の申込みを承諾して売る意思表

示をし、承諾期間経過後にXに到達したこと
3 Yの遅延した承諾が記載された書簡その他の書面が、通信状態が通常であったとしたならば期限までに申込者Xに到達したであろう状況の下で発送されたことを示していたこと
＊本条(2)1文に基づく事実である。請求原因1及び2のみでは不成立の売買契約が請求原因3の事実があれば、成立することになる。

(承諾失効の通知)

抗弁 1 申込者Xが自己の申込みを失効していたものとすることを遅滞なくYに対して口頭で知らせ、又はその旨の通知を発したこと
＊本条(2)2文に基づく抗弁である。

(2) その他の理由による遅延

その他の理由により遅延した承諾は、それが承諾としての効力を有することを申込者が遅滞なく相手方に対して口頭又はその他の方法で知らせた場合には、承諾としての効力を有する（本条(1)）。申込者による通知に最終的な承諾としての効果が生じるわけではない。すなわち、通知により、遅延した承諾はそれが申込者に到達した時に遡って効力を有し、その時点で契約が成立したことになる。

訴訟物 XのYに対する売買契約に基づく物品引渡請求権
＊韓国のX会社は日本のY会社に対して、本件物品を○ウォンで買う申込みをし、Y会社はX会社の申出どおりの代金で売ることを承諾した。X会社の申込みは承諾期間付きであり、Y会社の承諾はわずかに承諾期間を経過してX会社に到達したが、X会社が遅滞なくY会社に対して承諾としての効力を生ずることを通知した。本件は、X会社がY会社に対し、物品の引渡しを求めた事案である。

請求原因 1 XはYに対して、本件物品を○ウォンで買う申込みを承諾期間付きで行ない、Yに到達したこと
2 YはXに対し、請求原因1の申込みを承諾して売る意思表示をし、承諾期間経過後にXに到達したこと
3 請求原因2のYの遅延した承諾について、それが承諾としての効力を有することをXが遅滞なくYに対して口頭で知ら

せ、又はその旨の通知を発したこと
＊本条(1)に基づく事実である。請求原因1及び2のみでは不成立の売買契約が請求原因3の事実があれば、成立することになる。

● (承諾の中止)

第22条　承諾は、その取りやめの通知が当該承諾の効力の生ずる時以前に申込者に到達する場合には、取りやめることができる。

Article 22
An acceptance may be withdrawn if the withdrawal reaches the offeror before or at the same time as the acceptance would have become effective.

1　承諾の取りやめ
　本条約は、申込みと同様に、承諾についても取りやめと撤回とを区別している。承諾については、取りやめの通知が承諾の効力発生前に申込者に到達することを条件に取りやめを認めている（本条）。承諾の効力発生時期は18条(2)及び(3)より定まるが、一般的には、同意の表示が申込者に到達した時とされているから（18条(2)）、取りやめが有効であるためには、取りやめの通知が、同意の表示が到達する前又はそれと同時に申込者に到達する必要があることになる。取りやめは、意思表示と解されており、効力が発生するためには到達が必要とされ、原則として方式要件に服しない。

訴訟物	XのYに対する売買契約に基づく代金支払請求権

＊韓国のX会社は日本のY会社に対して、本件物品を○ウォンで売る申込みをし、Y会社はその申込みを承諾した。本件は、X会社がY会社に対し、代金の支払を求めたところ、Y会社は買う旨の承諾の意思表示を取りやめたと主張した事案である。

請求原因	1　XはYに対して、本件物品を○ウォンで売る申込みをしたこと

　　　　2　YはXに対し、請求原因1の申込みを承諾して買う意思表示をし、Xに到達したこと
　　　　＊履行請求権が認められる要件として、相手方による不履行が存在することが必要であると考え、これは立証責任にも影響を及ぼすとする立場からは、「Yは、代金を支払わない」という事実も、立証することが必要となるであろう。物品の引渡しについての履行請求権に関してであるが、46条の解説1(2)参照。

(承諾の取りやめ)
抗　弁　1　YはXに対して、請求原因2の承諾を取りやめる意思表示をし、Xに到達したこと
　　　　2　抗弁1のYの承諾取りやめの意思表示は、請求原因2の承諾がXに到達するに先立って到達したこと
　　　　＊承諾の取りやめは、その効果発生障害事由として、これ（承諾の取りやめによる契約不成）を援用する当事者(Y)が立証しなければならない。取りやめの意思表示が承諾の意思表示前に到達したこともYが立証することを要する。
　　　　＊請求原因1の承諾が撤回することができないものであっても、この承諾の取りやめはすることができる。したがって、「請求原因2の承諾は撤回ができないものであること」は、再抗弁とならない。

2　承諾の撤回
　本条約には、承諾の撤回に関する規定は置かれていないが、承諾の撤回は申込みの撤回とは異なり明示的に撤回権を留保している場合を除き、認められない。承諾が効力を生ずると直ちに契約が成立し（23条）、当事者はこの契約に拘束されるからである。拘束力を生じた契約から解放されるには、契約の解除を主張するほかない。18条(3)所定の行為の後も同様に撤回することができない。

● (契約の成立時期)

第23条　契約は、申込みに対する承諾がこの条約に基づいて効力を生ずる時に成立する。

Article 23

A contract is concluded at the moment when an acceptance of an offer becomes effective in accordance with the provisions of this Convention.

---

1 本条の意義

本条は、契約は、申込みに対する承諾がこの条約に基づいて効力を生ずる時に成立するという当然のことを規定している（18条(3)に規定する場合は、承諾は不要である）。この準則を明示的に規定した趣旨は、この条約の多数の準則が、契約の成立時期に左右されるものとなっているからである（事務局注釈67頁）。

このように、当事者間の意思表示により、申込みに対する承諾が申込者に到達した時、契約は成立するが、意思表示の内容については、8条の解釈に従うこととなる。

2 売買契約成立によって発生する基本的な権利義務
(1) 売買契約の成立

本条によれば、「申込みに対する承諾がこの条約に基づいて効力を生ずる」旨を定めている。さらに、14条(1)1文によれば、申込みとは「契約を締結するための申入れは、それが十分に確定し、かつ、承諾があるときは拘束されるとの申入れをした者の意思が示されている場合」であるとされ、さらに、14条(1)2文によれば、「申入れは、物品を示し、並びに明示的又は黙示的に、その数量及び代金を定め、又はそれらの決定方法について規定している場合には、十分に確定している」とされる。つまり、物品（特定物又は不特定物）を示し並びに明示的又は黙示的にその数量（不特定物の場合）及び代金を定め、又はそれらの決定方法について規定している申込みがされ、これに相手方の承諾があれば、売買契約は成立するのである。

(2) 売買契約が成立することによって発生する基本的な権利義務
ア 売主の義務（買主の権利）

30条は、売買契約が成立することによって、「売主は、契約及びこの条約に従い、物品を引き渡し、物品に関する書類を交付し、及び物品の所有権を移転」する義務を負うことになる。買主からすると、物品引渡請求権、書類交付請求権及び所有権移転請求権を取得する（46条(1)の履行請求権）。

イ　買主の義務（売主の権利）

　53条は、売買契約が成立することによって、「買主は、契約及びこの条約に従い、物品の代金を支払い、及び物品の引渡しを受領しなければならない」義務を負うことになる。売主からすると、代金支払請求権、引渡しの受領請求権、その他買主の義務履行請求権を取得する（62条本文）。

ウ　まとめ

　以上、ア及びイで述べたとおり、売買契約が成立すると、それによって、買主は売主に対し、物品引渡請求権、書類交付請求権及び所有権移転請求権が生じ、これに対して、売主には買主に対する代金支払請求権、引渡しの受領請求権その他売主の義務履行請求権が生じることとなる。買主又は売主が売買契約に基づく上記ア又はイの基本的な権利を主張する場合には、上記(1)の売買契約の成立を主張・立証すれば足りるのである。

　我が国民法においては、555条という1つの条文で上記の内容を網羅している（ただし、引渡の受領請求権は認められないし、書類交付請求権については解釈が別れよう）。ちなみに、司法研修所編『〈増補〉民事訴訟における要件事実第一巻』法曹会（1986年）6頁は、「売主甲が買主乙に対して売買代金の支払を請求する訴訟では、甲は、請求原因として、その売買代金請求権の発生原因である当該売買契約締結の申込とこれに対する承諾という二個の意思表示があったこと（一括して売買契約締結の事実といってもよい。……）について立証責任を負う」としている。本条約の売買契約についても、この点は同様に考えてよいであろう。

3　レター・オブ・インテント

　レター・オブ・インテント（LOI: Letter of Intent）とは、一般に契約を正式に締結する前に作成するもので、契約前の交渉の際に確認された事項や、交渉の方向性、契約締結までのスケジュールなどをこれに記載する。このような趣旨・目的で作成されるため、一般的には法的拘束力がないとされる場合が多い。したがって、LOIが合意書の形式を採って両当事者のサインがされていても、そのLOI記載内容を根拠に相手方に対して損害賠償請求等の契約責任を追及することは原則としてできない。ただ、レター・オブ・インテントという表題をつけたから、法的拘束力がなくなるというものではなく、その記載内容によっては、法的拘束力がある合意とされることがある。

　レター・オブ・インテントが正式な売買契約と区別される基準は、売主が特定の物品受渡しの具体的な義務を負担し、買主が当該物品代金の支払義務

を負担しているか否か（30条と53条に基づく義務を当事者が負担しているか否か）である。レター・オブ・インテントと題する文書であっても、そのような売買合意がされていれば（この合意の有無の判断に当たっては、8条(3)の考慮がされる）、それは本条約の下で解釈されることになり、そうでない場合は法廷地の国際私法によって決定される準拠法に従って解釈されることになる。

訴訟物　　XのYに対する売買契約の不履行（物品受領拒絶）に基づく損害賠償請求権
＊本件は、ベルギーのページャー・フォン（小型の液晶端末にデータを送信する移動通信システム。いわゆるポケベル）製造企業のX会社が日本のネットワーク・オペレーター（移動体通信業者）Y会社に対して、両者間で成立した製造物供給契約の物品受領拒絶という不履行を理由として損害賠償を求めたところ、Y会社は、まず、当事者間でレター・オブ・インテント（「LOI」）を取り交わしており、正式契約を締結することはなかったので法的責任を負わない、次いで、仮に契約が成立したとしても、合意解除されたと主張した事案である。
＊本件では、LOIに正式契約が締結される予定が明記されているにもかかわらず、その期限とされた8月末には正式契約が締結されなかった。さらに、LOIでは両当事者は正式契約を締結する義務を負担しないと明記されていた。しかし、正式契約の締結期限以降も、両当事者は、LOIに基づく物品の製造・供給に向けて話し合いや作業を継続したことから、こういった当事者の行動が8条(3)により総合的に解釈されて、LOIに法的拘束力を認めることができるのである。

請求原因　1　Yは、日本におけるネットワークで使用するためのページャー・フォンの開発をXに委託すべく交渉を開始し、7月に下記のレター・オブ・インテント（LOI）を取り交わしたこと

記

(1) Xが開発・製造する10個のプロトタイプ（後の改良を見込んでつくる最初の模型）をYが承認した後、11月から翌年1月までに30,000個のページャー・フォンを1個当たり○円で購入する。

(2) YはXに前渡金を交付する。
(3) このLOIは最終的な合意ではなく、さらなる交渉を経て8月末日までに最終合意書を取り交わす。
(4) LOI自体及び将来締結される正式契約は日本法に準拠する。
＊両当事者は、LOI及び将来の契約について日本法を準拠法と合意しているが、本条約の適用は排除されていないことから、日本法に組み込まれている本条約が適用される（6条の解説2(1)参照）。また、取引は3条(1)1文に定める物品の製作物供給契約に該当する。
2 LOIに基づき、YはXに対し前渡金を交付し、また、当事者間で、Xは設計や組立てを開始することが確認されていたこと
3 プロトタイプの引渡時期や、最終製品の受渡日などについて当事者間の話合いが継続され、11月の会議においては、「契約変更に関する話合い」（同会議の会議録）がされたこと
4 製品のカラー・サンプルやマニュアル作成に関する議論も並行して行なわれ、最終製品の受渡時期は、翌年1月以降になることが明らかになりつつあったこと
5 Xは、請求原因1の時点で30,000個のページャー・フォンを生産するに必要な部品を調達していたこと
6 3月に、Xは、Yが一方的に30,000個のページャー・フォンの発注を取りやめたこと
7 Xの損害の発生及びその数額
＊本件は、X会社は解除しているわけではなく、74条に基づいて、逸失利益の損害賠償を求めることが考えられる。
＊以下の理由により、11月には当事者間で本製品の製造販売に関する合意が成立したと解し得る。
(1) 本条約は、契約の成立について申込み・承諾という単純化された形で規定しているが、6条に基づき、当事者は自由に契約の成立過程を決定することができ、当事者が交渉の過程で次第に合意を形成する場合は、申込みと承諾は区別がつかない。
(2) 当事者は、7月にLOIを作成しているが、この標題自体は法的性格を表わすものではなく、その内容を検討すること

(3) LOI には、それが最終合意ではないことが明確に確認されているが、それでもなお法的効力を予定しており、具体的には X がページャー・フォンの設計・組立てを開始することと Y が前渡金を支払うことが合意されていた。この LOI には、既に合意された条件が記載され、その他今後交渉すべき事項が確認されている。LOI は、信義に基づき交渉を継続する義務のみならず、既に合意された事項について遵守すべき義務を生じる。また、LOI は今後交渉すべき事項について規定することも可能である。
(4) LOI は正式合意と区別しなければならない。LOI において、当事者は正式契約を締結する義務を負担しないが、その交渉を行なうことについては合意されている。LOI は、交渉が途中で破棄された場合に、その合法性について判断する材料となる。
(5) 本件において正式契約は、当事者が合意した期限（8月末）までに締結されなかった。しかし、当事者はさらに交渉を継続し、また、11月の会議の結果に関する報告書は、当事者が既に申込みや承諾といった契約交渉の領域を出て、その後交渉すべき事項は依然として残っているが、基本合意がその時点までに成立していた事実を示している。報告書では、「契約変更」という議題の下で、代金の減額などについて合意しており、当事者が既にページャー・フォン供給契約についての基本合意に達している事実を裏付けている。

(契約成立の評価障害事実)

抗　弁　1　請求原因1のLOIには、「最終合意書を締結する義務を双方とも負担しない」旨の条項があること
　　　　　2　9月にYは正式な契約書のドラフトを送付してXにそのコメントを求めたが、この正式契約書はついに締結されることはなかったこと

(合意解除)

抗　弁　1　12月のクリスマス・シーズンではページャー・フォンの販売は落ち込み、日本国内の各販売店は大量の旧製品在庫を抱える状況に至ったこと
　　　　　2　Yは、翌年1月に会議を招集したが、それに先立ちXに次

の3つの選択肢を提案したこと
(1) Xが調達した部品を、Xのネットワーク又は海外の市場で使用するページャー・フォンに使用する。この場合、Yが既に支払った前渡金は、Yに償還される。また、プロトタイプはXが他の顧客に使用する。
(2) 上記と同様であるが、Xがページャー・フォンのプロトタイプを他に使用できない場合は、Xがそれを買い取る。この費用は既に支払われた前渡金から差し引かれるものとする。
(3) LOIを基本的に維持するが、ページャー・フォンは年末に製造するものとし、Xによって日本市場に導入されるものとする。
3 1月の会議において、Yはクリスマス・シーズンにおける日本市場でのページャー販売実績が不振で、ページャー・フォンの販売店が大量の在庫を抱えたことにより、新規ページャー・フォンの導入を困難にする要因となることを指摘したこと
4 Yによる3つの提案について話合いがされたが、この時点では、XはYの提案に対して反論しなかったこと
＊基本合意は、1月の話合いによって合意解除されたと解し得る。その理由としては、円滑な国際取引のために、当事者は相手方から提案を受け、これを承諾できない場合は、直ちにあるいは合理的な期間内に相手方に異議を申し立てなければならない。本件において、Xは1月の会議においても異議を申し立てず、3月に至るまで沈黙を維持した。Xは3月に突如、Yによる契約不履行を申し立てているが、このようなXの行動は、唐突で不安定な行動であって、7条(1)所定の国際取引上の信義に反すると解することができる。

● (到達の定義)

第24条 この部の規定の適用上、申込み、承諾の意思表示その他の意思表示が相手方に「到達した」時とは、申込み、承諾の意思表示その他の意思表示が、相手方に対して口頭で行われた時又は他の方法により相手方個人に対し、相手方の営業所若しくは郵便送付先に対し、若しくは相手方が営業所及び郵便送付先を有しない場合には相手方の常居所

に対して届けられた時とする。

……………………………………………………………………………

Article 24

For the purposes of this Part of the Convention, an offer, declaration of acceptance or any other indication of intention "reaches" the addressee when it is made orally to him or delivered by any other means to him personally, to his place of business or mailing address or, if he does not have a place of business or mailing address, to his habitual residence.

1　意思表示の到達

　契約の成立（第2部）に属する申込み、承諾の意思表示その他の意思表示は相手方に「到達した」ことを必要としている（到達主義）。本条によれば、その「到達した」時とは、(1)口頭による意思表示については、相手方に口頭で意思表示が行なわれた時、(2)口頭以外の方法による意思表示については、その意思表示が①相手方個人に届けられた時、②相手方の営業所若しくは郵便送付先に届けられた時、又は③相手方が営業所及び郵便送付先を有しない場合には相手方の常居所に届けられた時である。

　なお、電子的通信の場合は、本条にいう「到達」とは、電子的通信が名あて人のサーバに入った時点を指す（ただし、名あて人が、明示的又は黙示的に、当該種類の電子的通信を、当該フォーマットで、当該アドレスにおいて受領することに同意している場合に限る）と解される。

2　使用される言語と到達

　本条は、意思表示の「到達」について規定するが、相手方が理解できない言語を使用した場合の取扱いについては何ら定めていない。この場合は、8条(1)(2)に基づき、意思表示は当事者の共通の理解に従って解釈され、また相手方と同じ部類に属する合理的な者が同じ状況の下でしたであろう理解に従って解釈されることになろう。CLOUT132は、当事者によって言語が合意されているか、過去の取引で使用されているか、取引で通常用いられていない限り、意思表示は到達しないとし、また、CLOUT345は、ドイツの売主がドイツ語の標準約款をイタリアの買主に送付したが、相手方当事者の言語に翻訳されていないので、効力を認めないとしている。

3 「到達」が要件となる場合の主張・立証責任
(1) 申込みの効力発生
　15条(1)は、「申込みは、相手方に到達した時にその効力を生ずる」と定める。例えば、売買契約の成立は、申込みの到達という事実を要件の1つとして欠くことができないから、契約の成立による効果を主張する者は、申込みの到達の事実をも主張・立証しなければならない（15条の解説2の設例の請求原因2参照）。
(2) 申込みの取りやめ
　15条(2)は、「申込みは、撤回することができない場合であっても、その取りやめの通知が申込みの到達時以前に相手方に到達するときは、取りやめることができる」と定める。例えば、売買契約の成立を前提として請求を受ける者Aが、申込みをした者であった場合、その申込みが相手方Bに到達する前に申込みの取りやめの通知を到達させていれば、契約の成立の効果を覆すことができる。このような場合には、申込みの取りやめを主張して契約の成立を否定する者Aが、申込みの取りやめが申込みに先立って相手方Bに到達したことを主張・立証しなければならない（15条の解説2の設例の抗弁1参照）。
(3) 申込みの撤回
　16条(1)は、「申込みは、契約が締結されるまでの間、相手方が承諾の通知を発する前に撤回の通知が当該相手方に到達する場合には、撤回することができる」と定める。例えば、売買契約の成立を前提として請求を受ける者Aが、申込みをした者であった場合、相手方Bが承諾の通知を発する前にAの撤回の通知が相手方Bに到達させていれば、契約成立の効果を覆すことができる。このような場合には、申込みの撤回を主張して契約の成立を否定する者Aが、申込みの撤回が相手方Bの承諾の通知が発せられる前に相手方Bに到達したことを主張・立証しなければならない（16条の解説1の設例の抗弁2参照）。
(4) 申込みの拒絶通知
　17条は、「申込みは、撤回することができない場合であっても、拒絶の通知が申込者に到達した時にその効力を失う」と定める。例えば、売買契約の成立を前提として請求を受ける者Aが、申込みをした者であった場合、Bの承諾の通知の到達に先立ってその申込みがBによって拒絶されてそれがAに到達していれば、契約の成立の効果を覆すことができる。このような場合には、Bによる申込みの拒絶を主張して契約の成立を否定する者Aが、Bの申込みの拒絶がBの承諾に先立ってAに到達したことを主張・立証し

なければならない（17条の解説1の設例の抗弁1参照）。
(5) 承諾の効力発生
　18条(2)1文は、「申込みに対する承諾は、同意の表示が申込者に到達した時にその効力を生ずる」と定める。例えば、売買契約の成立は、申込みに対する同意の表示の到達という事実を要件の1つとして欠くことができないから、契約の成立による効果を主張する者は、申込みに対する同意の表示の到達の事実をも主張・立証しなければならない（18条の解説2(2)の設例請求原因2参照）。
(6) 電話、テレックスその他瞬時的通信手段によって定められた承諾期間の始期
　20条(1)2文は、「申込者が電話、テレックスその他の即時の通信の手段によって定める承諾の期間は、申込みが相手方に到達した時から起算する」と定める。
(7) 承諾の取りやめ
　22条は、「承諾は、その取りやめの通知が当該承諾の効力の生ずる時以前に申込者に到達する場合には、取りやめることができる」と定める。例えば、売買契約の成立を前提として請求を受ける者Aが、承諾をした者であった場合、その承諾が相手方Bに到達する前に承諾の撤回の通知を到達させていれば、契約の成立の効果を覆すことができる。このような場合には、承諾の撤回を主張して契約の成立を否定する者Aが、承諾の撤回が先にした承諾に先立って相手方Bに到達したことを主張・立証しなければならない（22条の解説1の設例の抗弁2参照）。
(8) 立証責任
　表意者が到達を援用するときは、自ら主張・立証責任を負う。これに対して、到達障害による免責可能性については、相手方が立証しなければならない。例えば、表意者は、ファクシミリを正しく送信したことが立証できれば、証人や受信記録の提出により機器が受信していなかったことの立証責任は相手方の負担となる。なお、到達障害の原因が営業時間内にもかかわらず電源を切っていたなど相手方の妨害によるとき、この立証責任は、到達擬制を主張する表意者の負担と解される（注釈Ⅰ〔臼井豊〕182-183頁）。

第3部　物品の売買

1　第3部の構成

　第3部（物品の売買）は、25条ないし88条という多数の条文によって構成される。条文数が多い。その全体構造は、次のとおりである。
　まず、「第1章　総則」において、重要な契約違反の概念等について定める。
　次いで、売主の義務及び買主の義務について詳細な規定がされていて、売主、買主それぞれの契約違反に対する救済及び、契約解除の規定が置かれている。すなわち、「第2章　売主の義務」（第1節　物品の引渡し及び書類の交付、第2節　物品の適合性及び第三者の権利又は請求、第3節　売主による契約違反についての救済）、「第3章　買主の義務」（第1節　代金の支払、第2節　引渡しの受領、第3節　買主による契約違反についての救済）である。
　さらに、「第4章　危険の移転」「第5章　売主及び買主の義務に共通する規定」（第1節　履行期前の契約違反及び分割履行契約、第2節　損害賠償、第3節　利息、第4節　免責、第5節　解除の効果、第6節　物品の保存）から構成される。

2　第3部の制度・準則の特徴

　潮見佳男「国際物品売買契約条約における売主・買主の義務および救済システム」『債務不履行の救済法理』信山社（2010年）338-339頁は、「第3部　物品の売買」で採用されている制度・準則の全体的な特徴について、次の6つを挙げている。

(1) 債務不履行責任と瑕疵担保責任の二元構成の廃棄

　本条約は、物の品質に係る問題を契約不適合類型で処理することにより、債務不履行の一類型に統合した。もとより、国際物品売買でも「（不代替的）特定物」が対象となる場合があるが、この場合でも、いわゆる特定物のドグマ（法定責任説）は妥当しない。

(2) 「無履行」類型と「契約不適合」類型

　本条約においては、債務不履行の体系を、「履行がない」（無履行〔不履行〕。Non-performance）ことと、「契約に適合しない履行がされた」（契約不適合。Defective performance）ことを分離したものとしている。

(3) 損害賠償責任要件としての過失の廃棄

損害賠償につき過失責任の原則は採用されておらず、79条所定の不可抗力・外部原因型の免責事由に該当する場合にのみ、免責を認めている。

(4) 原始的不能＝無効ドグマの廃棄

本条約は、原始的不能の契約は無効であるとのドグマを廃棄している。もとより、本条約は、契約の有効・無効問題を規律対象としないことによるからであろうが、原始的不能の契約の効力に対する直接的な準則は置かれていない。しかし、68条3文は、原始的不能の給付を目的とする契約も有効であることを前提としている。また、解除に関する49条及び損害賠償に関する79条も、原始的不能の契約を有効とみて規律対象としている。

(5) 実体的履行請求権の肯定

売買契約当事者の義務違反に対して与えられる救済手段のうち、履行請求権については、46条(1)1文（買主）と62条1文（売主）とがその実体法上の存在を認めている。買主は、売主に対して、その義務の履行を求めることができるし、売主は、買主に対して、代金の支払、引渡しの受領その他の買主の義務の履行を求めることができる（以上の限りでは、大陸法系の我が国にとっては当然）。そのうえで、この履行請求権に関係する28条は「現実の履行を命ずる裁判」に関する規定であるが、同条の意味は、46条及び62条で実体的な履行請求権を認めたうえで、履行の訴求・強制ができるかどうかは、受訴裁判所が自国法上でならば現実的履行を命じるかどうかの規準に従い判断してよいとしたものである。

(6) 重大な契約違反を理由とする解除

本条約は、解除制度の内容を、重大な契約違反（fundamental breach）を理由とする解除という枠組みを基本にしている。他方、催告（付加期間付与）による解除という枠組みは、場面を限り、引渡義務違反、代金支払義務違反、引渡受領義務違反の場合にのみ、例外的に認めるという立場を採っている。

第1章 総　則

● (重大な契約違反)

第 25 条　当事者の一方が行った契約違反は、相手方がその契約に基づいて期待することができたものを実質的に奪うような不利益を当該相手方に生じさせる場合には、重大なものとする。ただし、契約違反を行った当事者がそのような結果を予見せず、かつ、同様の状況の下において当該当事者と同種の合理的な者がそのような結果を予見しなかったであろう場合は、この限りでない。

Article 25

A breach of contract committed by one of the parties is fundamental if it results in such detriment to the other party as substantially to deprive him of what he is entitled to expect under the contract, unless the party in breach did not foresee and a reasonable person of the same kind in the same circumstances would not have foreseen such a result.

1　重大な契約違反の機能

　本条は、解除（49条(1)(a)、51条(2)、64条(1)(a)、72条(1)、73条(1)(2)）や代替品請求（46条(2)）及び危険移転後の救済方法（70条）において要件とされている「重大な契約違反」(fundamental breach of contract) について定義する。本条所定の「重大な契約違反」とされなければ、損害賠償や代金減額といった通常の救済方法が与えられることとなる。

2　重大な契約違反の意義

　本条1文は、重大な契約違反を「当事者の一方が行った契約違反は、相手方がその契約に基づいて期待することができたものを実質的に奪うような不利益を当該相手方に生じさせる場合」と定義する。そのうえで、本条2文は、「契約違反を行った当事者がそのような結果を予見せず、かつ、同様の状況の下において当該当事者と同種の合理的な者がそのような結果を予見しなかったであろう場合は、この限りでない」として、その例外を認めてい

る。結局、重大な契約違反は、①契約上の義務に対する違反があったことを前提としたうえで、②相手方がその契約に基づいて期待することができたものを実質的に奪うような不利益を当該相手方に生じさせるという部分と、③債務者の予見又は予見可能性という3つの要件からなる。

3 立証責任

ユニドロワ国際商事契約原則7.3.1条2項は「債務の不履行が重大な不履行にあたるか否かを判断するにあたっては、特に次の各号に定める事情が考慮されなければならない」と規定する。その(a)は、本条約25条と同旨だが、そのほかに、重大な不履行の態様を定める(b)ないし(e)を加えている。

(b) その債務の厳格な履行が、当該契約の下で、不可欠な要素であったか否か
(c) その不履行が、意図的又は無謀なものであったか否か
(d) その不履行が、債権者に、債務者の将来の履行はあてにできないと信ずる根拠を与えているか否か
(e) 契約が解除されたときに、債務者が、準備や履行のための行為を行ったことにより過剰な損失を被ることになるか否か

立証責任については、本条1文の定める①契約上の義務違反と、②不履行が契約に基づき相手方が期待できたものを実質的に奪うことに関しては、当該相手方が負うことは当然であろう。また、本条2文の定める③予見可能性がなかったことについては不履行当事者が負うと解される（③についての詳細については、後記(3)ウ参照）。

(1) 違反された義務が契約上の義務であること

「重大な契約違反」の判断は、違反された義務が契約上の義務であることが前提となる。本条約が明示している義務（物品物品引渡義務・引渡受領義務など）はもちろん、当事者の合意によって定められた義務（情報提供義務・一定諸国への輸出・逆輸入禁止義務等）も含まれる。他方で、契約外の義務（製造物責任法上の欠陥）やいわゆる生命・身体・健康等に対する保護義務については、特別に当事者によって売買契約上の義務として組み入れられない限り考慮されず、抵触法の準則に従い国内法によりその効果が判断される。

(2) 「相手方がその契約に基づいて期待することができたものを実質的に奪うような不利益を当該相手方に生じさせる」こと

本条では、契約上の期待を実質的に奪うかどうかという基準が採用されているが、要するに、債権者にとって適切な履行がいかに重要であったかとい

う債権者の利益の重要性が基準となる。なお、債権者の利益ないし期待は契約に即して判断される。その際、債権者が当該契約の下で合理的に期待することができるものは何かが重要である。例えば、自動車はエンジンが壊れていれば、走行できないので通常は重大な契約違反である。しかし、その自動車が純粋に展示用であった場合には、必ずしも重大な契約違反になるとはいえない。

訴訟物 　XのYに対する売買契約解除に基づく損害賠償請求権
　　　　　　＊イタリアの靴製造業のY会社は日本のX会社との間で、夏物の靴100足を売買する契約を締結した。40足のみが引渡期間の4月末日に引き渡されたが、残りの60足は1か月ほど遅れる予定であった。夏物の靴の納入が1か月遅れるのでは、商機を逸するので、X会社は直ちにY会社に対して、納入分の40足の代金を支払って、残りの60足分について契約解除の通告をした。そのうえで、急遽、他のA会社からやや高くなったが、60足を代替購入した。本件は、X会社がY会社に対して、未納入の60足分の代金額とA会社から納入した60足の買付代金の差額の損害を被ったと主張して、差額の損害分の賠償を求めた事案である。

請求原因 1　YはXとの間で、夏物の靴100足を○万円、引渡期日を4月末日と定めて売買する契約を締結したこと
　　　　　　2　YはXに対し、引渡期日の4月末日に、40足のみを引き渡したこと
　　　　　　＊本件では付加期間を設定していないため、契約解除を主張するには「重大な契約違反」の存在が前提となる（49条(1)）ところ、X会社による100足債務の一部不履行は一般には「重大な契約違反」に該当しないと考えられ、抗弁2の解除は全部解除ではなく、51条(1)に基づいて一部解除をしていることになろう。
　　　　　　3　XはYに対して、請求原因1の未納入の靴60足についての売買契約を解除する意思表示をしたこと
　　　　　　＊本条の下において履行遅滞が重大な契約違反になるのは、季節物の売買のように、買主Xとして、売主Xが履行期を守ることに特別の利害関係を有し、履行期が遅れるならば、買主Xはむしろ契約をしない選択をすることを売主Yが知っ

ていた場合に限られる。
4　AはXとの間で、請求原因3の後、YがXに引渡期日に納入できなかった靴60足の代替品である靴60足を売買する契約を締結し、同日、代金の支払と靴60足の引渡しが行なわれたこと
5　Aから買い入れた靴60足の代金額とYの未納入の靴60足の代金との差額
＊請求原因3ないし5は、75条に基づく損害額の請求に要求される事実である。

(予見不可能性)

抗　弁　1　契約違反を行なったYが、靴60足の供給不足の結果を予見しなかったこと
2　同様の状況の下においてXと同種の合理的な者がそのような結果を予見しなかったであろうこと
＊本件事案のような自社が製造販売する物品が約定の引き渡せないことについては、その予見不可能性の抗弁の立証は、一般に困難であろう。

訴訟物　XのYに対する売買契約の契約不適合に基づく損害賠償請求権
＊米国のY会社は日本のX会社との間で、A会社製造の鉄鋼を売買する契約を結ぶ商談において、物品の品質・数量・支払方法については合意したが、価格については決めなかった。その後、価格についてX会社は具体的な注文を出した。それに対して、Y会社が価格変更を申し出たところ、X会社は変更した金額で信用状を発行することとなった。その後、Y会社からX会社に船荷証券に関する信用状の条件の変更を求めたが、X会社は同意しなかった。それが原因して、Y会社は「契約上の債務を履行せず、物品を第三者に売却する」と圧力をかけるに至った。本件は、X会社がY会社の契約違反が予想される事態であるとして契約を解除し、損害の賠償を求めた事案である。

請求原因　1　YはXとの間で、A製造の鉄鋼を売買する契約を結ぶ商談において、物品の品質・数量・支払方法については合意したこと

＊請求原因1の合意においては、いまだ代金の合意が欠けているので、売買契約が成立したわけではない。
　2　Xは、請求原因1の合意を前提として価格を特定して注文を出したこと
　　　＊請求原因2のXの当初の注文は14条(1)及び8条(2)により、請求原因1と併せて申込みと解することができる。
　3　請求原因2のXの注文に対して、Yは価格について変更を申し出たこと
　　　＊Yからの価格変更の申出は19条(1)により反対申込みとなる。
　4　XはYが変更した金額で信用状を発行したこと
　　　＊Xはその条件に応じて信用状を発行したのであるから、18条(1)により承諾されたものと合理的に解釈し、契約は有効に成立したものと解することができる。
　5　請求原因4の後、YからXに船荷証券に関する信用状条件の変更を求めたこと、及びXは同意しなかったことを理由として、Yは「契約上の債務を履行せず、物品を第三者に売却する」と圧力をかけるに至ったこと
　　　＊船荷証券に関する信用状の条件は本質的な変更であって重大な契約違反（本条）に該当し、Yが契約履行期以前に契約違反をすることが明白であるといえるから（72条）、解除権の発生要件を充足する。
　6　XはYに対して、請求原因1の売買契約を解除する意思表示をしたこと
　7　Xの損害及びその数額
　　　＊本件は、Xが契約を解除しており、かつ、代替取引をしていないので、76条に基づく損害額を請求することができ、その場合、契約時の価格と解約時の価格の差額となる。なお、解除していても、74条に基づく損害賠償を求めることは妨げられない。

（予見不可能性）
再抗弁　1　契約違反を行なったXがそのような結果を予見しなかったこと
　2　同様の状況の下においてXと同種の合理的な者がそのような結果を予見しなかったであろうこと

| 訴訟物 | XのYに対する売買契約の物品引渡債務履行不能に基づく損害賠償請求権 |

＊日本の買主X会社はCIF条件（物品の滅失等の危険については、船積港において売主が物品を買主に引き渡すことにより買主に移転する）でドイツの売主Y会社から米国産モリブデン鋼を購入し、10月に引き渡す売買契約を締結した。しかし、Y会社は米国の製造元から引渡しを受けられず、引渡期限の10月末までにX会社に引き渡すことができなかった。さらに、X会社はY会社に引渡しのための付加期間を設定したが、期間内に引渡しがなかったため、第三者Aとの間で代替品を買い入れる契約を締結し、両者の契約の代金差額の損害を被ったとして、75条に基づいて損害の賠償を求めたところ、Y会社は、不可抗力条項に依拠して免責を主張した事案（CLOUT277）である。

| 請求原因 | 1 YはXとの間で、本件物品（米国産モリブデン鋼）を○万ドルでCIF条件により10月に引き渡す約定で売買する契約を締結したこと |

2 請求原因1の引渡期限の10月は経過したこと
3 XはYに対し、請求原因2の期間経過後、1週間以内に本件物品を引き渡すよう催告したこと
4 請求原因3の催告期間（1週間）が経過したこと
5 XはYに対し、請求原因4の期間経過後、請求原因1の売買契約を解除する意思表示をしたこと

＊本件においては、49条(1)(b)の要件を満たす付加期間の設定がある（請求原因3）ので、契約は有効に解除されたことになる。ところで、CIF条件によれば、売主Yは特定期間内に目的物を引き渡す義務を負うから、49条(1)(a)の「重要な契約違反の」要件を満たすことにもなるので、付加期間の設定がなくとも解除は可能となる余地があるとの見解もある。しかし、反対説は、CIF条件はあくまでも売買価格条件と密接に係るものであって、その中に含まれるのは物品に対する危険負担の限界と運賃コストの負担のみに関係するにとどまり、もし何月何日に売主Yから買主Xに引き渡すという特段の条件を規定するのであれば、それはインコタームズとは全く別の条件・条項であるとする。

＊なお、本件とは異なるが、売主Ｙが引渡業務の履行を拒絶
　　　すれば明示的な契約解除の意思表示は不要であると解する余
　　　地がある。そのような場合にまで、解除の意思表示を要求す
　　　ることは信義原則に反することになるからである（7条
　　　(1)）。この立場からは、契約解除が原則的に可能であり、さ
　　　らに代替品購入時点で、売主Ｙが債務履行をしないことが
　　　確実な場合に限り、そのような解除の意思表示は不要である
　　　と定式化できる。
　6　Ｘは第三者Ａとの間で、請求原因1の代替品を買い受ける
　　契約を締結したこと
　7　請求原因1の本件商品売買より請求原因6の代替品売買の代
　　金は、〇万円ほど高かったこと
　　　＊請求原因5ないし7は、75条による損害を求める場合の要
　　　件事実である。
（予見不可能性）
再抗弁　1　契約違反を行なったＸがそのような結果を予見しなかった
　　こと
　2　同様の状況の下においてＸと同種の合理的な者がそのよう
　　な結果を予見しなかったであろうこと
　　　＊売主Ｙが米国の仕入先であるＡから物品の引渡しが受け入
　　　れられなかったことを理由として引渡義務についての免責を
　　　主張することは、売主Ｙは自らの仕入先Ａから物品を自ら
　　　が受け取るという危険を負担するものであるから、同等又は
　　　同種の品質物品が、市場からもはや入手できない場合でない
　　　限り、この再抗弁は成立しないであろう。

(3) 上記(2)の不利益が債権者に生じることを債務者が予見し、又は予見す
　　ることができたこと（ただし、その立証責任については、下記ウ参照）
　ア　意義
　　契約違反によって債権者が期待した利益の実質的部分が消滅しても、その
　結果を債務者が予見することができない場合には、重大な契約違反とはなら
　ない。この予見可能性の要件では、契約違反した当事者が実際にその結果を
　予見したか否かではなく、同様の状況の下において当該当事者と同種の合理
　的な者がそのような結果を予見したか否かである。
　イ　予見及び予見可能性の時期

予見及び予見可能性の時期について、明文規定はない。しかし、当事者は契約締結時に契約による責任やリスクを評価するものであることからすると、予見可能性を判断すべき時期として、「契約締結時」であると解される。ただし、例えば、契約締結後に、特定のラベルの貼付が買主の国における転売に必要であることを知った場合には、契約締結後の事情も考慮すべきである。

ウ　予見可能性の有無の立証責任

　予見可能性の有無の立証責任については、見解が分かれる。債権者が債務者の契約違反についての予見可能性があったことまで主張・立証すべきであるとする見解もあるが、賛成できない。むしろ、①本条の1文と2文が、本文と但書という条文構造（本条の条文構造は、起草過程において、「前段 and 後段」となっていたのを（and は、例えば、46条(2)では、「ただし、……に限る」と訳され、付加的要件を示すものとして使用されている）、債権者に厳しすぎないように「and」が「unless」に改められた）から、債務者の側が予見不可能であったこと、②違反した当事者の方が予見可能性がなかったことについても立証しやすい立場にあることからすると、予見不可能と主張する者が、その主張・立証責任を負うと解すべきであろう。事務局注釈73頁も、予見可能性の有無の立証責任について、「違反を行った当事者が『そのような結果』——実際に生じた結果——を『予見せず、かつ、……予見すべき理由を有しなかった』ことを証明できない限り、違反は重大なものである。注意を要するのは、違反を行った当事者は、そのような結果を実際に予見しなかったことを証明するだけでは責任を免除されないということである。違反を行った当事者は、さらに、そのような結果を予見すべき理由を有しなかったことも証明しなければならない」としている。

訴訟物	XのYに対する売買契約の物品引渡債務履行不能に基づく損害賠償請求権

＊日本のY会社は韓国のX会社に対し、本件物品（特定物）を代金〇円で売買する契約を締結したが、本件物品が滅失した。X会社はY会社に対して損害賠償を求めたところ、Y会社は、その滅失について予見可能性がないと免責を主張した事案である。

請求原因	1　YはXに対し、本件物品（特定物）を〇円で売買する契約を締結したこと
	2　本件物品は滅失したこと

＊物品の引渡債務が履行不能となったことを示す事実である。「重大な契約違反」に該当するので、買主 X は 49 条 (1) (a) に基づく解除をして、契約の拘束力を排除できる。そして、もちろん X は損害賠償をする権利を失わない（45 条 (2)）。
3　X は Y に対して、請求原因 1 の売買契約を解除する意思表示をしたこと
4　Y の損害の発生及びその数額
＊X は解除しており、代替取引をしていないので、76 条による損害賠償請求ができる。なお、解除していても、74 条に基づく損害賠償請求をすることも妨げられない。

（予見可能性の不存在）

抗　弁　1　Y が、請求原因 1 の売買契約締結時に、請求原因 2 の本件物品の滅失を予見しなかったこと
2　同様の状況の下において Y と同種の合理的な者がそのような結果を予見しなかったであろう場合であること

4　重大な契約違反の類型
ア　売主の契約違反
㈦　不適合物品の引渡し
　物品の不適合が重大な契約違反であるか否かを判断する場合、違反の重要性とその程度を定めた両当事者による明示又は黙示の取極め（特別な使用目的・見本や標本との一致も含む。35 条 (2)）の内容が重要である。特別の合意がなければ、当該不適合が債権者の期待に照らし契約内容からどのくらい逸脱しているのかが基準となる。
　さらに、契約違反が重大か否かを判断する際に、追完の可能性も考慮される（例えば、CLOUT152 は、売主が引き渡した物品に品質不適合がある場合であっても、48 条で売主の追完権が認められるようなときは重大な契約違反とはならないとしている）。売主の追完権との関連でいえば、契約違反が重大であれば買主からの解除が売主の追完権に優先する（後者が排除される。48 条 (1)）が、このことは契約違反の重大性を判断する際に追完の可能性を考慮に入れることを否定するものではない。もとより、不適合物品の引渡しによる契約違反が重大である場合であっても、買主はいきなり解除をせず、追完のための期間を設定することもできる（47 条 (1)）。この場合に、売主が期間内に追完をせず、又は追完を拒絶したときには、重大な契約違反を理由とする解除の余地がある。しかし、不適合が軽微な場合には、買主が

いくら追完のための期間を設定し、その期間が経過しても、買主は契約を解除できない。付加期間の設定と経過を理由とする解除を認めていないからである（付加期間が経過したとしても、不適合物品の引渡しによる契約違反が重大になるわけではない）。

(イ)　引渡しの履行遅滞

　履行が可能であるのに遅滞しているときには、通常それだけでは重大な契約違反とはならない。しかし、引渡期日の遵守が買主にとって重大な利益に関係する場合、例えば、定期行為の場合、季節商品や腐敗しやすい物品が目的物である場合、相場のある物品の場合には、遅滞それ自体で重大な契約違反となる。なお、CIF 条件の合意がある場合については、見解が分かれる。また、履行が遅滞しているときには 49 条(1)(b)の付加期間の手続きを用いて解除をすることが可能であるが、一定期間が経過すれば重大な契約違反を認めて解除することも可能とする見解もある。

(ウ)　引渡しのないことの確定

　履行不能や確定的な履行拒絶など、引渡しがされないことが確定した場合には、通常、それだけで重大な契約違反となる。例えば、売主が特定物である売買目的物を第三者に転売した場合や、代金の追加支払がなければ物品を引き渡さないと頑なに主張する場合である。

(エ)　その他数量不足や権利の契約不適合

　数量不足の場合には、不足分を買主自らが他から調達することができるか否か、契約全体に照らし不足分がどのような意味を持っているのかが問題となる。権利の契約不適合の場合には、物品の不適合と同様の基準が当てはまるが、第三者の権利からの解放の可能性や、他の物品の引渡しにより権利の契約不適合を追完することの可能性が重要となる。

(オ)　書類の交付遵守義務違反

　書類の交付遵守義務違反についても、重大な契約違反か否かが問題となる。ここでは、書類の種類や意味によって、重大な契約違反の判断も分かれてくる。基本的には不適合物品の引渡しと同様、違反の重大さと追完の可能性が問われることになるが、ここでは、さらに、適合する書類を自らの手で取得することを買主に期待するのが合理的か否かも考慮される。一般的には、書類売買（documentary sales　船積書類があたかも売買の目的物のように取引される場合）や、荷為替信用状取引を支払条件とする場合（専門外の第三者である銀行が介在し、銀行は書類間の記載の相違の重大性が判断できないため書面に厳密な同一性・正確さが要求される）、書類の正確さを条件とする転売を予定している場合には、重大な契約違反となる場合が多い。

(カ) その他

「主たる義務」に違反があった場合、多くは契約上の経済的目的を達することができない。又は売買契約を締結する意思に決定的影響を与える1つあるいは複数の要素が消滅し、違反によって実質的に契約の価値が損なわれ、履行に対する期待利益が侵害されると重大な契約違反と判断されよう。例えば、目的物が指定された使用目的に厳密に合致しないとき、たとえ商品価値は存在したとしても、もはや買主には利益はない。また、例えば物の典型的な効用や契約で定められた具体的な効用が大きく減じ、又は消滅する場合には、それだけで重大な契約違反が問題となり、物品の利用可能性や再売却可能性は重要ではない。

他方、「付随義務」というだけでは、債権者の利益の重要性がないとは言い切れない。具体的な事情や契約の解釈が決定的であり、例えば許可証や証明書あるいはその他の文書（上記(オ)参照）を入手したり、情報や保証を与えたりする等の付随的な履行義務が重要となる場合もある。

訴訟物 　XのYに対する売買契約に基づく代金支払請求権

　　　　　＊日本のY会社は近い将来に新作の靴を発売する予定であったが、イタリアの靴製造業者X会社に製造を委託することとした。X会社はY会社との間で、Y会社から与えられた仕様に従って、新作靴のサンプル用の100足を○ユーロで製造して売買する契約を締結した。ところが、X会社はY会社に納入する前に、Y会社に無断でY会社のロゴマーク（商標）がついた新作仕様どおりの靴を貿易博に展示した。Y会社は、X会社に対して直ちにその撤去を求めたが、応じなかった。X会社に対して、売買契約を解除し、もはや100足のサンプルを受け取らないし、代金も支払わない旨を伝えた。本件は、X会社がY会社に対し、代金の支払を求めたところ、Y会社は、前記の解除を主張した事案である（CLOUT2及び曽野＝山手・国際売買174頁参照）。

請求原因 　1　XはYとの間で、Yから与えられた仕様に従って、新作靴のサンプル用の100足を○ユーロで製造して売買する契約を締結したこと

　　　　　＊請求原因1の売買契約は、3条(1)の下で売買契約とされており、この取引には本条約の適用がある。

(解除)

抗弁 1　XはYに納入する前に、Yに無断でYの商標がついた新作仕様どおりの靴を貿易博に展示したこと
　　　　＊発注者であるYが新作の靴を自ら発表するまでは、メーカーとしてのXはYの新作靴の事実は当然秘匿すべきであって、それがたとえ売買契約の付随的義務であろうとも、それに対する違反は重大な契約違反というべきである。
　　　　＊CLOUT2は、買主は、適時にかつ有効に契約を解除すると意思表示した。製造業者の独占権保護という付随義務の不履行は、製造業者が予見できたように、買主がもはや契約に関心を持たなくなるくらい、契約の目的を非常に危うくするものであって、本条に基づく重大な契約違反である。
　　（2　YはXに対して、直ちに（可及的速かに）その撤去を求めたが、応じなかったこと）
　　　　＊　抗弁1の事実が重大な契約違反に該当する以上、抗弁2の事実（付加期間）の主張・立証は不要である。
　　3　YはXに対して、請求原因1の売買契約を解除する意思表示をしたこと

（予見可能性がないこと）

再抗弁 1　Yが、請求原因1の売買契約締結時に、抗弁1の事実が重大な契約違反になることを予見しなかったこと
　　　　＊再抗弁1の事実の重大な契約違反は、Yが自らの行為で行なったことであり、およそ予見不可能とはいえない。再抗弁2の事実もおよそ認めることはできない。
　　2　同様の状況の下においてYと同種の合理的な者がそのような結果を予見しなかったであろう場合であること

イ　買主の義務違反
㈠　支払の遅滞

　支払遅滞は、約定や当該取引の事情に照らし当該期日が買主にとって重大な利益に関係する場合にのみ、重大な契約違反となる（CLOUT166は、数か月間の支払遅滞を重大な契約違反とした）。他方、支払拒絶（頑なで終局的な履行の拒絶の意思表示がある場合）や支払不能は、それだけで重大な契約違反となる。なお、付加期間設定による解除（64条(1)(b)）が認められることに問題はない。

(イ) 受領義務違反

　買主の引取りの遅滞も、通常、それだけでは重大な契約違反とならない。しかし、終局的な受領拒絶あるいは受領の不能は、重大な契約違反になり、売主は、契約を解除し、75条に基づいて損害賠償を請求できる。このとき、買主が適時に受領することの売主にとっての重大性が問題となる。その重大性が明白でない場合には、付加期間設定による解除をすることによって処理することができるが、既に支払がされている場合には、64条(2)の要件を満たす必要がある。

● (解除の方法)

第26条　契約の解除の意思表示は、相手方に対する通知によって行われた場合に限り、その効力を有する。

Article 26

A declaration of avoidance of the contract is effective only if made by notice to the other party.

1　解除の意思表示

　本条約は、49条、64条、72条及び73条において、契約の解除の意思表示が認められるべき場合を定めている。このような当事者の一方による契約の解除は、契約の法的関係を消滅させるという重大な結果を生じさせる。相手方は解除の結果を軽減するため、物品の製造、包装又は発送を中止するなどの行動を直ちにとる必要がある場合があるし、あるいは物品が既に引き渡されているのであれば、その占有を回復し、物品を処分する手配をするなどの行動をとる必要も生じる。そのため、本条は、解除の意思表示を「相手方に対する通知」によって行なわれた場合に限り、その効力を有すると定める。したがって、契約は、解除の意思表示の通知が相手方に対して行なわれた時点で解除されることになる。

　通知は口頭又は書面ですることができ、どのような方法を用いて伝達してもよい。選択された方法が状況に応じた適切なものである場合には、27条が、通信の伝達において遅延や誤りが生じたときでも、通知の法律効果は妨げられないことを規定している。

大量の画一的な取引があるような場合においては、解除の意思表示をしなくても当然に解除できる方が望ましい場合もある。こうした場合には、当事者間において、個々の通知がなくても当然に解除となる旨の規定（「当然解除条項」）を置くこととなる。

訴訟物　　XのYに対する売買契約に基づく代金支払請求権

＊ドイツのY会社が日本のX会社から靴120足を購入したが、そこで用いられたX会社の標準取引約款には、特定地域内におけるY会社の排他的独占販売権が規定されていた。X会社はY会社に対して靴の引渡し後代金支払を要求したが、Y会社は20足を販売した段階で、X会社が別のA会社にも同じ靴を販売しており、A会社がY会社よりも安価でY会社の独占販売地域内でも販売している事実を発見した。このため、Y会社は残り100足をX会社に返品し、20足分についてのみ代金を支払うとした。本件は、X会社が120足分の代金全額の支払を求めた事案である。

請求原因　1　XはYとの間で、靴120足を◯ユーロで売買する契約を締結したこと

（解除）

抗弁　1　請求原因1の契約に用いられたXの標準取引約款には、特定地域内におけるYの排他的独占販売権が規定されていたこと

2　XはYに靴120足を引き渡したこと

3　Yは、Xから引き渡しを受けた靴のうち20足を販売した段階で、Xが別のAにも同じ靴を販売しており、AがYよりも安価でYの独占販売地域内でも販売している事実を発見したこと

4　YはXに対し、20足分の代金を支払い、いまだ販売していなかった100足を返品したこと

＊本件において、抗弁3の事実が25条に基づく重大な契約違反に該当するとしても、抗弁4の100足の「返品」という事実では本条に基づく明示の解除の意思表示とはいえない。そうすると、49条(1)(a)に基づいて有効な解除をしたとはいえないことになる。なお、仮に契約解除の意思が明確な場合には明示の通知がなくても有効な黙示の通知を認める立場に

立ったとしても、本件ではY会社が20足分の販売済みの靴の代金支払には応じているので、事実認定の問題であるが、Y会社の契約解除の意思が明確とはいい難いように思われる。

2　付加期間を定めるべき場合

49条(1)(b)又は64条(1)(b)に従って契約の解除の意思表示をする当事者は、47条(1)又は63条(1)に基づき、相手方による履行のために合理的な長さの付加期間を事前に定めなければならない（ただし、付与した期間が合理的な長さでなく短すぎた場合であっても、通知後相当期間が経過すれば解除することができると際される）。この場合には、契約の解除の意思表示をする当事者は、必然的に、相手方に対して、2つの通知（①付加期間を与えたことの通知、②解除の意思表示の通知）を行なう必要がある。

● (通信の遅延、誤り又は不到達)

第 27 条　この部に別段の明文の規定がある場合を除くほか、当事者がこの部の規定に従い、かつ、状況に応じて適切な方法により、通知、要求その他の通信を行った場合には、当該通信の伝達において遅延若しくは誤りが生じ、又は当該通信が到達しなかったときでも、当該当事者は、当該通信を行ったことを援用する権利を奪われない。

Article 27

Unless otherwise expressly provided in this Part of the Convention, if any notice, request or other communication is given or made by a party in accordance with this Part and by means appropriate in the circumstances, a delay or error in the transmission of the communication or its failure to arrive does not deprive that party of the right to rely on the communication.

1　発信主義の原則

本条は、第3部（「物品の売買」）における発信主義の原則を定める。すなわち、第3部の規定における通知、要求その他の通信の伝達の遅延若しくは

誤り、又はその通信が到達しないことのリスクは、意思表示の相手方が負担する（これに対して第2部（「契約の成立」）においては、契約の成立過程で行なわれた通信その他の意思表示が効力を生ずる時点を対象とする特別な準則として、21条（遅延した承諾）及び24条（到達の定義）を置いている）。この準則が適用されるのは、通信を「この部の規定に従い、かつ、状況に応じて適切な方法により」行なったときである。

2 「状況に応じて適切な方法」

状況に応じて適切な通信方法が、2つ以上ある場合には、意思表示をする者が自らにとって最も都合のよい方法を用いることができる。

「状況に応じて適切な方法」として書面による表示には問題がない。電話などの口頭による表示の場合は、その場や電話口の相手方に理解される必要があるほか、訴訟まで考えると録音等の証拠保全をする必要がある。他方で、通信は、当事者双方の置かれている状況に照らして適切なときに、「状況に応じて」適切なものとされる。ある状況において適切な通信方法が、他の状況においては適切なものであるとは限らない。例えば、ある種類の通知を、通常は航空郵便で送付することが許されるとしても、場合によっては、迅速性の要請から、電子的な通信、電報、テレックスあるいは電話のみが、「状況に応じて」適切な方法となることがあり得る。

3 通信の遅延、誤り又は不到達のリスク

通信上の遅延若しくは誤り又はそれが到達しないことのリスクは、意思表示の相手方が負担すべきという一般準則は、可能な限り単一の準則によって伝達上のリスクを規律することが望ましいとの考慮による。到達主義を一般的に採用するとすれば、通知について発信主義を採用する法体系においては、多くの場合、通知が実際に意思表示の相手方によって受領されたことの証明を支援する手続き的な準則が存在しないため、この条約にそうした準則を置くことが必要となったであろう。

訴訟物 　XのYに対する売買契約に基づく代金支払請求権
　　　＊イタリアのX会社は日本のY会社との間で、Y会社の仕様書に基づくタイルの売買契約を締結した。Y会社は引き渡されたタイルが仕様書に合致するものでなかったので、契約締結の際両会社の仲介人となった独立の第三者Aに対し、電話でタイルの品質不適合を告げたうえで、本件契約を解除

した。本件は、X会社がY会社に対して、不適合の通知を受け取っていないとして代金の支払を求めた事案である。

請求原因 1　XはYとの間で、タイルを○ユーロで売買する契約を締結したこと

（解除）
抗　弁 1　請求原因1のタイルは、Yの仕様書に基づくものであるとの約定であったこと
2　XはYに対し、タイルを引き渡したこと
3　抗弁2のタイルはYの仕様書に合致するものでなかったこと
4　YはXに対し、請求原因1の契約を解除する意思表示をしたこと

（合理的な期間の経過）
再抗弁 1　Yが物品の不適合を発見し、又は発見すべきであった時から合理的な期間が経過したこと

（通知）
再々抗弁 1　Yは、抗弁1の事実を、契約締結の際両会社の仲介人となった独立の第三者Aに対し、品質不適合の事実を通知したこと
＊売主と関係のない独立した仲介者に対する通知では、本条所定の「状況に応じて適切な方法」には該当しない。したがって、契約不適合の通知と認めることができず、解除の効果は生じないこととなる。

4　例外としての到達主義

　上記1で述べたとおり、第2部（「契約の成立」）においては、原則として到達主義が採られているが、契約の成立過程で行なわれた通信その他の意思表示が効力を生ずる時点を対象とする特別な準則として、21条（遅延した承諾）及び24条（到達の定義）において、通知の発信主義を採っている。

　第3部（「物品の売買」）においては、原則として発信主義を採っているが、通信が効力を生ずるためには、受領されることが必要であると考えられる場合についての例外が含まれている（47条(2)、48条(4)、63条(2)、65条(1)(3)及び79条(4)においては、到達主義を採っている）。

●(現実の履行を命ずる裁判)

第 28 条 当事者の一方がこの条約に基づいて相手方の義務の履行を請求することができる場合であっても、裁判所は、この条約が規律しない類似の売買契約について自国の法に基づいて同様の裁判をするであろうときを除くほか、現実の履行を命ずる裁判をする義務を負わない。

Article 28
If, in accordance with the provisions of this Convention, one party is entitled to require performance of any obligation by the other party, a court is not bound to enter a judgement for specific performance unless the court would do so under its own law in respect of similar contracts of sale not governed by this Convention.

1 各法系による特定履行請求権の位置付け

特定履行 (specific performance) は、売主に契約上の義務を約束どおり履行することを命ずる救済方法で、元来は、英米法の用語である。大陸法においては、一般に特定履行が「pacta sunto servanda (契約は尊重されなければならない)」の原則に基づいて、自然な救済方法として認められてきた。実務的には、大陸法においても、売主が履行しなければ、買主は特定履行にこだわることなく、第三者から物品を手当てして、生じた損害を売主に賠償請求するであろうが、約定どおりの特定履行が主で、損害賠償は従の位置付けである。

これに対して、英米法においては事情が異なっていた。すなわち、コモンロー (common law 普通法) においては、エクイティ (equity 衡平法) 裁判所に比べてコモンロー裁判所の権能が制限されていた歴史的事情から、伝統的に金銭賠償が原則であって、特定履行は、契約の目的物が土地又は代替不可能な物 (例えば、先祖伝来の家宝とか有名な画家の描いた絵画) である場合、売主が対象物品の唯一の供給者である場合や納期内に物品を引き渡すことのできる唯一の供給者である場合などに限って認められるものとされてきた (英国の Sales of Goods Act 1979. sec. 52, 米国統一商事法典 (UCC) 2-716 条(1))。このため、本条は、下記 2 で述べるように、コモンロー諸国における裁判所の裁量を確保することで、これらの諸国が本条約を批准しや

すいようにしたのである。

2　本条の意義

本条は、法廷地の裁判所は、本条約の適用のない類似の売買契約につき、国内法上特定履行を命ずる裁判をすることになるであろうときを除き、特定履行を命ずる裁判をする義務を負わないと定めている。

これは、特定履行に対する各国の法制は大きく異なるので、46条において買主に売主に対して特定履行を要求する権利を認めると同時に、本条では、裁判所は本条約の適用されない同様の売買契約について自国の法律の下でも（under its own law）、特定履行を認めるような場合でなければ、特定履行を認める判決を下す義務はないと規定している。「自国の法」とは、法廷地法（law of the forum）を意味する。

これは、従来、裁判所が国家法の下で持っている特定履行を認めるか否かの裁量権を本条約の下でも活かすことによって、46条(1)がこれまで特定履行をあまり認めていない国々に対して、本条約が与える衝撃を和らげようとするものである。

訴訟物　　XのYに対する売買契約に基づく物品引渡請求権
　　　　　　＊日本のX会社がドイツのY会社との間で、鉄鋼を購入する契約を結ぶ目的で商談を行なった。商談の最中、物品の品質・数量・支払方法・製造方法については合意したが、価格についてはX会社の注文に対し、Y会社が価格変更を申し出た。その結果、X会社はY会社の申し出た変更後の金額で信用状を発行することとなった。本件は、X会社がY会社に対し、物品引渡請求権（債務の特定履行）を求めたところ、Y会社は特定履行を認めるに足る事由がないと主張した事案である。

請求原因　1　YはXとの間で、鉄鋼を売買するにつき、その品質・数量・支払方法・製造方法については合意したこと
　　　　　　2　XはYに対し、請求原因1の合意に除かれていた価格について注文を出したこと
　　　　　　　＊買主Xの最初の注文は、14条(1)及び8条(2)により申込みと解される。
　　　　　　3　YがXに対して価格変更を申し出たこと
　　　　　　　＊売主からの価格変更の申出は、19条(1)により反対申込みと

なる。
4　XはYの申し出た変更後の金額で信用状を発行することとなったこと
＊買主Xはその条件に応じて信用状を発行し（特定履行を請求しているのであるから）、18条(1)により承諾されたものと合理的に解釈することができ、これによって、契約は有効に成立したと解される。
＊仮に、YがXの請求である特定履行について、それを認めるに足る事由がないと主張したとしても、法廷地が日本である場合には、Yの主張は特段取り上げられることなく、Yに対して物品の引渡しを命ずることになろう。
＊なお、本件が上記の事実に加えて、その後、YからX会社に船荷証券に関する信用状の条件の変更を求めた際、X会社が同意しなかったため、Yは契約上の債務を履行せず、物品を第三者に売却すると脅しをかけるなどした場合には、Yが契約履行期以前に契約違反をすることが明白であり（72条）、さらに船荷証券に関する信用状の条件は本質的な変更であって重大な契約違反（25条）に該当するため、契約解除をしたうえで、XがYに対して損害の賠償を求めることになるであろう。

3　本条が適用される「履行請求権」

本条は、本条約により成立する履行請求権に適用される。例えば、買主の請求権として、物品の引渡しや書類の交付、所有権の移転を求める請求権（30条）、代替品引渡し及び修補請求権（46条）があり、売主の請求権としては、売買代金支払（53条）及び物品の受領請求権（53条、60条）がある。

4　特定履行を請求することの実際的限界

本条が、特定履行請求の裁判を得るについて一定の制約を定めているが、国際物品売買契約の経済合理性の面からみると、以下のとおり特定履行に固執する理由は少ない。

(1) 国際物品売買においては、当事者の地理的隔たりが大きく、また、契約目的物の多くが代替可能であるので、物品の履行遅滞の場合にあくまで引渡しの履行を請求するよりも、契約を解除して（49条(1)(b)、場合によっては(1)(a)）物品の引渡しが不履行の場合、買主が別途目的物を調達して、損害賠償をする方が、問題を迅速に処理できる（曽野＝山手・国際売買158頁）。また、代金支払の履行遅滞の場合に、「特定履行としての代金支払請求をすること」と、「契約解除をして他に転売して代金を取得し、なお損害があれば、元の買主に対して損害賠償をすること」とを比較すると、後者の方が一部なりとも迅速な回収を図り、それにより、賠償を求める請求額を圧縮することによって回収不能のリスクを縮小できる処理といえよう。

(2) 損害軽減義務（77条）の機能

物品の引渡しがされない場合の損害賠償額は、契約解除後に代替取引が行なわれなかった場合には、契約代金と解除時における時価の差額を基準としている（76条）。

ア　物品の引渡しの履行遅滞

76条の基準によれば、契約目的物の市場価額が上昇傾向にある場合には、解除時が遅くなればなるほど、買主の損害賠償額は増加する。しかし、77条は当事者双方に損害軽減義務を課しているので、買主は代替取引ができるにもかかわらず、履行を請求し続けて解除時を遅らせることに利益はない。

イ　代金支払債務の履行遅滞

76条の基準によれば、契約目的物の市場価格が下降傾向にある場合には、解除時が遅くなればなるほど、売主の損害賠償額は増加する。しかし、77条は当事者双方に損害軽減義務を課しているので、売主は、買主の契約違反から生ずる損失を軽減するために、契約を解除して代替取引をすることを含め、その状況下で合理的な措置を採らなければならず、この措置を採らなかった場合には、買主から義務違反による減額を求められることになるから、売主は履行を請求し続けて解除時を遅らせることにつき利益はない。

また、代金の支払と物品の引渡しが同時履行の関係にあるときで売主が物品を占有又はその処分を支配できるときは、売主はその物品の売却も含め状況下で合理的な保存措置を採らなければならないとしており（85条-88条）、これらの規定も損害軽減義務を具体化したものであるが、代金支払請求をし続けることに対する制約として働く。いずれにしても、買主が引渡しを受領している場合はともかく、現実には、他への売却が不可能な場合を除いては、売主が代金の支払請求を続けることに合理的利益は存在しないであろう。なぜならば、売主は、買主が履行しない場合にあえて履行を請求するよ

りも、契約を解除し目的物を他へ売却したうえで、損害賠償を請求する方が迅速に問題を処理できるからである（曽野＝山手・国際売買 191-192 頁）。

● (契約の変更又は終了)

第 29 条
(1) 契約は、当事者の合意のみによって変更し、又は終了させることができる。
(2) 合意による変更又は終了を書面によって行うことを必要とする旨の条項を定めた書面による契約は、その他の方法による合意によって変更し、又は終了させることができない。ただし、当事者の一方は、相手方が自己の行動を信頼した限度において、その条項を主張することができない。

Article 29

(1) A contract may be modified or terminated by the mere agreement of the parties.

(2) A contract in writing which contains a provision requiring any modification or termination by agreement to be in writing may not be otherwise modified or terminated by agreement. However, a party may be precluded by his conduct from asserting such a provision to the extent that the other party has relied on that conduct.

---

1 当事者による変更（本条(1)）

11 条は、当事者間合意さえあれば、書面によらなくても口頭でも契約が成立することを定める。この理は、契約の成立に限られることなく、本条(1)は、契約の変更や終了の局面で確認すること、及びこのように「方式自由の原則」を維持する結果、英米法上の約因（consideration）を考慮する必要がないことを示すものである（約因とは、一方の約束に対する他方の反対給付又は反対給付の約束（少額の名目的反対給付でもよい）を指し、英米法の下で契約の成立や変更を有効に行なうには、原則として約因の存在が必要とされる（なお、捺印証書を伴う契約などの例外はある）。したがって、贈与は日本法では契約に該当するが、英米法では契約に当たらない）。なお、

本条(2)は、書面によることを合意した場合には書面方式によらなければ変更や終了をすることができない旨を規定する。

本条は、当事者間合意の要件を示していないが、第2部（契約の成立）の規定を参照して変更・終了の合意の成否を判断することになる。例えば、新たな契約条項が請求書に記載された場合には、契約を変更する旨の意思表示が存在するか否かを8条（言明の解釈指針）に従って確認しなければならない。意思表示が存在することになると、次に、請求書に対して異議をとどめずにした弁済が変更の合意を成立させることになるかが問題となる。その場合における弁済は、18条(1)にいう「その他の行為」に当たり、承諾とみなすことができる。

訴訟物 XのYに対する売買契約解除に基づく損害賠償請求権

＊フィンランドのY会社は日本のX会社との間で、ナフサの売買契約（原契約）を締結した。そして、契約上、Y会社の選んだ輸送船についてはX会社の承諾を得ることになっていたが、Y会社は独断で輸送船を決めて、X会社に伝えたが、X会社は承諾しなかった。しかし、Y会社は他の輸送船を見つけられなかったため、X会社の承諾のないままある輸送船にナフサを積み込んだ。しかし、積込みが遅れて輸送船の到着遅延が見込まれた。Y会社はX会社と協議した結果、口頭で売主の引渡期日を延期し、荷降ろし場所を当初の横浜港から別の船に代え、代金を減額することにした（変更契約）。その後、Y会社は原契約の期日の2日後に引渡しをしようとしたが、X会社が引取りを拒絶して受領しなかったため、Y会社は納品できなかった。本件は、X会社がY会社に対し、Y会社による第2契約の契約違反（履行遅滞）を理由に解除したうえで、損害の賠償を求めたところ、上記の債務履行期間の延長は、本条の下での原契約変更の合意なのか、又は47条に基づき買主が売主による義務履行のための付加期間を定めたものなのかが争点となった事案である。

請求原因 1 YはXとの間で、2001年8月15日に、ナフサ（石油関連物品）を〇ユーロで売買する契約（原契約）を締結したこと

2 原契約においては、①Yは9月10日から20日の間にXの横浜港で船上渡条件で本物品を受け渡すこと、②運送に使用す

る船舶についてはXの承諾が必要とされること、③Xは合理的な理由なくYの本船指定を拒絶してはならないことが約定されていたこと
3 原契約締結後、Yは請求原因1の船舶の手配を開始したが、時間的余裕がなかったため、Xの事前の承諾なく、本船をナフサ輸送に使用することを決定し、8月29日にYは本船名をXに通知したこと
4 Xはこの通知を受けて調査した結果、同社のターミナル受入基準に合致しないことを理由に本船の使用は承諾できない旨を8月30日にYに通知したこと
5 Yは、受渡期間との関係で既に他の船舶を見いだせない状況にあり、Xの上記通知にもかかわらず、本船に物品の積込みを開始したこと
6 船積作業の遅延から、原契約に定める履行期間内に物品を受け渡すことができない状況であったので、YとXは9月14日に、新たに①買主は本船による物品の運送を認めるが受渡条件を買主Xターミナルでの船上渡条件から、はしけによる受渡条件に変更すること、②はしけの手配と費用負担はYが行なうこと、③受渡期間は9月24日に延長すること、及び④Yは本物品売買価格を減額すること等について合意（変更契約）したこと

 ＊9月14日合意の法的性質については、変更契約とみる見解と原契約は維持され単なる付与期間を与えたととらえる見解があろう。

 　単に47条に基づき買主Xが売主Yによる義務の履行のために定めた付加期間であると理解した場合は、47条の下で買主は付加期間中は追加的救済を求めることはできない旨規定されていることから、物品価格の減額を定めた9月14日合意は無効ということになる。

 　この合意は、本条に基づいて原契約を変更した変更契約と解する見解では、本条は、書面によらずとも当事者の単純な合意（mere agreement）によって契約は変更できることを定めている。

7 本船は、9月22日に横浜港に到着したが、はしけの手配に時間を要し、Yは9月14日合意書の期限の9月24日中に本

物品を買主Xに引き渡すことができなかったこと
　　　＊実際の売主Yによる遅延は2日間であり、このような些細な遅延は重大な契約違反ではないと解することができよう。請求原因8の事由が必要となる所以である。
　　8　請求原因7の引渡しの遅延（2日間）が重大な契約違反と評価できる事実
　　9　XはYに対して、請求原因6の合意（変更契約）を解除する意思表示をしたこと
　　10　Xの損害及びその数額
　　　＊Xは、Yの引取り拒否による契約違反に伴う損害を求める。本件は、Xが解除をしており、代替取引がされていないので、76条の適用が可能である。なお、解除されていても、74条に基づく損害賠償も妨げられない。

（契約の変更に合意に関する約定）
　抗弁　1　XとYは、「原契約を変更するためには、書面による合意が必要である」との約定をしたこと

2　方式要件（本条(2)1文）
　合意による契約変更ないし終了は、原則として、いかなる方式も要求されない（11条）。ただし、当事者の営業所が所在する国が書面要件を課す場合には、合意による変更又は終了には書面が必要となる（12条）。また、本条(2)1文は、法的安定性を保つために、書面による契約には、「合意による変更又は終了を書面によって行うことを必要とする旨の条項」を設けることができることを定める。この場合、契約は、「その他の方法による合意によって変更し、又は終了させることができない」。例えば「本契約は、両当事者の代表者による署名ある書面の合意によってのみ変更され得る（This Agreement can only bemodified by a written agreement signed by the representaives of both parties hereto.)」という条項がある場合などである。そのような条項が契約書面に存在しない場合には、8条に定める指針に従って、当事者の意思を解釈することになる。なお、ここでいう契約書面には、13条により書面と同視される電報及びテレックスも含まれる。

3　口頭による契約の変更及び終了（本条(2)2文）
　当事者が契約の変更や終了について書面方式によることを合意（書面条項）している場合には、その契約を口頭で変更又は終了させることができな

い。しかし、当事者の一方は、「相手方が自己の行動を信頼した限度において」(本条(2)2文。この「但書(However)」は、本条(2)1文に対して、その例外を定めるものである)、その書面条項を主張することはできない(信義則違反)。すなわち、契約の変更や終了について書面方式を合意している場合でも、①一方当事者が書面によらなくても契約の変更等を容認するような振舞いをし、かつ、②相手方当事者がこの振舞いを信頼して行動していたような場合には、書面によらなくても契約の変更や終了が行なわれてしまう。例えば、口頭による契約変更に対して異議をとどめずに履行に着手した場合、あるいは、契約書面に定められておらず後に口頭により合意された仕様を備えた物品を買主が受領した場合、履行に着手し、商品を受領した当事者は、書面条項を主張することができない。

訴訟物 XのYに対する売買契約に基づく代金支払請求権
＊米国のX会社は日本のY会社にある物品を長期間継続して製造して売買するという書面による契約を締結し、契約内容の変更は書面のみによってすることができるとの合意があった。しかし、1回目の物品を引き渡した際、X会社は、一定の形状の変更を口頭で求め、Y会社は、書面による確認を受け取ることなくX会社の要求に応じて、それ以後は変更した形状により4回目まで物品を供給し、Y会社もそれを異議なく受領し、代金も支払ってきた。本件は、X会社がY会社に対して、5回目の物品を引き渡して代金の支払を求めたところ、Y会社はその物品の形状が当初の契約と異なり、書面によらないで変更されているとして、契約の解除を主張した事案である。

請求原因 1 XはYとの間で、本件物品を長期間継続して製造してYの注文に応じた数量をドル建てで売買するという書面による契約を締結し、契約内容の変更は書面のみによってすることができるとの合意をしたこと
2 XはYに対し、5回目の注文の物品(代金額○万ドルの約定)を引き渡したこと
3 請求原因2の物品は、請求原因1の基本契約において定めた形状と異なっていること
＊一般的には、売買対象の物品について形状が異なること(契約不適合)は、重大な契約違反に該当するであろう。

　　　　　4　YはXに対して、請求原因1の契約を解除する意思表示を
　　　　　　　したこと
(変更書面の欠如の援用の不許)
抗弁　1　1回目の物品を引き渡した際、Xは、一定の形状の変更を口
　　　　　　　頭で求め、Yは、書面による確認を受け取ることなくXの要
　　　　　　　求に応じて、それ以後は変更した形状により4回目まで物品を
　　　　　　　供給し、Yもそれを異議なく受領し、代金も支払ってきたこ
　　　　　　　と
　　　　　　　＊抗弁1の事実がある場合、買主Yは「自己の行動に対して
　　　　　　　　相手方Xが信頼を置いた限度において」、書面の欠如を援用
　　　　　　　　することは許されなくなる。

4　免除及び履行の猶予
　合意により、契約上の義務が免除され、あるいは支払や引渡しが猶予される場合、これらについては合意による契約の変更であり、本条の適用対象として処理される。

5　和解
　本条約に服する売買契約の内容の変更や解消に向けられた和解契約もまた、本条の規制対象に含まれる。

第2章　売主の義務

●(売主の義務)

第30条　売主は、契約及びこの条約に従い、物品を引き渡し、物品に関する書類を交付し、及び物品の所有権を移転しなければならない。

Article 30
The seller must deliver the goods, hand over any documents relating to them and transfer the property in the goods, as required by the contract and this Convention.

1　売主の義務

　本条は、売主の義務として、「売主は、契約及びこの条約に従い、物品を引き渡し、物品に関する書類を交付し、及び物品の所有権を移転しなければならない」と定める。我が国民法とは異なり、売主の義務として、物品引渡義務に加えて、物品に関する書類交付義務と物品の所有権移転義務があることを明定している。

　本条約は、売主の義務として、本条の定める①物品の引渡義務、②物品関連書類交付義務、③所有権移転義務のほかに、④契約に適合した物品を引き渡す義務（35条）、⑤第三者の権利の目的でない物品を引き渡す義務（41条、42条）などを置いている。もとより、当事者の合意や慣習、さらに信義則に基づいてこれらの義務以外の売主の義務が生じるし、本条約規定の義務が合意や慣習により修正されることもある。

　他方、本条約は、物品に関する所有権その他の財産権の持つ物権法的側面に関する規律を置いていない。これは、物品の所有権その他の物権的側面については条約の規律の対象外とし（4条(b)）、法廷地国際私法の指定する所有権ほか物権に関する準拠法によるとしているからである。

2　物品引渡義務
(1) 引渡し

　「引渡し」（deliver）とは、下記表の「『引渡』の時」欄に記載するとお

り、「売買の各種の引渡」欄の各場合に対応して、多様な方法（最初の運送人への交付、書類の交付、物品を買主の処分にゆだねるなど）である。すなわち、「引渡し」(deliver) と「交付」(handover) は区分される。物品が買主に「交付」されたというとき、その「交付」とは買主が「占有」(possession) を取得したことである。これに対し、「引渡し」とは、「交付」に限られず、物品の移転について売主としてどこまでの行為をすれば引渡義務の履行をしたとされるか（引渡しの面での「不履行」がないといえるか）という観点からの概念である。

(2) 「引渡し」と「契約適合性」との分離

本条が定める売主の義務としての「引渡し」(deliver) には、契約適合性の要素が含まれない。売主の義務の内容面で、物品の「引渡し」と、物品の「契約適合性」(goods which conform to the contract) は、分離されている。そのため、本条約においては、契約不適合の物品が引き渡された場合（異種物の給付を含む）にも「引渡し」があったとされる（極言すれば、自動車の売買契約でオートバイが引き渡された場合にも引渡しはあったことになる）。そのうえで、物品の契約不適合についての救済手段（45条）によって処理される（35条は、契約に適合する物品を引き渡す義務を課している）。

このような法制度を採る一因として、次の点がある。例えば、31条(a)によれば、物品の運送を伴う場合には、買主に送付するために物品を最初の運送人に交付すると「引渡」義務を果たしたことになる。かつ、67条(1)によれば、その場合、交付の時に危険が買主に移転することになる。この法制を採るにもかかわらず、仮に、物品が契約に適合しているときにのみ「引渡し」があり、物品に少しでも契約不適合（欠陥）があれば「引渡し」がなかったことになるという建前をとったとする。これでは、不適合物品が交付された場合には、買主が物品を占有使用しているにもかかわらず「引渡し」がされていないこととなり、売主が無期限に危険を負担することになるという不合理が生ずる（曽野＝山手・国際売買128-129頁）。

(3) 「引渡し」と「(対価) 危険の移転」との分離

本条約においては、売主が引渡義務を履行したということと、対価危険が売主から買主に移転するということが分離されている（引渡義務履行の問題と、物品の滅失・損傷を理由とする買主の代金支払義務の存続・消滅問題との分離）。本条約では、「引渡し」がされたことは対価危険の移転の理由とされていない。対価危険を誰が負担するかは、以下のように対価危険固有の論理で決めている。そして、対価危険の移転に関する準則は、66条から69条

引渡しの時点と危険移転の時点

(潮見佳男「国際物品売買契約条約における売主・買主の義務および救済システム」『債務不履行の救済法理』信山社(2010年)342頁)

売買の各種引渡	「引渡」の時	「危険移転」の時
物品の運送を伴う場合で、かつ、売主が特定の場所で物品を交付する義務を負わない場合	最初の運送人への交付(31条(a))	最初の運送人への交付(67条(1)1文)
物品の運送を伴う場合で、かつ、売主が特定の場所で物品を交付する義務を負う場合	最初の運送人への交付(31条(a))	特定の場所での運送人への交付(67条2文)
運送中の物品	売主が運送人に対して物品を買主に交付するよう指図をした時。物品の処分を支配する書類が発行されているときには、その書類が交付された時	契約締結の時点。運送契約を証する書類を発行した運送人に対して物品が交付された時から買主が危険を引き受けることを示す事情があるときは、その時(68条)
特定物又は特定の在庫から取り出されるべき物品	両当事者が、物品が特定の場所に存在していることを知っていた場合には、その場所で物品を買主の処分にゆだねた時(31条(b))	買主が売主の営業所以外の場所で物品を受け取る義務を負う場合には、引渡しの期限が到来し、かつ、物品がその場所で買主の処分にゆだねられたことを買主が知った時(69条(2))
	上記でない場合は、契約締結時において売主が営業所を有していた場所で物品を買主の処分にゆだねた時(31条(c))	上記でない場合は、買主が物品を受け取った時。買主が受け取るべき時点までに受け取らないときは、物品が買主の処分にゆだねられ、かつ、引渡しを受領しないことによって買主が契約に違反した時(69条(1))
特定の場所で製造・生産されるべき場合	両当事者が、物品が特定の場所で製造・生産されるべきことを知っていた場合には、その場所で買主の処分にゆ	買主が売主の営業所以外の場所で物品を受け取る義務を負う場合には、引渡しの期限が到来し、かつ、物品がその場所で買主の処分にゆだねられたことを買主が知っ

		だねられた時（31条(b)）	た時（69条(2)）
		上記でない場合は、契約締結時において売主が営業所を有していた場所で物品を買主の処分にゆだねた時（31条(c)）	上記でない場合は、買主が物品を受け取った時。買主が受け取るべき時点までに受け取らないときは、物品が買主の処分にゆだねられ、かつ、引渡しを受領しないことによって買主が契約に違反した時（69条(1)）
その他の場合		契約締結時において売主が営業所を有していた場所で物品を買主の処分にゆだねた時（31条(c)）	買主が売主の営業所以外の場所で物品を受け取る義務を負う場合には、引渡しの期限が到来し、かつ、物品がその場所で買主の処分にゆだねられたことを買主が知った時（69条(2)）
			そうでない場合は、買主が物品を受け取った時。買主が受け取るべき時点までに受け取らないときは、物品が買主の処分にゆだねられ、かつ、引渡しを受領しないことによって買主が契約に違反した時（69条(1)）

に定められている。それによれば、対価危険の移転時期は、①物品の運送を伴う売買の場合には、売主が物品を最初の運送人に「交付」した時点であり（67条）、②運送途上の物品を売買した場合には、売買契約を締結した時点であり（68条）、③その他の場合は、買主が物品を引き取ったか、又は引渡受領義務に違反した時点である（69条。細目については、上記表参照）。引渡時期と対価危険の移転時期との間のずれが特に問題となるのは、売主が物品を買主の処分にゆだねた時点で引渡しがあったとされるタイプの売買（31条(b)(c)）である。ここでは、売主が物品を買主の処分にゆだね、それゆえに「引渡し」があったからといって、対価危険は買主に移転しない。

　したがって、31条の規定によれば引渡しがあったものの、66条から69条によれば危険移転がされていない段階で物品が滅失・損傷したとき、この事態は、売主の「引渡義務の違反」とは評価されない。売主の「引渡義務」は履行されているのであるから、買主は、「引渡義務の違反」を理由として45条以下の規定に基づく救済を求め得ない。つまり、買主は、この場合に、

「引渡義務の違反」を理由として契約を解除することはできないし、「引渡義務の違反」を理由として損害の賠償を請求することもできない。

3　書類引渡義務

物品に関す書類の引渡義務は、売買契約の不可欠の要素ではない。売主の書類引渡義務の存否、また、いかなる書類につき交付義務を負うかは、契約から導かれる。実務では引渡約款に従うという形で定められていることが多い。さらに、慣習ないし慣行も考慮される（9条参照）。これらの義務は、補充的契約解釈において信義誠実の原則（7条(1)）から導かれることもある。実務で特に重要な役割を果たしている書類は、運送に関する書類（例えば、船荷証券貨物引換証の写しなど）や保管に関する書類（貨物引渡指図書や物品配達証書など）であり、さらに運送保険証券やインボイス（送り状）も重要である。このほか、税法上及び外国貿易法上の理由から生産地証明書及び輸出許可証が要求されることもある（なお、34条参照）。

4　物品所有権の移転義務

(1)　債権法的領域

本条は、物品の所有権の移転を売主の義務としている。これは、売主の中核的な義務であり、所有権の移転の債権法的な問題は、本条約の領域に属する。所有権移転義務について不履行があれば、45条以下の救済を受けることができる。

(2)　物権法的領域

4条(b)は契約が物品の所有権に与える効果には関与しない旨を規定している。しかるに、本条は、売主の売買契約上（債権法上）の義務として、「物品の所有権を移転しなければならない」としている。そのため、いかなる要件を充足すると所有権が移転することになるのか、買主の所有権移転義務が履行されたのかという問題が生ずる。この問題は、国際私法の規則によって適用される国内法によることになる。

例えば、日本の国際私法に基づくと、物品の所有権の移転は、物権の得喪に関する問題として、その原因となる事実が完成した当時における目的物の所在地法による（法適用通則13条2項）とされる。日本法を準拠法とする場合、物権の設定及び移転は、当事者の意思表示によってその効力が生ずる（民176条）。これに対して、物権準拠法が、物品の所有権移転につき売買契約とは別の当事者の「合意」を要求する法制の場合には、売主はそれに対応する意思表示をする義務を負うことになる。

訴訟物　　XのYに対する売買契約解除に基づく代金返還請求権

＊日本のY会社はタイのX会社に対し、中古の自動車10台を300万円で荷為替決済により売買する契約を締結した。同契約には、代金は先払とし、また、Y会社は、本件自動車に関する品質及び権原についての担保責任を一切負わない旨の免責条項が定められていた。X会社は代金を先払した。ところが、その直後、Y会社が売買目的の中古自動車5台は、真の所有者から差し押さえられて執行官保管となり、タイに向けての船積みができなくなった。本件は、X会社がY会社に対し、売買代金の返還を求めたところ、Y会社は、所定の免責条項を援用して、所有権の移転義務は免責されたと主張した事案である。

＊法廷地の日本の法適用通則13条2項によれば、国際売買によって生じる目的物の所有権の移転は、物権の得喪に関する問題として、その原因となる事実の完成当時の目的物の所在地法によるとされる。

請求原因
1　YとXは、中古自動車10台を代金300万円で売買する契約を締結したこと
2　YはXに対し本件中古自動車を引き渡し、XはYに対し代金を支払ったこと
3　本件中古自動車5台は盗難にあった自動車であることが判明し、差押えを受け執行官保管となって、Y会社はタイへ向けての船積みができなかったこと

＊典型的な国際売買取引の荷為替取引では、船積書類が買主Xに引き渡された時点を売買当事者間での所有権移転の原因完成時とみる見解が有力である。本件では、船積みがされておらず船積書類が買主Xに引き渡されたということはないので、本件中古自動車の所有権は買主Xに移転していない。

4　XはYに対して、請求原因1の売買契約を解除する意思表示をしたこと

（担保責任免責）
抗弁　1　請求原因1の契約には、Yが本件中古自動車10台に関する品質及び権原についての担保責任を負わない旨の免責条項が規定されていたこと

＊免責条項（Without Warranty Clause）によって、売主Yは、41条の下での義務（第三者の権利又は請求の対象になっていない物品を引き渡す義務）からは免除されるとしても、本条に基づく売主Yの基本的義務は、このような免責条項によっても免除されるものではない。

(3) 所有権留保

売買契約に所有権留保の規定、すなわち、「本契約に基づき引き渡された物品の所有権は、物品の代金支払が完済されない限り売主から買主に移転しないものとする（The title to the Goods delivered under this Contract shall not pass from Seller to Buyer until the payment of price for the Goods has been completed.)」との条項を置くことは、本条約において当然認められる。なぜなら、契約上の合意は、本条所定の所有権移転義務に優先するからである（6条）。

5　売主が負担するその他の義務

本条が具体的に挙げている義務以外の売主の義務は、契約にとって基準となる慣習（9条）及び信義則（7条(1)）から生じ得る。もっとも、主要な給付義務が契約によって付加されたときには、それでもなお本条約が規定する「売買契約」と評価することができるのかが改めて問題となろう。

第1節　物品の引渡し及び書類の交付

●(引渡しの場所及び引渡義務の内容)

第31条　売主が次の(a)から(c)までに規定する場所以外の特定の場所において物品を引き渡す義務を負わない場合には、売主の引渡しの義務は、次のことから成る。
(a)　売買契約が物品の運送を伴う場合には、買主に送付するために物品を最初の運送人に交付すること。
(b)　(a)に規定する場合以外の場合において、契約が特定物、特定の在庫から取り出される不特定物又は製造若しくは生産が行われる不特定物に関するものであり、かつ、物品が特定の場所に存在し、又は特定の場所で製造若しくは生産が行われることを当事者双方が契約の締結時に知っていたときは、その場所において物品を買主の処分にゆだねること。
(c)　その他の場合には、売主が契約の締結時に営業所を有していた場所において物品を買主の処分にゆだねること。

Article 31

If the seller is not bound to deliver the goods at any other particular place, his obligation to deliver consists:
(a) if the contract of sale involves carriage of the goods – in handing the goods over to the first carrier for transmission to the buyer;
(b) if, in cases not within the preceding subparagraph, the contract relates to specific goods, or unidentified goods to be drawn from a specific stock or to be manufactured or produced, and at the time of the conclusion of the contract the parties knew that the goods were at, or were to be manufactured or produced at, a particular place-in placing the goods at the buyer's disposal at that place;
(c) in other cases-in placing the goods at the buyer's disposal at the place where the seller had his place of business at the

time of the conclusion of the contract.

1　引渡しの場所による引渡義務の内容
　売主の基本的義務は、物品の引渡しであるが、本条は、引渡しの場所に応じて売主がどのようにその義務を果たすべきかを定めている。
(1) 原則
ア　売買契約が物品の輸送を伴う場合
　本条(a)は、契約が物品の運送を伴う場合には、売主は買主への輸送のために最初の運送人へ物品を交付すれば引渡義務を果たしたことになるとする。これが物品の輸送が契約に含まれている場合の引渡しの原則である。売買契約が物品の運送を伴う場合は、契約において、インコタームズ（貿易条件）を用いることにより、物品が引き渡されるべき場所が特定されていることが多い。この場合には、売主の引渡しの義務は、物品を最初の運送人に交付することではなく、契約で特定された行為をすることである（後記(2)参照）。したがって、本条(a)が適用されるのは、契約上引渡しの場所が特に定められておらず、かつ、物品が複数の運送人によって、次々と引き継がれて輸送されることになっている、いわゆる通し運送又は複合運送の場合である。この場合、物品の引渡しは、「買主に送付するために物品を最初の運送人に交付する」ことによって行なわれる。事務局注釈89頁は、「物品が内陸地から鉄道やトラックにより本船上で荷積みされるべき港へ発送されるような場合には、物品が鉄道会社やトラック会社に交付された時点で、引渡しが行われたことになる」という例を挙げている。

訴訟物	XのYに対する売買契約に基づく物品引渡請求権
	＊米国のX会社は日本のY会社との間で、本件物品を○ドルで売買する契約を締結し、X会社がY会社に対して、物品の引渡しを求めたところ、Y会社は、本件売買契約は物品の運送を伴うものであり、Y会社は本件物品を最初の運送人に交付したと主張した事案である。
請求原因	1　XはYとの間で、本件物品を○ドルで売買する契約を締結したこと

（物品の運送を伴う場合の引渡し）

抗弁	1　請求原因1の売買契約は、物品の運送を伴うものであること

　　　　2　Yは本件物品を最初の運送人に交付したこと
　　　　　＊売主が物品を引き渡したか否かが争われるときは、物品を引
　　　　　　き渡したことについて、売主が主張・立証責任を負う（潮見
　　　　　　＝中田＝松岡・概説76頁）。

　本条(a)によれば、売買契約が物品の運送を伴う場合、売主は、「物品を運送する義務」や「物品の運送について保険を付す義務」を負わない（当然のことながら、持参債務ではない）ことが明らかであるが、売主には、以下の(ｱ)(ｲ)の「運送に関連する義務」が課されている。
(ｱ)　通知義務
　売主が契約又は本条約の定めるところに従い物品を運送人に交付した場合において、当該物品が荷印、船積書類その他の方法により契約上の物品として明確に特定されないときは、売主は、買主に対して、物品を特定した発送通知をしなければならない（32条(1)）。
　通知をすべき時期は、引渡義務完了後の合理的な期間内にすべきとする見解と、物品が仕向地に到達するまでで足りるとする見解に分かれる。たとえ物品が運送人に交付されても、荷印、運送書類、買主に対する通知その他の方法により、物品が契約の目的物として明確に特定されるまでは、物品の滅失・損傷についての危険は買主に移転しない（67条(2)）。
(ｲ)　物品運送の手配義務
　売主が「物品の運送の手配をする義務」を負っているときには、売主は、状況に応じて適切な運送手段により、かつ、このような運送のための通常の条件により、定められた場所までの運送に必要となる契約を締結しなければならない（32条(2)）。もっとも、同項は、運送費を売主が負担することを定めているものではない。別段の合意がなければ、運送費は買主が負担する。
　また、売主が「物品の運送について保険を付す義務」を負わない場合であっても、売主は、買主の要求があるときには、物品の運送について買主が保険を掛けるために必要な情報であって自己の提供することのできるすべてを、買主に対して提供しなければならない。売主は、「物品の運送につき保険を付すための情報を提供する義務」を負っているのである（32条(3)）。
イ　物品が特定場所にあるか、又は、特定場所で製造・生産される場合
　本条(b)は、契約が物品の輸送を含まず、特定物あるいは特定の在庫品から引き出され又はこれから製造若しくは生産される不特定物に関するもので、当事者が契約成立時に、物品が特定場所にあること、又は特定場所で製

造・生産されることを知っていた場合には、売主の引渡しの義務は、その特定の場所で物品を買主の処分にゆだねること（placing the goods at the buyer's disposal）によって履行されることを定めている。

訴訟物　　XのYに対する売買契約に基づく物品引渡請求権
　　　　　＊本件は、米国のY会社が日本のX会社との間で、本件物品を○ドルで売買する契約を締結し、X会社がY会社に対して、物品の引渡しを求めたところ、Y会社は、本件売買契約は物品の運送を伴わず、特定場所にあり、又は特定場所で製造・生産される場合であり、Y会社は、その場所において物品をX会社の処分にゆだねたと主張した事案である。

請求原因　1　XはYとの間で、本件物品を○ドルで売買する契約を締結したこと

（物品の運送を伴わず、特定場所にあり、又は特定場所で製造・生産される場合の引渡し）

抗　弁　1　請求原因1の売買契約が、物品の運送を伴わないものであること
　　　　　2　請求原因1の売買契約が、特定物、特定の在庫から取り出される不特定物又は製造若しくは生産が行なわれる不特定物に関するものであること
　　　　　3　物品が特定場所に存在し、又は特定場所で製造若しくは生産が行なわれることを当事者双方が契約の締結時に知っていたこと
　　　　　＊本条(b)に基づいて必要とされる認識は、同規定に基づく引渡しの場所を主張する当事者（本件の場合、Y）が、立証しなければならない。
　　　　　4　Yは、その場所において物品をX会社の処分にゆだねたこと
　　　　　＊「買主の処分にゆだねる」とは、本件の場合、Xの占有の取得が可能とするために必要なことをYが完了することである。通常、引き渡されるべき物品の特定、包装等のYが行なうべき引渡し前のあらゆる準備の完了、及びXによる占有の取得を可能とするために通知が必要な場合はXへの通知を行なうことが含まれる。また、物品が、倉庫業者や運送人のような受寄者の占有下にある場合には、物品は、Y

が受寄者に対して物品を買主のために保管することを指図すること、又はXが物品の処分を支配する書類を適切な方法でXに交付することである（事務局注釈91頁）。

ウ　その他の場合

本条(c)は、本条(a)及び(b)によって規律されないその他の場合には、売主の引渡義務は、売主が契約の締結時に営業所を有していた場所において、物品を買主の処分にゆだねることからなる。売主が複数の営業所を有していた場合は、引渡しが行なわれるべき場所は、10条(a)により定められる。なお、契約上、買主の営業の場所又は第三の場所が引渡しの場所とされる場合には、本条柱書により、当然その場所が本条の下での引渡しの場所となる。

訴訟物　　XのYに対する売買契約に基づく物品引渡請求権
　　　　　＊米国のY会社は日本のX会社との間で、本件物品を○ドルで売買する契約を締結し、X会社がY会社に対して、物品の引渡しを求めたところ、Y会社は、本件売買契約は物品の運送を伴わないものであり、特定物、特定の在庫から取り出される不特定物又は製造若しくは生産が行なわれる不特定物に関するものでないので、契約締結時に有していた営業所において、その処分をX会社にゆだねたと主張した事案である。

請求原因　1　XはYとの間で、本件物品を○ドルで売買する契約を締結したこと

（営業所による引渡し）

抗弁　1　請求原因1の売買契約が、物品の運送を伴わないものであること
　　　　2　請求原因1の売買契約が、特定物、特定の在庫から取り出される不特定物又は製造若しくは生産が行なわれる不特定物に関するものでないこと
　　　　3　Yが契約の締結時に営業所を有していたこと
　　　　＊Yが日本に2つ以上の営業所を有する場合には、そのうち1つの営業所を特定して主張しなければならない。その基準は、10条(a)の「契約の締結時以前に当事者双方が知り、又は想定していた事情を考慮して、契約及びその履行に最も密接な関係を有する営業所」であることである。

4　Yは、抗弁3の営業所の場所において、本件物品をXの処
　　　　分にゆだねたこと

(2) 例外

本条は(a)ないし(c)を挙げて、引渡義務を定めているが、本条柱書に「(a)から(c)までに規定する場所以外の特定の場所において物品を引き渡す義務を負わない場合」における引渡義務であるという条件がつけられている。それによって、除外している引渡義務は、売主が契約上他の特定の場所で物品を引き渡す義務がある場合を意味しており、この場合には、契約の規定が優先し、売主はその特定の場所で物品を引き渡さなければならない。

例えば、物品の輸送を伴う契約は、大きく積地契約（place of shipment contract）と揚地契約（destination contract）に分かれる。前者は輸出国側（積地側）において危険が売主から買主に移転する契約であり、後者は輸入国側（揚地側）において危険が売主から買主に移転する契約である。FOB、CIFなどが前者の典型であり、DES、DEQなどが後者に属する。これらの契約においては、取引の慣習により、又は国際商業会議所（ICC）のインコタームズ（Incoterms）などによって引渡しの場所が具体的に決まっているので、本条の下で売主が引渡しの義務を履行すべき場所は、契約所定の場所となる。

> **訴訟物**　　XのYに対する売買契約に基づく物品引渡請求権
> 　　　　＊米国のX会社は日本のY会社との間で、本件物品を〇ドルで売買する契約を締結し、X会社がY会社に対して、物品の引渡しを求めたところ、Y会社は、本件売買契約はインコタームズの取引条件を採用しており、その選択した取引条件の要求する引渡しをしたと主張した事案である。
>
> **請求原因**　1　XはYとの間で、本件物品を〇ドルで売買する契約を締結したこと
>
> （特定場所での引渡し）
>
> **抗　弁**　1　XとYは、特定の場所でYが物品を引き渡すべきことを定めたこと
> 　　　　＊両当事者が契約中でインコタームズ（Incoterms）を使用することを明示で合意したときは、インコタームズが優先適用される。また、このような明示の合意がないときであっても、9条によりインコタームズが慣習であるとされ、あるい

は両当事者が黙示的にインコタームズを援用したものと解する見解も唱えられている。しかしインコタームズに規定されたルールの多くが慣習と一致することはあっても、そこに規定されたことがそのまま慣習であると推定されるわけではなく、個々のルールが9条の定義する慣習であることを個別に立証する必要があろう。
　　2　Yが抗弁1の義務を履行したこと

2　インコタームズ取引条件との関係
　貿易実務において多く利用されてきたFOB、CFR、CIFの場合には、船積港において本船上で物品を引き渡すことで売主の引渡義務は完了するため、本条の規定内容とは異なる。この場合、インコタームズの規定が本条に優先する。一方、コンテナ輸送や複合運送の登場により、新たに登場したFCA、CPT、CIPは本条と同様に運送人への引渡しによって売主の引渡義務は完了するとしている。すなわち、本条はFOB等よりも今日の運送実務に副うものであるといえる。

3　「引渡し」と「危険の移転」との各時期の関係
　引渡しと危険の移転は、30条の解説2(3)で述べたとおり分離されている。引渡しは危険の移転の基準とされていない。特に「引渡し」の時期と危険移転の時期との間のずれが生ずるのは、売主が物品を買主の処分にゆだねた時点で「引渡し」があったとされる類型の売買（本条(b)(c)）である。この類型においては、売主が物品を買主の処分にゆだね、それゆえに「引渡し」があったのであるが、そうであっても、危険は買主に移転しない。本条(a)の場合には、たまたま引渡し時と危険移転時が一致するにすぎない。

● (運送に関連する義務)

第32条
(1)　売主は、契約又はこの条約に従い物品を運送人に交付した場合において、当該物品が荷印、船積書類その他の方法により契約上の物品として明確に特定されないときは、買主に対して物品を特定した発送の通知を行わなければならない。
(2)　売主は、物品の運送を手配する義務を負う場合には、状況に応じて適切な運送手段により、かつ、このような運送のための通常

の条件により、定められた場所までの運送に必要となる契約を締結しなければならない。
(3) 売主は、物品の運送について保険を掛ける義務を負わない場合であっても、買主の要求があるときは、買主が物品の運送について保険を掛けるために必要な情報であって自己が提供することのできるすべてのものを、買主に対して提供しなければならない。

Article 32

(1) If the seller, in accordance with the contract or this Convention, hands the goods over to a carrier and if the goods are not clearly identified to the contract by markings on the goods, by shipping documents or otherwise, the seller must give the buyer notice of the consignment specifying the goods.

(2) If the seller is bound to arrange for carriage of the goods, he must make such contracts as are necessary for carriage to the place fixed by means of transportation appropriate in the circumstances and according to the usual terms for such transportation.

(3) If the seller is not bound to effect insurance in respect of the carriage of the goods, he must, at the buyer's request, provide him with all available information necessary to enable him to effect such insurance.

---

1 物品の特定

売主は、物品発送の際には、荷印、運送書類等によって一定の物品を契約の目的物として特定していることが通常であるが、穀物のような物品を複数の買主に一括送付した場合には、各買主への物品の特定がされていないこともあり得る。しかし、この場合には、売主は、買主に対して物品を特定した託送通知をしなければならない（本条(1)）。託送通知をするべき時期は、引渡義務完了後の合理的な期間内と解される。なお、物品が運送人に交付されても、荷印、運送書類、買主に対する通知その他の方法により、物品が契約の目的物として明確に特定されるまでは、物品の滅失・損傷についての危険は買主に移転しないとされている（67条(2)）。

しかし、売主が同種の物品を複数の買主に発送する一括送付においては、売主において、その到達前に物品を特定するいかなる措置も採らないことが

あり得る。この場合、買主は、売主の義務違反に対するすべての通常の救済を求めることができる。救済には発送の通知を行なうよう売主に要求する権利、損害賠償を請求する権利が含まれるとともに、売主が契約の目的である物品を特定しなかったこと、又は発送の通知を送付しなかったことが重大な違反に当たるときには、契約を解除する権利が含まれる。

2　運送契約の手配

CIF 条件（売主は、積地の港で本船に荷物を積み込むまでの費用、海上運賃及び保険料を負担）や CFR 条件（売主が本船の船上で運送人に引き渡すまでの費用に加えて、指定仕向港までの運賃を負担）などの貿易条件においては、売主に物品の運送契約を手配する義務があるとし、他方で、通常は売主にそのような義務のない FOB 売買（売主は、積地の港で本船に荷物を積み込むまで（これが引渡しとなる）の費用を負担し、それ以降の費用及びリスクは買主が負担）であっても、実際には、売主が運送の手配を行なうことに当事者が合意することがある。

本条(2)は、そのように売主が「物品の運送を手配する義務を負う」場合のすべてについて、売主は「状況に応じて適切な運送手段により、かつ、このような運送のための通常の条件により、定められた場所までの運送に必要となる契約を締結しなければならない」ことを定める。

3　保険

売主又は買主のいずれかが、売買契約に基づいて、運送中の物品の損失につき保険を掛ける義務を負う場合がある。この義務は通常、売買契約に用いられている貿易条件により決定されることになり、危険の移転によっては規律されない。例えば、代金が CIF 条件（船積港で売主が物品を買主に引き渡すことによって危険は買主に移転する。売主は積込費用、運賃、保険料を負担）に基づいて定められている場合には、危険が移転するのは買主に送付するために物品が運送人に交付された時であるとしても、売主が保険を掛けなければならないのである。

代金が CFR 条件や FOB 条件に基づいて定められている場合には、契約に別段の定めがない限り、買主の責任において必要な保険を掛けなければならない。

4　売主の情報提供義務

本条(3)は、売主が契約上、保険を掛ける義務を負わない場合であっても、

売主は、買主が物品の運送について保険を掛けるために必要な情報を、買主に対して提供しなければならないと規定する。売主は、買主の要求があるときにのみ、そうした情報を提供しなければならないのであるから、これは売主が原則として負う義務ではない。しかし、取引分野によっては、9条に従って契約の一部となる慣習に基づき、買主の側の要求がなくとも、売主においてそのような情報を提供することを求められる場合があり得る。

● (引渡しの時期)

第33条 売主は、次のいずれかの時期に物品を引き渡さなければならない。
 (a) 期日が契約によって定められ、又は期日を契約から決定することができる場合には、その期日
 (b) 期間が契約によって定められ、又は期間を契約から決定することができる場合には、買主が引渡しの日を選択すべきことを状況が示していない限り、その期間内のいずれかの時
 (c) その他の場合には、契約の締結後の合理的な期間内

Article 33

The seller must deliver the goods:
(a) if a date is fixed by or determinable from the contract, on that date;
(b) if a period of time is fixed by or determinable from the contract, at any time within that period unless circumstances indicate that the buyer is to choose a date; or
(c) in any other case, within a reasonable time after the conclusion of the contract.

1　引渡時期の種類
　売主は、次のいずれかの時期に物品を引き渡さなければならない（本条）。
(1) 期日 (date) が契約によって定められ、又は期日を契約から決定することができる場合には、その期日（本条(a)）
　引渡しの時期について合意がされたことの立証責任は、原則として買主が負担する。これは、期間を徒過したことに基づき、45条以下の法的救済を

買主が求めることになるからである。
(2) 期間（period of time）が契約によって定められ、又は期間を契約から決定することができる場合には、買主が引渡しの日を選択すべきこと（例えば「4週間以内の期日の中から、買主が選択する日」という合意がある場合）を状況が示していない限り、その期間内のいずれかの時（本条(b)）

　通常、貿易契約では、引渡しの時期は、例えば「10月積み」というように期間が定められていることが多い。これは、売主は物品の生産、梱包輸送手配などの複雑な義務を負っているので、柔軟な納期が必要となるからである。その場合、売主はその期間内に物品を引き渡さなければならないと同時に、その期間内であればいつ引き渡してもよい。

ア　特定月の指定（単月積み）

　引渡期日について、特定の月を指定する方法、例えば、10月積み（October shipment 又は Shipment during October）とする。この場合は、10月1日から10月31日までに船積みを完了すればよい。

イ　連月積み

　引渡日を、例えば、10/11月の連月積み（October/November Shipment）と、連月で船積時期を示す方法がある。この場合、10月1日から11月30日までに船積みを完了すればよく、その間に何回かに分割して船積みすることが認められている。

ウ　契約日後、又はL/C受領後の一定期間内

　引渡期日を、契約日後の一定期間内を示す方法、例えば Shipment within _ months after contract（契約日後 _ か月以内の船積み）となる。また、L/C受領後の一定期間内を示す方法、例えば Shipment within _ days after receipt of L/C to be opened by (date)（日付以内に開設される信用状入手後 _ 日以内の船積み）とする。

(3) その他の場合には、契約の締結後の合理的な期間内（本条(c)）

　「合理的な期間」は個別事例の具体的事情、当事者間の衡平等によって定まる。「合理的な期間」という規範的要件では、引渡時期が具体的に確定せず、47条(1)の履行のための付加期間との区別もつきにくくなる。したがって、紛争を避けるためには、可能な限り引渡期日・期間は契約で定めておくべきであろう。

> **訴訟物**　XのYに対する売買契約の目的物引渡しの履行遅滞に基づく損害賠償請求権
> ＊スペインのY会社と日本のX会社は、クリスマス前に、衣

料品を○ユーロで売買する契約を締結した。通常であれば、発注後にY会社は受渡日をX会社に呈示し、それが合意されたうえで売買契約が確認されるが、本件ではクリスマスが迫っていたので、Y会社は明確に受渡日をX会社に呈示できなかったが、受渡日を除くその他の基本条件については、売主と買主間で合意が成立し、当該商品は1月に入ってからX会社に引き渡された。X会社はY会社に対して、3月に入ってから、商品の納入が遅延したことによる損害の賠償を求めた事案である。

請求原因
1 YはXとの間で、本件衣料品を○ユーロで売買する契約を締結したこと
2 請求原因1の契約の締結の日から引渡しのために合理的な期間が経過したこと
  ＊本条(c)に基づいて、買主Xが売主の合理的な引渡期間経過を理由とする救済を求める場合は、買主Xが合理的な引渡期間を基礎付ける事実の立証責任を負う。
3 本件物品は、請求原因2の合理的な期間経過後の1月10日に引き渡されたことにより生じた損害額
  ＊損害賠償の範囲は、74条が「当該契約違反により相手方が被った損失（得るはずであった利益の喪失を含む。）に等しい額」と定めている。
  ＊物品が、買主Xに引渡しが行なわれたのは、クリスマスシーズン終了後の1月であったが、本条(c)に基づき、売主Yが契約成立から合理的な期間内にXに対し物品を受け渡したといえるかが本件の争点である。季節性の高い商品について受渡期日は重要な要素であるが、本件のように受渡期日について明確な合意が当事者間で存在しない場合、本条(c)に基づき、Yは売買契約の成立から合理的な期間内に物品を納入する義務を負うと解される。本件についてみると、クリスマス直前に契約された商品は1月にはXに受け渡されており、Yがこの義務に違反したとはいえない。また、Xは商品の受領に際して何らの異議も表明せずに商品を受領していることから、合理的な期間内の受渡しがあったことが確認される。
4 請求原因2と3の因果関係

2　引渡期日の効果

売主が買主に物品を引き渡すべき時期（引渡期日）には、次の法律効果が生じる。

(1) 引渡期日から、買主は、売主に対して「引渡し」を請求することができる（46条(1)）。
(2) 売主は、引渡期日の終期までに前述した意味での「引渡し」をすれば引渡義務を尽くしたことになる。「買主の処分にゆだねる」類型の引渡しの場合には、引渡期日の終期まで、売主は物品を用意しておかなければならない。
(3) 買主が「引渡し」を請求したにもかかわらず、引渡期日が経過したときには、売主は引渡義務に違反したことになる。
(4) 買主が「引渡し」を請求しないまま引渡期日が経過したときには、買主は売主の引渡義務違反を理由とする救済を求めることができなくなる場合がある（80条）。

なお、引渡期日よりも前であれば、買主は売主からの「引渡し」を受領する義務を負わないが（52条）、受領してしまうと、売主は引渡義務を果たしたことになる。

3　納期違反の法的効果

物品引渡期日の期限を経過して引渡しを行なうと、不可抗力による免責を受けない限りは、売主による契約違反となり、買主は、売主の契約違反についての救済を受けることができる。

物品が設備機械や完成品の組込み部品また、季節もので、納期日が特別の利害関係がある場合は、納期が非常に重要な条件となる。納期遅延が発生した場合に、付加期間を定めないで契約解除を行なうためには、納期遅延が重大な契約違反となるか否かが問題となり、買主の立場から、納期日が契約の重要な要素であることを契約書に規定することが望まれる。例えば、「物品の納期は契約の重要な要素である（The time of delivery of the Goods is the essence of this contract.)」などの特約条項である。

物品の納期遅延に関連して、納期遅延の損害賠償予約（liquidated damages）に関する規定が設けられることがある。損害賠償予約とは、契約当事者があらかじめ相手方の契約違反の場合の損害賠償額を約定することをいう。

4　立証責任
　売主がそもそも物品を引き渡したか否かが争われているときには、物品を引き渡したことについて、売主が主張・立証責任を負担する（潮見＝中田＝松岡・概説 76 頁）。
　また、期限又は期間の合意の存在につき立証できない場合には、本条(c)が適用される。これに対し、売主が、通常合理的と考えられるところよりも長い期間の合意がされていたと主張する場合には、自らに有利な任意規定から異なっている内容については、売主が立証責任を負担する。

● (書類の交付)

第 34 条　売主は、物品に関する書類を交付する義務を負う場合には、契約に定める時期及び場所において、かつ、契約に定める方式により、当該書類を交付しなければならない。売主は、その時期より前に当該書類を交付した場合において、買主に不合理な不便又は不合理な費用を生じさせないときは、その時期まで、当該書類の不適合を追完することができる。ただし、買主は、この条約に規定する損害賠償の請求をする権利を保持する。

Article 34

If the seller is bound to hand over documents relating to the goods, he must hand them over at the time and place and in the form required by the contract. If the seller has handed over documents before that time, he may, up to that time, cure any lack of conformity in the documents, if the exercise of this right does not cause the buyer unreasonable inconvenience or unreasonable expense. However, the buyer retains any right to claim damages as provided for in this Convention.

1　書類の交付
　本条は、30 条を受けて、物品に関する書類を買主に交付する義務について、より具体的に規定する。事務局注釈 100 頁は、「物品の引渡しに関する規定と同じ位置に本条が置かれていることは、書類の交付と物品の引渡しとの間にある密接な関係を際だたせる」ことを指摘している。

売主が契約により物品に関する書類（船荷証券その他の運送証券・運送書類、倉庫証券、送り状、保険証券その他の保険書類、原産地証明書、輸出入許可証など）を交付する義務を負う場合には、売主は、契約に定める時期及び場所において、かつ、契約に定める方式により、当該書類を交付しなければならない（本条1文）。通常、これは、買主において、物品が仕向地に到達した時に運送人から物品の占有を取得し、通関して仕向国内へ物品を持ち込み、そして運送人や保険会社に各種請求を行なうことを可能とするような、時期及び方式により、書類を交付するよう売主に求めるものである。
　売主の書類交付義務と買主の代金支払義務は、契約に別段の定めのない限り、同時履行の関係にある（58条）。

訴訟物　　XのYに対する売買契約の物品引渡債務不履行に基づく損害賠償請求権
　　　　　＊日本のY会社（売主）はスペインのX会社（買主）との間で、本件物品を○ユーロで売買する契約を締結したが、Y会社が契約を履行しなかった。本件は、X会社がY会社に対し、その契約を解除し、その被った損害の賠償を求めた事案である（CLOUT488）。

請求原因　1　YはXとの間で、本件物品を○ユーロで売買する契約を締結したこと
　　　　　2　YはXに対し、本件物品に関する書類の引渡しを拒絶したこと
　　　　　　＊国際物品取引において、売主が買主に引き渡さなければならない書類としては、権利証券（船荷証券、埠頭受領書、倉庫証明書など）や、証拠書類（海上運送状、航空運送状など）、契約で要求された書類（保険証券、商業送状、領事送状、原産地証明書、重量証明書、品質証明書など）がある。
　　　　　3　XはYに対し、請求原因1の契約を解除する意思表示をしたこと
　　　　　4　Xの損害の発生及びその数額
　　　　　　＊Xは解除をしており、代替取引がない場合であるから、76条に基づく損害賠償請求をすることができる。また、解除をしていても、74条に基づく損害賠償を妨げるものではない。

訴訟物　　XのYに対する売買契約解除に基づく損害賠償請求権

＊中国のX会社は日本のY会社との間で、工業原材料を○円で売買する契約を締結した。Y会社は信用状による支払をすることが約定されていた。物品の船積み後、X会社は信用状を支払銀行に呈示した。しかし、信用状と船荷証券の日付が一致しなかったため（X会社の運送人が船荷証券に1998年ではなく1999年と誤記していた）、信用状は決済されなかった。X会社はY会社に、船荷証券の受戻しと契約代金の支払を請求した。Y会社は、日付の不一致はX会社の見落としによるとして、契約代金の減額をX会社に要求した。X会社がこれを拒絶したので、今度は、Y会社が物品の引渡しを受領せず支払もしなかった。結局、X会社は、物品をY会社との契約代金額より低額で別のA会社に売却した。

本件は、X会社がY会社に対して、76条に基づいて損害賠償を求めた事案である（CLOUT 808）。

請求原因
1 XとYとの間で、工業原材料を○円とし信用状による支払の約定で売買する契約を締結した。
2 物品が船積みされた後、Xは信用状を支払銀行に呈示したところ、信用状と船荷証券の日付が一致しなかったため（Xの運送人が船荷証券に1998年ではなく1999年と誤記していた）、信用状は決済されなかったこと
3 YがXからの本件物品の引渡しを受領せず支払もしなかったこと
　＊買主Yの受領拒絶・支払拒絶の主張は、売主XはYに船荷証券の受戻しと契約代金の支払を請求したところ、Yが日付の不一致はXの見落としによるとして、契約代金の減額をXに要求したが、Xがこれを拒絶したことを理由とする。
　＊買主Yの代金減額の主張は、全く同じ書類を用いて物品を転売しようとした場合に、信用状と船荷証券の日付の相違が、Yに追加的な費用の負担をもたらすことを理由とする。
　＊CLOUT808は、次のようにいう。書類の不適合のすべてが重大な契約違反に相当するわけではない。すなわち、本件では、当該食い違いは単なる誤記であって、買主Yは信義に基づいて行動し、物品の引渡しを受領すべきであった（7条及び25条）。さらに、船荷証券の誤記は物品の転売の障害と

はならないので、Ｙには代金減額を要求する権利はない。
  4　ＸはＹに対し、請求原因１の売買契約を解除する意思表示をしたこと
    ＊CLOUT808は、買主Ｙは合理的な期間内に物品を受領する意思を表明していないので（請求原因３）、Ｙが契約を放棄した（解除の意思表示をした）と評価できるので、仮に、ＸがＹに契約解除の明示の通知をすることがないとしても、物品を再売却する権利を有するとしている（救済的判断といえよう）。
  5　Ｘは、本件物品を、低価格で（損失を被って）第三者Ａに売却したこと
  6　ＸＡ間の売買代金はＸＹ間の約定代金より低額で、その差額は○円であったこと
    ＊請求原因４ないし６は、76条の適用を示す要件事実である。なお、解除をしていても、別途74条に基づく損害賠償請求をすることを妨げない。

2　インコタームズ、信用状統一規則
　本条は、書類の引渡しについて定めるが、極めて簡略である。この点、国際商業会議所が制定したインコタームズは詳細に定めている。例えば、CIF条件の取引において、売主は原則として流通性のある船荷証券を買主に渡さなければならないが、船荷証券とは、①運送人が証券面に記載された貨物を明示された地点で受領したことを保証し、②その貨物を指定された地点まで運送し、③当該地点で正当な船荷証券所持人に引き渡すことを約束した証券である。インコタームズの適用を両当事者が合意した場合は、この規則に従い必要な書類を、適宜買主に交付することが求められる。
　また、支払が信用状で行なわれる場合については、国際商業会議所が「荷為替信用状に関する統一規則および慣例（Uniform Customs and Practice for Documentary Credits；UCP）」（「信用状統一規則」）によって、いかなる書類が信用状取引で受理されるべきかを細かく定めている。そのため、当事者が信用状統一規則を契約において援用する場合には、インコタームズとともに同規則が本条約を補足することになる。

3　不適合な書類の訂正・追完
　売主は、契約に定める時期より前に書類を交付した場合に、買主に不合理

な不便又は不合理な費用を生じさせないときは、その時期まで、その書類の不適合を訂正・追完することができる（本条 2 文）。これは 37 条で定められている物品の期日前の欠陥ある引渡しを治癒する売主の権利が書類の引渡しにも適用されることを明確にしたものである。

4 　損害賠償請求権の留保

書類の訂正・追完があっても、買主は、本条約所定の損害賠償請求権を保持する（本条 3 文）。本条 3 文は、但書（However）の体裁を採っているが、すぐ前の本条 2 文との立証関係について何らかの基準を設けようとするものではない。

5 　書類引換払条件と本条の関係

本条は、58 条所定の契約に書類引換払条件（payment against document）の定めがある場合の、買主が代金を支払うまで書類の交付を留保する売主の権利を制限するものではない。

第 2 節　物品の適合性及び第三者の権利又は請求

1　物品の引渡義務と物品の不適合に関する義務（担保義務）の区別

　本条約は、物品の引渡義務と物品の不適合に関する義務（担保義務）を区別する。すなわち、第 2 節（35 条ないし 44 条）は、第 1 節（31 条ないし 34 条）が売主の物品引渡義務と書類交付義務を定めることを受けて、その引き渡された物品について、それが契約に適合すべきこと、かつ、第三者の権利又は請求の対象となっていてはならないことを定める。つまり、何らかの物品を引き渡すことにより、売主の物品引渡義務自体は履行されたこととし、後は売主の物品に関する担保義務の問題とされる。すなわち、引き渡した物品が契約に適合しないもの（＝契約不適合 lack of conformity）である場合、あるいは、第三者の権利又は請求の対象となっているものである場合には、売主の担保義務の違反となり、第 3 節（45 条ないし 52 条）に定める救済が買主に与えられることとなる。例えば、砂糖の売買において塩を引き渡した場合であっても引渡義務は履行されたこととする。極端な例であるが、自動車の売買においてオートバイを引き渡した場合も引渡義務は履行されたとされている。もし、これを引渡しの不履行とすると、本条約の枠組みにおいては、引渡しの遅滞が重大な契約違反になるか、付加期間の経過後でないと、買主は契約解除ができない（49 条(1)）こととなり、また、39 条の不適合の通知も要求されないという不合理を生ずることになるからである。

2　物品の契約適合性の問題と第三者の権利又は請求の問題との区別

　第 2 節は、売主の物品に関する担保義務を、物品自体の不十分な問題と物品の権利に関する不十分な問題とを区分する。前者は、「物品の契約適合性 conformity」の問題であり、35 条ないし 40 条で規定する。後者の物品の権利に関する不十分な問題は、物品が「第三者の権利又は請求」の対象となっていないかという問題であり、41 条ないし 43 条が規定する。

●（物品の適合性）

第 35 条

(1)　売主は、契約に定める数量、品質及び種類に適合し、かつ、契約に定める方法で収納され、又は包装された物品を引き渡さなけ

ればならない。
(2) 当事者が別段の合意をした場合を除くほか、物品は、次の要件を満たさない限り、契約に適合しないものとする。
  (a) 同種の物品が通常使用されるであろう目的に適したものであること。
  (b) 契約の締結時に売主に対して明示的又は黙示的に知らされていた特定の目的に適したものであること。ただし、状況からみて、買主が売主の技能及び判断に依存せず、又は依存することが不合理であった場合は、この限りでない。
  (c) 売主が買主に対して見本又はひな形として示した物品と同じ品質を有するものであること。
  (d) 同種の物品にとって通常の方法により、又はこのような方法がない場合にはその物品の保存及び保護に適した方法により、収納され、又は包装されていること。
(3) 買主が契約の締結時に物品の不適合を知り、又は知らないことはあり得なかった場合には、売主は、当該物品の不適合について(2)(a)から(d)までの規定に係る責任を負わない。

Article 35

(1) The seller must deliver goods which are of the quantity, quality and description required by the contract and which are contained or packaged in the manner required by the contract.

(2) Except where the parties have agreed otherwise, the goods do not conform with the contract unless they:

  (a) are fit for the purposes for which goods of the same description would ordinarily be used;
  (b) are fit for any particular purpose expressly or impliedly made known to the seller at the time of the conclusion of the contract, except where the circumstances show that the buyer did not rely, or that it was unreasonable for him to rely, on the seller's skill and judgement;
  (c) possess the qualities of goods which the seller has held out to the buyer as a sample or model;
  (d) are contained or packaged in the manner usual for such goods or, where there is no such manner, in a manner adequate to

preserve and protect the goods.

(3) The seller is not liable under subparagraphs (a) to (d) of the preceding paragraph for any lack of conformity of the goods if at the time of the conclusion of the contract the buyer knew or could not have been unaware of such lack of conformity.

1　物品の契約適合性の意義

本条(1)は、30条が定める「引渡義務」とは別の義務として、売主は契約によって要求されている「数量」「品質」「種類」「収納・包装」について、契約で定める内容に適合していなければならないことを定めている。契約内容は、申込み・承諾等の解釈（8条、9条参照）によって確定される。

(1) 数量

ア　数量の過不足

「数量」については、不足の場合だけでなく超過の場合であっても、契約中の過不足許容条項の範囲内に収まっているときを除き、不適合となる。なお、数量超過の場合、買主は、超過部分の引渡しの受領を拒絶できるが、拒絶しないまま受領したときは、超過部分についても契約価格に応じて代金の支払義務を負うことになる（52条(2)）。

数量超過の場合に受領を拒絶したいときでも、買主は、少なくとも、契約で定められた量の引渡しは受領しなければならない。ただし、超過分を含む全物品について1つの船荷証券が発行され、全物品についての支払をしなければ物品を受け取れないような場合で、そのような超過量の引渡しが重大な契約違反になるときは、買主は契約を解除できる。重大な契約違反でない場合は、全部を引き取らざるを得ないが、損害賠償で調整できる。

訴訟物　　XのYに対する売買契約に基づく代金支払請求権

＊イタリアのX会社は日本のY会社との間で、本件物品300箱を〇ユーロで売買する契約を締結し、本件物品は最初の運送人Aに交付され、さらにY会社へ引き渡された。受領して3日後、Y会社は引き渡された物品を検査したところ、270箱にとどまり、30箱が不足していた。本件は、X会社がY会社に対して売買代金（全額）の支払を求めたところ、Y会社は、代金減額権を行使して、代金の1割は支払う義

務はないと主張し、数量不足か否かをいずれが立証すべきか
が争点となった事案である。
＊本条は物品の契約適合性を規定するが、67条は売主が最初
の運送人に物品を引き渡したときに危険は買主に移転すると
規定しているので、運送人に引き渡した時点で物品は契約に
適合していたか否か（本件においては数量不足の有無）が争
点となった。シカゴ・プライム・パッカーズ事件判決（36
条の解説2(2)参照）は、食品の品質不良の事案であるが、
その不適合の立証責任が買主にあるとした。
＊契約で定めた数量が引き渡されなかった場合、契約への不適
合として売主Xの義務違反となり（本条(1)）、買主は45条
から52条の規定に従って救済を受けることができるが、本
件の場合は、50条の代金減額請求権を買主Yは選択してい
る。

請求原因 1　XはYとの間で、本件物品300箱を○ユーロで売買する契
約を締結したこと
（代金減額権）

抗　弁 1　売主Xは、本件物品を最初の運送人Aに交付し、Aはこれ
を買主Yに引き渡したこと
＊本件物品は、イタリアから日本に運送されるのであるから、
本件物品の「検査」自体は、物品が仕向地に到達した後まで
延期できる（38条(2)）。
2　受領して3日後、Yは引き渡された物品を検査したところ、
270箱にとどまり、30箱が不足していたこと
＊契約不適合に関する立証責任を売主と買主のいずれが負うか
という問題については、本条約に明文の規定は置かれていな
い。本書は、買主が物品を受領したときは売主の責任を追及
する買主が危険の移転時に物品の不適合が存在したことにつ
いて、主張・立証責任を負うという見解に立っている（36
条の解説2(2)参照）。争点に関する証拠を収集することがよ
り容易な当事者が立証責任を負うことが本条約の基礎となる
一般原則であるとすれば、受領の時に数量不足について売主
に何らの通知することなく物品を受け取り、占有下に置いた
買主が数量不足に関する立証責任を負うとするのが立証の公
平を図る面からも妥当であろう。

　　　　　3　YはXに対して、代金額を10パーセント減額する通知をしたこと
（合理的な期間の経過）
抗　弁　1　Yが物品の不適合を発見し、又は発見すべきであった時から合理的な期間が経過したこと
　　　　　＊本件の場合、Yは仕向地の日本で受領して3日後に検査をしていることとなろうが、38条(1)の「実行可能な限り短い期間内」に検査したことになるか、またそれが、39条(1)の「合理的な期間内」に通知を行なう義務を履行したかという微妙な判断を迫られる。39条(1)の通知が遅れたときには、Yは代金減額権を失うことになる。
　　　　　＊買主Yが38条所定の検査義務に違反したこと自体に対する売主Xの法的救済は定められていない。検査義務に違反すれば、当然、合理的な期間内に契約不適合の事実をXに通知できず、Yは不適合を理由とする権利の行使が妨げられる効果が生じることになるのである。

（通知）
再 抗 弁　1　YはXに対し、抗弁1の合理的な期間内に抗弁2の契約不適合をその性質も特定して通知したこと

イ　数量過不足許容規定
　鉱産物や穀物類のようなバルキー・カーゴ（bulky cargo）の取引では、契約の数量条件どおり厳格に履行することが困難となる。このため売買目的物の数量は、一応具体的な数値で定めるものの、一定の範囲内において実際の受渡数量の過不足を許容する旨規定することがある（例えば、"Quantity set forth in the contract is subject to a variation of 10% more or less." という条項）。特に、物品の海上運送のために売主又は買主が船会社との間で締結する傭船契約においては、運送数量の最終的な決定権が本船の安全航海を確保するため、一定の許容範囲内で船会社側にあることが多く、実際の売買数量をこれに合わせて増減させる必要が生じる。FOB取引は買主が、CFR取引は売主がそれぞれ傭船契約の当事者となるため、これらの者が売買契約の数量過不足を許容する旨規定する必要が生じる。
　数量過不足許容規定は、物品が約定の数量どおりでなくとも、その過不足が一定の範囲内であるならば、契約違反とはならないことを規定したものである。このように過不足があっても契約どおりの履行であるとする以上、そ

の過不足分について契約上の価格条件に基づいて代金の調整・精算をする旨規定することが一貫した契約条件となる。例えば、数量過不足発生時の過不足分の代金精算条項例として、「If the actual quantity of benzene delivered to the Buycr, as determined by an independent inspector at the time of delivery there of, should be less than 20,000 metric tons, the Seller shall promptly pay the Buyer for the difference should be greater than 20,000 metoric tons, the Buyer shall puromptly pay the Seller for the amount of such excess, determined by applying the Base Price thereto.」がある。

(2) 品質・種類

物品の品質決定の方法は、物品の特性により異なる。例えば、見本売買、仕様書売買、銘柄又は商標売買、標準売買、"as is basis"売買等がある。

ア　品質

㋐　見本売買（sale by sample）

繊維品や食料品、雑貨等の取引では、対象商品の規格、品質条件等を書面化しにくいため見本を用いることがある。例えば、生地の場合は、染色・織り方・糸の種類・糸の太さ（番手）・幅・長さ等が規格であり、かつ、品質条件となる。これらの諸要素を契約書上で規定することに代えて、対象物品の規格、品質条件等は当事者間で取り交わされる見本どおりとする旨規定する。売買する商品は、見本と同等の規格、品質を有していることが必要となり、売主は、その売り渡す対象商品が見本に合致することを保証することになる。

品質条件の基礎となる見本には、売主が生産・製造する商品を販売しようとする場合の売主見本が、買主その必要とする商品をあらかじめ決める場合の買主見本がある。

| 訴訟物 | XのYに対する売買契約の代金支払請求権 |

＊日本のX会社は韓国のY会社との間で、衣類を○万円で、その素材は見本どおりとする約定で売買する契約を締結した。しかし、X会社により製造された衣類の素材は見本の品質より劣るものであった。Y会社は、衣類の価値は契約金額の50パーセントであると主張した。本件は、X会社がY会社に対し、代金の支払を求めたところ、Y会社は、契約金額の半額について代金減額権（50条）を行使した事案である。

| 請求原因 | 1　YはXとの間で、衣類を○万円で売買する契約を締結した

こと

(代金減額権)

抗弁 1 請求原因1の売買契約は、その衣類の素材については見本売買であったこと
2 XからYに引き渡された衣類の素材は見本の品質に劣るものであったこと
  * シカゴ・プライム・パッカー事件判決（36条の解説2(2)参照）は、食品の品質不良の事案であるが、本条約は物品の契約適合性に関する立証責任が買主、売主のいずれにあるか明定していないとしたうえで、本条約の下では買主に不適合の立証責任があるとした。
3 引き渡された衣類は、契約金額の50パーセントの価値であること
4 YはXに対し、契約代金の50パーセントを減額する意思表示をしたこと

(イ) 仕様書売買 (sale by specification)

機械・プラント・器具等の工業製品などの取引の場合は、対象物品の主要な要素（材料、構造、サイズ、性能など）につき、別紙仕様書、図面、写真、説明資料などによって詳細に取り決めることが行なわれる（これらの別紙の諸資料は契約書に含まれ、契約条件の一部を構成する旨明記される）。

(ウ) 銘柄又は商標売買 (sale by brand or sale by trademark)

売買の対象商品を、その商品に付けられた銘柄（ブランド）や商標を指定する形で取り決める場合がある。これは、広く周知された銘柄又は商標を有する商品、あるいは、業界においては銘柄の指定がされるとその品質条件も当然に了解されるような商品について採られる。これは、当事者間において銘柄や商標を付した商品の内容が十分に了解されていることを前提としている。そのため、銘柄・商標品売買の場合には、契約書中に品質条件を独立させて規定しないこともある。契約条件となる品質条件の内容は、必要に応じて品質保証条項で確認されることとなる。

(エ) 標準品売買 (sale by standard quality)

鉱産物や農産物などの天然産品の品質は、その本来の性質からして工業製品の場合とは異なり厳密な意味で均一ではない。そのような商品の取引における品質条件の定め方としては、例えば、農産物であれば、一定の検査・測定方法を用いて一定の基準値に基づき判定された等級表示等を用い、鉱産物

であれば、一定の検査・測定方法で得られた成分組成の分析値が一定の範囲内にあるものを対象商品としたり保証品質と定めたりすることがよく行なわれる。このように、対象商品のおよその類型を定めることにより、それを品質条件としたものを標準品売買という。標準品売買には、平均中等品質条件（Fair Average Quality Terms）と適商品質条件（Good Merchantable Quality Terms）とある。標準品を呈示し、それとの品質のずれがあれば価格を調節する方法が用いられることが多い。

訴訟物　　XのYに対する売買契約の物品の契約不適合に基づく損害賠償請求権
　　　　　＊日本のX会社がアルゼンチンのY会社から、1級品質のコーヒー豆10トンを200万円で買う契約を締結し、X会社は代金を支払ったが、実際に引き渡されたのは6割の価値の3級品質のコーヒー豆であった。本件は、X会社がY会社に対し、契約代金の4割に相当する損害を被ったとして、その賠償を求めた事案である。

請求原因　1　YはXとの間で、1級品質のコーヒー豆10トンを200万円で売買する契約を締結したこと
　　　　　2　XはYに対し、代金200万円を支払ったこと
　　　　　3　YからXに対して積送されてきたコーヒー豆は引渡し時において1級品質のコーヒー豆の6割の価値にとどまる3級品質であったこと
　　　　　4　Xに生じた損害及びその数額
　　　　　＊契約締結後も、市場価額が変動していないとすると、損害額は80万円（200万円－120万円）であって、減額請求権の場合と異ならない。しかし、契約締結後にコーヒー豆の市場価格が25パーセント下落していたとすると、損害額は60万円（150万円－90万円）にとどまることになる。これに対して、代金減額権による返還請求額は80万円で変わらない。なぜなら、このように代金減額では、引き渡されるべきだった物品と実際に引き渡された物品の価値比率と同一の割合で代金が減額される（150万円：90万円＝200万円：120万円）からである。この点からも、両者は法的性質を全く異にする制度であることがわかる。そうはいっても、代金減額と損害賠償が経済的効果を同じくする場合が多い。それゆえ、代金減

額権が独自の効果を発揮するのは、上述のように①契約締結後に物品価格が下落した場合と、②物品の不適合につき売主が免責される場合である。

なお、代金減額権の減額に関する算式は、次のとおりである。

（買主Xが売主Yに支払うべき金額）＝（引渡し時における現物の価値）÷（引渡し時における契約に適合する物品の価値）×（契約価格）

5　請求原因3と4の因果関係

(オ)　規格品売買（sale by grade or type）

対象商品について国際標準化機構（ISO）など国際的に定まった、若しくは広くゆきわたった規格が設けられているときは、それを指定することにより、品名・品種を定めるとともに品質条件も定める規定方法を採ることが多い（我が国には、日本工業規格（JIS）とか、日本農林規格（JAS）があり、これを利用して対象商品の規格等に合わせて品質条件を特定できる）。

機械・器具等の工業製品などの取引の場合は、上記(イ)のように仕様書売買の形式を採ることが多いが、このような規格や仕様が一定の機関や団体等により設けられている場合は、当事者はその都度取り決める必要もなく、その規格番号等を指定すれば足りることになる。

(カ)　"as is basis"売買

"as is basis"とは、「現状有姿で」という意味である。すなわち、ある物品の売買契約を締結した際、その物品がその時ある状態のままで引き渡されるということを約定する売買である。この売買は、中古自動車など中古品売買に使用される。この売買は、物品の品質については、買主がその危険を負担することとなる無保証（No warranty）売買である。このような売買における何ら品質保証しない旨の条項は、例えば、「The Products sold hereunder purchased by the Buyer on an "AS IS, WHERE IS" and "with all faults" basis and the Seller does not warrant that they are of merchantable quality or that they can be used for any particular purpose.」などである。

イ　種類

外務省の公式訳文では、descriptionを「種類」と訳されているが、descriptionには、記述、物品の説明、物品の表示、等級という意義もあり、「種類」とは確定し難い。曽野＝山手・国際売買139頁は「記述」と訳して

いるが、その意義については重要性が認められないためであろうが、特段の説明はされていない。

(3) 収納・包装

物品の適合性において、収納・包装についても、契約適合性が求められており、売主は契約で定める方法で収納され、又は包装された物品を引き渡さなければならない（本条(1)）。なお、多くの物品については、商慣習上、その物品にどのような包装がされるかが決まっている。例えば、豆、砂糖などは袋（bag）、綿花は俵（bale）、雑貨品はボール箱（carton box）、機械類は木箱（wooden box）などが用いられる。

貿易売買取引においては、物品は船舶等の輸送手段により運送されるので、包装によっては、物品が損傷することがある。輸入通関において、包装について一定の条件を課している場合もある。売主の包装する基本的義務は、使用する定型貿易条件、また、輸送の形態、輸入国の規制により異なる。また、収納・包装の方法は、買主にとってさらに転売先への配送の単位にも関係する重要な関心事項であり、物品によっては、包装仕様書を利用することもある。

訴訟物　　XのYに対する売買契約に基づく代金支払請求権
* 日本のX会社は米国のY会社との間で、桃の缶詰30缶を1ケースに詰める約定で、1,000ケースを○ドルで売買する契約を締結してその代金の支払を求めたところ、Y会社は、引き渡された缶詰が24缶入りの1,250ケースであったので、Y会社が契約解除を主張した事案である。
* 梱包が物品の品書（Clescription）の一部となっていると考えられるときは、重要な条項（condition）であるから、指示されたように梱包されていないと、物理的損害の有無にかかわらず、買主Yは受領を拒否できる。

請求原因　1　XはYとの間で、桃の缶詰30缶を1ケースに詰める約定で、1,000ケースを○ドルで売買するという契約を締結したこと
* 1ケース30缶詰というのは契約上、本商品の品書であると考えられる余地がある。梱包が品書に当たるかどうかは、違反の性質と重大性に応じて考えるべきであり、常に品書に当たるわけではない

(解除)

抗弁 1 XはYに対し、1ケース24缶入りの1,250ケースの桃の缶詰を引き渡したこと
＊請求原因1と抗弁1の桃の数量は、ともに3万缶で変わらないが、梱包の点で問題がある（請求原因1の注記）。
2 YはXに対し、請求原因1の売買契約を解除する意思表示をしたこと

2 適合性の有無の判断基準

本条(2)は「当事者が別段の合意をした場合を除くほか（except where the parties have agreed otherwise）」物品は次の(1)ないし(3)の条件を満たしていなければ、契約に適合しているとはいえない（契約不適合になる）としている。

(1) 通常使用されるであろう目的への適合性

同種の物品が通常使用される目的への適合性は、社会通念に従い、物品の種類や当事者の属性等に応じて個々に判断される。本条(2)(a)所定の「通常使用されるであろう目的」にいう「通常」が、売主の国、買主の国、物品を使用する国のいずれの基準によるかについては見解が分かれる。買主の営業所の所在地国ないし地域における通常の使用目的を基準とすべきであるという見解もあるが、我が国では、売主がすべての買主の国の基準を満たす物品を販売することが通常は困難であることから、売主の営業所所在地国ないし地域における通常の使用目的を基準とすべきであるとする見解が有力とされる（潮見＝中田＝松田・概説83頁）。

訴訟物 XのYに対する売買契約に基づく代金支払請求権
＊フランスのX会社は日本のY会社との間で、白ワイン100本、赤ワイン100本を売買したところ、白ワインは加糖されており、赤ワインは15パーセントの水が加えられていたことが判明した。本件は、X会社がY会社に対して代金の支払を求めたところ、Y会社は契約不適合を理由として売買契約を解除したと主張し、これに対して、①Y会社が合理的な期間内に契約不適合の事実を通知したか否か、②加糖と水増しについてはY会社も契約締結時に知っていたかが争点となった事案である。
＊CLOUT170は、9パーセントの水が混入したワインを契約

不適合としている。

請求原因 1　YはXとの間で、白ワイン100本、赤ワイン100本を○ユーロで売買する契約を締結したこと

(解除)

抗　弁 1　XはYに、本件ワイン紅白200本を引き渡したこと
2　本件白ワインは加糖されており、赤ワインは15パーセントの水が加えられていたこと
＊ワインに加糖しあるいは水を加えることは、およそ商品の黙示保証に反することになり、また、49条(1)(a)の解除権行使の前提要件である「重大な契約違反」を該当するといえるであろう。
3　YはXに対して、請求原因1の売買契約を解除する意思表示をしたこと

(買主の悪意)

再抗弁 1　Yが契約締結時に物品が適合していないこと（加糖と水増しの事実）を知っていたか、又は、知らなかったはずはないこと
＊契約不適合による解除の抗弁に対する35条(3)に基づく再抗弁である。
＊潮見＝中田＝松岡・概説85頁は、「買主が物品の契約不適合を理由として売主の責任を追及してきたとき、売主は、契約締結時点で、買主が不適合を知っていたか、または知らないことがありえなかった……と主張立証することができる（35条3項）。この抗弁が入れられるときには、買主は、物品不適合を理由とする全ての救済手段を失う」としている（本件のように買主Yが契約不適合を理由に解除の抗弁を主張しているときには、買主Yの悪意は再抗弁と位置付けられる）。

(合理的な期間の経過)

再抗弁 1　Yが物品の不適合を発見し、又は発見すべきであった時から合理的な期間が経過したこと
＊39条(1)に基づく再抗弁である。

(通知)

再々抗弁 1　YはXに対し、再抗弁1の合理的な期間内に抗弁2についての契約不適合をその性質も特定して通知したこと

＊潮見＝中田＝松岡・概説85頁は、「買主が物品の契約不適合を理由として売主の責任を追及してきたとき、売主は、買主が、不適合を発見し、もしくは発見すべきであった時から合理的な期間内（または買主が現実の交付を受けた時から2年以内）に、売主に対して不適合の通知をしなかったと主張・立証することができる（39条1項・2項）」としているが、賛成できない。

＊38条(1)の「実行可能な限り短い期間内」に検査し、39条(1)の「合理的な期間内」に通知を行なう義務があり、39条(1)の通知が遅れるとすべての請求権を失う。しかし、本件のようなワイン紅白200本のような売買の場合は、買主Yは最終消費者でない商社などであろうから、Y自体が開封して品質の劣化を判断する合理的な機会はないと解され、他方、売主XもYが商社である以上、転売が前提であることは知り得たと解すべきである。したがって、38条(3)の適用を受け、消費者の手に渡って後判明することであるから、この合理的な期間は、検査ができる商品とは異なり、かなり長期になろう。陸揚げから2年以内に売主Xに対して通知を行なわない場合は、別途契約上に保証期間の定めがない限り、損害賠償請求は認められなくなるが（39条(2)）、これは別論である。

訴訟物 XのYに対する売買契約に基づく代金支払請求権

＊日本のY会社はニュージーランドのX会社から海産物（ムール貝）を輸入した。Y会社は、荷受けした物品を検査したところ、日本の法令上の基準値を超える濃度のカドミウムを含んでいたため一般的に安全でないとして、契約を解除して代金の支払を拒否した。本件は、X会社がY会社に対し、法令上の基準は、法的な拘束力のあるものではなく、食品が最適な状態にあるための条件を示したものであるとして、引き渡した海産物は契約に適合していると主張して代金の支払を求めた事案（CLOUT123）である。CLOUT123は、本条(2)(a)及び(b)は売主に輸入国におけるすべての法律上又はその他の効力のある公的規定に適合する物品を供給する義務を課すものではないとし、例外的に同種の規定が輸出国に同

様に存在する場合、又は、買主Yが売主Xの専門的知識に依存するそのような規定について伝えた場合、若しくは、特別な状況により売主Xが当該規定についての知識を有していた場合はこの限りでないとしている。

＊曽野＝山手・国際売買140頁は、本件のような事案を「通常の使用目的への適合」の項目で取り扱い、「買主の国の行政的規制への不適合は、それが直ちに通常の使用目的仕様への適合性の欠缺を導くとは考えられないが、買主が当該物品を使用若しくは転売しようとしている国の行政的規制を売主に告知している場合または売主がそれを知りもしくは知らないはずはあり得なかった場合には、売主は当該行政的規制に適合する物品を引き渡す義務を負うと解すべきである」としている。

＊なお、本件のような海産物とは異なり、工業製品を世界中の市場に供給している企業においては、販売先である国の法制度に適合するように細心の注意を払っているのが常である。

請求原因 1 XはYとの間で、海産物（ムール貝）○トンを○ドルで売買する契約を締結したこと

（解除）

抗弁 1 XはYに対して、請求原因1の海産物（ムール貝）を引き渡したこと

2 請求原因1の海産物は、危険移転時に日本の公法上の基準に適合していないこと

＊売主Xは買主Yの営業所のある国や物品が使用・転売される国の行政上・法律上の要求に適合した物品を引き渡す義務を原則として負わない。買主Yの営業所のある国や物品が使用・転売される国にどのような特別の法制があるかを知ることは売主Xに期待することができないからである。その結果、買主Yが物品の使用される国がどこかを売主Xに知らせたとしても、売主Xには、その国の法制に適合した物品を引き渡す義務は生じない。

＊買主Yが物品を受領した本件のような場合には、買主Yが、その物品の契約不適合を立証しなければならない。①その立証が行なわれれば、今度は売主が、再抗弁として、危険移転時には物品が契約に適合していたことを立証しなければ

ならないか（36条(1)参照）、②「危険の移転時」に不適合であったことまで立証しなければならないかについては見解が分かれるが、本書は、後者の立場からの事実整理をしている。本件の場合は、海藻中に含まれるカドミウムの問題であるから、この後者の立場であっても、その立証は容易であろう。

  3 海産物が日本の公法上の規制に適合することがXにとって合理的に期待できる特段の事情を基礎付ける事実
    ＊抗弁3は、本条(2)(a)所定の特定の目的の要件を充足する事実である。例えば、売主Xが輸入国である日本において買主Y以外の者にも頻繁に輸出していたり、日本で販売促進活動を行なっていたりするなどの特段の事情により、Xが輸入国の公法上の制限・規定を知っていた場合である。
  3′ XとYは、海産物（ムール貝）について、「商品は、日本政府による、あらゆる要請、標準、規則及び規制に適合するものとする」("The Goods shall conformtoall the requirements, standards, rules and regulations by Government.")との合意をしていたこと
    ＊抗弁3′は、本条(2)(b)所定の特定の目的の要件を充足する事実である。
  4 YはXに対して、請求原因1の売買契約を解除する意思表示をしたこと

（合理的な期間の経過──契約不適合の通知）
再抗弁 1 Yが物品の不適合を発見し、又は発見すべきであった時から合理的な期間が経過したこと

（通知）
再々抗弁 1 YはXに対し、抗弁1の日から合理的な期間内に抗弁2の契約不適合をその性質も特定して通知したこと

（合理的な期間の経過──契約解除の意思表示）
再抗弁 1 抗弁4の解除の意思表示は、抗弁2の契約不適合の事実知り、又は知るべきであった時から合理的な期間が経過した後であること
    ＊49条(2)(b)に基づく再抗弁である。

（買主の悪意）
再抗弁 1 契約締結時点で、Yが不適合を知っていたか、又は知らな

いことがあり得なかったこと
*本条(3)に基づく抗弁である。この買主Yの悪意が認められると、Yは、物品不適合を理由とするすべての救済手段を失う。

訴訟物　XのYに対する売買契約に基づく代金支払請求権
*日本のX会社はフランスのY会社との間で、医薬品の原料物質（本件物品）を○万円で売買する契約を締結して、Y会社にこれを引き渡した。ところが、引渡期日の直前にフランス政府は、その医療用原料の成分を使用禁止とする法令改正をした。本件は、X会社がY会社に対して、代金の支払を求めたところ、Y会社が物品の不適合を理由に解除を主張した事案である。

請求原因　1　XはYとの間で、本件物品を○万円で売買する契約を締結したこと

（解除）

抗　弁　1　XはYに対して、請求原因1の本件物品を引き渡したこと
2　引渡期日直前にYの属するフランス政府は、その医療用原料の成分を使用禁止とする法令改正をしたこと
3　本件物品は、抗弁2の使用禁止成分を含んでいること
*本件における物品の適合性は本条(2)の基準によって判断される。特にその(a)(b)との関係が問題となるが、(a)の通常の使用目的に関して、一般的に売主Xは買主Yの国における法令に適合する物品の引渡しを要求されない。したがって、抗弁3の事実のみでは、本件物品が契約不適合とはいえない。抗弁4の特約が必要となる所以である。
4　XとYは、本件物品について、「商品は、（　）政府による、あらゆる要請、標準、規則及び規制に適合するものとする」("The Goods shall conform to all the requirements, standards, rules and regulations by (　) Government.)
*本条(b)の特別目的に関するが、本件物品が医薬用原料であることを考え合わせると、このような特約が置かれている場合には、不適合ということができるであろう。
5　YはXに対して、請求原因1の売買契約を解除する意思表示をしたこと

＊抗弁4の特約条項が置かれている場合は、重大な契約不適合と評価されるから、付加期間の付与は解除するための要件とならない。

訴訟物　XのYに対する売買契約の物品不適合に基づく損害賠償請求権

＊オーストラリアのX会社は、日本のY会社からトラックを輸入したが、それにはオーストラリアの設計基準を満たしていることを示すコンプライアンス・プレートが貼られていなかった。そのため、輸入手続に手間取り最終的には輸入できたが、再売却したり州際ビジネスに使用したりすることのできない制限付許可しか得られなかった。そこでX会社は、トラックが売買の時点でオーストラリアにおける登録ができる状態になかったことが、本条(2)所定の不適合物品に当たると主張して、Y会社に対し損害賠償を求めた事案である（CLOUT1256）。

請求原因
1　YはXに対して、本件トラック10台を○万豪ドルで売買する契約を締結したこと
2　本件トラックには、オーストラリアの設計基準を満たしていることを示すコンプライアンス・プレートが貼られていなかったこと

＊通常使用目的の基準は売主の国における基準であるとする見解がほぼ確立しているといってよい。したがって、請求原因2の事実では、買主Xの損害賠償請求権を基礎付けるには足りない。Xの請求を認めるには、これに加えて、(1)輸入国と同様の規制が売主Yの国にも存在すること、(2)買主Xが輸入国の規制する諸規定について売主Yに注意を喚起し、かつ売主の技能と判断に依存していたこと、及び(3)売主Yがその要件について、知り又は知っているべき特別の事情があったことのいずれかの事実が必要である。(3)の特別の事情としては、①売主Yが買主Xの国に支店を有する場合、②当事者間で長い取引関係がある場合、③売主Yが買主Xの国へ頻繁に輸出している場合、及び④買主Xの国において当該物品を宣伝販売している場合などである。

3　請求原因2のため、本件トラックの輸入手続に手間取り最終

的には輸入できたが、再売却したり州際ビジネスに使用したりすることのできない制限付許可しか得られなかったこと（損害の発生）
4 請求原因3のXの損害額
＊制限付許可を得るにとどまったのであるから、制限なしの許可が得られた場合として、本件トラックの売値は低くならざるを得ないであろう。損害額は、74条に基づいて得べかりし利益の喪失による損害の賠償を求めることが考えられる。

(2) 明示的・黙示的に売主に知らされた特定の目的への適合性

本条(2)(b)1文は、契約の締結時に明示的又は黙示的に売主に知らされた特定の目的に適していることを定める。本条(2)(b)2文は、周囲の状況からみて、買主が売主の技量又は判断に依存しなかったか、又は存することが不合理であると思われる場合を除くこととしている。つまり、特別の使用目的が適合性判断に組み込まれるのは、①当該特別の使用目的が明示又は黙示に売主に知らされ、②売主の技能と判断に買主が依存し（rely）、かつ、③このような依存に合理性がある場合に限られる。①については、物品の不適合を主張する買主が、主張・立証責任を負い、これに対し、②と③については、特別の目的が適合性の基準とならないことを主張する売主が、主張・立証責任を負う（潮見＝中田＝松田・概説83頁）。

訴訟物　XのYに対する売買契約の物品の契約不適合に基づく損害賠償請求権
＊日本のY会社は米国のX会社との間で、本件物品（ブルドーザ）を売買した。その際、X会社からY会社に対して、本件物品が特定の目的（アラスカの工事で使用）に適したものであるべきことを明示的又は黙示的に知らせていたが、引き渡された本件物品は、特定の目的に適しない（寒冷地仕様がされていない）ものであった。本件は、X会社がY会社に対して契約不適合によって生じた損害賠償を求めたところ、契約不適合の事実の通知が合理的な期間内にされたか否かが争点となった事案である。
＊本件とは異なるが、原告は、輸入用に冷凍のポークレバーを品質に関する特段の合意はなく被告から購入した。売主は、買主の国に輸入する際のガイドラインは何も与えられておら

ず、物品はEUの規制に合致し消費に適していたが、輸入国の税関によって欠陥品として拒絶された。買主は、売主に対して物品を輸入できなかったことによる損害の賠償を求めた事案（CLOUT752）において、同種の物品が通常使用される目的への適合性（本条(2)(a)）は、売主の国の基準に従って判断される。買主の国の法条項及び基準を考慮したり、必要であれば、それらを本条(1)又は(2)(b)に基づき、特別な合意に含めるかどうかは買主次第である。買主は製品の品質に関する格別の要件を契約に明記しなかった場合は、売主は責任を負わないとされた。

請求原因
1　YはXとの間で、本件物品（ブルドーザ）を○万円で売買する契約を締結したこと
2　本件物品は、YからXに引き渡されたこと
3　契約の締結時に、XからYに対して、本件物品が特定の目的（アラスカの工事で使用）に適したものであるべきことが明示的又は黙示的に知らされていたこと
＊買主Xが、物品が特別の使用目的に適していないことを根拠とする救済を求める場合には、Xがまず、その特別の目的が売主Yに知らされていたことを立証しなければならない。
4　Xが受領した本件物品は、請求原因3の特定の使用目的に適合しない（寒冷地仕様がされていない）ものであること
5　Xに損害が発生したこと及びその数額
＊X会社が解除していない以上、75条、76条によることができず、損害額は74条に基づくことになろう。

（Yの技能・判断に依存しないこと、又は依存することの不合理性）
抗弁
1　状況からみて、XがYの技能及び判断に依存せず、又は依存することが不合理であったこと
＊Y会社は、X会社がY会社の専門知識と判断力を信頼していなかったこと又は信頼が不適切であったことを立証しなければならない。本件のようなブルドーザの売買にあって、Y会社がその製造業者である場合には、この抗弁を立証することは困難であろう。

（合理的な期間の経過）
抗弁
1　Xが物品の不適合を発見し、又は発見すべきであった時か

　　　　　　ら合理的な期間が経過したこと
（通知）
再抗弁 1　XはYに対し、抗弁1の日から合理的な期間内に請求原因
　　　　4の契約不適合をその性質も特定して通知したこと
　　　　＊38条(1)の「実行可能な限り短い期間内」に検査し、39条
　　　　(2)の「合理的な期間内」に通知を行なう義務があり、39条
　　　　の通知が遅れるとすべての請求権を失うが、合理的な期間は
　　　　腐敗しやすい物品の場合には数時間から長くとも2、3日、
　　　　長持ちする物品の場合には8日を基礎とする見方など、各国
　　　　において多岐にわたっている（注釈Ⅰ〔谷本圭子〕304頁）。

(3) 見本又はひな型との適合性
　見本又はひな形を示して交渉がされ、売買契約が締結されたときには、見本又はひな形と同じ品質を有するかどうかが、適合性の有無の基準となる（本条(2)(c)）。CLOUT175は、買主が注文見本を示した場合でも、当事者が見本への適合を合意した場合に限って本号が適用されるとしている。

訴訟物　　　XのYに対する売買契約の物品の契約不適合に基づく損害
　　　　賠償請求権
　　　　＊日本のY会社は韓国のX会社との間で、衣類を○万円で、
　　　　その素材は見本どおりとする約定で売買する契約を締結し
　　　　た。しかし、Y会社により製造され、X会社が受け取った
　　　　衣類の素材は見本の品質より劣るものであった。本件は、X
　　　　会社がY会社に対し、代替品の引渡しを求めたところ、Y
　　　　会社は、見本と同一の衣類であると主張した事案である。
請求原因 1　YはXとの間で、衣類を○万円で売買する契約を締結したこと
　　　　2　請求原因1の売買契約は、その衣類の素材については見本売買であったこと
　　　　＊そもそも見本又はひな形による売買であることにつき争いがある場合には、これにつき、原則として、買主Xが立証責任を負う。
　　　　3　YはXに対し、衣類を引き渡したこと
　　　　4　請求原因3の引き渡された衣類の素材は見本の品質より劣るものであったこと

＊代替品引渡請求権の発生要件事実としての物品の契約不適合は、重大な契約違反でなければならない（46条(2)）。
　　＊上記4の事実は、請求原因ではなく、その反対事実がY（売主）の主張・立証すべき抗弁事実に位置付けられるとする見解もあろう。しかし、そのように、上記4の事実が請求原因として不要であるとすると、他の請求原因1ないし3及び5のみで、なぜ、損害賠償権が発生するかが不明であるため、請求原因4の事実が必要であると考えられる。
　5　XはYに対し、代替品の引渡しを請求したこと

(4) 通常の方法により、又はその物品の保存・保護に適した方法による収納・包装

　同種の物品にとって通常の方法で、又はそのような方法がなければ、物品を保存又は保護するのに適した方法で、容器に入れられ又は梱包されていること。

　収納又は包装されている物品の適合性については、同種の物品にとって通常の方法により、又はこのような方法がない場合にはその物品の保存及び保護に適した方法により、収納・包装されているかどうかが、適合性の有無の基準となる（本条(2)(d)）。「このような方法がない場合」とは、売買の目的物について通常の収納・包装方法が確立していないことを意味する。例えば、CLOUT202は、売主が買主の所在地で販売されることを知りながら買主国の食品表示規制に違反する包装のチーズを引き渡した事案であるが、本条(2)(d)の要件を満たさず不適合とした。

3　不適合性判断の基準時

　物品の契約不適合性の判断の基準時は、原則として危険の移転時であり、例外として売主の義務違反による不適合については、その後に生じたものについても責任を負うことが定められている（この点については、36条の解説参照）。

4　買主の悪意

　本条(3)は、買主が契約締結時に物品が適合していないことを知っていたか、又は知らなかったはずはない場合には、売主は本条(2)に基づく責任を負わないと定める。事務局注釈106頁によると、本条(2)(a)から(d)までに定めるような品質に関する契約適合要件が定められた理由について、「通常

の売買では、契約で明示的に定められていないとしても、買主において、物品がこうした品質を有するものと期待することが正当だからである。しかしながら、買主が契約の締結時に、上記の品質のいずれかについてその不適合を知り、又は知らないことはあり得なかった場合には、買主は後になって、物品がその点において契約に適合するものであると期待していたと主張することはできない」としている。売主が本条(3)による免責事由を主張するときには、売主が、買主が契約締結の時点で契約不適合を知っていたことを立証しなければならない。

なお、本条(3)の準則は、本条(1)の契約内容となっている場合（明示の保証）を覆すことはできない。本条(3)が覆すことのできる範囲は本条(2)頭書が指摘するように「当事者が別段の合意をした場合を除く」(a)ないし(d)に係る責任であって、「当事者が別段の合意をした場合」に該当する本条(1)は、本条(3)の規定の及ぶところではないからである。すなわち、契約時に契約に適合していない物品を売主が引き渡すことを買主が知っていたとしても、買主は売主の契約違反に対して、救済を受けることができる。

訴訟における本条(3)の攻撃防御方法としての具体的な機能については、上記2(1)の2番目の設例の「買主の悪意」の再抗弁を参照されたい。

●(不適合についての売主の責任)

第36条

(1) 売主は、契約及びこの条約に従い、危険が買主に移転した時に存在していた不適合について責任を負うものとし、当該不適合が危険の移転した時の後に明らかになった場合においても責任を負う。

(2) 売主は、(1)に規定する時の後に生じた不適合であって、自己の義務違反（物品が一定の期間通常の目的若しくは特定の目的に適し、又は特定の品質若しくは特性を保持するとの保証に対する違反を含む。）によって生じたものについても責任を負う。

Article 36

(1) The seller is liable in accordance with the contract and this Convention for any lack of conformity which exists at the time when the risk passes to the buyer, even though the lack of conformity becomes apparent only after that time.

(2) The seller is also liable for any lack of conformity which occurs after the time indicated in the preceding paragraph and which is due to a breach of any of his obligations, including a breach of any guarantee that for a period of time the goods will remain fit for their ordinary purpose or for some particular purpose or will retain specified qualities or characteristics.

1　適合性の基準時
　本条は、適合性の基準時について、危険移転時を基準とする原則（本条(1)）と、例外として危険移転後に生じた売主の義務違反による契約不適合の基準（本条(2)）を定める。
　売主が物品を引き渡したことについて争いがなく、その契約適合性について争いがあるときには、売主が物品の契約不適合について責任を負うのは、①危険移転時に不適合が存在していた場合（本条(1)）と、②危険移転後に発生した不適合が売主による何らかの義務違反に起因する場合である（本条(2)）。

2　危険移転時における不適合の存在
(1)　契約不適合の危険移転時存在の原則
　物品の適合性の基準時について、本条約は、これを危険移転の時（対価危険の移転時。67条-69条）に結び付けている（本条(1)。ここにも、「引渡し」の概念と物品の適合性とを切断したことが現れている）。危険移転の時に存在していた不適合についてのみ、売主は責任を負うのである。
　物品が契約に適合しているか否かは、危険移転の時を基準に判断されるが、買主は危険移転の時にはまだ物品が契約に適合していないという事実を知らないことがあり得る。例えば、物品を使用するまでは欠陥が判明しないこともあるし、また、物品が輸送のために運送人に引き渡された場合に、危険は運送人への引渡しの時に移転したとしても、買主は仕向地で物品を運送人から受け取るまでは、物品が契約に適合しているか否かわからない。このような場合には、売主は、危険移転の時の後で判明しても、危険移転の時に存在していた不適合について責任を負う。具体例として、①乾燥マッシュルームのＣ＆Ｆ売買で、運送中に品質劣化が生じたとして、売主の責任を否定したもの（CLOUT191）、②冷凍装置が引渡し後15日以内に故障した事

案で、危険移転の時に不適合が存在していたと認定したもの（CLOUT204）がある。

(2) 立証責任

契約不適合の事実が危険移転の時において存在していた否かの主張・立証責任については、見解が分かれている（特に契約時に契約不適合が隠れていた場合には、その立証はどちらが責任を負担するにせよ困難である）。

買主が物品を受領したときは、売主の責任を追及する買主が危険移転の時点で物品の契約不適合が存在したことについて主張・立証責任を負担すると解すべきであろう（買主不適合立証責任説）。例えば、シカゴ・プライム・パッカーズ事件判決（2005年5月23日第7巡回区連邦控訴裁判所）は、米国の売主会社とカナダの買主会社のポーク・リブの売買契約において、物品は売主が手配した精肉業者が処理後に冷凍保管し、これを買主指定の運送業者に交付し、買主指定の食品会社に納入されたが、受領した食品会社が検査したところ物品が腐敗していたため、買主が売主の代金請求を拒絶した事案である。同事件では、物品の契約適合性（35条）が問題となるが、67条によれば、売主が最初の運送人に物品を交付したときに危険は買主に移転するので、運送人に交付した時点における契約適合性の存否が争点となった。本条約は契約適合性に関する立証責任が買主・売主のいずれにあるか明定していないが、本条約の下では買主に契約不適合の立証責任があるとした。救済を求める側がその根拠事実を立証する責任を負うことが原則であり、本件事案においては、売主・買主ともに物品に触れる機会はなかったが、最初の運送人を手配したのは買主であり、実質論からしても契約不適合の立証責任を負わされても、やむを得ないであろう。

なお、上記の見解に対して、買主が物品を受領したときには、買主は、その物品の契約不適合が現在存在していることのみを立証すれば足り、この立証が成功すれば、今度は売主が、危険移転の時に契約不適合が存在しなかったことを立証しなければならないとする見解も説かれている（注釈Ⅰ〔鹿野菜穂子〕285頁）。

3 危険移転後に生じた不適合についての例外

上記1(1)のように、危険移転の時（対価危険の移転時）が適合性の基準時であり、この時点以降に生じた不適合について売主は責任を負わない（給付危険を負担しない）のが原則であるが、次の例外がある。

すなわち、本条(2)は、危険移転の後に生じた不適合が売主の義務違反に起因するものであった場合に限って、売主は免責されないことを定める。例

えば、①売主が「物品が一定の期間通常の目的若しくは特定の目的に適し、又は特定の品質若しくは特性を保持するとの保証」した場合に不具合が生じた場合、②FOB売買で、物品の包装が劣悪だったために物品が運送中に劣化した場合などである。なお、79条にいう免責事由がある場合には、本条(2)の「義務違反」に該当しない。

訴訟物　　XのYに対する売買契約に基づく代金支払請求権
　　　　　＊日本の生花輸出業者X会社が韓国の花店Y会社にガーデンフラワーを売買したところ、夏の間中ずっと花が咲き続けなかったのはX会社の保証違反であり、重大な契約違反に当たるとしてY会社が代金減額権を行使して一部代金の支払を拒絶した。本件は、X会社がY会社に対して代金の支払を求めたところ、Y会社が上記代金減額権を主張した事案である（CLOUT107）。
　　　　　＊買主Yがなお契約不適合についての売主Xの責任を追及する場合は、Yは、本条(2)により、①Xの何らかの義務違反の事実と、②この義務違反と物品の契約不適合との間の因果関係を主張・立証すべきである。
　　　　　＊売主Xが一定期間、物品に対する性状を保証している場合に、Xが（当該期間も含めて）事後的に生じた欠陥は、物品自体の性状にではなく、買主Yの不適切な行為にその原因があることを主張するときは、Xがこれを立証しなければならない（他方、欠陥の発生が保証期間内であることについては買主が立証しなければならない）。

請求原因　1　XはYとの間で、本件ガーデンフラワーを○万円で売買する契約を締結したこと
（代金減額権）
抗　弁　1　XはYに対し、請求原因1の契約締結当時、本件ガーデンフラワーが夏の間中ずっと花が咲き続けることを保証したこと
　　　　　＊抗弁1の保証は、その内容自体がかなり困難なことであるので、口頭の約束では裁判上認められることは難しい。これをYが証明するためには、事実上契約条項のように文書化されている必要があろう（売主Xの立場からすると、このような保証をすることは避けるべきである）。
　　　　　2　Xから引き渡された本件ガーデンフラワーは、夏の間中ず

っと花が咲き続けることはなかったこと
　　　＊抗弁1のXの保証がある場合は、その不適合は抗弁2の事実で足りる。抗弁1のXの保証がない場合は、本条(1)の規律によって、買主Yに危険が移転した時点でガーデンフラワーに不適合があったことを買主Yが立証しなければならないが、そのような立証は困難であろう。
　　　　CLOUT107は、本条(1)に基づき買主に危険が移転した時点で花に不適合があった点を買主が立証していないこと、また、本条(2)に基づき花が夏の間中咲き続けることを売主が保証していた点を買主が立証していないことを理由に、原告（売主）の代金支払請求を認容した。
　3　本件ガーデンフラワーの実際の価値は、当初定めた代金額の60パーセントが相当であることを基礎付ける事実
　4　YはXに対し、代金額のうち、その40パーセントを減額する意思表示をしたこと
　　　＊50条の代金減額権の行使の事実である。
　　　＊本件においては、本条(2)が適用されるためには、Yが契約不適合の事実（抗弁2）のほかに、Xの客観的義務違反又は有効に合意された保証の存在（抗弁1）を立証しなければならない。

(不適切なYの行為)

再抗弁　1　Yが夏場において、本件ガーデンフラワーに対する水遣りを懈怠したこと
　　　＊この再抗弁は、その契約不適合が自己の危険領域に属しない原因によることである。

4　「危険移転時と物品の契約適合性の判断基準時」（本条）と「対価危険」（66条ないし69条）の関係

　本条は、66条ないし69条の定める危険移転時期（対価危険の移転時期）を、物品の契約適合性の判断基準時としても採用している。具体的には、次のとおりである。

(1)　原則

　買主は、危険移転時までに生じた物品の契約不適合についてのみ、契約不適合を理由として45条以下の救済手段を取得する（本条(1)）。

(2) 例外

　危険移転時以後に生じた物品の契約不適合であっても、その契約不適合となった原因が売主の義務違反によるものについては、買主は、45条以下の救済手段を取得する（本条(2)）。

　このように、危険移転時（対価危険の移転時）と契約適合性の判断基準時とが連動していることをもって、本条約の危険移転の規律は売主の義務違反に関する準則を定めているとか、(1)の原則を(2)の例外則により変更する場面について危険の再移転（復帰）と表現される場合がある。しかし、あくまで、66条ないし69条は対価危険の問題であるのに対して、本条は給付危険に関する事柄である。本条約では前者の基準を後者にも利用するだけであり、問題そのものは別である。

● (引渡期日前の追完)

第37条　売主は、引渡しの期日前に物品を引き渡した場合には、買主に不合理な不便又は不合理な費用を生じさせないときに限り、その期日まで、欠けている部分を引き渡し、若しくは引き渡した物品の数量の不足分を補い、又は引き渡した不適合な物品の代替品を引き渡し、若しくは引き渡した物品の不適合を修補することができる。ただし、買主は、この条約に規定する損害賠償の請求をする権利を保持する。

Article 37

　If the seller has delivered goods before the date for delivery, he may, up to that date, deliver any missing part or make up any deficiency in the quantity of the goods delivered, or deliver goods in replacement of any non-conforming goods delivered or remedy any lack of conformity in the goods delivered, provided that the exercise of this right does not cause the buyer unreasonable inconvenience or unreasonable expense. However, the buyer retains any right to claim damages as provided for in this Convention.

1　引渡期日前引渡し物品の不適合の追完

　本条は、売主が契約上の引渡期日より早く物品を引き渡した場合には、物

品が何らかの点で契約に適合していなくても、引渡期日までは、買主に不合理な不便又は費用を生じさせない限り、売主は不適合を修補することができるが、買主は本条約の定める損害賠償請求権を留保することを定めている。本条が定める追完の方法は、①欠けている部分を引き渡すこと、②数量の不足分を補うこと、③不適合な物品の代替品を引き渡すこと、④引き渡した物品の不適合を修補することである。このうち、④は包括的な表現を用いているので、破損した物品を修補することなども含まれるし、①ないし③の方法も当然含んでいると考えられる。買主は期日前の引渡しを受領拒絶できるが（52条(1)）、本条は、買主が不適合物品について引渡しを受領したとき（あくまでも引渡期日前にされた引渡し）について定めたものである。引渡期日後における不適合の修補については、48条が定めている。また、不適合のある書類について、34条が本条と同趣旨の規律を定めている。

訴訟物　　　XのYに対する売買契約に基づく代金支払請求権

＊米国のX会社は日本のY会社に本件工作機械を売って、引渡期日に先立って納入したが、機械の性能が本来の80パーセントしか出なかった。本件は、X会社がY会社に対して代金の支払を求めたところ、Y会社は代金の20パーセントの減額を主張し、X会社の追完の申出をY会社が拒絶した当否が争点となった事案である。

請求原因　1　XはYとの間で、本件工作機械を○ドルで売買する契約を締結したこと

（代金減額権）

抗　弁　1　XはYに本件機械を引き渡したこと

2　本件機械は、性能不良で、本来の80パーセントの性能であること

＊抗弁2は、契約不適合と評価される事実であり（50条1文）、抗弁3の減額権の行使が可能となる。

3　YはXに対して、代金額を20パーセント減額する意思表示をしたこと

（引渡期日前の追完申出）

再抗弁　1　抗弁1の引渡しは、XY間で合意された引渡期日より3か月前であったこと

＊本条1文は、売主のための権利を規定しているのであるから、売主Xが、同条による不適合の追完権を根拠付ける事

実を立証しなければならない。まず、本条1文による追完権が認められるのは、引渡期日前に物品の引渡しがされた場合に限られる。

 2 XはYに対して、Yの工場に据え付けられた本件物品について、出向いて修補による追完を申し出たこと
  ＊追完することができるのは、本来の引渡期日までである。本件の事案とは異なるが、最初の運送人への物品の交付が引渡期日とされていた場合には、不適合を追完できるのは、最初の運送人に物品を本来交付すべき日までである。

 3 Yは再抗弁2のXの追完申出を拒絶したこと
  ＊売主Xが追完を申し出たにもかかわらず、買主Yが不当に（不当か否かは、訴訟上は再々抗弁の立証いかんで決まる）拒絶した場合には、80条の（類推）適用により、買主Yは、不適合に基づく権利（本件の場合においては、代金減額権）を失うと解される。

（不合理な不便又は不合理な費用を生じさせる追完）

再々抗弁 1 再抗弁2のXの申し出た追完方法は、Yに不合理な不便又は不合理な費用を生じさせるものであったこと
  ＊本条1文による追完権が認められるのは、買主に不合理な不便又は不合理な費用を生じさせない場合のみである。例えば、売却されてYの工場の生産ラインに組み込まれた機械に不適合があり、Xが機械の修補を希望した際に、そのためにはYの工場の操業を長時間停止しなければならない場合には、追完権の行使が認められないことがある。
  ＊買主Yにとって不合理であることを基礎付ける事実については、買主が主張・立証責任を負う。

 2 売主の修補権と買主の損害賠償請求権等

 売主には本条による追完権があるため、買主は、これと両立しない救済手段を行使できない。例えば、履行期前に引き渡された目的物に不適合があり、その不適合がそのままでは重大な契約違反に相当する場合であっても、売主に追完権があるため、売主が追完をしないことが明瞭であるのでない限り、買主は履行期前の解除（72条）をすることができない。

 売主が追完を申し出たにもかかわらず、買主が不当に拒絶した場合には、80条の（類推）適用により、買主は、不適合に基づく権利を失う（上記1

の設例の再抗弁及び再々抗弁参照)。これに対して、追完と両立する損害賠償請求権については、買主がこれを保持することが認められている(本条2文。本条2文は、但書(However)の体裁を採っているが、本条1文との立証関係について何らかの基準を設けようとするものではない)。

3 買主の検査義務・通知義務との関係
　買主が引渡期日前に物品の引渡しを受領した場合、買主は、38条に従って直ちに検査を行ない、かつ、39条に従って合理的な期間内に不適合の通知を行なう義務を負うのか、それとも引渡期日までは検査・通知を行なう義務が生じないかについては、本条約は明定していない。後者の見解によれば、引渡期日前の売主の追完権が認められる事案は、売主が自ら不適合に気づいた例外的な場合に限定される。

●(買主による物品の検査)═══════════════

第38条

(1) 買主は、状況に応じて実行可能な限り短い期間内に、物品を検査し、又は検査させなければならない。
(2) 契約が物品の運送を伴う場合には、検査は、物品が仕向地に到達した後まで延期することができる。
(3) 買主が自己による検査のための合理的な機会なしに物品の運送中に仕向地を変更し、又は物品を転送した場合において、売主が契約の締結時にそのような変更又は転送の可能性を知り、又は知っているべきであったときは、検査は、物品が新たな仕向地に到達した後まで延期することができる。

Article 38

(1) The buyer must examine the goods, or cause them to be examined, within as short a period as is practicable in the circumstances.
(2) If the contract involves carriage of the goods, examination may be deferred until after the goods have arrived at their destination.
(3) If the goods are redirected in transit or redispatched by the buyer without a reasonable opportunity for examination by him and at the time of the conclusion of the contract the seller knew or ought to have known of the possibility of such redirection or redispatch, examination

may be deferred until after the goods have arrived at the new destination.

1 　検査義務の性質

　本条は、買主が、状況に応じて実行可能（practicable）な限り短い期間内に、物品を検査し、又は（第三者に）検査させなければならないこと（検査義務）を定める。しかし、本条所定の検査義務は、39条の通知義務の前提として位置付けられているのであって、厳密な意味での法的義務ではない。買主が、本条の検査義務を怠っても、それ自体によって61条所定の買主の義務違反に基づく救済が売主に与えられてはいない。

　買主が検査を怠り、検査をしていれば明らかになったと考えられる不適合が物品にあった場合には、39条の通知期間は売主がその不適合を「発見すべきであった」時から進行を開始する。買主が検査をせず不適合を発見できなかった場合には、通常、39条に従った通知もすることができない。そのため買主は、不適合を援用する権利を失うことになる。また、49条(2)(b)(i)の解除の意思表示をすべき合理的な期間の起算点となる「買主が当該違反を知り、又は知るべきであった時」も、通常、本条の検査をすべき時から進行を開始する。そのため買主が合理的な期間内に検査を行なわなかった場合には、その後になって契約を解除することが認められないことになる。

2 　検査義務の内容
(1) 　検査をすべき期間

　本条(1)は、検査をすべき期間を「状況に応じて実行可能な限り短い期間」と定めている。その「状況」としては、物品が劣化しやすい性質を有するか否か、いわゆる季節商品であるか否か、買主の専門性の程度、検査の難易度、過去の引渡しに不適合があったか否か、不適合の明白性などである。

　訴訟物　　　XのYに対する売買契約の物品不適合に基づく損害賠償請求権
　　　　　　＊ドイツのY会社は日本のX会社（ステンレス鋼板製造業者）との間で、ステンレス鋼板の輸送や加工に際しての損傷を保護するための粘着性表面フィルム7,500平方メートルを〇万円で売買する契約を締結した。3月28日、Y会社はX

会社に対し、請求原因1の本件物品を引き渡した。そして、X会社は、この表面保護フィルムを接着したステンレス鋼板を顧客に引き渡したところ、4月20日に、顧客からこの表面保護フィルムをステンレス鋼板から除去した際、その研磨された表面に接着剤が残存していたため、X会社に対して、契約上不適合である旨の通知がされ、その翌日、X会社はY会社に対して、契約不適合である旨の通知を行なった。顧客は、このステンレス鋼板の表面に付着していた接着剤の残存物を自ら取り除き、その除去費用〇万円をX会社が支払った。X会社は、その費用の補填を行なった。本件は、X会社がY会社に対して、補填額の求償を求めた事案である（CLOUT230）。

請求原因 1 YはXとの間で、ステンレス鋼板の輸送や加工に際しての損傷を保護するための粘着性表面フィルム7,500平方メートルを〇万円で売買する契約を締結したこと

2 この表面保護フィルムは、接着剤が付されており、研磨されたステンレス鋼板に貼り付け、接着剤を残さないで剥がすことができるものとされていたこと

3 YはXに対し、請求原因1の本件物品を引き渡し、Xが顧客に引き渡したこと

4 顧客からこの表面保護フィルムをステンレス鋼板から除去した際、その研磨された表面に接着剤が残存する不適合があったこと

＊請求原因2の品質に関する契約不適合を示す事実である。

5 顧客は、このステンレス鋼板の表面に付着していた接着剤の残存物を自ら取り除き、その除去費用〇万円をXが支払ったこと

＊請求原因5は、Xの損害の発生とその数額の事実を示すものである（74条）。

（合理的な期間の経過）

抗　弁 1 Xが物品の不適合を発見し、又は発見すべきであった時から合理的な期間が経過したこと

＊39条(1)に基づく抗弁である。39条(1)についての「不通知の抗弁」説と「合理的な期間経過の抗弁（通知の再抗弁）」説については、39条の解説3(1)(2)参照。

＊この抗弁の通知に関する合理的期間の起算点は、本条の検査をすべき「実行可能な限り短い期間」の終了時となるのが原則である。

＊隠れた契約不適合（瑕疵）の検査期間は、不適合の兆候が明らかになった時点から進行を開始すると解される。なお、引渡期日前に引き渡された物品の検査時期については、37条参照。

＊CLOUT230は、検査の範囲及び強度は物品の種類、包装及び検査可能性に左右されるが、耐久性物品の合理的な検査期間は3ないし4日間であるとし、たとえ当事者間に長期間にわたる取引関係があったとしても、契約不適合がその使用により初めて明らかになる場合には抜取り検査や検査処理が要求されるとしたうえで、耐久性物品においては、適合性の欠如が発見されたであろう日から8日以内に売主に通知されなければならないとしている。

(通知)

再抗弁 1　XはYに対し、抗弁1の合理的な期間内に請求原因3の契約不適合をその性質も特定して通知したこと

＊本条の「実行可能な限り短い期間内」に検査し、39条の「合理的な期間内」に通知を行なう義務があり、39条の通知が遅れるとすべての請求権を失うが、合理的な期間は腐敗しやすい物品の場合には数時間から長くとも2、3日、長持ちする物品の場合には8日を基礎とする見方など、多岐にわたる（注釈Ⅰ〔谷本圭子〕304頁）。その意味で、予測可能性は高くないので、それを回避するためには、具体的な期間を特約すべきことになる（後記3の設例における抗弁の約款参照）。

(2) 検査の方法

検査の方法は、当事者間の合意に従うが、合意がないときには取引慣行・慣習等が基準とされる。これらも存在しない場合には、物品の種類・数量・包装等を考慮しつつ、個別の状況に応じて、適切な方法で検査することになる。例えば、大量の物品の場合は抜取り検査、機械等の場合はそれが機能するかの検査、腐敗しやすい生鮮品などの場合は、迅速性の観点から、観察・匂い等の単純な検査で足りるであろう。

(3) 検査費用

検査費用は、当事者間の合意や取引慣行・慣習等がない場合には、買主が負担するのが原則である。しかし、売主の契約違反の結果として契約が解除される場合には、この費用の賠償を売主に損害賠償として請求することができる。また、代替品引渡しや修補を請求した場合に、買主に2回目の検査費用が生じたときには、2回目の検査の費用も請求できる。

(4) 物品が第三者の権利・請求の対象であるか否かの検査義務の不存在

本条は、物品の契約不適合についての検査義務を定めるものである。物品が第三者の権利・請求の対象となっているか否かの検査義務は、そもそも買主に検査義務はないと解されている（なお、通知義務については43条参照）。

3 仕向地における検査

本条(2)は、契約が物品の運送を伴う場合には、検査は、物品が仕向地に到達した後まで延期できることを定める。例えば、日本の売主が米国の買主にインコタームズ CIF New York 条件で輸出する場合、本船への積込みをもって売主の引渡義務が完了したとみられるが、通常仕向地到着まで検査の機会はないから、買主は物品がニューヨークに到着してから検査すればよい（通知期間の起算点として本船積込日又は船荷証券交付日とすることは適切でない）。この場合、ニューヨークに到着してからどのくらいの期間内に検査すればよいかについては、本条(2)は定めていないが、本条(1)の原則に戻って、到着後、「状況に応じて実行可能な限り短い期間内」に検査しなければならないことになる。しかし、「状況に応じて実行可能な限り短い期間内」という規範的要件の解釈にゆだねるのでは、当事者間の解釈に隔たりが生ずることとなるので、実務的には具体的に期間を定めた条項を定めることになろう。ちなみに、下記約款では物品の仕向港到着後、検査により発見できる瑕疵については30日以内、検査で直ちに発見できない「隠れた瑕疵」については6か月以内にクレームを告げるべきことを規定している（ここでは、本条の検査に限定せず、39条の通知に関しても併せて検討する）。

上記の約款が設けられていたときは、上記2(1)の設例の請求原因に対する抗弁及び再抗弁は、以下のとおりとなる。

(合理的な期間の経過)

抗　弁　1　XY間の売買契約には、「買主は、対象商品の仕向港到着後、30日以内に又は隠れた瑕疵の場合は6か月以内に、いかなる

クレームについても書面による通知を売主にしなければならない。この30日又は6か月以内にクレームの詳細を記し、かつ、権限ある検査人によって証明された証拠をつけたクレームの通知の送付がないときは、買主はすべてのクレームを放棄したものとみなされる」(The Buyer shall give the Seller written notice of any claim within thirty (30) days after the arrival of the Products at the port of destination, or within six (6) months after the arrival of the Products at the portof destination in the event of a latent defect. Unless such notice, containing full particulars of the claim and accompanied by proof certified by an authorized surveyor, is sent by the Buyer within such thirty (30) day or six (6) month period as the case maybe, the Buyer shall be deemed to have waived all claims.) との約款規定が置かれていること

2 物品の仕向港到着後、30日が経過し、又は隠れた瑕疵の場合であっても6か月が経過したこと

(通知)

再抗弁 1 XはYに対し、物品の仕向港到着後、30日以内に又は隠れた瑕疵の場合は6か月以内に、書面をもって請求原因4の契約不適合の事実を詳細に記し、かつ、権限ある検査人によって証明された証拠をつけて送付したこと

＊39条所定の通知の内容は、単に瑕疵又は数量不足がある旨の通知だけでは足りないが、売主がそれによって善後策を採るための判断ができる程度に、瑕疵の種類・範囲や数量不足の程度を明らかにするものであれば足り、詳細かつ正確な内容の通知であることを要しないと解されている。しかし、国際物品売買取引においては、国内取引と違って売主が通知を受け取っても直ちにその物品に欠陥があったか否かの調査をすることは容易でなく、また十分な根拠もなく安易にクレームを主張する買主もいるため、クレームをする際には上記条項が求めるように、契約不適合の詳細な報告を求め、かつ、検査機関の検査報告書をつけた書面が必要となる。

4 転送地における検査

本条(3)は、「買主が自己による検査のための合理的な機会なしに」物品を

転送した場合、「売主が契約の締結時に」転売の「可能性を知り、又は知っているべきであったときは、検査は、物品が新たな仕向地に到達した後まで延期することができる」ことを定めている。

例えば、上記2の設例の物品がニューヨークで検査の機会がないまま買主の指示で他の船に積み替えられてブラジルのサントスに運ばれる場合、契約の締結時に売主がその可能性を知っていたか又は当然知るべきであったときは、サントスに到着してから検査をすれば足りる。この場合、サントスに到着してからどのくらいの期間内に検査すればよいかについては、本条(3)は定めていないが、本条(1)の原則に戻ることになる。

訴訟物 　　XのYに対する売買契約の物品の契約不適合に基づく損害賠償請求権

＊日本のX会社は、フランスのY醸造会社との間で、Y会社が醸造した特定の銘柄の瓶詰ワインで、Y会社の特定の倉庫に保管中のもの全部（本件物品）を「FOBルアーブル」の条件（本船上に積み込まれた時に危険移転）で買い受け、代金は日本の銀行の発行する信用状で決済する契約を締結した（この契約では、準拠法を日本法とする条項があるが、紛争の解決方法に関する条項はない）。X会社は、日本の海上運送業者にルアーブル港から神戸港までの運送を依頼した。X会社は、本件物品を日本における第三者Aに転売したが、転売先からワインの劣化が伝えられ、X会社は陸揚げから1年後に本件物品の検査をしたところ、その劣化の原因がY会社の倉庫での保管状態にあることが判明した。本件は、X会社がY会社に対する損害賠償を求めたところ、Y会社は合理的な期間内に通知をしなかったことを問題とし、これに対し、X会社は転売先からの苦情の申出後直ちに検査して本件物品の劣化をY会社に通知したと再抗弁した事案である。

＊本件は、平成18年新司法試験問題（国際私法）によるものである。

請求原因 　1　YはXとの間で、本件物品（Yが醸造した特定の銘柄の瓶詰ワインで、Yの特定の倉庫に保管中のもの全部）を○ユーロで売買する契約を締結したこと

2　本件物品は、海上運送業者によりルアーブル港から神戸港ま

　　　　で運送され、神戸港においてXに引き渡されたこと
　　　3　本件物品は、Yの倉庫での保管状態が悪かったため、すべて劣化していたこと
　　　4　Xに損害が発生したこと及びその数額
　　　　＊損害額は、74条に基づくことになろう。転売先から請求された損害賠償にXが応じることなどがあり得るので、その総額をYに対して賠償請求をすることが考えられる。

(合理的な期間の経過)
抗　弁　1　Xが物品の不適合を発見し、又は発見すべきであった時(仕向地の陸揚時)から合理的な期間が経過したこと
　　　　＊本条(2)の仕向地到達時を起算点とする検査から合理的な期間の経過の主張である。

(通知)
再抗弁　1　Xが自己による検査のための合理的な機会なしに物品の運送中に仕向地を変更し、又は物品を転送したこと
　　　　＊再抗弁1ないし3は、本条(3)に基づく再抗弁である。
　　　2　Yが契約の締結時に抗弁1の変更又は転送の可能性を知り、又は知っているべきであったこと
　　　　＊本事案では、転売先の第三者の指摘によって、Xが検査したものとすれば、①目的物はワインであって最終消費者でない商社Xが開封して品質の劣化を判断する合理的な機会はないと解され、②YもXが商社である以上、転売が前提であることは知り得たと解すべきなので、本条(3)の適用を受け、本件買主は検査義務を果たしている。したがって、39条(1)により、Xは物品の不適合を発見した時から合理的な期間内にYに対して不適合の性質を特定した通知を行なえば、XのYに対しこの物品の不適合を援用する権利を失わない可能性が高い。
　　　3　Xは、本件物品の日本における転売時期との関係で、陸揚げから1年後に本件物品の検査をし、XはYに対し、抗弁2の検査の日から合理的な期間内に請求原因3の契約不適合をその性質も特定して通知したこと

(除斥期間)
抗　弁　1　Yに物品が現実に交付された日
　　　2　抗弁1の日から2年以内が経過したこと

＊上記抗弁に対応する日本における抗弁は、①Xが請求原因3の不足の事実を知った日、②抗弁1の日から1年が経過したことである（民566条3項）。

＊約定の保証期間がある場合には、本条(2)の定める「2年間」ではなく、約定の保証期間が優先される。約定の保証期間が2年より長期か短期かは無関係である。

（権利の保存）

再抗弁 1　Xは、抗弁2の2年が経過するに先立って、Y（売主）に対して、抗弁1の合理的な期間内に不適合の性質を特定した通知をしたこと

＊上記再抗弁は39条(2)に基づくものである。この再抗弁に対応する我が国の規律として商526条2項がある。なお、最判平成4年10月20日民集46.7.1129〔27813262〕は、「商法526条は、商人間の売買における目的物に瑕疵又は数量不足がある場合に、買主が売主に対して損害賠償請求権等の権利を行使するための前提要件を規定したにとどまり、同条所定の義務を履行することにより買主が行使し得る権利の内容及びその消長については、民法の一般原則の定めるところによるべきである。したがって、右の損害賠償請求権は、民法570条、566条3項により、買主が瑕疵又は数量不足を発見した時から1年の経過により消滅すると解すべきであり、……そして、この1年の期間制限は、除斥期間を規定したものと解すべきであり、また、右各法条の文言に照らすと、この損害賠償請求権を保存するには、……売主の担保責任を問う意思を裁判外で明確に告げることをもって足り、裁判上の権利行使をするまでの必要はないと解するのが相当である」と判示する。

訴訟物　XのYに対する売買契約の物品不適合による解除に基づく代金返還請求権

＊日本の売主Y会社はウガンダのカンパラを拠点とするX会社との間で、1級品の中古靴及び2級品の中古靴を合計〇万円で、FOB（本船渡条件）モンバサ（ケニア）の約定で売買する契約を締結した。本件物品はY会社によってモンバサに向けて船積みされた。船荷証券の原本は最終の分割購入

代金が支払われた後にY会社によって交付された。X会社が靴を営業拠点であるウガンダのカンパラに転送した後、検査した後に、X会社は物品の不適合の通知をY会社に送った。ウガンダの規格基準局は靴が不良で不衛生な状態であったとして、輸入許可を与えることを拒絶した。X会社は手紙で契約を解除する旨の意思表示をした。本件は、X会社がY会社に対して、支払った代金の返還を求めたところ、物品の検査及び不適合が争点となった事案である（CLOUT 775）。

請求原因 1 YはXとの間で、1級品の中古靴及び2級品の中古靴を合計○万円で、FOB（本船渡条件）モンバサ（ケニア）の約定で売買する契約を締結したこと

2 本件物品はYによってモンバサに向けて船積みされたこと

3 XはYに対し、代金の○万円を支払ったこと

4 XはYに対し、請求原因3の後、船荷証券の原本を交付したこと

5 本件靴が不良で不衛生な状態であったこと（これを理由として、ウガンダの規格基準局は輸入許可を与えることを拒絶したこと）

＊「本件靴が不良で不衛生な状態であったこと」は、重大な契約違反であることを示す事実である。

6 XはYに対し、請求原因1の売買契約を解除する意思表示をしたこと

（合理的な期間の経過）

抗　弁 1 物品の不適合を発見し、又は発見すべきであった時から合理的な期間が経過したこと

（通知）

再抗弁 1 Xが自己による検査のための合理的な機会なしにXの拠点であるケニアのモンバサからXの営業拠点であるウガンダのカンパラに物品を転送したこと

＊再抗弁1ないし3は、本条(3)に基づく再抗弁である。

＊CLOUT775は、不適合の通知の適時性に関して、X は、Yはモンバサからカンパラ（ウガンダ）への転送について知っており、モンバサでは検査をするための合理的な機会がなかったと主張した。なぜならば、検査をするためには通関の封

印を解かなければならず、そうするとさらに関税が課されてしまうからである。しかし、通関の数及び関税額を考慮することは買主Xが当然行なうべきことであるから、ケニアでの検査をすると付加的な関税の支払を検査の合理的な機会をなくする（本条(3)）正当な事由とはいえないとした。

2　Yが契約の締結時に再抗弁1の転送の可能性を知り、又は知っているべきであったこと
　　＊CLOUT775は、本条(3)に基づくXの主張を認めなかった。本条(3)によって要求する物品が転送される可能性のあることをY会社が契約締結時に認識していたかについて、Xがウガンダのカンパラを営業拠点にしていたという事実だけをもって、転送の可能性を知っていたとすることは十分ではないであろう。

3　Xは、靴をウガンダのカンパラに転送した後、かつ、船荷証券を受け取ってから3週間経過後に検査したうえ、XはYに対し請求原因3の物品の不適合をその性質も特定して通知をしたこと
　　＊CLOUT775は、再抗弁3の事実をもってしては、不適合の通知が合理的な期間内にされなかったといえるから、Xは39条(1)に基づいて物品の不適合を援用する権利を喪失したとした。

訴訟物　XのYに対する売買契約に基づく代金支払請求権
　　＊米国のX会社は日本のY会社にハイキングシューズを販売したが、物品は転売先である韓国のA会社に直接引き渡された。最後の引渡しが完了してから1か月経過後、Y会社はX会社に対して当初の検査で発見されなかった契約不適合についての通知をした。本件は、X会社がY会社に対し代金支払を請求したところ、Y会社は、X会社が引き渡したハイキングシューズは、契約代金額の80パーセントの価値にとどまるので、20パーセント部分は減額すると主張し、合理的な期間内に不適合を通知したか否かが争点となった事案である。

請求原因　1　XはYとの間で、ハイキングシューズ〇足を〇ドルで売買する契約を締結したこと

（代金減額権）

抗弁 1 XはYの指示に従ってAに対し、契約不適合のハイキングシューズ〇足を引き渡したこと
2 本件の引き渡されたハイキングシューズは、品質において契約に不適合であって、本来の品質のものと比較すると80パーセントの価値にとどまること
3 YはXに対して代金額の20パーセントを減額する通知をしたこと

（合理的な期間の経過）

再抗弁 1 Yが、物品の不適合を発見し、又は発見すべきであった時から合理的な期間が経過したこと
＊本条(1)により、買主Yは物品を短期間のうちに検査しなければならないが、この期間は、例えばYの企業規模、物品の種類やその複雑さ等、事情によって変わってくる。そして検査はそれぞれの引渡しごとに行なわれなければならず、特段の事情がない限り、Yは引渡しから遅くとも、1、2週間位には本条(1)に基づく不適合の通知を売主Xに対してすることが要請される。特に、ハイキングシューズは季節商品であり、シーズン中に売る必要があることを考慮し、この期間を延長する理由は見いだせない。したがって、通常の商慣行に従った検査で発見できないような契約不適合でない限り、YのXに対する1か月経過後の通知は遅滞しており、Yは不適合を援用する権利を失ったと判断される可能性が高い。

（通知）

再々抗弁 1 XはYに対し、抗弁1の日から合理的な期間内に抗弁2の契約不適合をその性質も特定して通知したこと
＊当事者間で別段の商慣行がない限り、物品は、通常、徹底的にかつ専門的な方法で検査しなければならず、適切な形で適切な時期に不適合の通知が行なわれたことを立証する責任は買主にある。

5 買主の検査権

本条は買主の検査義務を定めるが、他方、58条(2)は、買主の検査権を定めている。すなわち、買主が物品を検査する機会を有する時まで代金を支払う義務を負わないのである。

● (買主による不適合の通知)

第39条

(1) 買主は、物品の不適合を発見し、又は発見すべきであった時から合理的な期間内に売主に対して不適合の性質を特定した通知を行わない場合には、物品の不適合を援用する権利を失う。

(2) 買主は、いかなる場合にも、自己に物品が現実に交付された日から2年以内に売主に対して(1)に規定する通知を行わないときは、この期間制限と契約上の保証期間とが一致しない場合を除くほか、物品の不適合を援用する権利を失う。

Article 39

(1) The buyer loses the right to rely on a lack of conformity of the goods if he does not give notice to the seller specifying the nature of the lack of conformity within a reasonable time after he has discovered it or ought to have discovered it.

(2) In any event, the buyer loses the right to rely on a lack of conformity of the goods if he does not give the seller notice thereof at the latest within a period of two years from the date on which the goods were actually handed over to the buyer, unless this time-limit is inconsistent with a contractual period of guarantee.

1 通知義務の趣旨

本条は、買主が、合理的な期間内に売主に対して物品の不適合に関する通知を行なわない場合の効果（物品の不適合を援用できないこと）を規定する。買主が、物品に対する第三者の権利又は請求に関して通知を行なわない場合の効果については、43条が定めている。

通知の目的は、①不適合を追完するために何をしなければならないかを売主に知らせること、②売主としても独自に物品を検査し、買主の主張する不適合の存否に関する証拠を売主が収集する機会を与えることにある。したがって、買主は不適合を発見し、又は発見すべきであった時から合理的な期間内に、売主に対して通知を行なうだけではなく、通知は、不適合の性質を特定したものでなければならない。

2 「物品の不適合を発見し、又は発見すべきであった時から合理的な期間内」の通知義務

　本条(1)は、買主が定められた合理的な期間内に物品の不適合に関する通知を売主に対してしなかった場合には、買主は物品の不適合を援用する権利を失うと定める。通知がその期間内に行なわれなかった場合には、買主は、①45条(1)(b)による損害賠償の請求、②46条による売主に対する不適合の追完請求、③49条に基づく契約解除、④50条による代金減額をいずれもすることができない。

　買主は、不適合を発見し、又は発見すべきであった時から合理的な期間内に売主に対して通知を行なわなければならない。不適合が、38条による物品の検査により明らかにできるものであった場合には、買主は、物品を検査した又は検査すべきであった時に、不適合を発見すべきであったものとされる。これに対し、不適合がその検査により明らかにできないものであった場合には、買主は、実際に不適合を発見した時から、又はその後の経過に照らして発見すべきであった時から、合理的な期間内に通知を行なわなければならない。

3　通知義務に関する立証責任

　本条(1)は、買主が定められた合理的な期間内に物品の不適合に関する通知を売主に対してしなかった場合には、買主は物品の不適合を援用する権利を失うと定める。この場合、通知をしなかったことを売主が立証責任を負うのか（不通知抗弁説）、通知をしたことを買主が立証責任を負うのか（合理的な期間の経過の抗弁・通知の再抗弁説）、について見解が分かれる。

(1)「不通知の抗弁」説

　潮見＝中田＝松岡・概説85頁は、「買主が物品の不適合を理由として売主の責任を追及してきたとき、売主は、買主が、不適合を発見し、もしくは発見すべきであった時から合理的な期間内（または買主が現実の交付を受けた時から2年以内）に売主に対して不適合の通知をしなかったと主張・立証することができる（39条(1)(2)）。この抗弁が入れられるときには、買主は、物品の契約不適合を理由とするすべての救済手段を失う」としている。しかし、本条の「通知」は発信主義が採られているから（27条）、買主が通知をしなかったこと（具体的には、発信しなかったこと）を通知手続に関与しない売主に立証責任を課することは、実務的にも無理を強いるというべきであって、賛成することができない。

(2)「合理的な期間の経過の抗弁（通知の再抗弁）」説

　買主が物品の不適合を理由として売主の責任を追及してきたとき、売主は、①買主が、不適合を発見し、若しくは発見すべきであった時と、②上記①の時から合理的な期間が経過したことを抗弁として主張・立証すれば足り、これに対して、買主が合理的な期間内に物品の契約不適合を（その内容の特定とともに）再抗弁として主張・立証すべきであると解すべきである。注釈Ⅰ〔谷本圭子〕307頁も、この立場に立って「買主は通知の適切な発信について証明責任を負う。例えば、書面による通知の場合には、郵便局の受取証の提出で足りるし、電話による通知の場合には、日付と相手の名前についての詳細な報告が必要となる。通知が2項による2年の期間内になされたかどうかについても、買主が証明責任を負う。なぜなら、通常は買主のみが物品が交付された日を示すことができるからである」としている（本条(1)の合理的な期間については言及していないが、本条(2)に関する記述からみて、合理的な期間内に通知をしたことを買主の立証すべき事項としているものと考えられる）。

　ちなみに、本条に対応する我が国商法526条2項前段は、「買主は、同項の規定による検査により売買の目的物が種類、品質又は数量に関して契約の内容に適合しないことを発見したときは、直ちに売主に対してその旨の通知を発しなければ、その不適合を理由とする履行の追完の請求、代金の減額の請求、損害賠償の請求及び契約の解除をすることができない」と定めており、両者の法文の構造は同じとみてよい。しかるに、商562条2項前段の要件事実は、①XとYは、ともに商人であること、②YがXから本件目的物を受領したこと及びその時期、③上記②の時期から相当期間が経過したことが必要であるとされている（司法研修所編『＜増補＞民事訴訟における要件事実第一巻』法曹会（1986年）220頁参照。同書は改正前商法526条2項前段についての分析であるが、改正後も同じと考えられる）。すなわち、「通知を発しなかった」事実は不要と解されている。我が国商法の解釈は以上のとおりであり、本書は39条について、「通知をしたこと」を再抗弁に位置付けるものである。

訴訟物　　XのYに対する売買契約解除に基づく代金返還請求権

＊日本の商社であるX会社は、オーストラリアのY会社から本件物品100個を〇万豪ドルで輸入し、物品は仕向地の荷揚港に到着したが、X会社が到着した物品を検査しないで、そのまま転売先であるA社に送付し、X会社の倉庫に搬入

された。程なくして、転売先のA社から物品の品質上のクレームが届き、最終的に不良品として全品返却されてきた。X会社は直ちにY会社に対して代金の返還を求めたところ、契約不適合の通知義務違反が争点となった事案である。

請求原因
1 YはXとの間で、本件物品100個を○万豪ドルで売買する契約を締結したこと
2 YはXに対し、請求原因1の売買契約に基づき本件物品を引き渡したこと
3 XはYに対し、代金を支払ったこと
4 請求原因2の本件物品100個は、すべて契約不適合の不良品であったこと
　＊請求原因4は、重大な契約違反の程度に達するものとする。
5 XはYに対し請求原因1の売買契約を解除する意思表示をしたこと

(合理的な期間の経過)
抗　弁
1 Xが物品の不適合を発見し、又は発見すべきであった時から合理的な期間が経過したこと
　＊買主Xが不適合を発見すべきであった時点は、不適合の態様によるが、適切な検査によって発見できたような不適合である場合には、38条の定める物品検査期間が満了した時点である。他方、検査をしなくても、外観上、明らかな不適合については引渡し時である。
　＊買主Xが不適合を発見し、若しくは発見すべきであった時からの「合理的な期間」は、目的物の性質、瑕疵の性質、当事者の置かれた状況、関連する取引慣習などを考慮して判断される。

(通知)
再抗弁
1 XはYに対して、抗弁1の合理的な期間内に不適合の性質を特定した通知を行なったこと
　＊買主Xが行なうべき不適合の通知は、不適合の性質を特定して行なわなければならない（本条(1)）。これは、通知の目的が売主Yに迅速な証拠収集の機会を与え、対応方法を検討するためのものだからである。もっとも、状況によってはXは不適合があることの指摘しかできない場合もあるが、その場合には、そうなる状況を説明する通知さえあれば、本

条(1)が要求する「不適合の性質」を特定できたといえる。
*買主Xは、通知が実際にしかるべき期間内に発信されたことを立証するだけでよく、通知の到達を証明する必要はない（27条）。
*買主が合理的な期間内に不適合の性質を特定しないで通知をした場合には、本条(1)の通知をしたことにはならない。例えば、CLOUT3 は、仮に、通知が合理的な期間内にされていたとしても、それは物品の瑕疵を正確に特定するものではなかったため、買主は、物品の不適合に依拠する権利を失ったものとしている。また、CLOUT220 は、買主が「不適切な部品」又は「故障だらけ」のような抽象的な表現を用いているにすぎない場合は、不適合の性質を特定しなかったものとしている。

（禁反言の原則）
再抗弁　1　YがXに対し、合理的な期間の経過の抗弁を使用しないと信じさせる言動をしていたこと
*売主Yが買主Xに物品の不調の状況に関する情報をYに寄せ続けるよう依頼し、さらに示談交渉をするなど、合理的な期間の経過の抗弁を行使しないであろうと買主Xに十分に信じさせるに足りるような行動をしたことから、買主Xが意識的な不適合の通知をしなかったような場合には、禁反言（エストッペル）の法理により、売主Yは通知の合理的な期間の経過の抗弁の行使は許されないと解される。なお、本条約は、禁反言（エストッペル）の原則は明文で規定されてはいないが、7条(2)、16条(2)(b)、29条(2)に示唆されているように、本条約の根底に流れる法理として、自らの過去の行為に反することはしてはならないという法理を認めてよいであろう。

（検査時期及び通知期限の特約）
再抗弁　1　XYは、請求原因1の売買契約に、次の特約を付したこと
記
買主は自己の選択でいかなる時期及び場所で物品を検査することができる。買主は検査のいかなる遅延、又は不適合の通知、又は不適合の性質を特定することを怠ったことにより、本条約又は他のいかなる適用法に基づいても、救済を受ける権利

を喪失しないものとする（Buyer may examine the Goods at any time and at any place at its sole discretion. Buyer shall not lose any rights to remdies under CISG or any other applicable law for reason of any delay of examination or of notice of non-conformity, nor for reason of the lack of soecificity of the nature of the non-conformity.）。

* 38条は任意規定であるが（言い換えれば、特約のない場合のデフォルト・ルールとして）、「物品の検査は実行可能な限り短い期間内」に、また「不適合の通知は合理的な期間内」に行なわなければ買主の請求権が喪失するとされている。しかも、「買主は、状況に応じて実行可能な限り短い期間内に、物品を検査し」なければならないことが要請されている（38条(1)）。買主の立場からすると、取引事情に応じた、具体的な検査時期及び通知期限の特約を設ける（買主の検査義務、通知義務を緩和する）ことには、重要な意味がある。

（売主悪意）

再抗弁 1 Yは不適合の事実を知っていたか、知らないはずがあり得なかったこと
2 YがXに対して不適合の事実を明らかにしなかったこと
*40条に基づく再抗弁である。

（不通知の合理的な理由）

再抗弁 1 抗弁1のXの不通知について合理的な理由（reasonable excuse）があること
*44条に基づく再抗弁である。不通知についての合理的な理由があることが、通知したことと等価の再抗弁となる。

訴訟物 XのYに対する売買契約に基づく代金支払請求権
*本件は、日本のX会社が韓国のY会社に引き渡した活魚の売買代金○円の支払を求めたところ、Y会社は、魚がウィルスに感染していると主張して契約を解除し、支払を拒絶した事案である（CLOUT280）。

請求原因 1 XはYとの間で、活魚を○円で売買する契約を締結したこと

（解除）

抗弁 1 XはYに対して、請求原因1の活魚を引き渡したこと

2 抗弁2の活魚は、ウィルスに感染していたこと
   ＊抗弁2の事実は重大な契約違反に当たる。
  3 YはXに対し、請求原因1の契約を解除する意思表示をしたこと

(合理的な期間の経過)

再抗弁 1 Yが物品の不適合を発見し、又は発見すべきであった時から合理的な期間が経過したこと
   ＊買主Yは、ウィルスは隠れた契約不適合（瑕疵）であるとしても、その状況に応じた実行可能な限り短い期間内に物品の検査をY自ら行なうか、又は検査させるかしなければならない。検査をしないことが関係ないのは、その瑕疵が専門家によらないとわからない場合であるが、本件がそれに当たることはYが立証責任を負う。
   ＊CLOUT280は、本件状況下では、即時の検査が適当だったのであって、魚の無作為抽出による検査で十分であったと認定した。さらに、裁判所は、買主は魚の輸入許可のために発行された獣医の検査証明書に依拠することもできないとし、また、ウィルスの発見後4週間目にされた買主の売主に対する通知は遅きに失しており、そのような通知は8日以内になされるのが適当であったとして、売主Xの請求を認めている。

訴訟物 XのYに対する売買契約に基づく代金支払請求権
   ＊イタリアの食品卸売販売業者であるX会社は日本のY会社との間で、トリュフを○ユーロで売買する契約を締結し、Y会社に引き渡した。検査後、Y会社はX会社の従業員Aに対して、トリュフが柔らかすぎると通知した。Aは苦情を受理する権限はないが、通知を転送しておく旨の意思表示をした。Y会社は、物品の品質に対し異議を申し立てると記載した書面をファクシミリで送信した。その後、トリュフに蛆虫が発生したが、Y会社は、先の書面の通知で足りると考えていた。本件は、X会社がY会社に対し代金の支払を求めたところ、Y会社はAへの苦情によって契約不適合の通知をし、先の書面で解除をしたと主張した事案（CLOUT411）である。

請求原因 1　XはYとの間で、トリュフを○ユーロで売買する契約を締結したこと

(解除)

抗弁 1　XはYに対し、本件トリュフを引き渡したこと
2　本件トリュフが柔らかすぎで、その後本件トリュフに蛆虫が発生したこと
　　＊蛆虫の発生という事実は、重大な契約違反であるといえるであろう。
3　YはXに対し、請求原因1の売買契約を解除する意思表示をしたこと
　　＊単なる物品の品質に対する苦情の申立てでは、直ちに解除の意思表示とはいい難い。

(合理的な期間の経過)

再抗弁 1　Yが物品の不適合を発見し、又は発見すべきであった時から合理的な期間が経過したこと

(通知)

再々抗弁 1　YはXの従業員Aに対して、本件トリュフが柔らかすぎると通知したこと
　　＊不適合の性質の特定に関しては、トリュフが柔らかいという事実のみの通知では、漠然としすぎており、買主Yの通知は本条の要件を充足しているとはいえないであろう。また、Aが苦情を受理する権限はない地位にある場合には、Xに伝えることを約束していたとしても、約束どおり通知をXに伝えたことをYが立証することは困難である。

4　不適合を援用する権利の喪失(本条(2))
(1) 不適合の援用の期間制限
　一定期間が経過して初めて明らかになる契約不適合を援用する買主の権利を保護することは重要であるが、他方で、物品引渡しから相当の時間経過後にされる請求から売主を保護すること(取引の安全)も等しく重要である。物品の引渡しから相当の時間が経過してから行なわれる請求は、一般的に信憑性に疑問があり、また、相当の時間が経過した時点でそうした内容の通知を受けても、売主が、引渡しの時点での物品の状態に関して証拠を入手することや、物品又はその製造に用いる材料の入手元の供給者の責任を問うことも困難となる。

以上のことから、本条(2)は、物品が買主に現実に交付された日から遅くとも2年以内に、買主は売主に対して通知を行なわなければならないとして、上記の売主の利益を保護している。この点、我が国の改正民法566条では、担保責任の期間は1年間（商人間取引では6か月（商526条2項））とされている。売主の立場に立つと、本条約に基づく保証期間が日本の上記担保責任期間より長いので、日本の期間にそろえるためには、特約で、その期間を短く設定しておく必要がある。

(2) 本条(2)の期間制限が機能する場面

　本条(2)の規定の限りでは、本条約は、買主に対し最長2年以内に「検査」と「通知」をすれば権利が保護されるかのようであるが、最長2年を主たるルールとしているのではない。本条(1)が定めるとおり、「検査」は直ちに行ない、「通知」も合理的な期間内に行なうことが要請されている。したがって、本条(2)の規定が実際に機能するのは次の2つの場合である。第1は、買主が適切な検査を行なっても物品交付時から2年以内に不適合を発見し、又は発見し得なかった場合（本条(1)参照）であり、第2は、買主が本条(1)の通知を行なわなかったことについて合理的な理由がある場合（44条参照）である。この2つの場合は、本来であれば、現実の物品交付時から2年経過した後であっても、買主は不適合を援用する権利を有するのであるが、交付時から長期間が経過すると物品の不適合の発生時や原因の究明が困難でもあり、法律関係を確定させて不適合に基づく請求を受ける可能性を封ずるという売主の利益を考えて、買主の権利を失効することとする点に本条が機能するのである。

> **訴訟物**　XのYに対する売買契約の物品不適合に基づく損害賠償請求権
>
> ＊イタリアのY会社は日本のX会社との間で、タイルを○ユーロで売買する契約を締結し、X会社は引渡しを受けたタイルを日本の顧客Aに2011年12月に売却した。Aは、そのタイルに防霜の保証がされており、2012年5月にそれを自己のテラスに敷いたところ、2016年から2017年にかけての冬の間に、降霜によって膨張して割れたため、そのタイルは防霜仕様でないことが判明した。X会社はAからの補償請求に応じたうえで、Y会社に対し、損害の賠償を求めたところ、Y会社は2年の期間制限を主張した事案である（CLOUT 1026）。なお、上記の2年の期限制限の主張（抗

弁）は、参考までに末尾に掲記した合理的な期間の経過の抗弁とは、別系列の抗弁と考えられる。

請求原因　1　YはXとの間で、タイルを○ユーロで売買する契約を締結したこと
　　2　XはYから引渡しを受けたタイルを日本の顧客Aに2011年12月に売却したこと
　　3　そのタイルに防霜の保証がされていたこと
　　4　そのタイルをYから買い受けたAは、2012年5月にそれを自己のテラスに敷いたところ、2016年から2017年にかけての冬の間に降霜によって膨張して割れたため、そのタイルは防霜仕様でないことが判明したこと
　　5　XはAからの補償請求に応じたこと及びその数額
　　＊損害額は、74条に基づくことになろう。

（期間制限）
抗　弁　1　Yに物品が現実に交付された日
　　＊CLOUT1026は、タイルが防霜仕様であるとの主張は降霜にさらされるまでテストできないという主張を採用せず、Xは、実際にXに物品が交付された日から遅くとも2年以内に不適合の通知をYにしなかった場合には、物品の不適合について援用する権利を失うとした。
　　2　抗弁1の日から2年以内が経過したこと
　　＊買主Xは、実際にXに物品が交付された日から遅くとも2年以内に不適合の通知を売主Yにしなかった場合には、物品の不適合について援用する権利を失う。

（権利の保存）
再抗弁　1　Xは、抗弁2の2年が経過するに先立って、Y（売主）に対して、抗弁2の合理的な期間内に不適合の性質を特定した通知をしたこと
　　＊本条(2)によって規定された2年間の期間制限は不適合に関する通知（不服申立て）のための期間制限であって訴え提起の期間制限ではない（CLOUT1027）。

（合理的な期間の経過）
抗　弁　1　Xが物品の不適合を発見し、又は発見すべきであった時から合理的な期間が経過したこと

(不通知の合理的な理由)

再抗弁 1 抗弁1の合理的な期間内の不通知に合理的な理由があること
＊44条に基づく再抗弁である。本件事案においては、この再抗弁は成立しないが、仮に成立するとしても、上記の期間制限の抗弁は別系列の抗弁として成立し得る。

(3) 保証期間が定められている場合の例外

　6条が定めている当事者の意思自治という、より優先する原則により、当事者は、本条(2)所定の一般的な通知義務と異なる合意をすることができる。しかしながら、特定の期間は物品が特定の品質又は特性を保持するという明示の保証により、2年以内に通知を行なう義務が影響を受けるかどうかについては、特別の条項がない場合には明確ではない。そこで本条(2)は、そのような「期間制限と契約上の保証期間とが一致しない」場合には、2年以内に通知を行なう義務は適用されないことを定めている。両者が一致するか否かは、保証の解釈の問題である。物品に関する保証には、単に期間の長短のみならず、保証の内容、目的等により多様なものがある。そして、例えば一定の期間ある性能を保証している場合には、その保証が本条の予定する期間をも変更する趣旨なのか否かの問題を含め、当事者間の合意内容の解釈が重要である（曽野＝山手・国際売買153頁）。

訴訟物　　XのYに対する売買契約の代金減額権に基づく代金返還請求権

＊日本のY会社とドイツのX会社は工作機械を1,000万円で売買する契約を締結した。その売買契約においては、工作機械が引渡し後少なくとも3年間にわたり、最低でも1日当たり100台の生産を行なうことができるとの保証がされていた。Y会社がX会社に工作機械を引き渡し、同時にX会社はY会社に代金を支払った。工作機械は引渡しから2年経過した頃から生産能力が低下し、3年の保証期間満了時には1日当たり70台の生産にとどまった。本件は、買主X会社が売主Y会社に対して代金減額権を行使して、300万円の返還を求めたところ、Y会社は2年以内に契約不適合の通知がなかったと主張し、X会社は保証期間が3年であるからその期間経過後契約不適合を通知したことで足りると反論した事案である（事務局注釈119頁【例37B】）。

請求原因
1　YはXとの間で、本件工作機械を代金1,000万円で売買する契約を締結したこと
2　YがXに工作機械を引き渡し、同時にXはYに代金を支払ったこと
3　工作機械は引渡しから10月経過した頃から1日80台の生産能力と低下し、3年経過時には1日当たり70台の生産になったこと
4　XはYに対して、代金のうち300万円を減額する通知をしたこと

（合理的な期間の経過）

抗弁
1　請求原因3の事実を知った日
2　抗弁1の日から合理的な期間が経過したとき

（通知）

再抗弁
1　請求原因1の売買契約において、工作機械が引渡し後少なくとも3年間にわたり、最低でも1日当たり100台の生産を行なうことができるとの保証がされていたこと
＊3年間の保証の契約条項は、本条(2)における2年間の期間制限を変更する合意であるが、事務局注釈119頁【例37B】は、「3年の内に保証違反があったことを売主に知らせるため、1日当たり100台の生産ができなかったことについての通知が、3年以内に行われなければならないかどうかは、当該契約における保証条項の解釈の問題であろう」としている。
2　XはYに対して、3年経過後直ちに、請求原因3の契約不適合の事実を通知したこと

訴訟物　XのYに対する売買契約の代金減額権に基づく代金返還請求権
＊日本のY会社とドイツのX会社は工作機械を1,000万円で売買する契約を締結した。その売買契約においては、工作機械が引渡し後1年間にわたり最低でも1日当たり100台を生産できるものと定められていた。Y会社がX会社に工作機械を引き渡し、同時にX会社はY会社に代金を支払った。工作機械は引渡しから半年経過した頃から生産能力が低下し、1年の保証期間満了時には1日当たり60台の生産にと

どまった。本件は、X会社がY会社に対して引渡し後1年10月が経過したときに代金減額権を行使して、400万円の返還を求めた事案である（事務局注釈119頁【例37C】）。

請求原因
1　YはXとの間で、本件工作機械を代金1,000万円で売買する契約を締結したこと
2　請求原因1の売買契約において、工作機械が引渡し後1年間にわたり、最低でも1日当たり100台の生産を行なうことができるとの保証がされていたこと
3　YがXに工作機械を引き渡し、同時にXはYに代金を支払ったこと
4　工作機械は引渡しから半年経過した頃から生産能力が低下し、1年の保証期間満了時には1日当たり60台の生産にとどまったこと
5　XはYに対して、1年10月が経過したときに、請求原因4の契約不適合の事実を通知したこと
　＊事務局注釈119頁【例37C】は、「1年間にわたり特定の性能の保持を定めるこの契約が、39条(2)が定める通知のための2年間の期間制限に影響を及ぼすと解釈されることはまずないだろう」としている。
6　XはYに対して、請求原因5の通知と併せて、代金のうち400万円を減額する通知をしたこと

訴訟物
　XのYに対する売買契約の代金減額権に基づく代金返還請求権
　＊日本のY会社とドイツのX会社は工作機械を1,000万円で売買する契約を締結した。その売買契約においては、1日当たり100台の生産ができなかったら、その通知は引渡日から90日以内に行なわなければならないと定められていた。Y会社がX会社に工作機械を引き渡し、同時にX会社はY会社に代金を支払った。工作機械は引渡しから半年経過した頃から生産能力が低下し、1日当たり60台の生産にとどまった。本件は、X会社がY会社に対して引渡し後1年が経過したときに代金減額権を行使して、400万円の返還を求めたところ、X会社の契約不適合の通知が引渡し後90日を経過しているとY会社が主張した事案である（事務局注釈119

請求原因
1　YはXとの間で、本件工作機械を代金1,000万円で売買する契約を締結したこと
2　請求原因1の売買契約において、工作機械が引渡し後1年間にわたり、最低でも1日当たり100台の生産を行なうことができるとの保証がされていたこと
3　YがXに工作機械を引き渡し、同時にXはYに代金を支払ったこと
4　工作機械は引渡しから半年経過した頃から生産能力が低下し、1年の保証期間満了時には1日当たり60台の生産にとどまったこと
5　XはYに対して、1年が経過したときに、請求原因4の契約不適合の事実を通知したこと
6　XはYに対して、請求原因5の通知と併せて、代金のうち400万円を減額する通知をしたこと

(期間制限)
抗　弁
1　1日当たり100台の生産ができなかったら、その通知は引渡日から90日以内に行なわなければならないと定めていたこと
　＊上記抗弁の明示の条項は、本条(2)の2年間の期間制限を変更するものであると理解されるであろう（事務局注釈119頁【例37D】）。
2　引渡日から90日が経過したこと
　＊本件においては、X会社がY会社に対して引渡し後1年が経過したときに代金減額権を行使したが、90日以内に契約不適合を通知したか否かは不明である。

5　通知義務違反の効果

　買主は、通知義務に違反した場合には、物品の不適合を援用することができない（本条(1)）。したがって、引き渡された物品が不適合なものであっても、45条に定める救済を受ける権利を主張できず、買主は、約定どおりの代金を支払わなければならない。また、明白な不適合があるにもかかわらず、買主が不適合の通知を行なわず、物品の受領又は代金の支払義務を積極的に認める行為をした場合、買主は、物品の不適合を援用する権利を放棄したとみなされるおそれがある。

　ただし、買主が通知義務に違反していても、例外的に、以下のように不適

合を援用する権利（45条を参照）を失わない場合がある。
(1) 物品の不適合が、売主が知り、又は知らないことはあり得なかった事実であって、売主が買主に対して明らかにしなかったものに関するものである場合（40条）である。この場合、買主は不適合を援用する権利を失わない。
(2) 買主が必要とされる通知を行なわなかったことについて合理的な理由を有する場合（44条）である。この場合、買主は、代金減額又は損害賠償（逸失利益を除く）の請求については、行なうことができる。
(3) 売主が、通知期間についての抗弁を放棄する場合である。例えば、買主が本条の定める通知期間の経過後に通知を行なったにもかかわらず、売主が、異議を唱えない場合（又は異議を唱えないと買主に信頼させるような行為を行なった場合）である。
(4) 当事者間で通知義務を完全に排除している場合である（6条参照）。もっとも、このような約定が有効かどうかは、本条約の対象外である（4条(a)、7条参照）。

6　日本法との比較

買主の検査・通知義務に関して買主が速やかに物品を検査し、合理的期間

物品の検査・通知義務

	本条約	商法
検査義務	実行可能な限り短期間内に検査（38条(1)）、違反に救済なし	遅滞なく検査（526条1項）、違反に救済なし
運送転送を伴う場合の検査義務	仕向地到着後まで検査の延期可能（38条(2)(3)）	規定なし。江頭憲治郎・商取引法（第7版）28-29頁は、本条約38条(2)(3)と同様の解釈をする。
通知義務	合理的期間内に不適合の通知をしないと不適合を援用できない（39条(1)）	直ちに通知しないと請求権を喪失する（526条2項前段）
失権期間	2年（39条(2)）	6か月（526条2項後段）。最判昭和47年1月25日判時662.85
売主悪意の場合	不適合は援用可能（40条）	請求権は喪失せず（526条3項）

内に通知する点ではほぼ同じであるが、検査・通知を懈怠する結果、売主に対して買主が請求権を失う失権期間を商526条2項後段は6か月と定めるのに対し、本条(2)では2年と定める点で相違がある。

●(売主の知っていた不適合)

第40条　物品の不適合が、売主が知り、又は知らないことはあり得なかった事実であって、売主が買主に対して明らかにしなかったものに関するものである場合には、売主は、前2条の規定に依拠することができない。

Article 40

The seller is not entitled to rely on the provisions of articles 38 and 39 if the lack of conformity relates to facts of which he knew or could not have been unaware and which he did not disclose to the buyer.

1　物品の契約不適合についての売主の悪意

　本条は、物品の不適合が、売主が知り、又は知らないことはあり得なかった事実であって、売主が買主に対して明らかにしなかったものに関するものである場合について、38条及び39条の通知要件を緩和している。なぜなら、売主には、それらの事実を自己に通知するよう買主に求める合理的な理由がないからである（事務局注釈120頁）。

　売主が不適合の通知の合理的な期間経過の抗弁（39条）を提出した場合、買主は、再抗弁として、①売主が不適合の事実を知っていたか、又は知らないはずがあり得なかったことと、②不適合の事実を売主が買主に対して明らかにしなかったことを主張・立証すべきであるとする見解と、②については、売主が買主に対して契約不適合を明らかにしたことについて、売主の再々抗弁となるとする見解に分かれる。

|訴訟物|XのYに対する売買契約に基づく代金支払請求権|

　　　　　　　＊ロシアのX会社は日本のY会社との間で、冷凍蟹100箱を○万円で売買する契約を締結し、東京港にコンテナが到着して、Y会社は、冷凍された蟹は去年捕れたものであること

を知ることになったが、蟹が去年捕れたものである事実をX会社は知っていた。Y会社は蟹を含む冷凍の魚介類の売買は特段の指定がない限り今年捕れたものであることが前提とされる国際的慣習が存在すると考えたが、その不適合をX会社に通知することを怠ったまま、最終的に契約を解除した。本件は、X会社がY会社に対し、代金の支払を求めたところ、Y会社は解除をして争ったが、上記の国際的慣行の存否、通知を怠ったか否かが争点となった事案（CLOUT477）である。

請求原因 1　XはYとの間で、冷凍蟹100箱を〇万円で売買する契約を締結したこと

（解除）

抗弁 1　XはYに冷凍蟹100箱を引き渡したこと
2　蟹を含む冷凍の魚介類の売買は指定がない限り今年捕れたものであることが前提とされるとの国際的慣習が存在すること
3　抗弁1の冷凍された蟹は去年捕れたものであったこと
　＊仮に、抗弁2のような慣習が存在し、9条(2)によってその慣習が適用されるとすれば、本件冷凍蟹は契約不適合であり、かつ、重大な契約違反に当たることになる。
4　YはXに対し、請求原因1の売買契約を解除する意思表示をしたこと

（合理的な期間の経過）

再抗弁 1　Yが物品の不適合を発見し、又は発見すべきであった時から合理的な期間が経過したこと

（売主の悪意）

再々抗弁 1　Y（売主）は抗弁3の不適合の事実を知っていたか、知らないはずがあり得なかったこと
2　抗弁3の不適合の事実をYがXに対して明らかにしなかったこと
　＊本条に基づく再抗弁である。その不適合につき悪意の売主Xは38条及び39条によって要求されている不適合の通知をYがしなかったこと（再抗弁参照）の効果を主張し得なくなる。

訴訟物　XのYに対する契約不適合に基づく損害賠償請求権

＊米国の機械製造業者Y会社が日本の自動車製造会社X会社にプレス機を売買し、その際、「本件プレス機は最良の材料を使用し、一級品、新品で未使用品であることを保証する」との保証条項を付していた。Y会社は、製造工程で買主に渡した設計図書とは違う種類のロックプレートで代用したが、売主Y会社はそれを買主X会社に伝えず、さらにロックプレートを適切に装着しなければならない旨の説明をも怠った。Y会社はプレス機を分解してX会社に出荷し、X会社が組立て直した際、ロックプレートが不適切に装着されたため、出荷後4年を経過した時点でロックプレートが破損し、プレス機に重大な損傷を与えた。X会社がY会社に対し損害賠償を求めた事案である。

請求原因 1　YはXとの間で、本件プレス機を○ドルで売買する契約を締結したこと
2　YがXに引き渡した本件プレス機には、設計図と異なるロックプレートがつけられており、また、Yはロックプレートを適切に装着しなければならない旨の説明をも怠ったこと
　　＊請求原因2は、35条(2)の契約不適合に該当する。
3　本件プレス機は、ロックプレートが破損し、プレス機に重大な損傷を与えたこと
　　＊請求原因3は、損害（いわゆる「結果損害」）を示す事実である。
4　請求原因3のXの損害額
　　＊損害額は、74条に基づくことになろう。

(期間制限)
抗　弁 1　本件プレス機のXへの引渡しから2年が経過していること
　　＊抗弁1は、39条の除斥期間の主張である。

(売主悪意)
再抗弁 1　Y（売主）は不適合の事実を知っていたか、知らないはずがあり得なかったこと
2　不適合の事実をYがXに対して明らかにしなかったこと
　　＊本条に基づく再抗弁である。39条の2年以内の通知に関する除斥期間にもかかわらず、本条により契約不適合の事実を売主Yが知っていた場合に当たる。そのため、39条の規定が適用されないこととなる。これは7条にも通ずるものであ

るとし、そして売主Yが契約不適合に明らかに関する請求原因2の事実を意識的に買主Xに伝えなかったことにより、本条に基づき買主Xは売主Yに対する通知義務を免除されたと同じ結果となる。

* 潮見＝中田＝松岡・概説87頁は、売主から不適合の通知がなかったとの抗弁が出されたことを前提として、「買主は、①売主が不適合の事実を知っていたか、または知らないはずがありえなかったことと、②不適合の事実を売主が買主に対して明らかにしなかったことを主張・立証して、契約不適合の責任を追及できる（40条）」とする。

2　物品の検査時期及び物品が契約不適合の通知期間に関する規定のまとめ
(1)　買主の検査時期（38条）　実行可能な限り短い期間内。
(2)　契約に適合していない旨の通知（39条(1)）　発見した時又は発見すべきであった時から合理的な期間内。
(3)　買主が不適合の通知をしなかったことについて合理的な理由がある場合（44条）　合理的な期間を過ぎてもよいが、救済は代金の減額、及び、利益の喪失を除く損害賠償に限定される。
(4)　不適合の通知の絶対的制限期間（39条(2)）　物品の引渡しから2年以内。
(5)　売主が不適合を知っていながら買主に知らせなかった場合（本条）　38条及び39条の適用なし。

● (第三者の権利又は請求)

第41条　売主は、買主が第三者の権利又は請求の対象となっている物品を受領することに同意した場合を除くほか、そのような権利又は請求の対象となっていない物品を引き渡さなければならない。ただし、当該権利又は請求が工業所有権その他の知的財産権に基づくものである場合には、売主の義務は、次条の規定によって規律される。

Article 41

The seller must deliver goods which are free from any right or claim of a third party, unless the buyer agreed to take the goods subject to that right or claim. However, if such right or claim is based on industrial property or other intellectual property, the seller's obligation is governed by article 42.

1　本条及び42条の位置付け

　第2節が「物品の適合性及び第三者の権利又は請求」と題しているように、物品の担保義務を35条ないし40条の「物品の適合性」と本条ないし42条の「第三者の権利又は請求」に区分して規律を設けている。したがって、売主が本条ないし42条所定の義務に違反したときは、物品の適合性に違反した場合と同様に、買主は、45条(1)所定の権利を行使することができる。

2　第三者の権利・請求の対象でない物品を引き渡す義務

　本条1文は、売主が、引渡義務、契約に適合した物品を引き渡す義務のほか、第三者の権利又は請求の対象となっていない物品を引き渡す義務を負うことを定める。ただし、買主が第三者の権利又は請求の対象となっている物品を受領することに同意していた場合は、この限りでない。「第三者の権利」としては、買主が物品の使用・収益・処分を制限され得るような権利かどうかが重要とされ、物権だけでなく債権やその他の権利も該当する。すなわち、物品に対する所有権（他人物売買の場合）のほかに、共有権、占有権、用益物権、又は物品上の担保物権、留保所有権、譲渡担保権、信託財産の受戻権、さらに買主との関係でも主張し得る債権、債権者取消権、否認権なども含まれるとされる（注釈Ⅰ〔山本宣之〕311-312頁）。

訴訟物　　XのYに対する売買契約に基づく代金支払請求権
　　　　＊米国のX会社は日本のY会社との間で、本件物品を○ドルで売買する契約を締結した。Y会社が本件物品の引渡しを受けたところ、米国のA会社からその物品の所有権はA会社にあるとして返還請求訴訟が提起された。本件は、X会社がY会社に対し代金の支払を求めたところ、Y会社は本件物品についてA会社から所有権に基づく返還請求訴訟が提起されたことを理由として解除を主張し、これに対し、①X会社は引渡し当時本件物品についてA会社からの権利主張があることを知っていたか否か、②引渡し後合理的な期間

内に Y 会社が X 会社に A 会社からの請求があることを通知したか否か、③そもそも本件物品に対する A 会社の権利主張を X 会社が知っていたか否かなどが争点となった事案である。

＊買主がいわゆる権利の瑕疵を主張する場合には、売主は、国際私法上適用される物権法理により所有権移転義務の履行につき要求されることはすべて行なったことを立証するだけでよい。これは通常履行により達成されるので（本件では、抗弁1において、Xの履行の事実が現れている）、むしろ買主の側で、物品に第三者の権利が付着していることを立証しなければならない。

請求原因 1　X（売主）は Y（買主）との間で、本件物品を○で売買する契約を締結したこと

（解除）

抗　弁 1　X は Y に対して、本件物品を引き渡したこと
2　本件物品は、抗弁1の引渡し時に、第三者 A の権利又は請求の対象となっていたこと
　＊「第三者の権利又は請求」は、本条の文言からも「物品の引渡し時」に存在することである。したがって、契約締結時に第三者の権利が存在していても、引渡し時までに除去すれば、売主は義務違反とならない。
　＊本条所定の「第三者の……請求」とは、買主に主張し得る第三者の権利に基づくものに限られず、法的根拠のない請求も含まれる。第三者から請求を受けた場合、その請求に法的根拠があるかどうかは準拠法を適用してみないと判断できないので、このような不明確なリスクを買主に負わせるのは買主の期待に反するからである。また、第三者の請求は、訴訟上の請求に限らず、事実上の請求も含まれる。
3　Y は本件物品について A から所有権に基づく返還請求訴訟が提起されたこと
4　Y は X に対して、請求原因1の売買契約につき解除の意思表示をしたこと

（買主の同意）

再抗弁 1　Y は、第三者の権利又は請求の対象となっている物品を受領することに同意していたこと

＊本条本文に基づく再抗弁である。
＊売主 X は、「Y が第三者の権利・請求を知っていた（又は、知らないことがあり得なかった）こと」という主張（再抗弁）はすることができない。権利の契約不適合については、物品の契約不適合の場合における 35 条(3)に対応する規定が存在しないからである。

3 第三者の権利・請求の存否を判断する基準時——引渡し時

本条の文言（The seller must deliver goods which are free from any right or claim of a third party, ……）からすると、第三者の権利・請求の存否を判断する基準時は、「引渡し時」である（この点、物品の契約不適合の場合が「危険が買主に移転した時」（36 条(1)）とされているのとは異なる）。引渡し時が基準時とされるのは、引渡し後の事情に依拠した第三者の権利主張・請求による売主の地位の不安定さを回避するためである。ただし、引渡し時を基準時とすると、送付売買においては買主に不都合な結果が生じ得る。送付売買は、最初の運送人への物品の交付により「引渡し」が完了したことになるが（31 条(a)）、運送人の運送中に売主の債権者が物品を差し押さえ、又はその物品に対し担保権を取得したとき、買主は売主に対して、本条に基づく権利主張をすることができなくなる。また、売買契約において目的地までの運送費を売主が負担するものと定められていた場合に、売主が運送人に運送賃を支払わず、そのため運送人が物品上の担保権等を実行したとき、買主は売主に対して本条に基づく権利主張をすることができなくなる（もっとも、後者は、運送人の担保権が「引渡し」と同時に成立したとも解し得る）。このように、引渡し時を基準時としたのでは、買主にとって不利益が生ずる。そのため、第三者の権利又は請求の基礎となる法律関係が引渡し時に既に存在していた場合には、当該第三者の権利・請求が現実化したときに、売主が当該第三者の権利・請求について買主に対し責任を負うとする見解も有力である。

4 買主による同意

本条の買主の「同意」は、明示に限られず、黙示的にされたものを含む。同意の時期については、契約締結時に限定されず、それ以降の引渡し時などにされていてもよい。買主が「第三者の権利・請求についての責任」を売主に対して主張・立証したときは、売主は、買主が第三者の権利・請求の対象となっている物品を受領することについて同意したと主張・立証することが

できる（本条1文。潮見＝中田＝松岡・概説90頁）。

5　買主が第三者の権利・請求を知っていた場合
　物品の契約不適合の場合には、「買主が契約締結の時にその物品の不適合を知り、又は知らないことはあり得なかった場合には」売主は契約不適合による責任を負わないこととされている（35条(3)）。これに対して、買主は、また、同意を与えている場合を別として、当該物品が第三者の権利・請求の対象となっていることを知っていた場合であっても、買主は本条に基づく保護を失うことはない。なぜなら、第三者の権利・請求は物品自体から認識できるものではなく、また、第三者が実際に権利行使・請求を行なうかどうか予測できないからである。したがって、遡って、買主は、物品に関する第三者の権利又は請求の存否を調査する義務はもとよりない。

6　工業所有権その他の知的財産権の特則
　本条2文は、但書（However）の形式を採っており、当該権利又は請求が工業所有権その他の知的財産権に基づくものである場合について本条1文の適用から例外的に除外することとし、42条の規定にゆだねることとしている。

●(知的財産権に基づく第三者の権利又は請求)════════

第42条
　　(1)　売主は、自己が契約の締結時に知り、又は知らないことはあり得なかった工業所有権その他の知的財産権に基づく第三者の権利又は請求の対象となっていない物品を引き渡さなければならない。ただし、そのような権利又は請求が、次の国の法の下での工業所有権その他の知的財産権に基づく場合に限る。
　　　　(a)　ある国において物品が転売され、又は他の方法によって使用されることを当事者双方が契約の締結時に想定していた場合には、当該国の法
　　　　(b)　その他の場合には、買主が営業所を有する国の法
　　(2)　売主は、次の場合には、(1)の規定に基づく義務を負わない。
　　　　(a)　買主が契約の締結時に(1)に規定する権利又は請求を知り、又は知らないことはあり得なかった場合
　　　　(b)　(1)に規定する権利又は請求が、買主の提供した技術的図

面、設計、製法その他の指定に売主が従ったことによって生じた場合

Article 42

(1) The seller must deliver goods which are free from any right or claim of a third party based on industrial property or other intellectual property, of which at the time of the conclusion of the contract the seller knew or could not have been unaware, provided that the right or claim is based on industrial property or other intellectual property:

 (a) under the law of the State where the goods will be resold or otherwise used, if it was contemplated by the parties at the time of the conclusion of the contract that the goods would be resold or otherwise used in that State; or

 (b) in any other case, under the law of the State where the buyer has his place of business.

(2) The obligation of the seller under the preceding paragraph does not extend to cases where:

 (a) at the time of the conclusion of the contract the buyer knew or could not have been unaware of the right or claim; or

 (b) the right or claim results from the seller's compliance with technical drawings, designs, formulae or other such specifications furnished by the buyer.

1 趣旨

本条により、売主は、知的財産権に基づく第三者の権利又は請求の対象となっていない物品を引き渡す義務を負う。41条2文を受けて、第三者が知的財産権を主張してきた場合については、41条（第三者の権利又は請求）の一般規定による処理ではなく、本条の特則を設けるものである。これは、各国の知的財産法制が多様であるため、41条の売主の責任を負わせるのはその負担が過重であるので、売主の負担を軽減するためである。すなわち、その知的財産権が、当事者双方が契約締結時に想定していた転売・使用先の国のもの（本条(1)(a)）、あるいは買主の営業所国のもの（本条(1)(b)）であって、かつ、売主が契約の締結時に知り又は知らないことはあり得なかっ

た知的財産権に限られる。また、買主が契約締結時に第三者の権利・請求を知り、又は知らないことはあり得なかった場合（本条(2)(a)）や、買主の設計等の指定に売主が従ったことによって第三者の権利・請求が生じた場合（本条(2)(b)）には、売主は責任を負わない。

2　売主が責任を負う第三者からの請求
(1) 知的財産権を考慮すべき国
　本条(1)は、第三者の知的財産権に対する侵害について、売主の買主に対する責任を制限している。この制限は、売主が第三者の知的財産権に基づく権利又は請求の対象となっていない物品を提供する義務に違反したか否かを決定するに際して、いかなる国の知的財産権法が基準となるかを、次のように指定することによって行なっている。
ア　当事者双方が契約締結時に転売あるいは使用を想定している国がある場合（本条(1)(a)）
　この場合には、当事者双方が契約締結時に転売あるいは使用を想定している国の知的財産権を考慮しなければならない。物品が特定の国で使用され又は転売されることを、当事者双方が想定していた場合には、当該の物品が実際に使用され又は転売されたのが別の国であったとしても、基準となる法は、当初想定していた国の法である。
イ　契約締結時に使用地国が特定されていない場合（本条(1)(b)）
　この場合には、売主は、買主が営業所を有する国の知的財産権を考慮すれば足りる。
(2) 知的財産権に関する売主の認識可能性
　本条(1)は、売主の責任をさらに制限しており、売主が責任を負うのは、売主が契約締結時に「知り、又は知らないことはあり得なかった」知的財産権だけである。一般に、契約締結時に上記ア又はイの国で登録されていた知的財産権について、売主は、「知らないことはあり得なかった」とされる。第三者の請求が、問題となっている国において例えば、公開されている特許出願又は特許に基づいたものである場合には、売主は第三者の請求を「知らないことはあり得なかった」といえる。そのため、売主としては、他者の知的財産権行使の対象とならないことが明らかな物品や、十分に信用力のあるメーカーから特許保証等を受けている物品を取引する場合等を除き、事前の特許調査等が必要となる。なお、登録されていない権利については、公表されているか否かが重要な基準とされる。売主の認識可能性は、買主が立証責任を負うものと解される。

訴訟物　XのYに対する売買契約に基づく代金支払請求権

＊日本のX会社は台湾の親会社A会社からデータ書込み用のCD媒体を購入して、オーストリアのY会社に転売していた。A会社はライセンスを受けてCDを製造しており、ライセンス契約によれば、日本での販売は許されていたが、オーストリアで販売ができるかどうかは不明であった。また、ライセンス料についてA会社とライセンサーBとの間で紛争が生じ、Bはライセンス契約を解除してA会社に訴えを提起した。その訴訟を知ったY会社は、X会社に対して説明を求めたが、X会社から説明がなかった。本件は、X会社がY会社に対して、CDの代金の支払を求めたところ、Y会社はそのCDが第三者Aの知的財産権に基づく請求の対象になっているとして、契約の解除を主張した事案である（CLOUT753）。

請求原因　1　XはYとの間で、データ書込み用のCD媒体を売買する契約（数量、金額）を締結したこと

（解除）

抗弁　1　請求原因1の売買契約は、Xが台湾の親会社AからCDを購入してYに転売していたこと

2　AはライセンサーBからライセンスを受けてCDを製造しており、ライセンス契約によれば、日本での販売は許されていたが、オーストリアで販売ができるかどうかは明らかでなかったこと

3　ライセンス料をめぐりAとBとの間で紛争が生じ、Bは契約を解除したうえで、訴えが提起されたこと

＊本条の第三者の権利・請求も、41条と同様に、法的根拠のない請求も含まれる。したがって、第三者が自らの知的財産権の対象となる旨を主張してきた場合には、たとえその主張に法的根拠がなかったとしても、その主張への対応等が必要となり、本件では、Xは請求していないが、Xに生じた弁護士費用等の損害についてYは賠償する責任を負う。

4　その訴訟を知ったYは、Xに対して説明を求めたが、Xから情報の提供がなかったこと

5　YはXに対し、請求原因1の売買契約を解除する意思表示をしたこと

(免責特約)

再抗弁 1 請求原因1の売買契約には、次の条項があること

記

買主は、買主の国又は他のいかなる国においても、製品に関する特許、実用新案、意匠、商標又は他の知的財産権の侵害に関して売主を免責し、また売主に対する請求を放棄するものとする（Buyer shall hold the Seller harndess from and shall waive any claim against Seller for any liability for infringement of patent, utility model, design, trademark. copyright or other intellectual property rights in the Products whether in the Buyer's country or any other counties.)。

＊特許や商標等の知的財産権は、「権利の属地性の原則」から、登録された権利はその登録された国、地域にのみに及ぶものであり、他の地域、国にはその権利が及ばない。したがって、輸出又は輸入しようとする物品に付されるマークを既に第三者が登録使用している場合があり、その場合には、第三者の権利侵害問題が発生するおそれがあるので、そのマークを付した物品が販売される国、地域において、第三者の権利を侵害していないかの知的財産権に関する調査をしたうえで、その物品の輸出入取引をする必要がある。売主の立場からすると、上記のような免責条項を入れることが望まれる。

3 売主の責任に対する制限
(1) 買主の悪意・重過失

本条(2)(a)は、物品の不適合に関する35条(3)と同様に、買主が契約の締結時に第三者の権利又は請求を知り、又は知らないことはあり得なかった場合には、売主は買主に対して責任を負わないと規定する。これは、買主が第三者の権利又は請求の対象となっている物品を受領することに同意した場合に限り、売主の責任を免責する41条とは異なっている。

(2) 買主の指定に従った物品

本条(2)(b)は、その権利又は請求が、買主の提供した技術的図面、設計、製法その他の指定に売主が従ったことによって生じた場合に、同様に売主の買主に対する責任を免除する。このような場合には、第三者の権利を侵害する物品を生産し、又は供給するよう主導したのは売主ではなく買主なのであり、それゆえ、責任を負うべきは、売主ではなく買主である。しかし、注文

された物品が、工業所有権又は知的財産権に基づく第三者の権利を侵害すること又は侵害する可能性があることを、売主が知り又は知らないことはあり得なかった場合にはこうした侵害の可能性について買主に通知する義務を負うものとされることはあり得る。

訴訟物　　XのYに対する売買契約に基づく商品契約不適合に基づく損害賠償請求権
＊日本のY会社が特定のマークを付した物品を米国のX会社との間で売買する契約を締結し、物品を米国向けに出荷した。X会社が、その物品を米国内で販売したところ、第三者のA会社から上記マークはA会社の商標権を侵害しているとして、販売差止め及び損害賠償請求の訴えを提起されて、X会社は敗訴した。本件は、X会社はY会社に対して売買契約違反を理由に損害の賠償を求めた事案である。知的財産権に基づく第三者の権利侵害でのA会社の責任が争点となったものである。

請求原因
1　YがXとの間で、特定のマークを付した物品を売買する契約を締結し、物品を米国向けに出荷したこと
2　Xは、第三者であるAから上記マークがAの商標権を侵害しているとして、販売差止め及び損害賠償請求の訴えを提起され、Xは敗訴したこと
3　請求原因2の物品は、Yが契約の締結時に知り又は知らないことはあり得なかった工業所有権その他の知的財産権に基づく第三者の権利又は請求の対象となっていた物品であること
＊物品引渡し後の不当な第三者の請求についてはYの責任対象とはならない。
4　請求原因2の知的財産権は、次の(1)(2)のいずれかであること
(1)　両当事者が契約締結時に当該物品がある国で転売され又は他の方法によって使用されることを想定していた場合には、その国の法律の下での知的財産権
(2)　(1)でない場合には、買主が営業所を有する国の法律の下での知的財産権
＊特許付与の事実が物品転売先の国で公開されていないときには、Yは、たとえ転売先の国がどこかを知っていたとして

　　　　　　も、責任を負担しない。
　　　　5　Xの損害の発生及び損害の数額
　　　　　＊本件においては、Xが解除をしておらず、75条、76条によることはできず、74条に基づく請求することになろう。
　　　　6　請求原因2の商標権侵害と請求原因5の損害の因果関係
(買主の悪意・過失)
抗弁　1　Xが契約の締結時に請求原因4のAの商標の権利又は請求を知り、又は知らないことはあり得なかったこと
　　　　　＊本条(2)(a)の買主Xの認識可能性については、適合性に関する35条(3)と同様である（買主の同意を要する41条と対比）。例えば、偽造品のリボンつきの靴を購入した専門家の買主は、そのリボンが偽造品であることを知らないことはあり得ないという認定となる場合があろう。

(買主の指示)
抗弁　1　請求原因2の権利又は請求が、Xの提供した技術的図面、設計、製法その他の指定にYが従ったことによって生じたこと
　　　　　＊本条(2)(b)の売主Yの免責は、買主Xの指定に売主が従った場合には、その結果は、買主Xが負担すべきであるという理由に基づく。知的財産権侵害について買主Xの認識可能性は不要である。ただし、「買主の指示」とされるためには、単なる一般的な指図では足りない。売主Yに裁量の余地が十分にあるためである。

●(買主による第三者の権利又は請求の通知、売主の知っていた第三者の権利又は請求)

第43条

　　(1)　買主は、第三者の権利又は請求を知り、又は知るべきであった時から合理的な期間内に、売主に対してそのような権利又は請求の性質を特定した通知を行わない場合には、前二条の規定に依拠する権利を失う。
　　(2)　売主は、第三者の権利又は請求及びその性質を知っていた場合には、(1)の規定に依拠することができない。

Article 43

(1) The buyer loses the right to rely on the provisions of article 41 or article 42 if he does not give notice to the seller specifying the nature of the right or claim of the third party within a reasonable time after he has become aware or ought to have become aware of the right or claim.

(2) The seller is not entitled to rely on the provisions of the preceding paragraph if he knew of the right or claim of the third party and the nature of it.

1　第三者の権利又は請求についての合理的な期間内の通知

　本条(1)は、39条(1)が物品の不適合についての通知を定めていることに対応して、権利の不適合の通知に関する規定である。すなわち、本条(1)によれば、買主が「第三者の権利・請求についての責任」を売主に対して主張した（例えば、解除権を行使したとき）ときは、売主は、買主が第三者の権利・請求を知り、又は知るべきであった時から合理的な期間が経過したという再抗弁を主張することができ、これに対して買主は合理的な期間内に売主に対して第三者の権利・請求の性質を特定して通知をしたことを再々抗弁として主張・立証することができる。次の、再抗弁、再々抗弁は、41条の解説2の設例の抗弁（解除）に引き続くものである。

（合理的な期間の経過）
再抗弁　1　Yが第三者Aの権利・請求を知り、又は知るべきであった時から合理的な期間が経過したこと
　　　　　＊本条(1)に基づく再抗弁である。なお、物品の契約不適合の場合（39条）と異なり、買主が現実の交付を受けたときから2年という期間制限はない。これは、引渡し後も買主が第三者の主張に長期間さらされ得る（とりわけ、第三者が知的財産権に基づく主張をする場合）ことからすると、2年の期間制限は買主の権利を不当に短縮することになるからである（潮見＝中田＝松岡・概説91頁）。

（通知）
再々抗弁　1　YはXに対して、合理的な期間内に、抗弁2の事実を第三

者の権利・請求の性質を特定した通知をしたこと
(売主の悪意)

再々抗弁 1 Xは第三者の権利・請求を知っていたこと
* 本条(2)に基づく再々抗弁である。ここでは、売主Xが第三者Aの権利請求をあくまで「知っていたこと」が要求される。本条(2)においては、物品不適合における40条と異なり、売主Xには第三者Aの権利・請求に関する調査義務は課されていないことから、同条が定めるような「知らないことはあり得なかった」ことを理由とする主張（再々抗弁）はないのである。

2 合理的な期間内の通知に関する買主の再抗弁（本条(2)、44条）

本条(1)に基づいて合理的な期間内の通知の存否が争われたときに、買主は、売主が第三者の権利・請求を知っていたと主張・立証して（売主悪意の主張）、売主の通知に関する主張を覆すことができる（本条(2)。前記1の売主の悪意の再々抗弁参照）。ここでは、売主が第三者の権利・請求を「知っていたこと」が必要である。

本条(2)では、物品に関する不適合の場合の40条と違い、「知らないことはあり得なかったこと」を理由とする買主からの再抗弁は存在しない。これは、売主に第三者の権利・請求に関する調査義務が課されていないからである。また、本条(1)の通知がなかったとの抗弁を売主から出された買主は、通知をしなかったことについての「合理的な理由（reasonable excuse 例えば、法の不知につき合理的な理由があったことの弁明）があれば、通知をしなかったことによる救済手段剥奪の一部を免れることができる（44条）。このとき、買主は、得べかりし利益を除いた損害賠償を請求することができる（ただし、通知を適時にしなかったことによる損害軽減義務違反による減額はあり得る）。これに対して、代金減額権は認められない。

3 買主悪意の抗弁の不許

売主は、物品の契約不適合の場合における35条(3)と違い、買主が第三者の権利・請求を知っていた（又は、知らないことがあり得なかった）という主張を提出できない。第三者の権利又は請求については、35条(3)に対応する規定がない。買主が第三者の権利・請求を知っていた（又は、知らないことがあり得なかった）からといって、直ちに買主の保護が奪われるわけではない。

これは、物品の契約不適合の場合と違い、第三者の権利・請求についての調査義務が買主に課されていないことに関係する。すなわち、国際物品売買の場面では、物品の権利の瑕疵は検査の際に問題とされないのが通常であるうえに、買主が第三者から物品引渡し等の請求を受けたとき、その第三者の請求が法的根拠を持つかどうかは準拠法（売主と第三者との取引に関する国内法）に従うため、買主が直ちに、かつ、容易に判断できるとは限らない点からである。

● (買主が通知をしなかった場合の例外的救済)

第44条　第39条(1)及び前条(1)の規定にかかわらず、買主は、必要とされる通知を行わなかったことについて合理的な理由を有する場合には、第50条の規定に基づき代金を減額し、又は損害賠償（得るはずであった利益の喪失の賠償を除く。）の請求をすることができる。

Article 44

Notwithstanding the provisions of paragraph (1) of article 39 and paragraph (1) of article 43, the buyer may reduce the price in accordance with article 50 or claim damages, except for loss of profit, if he has a reasonable excuse for his failure to give the required notice.

1　本条の適用範囲

　本条は、39条(1)及び43条(1)所定の買主の通知がなかった場合の権利喪失について、その例外を定めるものである。

　本条は、39条及び43条(1)を明示しているように、35条が定める「物品」の不適合の場合にも、41条及び42条が定める「権利」の不適合の場合にも適用される。さらに、本条はあらゆる形式の通知を懈怠した場合にも適用される。確かに本条は必要な通知の不作為しか言及していない。しかし、本条は、買主が遅滞し、性質の不特定で、誤った方法であるいはその他規則に従わずに通知した場合にも、同様に適用されるべきである。この規定はさらに、買主が合理的な理由から38条所定の検査を怠り、そして、そのため、通知が遅滞した場合にも適用される。

2 「合理的な理由」の主張・立証責任

売主から契約不適合の通知についての合理的な期間が経過したとの抗弁を出された場合、合理的な期間内に契約不適合の事実を通知したことを再抗弁として主張できることはもちろんであるが（これと異なる見解として、潮見＝中野＝松岡・概説87頁は、上記のように抗弁・再抗弁とに分けないで、「売主から通知がなかったとの抗弁」（不通知の抗弁）としている）、そのほかの手段として、買主は、通知をしなかったことについての「合理的な理由」（reasonable excuse）を主張・立証することにより、通知をしなかったことによる救済手段剥奪の一部を免れることができる（本条）。

すなわち、このとき、買主は、①代金減額権を維持し、また、②得べかりし利益を除いた損害賠償を請求することができる（ただし、通知を適時にしなかったことによる損害軽減義務違反による減額はあり得る）。

（不通知の合理的な理由）
> **再抗弁** 1 買主は、必要とされる通知を行なわなかったことについて合理的な理由を有すること
>   ＊通知の懈怠の合理的な理由として、①通知懈怠の程度、②買主に対する請求権喪失の意義、③即座のかつ正確な通知に関する売主の利益、④買主の属性（大企業か、中小企業か等）、⑤物品の性質、⑥瑕疵の性質などの要素に基づき判断される。買主が許容される根拠が一時的な性質である場合（例えば病気や怪我など）、買主はこの時間が継続する限りでしか許容されず、そして39条及び43条の効力を回避するためには、その後適切な期間内に規則に従った通知をして埋め合わせなければならない（注釈Ⅰ〔岡林伸幸〕329頁）。

3 法的効果
(1) 本条が設けられた理由

39条(1)及び43条(1)によって買主が受ける制裁は、実体法上の権利の喪失であるが、物品の不適合は、売主の責めに帰すべき場合が多いから、単なる通知の懈怠に対する制裁としては、買主にとって厳しい。そのため、例えば、買主が通知を怠ると、契約に適合した物品が引き渡されたとの推定をし、買主が後日物品の瑕疵を理由として救済を求めるときは、瑕疵が引渡しの際に既に存在していたことにつき買主に立証責任を負わせ、早期の不適合通知の懈怠のために売主が損害を被ったときは、買主への損害賠償請求を認

めるという制度も考えられるが、本条約ではそれは採用されず、不適合通知を怠ったことに対する制裁の厳しさの緩和として本条を付加することにより、通知義務違反の効果を減殺させる例外的救済を設けて調整を図った。すなわち、通知のなかったときでも、買主が通知を行なわなかったことにつき合理的な理由があるときは、買主は代金を減額し又は得べかりし利益の喪失は除いた損害賠償の請求をすることができるとしたのである（曽野＝山手・国際売買 150 頁）。

(2) 買主に残される請求権

本条は、39 条(1)及び 43 条(1)の不通知の効力を緩和する。通知の懈怠を許容された買主は、代金減額権及び損害賠償請求権を有することになる。それゆえ買主は物及び権利の不適合の際に、50 条に基づき代金を減額することができる。代金減額の代わりに、損害賠償も（得べかりし利益は除外）求めることもできる。この制限された損害賠償請求の範囲は 74 条によることとなる。

(3) 本条の効果の限界

本条が認める権利喪失の緩和措置について、曽野＝山手・国際売買 150 頁は、次のようにその限界を指摘する。すなわち、「44 条の下では、契約の解除等はもはや認められておらず、さらに不適合通知が 2 年以内に受け取られなければ、契約違反の主張を認められないとする 39 条 2 項からも逃れられない等、きわめて限定された妥協となっている。さらに、44 条に基づいて損害賠償の請求がたとえできる場合でも、その請求に対しては、売主側が通知の不受領によって被った損害──例えば不適合の原因調査費用の増加や第三者への責任追及権の喪失──が、買主による損害軽減義務違反（77 条）を理由として覆いかぶさるであろうことが考えられる」という。

第3節　売主による契約違反についての救済

　本条約は、第2章が「売主の義務」、第3章が「買主の義務」について定めており、したがってその義務に違反された相手方の救済方法についても、買主と売主のそれぞれに分けて規定している。そして売主の契約違反に対する買主の救済方法については、第2章第3節（45条-52条）が規定する。

● (買主の救済方法)

第45条
　(1)　買主は、売主が契約又はこの条約に基づく義務を履行しない場合には、次のことを行うことができる。
　　(a)　次条から第52条までに規定する権利を行使すること。
　　(b)　第74条から第77条までの規定に従って損害賠償の請求をすること。
　(2)　買主は、損害賠償の請求をする権利を、その他の救済を求める権利の行使によって奪われない。
　(3)　買主が契約違反についての救済を求める場合には、裁判所又は仲裁廷は、売主に対して猶予期間を与えることができない。

Article 45

(1)　If the seller fails to perform any of his obligations under the contract or this Convention, the buyer may:
　(a)　exercise the rights provided in articles 46 to 52;
　(b)　claim damages as provided in articles 74 to 77.
(2)　The buyer is not deprived of any right he may have to claim damages by exercising his right to other remedies.
(3)　No period of grace may be granted to the seller by a court or arbitral tribunal when the buyer resorts to a remedy for breach of contract.

1　買主の救済方法

本条は、売主が契約又はこの条約に基づく義務を履行しない場合に、買主が求めることができる救済を一覧している。また、買主の損害賠償請求権の根拠規定としての役割も有する。

売主による契約違反について一元化された救済規定を置く利点は、①救済に関する規定が繰り返されることの複雑さがなく、売主のすべき事項を、より容易に理解できること、②救済規定を一元化したことによって、類型分けの問題が減少すること、③複雑な相互参照の必要性がなくなることなどである。

2　履行請求権、付加期間、追完権、契約解除権、代金の減額、一部不履行、引渡履行期前の引渡し、数量超過の引渡し

本条(1)(a)は、売主の違反の場合に、買主は、「次条から第52条までに規定する権利を行使する」ことができると規定する。これらの権利を行使するための実体的な要件は、本条(1)(a)が引用する条文が定めている。すなわち、履行請求権（46条(1)本文）、代替品引渡請求権（46条(2)）、修補請求権（46条(3)）、追完権（48条）、契約解除権（49条）、代金減額権（50条）、期日前の又は数量を超過する物品の引渡し（52条）である。

3　損害賠償額の算定

本条(1)(b)は、買主は「売主が契約又はこの条約に基づく義務を履行しない場合には……74条から77条までの規定に従って損害賠償の請求をすること」ができることを定める（74条から77条までは、損害賠償請求の実体的な要件を規定するものではなく、損害賠償額の算定に関する準則を規定するものである）。損害賠償は、売主による、その義務の客観的不履行から生ずる損害について、求めることができる。本条約の定める損害賠償請求権の行使に当たっては、過失、信義則違反、又は明示の約束の違反を立証する必要はない。

4　損害賠償請求権と他の救済との関係

本条(2)は、買主が損害賠償の請求をする権利は、買主がその他の救済を求める権利を行使したからといって喪失するものではないことを定める。

5　裁判所又は仲裁廷による猶予期間の不許

本条(3)は、買主が契約違反についての救済を求める場合には、裁判所又

は仲裁廷は、買主が救済を求める前、求めるのと同時、求めた後のいずれにおいても、猶予期間を与えることによって、救済の実行を遅らせてはならないと定める。これは、付加期間の付与が、買主の裁量にゆだねられているものであって、買主の義務ではないのはもちろんであり、いわんや裁判所や仲裁機関による売主への猶予期間の付与を許すものではないからである。事務局注釈144-145頁は、次のように説明している。①本条約は、約定の引渡期日が経過し、売主がいまだ物品を引き渡していないことのみを理由としては、買主が原則として契約を解除できず、買主が契約を解除できるのは、唯一、約定の引渡期日に引渡しがないことが、「買主に、その契約に基づいて期待することができたものを実質的に奪うような不利益をもたらし、かつ、売主がそのような結果を予見し、同様の状況の下において売主と同種の合理的な者がそのような結果を予見したであろう場合」に限られているので（25条）、本条約においては、売主が裁判所に対して、猶予期間の付与の申立てを制度として認める理由は存在しないこと、②猶予期間を裁判所に申し立てる手続きは、とりわけ国際取引においては、当事者の一方と通常は同じ国籍を有することになる裁判官の広い裁量に当事者双方を服させることになり、適切でないことを挙げている。

● (履行を求める権利)

第46条

(1) 買主は、売主に対してその義務の履行を請求することができる。ただし、買主がその請求と両立しない救済を求めた場合は、この限りでない。

(2) 買主は、物品が契約に適合しない場合には、代替品の引渡しを請求することができる。ただし、その不適合が重大な契約違反となり、かつ、その請求を第39条に規定する通知の際に又はその後の合理的な期間内に行う場合に限る。

(3) 買主は、物品が契約に適合しない場合には、すべての状況に照らして不合理であるときを除くほか、売主に対し、その不適合を修補によって追完することを請求することができる。その請求は、第39条に規定する通知の際に又はその後の合理的な期間内に行わなければならない。

(1) The buyer may require performance by the seller of his obligations unless the buyer has resorted to a remedy which is inconsistent with this requirement.

(2) If the goods do not conform with the contract, the buyer may require delivery of substitute goods only if the lack of conformity constitutes a fundamental breach of contract and a request for substitute goods is made either in conjunction with notice given under article 39 or within a reasonable time thereafter.

(3) If the goods do not conform with the contract, the buyer may require the seller to remedy the lack of conformity by repair, unless this is unreasonable having regard to all the circumstances. A request for repair must be made either in conjunction with notice given under article 39 or within a reasonable time thereafter.

---

1 履行請求権
(1) 履行請求権の位置付け
　本条約は、売買契約の当事者が契約又は本条約に基づいて負担する義務を履行しない場合相手方はその義務の履行を請求することができる旨を定めている（買主による履行請求について45条(1)(a)、本条(1)、売主による履行請求について61条(1)(a)、62条）。しかし、契約当事者に与えられる履行請求権は、我が国のように契約から生じる債権の当然の効力として位置付けられているわけではない。本条約において、履行請求権は、あくまで相手方の不履行に対する反対当事者に与えられる「救済」の1つとして位置付けられている。
(2) 履行請求権の成立要件と立証責任
　上記(1)のように、履行請求権が、相手方による不履行に直面した当事者に与えられる救済として位置付けられていることからすると、履行請求権が成立する要件として、相手方が契約上の義務を履行しないこと、すなわち、相手方による不履行が存在することが必要であるから、当然これは立証責任にも影響を及ぼすこととなるとして、潮見＝中田＝松岡・概説132頁は、「こうしたCISGの救済法の構造を踏まえるならば、履行を請求する当事者において、当該義務を基礎づける契約が締結されたことだけでなく、その義務について不履行が存在することも証明しなければならないと考えるのが素

直であるように思われる」として、注釈Ⅰ〔松井和彦〕361頁を引用している。

しかし、上記の見解は、潮見＝中田＝松岡・概説 76 頁が、他方で「売主がそもそも物品を引き渡したか否かが争われているときには、物品を引き渡したことについて、主張・立証責任を負担する」としていることと整合しないと思われる。履行請求権が相手方の不履行に対する救済措置と位置付けられているとしても、少なくとも、履行請求権が成立する要件事実としては、履行を請求する者が、その義務の存在を立証すれば足り、履行請求を免れようとする者が履行したことを立証しなければならないと解すべきであろう（なお、この履行請求権の主張・立証責任の所在の問題と、買主が物品を受領した後は、買主において契約不適合を主張・立証しなければならないことは別論である）。なお、我が国民法においては、売買契約が締結されれば、その事実のみで、目的物引渡請求権（及び代金支払請求権）が生ずると一般に解されており（冒頭規定説）、その不履行は請求原因ではなく、その反対事実である（目的物を引き渡したこと）が、弁済の抗弁に回ると考えられている。

訴訟物　　XのYに対する売買契約に基づく物品引渡請求権
　　　　　＊本件は、日本のX会社（買主）が韓国のY会社（売主）に対して売買契約に基づいて物品の引渡しを求めたところ、Y会社は、①X会社が物品引渡請求と両立しない請求をしたこと、②引渡期限が定められていることを主張した事案である。

請求原因　1　YはXとの間で、本件物品を○ウォンで売買する契約を締結したこと
　　　　　＊本件は、国境を越えて営業所のある当事者間の物品売買契約であって、日本、韓国両国とも本条約の加盟国であるから、1条(1)(a)に基づき本条約が準拠法として適用される。
　　　　　＊履行請求権（本件の場合は物品引渡請求権）を訴訟物とする場合、請求原因として、「その履行義務について不履行が存在すること」も請求原因として主張・立証することが必要であるとする見解も説かれている。

（履行請求と両立しない請求）

抗　弁　1　Xが本件の履行請求と両立しない救済を求めたこと
　　　　　＊具体的な抗弁事実については、下記(3)を参照されたい。

> ＊本条(1)2文の但書（unless）は、本文の「買主は、売主に対してその義務の履行を請求することができる」という原則に対する例外として「買主がその請求と両立しない救済を求めた場合は、この限りでない」ことを定めており、売主Yが主張・立証責任を負う抗弁と位置付けられる。

（引渡期日）

抗　弁　1　引渡期日が契約締結日から1年後と定められていること

（引渡期日の到来）

再抗弁　1　抗弁1の引渡期日が到来したこと

(3) 履行請求と両立しない救済を求めた場合

　本条(1)2文は、買主が履行請求と両立しない法的救済を行使した場合、履行請求が認められないことを定める。

ア　買主が解除した場合

　買主が契約を解除した場合は、契約の効力は消滅することになるから、履行請求権を行使することはできない。

訴訟物　　　XのYに対する売買契約に基づく物品引渡請求権

> ＊本件は、日本のX会社（買主）が韓国のY会社（売主）に対して売買契約に基づいて物品の引渡しを求めたところ、Y会社は、X会社が物品引渡請求と両立しない解除をしたことを主張した事案である。

請求原因　1　YはXとの間で、本件物品を〇ウォンで売買する契約を締結したこと

（解除）

抗　弁　1　YとXが合意した代金の支払期日を経過したこと
　　　　　2　XはYに対して、付加期間を定めて代金の支払を催告したこと
　　　　　3　XはYに対し、抗弁2の付加期間経過後、請求原因1の売買契約を解除する意思表示をしたこと

イ　価値減少分のてん補又は修補費用の賠償を請求した場合

　本条(2)の代替品引渡請求権及び本条(3)の修補請求権は、履行請求権の特殊形態と解される。

　引き渡された物品が契約に適合しないとして、買主が契約の解除を選択せ

ず、損害賠償請求として価値減少分のてん補又は修補費用の賠償を請求した場合には、買主は、履行請求権の特殊形態である代替品の引渡し又は修補を請求することができない。具体例としては、下記2(4)の第1設例の「価値減少分の請求又は修補費用の請求」の抗弁参照。

2 代替品引渡請求権

本条(2)は、買主に引き渡された物品が契約に適合しない場合買主の救済として、代替品の引渡しを請求する権利が認められることを明らかにし、併せて同請求権の発生要件が、次の①ないし④であることを定める。すなわち、①物品が契約に不適合であること、②その不適合が重大な契約違反であること、③39条所定の通知をしたこと、④代替品の引渡請求を39条に規定する通知の際に又はその後の合理的な期間内に行なうことである。代替品引渡請求権は、買主に与えられる履行請求権の一形態であると位置付けられるので、上記1の履行請求権に関する一般的規律にも服する。

(1) 物品の契約不適合

代替品引渡請求権の発生要件の1つは、事実の引き渡された「物品が契約に適合しない」場合であることである（本条(2)1文）。物品が契約に適合したものであるか否かは、35条によって判断される。もっとも、引き渡されるべき物品の数量が不足している場合には、代替品引渡請求権は生じない。不足分について通常の履行請求権を認めれば足りるからである（51条(1)参照）。また、物品が第三者の権利・請求の対象となっている場合（41条）にも、代替品引渡請求権は生じない。

(2) 重大な契約違反

ア 意義

代替品引渡請求権の第2の発生要件は、単に物品の契約不適合があるだけでは足りず、その不適合が「重大な契約違反」に該当することである（本条(2)2文）。これは、国際物品売買契約においては、代替品の引渡し、あるいは既に引き渡されている物品の返還・処分が売主にとって過大な負担となることを考慮したからである。また、不適合が重大な契約違反に当たらないものであれば、買主の保護としては、修補請求権（本条(3)）のほか、損害賠償請求権（45条(1)(b)）、代金の減額請求権（50条）という救済で足りるからである。

重大な契約違反か否かは、25条によって判断される。代替品引渡請求の可否を判断するに当たっては、不適合の客観的な重大性、及び修補による追完の可能性が重要な意味を持つ。不適合が客観的に重大であり、かつ、修補

によって追完することができないにもかかわらず、買主に損害賠償請求権、代金の減額請求権という救済を与えるだけでは、買主が「その契約に基づいて期待することができたものを実質的に奪う」ことになるからである。
イ　立証責任

本条(2)2文は、「ただし、……に限る」という付加的但書であるから、そこに定められた内容の1つである「その不適合が重大な契約違反……」という事実は、本条(2)本文の要件（上記(1)の「物品の契約不適合」の要件）に付加して請求原因として主張・立証しなければならない。

(3) 合理的な期間内の代替品引渡請求の意思表示

ア　意義

買主による代替品引渡請求は、39条の定める不適合の通知の際に、又は、その後の合理的な期間内に行なわれなければならない（本条(2)2文）。この期間制限の目的は、売主が長期にわたって代替品引渡請求に備えなければならないという事態を回避すること、及び買主が売主の犠牲において投機を行なう機会を与えないようにすることにある。

また、39条(2)は、買主に物品が現実に交付された日から2年以内に売主に対して不適合の通知を行なわなければ、買主は物品の不適合を援用する権利を失う旨を定めている。この期間制限は、あくまでも同条(1)の通知に関するものであるため、2年以内に通知がされれば、買主は、その後の合理的な期間内に代替品の引渡しを請求することが可能である。

イ　立証責任

本条(2)2文は、「ただし、……に限る」との付加的但書であるから、そこに定められた内容の他の1つである「その請求を第39条に規定する通知の際に又はその後の合理的な期間内に行う場合」（期間内における代替品引渡請求の意思表示）という事実は、上記(2)の重大な不適合の事実と同様に、本条(2)本文の要件に付加して請求原因として主張・立証しなければならない。

(4) 契約不適合物品の返還

買主が代替品引渡請求権を行使する場合、買主は、既に引き渡されている物品を返還しなければならない（82条(1)は、買主が物品返還義務を負っていることを前提として、受け取った時と実質的に同じ状態で物品を返還できない場合、買主の代替品引渡請求権が失われる旨を定めている）。この場合、81条(2)2文は適用されず、買主による物品の返還と売主による代替品の引渡しは同時履行の関係に立たないと解される。すなわち、買主は、売主が代替品を引き渡すまで、既に引き渡されている物品の返還に応じないと主張す

ることはできない。

訴訟物　XのYに対する売買契約の物品不適合に基づく代替品引渡請求権

＊日本の自動車販売業者X会社は、国際モーターショーで展示されていた米国の新興自動車メーカーY会社が新たに製造した自動車を、1台100万円で10台購入する売買契約を結び、米国の港から海上運送され、X会社が受領したところ、すべてエンジンが故障していた。本件は、X会社がY会社に対し、代替品の引渡しを求めたところ、Y会社は、①1週間以内にY会社の費用で故障を修補してX会社に引き渡すと申し出たにもかかわらずY会社は拒絶したと主張し、その拒絶に正当な理由の存否が争点となり、また、②X会社は代替品引渡しと両立しない請求をしたか否かが争点となった事案である。

請求原因
1　YはXとの間で、Yの製造する本件新型自動車10台を1台100万円で売買する契約を締結したこと
2　YはXに対し、本件自動車10台を引き渡したこと
3　請求原因2の自動車10台は、すべてエンジンが故障していたこと

＊エンジンの故障は25条にいう「重大な契約違反」に該当するので、代替品引渡請求権の要件事実の1つを充足する（本条(2)2文は、本文に対する付加的但書である）。本件でX会社は選択していないが、「重大な契約違反」解除も可能である（49条(1)(a)）。なお、「付加期間」解除（同項(b)）については、本件ではYは既に引渡しをしているので、主張することはできない。

4　XはYに対して、代替品の引渡しを請求する意思表示をしたこと
5　請求原因4のXの代替品引渡請求権の意思表示は、39条の定める不適合の通知の際に、又はその後の合理的な期間内に行なわれたこと

＊本条(3)に基づく事実である。なお、本条(3)に「第39条に規定する通知の際に」という文言が出てくるので、念のために説明しておく。39条の不適合の通知自体は、同条の解説3

(2)で述べたとおり、「合理的な期間の経過の抗弁（通知の再抗弁）」説を採るべきであるが（本件設例においては、この抗弁及び再抗弁は掲記することを省略している）、代替品引渡請求権の発生の要件事実とは、これとは全く別問題であって、本条(2)2文の文言によれば、請求原因4とともに請求原因5の事実を合わせて主張・立証する必要があると考える。

(追完の申出)
抗　弁　1　YはXに対して、1週間以内にYの費用で故障を修補してXに引き渡すと申し出たこと
　　　＊売主Yは売主として48条に基づく追完権を行使でき、買主Xに不合理な遅延を招かず、Yの費用で修補するならば、Xによる代替品の引渡請求権の主張を封じることができる。しかし、その場合であっても、Xは損害賠償請求が可能である（48条(1)2文）。
　　　2　Xは抗弁1のYの追完の申出を拒絶したこと
　　　＊売主Yが追完を申し出たにもかかわらず、買主Xが不当に（不当か否かは、訴訟上は再抗弁の立証いかんで決まる）拒絶した場合には、80条の（類推）適用により、買主Yは、不適合に基づく権利（本件の場合においては、代金減額権）を失うと解される。

(不合理な不便又は不合理な費用)
再抗弁　1　抗弁1のYの申し出た追完方法は、Xに不合理な不便又は不合理な費用を生じさせるものであったこと
　　　＊本条(1)本文による追完権が認められるのは、買主に不合理な不便又は不合理な費用を生じさせない場合のみである。

(価値減少分の請求又は修補費用の請求)
抗　弁　1　請求原因3の契約不適合による価値減少額又はその修補に要する費用額
　　　＊抗弁2の両立しない請求の事実のみでこの抗弁は成立するという見解もあろう。
　　　2　YがXに対して、抗弁1の価値減少額又は修補費用額を請求したこと
　　　＊本条(1)2文に基づく抗弁である。
　　　＊本条(2)の代替品引渡請求権は、履行請求権の特殊形態と解

される。引き渡された物品が契約に適合しないとして、買主が契約の解除を選択せず、損害賠償請求として価値減少分のてん補又は修補費用の賠償を請求した場合には、買主は、履行請求権の特殊形態である代替品の引渡し又は修補を請求することができない。

訴訟物 　XのYに対する売買契約の物品不適合に基づく代替品引渡請求権

＊日本のX会社は、オーストリアの家具製造業のY会社から本革張りの椅子を購入する契約を締結した。Y会社から送られてきた物品はすべて合成皮革張りの椅子であったので、X会社はY会社に対して、その旨の通知を行なった。本件は、X会社がY会社に対して、代替品の引渡請求をした事案である。

＊本条約においては、45条(1)(a)が定めるとおり、本件のような契約不適合の場合について、Xは、①代替品の引渡請求、②瑕疵の修補請求、③契約解除による受領拒絶又は④代金減額のいずれかの救済を選択することができる（⑤上記のいずれの請求においても、損害賠償及び発生する損失の請求を妨げることはない）。本件では、そのうち、①代替品の引渡しを求めた事案である。

請求原因
1 　YはXとの間で、本革張りの本件ソファー10点を○万円で売買する契約を締結したこと
2 　YはXに対し、合成皮革張りのソファー10点を引き渡したこと
　＊請求原因2は、重大な契約違反を示す事実であって、代替品引渡請求原因の要件事実の1つである（本条(2)2文）。
3 　XはYに対して、代替品の引渡しを請求する意思表示をしたこと
4 　請求原因3のXの代替品引渡請求権の意思表示は、39条の定める不適合の通知の際に、又は、その後の合理的な期間内に行なわれたこと
　＊売主Yから引き渡され物品に契約不適合があって契約不適合の場合には、買主Xは、履行請求権の1つとしてYに代替品の引渡しを請求できる。ただし、物品の契約不適合が

「重大な契約違反」となる場合に限られ、また不適合の通知は合理的な期間内に行なわれ、かつ請求の意思表示を合理的な期間内に行なわなければならない。

(給付の無傷返還の不能)

抗　弁　1　X（買主）は、受け取った時と実質的に同じ状態で物品を返還することができないこと
　　　＊82条(1)は、抗弁1の場合には「売主に代替品の引渡しを請求する権利を失う」ことを定めており、これに基づく権利喪失の抗弁である。

(買主の作為又は不作為によらないこと)

再抗弁　1　物品を返還することができないことや、受け取った時と実質的に同じ状態で物品を返還することができないことが、買主の作為又は不作為によるものでないこと
　　　＊82条(2)(a)に基づく再抗弁である。

(38条の検査)

再抗弁　1　物品の全部又は一部の滅失や劣化が38条で要求される検査によるものであったこと
　　　＊82条(2)(b)に基づく再抗弁である。

(通常の使用による改変等)

再抗弁　1　買主が不適合を発見し、又は発見すべきであった時より前に、買主が物品の全部又は一部を通常の営業の過程において売却し、又は通常の使用の過程において消費若しくは改変したこと
　　　＊82条(2)(c)に基づく再抗弁である。

(5) 代替品取替費用

　代替品取替費用について売主負担とする明示の規定はないが、追完のために生じた費用負担に関しては、売主は自己の費用で不履行を追完しなければならないから、自らが支出した費用はもとより、買主が支出した費用についても補償しなければならないと解すべきである。補償すべき費用は、代替品運送の直接費用に限定されない。

訴訟物　　XのYに対する売買契約に基づく代金支払請求権
　　　＊日本のY会社がイタリアの窓枠の製造業者Xから100個を購入した窓枠のうち60個が破損していることが判明した。

X会社は代替品を引き渡すことに同意し、引き渡された代替品はY会社によって付け替えられた。本件は、X会社がY会社に対し、代金の支払を求めたところ、Y会社は窓枠の取替費用を売主であるX会社が負担すべきであるとして、購入代金との相殺を主張した事案である。

請求原因 1 XはYとの間で、窓枠100個を○円で売買する契約を締結したこと

（相殺）

抗　弁 1 XがYに対して引き渡した窓枠100個のうち60個が破損していたこと
2 XはYに窓枠60個の代替品を引き渡し、Yによって付け替えられたこと
3 Yの付け替えるための費用として○円がかかったこと
4 YはXに対し、代金債権○円と付替費用相当額の損害賠償請求権○円を対当額で相殺する意思表示をしたこと

　　＊不適合物品について代替品請求権を定める46条(2)は、買主Yの取替えに要した費用の補償に関する明示の規定はないが、同条(3)は、買主Yが売主Xに対し不適合物品の修補請求を認める。ところで48条(1)によれば、代替品引渡し又は修補に要した費用は売主が負担する必要があるから、代替品引渡しか修補かの別を考慮する必要はなく、さらに、45条(1)(b)・(2)によれば、買主Yは契約不適合によるすべての損害の賠償を請求できるから、取替費用負担が売主に不当に支出を強いるわけではない。
　　＊自働債権と受働債権がともに本条約が定めるものである場合の相殺については、4条の解説5(3)参照。

3　買主の修補請求権（本条(3)）

(1) 修補請求権の意義

本条(3)は、買主に引き渡された物品が契約に適合しない場合、買主が売主に対し、その不適合を修補によって追完するよう請求する権利が認められることを明らかにするとともに、同請求権について課される追加的な要件を定めている。

修補請求権も、履行請求権の一形態であると考えられており、履行請求権に関する一般的規律に服する。本条(3)の規定は、数量不足の場合、及び物

品が第三者の権利・請求の対象となっている場合には適用されないと解される。
(2) 不合理性
　買主の修補請求権が認められるための追加的な要件として、修補の請求がすべての状況に照らして不合理であってはならない（本条(3)1文）。これは、修補を行なうことが、売主にとって過大な負担となり得ることを考慮した制限である。

　本条(1)1文の定める修補の合理性があるか否かの立証責任は、「すべての状況に照らして不合理であるときを除くほか[unless]、売主に対し、その不適合を修補によって追完することを請求することができる」本条(3)という文言が示すとおり、追完を求められた相手方が追完の不合理性（を主張・立証すべき責任を負うと解すべきである（下記設例の「不合理な修補請求」抗弁参照）。

| 訴訟物 | XのYに対する売買契約の物品契約不適合に基づく修補請求権 |

＊日本のX会社は、オーストリアの家具製造業Y会社から本革張りのソファー10点を購入した。Y会社から送られてきた物品はすべて合成皮革張りのソファーであったので、X会社はY会社に対して、その旨の通知を行なった。本件は、X会社がY会社に対して、瑕疵の修補を請求した事案である。

| 請求原因 |

1　YはXとの間で、ソファー10点を○万円で売買する契約を締結したこと
2　YはXに対し、ソファー10点を引き渡したこと
3　引き渡されたソファーは、本革張りでなく合成皮革張りであったこと
4　XはYに対して、修補の請求をしたこと

(不合理な修補請求)

| 抗弁 | 1 修補請求がすべての状況に照らし不合理なこと |

＊修補請求の不合理性を判断するに当たっては、買主Xが追完に対して有している利益と、修補に要する費用が重要な意味を持つ。具体的には、追完によって買主が手にする利益と比べて、あるいは、物品を他から調達する費用と比べて、不均衡に大きな費用が修補に必要となる場合、買主による修補

　　　　　　　　請求は認められない。
　　　　　＊修補請求が不合理である場合、買主Xとしては、損害賠償請求権（45条(1)(b)）、代金の減額請求権（50条）のほか、不適合が重大な契約違反に該当するものであれば、代替品引渡請求権（本条(2)）、契約解除権（49条(1)(a)）という救済が残る。

（合理的な期間の経過）
抗　弁　1　Xが品違いであることを知った日
　　　　　2　抗弁1の日から合理的な期間が経過したこと

（通知）
再抗弁　1　XはYに対して、合理的な期間内に、本革張りでなく合成皮革張りであることを通知したこと

（価値減少分の請求又は修補費用の請求）
抗　弁　1　請求原因3の契約不適合による価値減少額又はその修補に要する費用額
　　　　　＊抗弁2の両立しない請求の事実のみでこの抗弁は成立するという見解もあろう。
　　　　　2　YがXに対して、抗弁1の価値減少額又は修補費用額を請求したこと
　　　　　＊本条(1)2文に基づく抗弁である。
　　　　　＊本条(3)の修補請求権は、履行請求権の特殊形態と解される。引き渡された物品が契約に適合しないとして、買主が契約の解除を選択せず、損害賠償請求として価値減少分のてん補又は修補費用の賠償を請求した場合には、買主は、履行請求権の特殊形態である代替品の引渡し又は修補を請求することができない。

訴訟物　XのYに対する売買契約に基づく代金支払請求権
　　　　　＊日本のY会社が水処理プラント用の冷却装置をドイツのX会社に発注したが、約定期日までにY会社の施設に引渡しがされなかったため、当初予定されていた事前の検査を経ないまま、本件冷却装置は直接、水処理プラント建設現場に持ち込まれた。その時、Y会社は目視によりこの冷却装置の契約不適合を発見し、直ちにX会社に通知したが、納期が迫っていたので、そのままプラントに据え付けた。その後の

試運転で新たな契約不適合が発見され、Y会社による修補請求に基づき修補がされたが（本条(3)）、不具合は解決されなかった。そこで、Y会社が代替品の請求をしたところ（本条(2)）、X会社はこれを拒絶した。そのため、Y会社は自らの施設にこの冷却装置を持ち帰って修補をした。本件は、X会社がY会社に対して代金の支払を求めたところ、Y会社は、この冷却装置の修補に要した費用相当額の損害賠償請求権と相殺すると抗弁した事案である。

請求原因 1　XはYとの間で、本件冷却装置を○万円で売買する契約を締結したこと

（相殺）

抗弁 1　YはXの水処理プラント施設に本件冷却装置を据え付けたこと
2　抗弁1の据付けの日に、YはXに対し、目視でわかる契約不適合について通知したこと
3　その後の試運転で新たな契約不適合が発見され、Yによる修補請求に基づき修補がされたが、不具合は解決されなかったこと
4　Yの代替品請求をXが拒絶したため、Yは自らの施設にこの冷却装置を持ち帰って修補をしたこと
　＊売主Xが合理的な期間内に修補できなかった場合は、買主Yは修補し、そのために要した諸費用について、45条(1)(b)に基づく損害賠償請求をすることができると解される。
5　Yが行なった修補にかかった費用が○万円であること
6　YはXに対し、代金債権○万円と付替費用相当の損害賠償請求権○万円を対当額で相殺する意思表示をしたこと

(3) 期間制限

修補請求権も、代替品引渡請求権と同様の期間制限に服する（46条(3)2文）。

4　特定履行を命ずる裁判をする義務

手続法上、本条約は、法廷地の裁判所が本条約の適用のない類似の売買契約につき、国内法上特定履行を命ずる裁判をすることになるであろうという場合を除き、特定履行を命ずる裁判をする義務を負わないと定めている（28

条)。

● (履行のための付加期間の付与)

第47条
(1) 買主は、売主による義務の履行のために合理的な長さの付加期間を定めることができる。
(2) 買主は、(1)の規定に基づいて定めた付加期間内に履行をしない旨の通知を売主から受けた場合を除くほか、当該付加期間内は、契約違反についてのいかなる救済も求めることができない。ただし、買主は、これにより、履行の遅滞について損害賠償の請求をする権利を奪われない。

Article 47
(1) The buyer may fix an additional period of time of reasonable length for performance by the seller of his obligations.
(2) Unless the buyer has received notice from the seller that he will not perform within the period so fixed, the buyer may not, during that period, resort to any remedy for breach of contract. However, the buyer is not deprived thereby of any right he may have to claim damages for delay in performance.

---

1 買主による付加期間設定の機能

本条(1)は、買主は売主による義務の履行のために、合理的な長さの付加期間を定めることができる旨を規定している。付加的な履行期間の機能は、次のとおりである。
(1) 物品が引き渡されていない場合の解除権

物品が引き渡されていない場合には、買主が売主による引渡しの付加期間を定めると、売主がその期間内に物品を引き渡さなかったときは、買主は契約の解除を通知する権利を取得する (49条(1)(b))。この場合には、買主が定めた期間内に売主が物品を引き渡さなかったことが、重大な契約違反に当たるか否かは、問題にならない。すなわち、付加的な履行期間の設定が、売主の不履行が重大な契約違反を構成すること (規範的要件事実) の立証の困

難から買主を解放する。

訴訟物　　XのYに対する売買契約解除に基づく損害賠償請求権
＊日本のY会社はドイツのX会社に対し、2月1日付けの書面で、自動車1台を○ユーロで買う注文をした。注文書には、引渡期日は3月15日までと記載されていた。これに対し、2月15日、X会社はY会社に注文承諾書を送付したが、その中で引渡期日を4月末日とし、さらに標準契約条件の中でX会社は引渡期日を変更する権利を留保した。Y会社はこの注文承諾書に署名をして、引渡期日に関する相違に異議を述べることなくY会社に返送した。Y会社は、3月15日及び3月20日に、自動車が遅くとも3月25日までに引き渡されないときは、契約を解除する旨をX会社に対して通知した。4月10日、自動車が引き渡されなかったため、Y会社はX会社に対して、契約解除の通知書を送付した。5月15日、X会社はY会社に対して、自動車の引渡しの準備ができた旨を通知した。X会社は支払のための付加期間を数回定めた後で、X会社に対して解除の意思表示をし、契約価格よりも低い価格で第三者との間で代替取引を行なった。
　本件は、X会社がY会社に対し、解除のうえで行なった代替（売却）取引の金額と契約金額との差額（損害）の支払を求めたところ（75条）、Y会社はX会社が自動車を引き渡さなかったので、X会社の解除に先立って解除したことを主張し、これに対し、X会社は契約では引渡期日の定めがなかったこと、また、Y会社からの契約解除の通知を受け取らなかったと主張した事案である（CLOUT362）。

請求原因　1　YはXに対し、2月1日付けの書面で、自動車1台を○ユーロで買う旨の注文をした（注文書には、引渡期日は3月15日までと記載されていた）こと
　　　　2　請求原因1の注文書に対し、2月15日、XはYに注文承諾書を送付したが、その中で引渡期日にを4月末日とし、さらに標準契約条件の中でXは引渡期日を変更する権利を留保したこと
　　　　　＊申込みに対する承諾としてされた応答であっても、変更を含

むものは、一般的に申込みの拒絶であり、反対申込みとして扱われる（19条(1)）。本件の売主Xの応答が仮に申込みの内容を実質的に変更するものではなかったとしても、そこで応答に異議を述べるか否かは買主Y次第であるが（同条(2)）。買主Yが異議を述べなかったのであるから（請求原因3）、契約の内容は、（買主Yの）申込みの内容に（売主Xの）承諾に含まれた変更を加えたものとなった。

＊売主Xの注文承諾書から引渡期日が明確に特定されるわけではなく、そして引渡期日を「変更する権利を留保する」という条件が付いていたため、引渡期日を契約から決定することはできない（33条(a)）。そこで、売主Xは、契約の締結後の合理的な期間内に物品を引き渡さなければならない（同条(c)）。

＊2月15日に売主Xの注文承諾書の受領によって売買契約は締結された。3月15日までに引渡しを求める買主Yの要望は契約の内容とはならなかったが、その要望は33条(c)に基づいて、引渡しのための合理的な期間を決定する際に考慮されることになる。買主Yにとって引渡しがこの期間内（2月15日～3月15日）に行なわれることが重要であることは明白であったから、売主Xは、契約の締結後の合理的な期間内に引き渡すためには3月15日までに引き渡す必要がある。

3　Yは、請求原因2のXの注文承諾書に署名をして、引渡期日に関する相違に異議を述べることなくXに返送したこと

4　5月15日、XはYに対して、自動車の引渡しの準備ができた旨を通知したこと

＊国際的な自動車の売買において、2週間から4週間の引渡しの遅れが一般的であるといわれているが、引渡しのための合理的な期間を決定する際には、当事者の言明及び契約に関わる具体的な事情を考慮することが重要である。5月15日に引き渡すことは、もはや合理的であるとはいえない。

5　Xは支払のための付加期間を数回にわたり定めたこと

6　請求原因5の付加期間がいずれも経過したこと

7　XはYに対し、請求原因1ないし3による売買契約を解除する意思表示をしたこと

8 XはYとの契約価格よりも低い価格で第三者との間で代替取引を行ない、その差額は○ユーロであったこと
  *請求原因5ないし8は、75条に基づく損害賠償の適用を示す要件事実である。

（解除）

抗　弁 1 Yは、年3月15日及び3月20日に、自動車が遅くとも3月25日までに引き渡されないときは、契約を解除する旨を売主に対して通知したこと
  *買主の救済方法は、45条以下の規定が定めている。物品の引渡しがない場合には、買主が定めた付加期間内に売主が物品を引き渡さないとき、買主は契約の解除の意思表示をすることができる（49条(1)(b)）。なお、47条(1)は、買主が売主による義務の履行のために合理的な長さの付加期間を定めることができると定めている。しかし、Yによって定められた3月25日までという付加期間が適切な期間であるか否かは、重要な意味を持たない。仮に、付加期間が短すぎる場合であっても、付加期間は開始しており、この場合には合理的な期間は遅くとも、Yが契約解除の意思表示を行なった4月10日には経過したといえる（抗弁2）。
2 YはXに対して、4月10日、契約解除の通知書を送付したこと
  *49条(1)に基づく解除である。売主Xがこの通知書を受け取ったかどうかは法的には無関係である。27条に基づき、買主Yは発信を立証すれば足り、その到達を証明する必要はない。買主Yは、状況に応じて適切な方法により通知を送信した場合、たとえその通知が受信者に届くのが遅くなり、又は全く到達しなかったとしても、元の通知による解除の効果を主張することができる。買主Yが有効に契約を解除したため、売主Xはその損失の補償を受ける権利を有しない。74条以下に基づく損害賠償の請求には相手方当事者の契約違反が必要である。買主Yは、正当に契約を解除したのであるから、契約違反をしていない。

(2) 物品の引渡未済以外の売主の契約違反の場合の解除権

物品の引渡未済以外の売主の契約違反の場合には、買主の契約を解除する

権利は、専らその契約違反が 25 条所定の重大な契約違反に該当するかにかかっている。付加期間の設定とは無関係である。もし契約の重大な違反があれば、買主は、49 条(1)(a)に基づき契約を解除する権利を有する。ただし、買主は、契約違反を知ったとき又は知るべきであったときから合理的な期間内にその権利を行使しなければならない（49 条(2)(b)(i)）。もし買主が契約の重大な違反があっても、契約を生かすことを選択し、この合理的な期間内に契約の解除の意思表示をしなければ、買主は契約を解除権を失う。しかし、買主が本条(1)により売主の義務履行のための付加期間（例えば、代替品引渡しのための付加期間、物品の修補のための付加期間など）を設定すれば、売主がその付加期間内に義務を履行しなかった場合、契約の重大な違反が存在する限り、49 条(2)(b)(ii)により追加期間経過後の合理的な期間内は契約の解除の意思表示をすることができるので、付加期間の設定によって、いったん失われた解除権を再び取得できると解される。

(3) 契約解除以外の場合と付加期間の設定

付加期間の設定は、契約の解除権以外の、買主に与えられる救済方法については関係しない。例えば、履行請求権（46 条）、代金減額権（50 条）及び損害賠償請求権（45 条(1)(b)）は、付加期間の設定は要件とならない。履行請求権については、46 条の解説 1(2)の設例の要件事実を、また、代金減額権については、50 条の解説 2、3 の各設例の要件事実を参照されたい。損害賠償請求権の発生要件は、45 条(1)(b)及び 61 条(1)(b)が定めるとおり、「契約又はこの条約に基づく義務を履行しない」ことのみ（損害の発生とその数額及び因果関係は必要）である（厳格責任主義）。

訴訟物 X の Y に対する売買契約解除に基づく代金返還請求権

＊日本の X 会社はドイツ Y 会社から中古印刷機 9 台について、日本向けに所定期日の 1 回目に 6 台、同様に 2 回目に 3 台が出荷される約定で買い受ける契約を締結した。X 会社は約定に従い最初の出荷前に代金相当額を前払した。1 回目は 3 台のみ出荷されたので、X 会社は不足分 3 台の引渡しを求めたが、その後不要となった旨の意思表示をしたところ、Y 会社から同意を得た。2 回目出荷予定の 3 台について、X 会社は、引渡猶予のために 2 週間の付加期間を設定したが、引渡しがされないうえに、Y 会社から前払を条件とする出荷の申出があったので、これを拒絶し、付加期間を設定してから 7 週間経過後に契約解除の意思表示をした。本

件は、XがYに対し、前払代金から受領済印刷機3台分の代金を控除した差額の返還を求めた事案である（CLOUT 136）。

請求原因
1 YはXとの間で、中古印刷機械9台を○万円で、1回目に6台、2回目に3台に分けて出荷し、1回目の出荷前に代金相当部分を前払する約定で売買する契約を締結したこと
2 Xは代金部分（1回目の6台分）を前払したこと
3 Yは1回目に3台のみ出荷したので、Xは不足分3台の引渡しを求めたが、Xはその後不要となった旨の意思表示をし、Yも同意したこと
  ＊1回目の不足分については、両当事者の合意による契約解除による代金返還請求が認められる（81条(2)）。
4 Xは、2回目出荷予定の3台について、その引渡猶予のために2週間の付加期間を設定してYに通知したこと
  ＊CLOUT362は、ドイツの小売業者がデンマークの卸売業者に自動車を注文し、注文書記載の引渡日は1週間の付加期間を定めて猶予したが、車が引き渡されず買主が解除し、車が7週間遅れて到着した事案で、1週間が本条(1)の「合理的な長さ」か否かには触れず、短すぎる付加期間を設定した通知であっても、それは合理的な期間を開始させるもので、契約が解除された時には既に合理的な期間が経過しているとした。
5 引渡しがされないうえに、Yから前払を条件とする出荷の申出があったので、Xはこれを拒絶し、さらに2週間の付加期間を設定して通知したこと
  ＊我が国民法541条本文においても、履行遅滞→催告→不履行→契約解除の段階を経て解除できる。本条約は売主による物品の引渡しが遅れた場合についてこの考え方を採用したものである。
6 請求原因5の通知後7週間経過後に、XはYに対し契約解除の意思表示をしたこと
  ＊2回目の3台について、買主の一方的意思表示による契約解除は有効と認めることができる（本条(1)、49条(1)(b)、51条(1)）。すなわち、契約によって定められた期間内に引渡しをしなかったことはYの契約違反であり（33条(b)）、これ

により、Xは付加期間を付与する権利を得た（本条(1)、49条(1)(b)）。ただし、付加期間2週間は船舶の手配などに要する時間を考慮すると短すぎる。しかし、実際の解除の意思表示をしたのは付加期間付与後の7週間後であるので、合理的な期間と認めることができる。合理的な長さについて具体的な日数が規定されていないから、物品の特性、引渡場所など個別の契約内容により判断することになる。

2　付加期間付与の場合における買主の救済措置の不可の原則

本条(2)1文は、買主による催告を受けて付加期間における契約の履行を準備している売主を保護するため、原則として、買主はその期間中は契約違反による救済を求めてはならないことを定めている。それは、付加期間が付与されると、売主は買主の履行要求に応じるため、相当の出費を伴いながら履行の準備を急ぐことが通例であり、そのため、買主は、いったん付加期間を与えた限り、その付加期間内に履行を行なう意思がない旨の売主からの通知を受け取った場合を除き、この期間中は契約違反についての他の救済を求め得ないとしたのである（曽野＝山手・国際売買163頁）。物品の不適合が、直ちに契約の解除を正当化するほど重大な契約違反であったが、買主が直ちに契約を解除する道（49条(1)(a)）を選ばず追完のための付加期間を与えた場合も同様である。ただし、これは履行の遅滞についての損害賠償を請求する権利を失うことを意味するわけではない（本条(2)2文）。

3　付加期間内の売主の履行しないとの通知

本条(2)1文は、「(1)の規定に基づいて定めた付加期間内に履行をしない旨の通知を売主から受けた場合を除くほか[unless]」という例外を定めている。すなわち、売主が付加期間中に履行する意思がないことを買主に通知してきた場合は、付加期間中であっても買主は救済手段を採り得ることとなる。

付加期間内の売主の履行しないとの通知の主張・立証責任については次のように考える。本条(2)1文の「A　場合を除くほか[unless] B」の構造は、Bが原則でAがその例外であることを示すところ、AとBについて立証責任を負う者はそれぞれ異なる。例えば、原告が被告に対して履行遅滞に基づく解除を主張した事案において、被告が付加期間中の原告の解除の意思表示であるから解除の効果は生じない（B「付加期間内は、契約違反についてのいかなる救済も求めることができない」）と主張・立証し、これに対

して、原告が、被告が付加期間中に履行しない意思を明らかにしたから付加期間中であっても解除できる（A「付加期間内に履行をしない旨の通知を売主から受けた場合」）と主張・立証することとなろう。

4　買主が契約の履行遅延による損害賠償

買主が契約の履行遅延による損害賠償を請求することを妨げないものとされている（本条(2)2文。「但書（However）」の体裁をとっているが、1文に対する関係で、立証責任を定めるものではない)。

●(売主の追完権)

第48条

(1) 次条の規定が適用される場合を除くほか、売主は、引渡しの期日後も、不合理に遅滞せず、かつ、買主に対して不合理な不便又は買主の支出した費用につき自己から償還を受けることについての不安を生じさせない場合には、自己の費用負担によりいかなる義務の不履行も追完することができる。ただし、買主は、この条約に規定する損害賠償の請求をする権利を保持する。

(2) 売主は、買主に対して履行を受け入れるか否かについて知らせることを要求した場合において、買主が合理的な期間内にその要求に応じないときは、当該要求において示した期間内に履行をすることができる。買主は、この期間中、売主による履行と両立しない救済を求めることができない。

(3) 一定の期間内に履行をする旨の売主の通知は、(2)に規定する買主の選択を知らせることの要求を含むものと推定する。

(4) (2)又は(3)に規定する売主の要求又は通知は、買主がそれらを受けない限り、その効力を生じない。

Article 48

(1) Subject to article 49, the seller may, even after the date for delivery, remedy at his own expense any failure to perform his obligations, if he can do so without unreasonable delay and without causing the buyer unreasonable inconvenience or uncertainty of reimbursement by the seller of expenses advanced by the buyer. However, the buyer retains any right to claim damages as provided for in this Convention.

(2) If the seller requests the buyer to make known whether he will accept performance and the buyer does not comply with the request within a reasonable time, the seller may perform within the time indicated in his request. The buyer may not, during that period of time, resort to any remedy which is inconsistent with performance by the seller.

(3) A notice by the seller that he will perform within a specified period of time is assumed to include a request, under the preceding paragraph, that the buyer make known his decision.

(4) A request or notice by the seller under paragraph (2) or (3) of this article is not effective unless received by the buyer.

---

1 追完権
(1) 意義
　追完権は、いったん成立した契約を可能な限り維持する考え方を基に、契約当事者は契約の履行に向けて相互に協力し、無用な支出を避けるよう誠実に行動すべきであるという信義誠実の要請により設けられたものである（この趣旨は、37条が定める追完の場合も同じである）。この追完権によれば、売主は、自ら選択した方法で不履行を追完でき、また、不履行が追完されると、買主は当初予定されていた給付を得ることができ、なお残存する損害については、その賠償を請求できるが、その他の救済は受け得なくなる（本条(1)2文参照）。すなわち、追完権は、義務に違反した売主に対して認められる救済手段であるとともに、この権利が認められる限り義務違反に基づく損害賠償以外の買主の救済方法の行使を封じる機能を有するのである。
(2) 内容
　追完権は、売主が引渡しの期日後も、一定の要件の下で、自己の費用負担によりいかなる義務の不履行も追完することができる権利である（本条(1)）。
　本条(1)の文言上は「いかなる義務の不履行も」本条の追完が可能のようであるが、引渡しが遅延した場合は、本条の追完権は問題とならない。というのは、47条によって買主は合理的な長さの付加期間を定めて売主に履行の機会を保証しなければならないから、本条の要件の充足いかんを問わず、売主は付加期間内であれば履行することができ、買主はこれを受領しなければならないからである。

引渡しの遅延を除くと、追完権が現実に問題になるのは、主として、契約に適合しない物品を引き渡した場合（35条、36条）、引き渡した物品の所有権を買主に取得させることができなかった場合、引き渡した物品に第三者の権利や請求権が付着していた場合（41条、42条）などである。さらに、売買の目的物の設置、組立てなどを売主が行なうという合意があった場合において、これらが不完全であったときや、売主が書類交付義務を負っていた場合において、交付された書類に不備があるなど契約に適合していなかったときにも、追完権が問題となり得る。

しかし、追完に要する時間や、追完に伴い買主に生じる不合理な不便の程度は、不履行の態様や程度等によって様々であって、買主の負担も大きくなるので、売主の利益になるからといって無制限に追完権の行使を認めることはできない。そのため、本条(1)は、追完権が認められるための要件を、以下のとおり絞っている。

2 追完権の要件（本条(1)）
(1) 不合理に遅滞しないこと
　不履行を追完するために不合理な時間を要し、それが買主にとって認容できない程度の場合には、追完権は認められない。追完に要する時間が「不合理」かは、追完による時間の経過が買主にいかなる不利益を生じさせるかという観点から、物品の種類や使用法などの事情を斟酌して客観的に判断される。したがって、不履行それ自体が重大なものであったとしても、短期間で追完できる場合には、追完が買主に不合理な遅滞を招かない。しかし、履行期の遵守が契約の重要な要素となっている場合には、たとえ物理的に追完が可能であるとしても、追完が買主に不合理な遅滞を招くことになる。
(2) 買主に不合理な不便を生じないこと又は買主の支出費用につき売主から償還されない不安を生じさせないこと
ア　買主に不合理な不便を生じないこと
　売主が追完をすることによって買主に不合理な不便が生じる場合には、追完権は認められない。例えば、売買の目的物たる機械が正常に作動しないため、買主の事業所に設置された機械を売主が修補する場合には、修補が買主の事業所内ではできず、修補によって買主の事業が中断されることや、買主の事業の遂行に大きな支障を来すような騒音が生じること、あるいは、売主が以前に何度も追完を試みたが失敗に終わったという事情は不合理な不便の評価要素となる。
イ　買主の支出費用につき売主から償還されない不安を生じさせないこと

追完をするに際して、買主が前もって何らかの費用を支出することを余儀なくされる場合（例えば、物品の返送費用、不履行を追完する際に買主の協力が必要な場合の費用、買主の事業を中断するための費用）において、売主からその償還がされない不安が生じる場合にも、追完権は認められない。他方、追完に多額の費用を一時的であっても、買主が支出しなければならない場合には、その償還に対する不安の存否にかかわらず、不合理な不便があると解されるので、追完権は認められない。

(3) 「次条（49条）の規定が適用される場合を除く」こと

　本条(1)は、49条が適用される場合には追完権が認められないことを定めている。一見して、解除権が追完権に優先することを定めるように読める。この条文には、もともと売主の追完権と買主の解除権のいずれが優先させるべきかという問題が存在していた。事務局注釈148頁は、本条約制定過程で売主の追完権が優先することを明確する修正案が明示的に否決された一方で、追完権が優先する解釈の余地を残す文言に修正された経緯がある。

　そのため、追完権と解除権の関係については、追完の可能性が存在する間は重大な契約違反と認めないとする見解と、追完の可能性を考慮せず不適合の客観的重大性があれば重大な契約違反を認める見解の対立に加えて、追完権が消滅する時点が解除権発生時か行使時かの対立の問題があり、次表のように4つの見解に分かれることになる。

追完権と解除権の関係

	追完の可能性が存在する間は、重大な契約違反は認めないとする見解	追完の可能性を考慮せず、不適合の客観的重大性があれば、重大な契約違反を認めるとする見解
解除権「発生時」に追完権消滅	解除権が発生すると同時に追完権が消滅するため、時間的に解除権と追完権は併存しない。なぜなら、追完の可能性が存在する間は、重大な契約違反は認められないからである。本条は、追完権と解除権が同時に併存した場合の優先関係を定めるのではなく、追完権が認められるのは、「重大な契約違反」が存在しない場合に限られることを定めているに過ぎない。	追完の可能性があったとしても契約不適合が客観的にみて重大であれば直ちに「重大な契約違反」が認められ、契約解除権が発生する。追完が認められるのは、契約不適合が客観的にみて重大でない場合に限られるため、追完権の範囲は非常に狭くなる。また、契約不適合が客観的に重大であるが不合理な遅延なく追完できる場合にも追完権が消滅することになる。
解除権「行使時」に追完権消滅	追完権と解除権が同時に併存することは通常ないが、定期行為のような例外的な場合は、たとえ、「重大な契約違反」が認められても、追完の可能性が残っているため、解除権が行使されるまでは、追完権が存在することになる。	「重大な契約違反」は認められるが、解除権が行使されていない場合に売主の追完権と解除権が併存し、本条(1)1文により、後者が優先することになる。

(注釈Ⅰ〔松井和彦〕376-377 頁により作成)

訴訟物 XのYに対する売買契約に基づく代金支払請求権
＊日本のX会社と米国のY会社間のアクリル毛布の売買において、Y会社から品質不適合の通知があったので、X会社は直ちに代替品の供給により不適合の追完をすることをY会社に申し出た。しかし、Y会社は理由なくこれを拒絶して契約を解除した。本件は、X会社がY会社に対して、代金の支払を求めたところ、Y会社が契約不適合による解除を主張し、有効な追完権行使があったか否かが争点となった事案である（CLOUT282）。

請求原因 1 XはYとの間で、本件物品100枚を○ドルで売買する契約を締結したこと

（解除）

抗弁 1　YがXから本件物品の引渡しを受けたこと
2　抗弁1の引き渡された本件物品はいずれも品質が劣悪であったこと
＊抗弁2は、重大な契約違反であることを示す事実である。
3　YはXに対して、請求原因1の売買契約を解除する意思表示をしたこと

（追完の申出に対する拒絶）

再抗弁 1　YからXに対する品質不適合の通知を受けて、直ちに、XはYに対し本件物品100枚を改めて供給する旨の追完を申し出たこと
2　XはYの追完の申出を拒絶したこと
＊80条の（類推）適用により、X会社は解除権を行使できないことになる。
＊売主Xは、追完権の要件事実、すなわち自らが義務を全く履行していないか又は契約に適合していない物品を引き渡したことを前提として、追完の申入れをしたこと、その申入れが買主Yに到達したことについて立証責任を負う。ただし、売主Xによる追完が買主Yにおいて不合理でないことについて、いずれが立証責任を負うのかについては、①これが追完権の要件であるとして売主Xが負うとする見解と、②追完権が認められることが原則であり追完が不合理であるというのは例外であるとして買主Yが負うとする見解とがあり得る。本書は、②の見解によっている（下記の再々抗弁参照）。
＊CLOUT282は、本条(1)に定める売主の追完権は49条に服するが、それは不適合物品が重大な契約違反に当たる場合のみであり、そしてその判断には不合理な遅滞と不便を生じさせずに追完しようとする売主の意思をも考慮すべきであって、買主との協議において、売主が追完の意思表示をしているのに、理由もなくこれを買主が拒絶したことは正当とはいえず、重大な契約違反があったとはいえないとした。結局、買主は売主の追完の申出を拒絶したのであるから、80条により損害賠償請求権は行使できないとした。

（買主の不合理な不便等）

再々抗弁 1　XがYに対して申し出た追完の方法は、Yに不合理な不便を生じること、又はYの支出費用につきXから償還されない不安を生じさるものであること
＊再抗弁1の代替品の供給という追完方法は、一般的にYに不合理な不便を生じるものではない。

3　追完の方法

　追完の具体的な方法は、不履行の態様によって異なる。契約に適合しない物品が引き渡された場合には、代替品の引渡し、不足部分の引渡し、物品それ自体の修補などである。また、物品に第三者の権利又は請求権が付着していた場合には、その除去である。いずれにせよ、本条に基づく追完は、売主の権利として実施されるので、追完の方法が複数ある場合には、本条(1)の要件を満たす限りにおいて、売主は追完の具体的な方法を自由に選択することができる。したがって、売主が正当に追完権を主張する場合には、買主は、自ら契約不適合を追完してその費用を損害賠償として売主に請求することはできない。なお、追完につきいずれの方法を採るにせよ、追完の費用は、売主が負担する（本条(1)）。

4　追完と他の救済方法との関係

　買主の契約解除権との関係については、上記2(3)のとおりである。ここでは、その他の救済方法との関係について整理しておく。

(1)　代替品引渡請求権との関係（46条(2)）

　46条(2)によれば、買主の代替品引渡請求権は、物品の契約不適合が「重大な契約違反」であることが要件となる。したがって、この請求権と売主の追完権との関係は、買主の契約解除権との関係と同様である。すなわち、多数説によれば両者が併存することはないので、併存を前提とした優劣関係は問題とならない。

訴訟物　　XのYに対する売買契約の物品不適合に基づく代替品引渡請求権
　　　　　　＊日本の自動車販売業者X会社は、国際モーターショーで展示されていた米国の新興の自動車メーカーY会社が新たに製造した自動車を、1台100万円で10台購入する売買契約を結び、米国の港から海上運送され、X会社が受領したと

ころ、すべてエンジンが故障していた（以上までは、46条の解説2の設例と同じ）。本件は、X会社がY会社に対し、代替品の引渡しを求めたところ、Y会社は、X会社が本件売買契約を既に解除していると主張した事案である。

請求原因
1　YはXとの間で、Yの製造する本件新型自動車10台を1台100万円で売買する契約を締結したこと
2　YはXに対し、本件自動車10台を引き渡したこと
3　請求原因2の自動車10台は、すべてエンジンが故障していたこと
　＊エンジンの故障は25条にいう「重大な契約違反」に該当するので、本件でXは選択していないが、「重大な契約違反」解除も可能である（49条(1)(a)）。なお、「付加期間」解除（同項(b)）については、本件ではYは既に引渡しをしているので、主張することはできない。
4　XはYに対して、代替品の引渡しを請求する意思表示をしたこと

（解除）
抗弁
1　XはYに対して、請求原因1の契約を解除する意思表示をしたこと

(2)　修補請求権との関係（46条(3)）

　買主が46条(3)に基づいて修補を請求する場合、売主はもちろん修補をしてもよいが、修補に代えて、本条の追完権の行使として代替品を引き渡してもよい。この限りで、売主の追完権が優先する。上記(1)の設例と同一の事案において、X会社がY会社に対して、自動車10台の修補を請求した場合において、次の抗弁が成立し得る。

（代替品の引渡し）
抗弁
1　YはXに対して、修補に代えて、代替品10台を引き渡したこと
　＊買主Xとしては契約に適合した物品を入手できればよいのであるから、X会社が修補を求めたとしても、売主Yからの代替品引渡しを拒絶する正当な利益は存在しない。

(3) 代金減額権との関係（50条）

50条によれば、引き渡された物品が契約に適合しない場合には、代金が既に支払われたか否かを問わず、買主は代金を減額することができる。ただし、売主が本条に基づき追完権を行使して不履行を追完した場合には、買主は代金を減額することができない（50条2文）。すなわち、売主の追完権は、買主の代金減額権に優先する。例えば、減額請求権を行使して代金の一部返還を求める訴えにおいて、追完権の行使は権利発生障害又は権利消滅の抗弁として機能する（50条の解説2の設例参照）。

(4) 損害賠償請求権との関係（本条(1)2文）

本条(1)2文によれば、売主が追完権を行使して不履行を追完した場合であっても、買主は損害賠償請求権を保持する（ここでは、但書（However）の体裁を採っているが、本条(1)1文との立証関係について何らかの基準を設けようとするものではない）。もっとも、ここでいう損害賠償請求権は、最初の不履行によって生じた損害（遅延損害金）や、追完権の行使によって除去できなかった損害など、追完によってもなお残存する損害に限られる。

訴訟物 XのYに対する売買契約不適合に基づく損害賠償請求権

＊米国のY会社は日本のX会社に部品製造機械を売ったが、引き渡した機械が不良品であったので、Y会社はその不良を追完した。本件は、X会社がY会社に対して、被った損害の賠償を求めたところ、その損害として認められる範囲が問題となった事案である。

請求原因
1 YはXとの間で、本件機械を代金○円で売買する契約を締結したこと
2 YはXに対し本件機械を引き渡したこと
3 本件機械は不良品であったこと
4 Xの損害の発生と損害額

＊損害額は、74条に基づくことになる。例えば、①機械を使用して製造された欠陥品のために無駄になった原材料費や②本件機械が契約に適合していなかったことを理由とする価値減少分である。

＊①の損害は、正常に作動しない部品製造機械が引き渡された場合において、追完がされる前にその機械を使用して製造された欠陥品のために無駄になった原材料費がこれに当たる。他方、売主が最初に引き渡された物品の契約不適合を完全に

追完した場合には、買主は、当該物品が契約に適合していなかったことを理由とする価値減少分を損害賠償として請求することができない。

5　請求原因3と4の因果関係

(追完権)

抗　弁　1　Yが本条に基づきその不履行を追完したこと
＊訴訟物の注記した理由により、追完権が抗弁として機能するのは、請求原因4の②の損害に対してであって、請求原因4の①の損害については抗弁とならない。

5　売主の追完を容認するか否かの申入れ（本条(2)）

売主が自らの不履行を追完しようとする意思があっても、買主が追完を受け入れるのか、あるいは、不履行が「重大な契約違反」であるとして追完を拒否して契約を解除するのかわからない場合がある。売主は、通常、買主に対して追完を受け入れるか否かを問い合わせるが、買主がいつまでも応答しなかった場合、売主は不安定な立場に置かれる。そこで本条(2)ないし(4)は、このような場合に、売主の法的地位を早期に確定させるとともに追完権を保護するための規定である。

なお、売主にこのような「問い合わせ」が義務付けられているわけではない。そのため、売主が「問い合わせ」をすることは、本条(1)所定の追完権の発生ないし行使の要件ではない。本条(1)の要件を満たす場合には、売主は自らの「権利」として追完をすることができるから、買主に対してこれを受け入れるか否かを知らせるよう求める義務はないのである（もちろん、買主が受入れを拒否したとしても、売主は追完をすることができる）。

(1) 本条(2)の適用要件

本条(2)が適用される要件は、売主が買主に対して、引渡期日後の履行（引渡しそれ自体や修補や代替品の引渡し）を受け入れるか否かを、一定期間を定めて問い合わせをすることである。本条(2)は、本条(1)所定の要件を満たすか否かとは関係なく、契約不適合の追完を合意によって行なおうとする方法の1つとして、売主が買主に対して追完の申入れをする局面を定めたものである。本条(2)は、このような申入れを売主が行なった場合において買主が返答しなかった場合の処理を規定しているにすぎない。

ア　方式の自由

売主から買主に対してされる「履行を受け入れるか否かについて知らせる旨の要求」には、書面による等の特別な方式を要しない。しかし、買主がこ

れに応答しなかった場合において買主が被る不利益に鑑み、明示的な申入れが必要と解される。例えば、売主が代替品を発送したことでは黙示的な追完の申入れとは解されない。
イ　追完行為をする時期の明示
　売主からの要求には、いつまでに追完するつもりなのかが明示されていることが必要である。なぜなら、この期限が明示されていなければ、買主は売主からの申入れを受け入れるか否かの判断ができないからである。もっとも、追完までの期間の長さが合理的なものである必要はない。不当に長い場合には、買主はこの申入れを拒否すれば足りるし、期間内に買主が追完を受け入れるか否かの返答をすることができないほど短期間の場合には、このような要求には期間が明示されておらず、本条(2)の要件を満たす要求ではないと解される。すなわちこのような場合には、期間を定めなかった場合と同様に扱われ、本条(2)の適用はない。
　ただし、本条(3)により、売主が買主に対して、一定の期間内に履行する旨を通知した場合には、この通知は、買主に対してこの履行を受け入れるか否かについて知らせることの申入れを含むものと推定される（法律上の事実推定規定の性質を有する）。したがって、本条(3)の買主の要求があった場合は、買主は自らの選択を知らせなければならないのであって、それを怠ったときには、売主の通知は買主に対する回答の要求を含むものとして取り扱われるべきでない理由があることを買主が証明できるのでない限り、買主は売主による通知の内容に拘束されるのである（事務局注釈152頁）。
(2)　到達主義の採用
　本条(2)所定の売主の要求及び本条(3)所定の売主の通知は、買主がそれらを受けない限り、その効力を生じない（本条(4)）。本条約は、通信伝達につき、原則として発信主義を採用しているが（27条）、買主の下にそれらの通知が到達しなかったために応答しなかった場合に買主が被る不利益に鑑み、その例外を定めたものである。
(3)　本条(2)の申入れがされた場合の効果
　本条(2)に基づく申入れが売主からされた場合において、買主の応答の有無・内容に応じて、次のとおりの効果が生じる（本条(2)が定めている内容は、以下ウの場合に限られる）。申入れを受けての買主の対応としては、3つが考えられる。すなわち、これを①受け入れる、②拒否する、③合理的な期間内に応答しない、である。
ア　追完を受け入れるとの応答の場合
　売主からの追完の申入れを買主が受け入れた場合には、買主はこれに拘束

される。

イ　追完を拒否するとの応答の場合

買主は、要件を満たす場合は、契約解除権（49条）、代金減額権（50条）、損害賠償請求権（45条(2)）を行使することができる。しかし、追完を拒絶した以上、代替品引渡請求権（46条(2)）や修補請求権（46条(3)）といった物品の契約不適合の追完を求める権利は認められない（同条の解説2(4)の設例における「追完の申出」の抗弁参照）。

また、例えば「重大な契約違反」の要件が充足されていないにもかかわらず、買主が、売主からの治癒の申入れを拒否して不当に契約解除の意思表示をした場合には、買主はもはや不履行に基づく救済を求めることはできない（80条）。

ウ　合理的な期間内に応答しない場合

買主が合理的な期間内に応答しない場合には、売主は、自らが定めた期間内に履行できる（本条(2)1文）。このことは、本条(1)の追完権の要件を具備していない場合にも追完権を行使できる。買主は、売主がその申入れにおいて示した期間中は、売主による履行（追完）と両立しない救済を求めることができない（本条(2)2文）。ここでいう「合理的な期間内」とは、実質的には、「不合理に遅滞せず」（本条(1)）と同義と解される。

両立しない救済とは、典型的には、契約解除権（49条）及び代金減額権（50条）であるが、代替品引渡請求権（46条(2)）や修補請求権（同条(3)についても、売主に追完権が認められる場合には追完の具体的方法の選択が売主にゆだねられるため、買主が追完の方法として代替品の引渡し又は修補を請求することはできない。また、買主が自ら修補するなど不履行を追完してその費用を損害賠償として請求することもできない（注釈Ⅱ〔松井和彦〕380頁）。

6　我が国民法の追完請求権

民562条1項においても、本条約のように売主の権利ではなく売主の義務としてであるが、買主の追完請求権が新設された。買主には、買主の選択により売主に対し、目的物の修補、代替物の引渡し又は不足分の引渡しの請求権が認められたが、常に買主の選択した方法による追完を認めると、修補が可能で相当な場合でも代替品請求などが認められることになる。そのため、買主に不相当な負担を課さないことを要件として、売主は買主の選択した方法とは異なる方法により履行を追完できることも明定された。なお、買主は追完請求しても損害賠償や解除が請求することができる（民564条）。

●(契約解除権)

第 49 条
(1) 買主は、次のいずれかの場合には、契約の解除の意思表示をすることができる。
   (a) 契約又はこの条約に基づく売主の義務の不履行が重大な契約違反となる場合
   (b) 引渡しがない場合において、買主が第 47 条(1)の規定に基づいて定めた付加期間内に売主が物品を引き渡さず、又は売主が当該付加期間内に引き渡さない旨の意思表示をしたとき。
(2) 買主は、売主が物品を引き渡した場合には、次の期間内に契約の解除の意思表示をしない限り、このような意思表示をする権利を失う。
   (a) 引渡しの遅滞については、買主が引渡しが行われたことを知った時から合理的な期間内
   (b) 引渡しの遅滞を除く違反については、次の時から合理的な期間内
      (i) 買主が当該違反を知り、又は知るべきであった時
      (ii) 買主が第 47 条(1)の規定に基づいて定めた付加期間を経過した時又は売主が当該付加期間内に義務を履行しない旨の意思表示をした時
      (iii) 売主が前条(2)の規定に基づいて示した期間を経過した時又は買主が履行を受け入れない旨の意思表示をした時

Article 49
(1) The buyer may declare the contract avoided:
(a) if the failure by the seller to perform any of his obligations under the contract or this Convention amounts to a fundamental breach of contract; or
(b) in case of non-delivery, if the seller does not deliver the goods within the additional period of time fixed by the buyer in accordance with paragraph (1) of article 47 or declares that he will not deliver within the period so fixed.
(2) However, in cases where the seller has delivered the goods, the buyer loses the right to declare the contract avoided unless he does

so:
- (a) in respect of late delivery, within a reasonable time after he has become aware that delivery has been made;
- (b) in respect of any breach other than late delivery, within a reasonable time:
  - (i) after he knew or ought to have known of the breach;
  - (ii) after the expiration of any additional period of time fixed by the buyer in accordance with paragraph (1) of article 47, or after the seller has declared that he will not perform his obligations within such an additional period; or
  - (iii) after the expiration of any additional period of time indicated by the seller in accordance with paragraph (2) of article 48, or after the buyer has declared that he will not accept performance.

1　解除制度の概要

　本条約は、解除権を、相手方当事者による契約違反に対する最後の救済手段として位置付け、損害賠償や代金減額など他の手段では被害当事者の救済が不十分な場合に限って認めている。そこでは、解除権が発生するには些細な契約違反では不十分であり、「重大な契約違反（fundamental breach）」がなければならない（買主については本条(1)(a)、売主については64条(1)(a)が定める）。このように解除に厳格な要件を設けているのは、契約がいったん締結された以上、契約は可能な限り維持し、契約解除によって生じる原状回復の費用とリスクはできる限り回避すべきとする趣旨である。国際物品売買の解除の場合、高額な返送費用や外国での再処分の費用がかかり、また、市場価格の変動に乗じた投機の機会を与えることにもなるからである。

2　買主が解除できる2つの類型

　本条(1)は、重大な契約違反の場合（本条(1)(a)）と引渡しがないときに付加期間を与えた場合（本条(1)(b)）の2つの場合に、解除の意思表示をすることができることを定める。

(1)「重大な契約違反」を理由とする買主の解除

　売主が契約違反をした場合、買主に解除権が認められる最重要な場合は、

その義務の不履行が「重大な契約違反」となる場合である（本条(1)(a)、売主の場合は64条(1)(a)）。「重大な契約違反」の意義については、25条が定めるとおり、「契約に基づいて期待することができたものを実質的に奪うような不利益を当該相手方に生じさせる場合」である。債務者の過失はおろか、そもそも帰責事由が要件とならない一方、「重大な契約違反」を理由とする解除に対して免責の抗弁は認められない（79条(5)参照）。

引渡遅滞の場合は、定期売買のように売買が重要な取引の要素（いわゆる季節商品）でなければ、重要な契約違反には当たらない。したがって、そうでない場合に、引渡遅滞に対して契約解除権を行使するには、47条(1)に基づく買主による付加期間の設定後における期限の徒過若しくは売主による引渡拒絶の意思表示のどちらかがあった場合に限られる（本条(1)(b)）。また、引き渡された物品の不適合を理由とする解除については、それ自体が、重大な契約違反でなければならない。

重大な契約違反があれば、買主は直ちに契約の意思表示をすることができる。事前にその旨を予告する積極的に違反を追完する機会を売主に与える必要もない。しかし、48条は、引渡期日後でも、契約の重大な違反に相当する遅延（不合理な遅延）がないこと、及び買主に不合理な不都合を招かず又は買主が立て替えた費用の売主による償還について不安を与えないことを要件として、売主に義務違反について追完することを認めている（48条(1)）。そこで、物品の引渡しの時に重大な契約違反があり、売主がこの違反を買主の不都合なしに迅速に追完しようとしているとき、買主が急いで契約の解除の意思表示をした場合に、本条（契約を解除する買主の権利）と48条（違反を追完する売主の権利）のどちらが優先するのかという問題がある（48条の解説2(3)参照）。48条(1)が不合理な遅滞がなければ追完を認めていることから考えて、売主が適当な期間内に追完することに成功する限り、重大な契約違反はないものとして、追完を認め、適当な期間が終了する迄は、買主による解除の意思表示は許されないと解すべきであろう。

訴訟物 　XのYに対する売買契約解除に基づく代金返還請求権

＊日本のX会社はオーストリアの家具製造業者Y会社から本革張りのソファー10点を買い入れる契約を締結した。Y会社から送られてきた物品はすべて合成皮革張りのファーであったので、X会社はY会社に対して、その旨を通知したうえで解除した。本件は、X会社がY会社に対して、契約を解除して支払済みの代金の返還を求めた事案である。

請求原因 1　YはXとの間で、本革張りのソファー10点を○万円で売買する契約を締結したこと
2　XはYに対し、代金○万円を支払ったこと
3　YはXに対し、合成皮革張りのソファー10点を引き渡したこと
＊本件のように、売買目的物が「本革張りのソファー」であるのに「合成皮革張りのソファー」の場合は、重大な契約違反となる（本条(1)(a)）。
4　XはYに対して、売買契約を解除する意思表示をしたこと
＊契約を解除するためには、意思表示（declaration）が必要であり、これは相手方への通知（notice）による場合にのみ有効である（26条）。この通知は口頭で行なっても文書を用いてもよいし、航空便・船便・電報・テレックス・電話・ファクシミリ、電子メールなど周囲の状況に応じて適切な通信手段を用いればよい。その場合、本条約の第3部では、別段の規定がない限り、遅延、誤謬又は不着の危険は名あて人が負担する（27条）。したがって、契約の解除意思表示をする当事者は、例えばその旨の通知を発送すれば足りる。

（合理的な期間の経過）
再抗弁 1　物品の不適合を発見し、又は発見すべきであった時から合理的な期間が経過したこと

（通知）
再抗弁 1　XはYに対し、品違い（契約不適合）の事実を、合理的な期間内に通知したこと
＊39条(1)に基づく事実である。
＊請求原因4の事実の立証責任について、注釈Ⅰ〔谷本圭子〕307頁は、「買主は通知の適切な発信について証明責任を負う。例えば、書面による通知の場合には、郵便局の受取証の提出で足りるし、電話による通知の場合には、日付と相手の名前についての詳細な報告が必要となる。通知が2項による2年の期間内になされたかどうかについても、買主が証明責任を負う。なぜなら、通常は買主のみが物品が交付された日を示すことができるからである（S/Schwenzerpara 38）。他方、買主は通知の到達を証明する必要はない（27条）」としており、本設例の事実整理は、これに従うもので

ある。

(期間制限)
抗　弁　1　Xに合成皮革張りのソファー10点が現実に交付された日
　　　　　2　抗弁1の日から2年が経過したこと
　　　　　＊39条(2)に基づく事実である。

(権利の保存)
再抗弁　1　XはYに対し、抗弁1の日から2年以内に、請求原因2の契約不適合を通知したこと

訴訟物　XのYに対する売買契約に基づく代金支払請求権
　＊オランダのX会社は日本のY会社との間で、コバルト硫酸塩を○円で売買する契約を締結した。コバルト硫酸塩は英国産とすることが合意されており、X会社は原産地と品質の証明書を提供することが特約されていた。Y会社がその旨の証明書を受領した後、コバルト硫酸塩は南アフリカ産であり、原産地証明書が間違っていたことが判明した。Y会社は、原産地証明書が事実と異なる証明であること、及び物品の品質は合意されたものよりも劣ることを理由として契約を解除した。本件は、X会社がY会社に対して代金の支払を求めたところ、Y会社が上記の理由で解除したと主張した事案である（CLOUT171）。
　＊本件は、「重大な契約違反」の事実は認められないが、物品が契約に適合しないということで（35条）、Yは代金の減額権（50条）を行使することができる事案である（CLOUT171では、Yはその主張をしていない）。

請求原因　1　XはYとの間で、コバルト硫酸塩を○円で売買する契約を締結したこと

(解除)
抗　弁　1　請求原因1のコバルト硫酸塩は、英国産とすることが合意されており、Xは原産地と品質の証明書を提供することが特約されていたこと
　　　　　2　XはYに対し、請求原因1の売買契約に基づいて、コバルト硫酸塩を引き渡したこと
　　　　　＊本件は、以下みるように「重大な契約違反」ではないから、買主Yが受領を拒絶したとしても、その拒絶は法的に有効

ではない。
3 コバルト硫酸塩は南アフリカ産であり、原産地証明書が間違っていたことが判明したこと
4 YはXに対し、請求原因1の売買契約を解除する意思表示をしたこと

＊買主Yは、南アフリカ産のコバルト硫酸塩を日本や外国で販売できないわけではないから、重大な契約違反があったとはいえない（25条、49条(1)(a)）。また、Yは正しい書類を別途に入手することもできるのであるから、原産地や品質についての誤った証明書を提供しただけで、重大な契約違反とはならない。

＊なお、本件では、Yはその主張をしていないが、Xが引渡しを行なっている以上、Yは本条(1)(b)に基づいて契約の解除を行なうこともできない。品質が劣るとか、原産地が違うといった点で契約に合致しない物品が引き渡されたからといって、引渡しがされていないということにはならないからである。

(2) 付加期間設定による解除

本条(1)(b)は、売主の引渡義務違反について、付加期間設定による解除が認められる場合を定める。この場合、買主が47条(1)の定めるところに従い、合理的な長さの付加期間を設定したにもかかわらず、売主が物品の引渡しをせずに付加期間が経過し、又はその期間内に売主が引渡拒絶の意思表示をしたときには、買主は契約を解除することができる（同条(1)(b)）。

この付加期間設定による解除は、引渡しをしなかったこと（引渡義務違反）が重大であるか否かにかかわらず、認められる（重大でない場合にも付加期間を経過することでより違法性が高まるから、解除できると説明する）。

以上のように、売主が契約に従って物品を引き渡さない場合、通常、買主は売主に付加期間という一定の猶予期間を与えた後、その期間内に売主が物品を引き渡さなければ、契約を解除することができるが、反面、付加期間を与えることなく直ちに契約を解除することはできないものとされている。しかし、一方で「重大な違反があれば契約を解除することができる」という本条(1)(a)の原則は生きているので、納期の遅延がわずかでも許されないような場合（例えば、価格が大きく変動する「相場商品」の場合）には、買主は売主に猶予期間を与えることなく、契約の解除の意思表示をすることができ

る。ただし、売主が引渡しを行なわないことが重大な契約違反に当たることが明瞭である場合を除いては、引渡しの遅滞を理由に解除するには、実務的には、買主は付加期間を与えたうえで契約の解除の意思表示をした方が無難であるといえる。

訴訟物　　　XのYに対する売買契約に基づく代金支払請求権
　　　　　　＊日本のY会社は、オーストリアの家具製造業のX会社から本革張りのソファー10点を買う契約を締結した。本件は、X会社がY会社に対し代金の支払を求めたところ、Y会社は納期を経過してもX会社が引き渡さないので、一定期間内に履行するよう催告したうえで解除したと主張した事案である。

請求原因　1　XはYとの間で、本革張りのソファー10点を○万円で売買する契約を締結したこと

（解除）
抗　弁　1　本件ソファーの引渡期日は、平成○年○月○日と定められたこと
　　　　　2　抗弁1の引渡期日が経過したこと
　　　　　3　YはXに対し、本件ソファーを2週間以内に納入すべきことを催告したこと
　　　　　＊短すぎる付加期間の設定は、付加期間の設定そのものを無効とするものではない。この場合、買主は、合理的な期間が経過した後に解除をすることができる。他方、売主が買主の設定した付加期間よりも長い期間での引渡しの申出をした場合には、買主がその申出を遅滞なく拒絶しなければ、売主の申し出た期間が優先される。
　　　　　＊一般に、単なる納期遅延は、「季節商品」等の場合を除いて、重大な契約違反に該当することはない。したがって、納期が買主Yにとって重要な場合には、契約書に例えば、「納期は契約の重要な要素である（The time of delivery is the essence of the contract.）」と規定しておけば、付加期間を与えることなく、重大な契約違反に当たるとして、直ちに解除をすることができる（本条(1)の(a)と(b)の対比）。
　　　　　＊付加期間が設定された場合、その期間内は、買主は契約の解除をすることができない（47条(2)）。もっとも、売主が付加

期間内に確定的な引渡拒絶をした場合は、買主は直ちに解除をすることができる（本条(1)(b)）。
＊本件とは事案が異なるが、いわゆる書類売買（documentary sales）では、物品を受領するために当該書類が必要となるという意味において、当該書類が物品と等価値と評価できる。したがって、荷為替や倉庫証券などの書類の不交付は、「引渡しがなかったこと（non-delivery）」に相当する。その結果、買主は、本条(1)(b)により、書類の交付のために付加期間を設定することができる（これに対して、保険証券や原産地証明書などの不交付は、「引渡しがなかったこと」にはならない）。

4　XはYに対して、売買契約を解除する意思表示をしたこと

3　期間の経過による解除権の消滅（引渡しがあった場合の解除の意思表示の期間制限）

売主が物品を引き渡した場合においては、買主は、解除権の行使について、次の(1)及び(2)の包括的な時期的制限が加えられる（本条(2)）。この場合には、一定期間内に解除の意思表示をしなければ、契約を解除する権利を失うのである。

(1)　契約の違反が引渡しの遅延による解除の場合には、買主は引渡しが行なわれたことを知った時から合理的な期間内（本条(2)(a)）。

これは、①物品の引渡しを受けた買主は、物品を既に自らの支配下に置いているのであるから、引き渡された物品が利用できるか否かを判断するにつき、買主は多くの時間を必要としないこと、②市場における相場変動への機会を買主に与えるべきではないこと、③売主にとっても、解除された場合に物品を引き取るか他の処分をするかなどにつき、できるだけ早く知る必要があることを考慮して、解除をするのであれば合理的な期間内に速やかにすべきであるからである。

なお、買主が引渡しを認識したか（本条(2)(a)）、また次の(2)における契約違反を知り若しくは知らなければならなかった（本条(2)(b)）時点については、売主が立証責任を負う。

本条(2)(a)の具体例としては、上記2(2)の設例（引渡しの遅滞）を前提として、以下の再抗弁（合理的な期間の経過）及び再々抗弁（合理的な期間内の解除の意思表示）がある。

(合理的な期間の経過)

再抗弁 1　XはYに対して、(抗弁3の付加期間経過後に) 本革張りのソファーを引き渡したこと

　　　＊本条(2)柱書所定の「売主が物品を引き渡した場合」を示す事実である。仮に、抗弁3の付加期間経過前に引渡しが行なわれたときは、その事実自体で、上記解除の抗弁に対する再抗弁 (解除の効果障害事由) となる。

　　2　Yが再抗弁1の引渡しを知った日から解除するまでの合理的な期間が経過したこと

　　　＊本条(2)(a)に基づく抗弁である。すなわち、引渡しの遅滞を理由として契約を解除しようとしている場合には、買主が引渡しがされたことを知った時以後の合理的な期間内にのみ契約の解除は可能である。

(合理的な期間内の解除の意思表示)

再々抗弁 1　抗弁4のYの意思表示は、再抗弁2の合理的な期間内にされたこと

　　　＊解除の意思表示が付加期間経過後合理的な期間内になされたことは買主が立証責任を負担する。

(2)　契約の違反が引渡しの遅延以外の違反による解除の場合には、次のいずれも合理的な期間内に解除権を行使しなければならない (本条(2)(b))。

　引渡しの遅滞以外の契約違反を理由として (契約不適合物品の引渡しや付随的義務の違反を含む第三者の権利から自由な所有権の移転義務、契約適合的な書類の交付義務、組立義務、排他的取引義務の違反など)、契約を解除しようとする場合には、ア買主が違反を知り、又は知るべきであった時、イ買主が与えた付加期間が経過した時、又は当該期間内に履行する意思のないことを売主が表明した時、ウ売主が通知した補完期間が経過した時、又は買主が補完を受け入れる意思のないことを通知した時、のいずれか以後の合理的な期間内にのみ、契約の解除が可能となる。以下、敷衍する。

ア　買主が違反を知り、又は、知るべきであった時から合理的な期間内 (本条(2)(b)(i))。

　例えば、不適合物品が引き渡された場合、合理的な期間の開始時点は、買主が当該違反を知り、又は知るべきであったときである。違反を知るとは、違反の事実とその範囲・重要性の双方を知ることをいう。なお、合理的な期間の判断に当たっては、買主が不適合を調査し検討できる期間を考慮に入れ

る必要があるほか、不適合の追完が問題となるような事案においては、売主が追完をするのに必要な期間が考慮されることになろう。

本条(2)(b)の具体例としては、上記2(1)の1番目の設例（引渡しの遅滞以外の重大な契約違反）の請求原因をを前提として、それに引き続いて以下の再抗弁（合理的な期間の経過）及び再々抗弁（期間経過前の解除の意思表示）がある。

（合理的な期間の経過）
抗弁 1　Xが物品の契約不適合の事実を知り、又は知るべきであった時から解除するまでの合理的な期間が経過したこと
　　　　＊本条(2)(b)に基づく抗弁である。

（合理的期間内の解除の意思表示）
再々抗弁 1　抗弁4のYの意思表示は、再抗弁2の合理的な期間内にされたこと

イ　買主は、47条(1)により付加期間を定め、もし売主がその期間内に義務を履行せず経過した場合、又は、付加期間中に義務を履行する意思がないことを売主が宣言した場合には、かかる期間の経過後、又は、売主が義務を履行する意思のないことを宣言してから合理的な期間内に行わなければならない（本条(2)(b)(ii)）。

ウ　売主が48条(2)に基づいて示した期間を経過したとき、又は買主が履行を受け入れない旨の意思表示をしたときには、買主は契約の解除することができる。ただし、この解除の意思表示は、かかる期間の経過時、又は、買主が追完を受け入れない意思を明らかにした時から合理的な期間内に行なわなければならない（本条(2)(b)(iii)）。

すなわち、売主が48条(1)に基づいて引渡期日後に義務違反を追完しようとし、追完に必要な期間を明示して追完を受け入れるか否かを知らせて欲しいと買主に要請した場合、買主が合理的な期間内にその要請に応じないときは、売主は要請に示した期間内に追完を実行することができ、買主はかかる期間内は売主の義務の履行と矛盾する救済を求め得ない（48条(2)）。

しかし、この期間が経過しても追完が実行されない場合、又は、売主の要請に対して追完を受け入れないと買主が宣言した場合には、重大な契約違反が存在する限り、買主は契約の解除の意思表示をすることができる。ただし、この解除の意思表示は、かかる期間の満了後、又は、買主が追完を受け入れないと宣言してから合理的な期間内に行なわなければならない（本条

(2)(b)(iii))。

4　日本法の解除事由との関係

我が国の債権法改正後の民法においては、解除をするのに債務者の帰責事由は不要とする立場をとることとなった。解除制度を、債務者の責任追及のための解除から、債務履行を得られない債権者を契約の拘束力から解放する解除へ変更することとしたのである。

また、客観的に軽微な不履行の場合には解除できないこととした（そのため、改正民法541条但書は、「ただし、その期間を経過した時における債務の不履行がその契約及び取引上の社会通念に照らして軽微である時は、この限りでない」を追加した）。すなわち、改正民法541条但書は、債務者が債務を履行しなかった場合に、相当期間が経過した時点を基準として、その債務の不履行が軽微なものにとどまる場合には解除を認めないこととしている（この場合は、債権者は、損害賠償などの救済にとどまる）。

改正民法の解除制度は本条約のそれとはやや異なる。すなわち、本条は「重大な契約違反に基づく解除」と「引渡しがない場合の付加期間解除」の2つを法定解除要因とするが、改正民法は、「重大な不履行」の文言を法文でこそ使わないが、ほぼ同内容の「軽微でない不履行」を理由とする解除に一元化している。付加期間解除に近い「催告解除」もあるが、改正民法においては、催告後に相当期間が経過すると当事者間では「軽微でない不履行」となるのが原則である。

● (代金の減額)

第50条　物品が契約に適合しない場合には、代金が既に支払われたか否かを問わず、買主は、現実に引き渡された物品が引渡時において有した価値が契約に適合する物品であったとしたならば当該引渡時において有したであろう価値に対して有する割合と同じ割合により、代金を減額することができる。ただし、売主が第37条若しくは第48条の規定に基づきその義務の不履行を追完した場合又は買主がこれらの規定に基づく売主による履行を受け入れることを拒絶した場合には、買主は、代金を減額することができない。

Article 50

If the goods do not conform with the contract and whether or not the price has already been paid, the buyer may reduce the price in the same proportion as the value that the goods actually delivered had at the time of the delivery bears to the value that conforming goods would have had at that time. However, if the seller remedies any failure to perform his obligations in accordance with article 37 or article 48 or if the buyer refuses to accept performance by the seller in accordance with those articles, the buyer may not reduce the price.

1 代金減額権
(1) 意義
　引き渡された物品が契約に適合しない場合、買主は、追完請求権（46条(2)・(3)）、損害賠償請求権（45条(1)(b)）、契約解除権（49条）のほかに、不適合の程度に応じて代金を減額する権利を有する（本条）。本条は、それらの救済措置のうち、代金減額権を定める。代金減額権は、当初予定していた給付結果を求めず、現実に引き渡された契約不適合の物品や、本来受け取るべき数量の一部に限って引き渡された物品を保有しつつ、反対給付である売買の代金を減額することにより対価的均衡を回復するものである。この代金減額権は、損害賠償請求権や契約の一部解除とは異なる「契約内容の改訂」と位置付けられるものである。
(2) 内容
　本条1文は、引渡しを受けた物品が契約に適合しない場合には、代金が既に支払われたか否かを問わず、買主は、現実に引き渡された物品が引渡し時において有した価値が契約に適合する物品であったとしたら当該引渡し時において有したであろう価値に対して有する割合と同じ割合により、代金を減額できることを定める。代金減額を求めるのは買主であるから、買主が「引き渡された物品の価値」と「適合物品の価値」（いずれも引渡し時）の証明責任を負う。引渡し時の「適合物品の価値」については、取引価格及び物価が存在しない物品の場合は、契約価格が「適合物品の価値」と一致するものとの事実上の推定がされることとなろう。
(3) 要件
ア 物品の契約不適合
　代金減額権が成立するためには、まず、引き渡された「物品が契約に不適合」（35条。重大な契約違反に該当する必要はない）であることが必要であ

る。これは、代金減額権が物品の不適合という売主の契約違反を受け入れる買主に与えられる権利であるからである。

　契約不適合のうち、特に、数量不足については、51条(1)の特則がある（本条と51条(1)の適用の優劣関係はなく、買主はいずれかを自由に選択できる）。

イ　契約不適合の通知

　代金減額権という契約不適合の責任を追及するためには、当然のことながら、39条所定の不適合の通知が必要である（ただし、通知のための合理的な期間の経過という抗弁が提出された場合に、契約不適合の通知をしたという再抗弁を主張・立証すべきである）。なお、この契約不適合の通知は、次の代金減額権行使通知とともにすることは可能であろう。

ウ　代金減額権行使通知

　代金減額権は形成権と考えられるので、買主が売主に対し、代金を減額する旨の通知をする必要がある。この通知は、27条により発信で足りる。

エ　代金の支払の有無は、代金減額権の成立とは関係がない。以下、代金が支払済みである場合(2)と、代金が未払である場合(3)に分けて検討する。

2　代金が支払済みである場合

　代金が支払済みの場合には、買主は代金減額権を行使して、超過支払額の返還を請求できる。この代金支払済みの場合における返還請求権が認められる根拠については、①本条が代金支払後の代金減額を認めている以上は、同条に基づき当然に認められるとする見解と、②7条(2)に従って81条(2)が類推適用されるとする見解に分かれる。いずれの見解も、各国内法の不当利得法を適用するものではない。返還されるべき超過額には、売主が超過代金を受領した時以降の利息が付される（78条）。なお、この返還義務も契約上の義務であるから、売主が遅滞する場合に利息額を超える損害が生じれば、その賠償を請求することもできる（45条(1)(b)）。

訴訟物　　XのYに対する売買契約の物品（品質）不適合に基づく代金返還請求権

　　　　＊日本のX会社がアルゼンチンのY会社から、1級品質のコーヒー豆10トンを200万円で買う契約を締結し、X会社は代金を支払ったが、実際に引き渡されたのは6割の価値の3級品質のコーヒー豆であった。本件は、X会社がY会社に対し、契約代金は4割減額されるべきであるとして、80万

円の返還を求めたところ、Y会社は、①X会社が契約締結時に本件コーヒー豆が契約不適合であったことを知っていたこと、②契約不適合であることの通知が遅きに失したことを主張した事案である。

＊契約不適合の責任全般に及ぶ攻撃防御であるが、代金減額権は物品の契約不適合に対する救済であるから、代金減額を主張された売主は、不適合の存在自体を争える（積極否認）ほか、①買主悪意の抗弁（35条(3)）、又は、②不適合通知のための合理的な期間経過の抗弁（不適合の通知の再抗弁）（39条）により、自らは契約不適合の責任を負わない旨を主張できる。そして買主は、②の抗弁に対して、売主悪意の再抗弁（40条））又は合理的な理由の再抗弁（44条）を主張できる。

＊本件は、物品の不適合の事案である。権利の契約不適合は物品の不適合と区別される。本条約は、契約に適合した物品を引き渡す義務（35条）と第三者の権利・請求の目的でない物品を引き渡す義務（41条、42条）を区分しており、代金減額権は前者の違反に対する救済として位置付けられているから、後者の違反に対する救済として主張することができない。実際上も、権利の瑕疵の場合に代金減額権は現実的解決とならないうえ、第三者の権利の存在につき売主が免責される場合はほとんどないので、損害賠償請求権によって買主は保護されることになる。

＊損害賠償請求権に対する様々な抗弁、すなわち、予見性（foreseeability）のないこと、あるいは不可抗力（force majeure）などは、買主の代金減額権にはかみ合わない主張であるから適用されない。

請求原因 1　YはXとの間で、1級品質のコーヒー豆10トンを200万円で売買する契約を締結したこと

2　XはYに対し、代金200万円を支払ったこと

＊買主が代金全額を支払ったからといって、代金減額権の放棄とみなされることはない。

3　YからXに対して積送されてきたコーヒー豆は引渡し時において1級品質のコーヒー豆の6割の価値にとどまる3級品質であったこと

＊適合性有無の判断基準時は、原則として買主への危険移転時であり、その時点で不適合が存在していなければならない（36条(1)）。ただし、危険移転前でも、既に不適合が明白であり、かつ、売主が不適合を除去できないか又は除去する意思がないときは、代金減額の要件としての不適合はあるとされる。

＊物品の契約不適合による代金減額権は、その物品が引き渡された場合にしか認められない。代金減額権は、物品の不適合（売主の契約違反）を受け入れる買主の権利であるからである。もっとも、物品に不適合があれば足り、解除のときのように不適合が重大な契約違反に該当する必要はない。何が不適合に当たるかは、35条が定めるところによる。すなわち、本件のように品質に劣る場合、物品に欠陥がある場合、異種物が引き渡された場合、数量が不足する場合など物品それ自体に不適合がある場合のほか、契約で定められた方法で収納又は包装されていない場合も含む。そのうち数量不足に関しては、51条(1)に特別な規律がある。

＊訴訟において代金減額を主張する買主は、不適合の存在及び代金減額の通知を発したことのみならず、減額算定の基礎となる事実（特に引渡し時における物品の価値比率）についても立証責任を負う。したがって、売買目的物の市場がない場合は、買主は立証することが困難になる。立証に関して特別な国内法の規律がない限り、買主としては損害賠償請求権を行使することになろう。

4　XはYに対して、代金のうち80万円を減額する通知をしたこと

＊曽野＝山手・国際売買176頁は、「この減額は、買主によるその旨の宣言［意思表示］によって効果を生じ［る］」としている。

＊代金減額の通知は27条に服し、発信時に効果を生じる。代金減額権は契約改訂権としての性質を有するが、この通知に対する売主の同意は不要であり、形成権と解される。代金を減額する旨が明確であれば足り、具体的な減額金額や算定根拠までが示されている必要はない。

(買主の悪意)
- **抗弁** 1　X（買主）が契約の締結時に物品の不適合を知り、又は知らないことはあり得なかったこと

(合理的な期間の経過)
- **抗弁** 1　Xが、物品の不適合を発見し、又は発見すべきであった時から合理的な期間が経過したこと
  - ＊39条に基づく抗弁である。代金減額の通知不適合の責任を追及するには、買主は、39条の通知により救済手段を保存する必要がある（不適合の通知）。そのうえで、代金減額権を行使する買主は、この通知とは別に、売主に対して代金を減額する旨の通知（請求原因4）をしなければならない（代金減額の通知。不適合の通知とともにすることは可能）。

(通知)
- **再抗弁** 1　XはYに対して、合理的な期間内に、契約不適合をその性質を特定した通知を発したこと
  - ＊契約不適合の通知は、代金減額の通知とともにすることができると解される。

(不通知の合理的な理由)
- **再抗弁** 1　Xは、必要とされる通知を行なわなかったことについて合理的な理由を有すること
  - ＊売主Yから不適合の通知がなかったとの抗弁を出された買主Xは、通知をしなかったことについての「合理的な理由」（reasonable excuse）を主張・立証することにより、通知をしなかったことによる救済手段喪失の一部を免れることができる（44条）。すなわち、このとき、買主Xは、①代金減額権を維持し、また、②得べかりし利益を除いた損害賠償を請求することができる（ただし、通知を適時にしなかったことによる損害軽減義務違反による減額はあり得る）。
  - ＊CLOUT775は、44条に基づく原告（買主）による購入代金の減額請求権について、原告は44条に基づく不適合の通知を適時に行なわなかったことに関する合理的な理由を示していない事案である。

(売主の悪意)
- **再抗弁** 1　物品の不適合が、Yが知り、又は知らないことはあり得なかった事実であること

2　YがXに対して明らかにしなかったものに関するものであること
＊40条に基づく再抗弁である。

3　代金が未払の場合

　代金が未払の場合には、買主は、減額権を行使すれば減額後の代金を超える部分についての支払義務を免れる。売主から代金全額の支払請求を受けた買主は、一部抗弁として代金減額を主張することになる。代金減額権は、既に代金を支払っている場合に行使可能であることはいうまでもない。この点、代金減額権を損害賠償請求権の一種と解する立場からは、代金の支払（つまり損害の発生）を要件とみる余地もあるので、それを否定するために、本条は、「支払われたか否かを問わず」との文言を加えている。

　代金支払後でなくとも代金を減額できることは、買主に次の利点がある。買主の損害賠償請求に対して①物品の価格が下落した場合や売主が免責される場合に、代金減額は損害賠償よりも買主に有利な（場合により唯一の）救済となること、②逆に損害賠償の方が有利な場合であっても、価格高騰が賠償範囲に含まれない可能性、あるいは売主が免責される可能性があるときは、とりあえず代金減額権を行使して一定額の支払義務を免れたうえで、なおてん補されない損害の賠償を求めることができる利点である。

訴訟物	XのYに対する売買契約に基づく代金支払請求権

＊日本のY会社がアルゼンチンのX会社から、1級品質のコーヒー豆10トンを円貨200万円で買う契約を締結した。本件は、X会社がY会社に対し、売買契約の支払を求めたところ、Y会社は、実際に引き渡されたのは6割の価値の3級品質のコーヒー豆であったとして、代金は4割減額されるべきである主張した事案である。

請求原因	1　XはYとの間で、1級品質のコーヒー豆10トンを円貨200万円で売買する契約を締結したこと

（代金減額権）

抗弁	1　XからYに対して積送されてきたコーヒー豆は引渡し時において1級品質のコーヒー豆の6割の価値にとどまる3級品質であったこと
	2　YはXに対して、代金のうち80万円を減額する通知をしたこと

　　　　　　　＊代金減額の通知に特別な方式は要求されないが、代金を減額
　　　　　　　する旨が明確に表明されなければならない。例えば、買主が
　　　　　　　自ら計算した減額代金のみを支払ったというだけでは、売主
　　　　　　　からみれば代金の一部支払と区別できないから、代金減額の
　　　　　　　通知として不十分である。
（合理的な期間の経過）
再 抗 弁　1　Yが抗弁1の事実を知った日
　　　　　2　再抗弁1の日から合理的な期間が経過したこと
（通知）
再々抗弁　1　YはXに対して、合理的な期間内に、抗弁1の事実について通知を発したこと
　　　　　　　＊CLOUT343は、検査及び通知を欠いたため代金減額を一部に限って認めている。

訴 訟 物　　XのYに対する売買契約に基づく代金支払請求権
　　　　　　＊売主Xは買主Yとの間で、1等級の穀物10トンを、市場価格のトン当たり200ドル、総額2,000ドルで売買する契約を締結した。本件は、XがYに対し、代金2,000ドルの支払を求めたところ、XはYに穀物9トンを引き渡すのにとどまったので、代金を10パーセント減額し、1,800ドルを支払う義務があるにすぎないと主張した事案である（事務局注釈161頁【例46B】）。
請求原因　1　XはYとの間で、1等級の穀物10トンを、市場価格である1トン当たり200ドル、総額2,000ドルで売買する契約を締結したこと
（代金減額権）
抗　　弁　1　XはYに対し、請求原因1の売買契約に基づいて、1等級の穀物9トンを引き渡したこと
　　　　　　＊請求原因1の契約において、1等級の穀物2トンを引き渡すにとどまったときは、「重大な違反」となるから、契約解除をすることができる（事務局注釈161頁【例46A】）。
　　　　　2　YはXに対して、抗弁1の事実（10パーセント不足）について通知を発したこと
　　　　　3　YはXに対して、代金のうち10パーセントに当たる200ドルを減額する通知をしたこと

＊代金減額を主張された売主は、不適合の責任自体を争い得るほかに、本条2文に基づき、自らの追完権を行使するか又は追完が拒絶されたことを理由として代金減額権の主張を阻止できる。ちなみに、売主が利用可能なその他の抗弁として、時効など期間制限の主張が考えられる。本条約では、不適合の通知には期間制限があるが、その後の代金減額権行使については期間制限を設けていないから、後者は個別事案の準拠法に従って判断される。

＊買主が49条によって解除の意思表示をすることができる場合においても、本条は適用され得るし、物品の価値が全くない場合には、買主が代金をゼロ円にまで減額することができる（CLOUT747）。

4　減額代金の算定
(1) 比例減額方式

代金減額権は、不適合を受け入れる買主に実質的な契約改訂権を与え、当初から不適合物品が目的物であった対価関係をつくり出す制度である。そのため、減額に当たっては、実際に引き渡された「不適合物品の価値」と「減額後の代金額」の対価交換関係が、「適合物品の価値」と「当初の契約代金額」の関係と割合的に同じにする必要がある。これを実現すべく、本条1文は、「適合物品」と「不適合物品」の価値比率に応じて契約代金を減額するものと規定している。

(2) 価値比率の評価時

比例減額方式を採用する場合、適合物品と不適合物品の価値比率をどの時点で評価するかによって、減額代金が変化する。本条はその評価時を「引渡し時」としている。それは、①「代金減額は要件が緩和された損害賠償である」と解すると、引渡し時の価値の差（＝損害）を基準にするのが理論的であり、また、②契約締結時点で不適合物品が現実に存在していなかった場合には価値比率の評価に困難なので、引渡し時を基準とするのが現実的でもあるからである。現実に引き渡された時の時価とその時に適合する物品なら有していたであろう時価との割合に応じて購入価格を減額したものとして、CLOUT56がある。

(3) 価値比率の評価地

異なる市場間での物品移動が通常の国際物品売買においては、上記(2)の評価時は、当然、評価地と関連することになる。

ア　原則

本条は、価値比率の評価地を定めていないが、原則として、契約又は 31 条によって定まる「引渡し」がされた場所が評価地である。

イ　運送を伴う売買の例外

運送を伴う売買については、次の例外が認められている。本条約における「引渡し」は買主が占有を取得することではなく、別段の合意がなければ、31 条を充足する行為があれば引渡義務は果たされたことになる。しかし、例えば原材料の売買契約において生産地で第 1 運送人に交付された場合、その地を基準に価値比率を算定したのでは適切でない可能性がある（その地では問題の不適合が不適合ではなく適合物品と不適合物品とで価格差がないなど）。それでは買主への交付時を基準にすることを考えると、国際物品売買では、買主が占有を取得することが想定されていないので、この基準も適切ではない。そこで、運送を伴う売買では仕向地における経済的価値に基づいて取引されるのが通常であるため、「引渡し」時は第 1 運送人への交付時であっても（31 条(a)）、価値比率の評価は物品の仕向地到達時を基準とするのが多数説である（このことは、運送中の物品の売買でも妥当する）。つまり、本条の「引渡し時」を仕向地到達時と解することを通じて、仕向地を評価地とすべきと解するのである。

(4) 算定に関するその他の問題

引き渡された不適合物品が全く価値がない場合は、契約代金全額を減額することも可能と解されている。なお、売買目的である物品が市場を有していない場合は、客観的に無価値ではないから、当初の契約代金が適合物品の価値に一致するとの想定の下、これに対する割合的価値の算出に努めることになる。

買主が不適合物品の転売や賃貸借によって利益を取得している場合であっても、その利益を減額される金額から控除することはできない。代金減額は損害賠償ではないからである。

5　代金減額権に対する追完権の優先（本条 2 文）

売主は、37 条及び 48 条により、引渡期日の前後を問わず契約不適合を追完する権利を有している。引渡期日前に引き渡された物品の追完は引渡期日まで（37 条 1 文）、引渡期日後の追完は不合理に遅滞しない間（48 条(1)）又は売主が示した期間が徒過するまで（48 条(2)・(3)）、売主には追完権が保障されており、その間買主は、これと両立しない救済の主張を阻止される。

売主の追完権が買主の各種救済に優先すべきことは、代金減額権でも変わ

らない。本条2文がこのことを明文で規定している。すなわち、売主が追完権を行使し得る間に追完権が行使されれば、買主は代金減額権を失う（本条2文前段）。また、既に代金減額の通知により効果が発生している場合も、その後に追完権が行使されると、代金減額は効力を失う（本条2文後段）。

次の抗弁は、上記2の設例（代金減額行使に基づく代金返還請求の事案）の請求原因に対する抗弁である。

（追完権の行使）
抗弁 1　Y（売主）が37条若しくは48条の規定に基づきその義務の不履行を追完したこと
＊本条2文に基づく抗弁である。売主が追完権を行使し得る間に追完権が行使されれば、買主は代金減額権を失い（「権利発生障害の抗弁」）、既に代金減額の通知により効果が発生している場合も、その後に追完権が行使されると、代金減額は効力を失う（「権利消滅の抗弁」）（本条2文前段）。

（買主の追完の拒絶）
抗弁 1　X（買主）がこれらの規定に基づくY（売主）による履行を受け入れることを拒絶したこと
＊追完権の行使としての追完の申出を買主が拒んだ場合も、代金減額権は否定される（本条2文後段）。実際に追完されたわけではないから対価不均衡はなお存在するものの、この場合の買主に代金減額を許せば、売主の追完権を保障した本条約の立場と矛盾を生ずるからである。なお、CLOUT282は、買主が売主の追完の申出を拒絶したため、買主が代金減額権を失った例である。

6　他の救済との関係
(1) 減額請求権と両立しない救済
不適合物品の引渡しを受けた買主には複数の救済方法が与えられている。しかし、両立しない救済を共に主張することはできない。例えば、追完請求権・解除権を代金減額と併せて主張できない。これに対して、損害賠償請求権は、代金減額と同時に主張することができる（45条(2)）。しかしこの場合でも、代金減額権と両立しない内容の損害賠償請求は認められない。例えば、適合物品の価額と不適合物品の減価後の価額との差額を損害と主張して請求することは、代金減額によって救済ずみであるから認められない。代金

減額と両立し得るのは、不適合を受け入れたことによって被ったさらなる損害（代替品の調達費用やその間の得べかりし利益、その他、不適合の責任を追及するための鑑定費用など）の賠償請求に限られる。

(2) 代金減額権の行使から損害賠償への変更

上記(1)のとおり、買主は価値減少に対する救済を求める限りでは、代金減額権と損害賠償請求権のいずれが自己にとって有利かを判断して選択することになる。しかし、減額算定が困難な場合には、救済の選択も通常困難である。そのため、買主がいったん代金減額を選択した後に損害賠償の救済に変更することができるかが問題となる。

代金減額権を形成権とみると、いったん代金減額権を行使すれば買主はそれに拘束され、その後に他の救済への移行は許されない理である。しかし、移行禁止の根拠は代金減額権行使に対する売主の信頼保護にあるとすれば、減額通知が売主に到達し、かつ売主がその通知を信頼した行動をとるまでは、買主は代金減額の意思を撤回して損害賠償を選択できることになる。

7　我が国民法における代金減額請求権

改正前民法は、数量指示売買における数量不足に限って代金減額請求権を認めていたが（改正前民法563条）、改正民法は、買主の代金減額請求権の認められる範囲を拡げて（改正民法563条）、本条約と同様に不適合の割合に応じて減額請求を可能とした。なお、買主は代金減額請求しても、損害賠償の請求や解除権の行使ができる（改正民法564条）。

● (一部不履行)

第51条

(1)　売主が物品の一部のみを引き渡した場合又は引き渡した物品の一部のみが契約に適合する場合には、第46条から前条までの規定は、引渡しのない部分又は適合しない部分について適用する。

(2)　買主は、完全な引渡し又は契約に適合した引渡しが行われないことが重大な契約違反となる場合に限り、その契約の全部を解除する旨の意思表示をすることができる。

Article 51

(1)　If the seller delivers only a part of the goods or if only a part of the goods delivered is in conformity with the contract, articles 46 to 50 apply in respect of the part which is missing or which does not conform.

(2) The buyer may declare the contract avoided in its entirety only if the failure to make delivery completely or in conformity with the contract amounts to a fundamental breach of the contract.

---

1 不適合部分についての救済

本条(1)は、売主が物品の一部のみを引き渡した場合又は引き渡した物品の一部が契約に適合しない場合、つまりは売主が契約に基づく義務の一部についてのみ不履行をした場合には、引渡しのない部分又は契約に適合しない部分について、46条から50条までが適用されると定める。この規定が適用されるためには、対象物品が可分性のあるものでなければならない。例えば、工作機械とそのソフトウェアのセット売買で工作機械の作動に不具合があり、それがソフトウェアの不適合による場合は不適合部分が独立しているものとして適用できる。

結果的に、本条(1)は、買主が契約の一部について、49条に基づく解除をすることができると規定するものである。当事者は契約の一部のみを解除することはできないとする法体系もあるため、この規定が設けられた。こうした法体系においては、契約をそもそも解除できるかどうかは、契約の全部について要件が満たされているかどうかによって決定されなければならないとされている。しかし、本条(1)により、この条約の下では、契約の一部に関して解除の要件が満たされていれば、買主はその部分を解除することができることが明らかである。

訴訟物　　XのYに対する売買契約に基づく代金支払請求権
＊イタリアのX会社は日本のY会社との間で、紳士靴300足を12,000ユーロで売買する契約を締結したが、引き渡されたのは240足にとどまり、60足は引き渡されなかった。Y会社はX会社に対し、直ちに引き渡すよう伝えその後すぐに60足部分を解除した。本件は、X会社がY会社に対して、240足分の代金9,600ユーロの支払を求めたところ、Y会社はX会社の不履行を理由とする解除により生じた損害との相殺を求めた事案である。
＊本件事案において、仮にYが残りの靴の数量の引渡しまで

支払を猶予する権利を主張した場合はどうであろうか。

請求原因 1　XはYとの間で、紳士靴300足を12,000ユーロで売買する契約を締結したこと

（解除）

抗　弁 1　XはYに240足を引き渡したが、残の60足を引き渡さなかったこと
＊売買物品（例えば季節商品）によっては、引渡しの遅滞があるくらいなら、引き渡しされないことを買主が望む種類の売買があり、この事実を売主Xが予見していて、履行期日に引き渡されることに特別の利害を買主Yが有している場合に限り、合意された期日に引渡しの履行が行なわれないことが重大な契約違反となる（25条）。しかし、本件のような紳士靴の場合は、一般に、その一部不履行は重大な契約違反とはならない。
　　　　　2　YはXに対し、迅速に引き渡すよう通知したこと
＊抗弁3のYの通知は、迅速な引渡しを求めた督促であり、引渡し履行のための付加期間）を定めたものではなかったと認定される余地がある。そうとすると、49条(1)所定の要件を満たすものではない。引渡しのための付加期間を定めたことをYが立証できない以上、同項(b)に基づく契約解除をすることはできない。
　　　　　3　YはXに対し、請求原因1の売買契約を解除する意思表示をしたこと
＊49条(1)の下で契約解除の意思表示を行なうための必要条件は、契約の重大な違反か又は、指定された付加（猶予）期間内に引渡しがなかった場合である。抗弁1の部分的引渡しは重大な契約違反（49条(1)(a)）とはならない。
　　　　　4　YはXに対し、請求原因1の代金支払債務と抗弁1に基づく損害賠償債務（その数額）を対等額で相殺する意思表示をしたこと

2　契約の全部についての救済

　本条(2)は、買主は、「完全な引渡し又は契約に適合した引渡しが行われないことが重大な契約違反となる場合に限り」、その契約の全部を解除することができると定める。本規定は、49条(1)(a)から導くことのできる準則を

明確にする。例えば、織物の取引において、色柄の組み合わせが契約の重要な要素であれば、一部の色柄の引渡しがなされなければ、重大な契約違反となり得る。

さらに、本条(2)において「に限り」との文言が用いられていることは、物品の一部の引渡しがないこと自体は契約全部の重大な違反とならない場合であっても、47条に基づき買主が定めた付加期間内に売主が物品の一部を引き渡さないことを理由に、契約の全部が解除され得るという49条(1)(b)から導かれかねない解釈を否定する効果を有する。

訴訟物 　XのYに対する売買契約に基づく代金支払請求権
 　　　　＊日本のY会社がモジュール甲、乙及び丙付のソフトウエア・プログラムをインドネシアのX会社に発注したが、引き渡されたソフトウエア・プログラムがモジュール丙を欠いていたため、Y会社が不適合通知を発したが、モジュール丙の引渡しがされなかった。本件は、X会社がY会社に対し、代金の支払を求めたところ、Y会社はモジュール丙が欠けていることが全体として重大な契約違反となるとして契約全体の解除を主張し、一部の不履行がその部分にとどまるのか、全体として重大な契約違反を構成するのかが争点となった事案である（CLOUT749）。

請求原因 1　XはYとの間で、モジュール甲、乙及び丙付のソフトウエア・プログラムを○万円で売買する契約を締結したこと
 　　　　＊本件売買は、ソフトウエア・プログラムがCD-ROMの形態で1回払の支払条件により売買されたのであるから、単なるライセンス契約ではなく、動産売買に当たり本条約が適用される。

（解除）

抗　弁 1　Xから引き渡されたソフトウエア・プログラムがモジュール丙を欠いていたこと
 　　　　＊契約の一部のみが引き渡されない場合でも、そのことが契約の重要な要素であれば、重大な契約違反を構成し得る。したがって、重大な契約違反に当たるのは機械類のように一部の欠陥が全体の性能に影響を及ぼすような物品に限られる。一般に一部不履行による救済が問題になるのは、例えば鉄鋼や繊維などのような同種の取引においてである。可分性のある

物品であれば、46条から52条の救済方法及び損害賠償請求による救済が可能である。

  2 抗弁1が請求原因1の売買契約の重大な契約違反であること
   ＊本件の争点は、モジュール丙を欠くことがソフトウエア全体に対する重大な契約違反（25条）か、あるいは一部のみの不履行（51条）かのいずれに当たるかである。
   ＊仮に、一部不適合を理由に買主が引渡受領を拒否すると、合理的な理由がない限り引渡受領義務違反（53条、60条）になる。
  3 YはXに対し、請求原因1の売買契約を解除する意思表示をしたこと

（合理的な期間の経過）

抗　弁 1 物品の不適合を発見し、又は発見すべきであった時から合理的な期間が経過したこと
   ＊買主が不適合を発見し、若しくは発見すべきであった時からの「合理的な期間」は、目的物の性質、瑕疵の性質、当事者の置かれた状況、関連する取引慣習などを考慮して判断される。

（通知）

再抗弁 1 XはYに対して、抗弁1の合理的な期間内に不適合の性質を特定した通知を行なったこと

● (引渡履行期前の引渡し、数量超過の引渡し) ════════

第52条

(1) 売主が定められた期日前に物品を引き渡す場合には、買主は、引渡しを受領し、又はその受領を拒絶することができる。

(2) 売主が契約に定める数量を超過する物品を引き渡す場合には、買主は、超過する部分の引渡しを受領し、又はその受領を拒絶することができる。買主は、超過する部分の全部又は一部の引渡しを受領した場合には、その部分について契約価格に応じて代金を支払わなければならない。

....

Article 52

(1) If the seller delivers the goods before the date fixed, the buy-

er may take delivery or refuse to take delivery.

　　(2)　If the seller delivers a quantity of goods greater than that provided for in the contract, the buyer may take delivery or refuse to take delivery of the excess quantity. If the buyer takes delivery of all or part of the excess quantity, he must pay for it at the contract rate.

1　引渡履行期前の引渡し

　本条(1)は、「売主が定められた期日前に物品を引き渡す場合には、買主は、引渡しを受領し、又はその受領を拒絶することができる」ことを定める。例えば、契約に10月中の引渡しと定められていれば、買主は9月の引渡しを拒絶できるが、10月迄の引渡しと定められていれば、買主は9月の引渡しを拒絶できない。

　買主が期日前において物品を受領する義務があるとすれば、買主は予定していたより長期間物品を保管することになって、買主に不便と費用をもたらす。また、契約において引渡しの日が支払期日とされていた場合には、引渡履行期前の引渡しは早期の支払を強いることになる。そのため、売主が物品を引渡期日前に引き渡す場合には、買主に、物品の引渡しを受領するか、又はその受領を拒絶するかにつき、選択権が与えられている。買主のこの権利（選択権）は、売主が引渡履行期前の引渡しを求めた事実があれば、行使することができる。引渡履行期前の引渡しが買主に追加的費用又は不便を生じさせるかどうかは関係がない。

　しかし、買主が本条(1)に基づき物品の引渡しの受領を拒絶した場合であっても、86条(2)に従い、次の4つの要件が満たされるときには、買主はその拒絶にかかわらず、売主のためにその物品の占有を取得する義務を負うこととなる。すなわち、①物品が仕向地で買主の処分にゆだねられたこと、②買主が代金を支払うことなく占有を取得することができること（例、売買契約において、支払が、買主が物品に関する書類の占有を取得する条件とされていない場合）、③占有の取得が買主に不合理な不便又は不合理な費用を伴わないこと、④売主又は売主のために物品を管理する（take charge）権限を有する者が物品の仕向地に存在しないことである。

　買主が引渡履行期前の引渡しの受領を拒絶する場合には、売主は、7条(1)が国際取引における信義の遵守を求めているので、買主は、引渡しの受領を拒絶することについて、商取引上合理的な必要性を有していなければな

らない。

買主が引渡履行期前に物品の引渡しを受領する場合には、当該状況の下で引渡履行期前の引渡しを受領（accept）することが、29条に従った合意による契約の変更に当たらない限り、買主は、被ったあらゆる損害の賠償も売主に対し請求することができる。

2 数量超過の引渡し（本条(2)）

本条(2)1文は、売主が契約に定める数量を超過する物品を引き渡す場合には、買主は、超過する部分の引渡しを受領し、又はその受領を拒絶できるとする。例えば、契約数量が100箱の冷凍エビについて120箱が送付されてきた場合、買主は20箱について受領の拒絶をすることができるし、超過分20箱の受領を選択した場合は、その数量に比例して対価を支払わねばならない。

訴訟物 XのYに対する売買契約に基づく代金支払請求権
＊ロシアのX会社は日本のY会社との間で、冷凍蟹1,000箱を5,000万円で売買する契約を締結し、X会社はY会社に1,500箱を引き渡したところY会社はこれを受領した。本件は、X会社がY会社に対し、超過500箱分を含め、7,500万円の支払を求めた事案である。

請求原因
1 XはYとの間で、冷凍蟹1,000箱を5,000万円で売買する契約を締結したこと
2 XはYに対し、冷凍蟹1,500箱を引き渡し、Yは受領したこと
＊引渡した数量は契約数量を超過しているが、Yがそれを受領しているのであるから、本条(2)に基づき、XはYに対して超過部分の代金2,500万円を含めて請求することができる。

訴訟物 XのYに対する売買契約の代金減額権に基づく代金返還請求権
＊ロシアのY会社は日本のX会社との間で、冷凍蟹1,000箱を5,000万円で売買する契約を締結し、Y会社はX会社に1,500箱を引き渡し、X会社はこれを受領して代金として7,500万円を支払った。本件は、X会社がY会社に対し、

代金減額権を行使して、超過500箱分の代金2,500万円の返還を求めた事案である。

請求原因
1　YはXとの間で、冷凍蟹1,000箱を5,000万円で売買する契約を締結したこと
2　YはXに対し、冷凍蟹1,500箱を引き渡し、Xはこれを受領したこと
3　XはYに対し、超過分2,500万円を含め、7,500万円を支払ったこと
4　Xが契約外の500箱を受領し、超過分を含めて代金を支払ったのは、Yが提供した単一の船荷証券が積荷全部をカバーし、積荷全部に対する代金の支払との引換えを引渡しの条件としていたことによること
　＊請求原因3の事実は、買主Yが数量超過部分のみを拒絶することが現実的にできないことを意味する。
　＊請求原因2の数量の契約不適合は、請求原因4の事実と相まって、（重大な）契約違反になること
　＊数量を超過する引渡しが重大な違反とならない場合、又は商取引上の理由から買主がその発送分の引渡しを受領しなければならない場合には、買主は、結果として被ったあらゆる損害につき、その賠償を請求することができる。
5　XはYに対し、請求原因4の支払った超過分2,500万円につき、代金減額することを通知したこと

　買主による受領拒絶を正当化する他の根拠が存在しない限り、買主は、少なくとも契約で定められた数量は受領しなければならない。本条(2)1文によれば、数量を超過する部分に関しては、買主は、引渡しの受領を拒絶するか、それとも、その全部又は一部の引渡しを受領することができる。買主が数量超過部分の引渡しの受領を拒絶する場合には、売主は、買主が被ったあらゆる損害につき賠償する責任を負う。買主が数量超過部分の全部又は一部の引渡しを受領する場合には、買主は、契約価格に応じてその代金を支払わなければならない（本条(2)2文）。

　貿易売買契約には、物品の性質によっては、若干の過不足を認める引渡数量許容差（delivery quantity allowance）が定められている（例えば「plus or minus 3％」）ことがある。この場合には、上限を超えた場合にのみ本条が適用されることになろう。

第3章　買主の義務

1　第3章「買主の義務」の規定の内容
　第3章は、「買主の義務」（53条）の具体的内容として、第1節「代金の支払」（54条-59条）及び第2節「引渡しの受領」（60条）を置いたうえで、それらを受けて、第3節「買主による契約違反についての救済」（「履行請求」、「履行のための付加期間の付与」、「契約解除」、「売主による仕様の指定」及び「損害賠償請求」）（61条-65条）を置いている。

2　買主の救済方法と売主の救済方法の共通性
　売主の救済方法（61条-65条）は、買主の救済方法（45条-52条）と対応する規律構造となっている。

売主の救済方法 （61条-65条）		買主の救済方法 （45条-52条）
61条	救済方法の概括的規定	45条
62条	履行請求権	46条
63条	履行のための付加期間の付与	47条
（48条は、買主の救済方法と位置付けられているが、追完権は売主の権利である）	追完権	48条（追完権は売主の権利であって、買主には他の救済の制約事由として機能する）
64条	契約解除権	49条
65条	仕様決定権	対応規定なし
対応規定なし（売主の救済方法は、買主の救済方法に比して少ない。買主の主たる義務が代金支払義務と引渡受領義務であるのに対して（53条）、売主の義務は多いからである（30条、35条、41条、42条など））	代金減額権	50条
	一部不履行について45条ないし50条の適用	51条
	引渡履行期前の引渡し、数量超過の引渡し	52条

そのほかにも、売主・買主の救済方法として、次の共通性が認められる。
(1) 損害賠償額の算定
　売主・買主ともに救済方法として損害賠償の請求が認められているが（45条(1)(b)、61条(1)(b)）、いずれも損害賠償額の算定については、74条から77条までの規定に従って行なわれる。
(2) 損害賠償と他の救済方法との併存
　損害賠償の請求は、他の救済方法と併存する（61条(2)）。売主は、履行請求権（62条）を行使すると同時に74条の範囲で損害賠償を請求すること、又は、契約解除権（64条）を行使すると同時に75条若しくは76条の範囲で損害賠償を請求することができる。もっとも、売主が過大な救済を受けることはできず、74条から76条の規定によって損害賠償の範囲は限定されている。
(3) 過失責任主義の不採用
　売主の救済方法の前提要件である買主の義務違反（「契約又はこの条約に基づく買主の義務の不履行」）は、買主の責めに帰すべき事由（帰責事由）によって生じたものであることを要しない（過失責任主義の不採用）。もっとも、買主は、「無過失責任」（厳格責任）を負わされるわけではなく、一定の要件の下で不履行についての責任から免責（79条、80条）されることもある。この点でも、売主の救済方法は、買主の救済方法と共通の準則に基づいている。

●(買主の義務)

第53条　買主は、契約及びこの条約に従い、物品の代金を支払い、及び物品の引渡しを受領しなければならない。

Article 53
The buyer must pay the price for the goods and take delivery of them as required by the contract and this Convention.

1　買主の基本的義務
　本条は、売買契約の買主の基本的義務として、代金支払義務と物品受領義務を規定する。買主の義務として、代金支払義務にとどまらず、物品引渡し

の受領義務が加わっていることが我が国民法とは異なる点である。これに対して、売主の基本的債務は、30条が定める物品引渡義務と所有権移転義務文書の引渡義務である。本条と30条は、対をなしており、両条を合わせると、売買契約の基本的な権利義務が明らかになる。
(1) 代金支払義務
　本条約は、支払手段に関する規定はないが、代金は原則として一括して通用力のある金銭で支払われなければならない。両当事者の明示的・黙示的合意、取引慣習、両当事者間で確立している慣行がない限り（9条）、分割払は認められない。そのような合意等ない場合の一部支払は買主の重大な契約違反となる。
　代金支払義務の詳細は、54条（代金支払義務の内容）、55条（代金の確定）、56条（重量による代金決定）、57条（支払の場所）、58条（支払時期）、59条（履行期の到来）が定め、また、物品受領義務の詳細は60条が定めている。

訴訟物	XのYに対する売買契約に基づく代金支払請求権
	＊オーストラリアのX会社が日本のY会社に本件物品を売買する契約を締結し、その代金の支払を求めたところ、Y会社は既に弁済したと抗弁した事案である。
請求原因	1　XはYとの間で、本件物品を〇豪ドルで売買する契約を締結したこと
	＊支払通貨は、当事者の合意等があれば、それによって定まるが、支払通貨が合意等から決定できない場合は、いかに決定するかが問題となる。例えば、「＄」という表示しかないため、それがどの国の通貨を指すのか判然としない場合である。国の指定がない場合は米国のUSドルを指すことが多い。他の国のドル（豪ドル、香港ドルなど）があり、区別するために国名や地名をつける。本条約に従って決定する（統一法的処理）か、国際私法の準則により適用される国内法（準拠法）に従って決定する（国際私法的処理）かで見解が分かれる。前者の処理は、売買において通貨が重要であることを論拠とし、通貨については本条約の規律する事項とみて、7条(2)により本条約の基礎をなす一般原則に従って決定する。具体的にどの国の通貨とするかでさらに見解が分かれる。すなわち、売主の営業所における通貨とする見解もあ

るが、支払場所における通貨とする見解が多数である。もっとも、売主の営業所における支払を原則とする（57条(1)(a)）から、いずれの見解を採っても結論は変わらない。これに対して、後者の処理は、本条約において通貨決定のための準則が存在しないことを論拠とする。これによれば通貨については本条約の規律する事項とみないで、準拠法に従って決定することとなる。

（弁済）
抗　弁 1　YはXに対して、請求原因1の〇豪ドルを支払ったこと
＊国際物品売買契約においては、契約上、支払代金が合意によって明確に定められているのが通常である。別段の合意等がない限り、代金は、諸費用を含む総額となる。合意が明確でないときは、売主は、別途諸費用の支払を請求できない。インコタームズの定型取引条件が用いられたときは、その各条件に応じて、運送費、保険料、関税その他の諸費用の負担（の有無、態様）が決まる。別段の合意等がない限り、価格の変動や、貨幣価値の変動は考慮されない。

(2) 物品受領義務
買主は、物品を受領する義務を負う。受領の具体的な内容は60条が明らかにしている。買主の受領義務違反が生じたときに、売主がその救済手段として、履行請求権を行使することは実務上まれであって、買主としては損害賠償を求めることになろう（60条の解説4の設例参照）。なお、物品の受領義務は買主の主要な義務ではあるが、単に受領義務を遅滞したということでは解除することはできない、解除するためには、受領しないことが重大な契約違反となるような事実が加わることが必要である（64条の解説2(2)の設例参照）。
なお、我が国民法は、民法改正後の413条においても、受領義務を認めていない（60条の解説3(3)参照）。
(3) 買主のその他の義務
本条が定めるとおり、「代金の支払」と「引渡しの受領」は買主の基本的な義務であるが、それ以外にも買主の義務が存在する。買主の履行請求権を定める62条は、「代金の支払、引渡しの受領その他の買主の義務」と規定して、「その他の買主の義務」の存在を示している。そして、具体的には、「買主が契約に従い物品の形状、寸法その他の特徴を指定すべき場合」（65条）、

「物品の検査」（38条）、「不適合の通知」（39条）、「損害軽減義務」（77条）、「物品保存義務」（86条）等がある。

　また、買主の義務として、支払のための担保の設定や製造に必要な資材の供給などが当事者間で別途に合意されれば、それらも「買主の義務」として本条約が適用され、それらの義務違反があれば、売主は本条約の規定する「買主による契約違反についての救済」方法によることができる。ただし、そうした「救済方法」が当事者の合意で制限・変更された場合や別途の「救済方法」が合意されている場合は、原則として、そうした合意に従うことになる（6条）。

2　その他の義務

　62条によれば、売買契約においては、買主に代金の支払と物品の受領以外にも「その他の義務」が生じることを定めている。その他の義務の発生根拠は、商慣習（9条(1)）、当事者の合意、本条約の規定に基づくものである。

　本条約の規定に基づく場合としては、①履行停止権行使に際しての相手方への通知義務（71条(3)）、②受領した物品の保存義務（86条）、履行障害に関する通知義務（79条(4)）のほか、当事者の合意に基づく場合としては、購入した物品を販売する義務、再販売価格の制限を遵守する義務、転売相手の制限を遵守する義務が議論されている。これらの義務が有効かどうかの判断は本条約の規律対象ではないため（4条2文(a)）、その有効性は、国際私法の規定に従って適用される法により決定される。その結果、これらの義務が有効である限りで本条約の適用がある。

3　義務違反の効果

　本条約においては、すべての義務は同じ救済システムに服する。すなわち、義務違反に対する法的救済を、履行請求（62条）、解除（64条）、損害賠償請求（61条(1)(b)）の三手段としつつ、重大な契約違反とそれ以外の契約違反とを区別し、買主に重大な契約違反がある場合にのみ、売主に即時の解除権を付与する（64条(1)(a)）というシステムである。

　本条約は、主たる義務と付随義務を区分することなく、代金支払義務ないし物品受領義務違反の場合に限らず、その他の義務違反の場合でも、その義務違反が重大な契約違反に当たる場合は、売主は契約を解除し得るとしている。

4　間接義務（Obliegenheit）

　上記の1及び2の買主の義務から区別されるものとして、買主の間接義務がある。間接義務違反は買主の不利益を導くものの、売主の法的救済手段（＝61条所定の履行請求権、解除権仕様決定権、損害賠償請求権）を発生させることにならない。間接義務の違反によって生ずる買主の不利益は、以下に列挙するそれぞれの場合についてそのかっこ内の矢印に示した効果にとどまる。

　例えば、本条約の規定に基づく買主の間接義務としては、物品及び権利の不適合の検査及び通知（38条、39条→義務違反により物品の不適合を援用する権利を失う。43条→義務違反により権利の不適合を援用する権利を失う）、代替品給付に向けられた請求権の期間に適合した主張（46条(2)→義務違反により代替品引渡請求権を失う）、期間に適合した解除の通知（49条(2)→解除権を失う）、保証提供のための通知（71条(3)→義務違反により履行停止権を失う）、履行期前の解除に関する売主への通知（72条(2)→義務違反により履行期前の解除権を失う）、損害軽減のための合理的な措置（77条→損害賠償額が減額される）、買主の全部の履行又は一部の履行を不可能にする行為の回避（80条→義務違反により相手方不履行の援用する権利を失う）などがある。

第1節　代金の支払

　53条が買主の義務の一般規定であるのに対して、第1節は、買主の義務のうち、「代金の支払」について規定しており、55条（代金の不確定）と56条（重量に基づいた代金）は代金に関する規定、54条（代金支払義務）、57条（支払の場所）、58条（支払の時期、交付の条件としての支払、支払前の検査）及び59条（催告の不要性）は支払に関する規定である。57条・58条は31条（引渡しの場所及び引渡義務の内容）・33条（引渡しの時期）とそれぞれ対応する規定になっている。

●（代金支払義務）

第54条　代金を支払う買主の義務には、支払を可能とするため、契約又は法令に従って必要とされる措置をとるとともに手続を遵守することを含む。

Article 54

The buyer's obligation to pay the price includes taking such steps and complying with such formalities as may be required under the contract or any laws and regulations to enable payment to be made.

1　意義

　代金を支払う買主の義務の存在は53条の定めるところであるが、本条は、その代金支払義務が、契約又は法令によって要求されている支払を可能にするための措置を採ること、及びそれらにより要求されている手続きを遵守することが含まれることを定めている。支払を実際に行なうに必要なすべての行為が「支払を可能にする措置及び手続き」に含まれる。このような措置を採り、手続きを遵守することは買主の義務であるから、これに要する費用は買主が負担しなければならない。

2 支払を可能にする措置及び手続き

(1) 支払を可能にする措置

支払を可能にする措置としては、為替手形の引受け・信用状の開設・銀行保証の付与・保証金の供託などである。これらが合意され、慣習・慣行で認められる場合には、買主はこのような措置を採らなければなない。

貿易取引の決済方法として、荷為替信用状決済がよく利用される。信用状は売主が銀行又は買主宛てに振り出す荷為替手形に関して、買主の取引銀行がその手形代金の支払を確約する書状であり、売主が、信用状の条件に合致した荷為替手形を振り出す限り、手形代金の支払を受けることができる。信用状は買主の取引銀行の荷為替手形の支払保証がされているため、売主にとり決済リスクの低い、安全な決済手段であるといえる。

荷為替信用状決済の条項は、例えば、「製品の代価の支払は、買主が、本契約締結後（　）日以内に売主が満足する一流の銀行を通じて開設される、売主の一覧払手形に適応する取消不能信用状により行なわれるものとする（"The payment of the price of the Products shall be made by means of anirrevocable documentary letter of credit available for the Seller's draft at sight to be opened by Buyer through a prime and leading bank satisfactory to Seller within ( ) days after conclusion of the contract."）」である。

さらに、信用状による支払の場合には、売主の立場からすると、買主がいつまでに信用状を開設すべきかを明確に定めるべきであるし、信用状が期限までに約定どおりに開設されない場合にはこれを「重大な契約違反」として契約解除できるように契約条項で明確にすべきであろう。CLOUT631 は買主が適時に信用状を開設しないことを重大な契約違反としている。また、送金による支払の場合には送金のための許認可申請手続はどちらの費用と責任で行なうべきか、また、必要な許認可が得られない場合の措置などもあらかじめ契約書に規定しておくべきである。

訴訟物　　XのYに対する売買契約解除に基づく損害賠償請求権

＊日本のX会社はマレーシアのY会社に本件物品（鉄スクラップ）を○万ドルで売買する契約を締結した。Y会社は7月1日までに、商業送り状金額100パーセント、一覧払取消不能信用状（L/C）を開設する約定であったが、約定どおりにはこの信用状を開設しなかった。そのため、X会社は8月末まで付加期間を与えたうえで、9月8日、X会社は本件

売買契約を解除した。本件は、X会社がY会社に対して、75条に基づいて損害の賠償を求めた事案（CLOUT631）である。

請求原因
1 XはYとの間で、本件物品を〇万ドルで売買する契約を締結したこと
2 請求原因1の売買代金については、Yは7月1日までに、商業送り状金額100パーセント、一覧払取消不能信用状（L/C）を開設する約定であったこと
3 信用状が開設されるべき期限（7月1日）が経過したこと
  ＊信用状（L/C）を開設しなかったことは、買主Yの54条所定の「代金の支払を可能にする義務」）の不履行となる。そして、信用状を開設しなかったことは、25条及び64条(1)(a)に規定される重大な契約違反に相当すると解されるが、本件では、Xは念のため請求原因4の付加期間を設定したうえで解除している。
4 XはYに対し、8月末日までにという付加期間を与えて本件信用状を開設するように通知したこと
5 XはYに対し、9月8日、契約を解除する意思表示をしたこと
6 Xは、Yの契約違反によって、次の合計931,568.60ドルの損害を被ったこと
  (1) Xはチャーターしていた船舶についてのチャーター代等による約343,163.4ドルの損失が生じた。
  (2) Xは損害を少なくするために、準備していた鉄スクラップを他の購入者A及びBに対し、以下のように転売しなければならなかった。
    ア まず、25,100トンの本来の契約価格は164.00ドルであったが、Aに対する転売価格はトン当たり143.50ドルであった。トン当たり差額20.5ドルに25,100トンを乗ずると、514,550ドルとなり、これに手数料調整を行なうと、498,450ドルの損失となる。
    イ 残5,000トンの本来の契約価格は164.00ドルであったが、Bに対する転売価格はトン当たり156.75豪ドルであった。手数料の損失と運賃の損失、豪ドルを米ドルへ為替レートを調整して計算すると、89,955.13ドルの

損失となる。
＊75条に基づいて、代替取引がされたときの損害額を請求するものである。この場合、売主Xが請求可能な損害賠償額の公式は、下記のとおりとなる。

（売主に与えられる損害賠償額）＝（契約価格）－（転売価格）＋（74条による損害賠償額）

(2) 支払を可能にする手続き

　支払を可能にする手続きとしては、支払に関する政府による規制に関し、支払を可能にするために法令によって要求されているすべての手続きが含まれる。特に、外為法により要求される送金の許認可・資金洗浄に関する法律により要求される手続きが重要である。本条は、「法令」の求める手続きを遵守しなければならないとするが、具体的な法令には触れていない。一般的には、買主は、具体的な取引に支障になり得るすべての法律規定及び命令を顧慮しなければならないとする。実務的には、通常は買主の国の法令である。売主の国の法令であっても支払を支配している場合（例えば、売主の国で代金支払がされる場合）には、買主はその手続きを遵守しなければならない。しかし、買主は他国の法令を必ずしも十分に知る立場にはないから、この場合には、7条(1)又は9条により、売主の協力義務が肯定される。買主が必要な手続きを遵守しない場合には、政府による資金移動の拒絶を主張できない。また、買主は、政府による許認可等が拒絶された場合には、成功の見込みがある限りで法的救済を採る義務がある。違法な行為（例えば賄賂）はたとえその国でかなり行なわれている場合であってもこれを行なう義務はない。

3　代金支払義務違反の効果

　代金支払を可能にする措置・手続きの遵守義務違反は支払義務違反となる。このとき、買主の履行期前の契約違反のおそれ（71条、72条）の問題にとどまらず、端的に契約違反（61条以下）の問題となる。売主は、自己の義務の履行停止権を行使できるにとどまらず、履行請求権、解除権、損害賠償請求権の救済手段を行使することができる。

訴 訟 物　　XのYに対する売買契約に基づく物品引渡請求権
　　　　　　＊日本のY会社は米国のX会社との間で、本件物品を○ドルで売買する契約を締結した。本件は、X会社がY会社に対

し物品の引渡しを求めたところ、Y 会社は X 会社が代金を支払うための信用状の開設をしないので物品の引渡しを停止したと主張し、これに対し、X 会社が信用状の開設のための Y 会社の情報提供が合意されていたにもかかわらず、Y 会社がその義務を履行しなかったと主張した事案である。

＊「信用状（Letter of Credit）」とは、買主たる発行依頼人（applicant）の取引銀行である発行銀行の、売主たる受益者（beneficiary）に対する確約であって（発行銀行は、自行が信用状を発行した時点で、要件に合致した呈示があれば支払をすべき取消不能（撤回不能）の義務を負うものである。信用状は、それが発行される原因となっている売買契約の履行の有無や、目的物の瑕疵の存否などから発生する紛争と関係付けられることなく（信用状は、その性質上、売買契約とは別個の取引である。銀行の約束は、発行依頼人と受益者との関係の結果として生じる発行依頼人の請求又は抗弁には左右されない）、定められた書類さえ呈示されれば支払われる。そのため、信用状付荷為替手形による決済は、国際物品売買契約において信頼のおける支払方法とされる。

請求原因 1 Y は X との間で、本件物品を○ドルで売買する契約を締結したこと

（履行停止権）

抗　弁 1 契約の履行の準備又は契約の履行における X の行動によって X がその義務の実質的な部分を履行しないであろうという事情が契約の締結後に明らかになったこと

＊71条(1)(b)に基づく事実である。例えば、X が代金を支払うための信用状の開設をしないことなどである。

2 Y は X に対し、物品の引渡しを停止したことを直ちに通知したこと

＊71条(3)に基づく事実である。

（Y の作為・不作為による債務不履行）

再抗弁 1 信用状の開設のための Y の情報提供が合意されていたにもかかわらず、Y が義務を尽くさなかったこと

2 再抗弁1の Y の不作為の結果 X が信用状を開設できなかったこと

＊CLOUT176 は、買主には契約に従って信用状の開設義務が

あるが、売主が信用状開設のために必要な船積地を通知しなかったことは、売主は信用状開設に必要な事項の通知を怠っており買主には信用状を開設する義務はないとした（80条参照）。
* 80条に基づく抗弁である。例えば、買主Xには契約に従い信用状を開設する義務があるが、売主Yが信用状開設のために必要な船積地を通知しなかった場合は、売主Yは信用状開設に必要な事項の通知を怠っており、買主は白地で信用状を開設する義務はない。

● (代金の不確定)

第 55 条 契約が有効に締結されている場合において、当該契約が明示的又は黙示的に、代金を定めず、又は代金の決定方法について規定していないときは、当事者は、反対の意思を示さない限り、関係する取引分野において同様の状況の下で売却された同種の物品について、契約の締結時に一般的に請求されていた価格を黙示的に適用したものとする。

Article 55

Where a contract has been validly concluded but does not expressly or implicitly fix or make provision for determining the price, the parties are considered, in the absence of any indication to the contrary, to have impliedly made reference to the price generally charged at the time of the conclusion of the contract for such goods sold under comparable circumstances in the trade concerned.

---

1 本条の意義

本条は、契約が有効に締結されている場合において、その契約が代金を定めず、又は明示的若しくは黙示的に物品の代金の決定方法について規定していないときに、代金を決定する方法を定めている。ところで、14条(1)によれば、明示的若しくは黙示的に価格が定められておらず、又は、価格決定のための条項もなければ、申込みとはいえないから、契約は成立しないはずで

あるのに、本条は、契約は有効に成立したが、明示的にも黙示的にも価格が決まっておらず、又は、価格決定のための条項もない場合の価格決定方法を問題としている。そのため、14条(1)により契約が成立しなければ、本条は適用される余地がないのではないか（14条(1)の下で契約の成立を認めることが難しい場合について、本条で突然契約の成立を当然のこととして価格決定方法を規定していることは、矛盾があるのでないか）という問題が生ずる。

この点について、次の(1)ないし(3)のように見解が分かれる。
(1) 第2部と第3部の採否の違いに着目する見解

事務局注釈175頁は、14条(1)は、契約を締結するための申入れにつき、「『明示的又は黙示的に……代金を定め、又は〔代金の〕決定方法について規定している』場合には、それは十分に確定しているのであって、申込みとなると規定している。したがって、……55条……は、当事者の一方の営業所が、この条約の第3部（物品の売買）については批准又は受諾しているが、第2部（契約の成立）については批准又は受諾していない締約国にあり、かつ、その国の法において、契約が明示的又は黙示的に代金を定めず、又は代金の決定方法について規定していない場合であっても、契約が有効に締結できるとされているときに限り、意味がある」としている。つまり、この見解は、第2部「契約の成立」の14条(1)の代金に関する合意の存在の規定は、申入れが申込みとなり得る要件を示していると理解したうえで、締約国が第2部を留保によって排斥していない限り（92条参照）、本条の適用の余地は発生し得ないことを前提としている。そして、第2部を留保によって排斥している場合（例えばスカンジナビア諸国）には、本条の適用上、契約が有効に締結されているか否かは契約の準拠法によって決定される（4条(a)参照）との論理である。しかし、この見解では、本条の適用を、当事者の一方が、本条約の第3部に加入し第2部には加入していない締約国に営業所を有する場合に限定するとすれば、本条は少数の締約国のためだけの規定となり、適用範囲は極めて限られることになる。この見解を採らないとすると、次の2説が残るであろう。
(2) 14条優先適用説

14条(1)の規定（明示的・黙示的に申込みにおいて数量と代金を定め又は決定方法を規定）に沿わない場合は契約を無効として扱い、本条をしないとする見解である。次の設例は、14条(1)を適用して、契約が不成立とし、本条による価格設定をしない事案である。しかし、本条の適用を先に考える立場に立つとしても、市場価格が存在しない物品の場合は、価格決定ができ

ず、結局契約不成立の結論を導くこととなる。その意味では、契約成立が先か、価格決定が先かという問題設定の仕方は、有効ではないのかもしれない。

訴訟物 XとY間の売買契約存在（確認）
  * 米国の航空機エンジン製造会社のX会社は、日本の航空機製造会社であるY会社と交渉推進のため、価格を明示しないで異なる種類の航空機エンジンについての甲エンジンと乙エンジンの選択的な案を呈示した。Y会社は甲エンジンを選び、X会社が作成した未署名の契約書内容につきこれを受諾すること（その際、本件の係争については、日本の裁判所が管轄すること）をテレックスで発信したが、本来あるべきエンジン及びジェット・エンジン・システムの詳細技術データ及びこれに付随した基本価格データその他必要な詳細も契約書には添付されていなかった。その後、Y会社は航空機エンジンを購入しない旨の連絡をX会社にした。本件は、X会社がY会社に対し、X会社とY会社間の甲エンジン売買契約存在の確認の訴えを提起した事案である（CLOUT 53）。
  * 注文された甲エンジンの価格は明示的にも黙示的にも確定しておらず、価格を決定する方法の定めもなかったから、この申込み及び承諾は曖昧なものであり、それゆえ契約は無効であることとなる（14条(1)）。Yの注文は、選択された航空機エンジンの購入のための契約を締結しようとする単なる意思の表明であって申込みに対する承諾には当たらず、また、反対申込みともなり得ないのである。

請求原因 1 XはYに対し、航空機エンジンの売買に関し、①価格を明示しないで異なる種類の航空機エンジンについて甲乙2つの代替案を呈示し、②X作成（ただし未署名）の契約書（本来あるべきエンジン、ジェット・エンジン・システムの詳細技術データ及びこれに付随した基本価格データその他必要な詳細も契約書には未添付。なお航空機エンジンの価格は未定である）を送付したこと
  * 請求原因2の申込みの受諾は、単に買主が航空機エンジン購入の契約を締結する意思があることを表明したにとどまる。

その前提としての請求原因1のXの申込みについては、航空会社が航空機を買うために必要とするエンジン及びジェット・エンジン・システム全体の技術データ、基本価格、メンテナンス詳細、データ等が欠けているというのであるから、そもそも14条(1)の契約成立要件を満たしていない。この明示性を欠いた申込みに対して行なわれた受諾は法的には「承諾」と評価することができない。すなわち、本件においては、そもそも契約が成立していない。

2 Yは甲エンジンを選び、Xが作成した未署名の契約書内容につきこれを承諾する旨のテレックスを発信したこと
  ＊CLOUT53は、Yの注文が、選択された航空機エンジンの購入のための契約を締結しようとする単なる意思の表明であって申込みに対する承諾には当たらず、また、反対申込みともなり得ないとしている。

3 一般市場における甲エンジンの価格は〇万ドルであること
  ＊なお、仮に請求原因1及び2によって契約が成立しているという立場に立って、本条に基づいて価格を決めようとしても、航空機エンジンにはその性質上市場価格というものはなく、当事者は請求原因3の事実を立証することができず、価格を決定することができない。

4 YはXとの間の請求原因1の売買契約の存在を争うこと
  ＊確認の訴えが認められるための訴訟法上の要件である。

本条の適用を排除した事案として、上記設例の基となったCLOUT53のほか、CLOUT343は、市場価格との乖離があっても当事者の代金についての合意が確定的であるとし、CLOUT106は、チンチラ毛皮の代金は申込みと承諾により明確に定められていることから本条は適用しなかった。また、CLOUT139は、後日代金を決めることにしていた契約において、本条は適用されないとした。さらに、CLOUT151は、市場価格よりも当事者の合意が優先するとして本条の適用を排除している。

(3) 本条優先適用説

14条(1)の文言のみでは、もし申込みが明示的若しくは黙示的に価格を定めておらず、又は、価格決定のための条項を設けていない場合、その申込みは承諾及び契約が成立するために十分な程明確ではないことを示すかのようであるが、そう解すべきでない。なぜなら、本条が「明示的又は黙示的に、

代金を定めず、又は代金の決定方法について規定していない」場合でも、「契約は有効に成立している」ことを当然の前提としているからである。一見矛盾するようにみえる2つの条文を条約全体の中で一体化して解釈すべきであって、本条は当事者が黙示的に言及していると扱われるものとして価格決定方法を定めているとする。

　また、新堀・条約と貿易契約97-98頁が、次のように説くのも、本条優先適用説を採るものであろう。すなわち、14条(1)の下で価格決定について何の定めもないために契約は成立し得ない場合でも、当事者が契約は成立したと信じていることがあり得るので、その場合に価格を決定する方法を本条が提供しているとする。14条(1)の下では、価格決定のための黙示的な条項さえも存在しなければ、申込みとはいえず、契約は成立しないが、それにもかかわらず、契約の存在を当然のこととして売主が物品を引き渡し、買主が受け取れば、法的には契約の存在を追認せざるを得ない。本条は、本来は契約の成立を認めることはできないが、当事者がそれにもかかわらず履行行為を行なったため、契約は有効に成立したと認めざるを得ない場合の価格決定方法を規定したものであるというのである。

　さらに、曽野＝山手・国際売買102頁は、「代金が示されていなくとも、代金の規定がない場合について条約は55条にその補充規定を設けているから、売買の対象となる物品およびその数量が示されているかぎり、契約の枠組みとしては『十分明確』である。しかも、14条1項第2文は、第1文にいう明確性の存在が認められるための絶対的な要件を規定する形式にはなっていない。申入れが売買の対象を示すのみであり契約にとって重要な代金を示していないようなときは、それへの承諾があれば拘束されようとの意思の存在を認めるのが困難な場合は確かに多いであろう。したがって、この意思を欠くかぎり承諾があっても契約は有効に成立し得ない。しかしながら、そのような代金を示さない申入れであっても、そこに拘束されることについて真剣な意思があり、かつ相手方がそれを承諾するときは、14条1項第1文に示されたウィーン売買条約の趣旨からみて、契約が有効に成立することを否定すべき根拠はない。補充規定である55条は、代金についての合意が存在しない場合には、契約締結時に一般的に請求されていた代金に暗黙の言及があるものとして扱うのであるが、55条冒頭の『契約が有効に締結されているが』という文言は、代金条項の存在が、申込たり得る要件ではないことを端的に示していると解釈できる」としている。

訴　訟　物　　　　XのYに対する売買契約に基づく代金支払請求権

＊日本の衣料品製造業者Y会社がフランスの衣料生地製造業者X会社から衣料生地を引渡しの前に刺繍業者であるA会社で刺繍を施したうえで買い入れることを口頭で合意した。Y会社はX会社に対し、書面で一定の量の衣料を刺繍業者A会社に引き渡すこと、及びY会社がX会社に対して請求書をY会社宛てに発行することを求めた。Y会社は品質に比べて請求された代金額が高いと告げたため、X会社は減額した価格を呈示した。その1か月後、Y会社は納入された物品をX会社に返品し、請求金額の支払を拒絶した。本件は、X会社がY会社に対し、変更後の代金額で売買契約が成立したと主張して、代金の支払を求めた事案である（CLOUT215）。

＊本件においては、当初の請求原因1の合意においては、代金についての合意が成立していなかったが、Yのその後の行為、すなわちXがYの求めに応じて送付した訂正請求書（請求原因3）に対してYが異議を唱えなかったこと（請求原因4）が契約締結の意思表示であると解し得るので、代金の決定に関しては本条が適用され、契約締結時にその取引と対比し得る状況の下で請求されていた代金である（CLOUT215）。

請求原因

1 YはXとの間で、衣料生地を引渡しの前にAで刺繍を施したうえで買い入れる合意を（口頭で）したこと

2 YはXに対し、（書面で）一定の量の衣料をAに引き渡すよう求めたこと

3 YがXに対して請求書をY宛てに発行することを求め、Yは品質に比べて請求された代金額が高いと告げたため、Xは減額した価格を表示した請求書を呈示したこと

4 YがXに対して、支払拒絶の意思を示して返品したのは、請求原因3の請求書発行の1か月後であったこと

＊請求原因1及び2のみでは代金額が確定しておらず契約成立とはいえないが（14条(1)）、請求原因3及び4によると、本条の規定によると、当事者の異議が表明されなかった減額後の価格である「請求書の金額」をそのまま契約の下で合意された金額であると認定することも不合理ではないであろう。この考えは、本条優先適用説によるといえよう。

2 本条の要件

本条は契約が代金未確定であるにもかかわらず成立した場合にのみその適用が問題となる。すなわち、本条の要件は、①下記②にもかかわらず有効に締結された契約が存在すること、②契約上代金が未確定であることの2つである。①に関しては、14条と本条とが矛盾するようにみえるが、見解が分かれていることについては、上記1のとおりである。また、②との関係では、明示的な合意がない場合であっても、黙示的な合意がある場合は、それによる。例えば、当事者が、買主が知り又は知るべきであった売主の通常の価格表や、以前の取引における代金又はその決定方法等を参照している場合が、これに当たる。また、慣行・慣習があるときは、それによる。

3 本条の効果

本条によって補充できる場合、基準価格は、本条約では、関係する取引分野において同様の状況の下で売却された同種の物品について一般的に請求されていた価格（一般的な価格）である。つまり、市場価格（又は商品取引所価格）となる。卸売、小売というように、訴外売買契約の取引分野の価格が参照される。また、支払条件、銀行保証（の有無、態様）のほか、運送費、保険料、関税その他の費用など、同様の状況の下でみられる付随的な契約条件が考慮される。そして、当事者がその価格を黙示的に合意していたと推定される。

また、確定の基準時は契約締結時である。その後の価格の変動は考慮されない。物品引渡し時の価格が契約締結時の価格よりも高いときに、売主がその高い価格を請求できるとすべきでないからである。

その物品に統一的な市場が存在するときは、この基準によって一般的な価格を客観的に確定できるであろう。しかし、個別注文の特殊な物品で市場が存在しないとき（一般的な価格を確定するのが困難なとき）は、どのように決定すればよいかが論じられている。例えば、この種の買主にとって一般的な市場の価格、引渡場所における市場の価格、その他何らかの価格を参照できると考えられている。本条によってなお補充できない場合は、契約を無効とみる見解が多い。これに対して、7条(2)により国内法による補充を認めたうえで、国内法規定がない場合、又は国内法によっても代金が確定され得ない場合には契約無効とする見解がある。

● (重量に基づいた代金)

第 56 条 代金が物品の重量に基づいて定められる場合において、疑義があるときは、代金は、正味重量によって決定する。

Article 56

If the price is fixed according to the weight of the goods, in case of doubt it is to be determined by the net weight.

貿易実務では、例えば、鋼板(steel sheet)の場合においては、「FOB Yokohama US $○○per metric ton」のように重量を単位として価格表示をするのが慣行(practices)といわれる。このように価格が重量によって定められている場合には、その重量が正味重量(net weight)であるか、又は、梱包込みの総重量(gross weight)であるかが問題となる。通常は、契約で明確にいずれかに定められているが、もし契約に規定がなく、明確でない場合には、本条は、正味重量を用いることを定める。すなわち、当事者が特にそう定めていない限り、買主は包装を含む総重量について支払う必要はない。

なお、重量の基準時を、現実の引渡し時とみるか、対価危険移転時とみるかで見解が分かれる。後者によると、物品の契約適合性の基準時(適合性に係る給付危険の移転時期)とさせることができる。

● (支払の場所)

第 57 条
(1) 買主は、次の(a)又は(b)に規定する場所以外の特定の場所において代金を支払う義務を負わない場合には、次のいずれかの場所において売主に対して代金を支払わなければならない。
 (a) 売主の営業所
 (b) 物品又は書類の交付と引換えに代金を支払うべき場合には、当該交付が行われる場所
(2) 売主は、契約の締結後に営業所を変更したことによって生じた支払に付随する費用の増加額を負担する。

Article 57

(1) If the buyer is not bound to pay the price at any other particular place, he must pay it to the seller:
  (a) at the seller's place of business; or
  (b) if the payment is to be made against the handing over of the goods or of documents, at the place where the handing over takes place.

(2) The seller must bear any increase in the expenses incidental to payment which is caused by a change in his place of business subsequent to the conclusion of the contract.

1 支払場所の合意の重要性

　国際物品売買契約においては、為替管理規制上の制約から、支払場所が重要な意味を持つ。買主にとっては、自国で代金を支払うことが外国為替管理の面から望ましく、売主にとっては、自由に売却代金を用いることができる自国又は第三国で支払を受けることが望ましい。そのため、当事者の交渉によって、（支払手続に応じて）支払場所が明確に合意されているのが通常である。このように、まず、当事者間に合意があればその場所が支払場所となる（なお、取引で用いられることの多いインコタームズにおいては、契約に従い支払うべきとの義務が定められているものの、支払場所を直接定めるものではない）。また、支払場所は、当事者間に存する慣行、商慣習によっても定まり、これらが本条の支払場所の規定に優先する。

　以上のように、合意、慣行、慣習によって支払場所が定まらない場合、本条により支払場所が決定される。本条が適用されるのは、買主が「次の(a)又は(b)に規定する場所以外の特定の場所において代金を支払う義務を負わない場合」という例外的な場合に限られる。すなわち、本条(1)(a)は売主の営業所での支払を規定する一方で、(b)は、物品若しくは物品の処分を支配する「書類」（58条）の交付と引換えに代金が支払われるべき場合には、物品若しくはそのような「書類」の交付場所が支払場所となるとする。

2 売主の営業所で支払うべき場合（本条(1)(a)）

　本条(1)(a)は、支払場所の合意がなく、引換履行関係も認められない場合

において、買主は売主の営業所で代金を支払わなければならないという最終的な原則を定めている。売主が2以上の営業所を有している場合には、支払がされるべき営業所は、「契約及びその履行に最も密接な関係を有する営業所」(10条(a))である。この場合に該当する典型的は、当事者の一方が先履行義務を負う場合である。売主の営業所における支払を原則とするのは、為替管理規制上の制約から、買主の営業所における支払に意味がないときがあるからである。

3 物品又は書類の交付と引換えに代金を支払うべき場合（本条(1)(b)）
(1) 書類引換払条件
　本条(1)(b)は、物品又は書類の交付と引換えに代金を支払うべき場合については、その交付が行なわれる場所で支払がされるべきことを定める。そして、(b)は多くは書類引換払条件（payment against document）が約定されている場合に適用される。書類は、買主に直接交付することなく、その取引について買主を代理する銀行に交付されることが多い。「交付」される場所は、買主の国、売主の国又は第三国のいずれでもあり得る。そして、「書類」の種類は、当事者の合意等があれば、それによって定まる。インコタームズのFOB条件では、原則として、船荷証券となる。CIF条件では、原則として、船荷証券その他船積書類となる（特に、CIF条件では、通常、売主の振り出す為替手形に船荷証券その他船積書類を伴う荷為替が組まれる）。合意が明確でないときは、ここでいう書類に当たるのは、典型的には、権原証券（例えば、運送証券、倉庫証券等）である。
　事務局注釈179頁【例53A】は、X国に営業所のある売主とY国に営業所のある買主との間の売買契約において、書類引換払条件が定められおり、その書類として、Z国にある買主の取引銀行に対して、買主のために、交付すべきものとされていた場合には、本条(1)(b)に基づき、買主はZ国にある自己の取引銀行において代金を支払わなければならないと説明している。
(2) 引換履行関係
　本条(1)(b)適用のためには、商品ないし「書類」の交付と引換えに代金の支払がされるべきこと（「引換履行関係」）が必要である。この引換履行関係は、その旨の当事者間の合意から生じる（「約定された引換履行関係」）のみならず、売主が58条(1)2文・(2)により物品ないし「書類」の交付を代金の支払にかからせることによっても生じる。この引換履行関係が認められるかどうかを、物品引渡し方法ごとにみると、次のとおりである。
ア　売主の営業所あるいは工場が物品引渡場所とされる場合（EXWorks）

これらの場所での引渡しを定めた引渡条項（約款）の使用による場合は、単に引渡場所を定めるにすぎず、引換履行関係を直接に規定するものでないのであるが、58条(1)1文が引換履行の原則を定めていることに鑑みて、一般に引換履行関係が認められている。
　イ　買主の営業所、特に売主が買主の営業所まで輸送して引き渡す場合
　58条(1)1文が引換履行の原則を定めていることから、この場合も、引換履行関係を認められている。
　ウ　倉庫寄託物品の売買の場合、また送付売買の場合
　倉庫寄託物品の売買の場合、売主は物品所在倉庫において買主が物品を受け取ることが可能となるように手配・指示するという形で引渡義務を履行するが、ここには、売主と買主とが給付を交換するために対面することがないし、送付売買の場合、売主は買主宛てに届けるよう委託して運送人に物品を引き渡し、これにより引渡義務を履行するが、ここにも売主と買主とが給付を交換するために対面することがなく、したがって、これらの場合には引換履行関係を認めるための前提を欠くので、本条(1)(b)が送付売買に適用されないと解される（仮に、送付売買の場合において、売主の運送人に対する引渡しが本条(1)(b)にいう交付に当たるとして、この発送場所が代金の支払場所になると解すると、代金支払義務の履行期が買主の知らないままに到来してしまう不都合が生じる）。もっとも、この場合においても、倉庫受寄者ないしは運送人に代金受領権があることを前提として、物品の引渡しに際して引渡しと引換えに代金を支払うとすることによって、引換履行類似の関係が生じ得る。

4　実体法上の効果
　買主は、支払時期にその支払場所で支払の効力が生じるように、代金支払の準備をし、かつ、支払をしなければならない（54条）。当然それに伴うリスクと費用を負担しなければならない。支払場所が売主の営業所に決まったときは、例えば、特に買主国の資金移動等に係る為替管理規制上の手続きを遵守すること、また現実の資金移動等を要することと、それらの遅延等のリスクと費用の負担がこれに当たる。
　特定の合意された場所、売主の営業所、あるいは交付場所で支払をすべき義務についての要件事実は、それぞれの場所を援用する当事者が立証責任を負う（注釈Ⅱ〔増成牧〕25頁）。

5 営業所の変更

売主が契約の締結後に営業所を変更した場合は、買主はその変更後の営業所において支払をしなければならない。変更によって支払に付随する費用が増加したときは、売主が増加額を負担する（本条(2)）。営業所変更により費用が増加したことについては、買主が立証責任を負う。

売主は直ちに変更を買主に通知しなければならない。売主が変更の通知をしなかったときは、買主は、代金支払義務違反について、80条により免責される。変更の通知が到達しなかったときも同様である。

訴訟物　XのYに対する売買契約に基づく代金支払請求権

＊日本のY会社は、韓国のX会社から海苔を買う契約を締結した。本件は、X会社がY会社に対し代金の支払を求めたところ、X会社が契約締結後その営業所を釜山からソウルに変更したので、それによって生じた支払に付随する費用を相殺すると主張した事案である。

請求原因　1　XはYとの間で、海苔を〇万円で売買する契約を締結したこと

（相殺）

抗　弁　1　Xは、請求原因1の契約を締結した後、その営業所を釜山からソウルに変更したこと

2　抗弁1によって生じた支払に付随する費用は〇万円であること

＊例えば、振替に要する増加的な費用、為替管理規制上の手続きに要する追加的な費用、支払に要する期間の前倒しに伴う利息等がこれに当たる。

3　YはXに対して、Yの負担する代金支払債務とXが負担する抗弁2の費用負担債務を対当額で相殺する意思表示をしたこと

＊本条約には、相殺についての明文の規定がないが、本件の場合、両債権がともに本条約に基づくものであるから、法廷地の国際私法を解しての準拠法によらなくとも、本条約における相殺が可能であると解すべきであろう（4条の解説5(3)ア参照）。

●(支払の時期、交付の条件としての支払、支払前の検査) ════════

第58条
(1) 買主は、いずれか特定の期日に代金を支払う義務を負わない場合には、売主が契約及びこの条約に従い物品又はその処分を支配する書類を買主の処分にゆだねた時に代金を支払わなければならない。売主は、その支払を物品又は書類の交付の条件とすることができる。
(2) 売主は、契約が物品の運送を伴う場合には、代金の支払と引換えでなければ物品又はその処分を支配する書類を買主に交付しない旨の条件を付して、物品を発送することができる。
(3) 買主は、物品を検査する機会を有する時まで代金を支払う義務を負わない。ただし、当事者の合意した引渡し又は支払の手続が、買主がそのような機会を有することと両立しない場合は、この限りでない。

....

Article 58

(1) If the buyer is not bound to pay the price at any other specific time, he must pay it when the seller places either the goods or documents controlling their disposition at the buyer's disposal in accordance with the contract and this Convention. The seller may make such payment a condition for handing over the goods or documents.

(2) If the contract involves carriage of the goods, the seller may dispatch the goods on terms whereby the goods, or documents controlling their disposition, will not be handed over to the buyer except against payment of the price.

(3) The buyer is not bound to pay the price until he has had an opportunity to examine the goods, unless the procedures for delivery or payment agreed upon by the parties are inconsistent with his having such an opportunity.

══

1 合意等による支払時期の決定
　支払時期は、当事者の合意があれば、それによって定まる（6条）。本条

(1)も「いずれか特定の期日に代金を支払う義務を負わない場合」の規定であることを確認している。また、当事者の合意がない場合には、本条の適用に先立って適用される慣行・慣習の有無も問題になる（9 条）。

2 支払時期が合意等から決定できない場合
(1) 支払時期が合意等から決定できない場合の原則

当事者の合意がなく、適用される慣行や慣習もない場合、本条(1)は、「引換給付」を条件にできるが、そうした条件がないときは、「売主が契約及びこの条約に従い物品又はその処分を支配する書類を買主の処分にゆだねた時」が代金の支払時期になることを定める。支払時期について、交付時ではなく処分にゆだねた時を原則とするのは、売主は買主に信用を与えないことを意味する（買主が物品受領（売主からみれば「交付」）を先延ばしても支払時期は延びない）。

売主は、物品又は書類を買主の処分にゆだねても買主が支払をしない場合は物品や書類の引渡しをしないであろうから、特約がない限り、基本的には「同時履行」の関係になるであろう。ただ、同時履行の関係といっても「買主の処分にゆだねられた」ことで支払時期になるというためには買主がその事実を知っていることが前提になるから、売主が「買主の処分にゆだねた時」と「買主が（売主からの通知などで）そのことを知った時」との間に、時間差が生じる場合もあり得る（新堀・条約と貿易契約 100 頁、杉浦＝久保田・実務解説 224 頁）。

訴訟物　　XのYに対する売買契約に基づく代金支払請求権
　　　　　　＊米国のX会社は日本のY会社との間で、本件物品を売買する契約を締結した。X会社がY会社に対して代金の支払を求めたところ、Y会社が本件契約はいずれか特定の日に代金を支払う義務を負担するものではないとして同時履行の抗弁を主張し、これに対し、X会社が、①Y会社の代金支払義務が先履行であること、仮にそれが認められないとしても、②本件物品をY会社の処分にゆだね、かつそのゆだねた旨を通知したことを主張した事案である。

請求原因　1　XはYとの間で、本件物品を〇ドルで売買する契約を締結したこと

（同時履行）

抗　弁　1　請求原因1の売買契約は、いずれか特定の期日に代金を支払

う義務を負うものではないこと
＊本条(1)1文による同時履行ができる場合であることを示す事実である。
2　Xが契約及び本条約に従い物品又はその処分を支配する書類をYの処分にゆだねるまで支払を拒絶するとのYの権利主張
＊抗弁1の場合に与えられる同時履行関係の権利を行使する主張である。
＊CLOUT216は、ドイツの衣料品の売主が、スイスの買主に対して代金の支払を求めたところ、買主は、物品が税関を通過するために必要な書類を売主が引き渡さないため、衣料品を返品しなければならなかったと主張した事案であるが、本条(1)によれば、買主は、売主が物品又はその処分を支配する書類を買主の処分にゆだねた時に代金を支払わなければならないのであって、一般に、物品を表象する書類は物品を輸出する当事者によって調達されるべきであるが、これは必ずしも常に売主であるとは限らず、税関書類の調達が売主に義務となるのは、売主と買主の間でそのように合意された場合に限られ、本件はそれに該当しないとした。

(先履行の合意)
[再抗弁] 1　XY間において、Yの代金支払債務がXの物品引渡債務より先に履行するとの合意があること
＊6条によれば、当事者間において、再抗弁1のような先履行の合意をすることによって、本条(1)の規定する同時履行を否定するという法律関係をつくることができる。

(Yの処分にゆだねたこと)
[再抗弁] 1　Xが物品又はその処分を支配する書類をYの処分にゆだねたこと（かつ、XからYにそのゆだねた旨の通知をしたこと）
＊本件の買主Yの立場からいうと、売主Xが物品又は書類を買主Yの処分にゆだねるまでは、代金を支払う義務はない。特約がなければ、前払する必要はない。つまり、物品又は書類と代金とは交換される。
＊本条(1)により買主は売主が物品又はその処分を支配する書類を買主の処分にゆだねた時に代金を支払わねばならないが、時系列順にいうと、まず売主が物品又は書類を買主の処

分にゆだねたことを買主に知らせなければならず、買主がこれを知ると同時に、買主は別段の催告なしに代金を支払わなければならないと考えられる。一般的には、我が国民法533条所定の「同時履行の抗弁権」がこれに対応するのであるが、厳密にいうと売主が現実に物品又は書類を買主の処分にゆだねた時と売主がその旨を買主に通知し、買主がそれを知った時との間に時間的な間隔があり、買主は売主の通知なしでは物品又は書類が買主の処分にゆだねられたことを知り得ないから、買主はその事実を知った時にはじめて代金を支払わなければならないと解すべきである。

* 本条(1)1文にいう「物品又はその処分を支配する書類」の意味は、当事者の合意等があればそれによって定まる。合意が明確でないときは、ここでいう「書類」は、典型的には、船荷証券のように物品引渡請求権を表象する流通（権原）証券である。これは、30条及び34条の「物品に関する書類」（保険証券、原産地・品質を証明する書類）より狭い概念である。それは、本条は、代金を他の一定期日に支払う旨が合意されていない場合の支払方法を定める規定であるので、この目的のためには、物品を「支配」する書類の交付を物品の交付とを対応させることで足りるからである。

(2) 売主の引換履行関係創設権

買主は、いずれか特定の期日に代金を支払う義務を負わない場合には売主が物品又はその処分を支配する書類を買主の処分にゆだねた時に、代金を支払わなければならない（本条(1)1文）。他方で、売主は、代金の支払を物品又は書類の交付の条件とする権利（「売主の引換履行関係創設権」）を認める（本条(1)2文）。売主の引換履行関係創設権は、前述の準則によって決定するべき支払時期（本条(1)）を左右するものではない。また、買主の物品検査権（本条(3)）を排除するものでない。

> **訴訟物**　XのYに対する売買契約に基づく代金支払請求権
> * 米国のX会社は日本のY会社との間で、本件物品を売買する契約を締結した。X会社がY会社に対して代金の支払を求めたところ、Y会社がその支払を物品又は書類の交換の条件としたと主張したことに対し、①Y会社の代金支払義

務が先履行であること、仮にそれが認められないとしても、②本件物品をY会社の処分にゆだねたこと（かつ、そのゆだねた旨を通知したこと）を主張した事案である。

請求原因 1　XはYとの間で、本件物品を○ドルで売買する契約を締結したこと

（引換履行関係創設権による同時履行）

抗弁 1　物品又は書類の交付を受けるまで、支払を拒絶するとのYのXに対する権利主張

＊抗弁1は、本条(1)2文所定の「同時履行関係」の権利を行使するとの主張（創設権の行使）である。

（先履行の合意）

再抗弁 1　XY間において、Yの代金支払債務がXの物品引渡債務より先に履行するとの合意があること

＊上記抗弁1の引換履行関係創設権は、売主の先履行義務がない限り認められる（売主の先履行義務の存在は、再抗弁である）。また、この権利行使によって、本条(3)の買主の物品検査権を奪うことはできない。

（Yの処分にゆだねたこと）

再抗弁 1　Xが物品又はその処分を支配する書類をYの処分にゆだねたこと（かつ、XからYにそのゆだねた旨の通知をしたこと）

3　契約が物品の運送を伴う場合

本条(2)は、「運送を伴う」ときは、売主が「代金の支払と引換えでなければ物品又はその処分を支配する書類を買主に交付しない旨」（引換給付）を条件にすることができる権利（「売主の引換履行関係創設権」）があることを定める。

契約が物品の運送を伴う場合（31条(a)）は、仕向地において最後の運送人が物品を提供した時が支払時期となる。倉庫寄託物品を目的とする場合（同条(b)）は、買主が倉庫業者から受領できるように売主が手配をした時が支払時期となる。例えば、倉庫業者に対して以後買主のために保管するよう指図を与えること、また物品を支配する書類を買主に交付することがこれに当たる（ただし、上記以外の場合で、売主が、売主の営業所、工場その他の場所において物品を引き渡す義務を負う場合（同条(b)(c)）は、買主が受領できるよう、売主が必要な準備をした時が支払時期となる。例えば、物品を特定し、包装その他引渡準備を完了して、その旨を買主に通知すること

がこれに当たる。売主が、リスクと費用を負担して、買主の営業所その他の場所において引き渡す義務を負う場合（同条柱書、6条）は、売主が特に運送契約を締結するときは、前述の物品の運送に伴う場合と同様である。特にその他第三の場所において引き渡すべきときは、信義則（7条(1)）により、提供の時期を事前に買主に通知することが必要とする見解がある。

| 訴訟物 | XのYに対する売買契約に基づく物品引渡請求権 |

＊米国のY会社は日本のX会社との間で、本件物品を売買する契約を締結した。本件は、X会社がY会社に対して本件物品の引渡しを求めたところ、Y会社が本件契約は物品の運送を伴うものであることから、代金の支払と引換えでなければ本件物品又はその処分を支配する書類を買主に交付しない旨の条件を付して、本件物品を発送したと反論し、これに対し、X会社はY会社の代理人に代金を支払ったと主張した事案である。

| 請求原因 | 1　YはXとの間で、本件物品を○ドルで売買する契約を締結したこと |

（引換履行関係創設権による同時履行）

| 抗　弁 | 1　請求原因1の売買契約は、物品の運送を伴うものであること
2　代金の支払と引換えでなければ本件物品又はその処分を支配する書類を買主に交付しないとの権利主張 |

＊抗弁2は、本条(2)に基づく「引換履行関係創設権」を行使したことを示すものである。
＊この権利は、売主の先履行義務がない限りで認められる。

（先履行の合意）

| 再抗弁 | 1　XY間において、Yの物品引渡債務がXの代金支払債務より先に履行するとの合意があること |

＊抗弁1の同時履行関係創設権は、売主の先履行義務がない限り認められる（売主の先履行義務の存在は、再抗弁である）。また、この権利行使によって、本条(3)の買主の物品検査権を奪うことはできない。

（物品又は書類の交付の提供）

| 再抗弁 | 1　XはY（の代理人）に対し、代金を支払ったこと |

4 買主の検査権と支払時期

(1) 原則

買主は、物品を検査する機会を有する時まで代金を支払う義務を負わない（本条(3)1文）。買主が本条の検査権を有するとき、検査のための短期間の合理的期間が認められる。この期間が経過するまで、支払時期は到来しない。検査場所は、通常、引渡場所である。契約が物品の運送を伴う場合（31条(a)）、仕向地が検査場所となる（38条(2)・(3)参照）。

売主は、買主が物品を検査する機会を得ることができるよう、売主は必要な手配をしなければならない。例えば、売主の営業所、工場等への立入りを認めること、また運送人、倉庫業者等に必要な指図を与えることなどである。本条の検査権に基づく検査は、38条の検査義務に基づく検査とは異なる。本条の検査は、支払前における、短期間、外見上の検査に関わる品違い、著しい瑕疵等がこの検査の対象である。

(2) 例外としての検査権と支払時期が両立しない場合

当事者の合意した引渡手続又は支払手続によっては、買主が物品を検査する機会を有することと両立しないことがある。この場合、買主は検査権を有しない（58条(3)2文）。例えば、①代金前払、②書類交付と引換払、③信用状と引換払などの合意がある場合である。多少補足すると、例えば、D/P（Documents against Payment）（支払渡し）の場合は、書類は代金の支払と引換えに買主に引き渡される。D/A（引受渡し）の場合は、書類のうちの為替手形を買主が引き受けることを条件に、書類が買主に引き渡される。このようにして、①売主は、支払の不安なく書類を相手に引き渡すことができ、また、②買主は、船積書類をみることによって確実に商品が輸送に託されたことを確認し、商品が到着したときに運送人に、直接商品の引渡しを請求することのできる書類を入手した後に、支払、又は手形の引受けをすることにより将来の支払の約束をすることができる。

また、インコタームズのCIF、FOB等の場合にも、買主に検査の機会は事実上存在しておらず、支払が先行することとなる。

訴訟物 　XのYに対する売買契約に基づく代金支払請求権
＊米国のX会社は日本のY会社との間で、本件物品をCIF条件（輸出業者が貨物を荷揚地の港で荷揚げするまでの費用を負担し、一方で荷揚げした以降の費用は輸入業者が負担するという貿易の取引条件）による価格（○ドル）で売買する契約を締結した。その支払方法は、下記再抗弁のとおり合意さ

れていた。本件は、X 会社が Y 会社に対して代金の支払を求めたところ、Y 会社が支払前の検査を主張し、これに対し、当事者間で合意した支払方法によれば、支払前における検査は両立し得ないと X 会社が再反論した事案である（事務局注釈 183 頁【例 54 A】）。

請求原因 1　X は Y との間で、本件物品を○ドルで売買する契約を締結したこと

（支払前の検査）

抗　弁 1　Y は X に対して、物品を検査する機会を有する時まで代金を支払わないとの意思表示をしたこと
＊本条(3)1 文に基づく主張である。

（支払前の検査と両立しない支払方法）

再抗弁 1　請求原因 1 の売買契約において支払方法が次のとおり定められていたこと

記

売主 X は、購入代金について、買主 Y を支払人とする為替手形を振り出し、さらに、X は、為替手形に船荷証券（契約で定めたその他の書類も含め）を添付して、Y の所在地の取立銀行に送付する。契約では、船荷証券（及びその他の書類）は、為替手形の支払と引換えでのみ、銀行から Y に交付されること

＊再抗弁 1 の合意された支払方法では、為替手形が呈示された時点では、物品はなお運送中のことが多いため、支払前に物品を検査する買主の権利と両立しない。したがって、買主は支払前の検査権を有しないことになる（本条(3)2 文）。この支払方法については請求原因の段階で合わせて主張・立証がされるであろうから、その場合は、抗弁自体が主張自体失当となろう。

訴訟物　　X の Y に対する売買契約に基づく代金支払請求権
＊米国の X 会社は日本の Y 会社との間で、本件物品を○ドルで売買する契約を締結した。その売買契約においては、CIF 条件が用いられず、また支払の時期及び場所につき、何も条項には定められていなかった。そのため、X 会社は、本条(2)に基づく権限に従って、購入代金について Y 会社を支払

人とする為替手形を振り出し、この為替手形に船荷証券を添付して、X会社の銀行を通じて買主Y会社の所在地の取立銀行に送付した。X会社は、取立銀行に対して、Y会社が為替手形の支払をするまで、船荷証券を買主Y会社に交付してはならないとの指図をした。本件は、X会社がY会社に対して代金の支払を求めたところ、Y会社は物品の検査を行なっていないと主張した事案である（事務局注釈183頁【例54B】）。

請求原因 1　XはYとの間で、本件物品を○万円で売買する契約を締結したこと

（支払前の検査）
抗　弁 1　YはXに対して、物品を検査する機会を有する時まで代金を支払わないとの意思表示をしたこと

（支払前の検査と両立しない支払方法）
再抗弁 1　売主Xは、購入代金について、買主Yを支払人とする為替手形を振り出し、この為替手形に船荷証券を添付して、Xの銀行を通じてYの所在地の取立銀行に送付したこと
　　　　 2　Xは、取立銀行に対して、Yが為替手形の支払をするまで、船荷証券をYに交付してはならないとの指図を行なったこと
　　　＊Xの再抗弁1、2による支払方法は、本条(2)で認められたものではあっても、本条(3)で要求されているような「当事者の合意した」ものではない。したがって、Yは、代金の支払前に、すなわち為替手形の支払前に物品を検査する権利を失わない。支払前に検査を行なう機会をYに保証することは、Xの義務である。したがって、この再抗弁は、その表題にもかかわらず、支払前の検査は両立し、主張自体失当となる。

訴訟物　XのYに対する売買契約に基づく代金支払請求権
　　　　＊米国のX会社は日本のY会社との間で、本件物品を○ドルで売買する契約を締結した。その契約において、代金の支払は、物品の到達地において書類の呈示と引換えに、物品の到達後にされるべきことが定められていた。本件は、X会社がY会社に対して、売買契約に基づく代金支払を求めたところ、Y会社は、支払前の検査の機会を得ていないと主張

した事案である（事務局注釈184頁【例54Ｃ】）。

請求原因　1　ＸはＹとの間で、本件物品を○万円で売買する契約を締結したこと

（支払前の検査）
抗　弁　1　ＹはＸに対して、物品を検査する機会を有する時まで代金を支払わないとの意思表示をしたこと

（支払前の検査と両立しない支払方法）
再抗弁　1　代金の支払は、物品の到達地において書類の呈示と引換えに、物品の到達後にされるべきことが定められていたこと
　＊当事者が明示的に合意した引渡しと支払の手続きは、代金の支払が書類の呈示と引換えにされるべきものとされていても、支払前に物品を検査する買主の権利と両立しないとはいえない。つまり、この再抗弁は主張自体失当である。

5　本条(3)の検査で契約不適合が発見された場合における買主の支払の拒否の可否

本条(3)の検査で契約不適合が発見された場合に、買主が支払を拒否できるか否かについて本条は規定していない（杉浦＝久保田・実務解説226頁）。

(1) 支払拒絶肯定説

①本条約の一般原則（7条(2)）と②支払を拒否できないと本条(3)が無意味になることを理由として、買主の支払拒絶を肯定する。

(2) 支払拒絶一部肯定説

25条及び71条との関係から、本条(3)においては、明白な契約不適合の場合に限って買主の支払拒否を認める。契約不適合が売主の重大な契約違反になる場合は買主の全額の支払拒否を、重大な契約違反にならない場合は、50条の減額請求権から一部だけの支払拒否を買主に認める見解である。

CLOUT171は、物品の引渡しがされた以上、誤った原産地・品質証明書を引き渡した場合でも正しい書類は別途に入手できるものであるから、それだけでは「重大な契約違反」とはならず、買主は本条に基づいて支払を拒絶できないとする（49条の解説2(1)の第2設例参照）。

● (催告の不要性) ━━━━━━━━━━━━━━━━━━━━━━━

第59条　売主によるいかなる要求又はいかなる手続の遵守も要することなく、買主は、契約若しくはこの条約によって定められた期日又はこれ

らから決定することができる期日に代金を支払わなければならない。

Article 59

The buyer must pay the price on the date fixed by or determinable from the contract and this Convention without the need for any request or compliance with any formality on the part of the seller.

1　意義

　本条は、買主は、契約及び本条約によって定められ、又は決定し得る日に代金を支払わねばならず、売主側からの何らかの要請又は方式に従うことは必要でないことを定めている（代金支払時期は両当事者の合意があればその合意、合意がないと（9条に規定する）慣行・慣習、そうした慣行・慣習もないと58条が適用される）。

　買主が契約上の支払期日に、売主から支払の請求がなくても、代金を支払う義務を負うことは当然であるから、あえて本条を定める意義が問われる。これは、本条は大陸法系の一部の国で支払期限が到来しても遅滞となるためには売主が買主に催告を要するとしているが、これを本条約は否定するためであるといわれている。その意味では、「期限は人に代わって催告する」法理が貫徹されているのである。例えば、CLOUT273は、イタリアの売主がドイツの買主に数回革製品を売買したところ、買主がいくつかのインボイスのうち2通を受け取っていないことを代金不払の理由として主張した事案であるが、買主は請求されなくても支払時期に支払わなければならないとした。

2　本条違反の効果

　買主が支払期日を徒過したときは、買主は催告その他を要することなく直ちに代金支払義務違反となる。そのうえで、①61条(1)(a)により、(i)履行請求、(ii)代金不払が重大な契約違反に当たる場合には契約の解除ができ、②61条(1)(b)により損害賠償を、③78条により利息の支払をそれぞれ請求することができる。

訴訟物　　XのYに対する売買契約解除に基づく損害賠償請求権
　　　　　＊日本のX会社は米国のY会社との間で、本件物品を代金◯

円先払の約定で売買する契約を締結したが、Y会社が代金を支払わないため、X会社は契約を解除した。本件は、X会社がY会社に対して、損害の賠償を求めた事案である。

請求原因
1　XはYとの間で、本件物品を○円で売買する契約を締結したこと
2　XはYとの間で、請求原因1の売買代金は先払とし、契約締結の月末に支払う特約を付したこと
3　契約締結の月末が経過したこと
　＊代金支払義務の遅滞ということ自体では、直ちに重大な契約違反（25条）には当たらず、64条(1)(a)の即時解除はできないので、同項(b)の付加期間を設けた解除を選択することになる。
4　XはYに対して、付加期間を翌月末日までと定めて支払を催告したこと
5　XはYに対し、請求原因4の付加期間の末日が経過後、請求原因1の売買契約を解除する意思表示をしたこと
6　損害の発生とその数額
　＊本件の場合、Xは解除したが、本件物品を第三者に転売していないので、その損害額（損害の範囲）は、75条によることはできない。したがって、76条によって、契約価格○円と解除時の時価との差額と差額及び74条所定のその他の損害の賠償をすることが考えられる。

3　支払期日に先立つ代金の支払
　買主が支払期日前に代金を支払おうとするとき、又は代金の一部を支払おうとするときは、代金支払義務違反として、売主はこれらを拒絶できる。この拒絶は、特に為替の変動によって代金が減価するような場合について意味を持つ。

第 2 節　引渡しの受領

　第 2 節「引渡しの受領」は、買主の義務のうち、引渡受領義務の具体的な内容について定めており、31 条（引渡しの場所及び引渡義務の内容）に基づく売主の引渡義務などとの関係が問題になる。また、60 条により、「物品を受け取る」ことだけでなく、「売主の引渡しを可能にする行為」も合理的に期待される範囲で買主の義務となる。

● (引渡受領義務)

第 60 条　引渡しを受領する買主の義務は、次のことから成る。
　(a)　売主による引渡しを可能とするために買主に合理的に期待することのできるすべての行為を行うこと。
　(b)　物品を受け取ること。

....

Article 60

The buyer's obligation to take delivery consists:
(a) in doing all the acts which could reasonably be expected of him in order to enable the seller to make delivery; and
(b) in taking over the goods.

1　総論
　本条は、53 条が定める「物品の引渡しを受領」する義務（obligation to take delivery of the goods）を具体化するものである。その内容は、本条(b)の「物品を受け取ること」にとどまらず、その前段階における「売主による引渡しを可能とするために買主に合理的に期待することのできるすべての行為を行うこと」（本条(a)）も含んでいる。

2　協力行為義務（「買主に合理的に期待することのできるすべての行為」）
　本条(a)は、買主が「売主による引渡しを可能とするために」協力行為を行なうことを義務付けている。7 条(1)が、本条約の解釈に当たり「国際取引における信義の遵守を促進する必要性を考慮する」と定めているが、本条

(a)の協力行為義務は、これを契約の履行段階について具体化し確認するものである。協力行為の内容は、買主に「合理的に期待することのできるすべての行為」であって、あらゆる協力行為をすべき義務ではない。

(1) 具体例

協力行為の内容は、契約で定めていなければ、契約の目的のほか、慣行や慣習も考慮に入れて、その内容が決まる。例えば、物品の引渡場所によって、協力行為の内容は次のように大きく変わる。

ア　引渡地が売主の所在地の場合

引渡地が売主の所在地のときは、運送手段をあらかじめ調整しておくこと、さらに買主の所在国（あるいは第三国）への運送に必要な輸出入に関する許可を得ておくことなどが、協力義務の履行として買主が事前に行なうべき準備行為となる。

イ　引渡地が買主の所在地の場合

引渡地が買主の所在地のときは、原則として運送手段の確保や、必要な許可を得ることは、売主の責任で準備すべきことである。この場合、輸入許可が買主からの申告に基づいてのみ与えられるという事情がない限り、買主は許可を取得する義務を負わない。売主によって運び込まれた物品を受け入れるためにタンクや倉庫のスペースをあらかじめ確保しておいたり、取付け工事が必要な機械の購入であれば設置場所を準備したりすることが、買主の協力義務の内容となる。

ウ　FOBによる場合

インコタームズのFOB（本船渡し）によるとされている場合には、特約のない限り買主が船舶（及び船積みに必要となる場所）を手配し、船積みの日を指定し、この情報を売主が期日どおりに給付できるように余裕をもって通知することが協力義務の内容となる。例えば、CLOUT987は、FOB条件での売買で、売主は物品を調達して船積港まで運び、買主に連絡し、物品はそこで約定どおりに検査・証明されたが、買主からは船の指定がなく船積日は徒過し、船積みのための売主の要請にも買主は回答せず、さらに、買主は物品の色落ちを理由としてSGS（世界各地域に1800以上の拠点を有し、各方面の検査や試験、公的機関により定められた規格の認証などを行なっている認証企業）の検査を求め、物品は契約不適合であると主張して船を指定しなかった事案であるが、SGSの検査は契約に定められたものではなく、FOB条件では特定日に約定の港で物品を船積みできるようにするのは買主の義務であり、買主は売主の付加期間付与後も売主による引渡しを可能にする本条の義務に違反しており、重大な契約違反（25条）に当たるとしてい

る。

| 訴訟物 | XのYに対する売買契約に基づく物品引渡請求権 |

＊日本のY会社は米国のX会社との間で、本件物品をFOBサンフランシスコの約定で売買する契約を締結した。しかし、本件物品の市場価格が急落したためX会社は船積用の船舶の手配をしなかったが、一転して、市場価格が回復し約定価格の倍額になった。本件は、X会社がY会社に対し、本件物品の引渡しを求めたところ、Y会社はX会社の受領義務違反を理由に既に解除したと主張し、これに対し、X会社は、その通知を受けていないと反論した事案である。

| 請求原因 | 1 YはXとの間で、本件物品を代金を○ドルとし、FOBサンフランシスコの約定で売買する契約を締結したこと |

（解除）

| 抗弁 | 1 Xは船積用の船舶の手配をしなかったこと |

＊FOB条件では特定日に約定の港で物品を船積みできるようにするのは買主の義務であり、抗弁1の事実は本条の義務に違反しており、重大な契約違反（25条）に当たる。

2 YはXに対し、請求原因1の契約を解除する意思表示をしたこと

＊解除の意思表示には、発信主義が採用されており、Xへの到達は必要とされていない。したがって、解除通知がXに到達していないという反論は、法的な意味を有しない。

3　物品受取義務

(1) 物品の受取り

　本条(b)は、「物品を受け取ること」を買主の義務として掲げているが、これは引渡日に引渡場所で目的物を物理的に受け取るという意味である。このため、物品を受け取る事実には、物品が契約に適合している旨を買主が認めたという意義は含まれない。さらに、物品の荷降ろしをし、あるいは別の運送船に荷積みし直すこと、これに関する費用を負担することも（異なる取決めや慣習のない限り）買主の義務とされる。

(2) 書類の受取り

　本条(b)は物品そのものだけでなく、物品に関する書類の受取りについても適用される。買主は、売主が交付を要する書類（34条参照）あるいは物

品の処分権原を付与する書類（57条、58条参照）についても、その引渡しを受ける義務を負う。例えば、倉庫内の保管された物品が売買され、倉庫内の物品が以後買主のために保管されるという場合には、倉庫証券を売主から買主に交付することになるが、この書類を契約で定められた時期に、契約で定められた場所で受け取ることも、また買主の義務となる。

(3) 我が国民法との比較

改正前民法413条は、受領遅滞の法律効果について、単に「遅滞の責任を負う」と規定するのみで具体的な効果を定めていなかったため、債権者に受領義務を認める有力説（我妻榮『新訂債権総論（民法講義Ⅳ）』岩波書店（1964年）66頁）がある一方で、判例（大判大正4年5月29日民録21.858〔27521953〕、最判昭和40年12月3日民集19.9.2090〔27001247〕）・通説はこれを認めていなかった。今般の民法改正に当たって、413条を改正したものの、従来どおり債権者の受領義務を認めることはせず、目的物の保存義務の軽減と増加費用の負担を定めるにとどめた。すなわち、①債務者は、債権者の受領遅滞後は、自己の財産に対するのと同一の注意をもって目的物を保存すれば足りること（同条1項）、②債権者の受領遅滞によって増加した履行費用は債権者の負担とすること（同条2項）を定める。そのほか、受領遅滞の効果として、改正民法413条の2は、債権者の受領遅滞中に、当事者双方の帰責事由なく履行の不能が生じたときは、その履行の不能は債権者の帰責事由によるものとみなすことを定めている。

4　引渡しの受領義務違反の効果

買主が本条による引渡受領義務に違反した場合の効果は、単に売主が物品の引渡義務違反による責任を免れるというにとどまらない。売主は積極的に61条以下の定める救済手段を採ることができる。救済手段の中では、履行請求権（62条）も定められているが、引取りを拒絶している買主に引取自体を求めることは実益に乏しいことが多く、実務的には損害賠償（74条以下）及び解除（64条）がより重要な選択肢であろう。

訴訟物　　XのYに対する売買契約解除に基づく損害賠償請求権

＊米国のX会社は日本のY会社との間で、本件物品を〇ドルで売買する契約を締結した。この契約において、引渡地がXの所在地であったが、Y会社が運送手段をあらかじめ調整すること、さらにY会社の所在国（あるいは第三国）への運送に必要な輸出入に関する許可を得ることなど準備行為

を全くしなかった。本件は、X会社がY会社に対して契約を解除して、本件物品を第三者Aに売却し、Y会社との契約金額との差額について、75条に基づいて損害賠償を求めた事案である。

請求原因
1 XはYとの間で、本件物品を○ドルで売買する契約を締結したこと
2 本件物品の引渡地がXの所在地であること
　＊CLOUT47は、31条(b)により、ドイツの売主が物品を引き渡すべき場所は「物品が製造された場所」であるドイツのアーヘンであると解し、そこで物品を付加期間経過後も引き取らなかったイタリアの買主に対する損害賠償請求を認めた。
3 Yは本件物品についてXの所在地からの運送手段をあらかじめ調整をせず、又はYの所在国（あるいは第三国）への運送に必要な輸出入に関する許可を得ていないこと
　＊解除の前提として、売主Xが買主Yの受領義務（協力行為義務、物品受取義務）の存在及び具体的な内容及びそれに対する違反の事実について立証しなければならない。
4 XはYに対して、1週間以内に、本件物品についてXの所在地からの運送手段を調整し、又はYの所在国（あるいは第三国）への運送に必要な輸出入に関する許可を得るように催告したこと
5 請求原因4の催告から1週間が経過したこと
6 XはYに対して、請求原因1の売買契約を解除する意思表示をしたこと
　＊解除権の行使は損害賠償請求権の行使ではない。
7 XはAとの間で、本件物品を○ドルで売却する契約を締結したこと
　＊代替取引の主張である。
8 XY間の本件売買契約の金額とXA間の請求原因7の売買契約の金額との差額
　＊請求原因6ないし8は、75条の適用ができることを示す要件事実である。

（引渡受領の準備行為）

抗弁
1 Yは本件物品についてXの所在地からの運送手段を調整し、又はYの所在国（あるいは第三国）への運送に必要な輸出入

に関する許可を得たこと
＊買主Ｙの側が受領義務（協力行為義務、物品受取義務）について適切に履行したことの立証責任を負う。

5　例外としての受取りの拒絶
(1) 法定の受領拒絶
　目的物を受け取ることは買主の義務であるが、法が例外として、受取りを拒否することができる場合を定めている。①売主が履行期前に物品を引き渡す場合（52条(1)）と、②売主が契約に定める数量を超過する物品を引き渡す場合に超過部分の受取りについて、それぞれ明文で買主には受領拒絶が認められる（同条(2)）。これらは、買主にとって予定していない負担を課すことになるために、買主に受取りを拒絶する権利を認めるものである。

(2) 物品の契約不適合と受領拒絶の適否
　提供された物品が契約に適合していない場合に、買主が受領を義務付けられるか受領拒絶ができるかという問題について見解が分かれる。

ア　受領拒絶否定説
　本条約における「受取り」の概念は、単なる物理的な受領を意味するものであり、物品が契約に適合していることを表明したり、あるいは不適合であるにもかかわらずその物品を引き取ることを表示することではない。したがって、物品に不適合があって買主として解除や代替品の引渡しを請求する場合であっても、買主は（物理的な意味での）受取りを拒絶できるわけではなく、一度物品を受け取り、保管する必要があることになる。

イ　受領拒絶肯定説
　この問題は、契約違反の性質及びその違反により生じる買主の権利の性質によって異なるとする。
　まず、物品の契約不適合が重大な契約違反（25条）を構成し、その結果代替品引渡請求権（46条(2)）あるいは契約解除権（49条(1)(a)）が生じる場合には、買主はその物品の受領を拒絶できるとする。ただし、この場合であっても、買主は、86条(2)に従い、一時的に目的物の占有を取得する義務を負うことがある。もっともこうした占有を取得する義務が発生する要件は限定されており、86条(2)は、「買主に対して送付された物品が仕向地で買主の処分にゆだねられた場合において、買主が当該物品を拒絶する権利を行使するとき」であり、しかも「代金を支払うことなく、かつ、不合理な不便又は不合理な費用を伴うことなしに占有を取得することができる場合」と規定されている。

これに対し、重大な契約違反に該当しない場合については見解が分かれるが、多数説は、この場合、買主は物品を受領しなければならず、買主の救済は、修補、代金減額、解除を伴わない損害賠償請求によるべきであるとする。

第3節　買主による契約違反についての救済

　第3節「買主による契約違反についての救済」は、買主による契約違反の場合に売主に認められる救済方法を定めている。61条（売主の救済方法）は45条（買主の救済方法）と対応する規定で売主の救済方法を列挙し、以下、46条と対応する62条（履行請求権）、47条と対応する63条（履行のための付加期間の付与）及び49条と対応する64条（契約解除権）に加えて、65条（売主による仕様の指定）が規定され、「損害賠償請求」（61条(1)(b)）についてその金額の算定は74条ないし77条による。

●（売主の救済方法）

第61条

(1)　売主は、買主が契約又はこの条約に基づく義務を履行しない場合には、次のことを行うことができる。
  (a)　次条から第65条までに規定する権利を行使すること。
  (b)　第74条から第77条までの規定に従って損害賠償の請求をすること。
(2)　売主は、損害賠償の請求をする権利を、その他の救済を求める権利の行使によって奪われない。
(3)　売主が契約違反についての救済を求める場合には、裁判所又は仲裁廷は、買主に対して猶予期間を与えることができない。

Article 61

　(1)　If the buyer fails to perform any of his obligations under the contract or this Convention, the seller may:
  (a)　exercise the rights provided in articles 62 to 65;
  (b)　claim damages as provided in articles 74 to 77.
　(2)　The seller is not deprived of any right he may have to claim damages by exercising his right to other remedies.
　(3)　No period of grace may be granted to the buyer by a court or arbitral tribunal when the seller resorts to a remedy for breach of con-

tract.

1　売主の救済措置

　本条は、買主が契約又はこの条約に基づく義務を履行しない場合に、売主が求めることができる救済（買主による履行を要求する権利（right to compel performance）、契約の解除（avoidance of the contract）及び損害賠償（damages））を列挙するとともに、売主の損害賠償請求権の発生根拠規定としての役割も有する。なお、本条(1)は売主の主たる救済方法を定めるもので、売主は 71 条ないし 73 条、78 条及び 88 条に規定されている救済方法なども求め得る。

　本条は、買主が求めることができる救済に関する 45 条と対応している。

　買主による契約違反についての救済規定をまとめた規定を置くことによって、①救済に関する規定が繰り返されることの複雑さを生じさせることなく、また、商人にとって主要な関心事である買主は何をなすべきかに関する準則をより容易に理解できるようになる。②救済規定をまとめて規定したことによって、分類の問題が減少し、複雑な相互参照の必要性が小さくなるなどの利点がある。

　例えば、日本の X 会社はタイの Y 会社に本件機械を○万円で、CIF 条件の約定によりインボイス日後 30 日払の約定で売買し、直ちに同機械をタイ向けに出荷した。本件機械はタイの港に到着したが、買主の Y 会社はこれを引き取らず、また、期日どおりに支払もしなかったという典型的な買主 Y 会社の契約違反の事案の場合、売主 X 会社には次表に示すとおりの救済措置が認められている。

　本条(1)(a)は、買主の違反の場合に、売主は「次条から第 65 条までに規定する権利を行使すること」ができると規定する。62 条から 65 条までの、売主が求めることができる救済に関する規定は、46 条から 52 条までの、買主が求めることができる救済に関する規定と対になるように定められているが、それらほど複雑ではない（第 3 章「買主の義務」2「買主の救済方法と売主の救済方法の共通性」参照）。

　その理由は、買主は 2 つの主要な義務、すなわち代金支払義務と物品引渡受領義務を負うのみであるのに対して、売主の義務はより複雑だからである。それゆえ、買主であれば求めることができる救済のうち、例えば、物品の不適合に基づく代金減額権（50 条）、物品の一部引渡しの場合に救済の一

売主の法的救済方法

	物品の受領がある場合	物品の受領がない場合
「重大な契約違反」の場合	解除（64条(1)(a)） ただし、代金支払があった場合には期間制限あり（64条(2)） （履行請求）	（履行請求・寄託・自助売却）
「重大な契約違反」でない場合	履行請求（62条） ＋付加期間（63条） →解除（64条(1)(b)）	履行（受領）請求（62条） 寄託（87条） 自助売却（88条）

(注釈Ⅱ〔梶山玉香〕45頁)
＊いずれの場合も、原則的に、併せて損害賠償請求を請求することが可能である。

部を求める権利（51条）、そして、物品の引渡履行期前の引渡し又は数量超過の引渡しの場合における受領拒絶権（52条）などに対応する救済方法は、当然のことながら売主には与えられていない。

2 損害賠償請求権

本条(1)柱書は、損害賠償請求権の発生根拠事由を定める（もちろん、62条ないし65条所定の権利の発生根拠事由でもある）。本条約に基づく損害賠償の請求をするためには、いくつかの法体系においては立証が求められている、過失（fault）、信義則違反、又は明示の約束の違反などを立証する必要はない。損害賠償は、買主による、その義務の客観的不履行から損失が生ずればその賠償を求めることができる。

本条(1)(b)は、売主は、買主が契約又はこの条約に基づく義務を履行しない場合には「第74条から第77条までの規定に従って損害賠償の請求をすること」ができると規定する。74条ないし77条は、損害賠償請求をすることができるか否かに関する実体的な要件を規定するものではなく、損害賠償額の算定に関する定めである。

> **訴訟物**　XのYに対する売買契約の契約違反に基づく損害賠償請求権
>
> ＊タイのX会社は日本のエアコン製造のY会社との間でクランク・ケース20,000個を8年間継続的に売買する契約を締結した。しかし、Y会社の大口顧客A（クランク・ケースの需要者）が購入代金を大幅に引下げる重大な変更をしたため、Y会社はX会社からの受領を拒絶した。X会社はY会

社に対し、契約違反による損害賠償を求めたところ、Y会社は転売先のAの購入条件変更を免責の事由として主張した事案である（CLOUT480）。

請求原因
1　XはYとの間で、20,000個のクランク・ケースを8年間継続的に売買する契約を締結したこと
2　Yは、請求原因1の基本契約に基づいて、クランク・ケース1,000個（本件物品）を注文したこと
3　Yは、Xからの本件物品の引渡しの受領を拒絶したこと
　＊請求原因1のYの受領拒絶が、Yの顧客Aが購入条件についての重大な変更をしたためであったとしても、Yは免責主張が認められない限り、受領拒絶を正当化できない。
4　Xの損害及び損害額
　＊損害額の算定は、Xは解除をしていないので、74条に基づいて、本件物品1,000個のYへの売買によって想定できた利益額（逸失利益）を請求することなどが考えられる。

（免責）
抗弁
1　請求原因2は、Yの支配を超えるYの転売先であるAの購入条件の変更という出来事によって発生したものであること
2　契約の締結時にその障害を考慮に入れることが合理的に期待することができなかったこと
3　契約後に、その障害又はその結果を回避し、若しくは克服することが合理的に期待することができなかったこと
　＊79条に基づく免責の抗弁である。抗弁1のような契約上の義務の内容やそれの見直しに関することは、本来YとAが交渉して解決すべきものであって、本件の場合、仮に抗弁1が事実であるとしても、抗弁3の事実は通常認めることができないから、YはXに対する損害賠償義務を免れないであろう。

3　法的救済相互の関係

　本条(2)は、当事者が、契約又はこの条約に基づき求めることができる救済を求めたからといって、被った損害の賠償の請求をする権利を奪われないと規定する。

4 裁判所又は仲裁廷による猶予期間付与の禁止

本条(3)は、売主が契約違反についての救済を求める場合には、裁判所又は仲裁廷は、売主が救済を求める前、求めるのと同時、求めた後のいずれにおいても、猶予期間を与えることによって、救済の実行を遅らせてはならないと定める。その理由は、45条の解説5と同様である。

● (履行を求める権利)

第62条 売主は、買主に対して代金の支払、引渡しの受領その他の買主の義務の履行を請求することができる。ただし、売主がその請求と両立しない救済を求めた場合は、この限りでない。

Article 62

The seller may require the buyer to pay the price, take delivery or perform his other obligations, unless the seller has resorted to a remedy which is inconsistent with this requirement.

1 履行請求権の内容と機能

本条は、売買契約の当事者が契約又は本条約に基づいて負担する義務を履行しない場合相手方はその義務の履行を請求することができる旨を定めている(買主による履行請求について45条(1)(a)及び46条(1)、売主による履行請求について61(1)(a)及び本条)。本条約は、売主の履行請求権の内容を本条において明確化している。

2 履行請求権の限界

売主が履行請求と両立しない救済を求めた場合には、売主が義務の履行を請求してきたとき、買主は、売主が履行請求と両立しない救済を求めたと主張・立証することができる(本条2文)。この抗弁が入れられるときには、売主は、買主に対して履行請求することができなくなる。例えば、契約の解消を求める解除権(64条)の行使は、契約の存続を前提とする履行請求権とは両立しない救済である。このほか、履行のための付加期間を定めた場合には、その期間内は、契約違反についてのいかなる救済も求めることができない(63条(2))。これに対して、損害賠償請求権は、履行請求権と両立す

る（61条(2)）。

訴訟物　　XのYに対する売買契約に基づく代金支払請求権
＊日本のY会社（買主）は、オーストリアの家具製造業者X会社（売主）から本革張りのソファー（本件物品）を買う契約を締結した。本件は、X会社がY会社に対し代金の支払を求めたところ、Y会社はX会社が本件物品を引き渡さないので解除したと主張した事案である。
＊本件訴えは、日本の裁判所に提起されているので、認容される場合には代金支払請求権に28条が適用されるとしても、給付判決が命ぜられることになる。

請求原因　1　XはYとの間で、革張りの本件物品を〇万円で売買する契約を締結したこと

（解除）

抗　弁　1　YはXに対して、一定期間内に本件物品を引き渡すよう催告したこと
2　請求原因1の一定期間が経過したこと
3　XはYに対して請求原因1の売買契約を解除する意思表示をしたこと
＊相手方に対する意思表示の通知によって契約解除の効果が生じることを明文によって規定している（26条）。

3　本条に基づく代金支払請求権と28条の関係

　日本を含む大陸法国では、履行請求権が契約違反に対する一般的な救済制度として承認されているが、英米法国では、契約違反に対する救済は損害賠償を原則とし、現実的履行（「特定履行（specific performance）」）の強制は限定的にしか認めていない。

　28条によれば、裁判所は現実的履行の判決をするに当たって、自国法を基準とすることができることとされている。すなわち、問題となっている売買契約と同様の売買契約について、条約の適用がない場合、通常、現実的履行を命じないような事案においては、裁判所は、現実的履行の判決をする必要がない。これは、原則として現実的履行請求を認めない英米法への配慮から生まれた規定である。

　28条は、売主の履行請求権（特に、売買代金支払請求権）にも適用されるかが問題となる。

(1) 28条は代金支払請求権を適用範囲とする見解

　英米法では、買主がまだ物品を受領していないなど、売主に代替取引の可能性が残っている限り、売主による売買代金支払請求を認めない。そこには、いまだ売主の手元にある物品を、代金を支払う気のない買主に受領させて支払を強制するよりは、別の買主を探して売却する方が合理的であるという考えが基礎にある（代替取引が行なわれた結果売主が取得するのは、75条に基づく損害賠償請求権である）。28条の適用があるとすれば、英米法下の裁判所は、売主に代替取引が期待できる限り、本条に基づく代金支払請求を許さないであろう。

　28条における「当事者の一方がこの条約に基づいて相手方の義務の履行を請求することができる場合」との文言からは、同条が特定の履行請求権にのみ適用されると解することは難しい。事務局注釈192頁は、「売主は、代金の支払、引渡しの受領、その他の買主の義務の履行を強制するために、裁判所又は仲裁廷に助力を求める権利を有するのではあるが、……CISG28条……がこの権利を一定の限度で、制限している。売主が……CISG62条……に基づき買主の義務の履行を請求する権利を有する場合であっても、裁判所は、この条約が規律しない類似の売買契約について自国の法に基づいて現実の履行を命ずる裁判をすることができないときは〔CISGに則せば、「することができないとき」ではなく、「するであろうとはいえないとき」となろう。……〕、この条約を準拠法として訴訟が提起された事案において、現実の履行を命ずる裁判をする義務を負わない。しかしながら、裁判所が自国の法に基づいて現実の履行を命ずる裁判をすることができる場合〔CISGに則せば、「することができる場合」ではなく、「するであろう場合」となろう。……〕には、……CISG62条……の基準が満たされるならば、裁判所は現実の履行を命ずる裁判をする義務を負う」としている。

(2) 28条は代金支払請求権を適用範囲としないとする見解

　英米法においては、契約当事者が契約上義務付けられた給付をしない場合、相手方は契約違反による損害賠償（金銭賠償：monetary damages）を請求することができるだけであるのが原則で、契約の履行、すなわち特定履行（specific performance）を強制することができるのは、例外的な場合に限られると一般に理解されている。しかし、英米法上、「現実的履行」概念が代金支払を含まないと解したうえで、現実的履行の判決に関する28条は代金支払訴訟に適用されないと解する余地も残っている。それは、売主が買主に物品を提供した後、代金を請求する訴訟は、伝統的に衡平法（equity）ではなく普通法（common law）によるものであり、通常、「特定履行（specific performance)」を求める訴訟とは考えられていないとし、そのため、28条が「現実の履行を命ずる裁判」という表現を用いている以上、28条は代金の支払を要求する訴訟には適用されないと考えるべきであるとするのである。この考えによれば、本条に基づく売主の履行要求のうち代金支払の要求だけは、28条の制約を受けないので、裁判所は国家法では認められない場合であっても、買主に代金の支払を命じなければならないことになる。

4　損害軽減義務（77条）との関係

　契約違反を主張する当事者は、違反から生じる損失を軽減するため、その状況で合理的な措置を採らなければならず、そのような措置を採らなかった場合には、相手方の請求により、損害賠償額が減額される（77条）。しかし、本条の履行請求権としての代金支払請求権は、履行請求権を無制限に認める本条約の原則と相いれないものとして、77条の適用はないと解される。したがって、下記の事案における損害軽減義務違反の抗弁は、主張自体失当である。

訴訟物　　　XのYに対する売買契約に基づく代金支払請求権
　　　　　＊日本のY会社（買主）は、オーストリアの家具製造業者X会社（売主）に特注して革張りの本件椅子10脚を購入した。本件は、X会社がY会社に対し代金の支払を求めたところ、Y会社は契約締結後、製造を取りやめるようにX会社に申し入れたにもかかわらず、X会社が製造を継続したので、77条の適用があると主張した案である。
　　　　　＊本件訴えは、日本の裁判所に提起されているので、代金支払請求権に28条が適用されるとしても、給付判決が命ぜられることになる。

請求原因　1　XはYとの間で、革張りの本件椅子10脚を代金円貨〇万円で売買する契約を締結したこと

（損害軽減義務違反——主張自体失当）

抗　弁　1　Yは契約締結後、製造を取りやめるようにXに申し入れたにもかかわらず、Xが製造を継続したこと
　　　　　2　損害の発生及びその数額
　　　　　＊この抗弁は主張自体失当である。米国法によれば、このような場合、売主の物品製造は不経済なものとして認められない。本条約の制定過程では、米国から代金支払請求権を77

条により制限する提案がされたが、その提案は、履行請求権を無制限に認める本条約の原則と相いれないものとして斥けられた。したがって、本条の履行請求権には 77 条の適用はない（注釈Ⅱ〔梶山玉香〕49 頁）。

● (履行のための付加期間の付与) ══════════════

第 63 条
(1) 売主は、買主による義務の履行のために合理的な長さの付加期間を定めることができる。
(2) 売主は、(1)の規定に基づいて定めた付加期間内に履行をしない旨の通知を買主から受けた場合を除くほか、当該付加期間内は、契約違反についてのいかなる救済も求めることができない。ただし、売主は、これにより、履行の遅滞について損害賠償の請求をする権利を奪われない。

Article 63
(1) The seller may fix an additional period of time of reasonable length for performance by the buyer of his obligations.
(2) Unless the seller has received notice from the buyer that he will not perform within the period so fixed, the seller may not, during that period, resort to any remedy for breach of contract. However, the seller is not deprived thereby of any right he may have to claim damages for delay in performance.

1　付加期間の機能

　売主は、買主の義務の履行のために合理的な長さの付加期間を定めることができる（本条(1)）。この付加期間を定めることができる点は、買主の救済方法の 47 条と共通であり、47 条と本条は売主と買主の立場を入れ替えることを除いて規定振りも同じである。履行のための付加期間の定めることには、本来の履行期到来後であるものの、改めて義務の履行を促すという意味で履行請求権（46 条、62 条）を補完するほか、一定の要件の下で相手方の義務違反に基づく契約解除権（49 条(1)(b)、64 条(1)(b)）を発生させる機

能がある。

　64条(1)(b)によれば、付加期間内に買主が「代金の支払義務若しくは物品の引渡しの受領義務」を履行しない場合、売主は、買主の遅滞が重大な契約違反となることを主張・立証しなくても、契約を解除することができる。

　なお、売主は、買主のあらゆる義務の不履行について、その履行のための付加期間を定めることができるが、代金支払義務若しくは物品の引渡受領義務以外の義務の不履行については、付加期間内に買主が義務を履行しない場合であっても売主に解除権は認められない。売主に解除権が認められるのは、あくまでもその義務の不履行が重大な契約違反となる場合に限られる（64条(1)(a)）。

訴訟物　　XのYに対する売買契約解除に基づく物品返還請求権
　　　　　＊米国のX会社は日本のY会社との間で、本件物品を○ドルで売買する契約を締結した。代金の支払期日の8月末日を経過しても支払がないので、9月1日、X会社はY会社に対して、9月末日までに支払うよう催告したが支払がないので、10月1日、契約解除の意思表示をして、引き渡した物品の返還を求めた事案である。

請求原因　1　XはYとの間で、本件物品を○ドルで売買する契約を締結したこと
　　　　　2　XはYに対し、本件物品を引き渡したこと
　　　　　3　代金支払期日が8月末日と定められていたこと
　　　　　4　YはXに対して、支払期日経過の翌日、9月末日までに代金を支払うよう催告したこと
　　　　　＊本条約においては、本件のような買主による支払遅延は、それ自体では重大な契約違反にはならない（物品引渡受領義務の履行遅滞の場合も同様）。したがって、買主による支払遅滞が生じた場合でも、売主は直ちに重大な契約違反を理由として契約を解除して契約上の自らの義務を免れることはできない。これらの場合には、売主は本条(1)に基づき、速やかに履行のための付加期間を設定し、売主に通知しなければならない。売主が与えた合理的な付加期間を過ぎても、買主が代金支払義務を履行しない場合、売主は契約を解除することができる（64条(1)(b)）。売主として、買主に履行のための付加期間を付与することなしに契約を解除することを望む場

合には、契約に一定の義務を合意された期限までに買主が履行しないときは、売主は直ちに契約解除の意思表示をすることができる条項を設けておく必要がある。
＊CLOUT301は、イタリアの売主とフィンランドの買主間の気泡板製造ライン用機械設備の割賦売買契約において、買主が割賦金を支払わず、また、指定日に信用状の通知を怠った事案について、支払の遅延は常に重大な契約違反を構成するものではないが、契約違反後契約解除の意思表示の前に数か月間履行を待っていた期間が、本条(1)及び64条(1)(b)の付加期間に該当するとして契約解除を認めている。
5　XはYに対し、10月1日、請求原因1の契約を解除する意思表示をしたこと

2　付加期間の付与の要件
(1)　付加期間の通知について発信主義
　付加期間の付与は、売主から買主に対する通知によらなければならない。もっとも、状況に応じた適切な方法で通知をしたときは、伝達過程における不到達・遅延のリスクは買主が負担することになるので（27条）、買主に到達しなくてもその効力が認められる。解除権（64条(1)(b)）を行使する売主は、付加期間の付与を適切な方法で通知したことにつき主張・立証責任を負う。
(2)　期間の合理性
　付加期間の定めは、例えば、「3月31日までに」というように、期間が特定されて明確になっている必要がある。また、付加期間の定めは、合理的な長さでなければならない（本条(1)）。売主は、買主の履行のための諸々の障害を考慮に入れなければならないが、どの程度が合理的な期間といえるかは、具体的な状況によって異なる。例えば、買主が代金支払義務を履行しないときに、売買物品の時価が下落傾向にある場合には、速やかに契約を解除したうえで、できるだけ時価が高いうちに代替取引をする機会を売主に確保する必要があるので、より短い付加期間で足りるであろう。買主が物品の引渡受領義務を履行しないので、売主に保管場所が必要となる場合にも、保管に困難あるいは過分の費用が伴うならば、短くても「合理的な長さ」であると評価されることもあり得る。
　付加期間の定めが合理的な長さでなく、短すぎる場合であっても、それが「合理的な長さ」の付加期間の始期となり、そこから合理的な期間が経過す

れば解除権が発生する、と解するのが通説である。

本条(1)についても、CLOUT362は、ドイツの自動車小売業者がデンマークの自動車卸売業者に自動車の購入を注文し、注文書記載の引渡日は1週間の付加期間を定めて猶予されたが、車が引き渡されず買主が解除し、車が7週間遅れて到着した事案で、1週間が47条(1)の「合理的な長さ」か否かには触れず、短い付加期間を設定した通知であってもそれは合理的な期間を開始させ、契約が解除された時には既に合理的な期間が経過しているとした。この法理は、47条に対応する本条の場合にも適用されると考えられる。これは、民541条1項に関する判例の見解と通底する。

(3) 本条の付与期間と民541条の催告期間との比較

民541条1項は、本文は、当事者の一方がその債務の履行しない場合において、相手方が相当の期間を定めてその履行の催告をし、その期間内に履行がないときは、相手方は、契約の解除をすることができる」ことを定める。本条(1)は、「義務の履行のために合理的な長さの付加期間を定めることができる」としており、文言上は、履行の催告自体に履行のための相当期間（合理的な期間）を定めることを必要としている点は共通する。

しかるに、民541条1項の催告においては、期間を定めなかった場合でも催告から相当の期間を経過すれば解除することができ（最判昭和29年12月21日民集8.12.2211〔27003099〕）、また、催告から相当の期間を経過した後にした解除の意思表示は、催告期間が相当であったか否かにかかわらず、有効であるから（最判昭和31年12月6日民集10.12.1527〔27002861〕）、催告に相当な期間を定めたことは要件事実ではないとされる（司法研修所編『改訂紛争類型別の要件事実』法曹会（2011年）12頁）。この判例の見解は、本条約の場合にも採用してよいと考える。

3　付加期間の付与の効果

売主が履行請求権や解除権などを行使したときは、買主は売主が付加期間を遵守しなかったことを抗弁として主張・立証することができる。

売主は、買主による義務の履行のための付加期間内は契約違反についてのいかなる救済も求めることができない（本条(2)1文）。したがって、売主は、その期間内は履行請求をすることができないし、たとえ、買主による義務の不履行が重大な契約違反となる場合であっても、契約を解除することもできない。また、売主が自助売却権（88条）の行使もできない。買主が付加期間の付与に応じて引渡しの受領の準備を始めることもあるからである。さらに、売主は、買主が適時に物品の仕様の指定を行なわない場合に自ら仕

様を指定する権利（65条）についても、同様に、行使することができない。以上のような、売主の権利の制約は、①買主が履行することなく付加期間が経過した場合又は、②売主が付加期間内に履行しない旨の通知を買主から受けた場合（本条(2)1文）には消滅する。この本条(2)1文の要件に該当する事実はその利益を受ける売主が主張・立証責任を負担する。

訴訟物　　XはYに対する売買契約に基づく物品引渡請求権
　　　　　＊日本のY会社は米国のX会社との間で、本件物品を〇ドルで売買する契約を締結したが、X会社が代金支払を遅滞したので、Y会社は付与期間を与えて、その支払を求めた。ところが、この付加期間中にX会社には代金支払の遅滞のほかに、物品の受領義務の違反が生じたため、Y会社は契約を解除した。本件は、X会社がY会社に対して、物品の引渡しを求めたところ、Y会社は解除したことを主張したが、その解除の意思表示はY会社がX会社に与えた付与期間中に行なわれたものであって、解除は効果が生じないとX会社が再反論した事案である。

請求原因　1　YはXとの間で、本件物品を〇ドルで売買する契約を締結したこと

（解除）

抗　弁　1　Xは重大な契約違反に該当する物品受領義務違反行為をしたこと
　　　　　2　YはXに対し、契約を解除する意思表示をしたこと

（付与期間中の解除）

再抗弁　1　Xは代金支払義務を遅滞したこと
　　　　　2　YはXに対し、付与期間1か月を与えてその間に支払うよう通知したこと
　　　　　3　抗弁2の解除の意思表示は、再抗弁2の付与期間中にされたこと
　　　　　＊買主の代金支払義務の遅滞につき、売主が与えた付加期間中に、買主が物品受領の義務違反を行ない、その義務違反が重大な契約違反に相当する場合には、売主は契約を解除できるとする見解がある（曽野＝山手・国際売買193頁は、売主が与えた付加期間は代金支払義務の履行のための付加期間にすぎないからであるとする）。この見解によると、本件再抗弁

は、再抗弁として機能しないことになる。

4　買主による契約の履行遅滞による売主の損害賠償

　付加期間内であっても、売主は、履行の遅滞について損害賠償の請求をする権利を奪われることはない（本条(2)2文。但書（However）」の体裁を採っているが、同条(2)1文に対する関係で、立証責任を定めるものではない）。付加期間の付与は、本来の履行期よりも履行期を遅らせるもの（履行期の再設定）ではないので、売主は、遅滞によって生じた損害の賠償（遅延賠償）を請求することができる。

●(契約解除権)

第64条

(1)　売主は、次のいずれかの場合には、契約の解除の意思表示をすることができる。
　　(a)　契約又はこの条約に基づく買主の義務の不履行が重大な契約違反となる場合
　　(b)　売主が前条(1)の規定に基づいて定めた付加期間内に買主が代金の支払義務若しくは物品の引渡しの受領義務を履行しない場合又は買主が当該付加期間内にそれらの義務を履行しない旨の意思表示をした場合
(2)　売主は、買主が代金を支払った場合には、次の時期に契約の解除の意思表示をしない限り、このような意思表示をする権利を失う。
　　(a)　買主による履行の遅滞については、売主が履行のあったことを知る前
　　(b)　履行の遅滞を除く買主による違反については、次の時から合理的な期間内
　　(i)　売主が当該違反を知り、又は知るべきであった時
　　(ii)　売主が前条(1)の規定に基づいて定めた付加期間を経過した時又は買主が当該付加期間内に義務を履行しない旨の意思表示をした時

Article 64

(1)　The seller may declare the contract avoided:

(a) if the failure by the buyer to perform any of his obligations under the contract or this Convention amounts to a fundamental breach of contract; or

(b) if the buyer does not, within the additional period of time fixed by the seller in accordance with paragraph (1) of article 63, perform his obligation to pay the price or take delivery of the goods, or if he declares that he will not do so within the period so fixed.

(2) However, in cases where the buyer has paid the price, the seller loses the right to declare the contract avoided unless he does so:

(a) in respect of late performance by the buyer, before the seller has become aware that performance has been rendered; or

(b) in respect of any breach other than late performance by the buyer, within a reasonable time:

(i) after the seller knew or ought to have known of the breach; or

(ii) after the expiration of any additional period of time fixed by the seller in accordance with paragraph (1) of article 63, or after the buyer has declared that he will not perform his obligations within such an additional period.

---

1 総論

売主の解除権についての本条は、買主の解除権を定める49条に対応するものであって、本条(1)は解除権の要件を、また、本条(2)は解除権行使の期間制限を規定する。解除の方式として、相手方に対する意思表示の通知を要すること (26条) も共通である。

本条(1)は、49条(1)と同じく、「契約の解除の意思表示をすることができる」と規定し、契約解除の効果は、当事者の解除の意思表示があってはじめて生じることを明確にする。

本条約は、契約責任の一元化を図るために、解除権を統一的に規律し、契約解除の意思表示があるまでは、契約の効力が存続することとしている。この結果、①「重大な契約違反」(25条) に基づく契約解除 (49条(1)(a)、本条(1)(a)と、②付加期間解除 (49条(1)(b)、本条(1)(b)) という2つの解

除権が、売主・買主ともに共通して認められている。また、解除権行使の期間制限についても、当事者双方が迅速に判断できるように統一的に定められた。すなわち、買主の解除権行使が「売主が物品を引き渡した場合」（49条(2)）に期間制限を受けることに対応して、売主の解除権行使は「買主が代金を支払った場合」（本条(2)）に期間制限を受けることになる。

2　「重大な契約違反」に基づく契約解除（本条(1)(a)）

　売主は、買主の義務の不履行が重大な契約違反となる場合には、契約を解除することができる（本条(1)(a)）。契約違反の中でも、売主が契約に基づいて期待することができたものを実質的に奪うような不利益を生じさせるものが「重大な契約違反」（25条）となる。契約解除権にこのような要件があるのは、「重大な契約違反」に該当しない場合（義務違反があっても契約目的は実質的に達成できる場合）には、解除を認める必要はなく、契約を存続させたうえで、損害賠償による対価的調整によって対応すべきであるからである。すなわち、契約違反があっても、国際物品売買契約において解除の及ぼす影響は大きいので、契約は可能な限り維持し、契約解除は、法的救済の中でも最終の手段と位置付けられている。

　なお、義務の不履行について買主に帰責事由があることは要件ではない。また、買主が79条に基づく免責事由（自己の支配を超えた障害発生）を援用した場合でも、売主は、損害賠償を請求できなくなるが、それ以外の権利である契約解除権を行使することは妨げられない（79条(5)）。

　買主の契約違反の3つの類型について、以下検討する。

(1)　代金支払義務の不履行

　買主が支払期日に代金を支払わない（支払の遅延）というだけでは、原則として、重大な契約違反とはならない。期日に遅れても支払があれば、通常売主の利益は実質的に損なわれないからである。もっとも、買主が代金を結局支払わない場合や明示的に支払を拒絶した場合については、その代金支払義務の不履行（無履行）が重大な契約違反となる。

訴訟物　　XのYに対する売買契約解除に基づく物品返還請求権

　　　　　＊米国のX会社は日本のY会社との間で、本件物品を〇ドルで売買する契約を締結した。本件は、Y会社が代金の30パーセントを支払ったのみで、残りの70パーセントを支払わない意思を明確にしたため、X会社が売買契約を解除して、引渡済みの本件物品の返還を求めた事案である。

請求原因　1　XはYとの間で、本件物品を○ドルで売買する契約を締結したこと
　　2　XはYに対し、本件物品を引き渡したこと
　　3　YはXに対して、代金の30パーセントを支払ったが、残りの70パーセントの支払をしないとの意思表示を明確にしたこと
　　　＊請求原因3は、単なる代金支払の遅滞ではなく、70パーセント部分の明確な支払拒絶であるから、重大な契約違反となる。
　　4　XはYに対し、請求原因1の契約を解除する意思表示をしたこと

(2) 物品の引渡受領義務の不履行

　買主が物品の引渡しの受領を数日遅れた程度では、原則として、重大な契約違反とならない。しかし、物品の保管（方法・場所）が難しく、売主の通常の営業に支障を来すなど、約定の時期の引渡受領が極めて重要になる場合には、引渡受領義務の不履行が重大な契約違反となる。また、（売主に重大な契約違反がないにもかかわらず）買主が終局的に物品の受領を拒絶する場合は、通常、重大な契約違反となる。

訴訟物　　XのYに対する売買契約解除に基づく損害賠償請求権
　　　＊米国のX会社は日本のY会社との間で、本件機械を○ドルで売買する契約を締結した。X会社はY会社に対し、本件機械の引渡しを求めたがY会社は受領しない。本件機械は巨大で、X会社においてその保管（方法・場所）が困難であって、X会社の通常の営業に支障を来す状況にある。X会社は本件売買契約を解除し、Y会社との約定代金より低額でA会社に転売した。本件は、X会社がY会社に対して、約定代金と転売価格との差額と保管のための費用相当額を損害として賠償を求めた事案である。

請求原因　1　XはYとの間で、本件機械を○ドルで売買する契約を締結したこと
　　2　XはYに対し、本件機械の引渡しを求めたがY会社は受領しないこと
　　3　本件機械は巨大で、Xにおいてその保管（方法・場所）が困難であって、Xの通常の営業に支障を来すこと

＊請求原因3は、請求原因2の契約違反が重大であることを示す事実である。
　4　XはYに対し、請求原因1の契約を解除する意思表示をしたこと
　5　XはAとの間で、本件機械を請求原因1の代金より低額の代金で売買する契約を締結したこと
　　　＊請求原因4の売買は、75条所定の「代替取引」である。
　6　請求原因5の差額
　7　請求原因3のために、Xにおいて、必要となった本件機械の保管費用
　　　＊請求原因4ないし7は、75条に基づく損害賠償額を示す事実である。
　　　＊請求原因7の保管費用自体は74条の損害であるが、75条による代替取引をした場合の損害賠償を選択した場合でも、75条自体が74条の損害賠償を請求することができることを規定している。

(3) その他の義務の不履行

　その他の契約上の義務の違反（代金支払義務・引渡受領義務以外の買主の義務の違反。例えば、競争禁止義務など）についても、契約目的が実質的に達成できないという不利益が売主に生じる場合には、重大な契約違反となる場合がある。

　代金支払義務・引渡受領義務以外の買主の義務の違反の場合においても、売主が付加期間を設定するのは自由であるが（本条(1)(b)は、代金支払義務・引渡受領義務の違反の場合に付加期間の設定を限る趣旨ではない）、たとえ自らが設定した付加期間が経過しても、それだけでは解除権は発生せず、重大な契約違反による解除が問題になるだけである（本条(1)(a)）。

　この問題に対応するために、物品の数量・品質・種類、引渡日、支払条件等の個々的な「重要性」によらずに、すべての場合に「契約条項の厳格な遵守」を求めるために、「すべての契約違反」を本条約の定める「重大な契約違反」と合意する条項や、「重大な契約違反か否か」を問わないで解除できる旨の条項が置かれることがある（6条）。

3　付加期間設定による解除（本条(1)(b)）
　買主の義務の不履行が重大な契約違反に当たるかの判断は、解除権を行使

しようとする売主にとって困難な場合が生じる。そこで、買主の契約違反が「代金支払義務若しくは物品の引渡受領義務」の違反の場合に限り、売主を特に救済する制度として、付加期間の付与の制度（63条）が用意されている。買主が付加期間内にこれらの義務を履行しない場合又は買主が付加期間内にこれらの義務を履行しない旨の意思表示をした場合には、売主は、買主の義務違反が重大な契約違反となるか否かにかかわらず、契約を解除することができるのである（本条(1)(b)）。

| 訴訟物 | XのYに対する売買契約解除に基づく物品返還請求権 |

＊米国のX会社は日本のY会社との間で、本件物品を○ドルで売買する契約を締結した。X会社はY会社に対し本件物品を引き渡したうえで、1週間以内に代金を支払うよう催告したが、付加期間が経過しても代金の支払がなかった。本件は、X会社がY会社に対して、売買契約を解除したうえで、引渡済みの本件物品の返還（82条(2)）を求めた事案である。

| 請求原因 | |

1　XはYとの間で、本件物品を○ドルで売買する契約を締結したこと
2　XはYに対し、本件物品を引き渡したこと
3　XはYに対し、請求原因2の引渡しの日から1週間以内に代金を支払うよう催告したこと
4　請求原因3の1週間が経過したこと
5　XはYに対し、請求原因4の期間経過後に請求原因1の契約を解除する意思表示をしたこと

4　解除権行使の期間制限（本条(2)）

買主が代金を支払っていない場合には、売主の解除権行使に期間制限はない。他方、買主が代金を支払った場合には、期間制限がある（本条(2)）。売主は、その制限内に解除の意思表示をしない限り、解除権を喪失する。売主が契約解除権を行使してきたとき、買主は、①買主が代金を支払ったことと、②売主が適時に契約解除の意思表示をしなかったことを主張・立証して、売主の解除権喪失を援用できる。買主が代金を支払った場合における売主の解除権行使の期間制限については、以下のとおり、「買主による履行の遅滞」と「履行の遅滞を除く買主による違反」に分けて規定されている。

(1)「買主による履行の遅滞」

「履行の遅滞」とは、遅延した履行(すなわち、履行期に遅れたものの最終的には履行があったこと)を意味すると解される。買主が履行期に義務を履行しなかったことを理由に契約を解除する場合には、後にその義務の履行があったことを売主が知る前に解除しなければ、売主は解除権を失う(本条(2)(a))。代金支払義務、物品の引渡受領義務、その他の契約上の義務を履行期に履行しなかった場合に適用され得る。

訴訟物 XのYに対する売買契約に基づく物品引渡請求権
 ＊日本のY会社は米国のX会社との間で、本件物品を○ドルで売買する契約を締結した。本件は、X会社がY会社に対して、本件物品の引渡しを求めたところ、Y会社はX会社に本件物品の引渡しの受領をするよう催告したところ、受け入れないので解除したと主張し、これに対し、X会社はY会社に対しY会社の解除の意思表示に先立って代金を支払ったと主張した事案である。

請求原因 1 YはXとの間で、本件物品を○ドルで売買する契約を締結したこと

(解除)

抗弁 1 請求原因1の本件物品の引渡期日が定められていたこと
 2 抗弁1の引渡期日が経過したこと
 3 YはXに対し、本件物品を1週間以内に引渡しの受領を履行するよう催告したこと
 4 請求原因3の1週間が経過したこと
 5 YはXに対し、請求原因1の契約を解除する意思表示をしたこと

(解除制限)

再抗弁 1 XはYに対し、請求原因1の売買契約の代金○ドルを支払ったこと
 2 抗弁5のYの解除の意思表示は、再抗弁1のXの代金支払の事実を知った後であること
 ＊買主Xによる支払の遅滞があった後に「買主が代金を支払った」場合、売主Yは、遅れた履行があったことを知る前に解除の意思表示をしなければ、履行の遅滞を理由とする解除権を失う(本条(2)(a))。例えば、買主による代金の支払

が遅れていた場合において、遅ればせながらも支払がされたときは、この事実を売主が知った後は、売主Yからの支払遅滞を理由とする解除は認められない。

(2)「履行の遅滞を除く買主による違反」

本条(2)(b)は、(a)以外の場合、すなわち「履行の遅滞を除く買主による違反」の場合における解除権の制限を定める。買主が物品の引渡受領義務又は何らかの契約上の義務（代金支払義務以外）を履行しない場合に適用され得る。ここに、代金支払義務を除くのは、買主が代金を支払っていない場合には、そもそも本条(2)適用の前提となる要件（本条(2)柱書の「買主が代金を支払った場合には」という要件）を欠くからである。

買主が引渡受領義務又は何らかの契約上の義務（代金支払義務を除く）に違反したことを理由に契約を解除する場合には、合理的な期間内に解除しなければ、売主は解除権を失う（本条(2)(b)）。すなわち、売主には、契約を解除すべきか否かの判断について、市況眺めの余裕は与えられていないのである（曽野＝山手・国際売買194頁）。

具体的に、その合理的な期間が進行するのは、2つの場合に分けられている。つまり、①「売主が当該違反を知り、又は知るべきであった時」（本条(2)(b)(i)）から、あるいは、②「売主が前条(1)の規定に基づいて定めた付加期間を経過した時、又は買主が当該付加期間内に義務を履行しない旨の意思表示をした時」（本条(2)(b)(ii)）からである。

売主に解除権が発生していることが前提となるので、本条(2)(b)(i)の「違反」は、重大な契約違反のみを意味する。また、売主が付加期間を定めた場合は、たとえ不履行が重大な契約違反となる場合でも、常に本条(2)(b)(ii)が適用される。

訴訟物　　XのYに対する売買契約解除に基づく代金返還請求権

＊日本のY会社は米国のX会社との間で、本件物品を〇ドルで売買する契約を締結した。X会社は代金を先払いしてY会社から物品の引渡しを受けたが、粗悪品であった。本件は、X会社がY会社に対して、契約を解除して支払った代金の返還を求めたところ、Y会社はその物品が粗悪品であることを知り、又は知るべきであった時から合理的な期間が経過した後に上記のX会社の解除の意思表示がされたものであって、解除の効果は生じないと主張した事案である。

請求原因 1　YはXとの間で、本件物品を○ドルで売買する契約を締結したこと
2　XはYに対し、代金の○ドルを支払ったこと
3　XはYから、本件物品の引渡しを受けたこと
4　請求原因3の本件物品は粗悪品であったこと
＊請求原因4の事実は、Y会社の物品引渡受領義務が重大な契約違反に当たることを示す事実である。
5　XはYに対し、請求原因1の契約を解除する意思表示をしたこと
（合理的な期間の経過）
抗　弁 1　Yが、本件物品の粗悪品であることを知り、又は知るべきであった時
2　請求原因5のXの解除の意思表示は、抗弁1の時から合理的な期間が経過した後であること

5　解除の効果

　解除の効果は、81条から84条までの共通準則によって定められている。売主にとっての効果は、①物品の引渡義務から解放されること（81条(1)1文）、及び、②既に引渡済みの物品を返還請求できること（同条(2)）である。③売主の利息支払義務及び買主の利益返還義務（84条）が発生することもある。

6　契約解除権と履行請求権・損害賠償請求権との関係

　売主は、契約解除権（本条）が認められる場合でも、履行請求権（62条）を選択することができる。はじめに履行請求した後に、契約を解除して損害賠償を求めることもできる（61条(2)）。もっとも、売主がいったん契約解除権を行使すると、もはやこれと両立しない履行請求権は行使することができなくなる（62条2文）。

7　契約解除の特約条項を設ける意義

　「重大な契約違反」か否かの判断は困難な場合が多い。また、付加期間を付与しての解除は49条(1)(b)及び本条(1)(b)に規定される場合に限定されている。そのため、契約違反に対して契約を解除する必要があっても本条約の規定だけでは契約の解除ができない場合がある。例えば、単に支払期日の不払では、通常は「重大な契約違反」でなく、契約を解除できないから、売

主としては「買主の重大な契約違反ではない」とされることを避けるために、付加期間を設定して本条(1)(b)での解除を選択せざるを得ない場合もあるし、他の義務（仕様の提供や競争禁止義務など）の違反の場合にはそれが「重大な契約違反」に該当しないと付加期間を定めても（支払義務や引渡受領義務ではないため）、本条(1)(b)によっては、契約解除することができない。したがって、契約解除することが必要なすべての場合について契約が解除できるようにするためには、契約書において適切な条項を置く必要がある（6条）。

● (売主による仕様の指定)

第 65 条

(1) 買主が契約に従い物品の形状、寸法その他の特徴を指定すべき場合において、合意した期日に又は売主から要求を受けた時から合理的な期間内に買主がその指定を行わないときは、売主は、自己が有する他の権利の行使を妨げられることなく、自己の知ることができた買主の必要に応じて、自らその指定を行うことができる。

(2) 売主は、自ら(1)に規定する指定を行う場合には、買主に対してその詳細を知らせ、かつ、買主がそれと異なる指定を行うことができる合理的な期間を定めなければならない。買主がその通信を受けた後、その定められた期間内に異なる指定を行わない場合には、売主の行った指定は、拘束力を有する。

Article 65

(1) If under the contract the buyer is to specify the form, measurement or other features of the goods and he fails to make such specification either on the date agreed upon or within a reasonable time after receipt of a request from the seller, the seller may, without prejudice to any other rights he may have, make the specification himself in accordance with the requirements of the buyer that may be known to him.

(2) If the seller makes the specification himself, he must inform the buyer of the details thereof and must fix a reasonable time within which the buyer may make a different specification. If, after receipt of such a communication, the buyer fails to do so within the time so fixed,

the specification made by the seller is binding.

1　指定売買

「指定売買」とは、買主が契約締結後に形状・色・寸法・構造など物品の特徴を指定するという契約上の権利を有し義務を負う契約である。つまり、買主が物品売買契約を早期に締結することを望むが、その時点では、注文する物品の特徴についてまだ決めていないというときに行なわれる契約である。

2　売主の救済

買主が仕様の指定を行なわないことが契約違反となる場合には、売主は、本条に基づき、自ら指定を行なうことに代えて又はそれとともに、契約違反についての以下(1)ないし(3)の救済を求めることができる。
(1) 61条(1)(b)に基づく損害賠償請求
(2) 買主がすべき指定を行なわないことが重大な契約違反となる場合には、64条(1)(a)に基づいて契約を解除し、損害賠償の請求をすること

訴訟物　　XのYに対する指定売買契約の指定義務不履行に基づく損害賠償請求権
＊イタリアのX会社は日本のY会社との間で、1,000足の靴を売買する契約を締結した。この契約には、契約締結後Y会社が型と寸法を指定する義務を課されていたが、Y会社は期日を経過しても指定しないので、X会社は契約を解除して、Y会社に対して、被った損害の賠償を求めた事案である（事務局注釈206頁参照）。

請求原因　1　XはYとの間で、4月1日に、1,000足の靴を○万円で、10月1日まで引き渡す約定で売買する契約を締結したこと
2　請求原因1の契約において、Yは9月1日までにXに型と寸法を指定すべきであると定めていたこと
＊本件は、Yが指定を行なう権利を有する場合ではなく、Yが指定の義務を負う場合である。
3　Yが指定すべき9月1日が経過したこと
＊本件のように、Yが仕様の指定を行なう義務を負う場合で

あっても、指定をしなければならない期日（9月1日）までに、失念あるいは1,000足の靴を受け取る意欲を失って、その指定をしないことがあり得る。Yがそのように意欲を失うのは、通常、商況の変化のためにその靴に対する需要が減退したか、又はその価格が下落して他所でより安価に靴を購入できることになった場合であろう。
4　Yが9月1日までに指定を行なわないことが重大な契約違反となること
5　XはYに対して、本件契約を解除する意思表示をしたこと
6　損害の発生とその数額
＊本件においては、Xは解除をしているが、転売をしていないので、76条に基づく損害ないし74条に基づく損害（例えば、XがYの注文を受けて特に用意した材料が他に転用できないために無駄となった購入費など）の賠償を求めることになろう。

(3) 63条(1)に基づいて買主による義務の履行のために合理的な長さの付加期間を定めることができる。売主が、63条(1)に従って買主による義務の履行のために合理的な長さの付加期間を定めたにもかかわらず、買主がこの付加期間内に履行しなかった場合には、買主が指定を行なわないことが重大な契約違反とならないときであっても、売主は、64条(1)(b)に基づき、契約を解除して、損害賠償の請求をすることができる。

3　売主の指定権
　買主が契約に従って物品の形状・色・寸法・構造その他の特徴を指定すべき場合において、買主が合意した期日（合意がなければ売主から指定の要求を受けた時から合理的な期間内）に、その指定を行なわないときは、売主に指定権が認められる（本条(1)）。本条は、買主による指定を予定する売買について、売主の救済方法を追加する特別規定である。すなわち、売主は、自己が有する他の権利（損害賠償、契約解除）の行使を妨げられることなく、自ら仕様の指定を行なうことができる。もっとも、売主は、指定権を行使する義務を負うわけではない。
　売主が買主に代わって仕様等を指定する場合でも、その要件として、①「売主が知ることができた買主の必要に応じること」②「売主が指定した詳細を買主に知らせること」及び③「買主が異なる指定をするための合理的な

期間を設定すること」の3つの要件を規定しており、これらの要件が充足されない場合には、売主の指定には、法的な拘束力がないことになる。

　売主が本条(1)に従い、自ら仕様の指定を行なう権利を行使することを選択した場合には、買主が指定を行なうものとして契約で合意されていた期日の経過後直ちに、それを行なうことができる。それに代えて、売主は買主に仕様の指定を要求することができるが、この場合には売主は、買主が売主から要求を受けた時から合理的な期間待ってからでなければ、自ら指定を行なうことはできない。

| 訴訟物 | XのYに対する売買契約に基づく代金支払請求権 |

＊イタリアのX会社は日本のY会社との間で、1,000足の靴を売買する契約を締結した。この契約には、契約締結後Y会社が型と寸法を指定する義務を課されていたが、Y会社は期日を経過しても指定しないので、X会社が指定してその内容をY会社に通知して合理的な期間が経過した。本件は、X会社がY会社に対して、売買契約に基づく代金の支払を求めたところ、Y会社がX会社からの通知を受けた後その定められた期間内に異なる指定を行なったと主張した事案である（事務局注釈206頁を基にする事案）。

請求原因

1　XはYとの間で、4月1日に、1,000足の靴を○ユーロで、10月1日まで引き渡す約定で売買する契約を締結したこと

2　請求原因1の契約において、Yは9月1日までにXに型と寸法を指定すべきであると定めていたこと
　＊本件は、Yが指定を行なう権利を有する場合ではなく、Yが指定の義務を負う場合である。

3　Yが指定すべき期日である9月1日が経過したこと
　＊指定すべき期日の合意がなければ、「XからYに対して指定の要求を受けた時から合理的な期間）が経過したこと」が必要となる。

4　Xは請求原因3の期日経過後、直ちに、Xの知ることができたYの必要に応じて、型と寸法を指定したこと
　＊Xの知ることができた「買主の必要」（買主が物品を購入する際に重要となる物品の意匠・性状といったあらゆる要素）に応じて指定すること（本条(1)）については、YはXがYの必要に応じることを怠ったと主張（請求原因4に対する積

極否認）することによる争いが生じやすいと思われる。
5　XはYに対して、①請求原因4の指定の詳細、②Xによる指定と異なる指定をYが行なうことができる合理的な期間を定めて、これをYに対して知らせたこと
6　請求原因5の合理的な期間が経過したこと
＊Xによる指定が拘束力を有することになると、たとえYが拒否したとしても、Xは自ら指定した物品を目的物として引渡義務（30条）を履行することができ、Yは物品の引渡受領義務（53条）を負うことになる。ただし、Yの受領拒絶が予想される場合には、実務上、売主Xは、指定権を行使することなく、損害賠償（61条(1)(b)）や契約解除（64条）を選択することが多いであろう。
7　Xは、請求原因4の型と寸法による靴1,000足を製作したこと

（解除）
抗弁　1　YがXからの請求原因5の通知を受けた後その定められた期間内に異なる指定を行なったこと
＊本条(2)2文に基づく抗弁事実である。この抗弁が入れられるときは、Xの行なった指定は拘束力を有さず、Yによる異なる指定が拘束力を有することになる。そうすると、請求原因7の靴は、重大な契約違反となるので、契約解除をすることができることになる。
2　YはXに対し、請求原因1の売買契約を解除の意思表示をしたこと

4　売主の指定権の立証責任

　売主による指定が拘束力を有するためには、売主は、①買主による指定を予定する売買契約を締結したこと、②合意した期日（合意がなければ、売主から指定の要求を受けた時から合理的な期間）が経過したこと、③売主による指定の詳細を買主に対して知らせ、かつ、④売主による指定と異なる指定を買主が行なうことができる合理的な期間を定めたこと（本条(2)1文）を主張・立証しなければならない。
　売主は、自己の指定の詳細を買主に対して知らせなければならないが、物品を自ら指定した旨の概括的な通知では足りない。指定を予定している物品及びその仕様を明確かつ詳細に知らせなければならない。売主が本条(2)の

要件を満足することなく仕様を指定した場合には、買主は仕様を指定する権利を失わないと解される。

5　指定義務の履行請求権

売主が本条の指定を選択せず、買主に指定義務を履行することを請求できるかについては、本条の文言からは明瞭でない。これを否定する見解は、履行請求権自体が本条により排除されていると解し、あるいは履行請求権の存在は認めながらも、本条が売主に指定を認めている以上、履行の訴えには法的利益がないとする。これに対し、肯定説は、本条(1)の「できる」という文言から、指定をするか否かは売主の自由であること、売主にとって指定は手続的な問題（買主の必要性の考慮など）があることを根拠とする。

6　61条から64条の法的救済

買主が指定をしないとき、売主は、「有する他のいかなる権利の行使を妨げられることなく（本条(1)）」、つまり、本条の指定か61条から64条（一般に63条、64条による契約解除）の法的救済を選択して主張できる。ただし、指定の手続きに入った場合は、その期間中は、一般的な法的救済を主張できない（7条(1)の「信義誠実の原則」による）。また、買主・売主を問わず、拘束力ある指定が行なわれた後も、もはや一般的な法的救済を主張することはできない。もっとも、売主が、買主による指定の遅延を理由に損害賠償を請求することができる（63条(2)2文参照）。ただ売主の側も、自ら指定をしていなかった場合については、一般的な損害軽減義務（77条）違反を理由に、損害賠償を減額されるとする見解がある。しかし多数説は、本条の指定はあくまで売主のための法的救済であって契約や信義則上の義務ではないこと、指定は売主の自由意思にゆだねられていて、売主は買主の自発的な指定を待っていてもよいこと、売主にとって自らの指定は、かなり細かい要件を充足する必要があって手続的リスクを伴うため、これを理由として、減額を認めない見解が多数を占める。

第4章　危険の移転

1　第4章の規定の構造

　第4章は、「物品の滅失又は損傷」による危険が、いつ売主から買主に移転するかについて、運送を伴う売買契約の場合（67条）、運送中の物品の売買契約の場合（68条）及びその他の場合（69条）に区分して規定する。併せて、危険が買主に移転した後は、その滅失又は損傷が売主の作為又は不作為による場合を除いて、買主は（物品の滅失又は損傷していても）代金支払義務を免れないと定めるが（66条）、売主が重大な契約違反を行なった場合には、危険が買主に移転した後であっても、買主が当該契約違反に基づく救済を求めることができると定めている（70条）。

2　対価危険と給付危険

　「対価危険」とは、双務契約における一方の債権について給付不能が生じたときの他方債権の存否に関する危険をいう。債務の完全な給付が不可能（履行不能）となった場合において、債務の債権者は対価を得ることなく自らが負う反対債務を履行するという不利益を負うのかという問題である。第4章（66条-70条）が定める危険は、対価危険である。

　これに対して、「給付危険」とは、給付目的物が滅失した時にその物の引渡債務が消滅しないという危険をいう。給付危険は目的物が「特定」した時に債権者に移転する。そして、特定後は、債務者は調達義務から解放され、目的物が滅失・損傷した場合には、完全な物の給付は履行不能になる。「給付危険」は第4章ではなく、36条が扱っている。

　なお、本条約は、危険の移転時（対価危険の移転時）をもって、契約適合性の判断基準時に移行（連動）させている。

3　本条約による危険の移転

　国際物品売買には、国内物品売買よりも輸送経路が長いため、輸送船舶の沈没、荷役中の事故等様々な理由で物品の滅失又は損傷（loss or damage）の危険が多い。このような場合に損害を売主と買主のいずれが負担するか（したがって、売主・買主のいずれが物品の管理の責任を負うべきか、保険を付す必要性があるのは誰か）が、「危険負担」の問題である。本条約では、当事者の危険負担についての一般原則は、次の(1)ないし(3)のとおりである（このうち、(3)は、当事者による変更がされない限り妥当する標準ルール

(default rule) としての任意規定である)。
(1) 当事者の合意があれば、それに従う (6条)。実務上、インコタームズの取引条件 (CIF、CFR、FOB 等) による合意をすることが多い。
(2) 滅失又は損傷が当事者の一方の作為又は不作為 (act or omission) によって起こった場合には、その作為又は不作為に責任のある当事者が損害を負担する (66 条 2 文)。
(3) 当事者の合意が存在せず、かつ、滅失又は損傷が当事者の一方の責任によるものでない場合には、下表のように、67 条ないし 69 条により、危険負担者を決定する。

本条約による危険の移転

	要　件	条文	買主への危険移転時期
物品の輸送を含む契約	売主が特定の場所で引き渡す義務を負っていない場合	67 条(1)1 文	最初の運送人に引渡された時
	売主が特定の場所で運送人に引き渡す義務を負っている場合	67 条(1)2 文	運送人に引渡された時
	売主が特定の仕向地で引き渡す義務を負っている場合	69 条(2)	引渡しの期日が到来し、かつ、物品が買主の処分にゆだねられた事実を買主が知った時
輸送中の物品の売買	原則	68 条 1 文	契約締結時
	周囲の状況が運送人に引き渡された時から買主が危険を負担している場合	68 条 2 文	運送人に引き渡された時
その他の場合	買主が売主の営業の場所で物品を引取る義務を負っている場合	69 条(1)	買主が物品を引取った時、又は物品を買主が引取らず契約違反となった時
	買主が売主の営業所以外の場所で物品を引取る義務を負っている場合	69 条(2)	引渡しの期日が到来し、かつ、物品が買主の処分にゆだねられた事実を買主が知った時

(新堀・条約と貿易契約 122 頁)

　上記表が示す危険負担の決定に関する基本は、次のとおりである。すなわ

ち、物品に滅失・損傷をもたらす事故は多様であるが、その損傷は、保険によって担保されるのが通常である。そうすると、滅失・損傷の危険は、物品を取り扱い、保険によって危険を付保するべき立場にいる当事者に分配されるべきである。本条約においては売買契約という最終的には所有権移転を目的とするこの商業行為の際の現実的な行動、すなわち、運送人又は買主への物品の「引渡し」という事実に着目しているのである。

4 インコタームズ2010による危険の移転

本条約は、上記1のとおり、危険の移転について一般的な簡潔な規定を設けている。これに対して、インコタームズは危険の移転についてより詳細に規定する。国際物品売買契約の実務においては、インコタームズを採用することによって危険負担（危険の移転）を処理することが一般的である。

本条約の任意規定性（6条）から、当事者がインコタームズの条件に合意すれば、同条件（当事者の義務費用負担や危険負担の範囲等）が本条約の規定に優先して適用され、インコタームズに規定されていない範囲で本条約が適用されることから、両者は相互補完的な関係にある。インコタームズに規定されていない売主買主の権利義務、契約違反の場合の救済方法、不可抗力免責等は本条約の規定による。また、契約の有効性や所有権に関する事項（4条）等で、本条約もインコタームズも規律していない事項であれば、「国際私法の準則により適用される法」に従って解決されることになる（7条(2)）。

(1) インコタームズ2010の改正点

インコタームズ2000に対しインコタームズ2010の主な改正点は次の3点である。

① 従来の13条件のうち、DAF、DES、DEQ及びDDUの4条件が削除され、DAT（ターミナル持込渡＝仕向港又は仕向地における指定ターミナル（埠頭、倉庫、コンテナヤード又は道路、鉄道若しくは航空貨物ターミナル等）で、到着した輸送手段から物品を荷降ろしのうえ、買主の処分にゆだねることで引き渡す）と、DAP（仕向地持込渡＝指定仕向地で、荷降ろしの準備ができている輸送手段上で、買主の処分にゆだねることで引き渡す）が加えられて11条件となった。

② 旧規則の4分類（E条件、F条件、C条件及びD条件）から、「海上輸送を含むいかなる輸送手段にも適した」分類と「海上及び内陸水路輸送のための規則」の2分類になった。

③ FOBやCIF等において、従来は「本船の手すりを通過した（passed

the ship's rail）時」に危険が移転するとされていたものが、「本船の船上に物品を置いた（placing them on board the vessel）時」か、洋上売買等の「連続売買（string sales）」で「本船の船上に置かれた」物品の「調達」で危険が移転するとされたこと等である。この改正は、本船の手すりの通過をもって危険移転の基準とすることは、長らく使われてきた基準ではあるが、危険が想像上の垂直線を横切って往来するという時代遅れの印象を払拭し、かつ、物品は本船上に「積み込まれた」時に引渡しがあったとする方が今日の取引により適合しているからである。

(2) インコタームズ 2010 の内容

インコタームズ 2010 の規定する各取引条件における危険移転の時期等は、下記の表のとおりである。

FAS、FOB、CFR 及び CIF は、海上及び内陸水路輸送のための規則に分類され、輸送手段が船舶の場合にしか使用できない。この規則の下では、物品の引渡しは、本船の船側若しくは船上に物品を置くこと、又は、そのように引き渡された物品を調達すること（これは、輸送中の転売を想定）によって行なわれる。コンテナ貨物の場合には、売主は本船の船側又は船上ではなく、ターミナル等で物品を運送人に通常引き渡す。そのような状況では、FAS、FOB、CFR 及び CIF の規則を使用するのは適切ではない（なぜなら、これらの条件では、売主は物品を本船上に置く段階まで引渡義務が完了せず、危険も売主にとどまる。この結果、コンテナヤードで運送人に物品を引き渡した売主は、運送人が物品を本船上に置くまでの支配可能性がないにもかかわらず責任を負い、危険を負担させられることになるからである）。したがって、コンテナ貨物の場合は、FCA、CPT 又は CIP 規則を使用すべきである。

インコタームズ 2010 による危険の移転

1 すべての輸送形態に適した規則

取引条件	危険の移転・費用の負担
EXW（EX WORKS・出荷工場渡し条件）	売主が、自己の工場、倉庫等において、引渡しに必要な形（包装等）で物品を買主の処分にゆだねれば、買主に危険が移転する。トラック等への積込みも買主の負担する危険の範囲内である。それ以降の運賃、保険料、危険の一切は買主が負担する。 　この契約は、69条(1)が規定する「買主が売主の営業の場所で物品を引き取る義務を負っている場合」に該当するので、買主への危険移転の時期は、買主が物品を引き取った時、又は、物品が買主の処分にゆだねられたが、買主が適時に引き取らず、契約違反となった時である。 　11条件のうち、EXW と DDP は、当事者の義務内容からすると、対極にあり（前者は、売主にとって最小の義務、後者は、売主にとって最大の義務を負う）、その間に9条件が位置する。
FCA（FREE CARRIER・運送人渡し条件）	売主は、指定された場所（積地のコンテナ・ヤード等）で物品を運送人（自己の名で運送を引き受ける者であれば、鉄道・トラック・船舶・航空機等形態のいかんを問わない）に渡すまでの一切の危険と費用を負担し、それ以降の危険、運賃、保険料、は買主が負担する。「指定地」がCYの場合はCYのゲートに搬入した時点で危険負担は買主に移転する。CFSの場合はCFSに到着した輸送手段のうえ（例えば、トラック荷台上）で運送人に引き渡した時点で、危険が移転する。 　これは、69条(2)の「買主が売主の営業所以外の場所で物品を引き取る義務を負っている場合」に該当し、危険は、引渡しの期日が到来し、かつ、物品がその場所で買主の処分にゆだねられた事実を買主が知った時に買主に移転する。
CPT（CARRIAGE PAID TO・輸送費込み条件）	売主は、指定の仕向地までの運送契約を締結し、指定された場所（積地のコンテナ・ヤード等）で物品を運送人に渡すまでの危険と海上運賃を負担し、それ以降の費用と危険は買主が負担する。CPT条件は保険をどちらが付保するのか決めていないが、通常危険を負担する買主が付保する。「指定地」がCYの場合はCYのゲートに搬入した時点、CFS（CY内にある混載貨物専用倉

	庫、混載貨物としてコンテナ詰め作業が行なわれる場所）の場合はCFSに到着した輸送手段のうえ（例えば、トラック荷台上）で運送人に引き渡した時点で、危険が移転する。
CIP（CARRIAGE AND INSURANCE PAID TO・輸送費保険料込み条件）	売主は、指定の仕向地までの運送契約を締結し、指定された場所（積地のコンテナ・ヤード等）で物品を運送人に渡すまでの危険と海上運賃、保険料を負担し、荷揚げ地からの費用と危険は買主が負担する。CIP条件は、「売主が特定の場所で物品を引き渡す義務を負っていない場合」に該当し、67条(1)1文により、物品が最初の運送人に引き渡された時に危険が移転する。
DAT（DELIVERED AT TERMINAL・ターミナル持込渡し条件）	仕向地の指定された目的地（ターミナル）までの危険と費用を売主が負担するが（船や飛行機等の輸送手段から荷降ろしした物品を、指定ターミナルで輸入者に引き渡した時点で危険が移転する）。仕向地での輸入通関手続及び関税は買主が負担する。売主は荷降ろしして物品を引き渡す。ターミナルは、埠頭や倉庫、陸上・鉄道・航空輸送ターミナルを問わない。
DAP（DELIVERED AT PLACEL・仕向地持込渡し条件）	輸入国側の指定仕向地に到着した輸送手段（船やトラック等）のうえで、物品の荷降ろし準備ができ、買主の処分にゆだねられたときに、危険が移転する（荷降ろしは買主の危険負担の範囲内）。費用負担の分岐点もその時である。DATとほぼ同様であるが、引渡しはターミナル以外の任意の場所における車上・船上であり、荷降ろしは買主が行なう。
DDP（DELIVERED DUTY PAIDL・仕向地持込渡し・関税込み条件）	輸入国側の指定仕向地に到着した輸送手段のうえで、物品の荷降ろし準備ができ、輸入通関を済ませ、買主の処分にゆだねられた時に、危険が移転する。費用負担の分岐点もその時である。 売主は、指定された目的地まで物品を送り届けるまでのすべての費用（輸入関税を含む）と危険を負担する。 輸入国側の（輸入通関後の）「指定仕向地」で危険が移転する。※「指定仕向地」に到着した輸送手段（トラック等）のうえで荷降ろし準備ができた状態で、物品を輸入者に引き渡す（荷降ろしは輸入者の危険負担の範囲内）。 DDP条件は、「売主が特定の仕向地で買主に物品を引き渡す義務を負っている場合」に該当し、69条(2)によ

り、引渡しの期日が到来し、かつ、物品がその場所で買主の処分にゆだねられた事実を買主が知った時に危険が移転する。売主の通知により物品が買主の処分にゆだねられた事実を買主が知った時に物品は買主の処分にゆだねられたものと解すれば、DDPと69条(2)に差異はない。

2 船舶輸送にのみ適した規則

危険の移転・費用の負担	取引条件
FAS（FREE ALONG SIDE SHIP・船側渡し条件）	売主が指定船積港において買主によって手配された本船の船側に物品を置いた時に引渡しが行なわれ、売主はそれまでの費用を負担し、それ以降の費用及び危険は買主が負担する（売主は、船にまで積み込む必要はない）。 輸出国側の指定港で、輸入者が手配した「本船の船側」に輸出者が物品を置いた時点に危険が移転する。 本船の船側とは、本船が着岸している「埠頭」や本船に横付けする「はしけ」等がある。 これは、69条(2)の「買主が売主の営業所以外の場所で物品を引き取る義務を負っている場合」に該当し、危険は、引渡しの期日が到来し、かつ、物品がその場所で買主の処分にゆだねられた事実を買主が知った時に買主に移転する。
FOB（FREE ON BOARD・本船甲板渡し条件）	売主は、積地の港で本船に物品を積み込むまで（これが引渡しとなる）の費用を負担し、それ以降の費用及び危険は買主が負担する。輸出国側の指定港で、輸入者が手配した「本船上」に輸出者が物品を置いた時点で危険が移転する。 これは、69条(2)の「買主が売主の営業所以外の場所で物品を引き取る義務を負っている場合」に該当し、危険は引渡しの期日が到来し、かつ、物品がその場所で買主の処分にゆだねられた事実を買主が知った時に買主に移転する。
CFR（COST AND FREIGHT・運賃込み条件）（1990年インコタームズ改正までC＆Fと呼ばれており、現在もC＆Fと呼ばれることが	CFRの引渡し（危険の移転）はFOBと同じである。CFRの費用負担の分岐点はFOBと異なり、売主が本船の船上で運送人に引き渡すまでの費用に加えて、指定仕向港までの運賃を負担する。 売主は、積地の港で本船に物品を積み込むまでの費用及び海上運賃を負担し、それ以降の保険料及び危険は買

ある)	主が負担する。輸出国側の指定港で、輸入者が手配した「本船上」に輸出者が物品を置いた時点で危険が移転する。
CIF (COST, INSURANCE AND FREIGHT・運賃・保険料込み条件)	物品の滅失等の危険については、船積港において売主が物品を買主に引き渡すことにより買主に移転する（インコタームズ A-5、B-5）。それ以降の危険は買主が負担する。契約の性質は、船積地において物品の引渡しが行なわれる積地売買である。売主は、積地の港で本船に物品を積み込むまでの費用、海上運賃及び保険料を負担し、買主は、海上運賃と貨物海上保険料を除き、運送中に生じた費用の一切を負担しなければならない。 輸出国側の指定港で、輸入者が手配した「本船上」に輸出者が物品を置いた時点で危険が移転する。CIF は指定仕向地までの貨物保険料を負担する。

● (危険移転の効果)

第66条 買主は、危険が自己に移転した後に生じた物品の滅失又は損傷により、代金を支払う義務を免れない。ただし、その滅失又は損傷が売主の作為又は不作為による場合は、この限りでない。

Article 66
Loss of or damage to the goods after the risk has passed to the buyer does not discharge him from his obligation to pay the price, unless the loss or damage is due to an act or omission of the seller.

1　危険移転における危険の範囲

　買主は、「危険が自己に移転した後に生じた物品の滅失又は損傷により、代金を支払う義務を免れない」（本条1文）。ただし、「その滅失又は損傷が売主の作為又は不作為による場合は、この限りでない」（本条2文）。

　このように、危険が売主から買主に移転した時期以降に物品の滅失・損傷があったとしても、買主は、代金の支払を拒絶することができない（＝危険の買主負担）というのが原則である。危険移転における「危険」は、滅失と

損傷が代表例である。例えば、窃盗や、運送業者による滅失・損傷、あるいは紛失、運送の遅れや、間違った目的地への送付、物品の減少、緊急の荷降ろし、水路や道路の通行規制や通行禁止といった運送障害による損失、又は、戦時における敵対国による物品の没収（物品の物理的な滅失と同視できる）等が含まれる。

2 売主から買主への危険の移転
(1) 危険移転の効果

本条は、物品の滅失・損傷が売主の作為・不作為によって発生した場合を除き（本条2文）、物品の滅失・損傷に係る危険は、当事者の合意、慣習・慣行又は67条ないし69条によって、その移転前は売主が負担するが、危険が買主に移転した後は、買主は（物品が滅失又は損傷した場合であっても）代金支払義務（53条）を免れない（本条1文）。これが危険移転の制度である。すなわち、物品が滅失・損傷しても反対給付は自動的には消滅せず、危険移転前は危険は売主が負担し売主の物品引渡義務も継続する。

(2) 危険移転後の滅失・損傷の立証責任

本条約は、危険移転後に物が滅失・損傷したことに関する立証責任について明文の規定を置いていない。そのため、7条(2)を介して、その欠缺を一般原則により解決することになる。自らに有利な効果を定める規定を援用する者がその規定に該当する事実を立証しなければならないから、本条の構造からすると、売主が危険移転後に物が滅失・損傷したことについての立証責任を負担することになる。なぜなら、本条1文は、「危険が自己（買主）に移転した後に生じた物品の滅失又は損傷」を立証しない限り、買主が代金支払義務を免除されてしまうという構造になっているからである。

なお、この立証責任の分配は、代金の支払の有無によって影響を受けないと解すべきである。代金が既に支払をしている場合は、買主がその立証責任を負うと解すると、前払をした又は信用状で支払う条件の場合に、買主を立証責任の点で不利益な地位に置くことになるが、それには合理的な理由を見いだすことができないからである。

訴訟物 XのYに対する売買契約に基づく代金支払請求権

＊日本のX会社はシンガポールのY会社にリンゴ100箱を○ドルで売買する契約を締結した。FOB渡しの条件で、Y会社は物品が到着後呈示されることになっていた船積書類と引換えに代金を支払うことに合意した。FOB条件（若しくは

危険に関する 67 条(1)) によれば、運送危険は買主 Y 会社にあるとされる。X 会社は最高級のリンゴ 100 箱を本船に積み込み、それは Y 会社も確認していたが、運送途中の本船の火災のため熱気で商品価値は消滅した。Y 会社は支払の前に物品の検査権を行使し（58 条(3)）、食品としての価値がないとして支払を拒絶した。本件は、X 会社が Y 会社に対して、危険は船積みした時に買主に移転しているとして代金の支払を求めた事案である。

請求原因 1　X は Y にリンゴ 100 箱を○ドルで売買する契約を締結したこと

（解除）

抗　弁 1　本件リンゴは、運送途中の本船の火災のため熱気で商品価値が消滅したこと
　　＊抗弁 1 の事実は、重大な契約違反と評価できる。
2　Y は X に対して、本件売買契約を解除する意思表示をしたこと

（危険移転後の契約不適合）

再抗弁 1　請求原因 1 の売買契約には、X の所在地の FOB 渡し（かつ、Y は物品が到着後呈示されることになっていた船積書類と引換えに代金を支払うと）の条項が付されていたこと
　　＊36 条(1)の基準からすると、危険が買主 Y に移った時、物品は契約に合致していたので、売主 X は責任を免れる。さらに本条によると、危険が買主 Y に移った後、物品の滅失又は損傷があっても、買主 Y の代金支払の義務は免れないとしている。
　　＊FOB 条件においては、船積みされた段階で、危険が買主 Y に移転する。これに、既に抗弁 1 で現れている事実を加えると、売主 X が危険移転後の契約不適合を主張していることになる。

（免責）

抗　弁 1　抗弁 1 の食品としての契約不適合（商品価値の消滅）は Y の支配を超える出来事によって発生した火災のためであること
2　契約の締結時にその障害を考慮に入れることが合理的に期待することができなかったこと
3　契約後に、その障害又はその結果を回避し、若しくは克服す

ることが合理的に期待することができなかったこと
＊79条は、契約の履行が当事者の支配を超えた障害によって妨げられたときにのみ免責を認めている。つまり、当事者が支配できる障害であれば、それがいかなるものであっても、代金を支払わなければならない。当事者が障害又はその結果を回避又は克服できたとすれば、免責は適用されない。

3　売主の作為又は不作為による滅失又は損傷
　本条2文は、滅失・損傷の原因として、36条(2)とは異なり、売主の「義務違反」ではなく、売主の「作為・不作為」と規定しており、売主の作為・不作為（義務違反ではない）によって生じた物品の滅失・損傷を危険移転の対象から外すことによって、買主を代金支払義務がないとして、買主を保護している。買主が危険移転後に生じた欠陥が売主の義務違反によるものであることを主張する場合は、売主の義務違反及び欠陥につき買主が立証責任を負う。

訴訟物　　XのYに対する売買契約に基づく代金支払請求権
　　＊日本の自動車販売業者のY会社は、国際モーターショーで展示中の米国のX会社が新たに開発製造した自動車を、10台購入する売買契約を結び、サンフランシスコ港から海上運送されたが、X会社が最初の運送人Aに引渡し後、海上運送中の船舶が嵐のため沈没し、本件自動車はすべて滅失した。本件は、X会社がY会社に対し、代金の支払を求めた事案である。
　　＊本件は、「危険の移転」の問題である。物品の引渡場所に関する合意がない場合、物品の運送を予定する本件におけるX会社の自動車の引渡義務は最初の運送人Aに自動車を交付すれば満されるが（31条(a)）、危険が売主X会社から買主Y会社に移転する時期も同じ時点になる（67条(1)）。本条により、危険が移転した後に物品が滅失又は損傷しても買主は代金支払義務を免れないから、滅失・損傷がX会社の作為・不作為による場合を除き、Y会社はX会社に代金支払を請求できる。

請求原因　1　XはYとの間で、Xが製造する本件新型自動車10台を○万ドルでで売買する契約を締結したこと

(解除)
抗　弁　1　本件自動車を海上運送中の船舶が嵐のため沈没し、本件自動車はすべて滅失したこと
　　　　　＊本件自動車はすべて滅失したことは、重大な契約違反となる（25条、49条(1)）。
　　　　2　YはXに対し、請求原因1の売買契約を解除する意思表示をしたこと

(危険移転後の契約不適合)
再抗弁　1　本件売買契約は、物品（本件自動車）の運送を予定するものであること
　　　　　＊本件は、67条(1)1文による物品の輸送を含む契約であって、売主が特定の場所で引き渡す義務を負っていない場合である。
　　　　2　Xは、最初の運送人Aに本件自動車100台を引き渡したこと
　　　　　＊再抗弁2の引渡しによって、危険が買主に移転する。この事実に再抗弁1の事実が加わると、売主が、危険移転後の契約不適合の事実を主張したことになる。
　　　　3　本件物品の滅失は再抗弁2の後の船積後の運送中に生じたこと

(売主の作為・不作為による滅失)
再々抗弁　1　抗弁1の本件自動車の滅失が、Xの作為・不作為によるものであること
　　　　　＊本条2文に基づく再々抗弁である。本件の事実関係からすると、この再々抗弁が成立することは困難である。

訴訟物　　XのYに対する売買契約に基づく代金支払請求権
　　　　　＊オーストリアのX会社は日本のY会社との間で、本件家具を○ユーロで売買する契約を締結した。その際、引渡しは日本のA会社の倉庫とする約定であったので、X会社は本件家具をA会社の倉庫に搬入し、Y会社の処分にゆだねた。X会社はY会社に対し、代金の支払を求めたところ、Y会社は本件家具がA会社の倉庫において滅失したことを理由に支払を拒んだ事案である。

請求原因　1　XはYとの間で、本件家具を○ユーロで売買する契約を締

　　　　　結したこと
(解除)
抗　弁　1　本件家具は、(第三者Aの倉庫で) 滅失したこと
　　　　　2　YはXに対し、請求原因1の契約を解除する意思表示をしたこと
(危険移転後の契約不適合)
再抗弁　1　本件家具は、日本のAの倉庫で引き取る約定であったこと
　　　　　＊この約定は、69条(2)の仕向地引渡義務の約定であることを意味する。
　　　　　2　Xは、本件家具をAの倉庫に搬入し、Yの処分にゆだねたこと
　　　　　＊再抗弁2の事実は、69条(2)により、この時点で危険が買主Yに移転したことになる。これに加えて、再抗弁3の事実があれば、売主Xが危険移転後の契約不適合を主張したことになる。
　　　　　3　本件家具は、再抗弁2の後、Aの倉庫において滅失したこと
(売主の作為・不作為による滅失)
再々抗弁　1　抗弁1の本件家具の滅失が、Xの作為・不作為によるものであること
　　　　　＊本条2文に基づく再々抗弁である。

訴訟物　XのYに対する売買契約に基づく代金支払請求権
　　　　　＊中国のX会社は日本のY会社との間で、ジャスミン・アルデヒドを、CIF東京 (船積港でX会社が物品をY会社に引き渡すことによりY会社に移転する) の条件で、かつ、ジャスミン・アルデヒドが高温で変化するので温度に注意し、かつ20フィート・コンテナの直行の船便で東京に送付する特約付で売買する契約を締結した。ところが、X会社が直行の船便によらず、また、温度管理が十分でなかったため、東京に到着時には、大部分のジャスミン・アルデヒドが溶けてしまっていた。本件は、X会社がY会社に対し代金の支払を求めたところ、Y会社は、物品が溶解していて契約不適合であったので解除したと抗弁したところ、X会社は、本件売買はCIF条件であるので、危険は船積港での積込み

で買主に移転していると主張し、これに対し、売主に特約違反があり、物品の溶解は「売主（X 会社）の作為又は不作為によるもの」で、本条 2 文により売主に責任があるとした事案である。

請求原因 1　X は Y との間で、ジャスミン・アルデヒド○量を○万円で売買する契約を締結したこと

（解除）

抗　弁 1　本件物品が東京に到着した時には、すべて溶解していたこと
2　Y は X に対し、請求原因 1 の売買契約を解除する意思表示をしたこと

（危険移転後の契約不適合）

再抗弁 1　本件売買契約は、「CIF 東京」の条件であったこと
　　　　＊CIF 条件の場合は、危険は船積港での積込みで買主 Y に移転することになる。
2　X は、本件物品を上海港で船積みしたこと
3　本件物品の溶解は、船積後の運送中に生じたこと

（売主の作為・不作為による滅失）

再々抗弁 1　請求原因 1 の売買契約は、本件物品が高温で変化するので温度管理に注意することの特約があったにもかかわらず、X は温度管理に注意を図らなかった（不作為）ため、本物品の溶解が生じたこと
　　　　＊本条 2 文に基づく再々抗弁である。

訴訟物　　X の Y に対する売買契約に基づく代金支払請求権
＊イタリアの X 会社は日本の Y 会社との間で、ボトルを○ユーロで売買する契約を締結した。受渡条件は、Ex Factory（工場渡し）条件と合意されていた。本物品が Y 会社に届いた段階で、物品はすべて損傷していた。Y 会社は代金を支払わなかった。本件は、X 会社が Y 会社に対して、代金の支払を求めたところ、Y 会社は、X 会社が物品を適切に梱包しなかったことに損傷の原因があると主張した事案である。
＊本事件は、本条 2 文に基づき、危険負担の移転後に生じた物品の滅失・損傷であっても、それが売主の作為や不作為による場合は、売主は危険負担移転を理由として買主に代金支払

|請求原因| 1　XはYとの間で、ボトルを○ユーロで売買する契約を締結したこと

(解除)

|抗　弁| 1　Yに引き渡された本件物品は、手元に届いた時点において、すべて損傷していたこと
　　　＊抗弁1の事実は、49条(1)(a)の重大な契約違反に該当する。
　　2　YはXに対して、請求原因1の売買契約を解除する意思表示をしたこと

(危険移転後の契約不適合)

|再抗弁| 1　請求原因1の売買契約の受渡条件は、Ex Factory（工場渡し）条件と合意されていたこと
　　　＊Ex Factory（工場渡し）条件の場合は、工場で買主Yに引き渡した時点で、危険が買主Yに移転する。
　　2　抗弁1の損傷に先立ち、Xは工場においてボトルをYの手配下運送人に引き渡したこと
　　　＊本条1文による再抗弁である。

(売主の作為・不作為による滅失)

|再々抗弁| 1　Xが物品を適切に梱包しなかったこと
　　2　抗弁1の損傷は、再々抗弁1の事実に基づくこと
　　　＊本条2文による主張である。本件についていえば、X会社からYに危険負担が移転する以前の問題として、X会社が物品を適切に梱包しなかったことから結果として物品が運送途上で損傷した。これは、Xによる重大な契約違反により生じた結果であり、Xは物品の損傷について責任を負担する。
　　　＊物品の梱包について、35条(2)(d)は、売主は同種の物品にとって通常の方法により、又はそのような方法がない場合にはその物品の保存・保護に適した方法により収納・包装する責任を負うと規定する。

4　対価危険の移転と引渡義務違反との関係

　本条約においては、引渡しがされたか否かと危険の移転とは分離されている。危険を買主が負担するかどうかは、引渡しがされたか否かではなく、専

ら危険がいつ移転するかという独自の基準にかかる。67条から69条は、危険の移転時期を具体的に定めている。

したがって、30条の解説2(3)で述べたとおり、31条の規定によれば引渡しがあったと評価されるものの、67条から69条によれば危険移転がされていない段階で物品が滅失・損傷したとき、この事態は、売主の「引渡義務の違反」とは評価されない。売主の「引渡義務」は履行されているのであるから、買主は、「引渡義務の違反」を理由として45条以下の規定に基づく救済を求めることができない。つまり、買主は、この場合に、「引渡義務の違反」を理由として契約を解除できないし、「引渡義務の違反」を理由として損害の賠償も請求できない。

●(運送を伴う売買契約における危険の移転)

第67条
(1) 売買契約が物品の運送を伴う場合において、売主が特定の場所において物品を交付する義務を負わないときは、危険は、売買契約に従って買主に送付するために物品を最初の運送人に交付した時に買主に移転する。売主が特定の場所において物品を運送人に交付する義務を負うときは、危険は、物品をその場所において運送人に交付する時まで買主に移転しない。売主が物品の処分を支配する書類を保持することが認められている事実は、危険の移転に影響を及ぼさない。
(2) (1)の規定にかかわらず、危険は、荷印、船積書類、買主に対する通知又は他の方法のいずれによるかを問わず、物品が契約上の物品として明確に特定される時まで買主に移転しない。

Article 67

(1) If the contract of sale involves carriage of the goods and the seller is not bound to hand them over at a particular place, the risk passes to the buyer when the goods are handed over to the first carrier for transmission to the buyer in accordance with the contract of sale. If the seller is bound to hand the goods over to a carrier at a particular place, the risk does not pass to the buyer until the goods are handed over to the carrier at that place. The fact that the seller is authorized to retain documents controlling the disposition of the goods does not affect the passage

of the risk.

(2) Nevertheless, the risk does not pass to the buyer until the goods are clearly identified to the contract, whether by markings on the goods, by shipping documents, by notice given to the buyer or otherwise.

---

1 運送を伴う売買契約における危険移転時期

物品の運送を伴う売買契約は、売主から買主への危険移転時期から、以下のように3つの類型がある。本条は、(1)及び(2)の類型について定める。(3)の類型については、69条が定める。

(1) 売主が特定の場所において物品を交付する義務を負わない場合

売買契約が、売主が特定の場所において物品を交付する義務を負わないときは、「危険は、売買契約に従って買主に送付するために物品を最初の運送人に交付した時に買主に移転する」こととなる（本条(1)1文）。

この類型は、関係する運送人が1人のみであることが多い。例えば、欧州内における当事者間の契約により、売主が、自己の営業所から買主の営業所まで、トラックによる物品運送を手配すべきものとされていた場合である。しかし、複数の運送人が関わることもある。例えば、契約により、売主が、物品を船積港まで鉄道あるいは陸路で運送し、そこから先は船で運送することを手配すべきものとされている場合（32条(2)参照）である。さらには、契約により売主が運送を手配すべきものとされているが、どのような運送手段を用いるかについては、売主の判断にゆだねられている場合もある。

訴訟物　　XのYに対する売買契約に基づく代金支払請求権
＊日本（京都市）のX会社は米国（ニューヨーク市）のY会社との間で本件物品を〇ドルで売買する契約を締結した。極めてまれなことであるが、契約中には危険の移転についての定めも輸送経路の指定もされていなかった。船積みの取決めがなされないままにおかれたX会社は、32条(2)に従って、「周囲の状況に適した運送手段により所定の場所まで運送に必要な契約をしなければならない」ことになった。そこで、X会社は京都市とニューヨーク市間を運送する運送人がないことから、慣習に従って、京都市から大阪港までの運送を

A運送人に、さらに、A運送人が物品をニューヨーク市まで運送する運送人Bに引き渡すように手配した。ニューヨーク市で検査されたところ、物品が移送中に損傷していたことが判明した。

本件は、X会社がY会社に対して代金の支払を求めたところ、Y会社は物品が届く途中に原形をとどめないほど損傷していたとして解除を主張し、これに対し、X会社は本件物品の損傷はY会社に危険移転後に生じたと反論した事案である。

請求原因 1 XはYとの間で本件物品を○ドルで売買する契約を締結したこと

(解除)

抗弁 1 Xから引渡しを受けた本件物品は、原形をとどめないほど損傷していたこと
2 YはXに対し、請求原因1の売買契約を解除する意思表示をしたこと

(危険移転後の損傷)

再抗弁 1 請求原因1の契約においては、輸送経路の指定がされず、Xが特定の場所において物品を交付する義務を負わないこと
　＊Xは、32条(2)に従って、「周囲の状況に適した運送手段により所定の場所まで運送に必要な契約をしなければならない」義務を負う。
2 Xは、慣習に従って、本件物品について、京都市から大阪港までの運送を運送人Aに、さらに、Aが物品をニューヨーク市まで運送する運送人Bに引き渡すように手配したこと
3 Xは、完全な形の本件物品を最初の運送人Aに交付したこと
　＊滅失の危険は、物品が（本条(1)1文により）「……買主に送付するために物品を最初の運送人に交付した」時に、Yに移転する。Xは、特定の場所において物品を交付する義務を負っていないからである。
　＊CLOUT191は、ドイツの売主からアルゼンチンの買主の間で乾きのこを売買する契約において、C&F（運賃込み）条件の事案であるが、買主が保険に付さなければならず、危険についてもC&F条件では本条により最初の運送人への

引渡し時に移転するとしている。

(2) 売主が特定の場所において物品を運送人に交付する義務を負う場合

物品の運送を伴う売買契約の多くにおいて、売主は、売主の営業所以外の場所で、物品を運送人に交付する義務を負う。例えば、CIF 条件で売買契約を締結した内陸の売主が、港で海上運送人に物品を交付する義務を負う場合がある。必然的に、売主は、物品をその港へ運送する手配を要する。売主は、自己の従業員や輸送手段を使って物品を港に運送することもあるが、通常は、売主は独立の運送人を使うことになる。この場合、売主は、契約上、物品の最初の船積地又は最終仕向地以外の場所で物品を運送人に交付する義務を負い、危険は、物品がその場所で運送人に交付された時に移転する（本条(1)2 文）。したがって、物品を港で海上運送人に交付することを要するときは、危険は物品が海上運送人に交付された時に移転するのであって、港まで運送するために「最初の運送人」、すなわち道路運送人又は鉄道運送人に交付された時に移転するのではない。

訴訟物　　A の Y に対する売買契約の物品不適合に基づく損害賠償請求権

＊日本の Y 会社は MRI（磁気共鳴画像装置）を米国の A 会社に 8 億円で売買する契約を締結した。引渡し条件は、CIF ニューヨーク港渡し、米国内の最終仕向地であるワシントン市への運送費及び通関業務・手数料は A 会社が手配し支払うとの約定であった。また、支払条件の前には、A 会社の代理人により、「検査後に引取り」との注記がされていた。船積港では、MRI は良好に作動していた。しかし最終仕向地に到着したときには損傷していた。米国の X 損害保険会社は A 会社との損害保険契約に基づき、3 億円の保険金を支払った。X 会社は、MRI の所有権を Y 会社が保持していたのだから（所有権はまだ買主 A 会社に移転していないから）、滅失等の危険は買主 A 会社に移転していなかったと主張し、A 会社の損害賠償請求権に代位して Y 会社に対してその支払を求めた事案である（原告は A 会社に代位する X 会社であるが、訴訟物はあくまで上記のとおり、「A の Y に対する……損害賠償請求権」である）。

＊CIF 条件においては、危険は船積みした時点で Y から A 会

社に移転しており、Xの本訴請求は棄却されることになろう。

請求原因
1 YはAとの間で、MRI（磁気共鳴画像装置）を8億円で売買する契約を締結したこと
2 引渡し条件は、CIFニューヨーク港渡し、指定仕向港での通関及びそこから米国内の最終仕向地であるワシントン市のAの営業所への運送費及び通関業務・手数料はAが手配し支払うとの約定であったこと
   * インコタームズのCIF条件は、物品の滅失等の危険については、船積港において売主Yが物品を買主Aに引き渡すことにより買主Aに移転することとされている。
   * 売買契約にインコタームズを採用する旨の記載がなければ、本条約の危険負担の規定が適用されるが、例えば「All trade terms provided in the Contract shall be interpreted in accordance with the latest INCOTERMS of International Chamber of Commerce.」との条項があれば、インコタームズの取引条件が優先する。
   * 本件において、指定仕向港での通関・最終目的地までの内陸輸送について、買主が手配を行ない、費用負担することを合意している事実は、単に当事者間の条件交渉の結果であって、CIF条件における危険負担の移転時期についての例外を定めた特約であると解することはできない。
3 Yは、MRIを横浜港で船積みしたこと
   * MRIに関する危険負担は、横浜港（積出港）におけるMRIの本船への積込みの時点で、YからAに移転している。
4 Yは代金が完済されるまでは、MRIの所有権を留保する特約がされていたこと
   * Xは請求原因4の所有権留保特約をもって、CIFの危険負担の移転時期を変更するものであって、危険はYが負担すると主張する。しかし、本条約の下においては、危険負担の移転は、所有権の帰属と関係なく独立して生じる。本件において、CIF条件と異なる当事者間の合意があったとは認められない。
5 AはYとの間で、本件MRIについて航海中の損傷について貨物保険契約を締結したこと

6 航海中に、MRIは損傷したこと
7 Aの損害額は3億円であったこと
8 XはAに対して、請求原因7の損害額をてん補したこと

訴訟物 XのYに対する売買契約に基づく代金支払請求権
＊日本のX会社はFCAOsaka（Incoterms 2010）条件で中東ドバイのY会社と輸出契約を締結した。X会社は納期どおりに大阪港のコンテナ・ヤードで運送人Aに本件物品を引き渡し、コンテナ船は中東ドバイに向けて大阪港を出港したが、途中のマラッカ海峡で暴風雨に遭遇し、コンテナ船が沈没したために、物品はY会社に届かなかった。本件は、X会社がY会社に対して、契約どおりに履行を完了しているとして代金の支払を求めたところ、Y会社は、物品の引渡しがなかったとして契約の解除を主張した事案である。
＊インコタームズ2010規則では、各定型貿易条件ごとに物品の滅失・損傷の危険の移転について規定しており、例えば、FCAOsaka（Incoterms 2010）条件では、売主が、指定引渡地である大阪港のコンテナ・ヤードで運送人に物品を引き渡した時点で、物品の滅失・損傷の危険は売主から買主に移転する。

請求原因 1 XはYとの間で、本件物品を円貨○万円で売買する契約を締結したこと

（解除）
抗弁 1 コンテナ船は中東ドバイに向けて大阪港を出港したが、途中のマラッカ海峡で暴風雨に遭遇し、コンテナ船が沈没したため、本件物品は消滅したこと
2 YはXに対して、請求原因1の売買契約を解除する意思表示をしたこと

（FCA条件）
再抗弁 1 請求原因1の売買契約は、FCAOsaka（Incoterms 2010）条件の合意をしたこと
＊貿易売買取引では、インコタームズの定型貿易条件が利用されることが多く、本件もインコタームズ2010規則のFCA条件を利用している。
2 Xは再抗弁1の条件どおりに大阪港のコンテナ・ヤードで

運送人Aに貨物を引き渡したこと
＊買主Yは、大阪港のコンテナ・ヤードで貨物を引き渡された以降の物品の滅失・損傷の一切の危険を負担する義務を負うこととなる。したがって、買主Yに代金の支払義務があることになる。
＊FCA条件での取引では、実務的には、買主Yは貨物の海上途中の危険を担保する貨物保険を付保しておくべきであり、付保していれば、運送途中の貨物の滅失・損傷による損失は貨物保険によりてん補されることになる。

(3) 売主が特定の仕向地で物品を買主に交付すべきことを定められている場合

契約上、売主が、特定の仕向地で物品を買主に交付すべきことを定められている場合（例えば、契約で指定された仕向港での引渡しを求めるEx Ship条件（インコタームズ2010のDAP（仕向地持込渡し）を用いる場合）には、損失の危険は、本条ではなく、69条(1)に基づいて、物品が指定仕向港に到達してからでなければ移転しない（事務局注釈278頁）。

(4) 売主による書類の保持と危険移転の無関係

支払を受けていない売主が、支払が行なわれる時まで、担保として船積書類を保持するのは、通常の慣行である。法体系によっては、物品の「権原」又は「所有権」は、書類が交付されるまで買主に移転しないものとされている。このことから、損失の危険が移転しているのか否かという問題が生じる。そのため、本条(1)3文は、売主が物品の処分を支配する書類を保持することが認められているという事実、又は売主がこの権限に基づいて書類を保持しているという事実（準拠国内法上が、このことが「権原」又は「所有権」の移転に影響を及ぼし得ることは、別論である）は、危険の移転に影響を及ぼさないことを明らかにしている（事務局注釈278頁）。この条項は取引実態に合致している。当事者は書類上の譲渡の手配に当たって運送中の物品の損傷の存否ではなく、代金の支払に関心がある。さらに、物品が輸送中に売買契約により書類と引換えに一括支払がされることもある。いずれにせよ、船積書類が引き渡される時に危険が移転するという考えは、取引慣習には合致しない。

2 引渡しのための物品の特定
(1) 物品の特定（本条(2)）
　本条(2)は、「物品が契約上の物品として明確に特定される時まで」危険は買主に移転しないと定める。すなわち、本条(2)の文言が示すとおり、「物品上の荷印、運送書類、買主への通知その他の方法によって」、物品の特定ができるとされる。しかし、売買契約を履行するために物品が発送されたものの、包装の荷印、船積書類又はその他の方法によっても、物品が具体的にどの契約の履行としてのものであるかが、なお判然としないことがある。このようなことは、複数の契約を履行できる量の物品が、ばら荷（荷札の付けようがない場合）で発送されるような場合に生じる。例えば、買主AとBに500トンずつ引き渡す義務を履行するために、売主が1,000トンの小麦を発送する場合などである（事務局注釈279頁）。
　本条(2)は、これらのように物品が契約上の物品として特定されていない場合には、本条(1)の規定に従った危険の移転は生じないことを定めている。危険が移転するのは、売主が買主に対して物品を特定した発送の通知を送付した時である。買主に船積みを知らせるときには、物品が既に輸送途中にある場合が多く、輸送途中の損傷が船倉への水分の浸出である場合には、損傷が通知される前後のいずれに発生したかを判断するのは困難である。
(2) ばら荷の特定
　代替可能な物品の売買契約において、「ばら荷」が特定されていないときは、買主への危険の移転は生じない。そこで、「ばら荷」の内容物の数量又は割合の特定をもって、本条(2)所定の「特定」をしたといえるかが問題となる。当事者間でタンカーに積み込まれているばら荷の半分をAに、残り半分をBに売買する例においては、単価と総数量が示されているのが普通である。もし売買契約により、輸送中の危険がAとBに平等に負担させることが取り決められていた場合には、本条約ではこの種の合意を無効とすることなく、「特定」がされていると解すべきであろう。

3 危険の移転の立証責任
　例えば、コンテナ運送において損害が生じた場所を立証できない場合が生じる。この場合の危険の負担は、最終的には、物品の適合性の立証責任をどちらの当事者が負担するかによって決定される。危険の移転の立証責任に関しては明文規定がないが、その契約に適用される実体法の規定の解釈による。これは、立証責任が契約の固有法により支配されるという国際私法の前提にも合致する。規定の欠訣は、「ある準則を自らの有利に依拠する者は当

該準則の適用の要件が満たされていることを立証しなければならない」という一般原則を適用する7条(2)に従って補充されることになる。この前提によれば、買主への危険移転時に「物品が契約に適合していたこと」は、代金を請求する売主が立証しなければならないことを意味する。しかし、買主が書面の引渡しと引換えに代金を支払った場合で、「物品の契約不適合」を理由に契約を解除したことを主張する場合には、その買主が立証責任を負担する。

● (運送中の物品の売買契約における危険の移転)

第68条 運送中に売却された物品に関し、危険は、契約の締結時から買主に移転する。ただし、運送契約を証する書類を発行した運送人に対して物品が交付された時から買主が危険を引き受けることを状況が示している場合には、買主は、その時から危険を引き受ける。もっとも、売主が売買契約の締結時に、物品が滅失し、又は損傷していたことを知り、又は知っているべきであった場合において、そのことを買主に対して明らかにしなかったときは、その滅失又は損傷は、売主の負担とする。

Article 68

The risk in respect of goods sold in transit passes to the buyer from the time of the conclusion of the contract. However, if the circumstances so indicate, the risk is assumed by the buyer from the time the goods were handed over to the carrier who issued the documents embodying the contract of carriage. Nevertheless, if at the time of the conclusion of the contract of sale the seller knew or ought to have known that the goods had been lost or damaged and did not disclose this to the buyer, the loss or damage is at the risk of the seller.

1 運送中に売却された物品に関する危険の移転

　本条は、運送中の物品の売買契約における危険の移転時期について規定する。本条所定の「運送」は、67条所定の買主のための運送ではない。運送中の事故については立証がもともと困難であるので、買主が運送中の危険を

すべて負担するという法制もあり得るが、買主の立場では、契約締結前の運送中の危険まで遡及的に引き受けることは不合理であるから、本条は、以下のように場合ごとに区分して危険移転時期を定めている。

2 　当事者が売買契約を締結した時点で危険移転する場合（原則）
　運送中の売買における危険は、当事者が売買契約を締結した時点で移転するのが原則である（本条1文）。このような売買の場合には、買主は契約締結前の状況の確認することが困難であるから、当事者が売買契約を締結した時点で危険移転することとしたものである。

|訴訟物|　XのYに対する売買契約に基づく代金支払請求権|

＊米国のX会社は従来から取引関係のあった日本のY会社との間で、本件物品100個の売買契約の交渉に入った。代金については、まだ合意に至っていない段階で、本件物品100個の本船への船積みが行なわれ、正式契約が締結された時には、本船は積出港を出港していた。出航した翌々日に、代金を1個○ドルとすることに決定し、売買契約が締結された。本件物品が横浜港に到着した段階で、本件物品のうち、30個が水濡れでその商品としての価値はなくなっていた。本件は、X会社がY会社に対して、代金の支払を求めたところ、Y会社は代金の30パーセントに相当する代金の減額を主張したが、危険がY会社に移転した契約締結時より後の水濡れであるか否かが争点となった事案である。

|請求原因|　1　XはYとの間で、本件物品100個を1個○ドルで売買する契約を締結したこと|

（代金減額権）

|抗　弁|　1　Xから引き渡された本件物品のうち、30個は水濡れで商品価値を失っていたこと|
　　　　2　YはXに対して、代金のうち、30パーセントを減額する意思表示をしたこと

（危険移転後の物品不適合）

|再抗弁|　1　請求原因1の売買契約の締結は、本船による運送中（運送に付した翌々日）であったこと|
　　　　2　本件物品は、船積みの段階では、完全な状態であったところ、抗弁1の水濡れは、本船の運送の3日後の大嵐によるもの

であること
＊輸送中の物品の売買については、物品に対する損害が発生した時点の立証の問題がある。危険移転の際、物品が契約に適合し、かつ、滅失していないことを、売主は立証すべき責任を負う（67条の解説3参照）。火災、嵐、船の衝突等の外形的に明瞭な事故の場合には、立証も容易といえようが、水漏れや過熱等による損害については、損害発生の時期を立証は必ずしも容易でない。

3　運送契約を証する書類を発行した運送人に対して物品が交付された時から買主が危険を引き受けることを状況が示している場合

本条2文は、運送中に売却された物品に関し、運送契約を証する書類を発行した運送人に対して物品が交付された時から買主が危険を引き受けることを状況が示している場合には、買主は、その物品が交付された時に遡って危険を引き受けることを定める。

(1)「状況が示している場合」の意義

「運送契約を証する書類を発行した運送人に対して物品が交付された時から買主が危険を引き受けることを状況が示している場合」には、運送契約を示す書類を発行した運送人に物品が交付された時に遡及して買主に危険が移転する（本条2文）。本条2文の適用は、買主の合意ではなく「状況が示している場合」という要件にかかっている。しかし、物品が運送人に引き渡された時から危険を買主が負担していることを示す「状況」は文字どおり評価的要件であり、必ずしも明確でない。その具体例としては、次のようなものがある。すなわち、物品が運送途上にあるときに当事者が売買契約を締結し、CIF（運賃保険料込み）条件を約定した場合には、保険証券（買主に裏書済み）と船荷証券は直ちに売主から買主に引き渡されることになり、それ以降は運送途上で発生した事故が売買契約成立以前であっても、買主が保険金の請求ができる当事者となる。したがって、危険移転時を運送人への物品交付時に「遡及」させるとしても、買主に不安はない「状況」にあるといえる。実務的な観点からいうと、運送中の危険はいずれにしても海上保険によっててん補されるため、国際物品売買における危険移転とは、実質的には保険金請求の手続きの負担を、売主・買主のどちらが負うかを分配する問題にすぎないともいえるのである（齋藤彰「ウィーン売買条約と契約実務：その実践的な役割を批判的に考察する」神戸法學雜誌57巻3号（2007年）125頁）。

| 訴訟物 | XのYに対する売買契約に基づく代金支払請求権
＊本件は、上記2の設例と同じ事実に加えて、その売買契約は、CIF（運賃保険料込み）条件の約定がされ、保険証券（買主Y会社に裏書済み）と船荷証券が直ちにX会社からY会社に引き渡された事案である。

| 請求原因 | 1　XはYとの間で、本件物品100個を1個○ドルで売買する契約を締結したこと

（代金減額権）

| 抗　弁 | 1　Xから引き渡された本件物品のうち、30個は水濡れで商品価値を失っていたこと
2　YはXに対して、代金のうち、30パーセントを減額する意思表示をしたこと

（危険移転後の物品不適合）

| 再抗弁 | 1　請求原因1の売買契約の締結は、本船による運送中（運送に付した翌々日）であったこと
2　運送人Aは、本船の運送契約について、運送契約を証する書類を発行したこと
＊本条2文は、「運送契約を証する書類」を発行した運送人の存在を前提とする。しかし、この「書類」は、58条(1)(2)所定の「物品又はその処分を支配する書類」とは異なり、単に「運送契約の存在を証する書類」であれば足りる。
3　請求原因1の売買契約は、CIF（運賃保険料込み）条件の約定がされ、保険証券（買主に裏書済み）と船荷証券が直ちにXからYに引き渡されたこと
＊再抗弁2の事実は、本条2文が定める「運送契約を証する書類を発行した運送人に対して物品が交付された時から買主が危険を引き受けることを状況が示している場合」に該当する事実である。
4　運送人Aに対して本件物品が交付された日時
＊当然のことながら、抗弁1の水濡れは、再抗弁3の交付の時（危険移転の時）より後である。
＊この再抗弁も、その性質は、上記2の設例の再抗弁と同様に「危険移転後の物品不適合」であるが、その危険の移転は、本条2文によって「運送人に対して物品が交付された時」に遡ることになる。

(2) 立証責任と保険

危険が契約締結時ではなく、本条2文に基づき、契約締結時より早期に買主に移転していたことを表す事実は、売主が立証責任を負う（注釈Ⅱ〔久保宏之〕96頁）。買主による危険の遡及的負担を規定する本条2文の適用は、「状況が示している場合」という評価的要件に基づいており、既に完了した運送期間に適用される保険がない場合、運送中の事故については立証が困難であることを考えれば、特に、危険の移転について通常は立証責任を負う売主にとっては危険移転の時期を両者の合意で明らかにしておく必要がある（杉浦＝久保田・実務解説262頁）。

4 売主が契約締結時に知っており又は知るべきであった滅失・損傷を開示しなかった場合

売主が契約締結時に知っていたか又は知っているべきであった物品の滅失・損傷で、買主に開示していなかった滅失・損傷については、売主が危険を負担する（本条3文）。すなわち、この場合は、売主が開示すべき危険は売主が危険を負担する。この売主の悪意（本条3文）の立証責任は買主が負担する（注釈Ⅱ〔久保宏之〕96頁）。

訴訟物 XのYに対する売買契約に基づく代金支払請求権
＊本件は、上記3の設例と同じ事実に加えて、本船は出航翌日台風に遭遇し本件物品を収めたコンテナは甲板で大波を何度も被りコンテナ収納物への水濡れが懸念される状態であったが、X会社はこの事実をその翌日の契約締結時にY会社に伝えなかった事案である。
＊再抗弁1ないし4に関する注記は、上記3の設例参照。

請求原因 1 XはYとの間で、本件物品100個を1個○ドルで売買する契約を締結したこと

（代金減額権）

抗弁 1 Xから引き渡された本件物品のうち、30個は水濡れで商品価値を失っていたこと
2 YはXに対して、代金のうち、30パーセントを減額する意思表示をしたこと

（危険移転後の物品不適合）

再抗弁 1 請求原因1の売買契約の締結は、本船による運送中（運送に付した翌々日）であったこと

2　運送人Ａは、本船の運送契約について、運送契約を証する書類を発行したこと
　　　3　請求原因1の売買契約は、CIF（運賃保険料込み）条件の約定がされ、保険証券（買主に裏書済み）と船荷証券が直ちにＸからＹに引き渡されたこと
　　　4　運送人Ａに対して本件物品が交付された日時
（契約締結時に悪意又は有過失善意の減失・損傷の不開示）
再々抗弁　1　本船は出航翌日台風に遭遇し、本件物品を収めたコンテナは甲板で大波を何度も被りコンテナ収納物への水濡れが懸念される状態であったこと
　　　2　Ｘはこの事実をその翌日の契約締結時にＹに伝えなかったこと
　　　＊再々抗弁1及び2の事実は、本条3文に該当する事実である。

●(その他の場合における危険の移転) ━━━━━━━━━━━━━━━━

第69条
　(1)　前二条に規定する場合以外の場合には、危険は、買主が物品を受け取った時に、又は買主が期限までに物品を受け取らないときは、物品が買主の処分にゆだねられ、かつ、引渡しを受領しないことによって買主が契約違反を行った時から買主に移転する。
　(2)　もっとも、買主が売主の営業所以外の場所において物品を受け取る義務を負うときは、危険は、引渡しの期限が到来し、かつ、物品がその場所において買主の処分にゆだねられたことを買主が知った時に移転する。
　(3)　契約が特定されていない物品に関するものである場合には、物品は、契約上の物品として明確に特定される時まで買主の処分にゆだねられていないものとする。

Article 69
(1) In cases not within articles 67 and 68, the risk passes to the buyer when he takes over the goods or, if he does not do so in due time, from the time when the goods are placed at his disposal and he commits a breach of contract by failing to take delivery.

(2) However, if the buyer is bound to take over the goods at a place other than a place of business of the seller, the risk passes when delivery is due and the buyer is aware of the fact that the goods are placed at his disposal at that place.

(3) If the contract relates to goods not then identified, the goods are considered not to be placed at the disposal of the buyer until they are clearly identified to the contract.

1　67条、68条と本条の関係
　本条は、当事者間の特約や9条所定の慣習・慣行がない場合で、かつ、67条及び68条の適用がない場合の危険の移転時期を定める。
(1)　67条、68条に規定する場合以外の場合（本条(1)）
ア　契約成立から買主が物品を受け取るまでの間
　本条約における危険の移転すなわち、危険負担の分配の基本は、滅失・損傷の危険が、物品を取り扱い、保険によって危険を付保するのに適当な立場にいる当事者に分配されるべきであるとしている。ところで、売買契約が成立した場合、通常は売主が売買の対象となる物品を占有・支配している。したがって、売買契約成立から買主が物品を受け取るまでの間は、売主が危険を負担するのが原則である。

訴　訟　物　　XのYに対する売買契約に基づく代金支払請求権
　　　　　　＊日本のX会社は韓国のY会社との間で、100カートンのトランジスタを、X会社の倉庫で7月中にY会社が受領する約定で売買する契約を締結し、7月1日、X会社は100カートンにY会社の商号による荷印を付し、引取り又は出荷の準備が整った物品用に確保してある倉庫の一画に置いた。7月10日に倉庫の火災で、本件物品も焼失した。本件は、X会社がY会社に対して、Y会社がいつでも受け取ることができるようにしていた以上、代金支払義務があると主張して、代金の支払を求めた事案である。
請求原因　1　XはYとの間で、100カートンのトランジスタ（本件物品）を○万円で売買する契約を締結したこと

（解除）

抗弁 1 本件物品は、Xの倉庫で7月中にYが受領する約定であったこと
2 7月1日、Xは100カートンにYの商号による荷印を付し、引取り又は出荷の準備が整った物品用に確保してある倉庫の一画に置いたこと
3 7月10日に、Xの倉庫中にある本件物品は、倉庫の火災によって焼失したこと
＊請求原因1の契約では買主Yが物品を7月中の任意の日に引渡しを受けることになっていたので、買主は「期限までに物品を受け取らない」という契約違反をしていたわけではない。このような場合、本条(1)によれば、いまだ、危険は買主Yに移転していない。売主Xが火災時に物品をまだ占有していたので、滅失の危険は売主Xにある。
4 YはXに対して、請求原因1の売買契約を解除する意思表示をしたこと
＊売買目的物が特定しており、それがXの倉庫において焼失したのであるから、Yは重大な契約違反として解除することができる。

イ　買主が物品を受け取った時

買主が物品を売主の営業所で受け取る場合には、危険は買主が物品を受け取った（take over）時に移転する。この規定が適用されるのは、買主が売主の営業所で物品の引渡しを受け、その後の必要な輸送を自ら手配する場合である。買主が売主の工場で物品を受け取るインコタームズのEXW契約の場合がこれに当たる。

訴訟物　XのYに対する売買契約に基づく代金支払請求権
＊日本のX会社は韓国のY会社との間で、100カートンのトランジスタを、X会社の倉庫で7月中にY会社が受領する約定で売買する契約を締結し、7月1日、X会社は100カートンにY会社の商号による荷印を付し、引取り又は出荷の準備が整った物品用に確保してある倉庫の一画に置いた。Y会社は、7月20日、買主は100カートンの引渡しを受領したが、Y会社が実際に運び出すまでX会社の倉庫にそのま

ま無償で保管を委託していた。ところが、8月10日に倉庫の火災によって本件物品も焼失した。本件は、X会社がY会社に対して、代金の支払を求めた事案である（事務局注釈284頁【例81A】）。

請求原因 1 XはYとの間で、100カートンのトランジスタ（本件物品）を〇万円で売買する契約を締結したこと

（解除）

抗弁 1 7月1日、Xは100カートンにYの商号による荷印を付し、引取り又は出荷の準備が整った物品用に確保してある倉庫の一画に置いたこと
2 8月10日に、Xの倉庫中にある本件物品は、倉庫の火災によって焼失したこと
3 YはXに対して、請求原因1の売買契約を解除する意思表示をしたこと

（先立つ引渡し）

再抗弁 1 本件物品は、Xの倉庫で7月中にYが受領する約定であったこと
　　＊抗弁2の倉庫中の本件物品の火災の事実は、買主Yが再抗弁1の期限を守らなかったわけではなく、いったん受け取って、再抗弁3のように、売主Xが無償で寄託を受けていたものである。
2 Yは、7月20日（本件物品の焼失に先立って）、買主は100カートンの引渡しを受領したこと
　　＊この事案では、買主Yには受領義務の違反はなく、滅失・損傷の危険は、7月20日に、物品がYによって引渡しの受領の時に移転したことになる（事務局注釈284頁【例81A】）。
3 XはYが実際に運び出すまでXの倉庫にそのまま無償で保管を委託されていたこと

ウ　買主が期限までに物品を受け取らないとき

　買主が、物品を売主の営業所で受け取る義務を負い、売主が物品を買主の処分にゆだねたにもかかわらず、買主が期限までに物品を受け取らない場合には、危険は、物品を受け取らないことによって買主が契約違反を行なった時から、買主に移転する。これは、本条約は物品が売主の営業所にあって売

主が物品を物理的に占有している場合には、たとえ物品が買主の処分にゆだねられていても、買主が実際に物品を引き取るか、又は、契約で定められた買主の引取期間が経過するまでは、売主が危険を負担するものとしている。これは、売主の占有下にある物品は、売主が管理するのが最善であり、売主が物品に保険をつけ、事故があれば求償するのが自然であるとの考え方に基づくものである。

|訴訟物| XのYに対する売買契約に基づく代金支払請求権
　　　＊日本のX会社は韓国のY会社との間で、100カートンのトランジスタを、X会社の倉庫で7月中にY会社が受領する約定で売買する契約を締結し、7月1日、X会社は100カートンにY会社の商号による荷印を付し、引取り又は出荷の準備が整った物品用に確保してある倉庫の一画に置いた。Y会社は7月中に引き取らず、8月10日に倉庫の火災によって本件物品も焼失した。本件は、X会社がY会社に対して、代金の支払を求めたところ、Y会社は解除を主張し、危険の移転時期が問題となった事案である（事務局注釈284頁【例81B】）。
　　　＊本件の場合、買主Yが危険を負担する。なぜなら7月中に引渡しを受けなかったことによる買主Yの契約違反のため、火災の発生時において物品が売主Xの元にあるにすぎなかったからである。

|請求原因| 1　XはYとの間で、100カートンのトランジスタ（本件物品）を円貨〇万円で売買する契約を締結したこと

（解除）

|抗　　弁| 1　Xの倉庫にあった本件物品は焼失したこと
　　　　2　YはXに対して請求原因1の売買契約を解除する意思表示をしたこと

（危険移転後の契約不適合）

|再抗弁| 1　本件物品は、Xの倉庫で7月中にYが受領する約定であったこと
　　　　2　7月1日、Xは100カートンにYの商号による荷印を付し、引取り又は出荷の準備が整った物品用に確保してある倉庫の一画に置いたこと
　　　　＊この場合は、物品の引渡し準備完了を、売主Xが買主Yに

通知することは不要である（危険負担者を決定するのに通知は必要ではない）。なぜなら、契約によれば売主は物品を7月1日までに準備することになっており、抗弁2は、実際にそのように行なったことを示す事実である。

 3 引渡時期経過後である8月10日に、Xの倉庫中にある本件物品は、倉庫の火災によって焼失したこと
  ＊買主Yは7月中に引き取らなかったので、危険は7月31日の営業終了時によって（Yが契約違反を行なった時に）、Yに移転したので、Yは代金支払義務を免れない。
  ＊危険の移転に関しては、危険の移転に基づき権利を主張する者が立証責任を負う。すなわち、売主が物品を買主の処分にゆだねたこと（買主が適時に物品を引き取らなかったこと）を売主が立証しなければならない。

(2) 売主の営業所以外の場所での物品の引き渡すとき（本条(2)）

 物品が売主の営業所以外の場所にある場合には、物品は第三者の管理下にあるので、売主は買主に比較して物品をよく管理できる立場にあるわけではなく、付保・求償についても両者に差はない。

 本条(2)においては、売主の営業所以外の場所での引渡しの場合（例えば、第三者の倉庫や買主の営業所での引渡し等）に、引渡時期（当事者の合意や慣習・慣行がないと33条による）が到来し、履行場所で「買主の処分にゆだねられたことを買主が知った時」（特定の倉庫にある場合には倉庫業者が買主のための保管を開始し、それを買主が知った時）に危険が移転することとした（ただし、本条(3)から物品の特定が前提になる）。つまり、本条(1)では、買主が「物品を引き取る」時、危険は移転するが、本条(2)ではそれより先立つ時点、すなわち、買主が物品を受領するか否かにかかわらず、物品が買主の処分にゆだねられたことを買主が「知った時」に危険が移転する。危険が移転するためには、「知る」必要があり、買主が過失又は重過失によって知らなかった場合でも危険は移転しない。本条(2)における買主の認識に関しては、売主が立証責任を負担する（注釈Ⅱ〔田中英司〕101頁）。

【訴訟物】 XのYに対する売買契約に基づく代金支払請求権
  ＊日本のX会社は韓国のY会社との間で、100カートンのトランジスタを、第三者A会社の倉庫で7月中にY会社が受領する約定で売買する契約を締結し、7月1日、X会社は

100カートンにY会社の商号による荷印を付し、引取り又は出荷の準備が整った物品としてA会社の倉庫に搬入した。X会社は契約に定められた7月1日に買主Y会社に本件物品を引き渡すようにA会社に指図した指図書をY会社に引き渡した。ところが、本件物品は、7月10日にA会社の倉庫から火災が発生し、本件物品は焼滅した。

請求原因 1 XはYとの間で、100カートンのトランジスタを、第三者A会社の倉庫で7月中にYが受領する約定で売買する契約を締結したこと

(解除)

抗　弁 1 7月1日、Xは100カートンのトランジスタにYの商号による荷印を付し、引取り又は出荷の準備が整った物品としてAの倉庫に搬入したこと
　　　 2 本件物品は、7月10日にAの倉庫から火災が発生し、本件物品は焼滅したこと
　　　 3 YはXに対し、請求原因1の契約を解除する意思表示をしたこと

(危険の移転後の滅失)

再抗弁 1 7月1日に買主Yに本件物品を引き渡すようにAに指図した指図書をYに引き渡したこと
　　　＊この場合、危険は、買主による実際の物品の引取りに先立って、また、引取期間が経過していなくても、物品が買主の処分にゆだねられたことを買主が知った時に移転する（インコタームズにおいては物品が買主の処分にゆだねられた時に危険も買主に移転するとされているが、本条(2)では物品が買主の処分にゆだねられていることを「買主が知った時」に危険が移転するとされている。しかし、インコタームズは、物品の発送や到着予定日時についての通知義務を売主に課しているので、売主がこの義務を果たしている限り、物品が自己の処分にゆだねられていることを買主が知らないということはない)。なお、本条(2)は、売主が輸送の終わりに仕向地で物品を買主に引き渡す義務を負っている場合にも適用される。
　　　＊物品は、買主が引渡しを受けるのに必要な行為を売主が完了した時に、買主の処分にゆだねられたということができる。

通常、これには、引渡しの対象となる物品の識別、売主の行なう梱包などの引渡し前の準備、及び、買主への通知が含まれる。なお、物品が契約の対象として識別されていない場合には、明瞭に識別されるまでは、買主の処分にゆだねられたとはみなされず（本条(3)）、したがって、危険も買主に移転しない。

訴訟物　XのYに対する売買契約に基づく代金支払請求権
＊ノルウェーのX会社が生鮭をデンマークのA会社に交付し、同社において加工したスモーク・サーモンを日本のY会社に売買する契約を締結した。同契約は、インコタームズDDPYokohama条件（仕向地で買主の処分にゆだねられた時に危険が移転する）とし、生鮭はA会社に引き渡され、A会社の営業所を引渡場所と記載したインボイスがY会社に送付された。その後にA会社が資金難に陥ったため、X会社は、直接Y会社に対して注文確認状を送付したところ、Y会社はA会社を通じてX会社に確認状を返送した。A会社が最終的に倒産したためY会社はスモーク・サーモンを受け取れずX会社に対する代金の支払を拒否した。本件は、X会社がY会社に対し、代金の支払を求めたところ、Y会社はX会社が生鮭をA会社に渡したとしてもY会社にスモーク・サーモンが渡されなかったと主張し、これに対し、X会社は合理的な期間内に契約を解除しておらず、また、Y会社は、A会社の営業所での引渡しに合意しており、X会社はその義務を履行したと主張した事案である（CLOUT 340）。

請求原因　1　XはYとの間で、Xが生鮭を加工業者Aに交付し、Aがスモーク・サーモンに加工して、売買する契約を締結したこと
＊事案中にあるAが資金難に陥った後の、「Xは、直接Yに対して注文確認状を送付したところ、YはAを通じてXに確認状を返送した」という事実をもって、新たな契約が成立したと構成することもできる事案である。

（解除）

抗弁　1　請求原因1の売買契約は、DDPYokohama条件であること
＊抗弁1によれば、売主Xはスモーク・サーモンをインコタ

ームズの規定する DDPYokohama 条件に基づいて、指定された引渡地横浜港において引き渡さなければならなかった。当然に日本の買主 Y に引き渡されるべきであった（しかし、再抗弁 1 参照）。
2　A が倒産し、Y はスモーク・サーモン（ないし生鮭）の引渡しを受領できないことが確定したこと
＊抗弁 1 は、X にとって重大な契約違反に当たる事実ということになろう。
3　Y は X に対し、請求原因 1 の売買契約を解除する意思表示をしたこと

（危険移転後の契約不適合）

再抗弁　1　X は、請求原因 1 の売買契約に従って、生鮭を A に引渡し続け、送り状（A の営業所が引渡場所と記載されていた）を Y に送付していたこと
＊この事実は、Y が 47 条に基づいて指定された場所での引渡請求をしなかったことを意味するが、このことは A の営業所への引渡しについて Y が黙示で合意していたものと解されるであろう。X は自らの債務を履行し、危険は買主 Y に移転していた（本条）ものと解される。買主 Y は生鮭（又は、スモーク・サーモン）を受け取らなかったとしても、売買代金を支払う義務を負うことになる（66 条）。
2　再抗弁 1 の X の生鮭の引渡しの後、A が倒産したこと
＊再抗弁 2 によって危険は本条(2)で Y に移転しており、Y は、スモーク・サーモンを受け取ってはいないが、66 条により代金支払義務があることになる。

（合理的な期間の経過）

再抗弁　1　抗弁 1 の引渡し不能の事実を知り、又は知るべきであった時から契約解除のために合理的な期間が経過したこと

訴訟物　X の Y に対する売買契約に基づく代金支払請求権
＊日本の X 会社はタイの Y 会社に移動式穀物乾燥機を売却した。乾燥機は、Y 会社が使おうとした場所から数キロメートル離れたチェンマイにおいてトラックで引き渡される約定であった。X 会社のトラックが到着した際、運転手（X 会社の使用人）は、Y 会社に乾燥機の荷降ろしを手伝うよう

求めた。Y会社の従業員は、彼らのトラクターと鎖を使って、トラックから乾燥機を無事に降ろしてから数メートル運転し、その後、乾燥機を支えていた鎖が壊れ、乾燥機に重大な損害を与えた。その後、事故に起因した隠れた瑕疵が発見された。それはその乾燥機をY会社の意図した使い方に適さないものであった。本件は、X会社が代金の支払を求めたところ、Y会社は契約不適合を理由に解除を主張し、その不適合がY会社に危険が移転した後か否かが争点となった事案（CLOUT995）である。

請求原因 1 XはYとの間で、移動式穀物乾燥機を売買する契約を締結したこと

（解除）
抗　弁 1 XはYに対し、乾燥機を引き渡したこと
2 本件乾燥機には隠れた瑕疵が発見され、それはYが計画していた使い方に適さないものであること
＊抗弁2は、重大な契約違反である。
3 YはXに対し、請求原因1の売買契約を解除する意思表示をしたこと

（危険移転後の契約不適合）
再抗弁 1 乾燥機は、Yが使おうとした場所から数キロメートル離れたタイのチェンマイにおいてトラックで引き渡される約定であったこと
2 Xのトラックが到着した際、運転手（Xの使用人）は、Yに乾燥機の荷降ろしを手伝うよう求めたところ、Yの従業員は、彼らのトラクターと鎖を使って、トラックから乾燥機を無事に降ろしてから数メートル運転し、その後、乾燥機を支えていた鎖が壊れ、乾燥機に重大な損害を与えたこと
＊XY間の契約は、乾燥機の引渡しは、遅くとも買主が占有を取得した時点、言い換えれば乾燥機が買主の従業員によってトラックから降ろされた時点で生じたと解するのが自然である。その事実によれば、本条を適用すると、その事故はX又はXの従業員（運転手）に起因するものではないと考えられるから、Yは乾燥機の代金をXに支払う責任がある。
3 抗弁2の瑕疵は、再抗弁2の事故によって生じたものであること

(3) 契約が「特定されていない物品」に関するものであるとき（本条(3)）

契約が「特定されていない物品」に関するものである場合には、物品は、契約上の物品として明確に特定される時まで買主の処分にゆだねられていない。例えば、売主の事業所で他の物品とともに保管されている中から買主に交付される物品が特定される場合、売主が特定する場合でもその旨が買主に通知される必要があり、67条(2)の場合とは異なり、「買主の処分にゆだねられる」ための通知で、27条の規定にかかわらず、通知の危険は売主が負う。

| 訴訟物 | XのYに対する売買契約に基づく代金支払請求権 |

＊日本のX会社は韓国のY会社との間で、100カートンのトランジスタを、X会社の倉庫で7月中にY会社が受領する約定で売買する契約を締結し、X会社はY会社が7月中のいつでも引渡しを受領できるように、100カートンの準備を整えておくべきであったにもかかわらず、9月15日まで、どのカートンにも買主の氏名による荷印を付さず、またその他の方法によって契約上の物品として特定することもしなかった。買主Yは9月20日に引渡しを受領したが、これは物品が用意できていることの通知を受けてから、合理的な期間内であった。本件は、X会社がY会社に対して、代金の支払を求めたところ、Y会社は、9月18日の台風でX会社の倉庫の屋根が一部飛び、本件物品が風雨にさらされて劣化したことを理由に解除を主張した事案である（事務局注釈284頁【例81C】）。

| 請求原因 | 1　XはYとの間で、100カートンのトランジスタ（本件物品）を円貨○万円で売買する契約を締結したこと |

（解除）

| 抗弁 | 1　YはXから9月20日に本件物品の引渡しを受領したこと
2　9月18日の台風でXの倉庫の屋根が一部飛び、本件物品が風雨にさらされて劣化したこと
3　YはXに対し、請求原因1の売買契約を解除する意思表示をしたこと |

（危険の移転）

| 再抗弁 | 1　本件物品は、Xの倉庫で7月中にYが受領する約定であったこと |

(目的物の特定時期)

再々抗弁 1　XはYが7月中のいつでも引渡しを受領できるように、100カートンの準備を整えておくべきであったにもかかわらず、9月15日まで、どのカートンにも買主Yの氏名による荷印を付さず、またその他の方法によって契約上の物品として特定することもしなかったこと

2　9月15日頃、XはYに対し、引き渡すべき物品が用意(特定)できたと通知したこと

3　抗弁1の9月20日のYの受領は再々抗弁2の通知から合理的な期間内であったこと

＊危険は、買主が物品の引渡しを受領した9月20日に買主に移転する。事務局注釈285頁【例81B】における帰結と異なり、この帰結が生ずるのは、9月20日までに引渡しを受領しないことにより、買主が契約違反を行なったわけではないからである。

2　本条とインコタームズにおける危険移転時期のずれ

　売主は5月1日迄に物品を製造・包装し、買主は5月中に売主の営業所で当該物品を引き取る約定の売買契約において、5月1日に売主は物品を包装し引渡しの準備を整えて、買主の引取りを待っていたところ、5月10日に物品は火災によって売主の営業所内で焼失した事案を考える。この場合、本条(1)によれば、危険は買主に移転していない(買主は受け取っておらず、かつ、引渡期間(5月中)はまだ終了していない)。しかし、この引渡方法がインコタームズのEXW(出荷工場引渡し条件。第4章の解説4の「インコタームズ2010による危険の移転」参照)の合意に基づいている場合には、買主の処分にゆだねた時(5月1日)に危険は買主に移転するのである。つまり、インコタームズEXWにおいては、買主が、売主の事業所内で物品を引き取らなければならない場合でも、本条(2)の規定と同様に、買主の処分にゆだねた時に危険は買主に移転するのである。このように、EXWの適用と本条(1)の適用とで、危険の移転時期に違いが生ずる。このような違いはあるが、総じて本条約の危険の移転はインコタームズのそれと整合しているといえる。

　曽根＝山手・国際売買210頁は、「売主による付保が容易である売主自身の事業所での引き取りを予定する場合とそれ以外の場合とで異なった扱いをする本条約の方が合理的である」としている。

● (売主による重大な契約違反と危険移転の関係) ══════

第70条 売主が重大な契約違反を行った場合には、前3条の規定は、買主が当該契約違反を理由として求めることができる救済を妨げるものではない。

....

Article 70
If the seller has committed a fundamental breach of contract, articles 67, 68 and 69 do not impair the remedies available to the buyer on account of the breach.

═══

1　本条の意義

　本条に先行する67条から69条は、それぞれが定める事由が生じた時点において、危険（対価危険＝双務契約における一方の債権について給付不能が生じたときの他方債権の存否に関する危険）が移転することを定めている。他方、36条(2)は、危険移転時以後に生じた物品の不適合であっても、売主の義務違反によるものについては、買主は45条以下の救済手段を取得すると定める。この両者の関係であるが、危険移転（対価危険）の規律と物品の契約不適合を理由として買主が取得する救済手段との関係が、一見矛盾するようにみえる。特に、解除という契約の拘束力からの離脱（したがって対価危険からの解放）を買主に認める救済手段が問題となる場面（契約不適合を理由とする解除と危険移転との関係）で重要となる。

　そこで、本条は、売主が重大な契約違反を行なった場合には、67条から69条までの危険移転に関する規定は、買主が当該契約違反を理由として求めることができる救済（解除権、代替物引渡請求権、修補請求権、損害賠償請求権、代金減額権）を妨げるものではないことを定め、契約違反を理由として買主が取得する救済手段と危険負担制度を矛盾のない形で調整を図るものである。なお、36条の解説3「危険移転後に生じた不適合についての例外」及び4「『危険移転時と物品の契約適合性の判断基準時』（本条）と『対価危険』（66条ないし69条）の関係」を参照されたい。

2　本条の要件

　本条の要件は、①「危険移転時以後に生じた物品の契約不適合が売主の義

務違反によるものであり」、かつ、②「それが重大な契約違反に当たるとき」であり、その場合には、買主は、45条以下に定める救済手段を取得する。

そして、買主が49条(1)により契約を解除することを選択したときには、買主は契約の拘束力から解放され、これによって代金支払義務を免れる。ここでは、対価危険の分配に関しては、解除による代金支払義務からの解放の制度が、66条以下の危険負担の制度に優先することを意味する。なお、それぞれの要件を満たす場合に、買主がその余の救済手段（損害賠償請求権、代替品請求権、修補請求権、代金減額請求権）を行使できるのは、言うまでもない。

以上に対して、危険移転時以後に生じた物品の契約不適合が売主の義務違反によるものであるが、それが重大な契約違反に当たらないとき、買主は、解除や代替品請求をすることができない（この2つの救済が認められるためには、「重大な契約違反」であることが必須の要件となる。46条(2)、49条(1)）。この場合には、66条以下による対価危険の買主への移転ルール（対価危険の分配ルール）が解除の制度に優先して適用される結果、買主は代金支払義務を免れない。もとより、買主は、これと矛盾しない限りで、45条以下に定められた契約違反を理由とする救済を求めることができる。

訴訟物　　XのYに対する売買契約解除に基づく代金返還請求権

＊日本のY会社は韓国のX会社との間で、100カートンのトランジスタを、Y会社の倉庫で7月中にX会社が受領する約定で売買する契約を締結し、7月1日、Y会社は100カートンにX会社の氏名による荷印を付し、引取り又は出荷の準備が整った物品用に確保してある倉庫の一画に置いた。7月20日、X会社は100カートンの引渡しを受領し、同時に代金を支払った。7月21日、X会社が38条の検査を行なう前に、50カートンが火災によって損壊した。X会社が残りの50カートンの内容を検査したところ、トランジスタは契約に適合せず、その不適合は重大な契約違反であることが判明した。本件は、X会社がY会社に対して契約を解除して支払済みの売買代金の返還を求めた事案である（事務局注釈288頁【例82A】）。

＊買主Xは、危険の移転後に生じた火災のために、100カートン全部を返還することができないが（82条(2)(a)）、Xは契約を解除し、支払った代金の返還を求めることができる。

＊67条、68条及び69条の規定によって買主Xに移転した危険は、売主Yに重大な違反がある場合には、本条によってXが契約を解除すれば遡及してYに戻ることになり、本件の場合、Y会社は契約に適合していないことが判明した50カートンの代金のみならず、火災に遭った50カートンの代金も返済しなければならない。このように契約の解除は、危険をY会社に戻すという強力な効果を有する。

＊本件の訴訟物と異なるが、売主に重大な契約違反がある場合に買主に与えられる他の救済である代替物の引渡要求（46条(2)）の場合には、契約不適合の50カートン分については代替品を要求できるが、火災に遭った50カートンについては買主が損害を負担しなければならないという短所がある。これは、本条が売主に重大な契約違反がある場合には危険は売主に残ると規定せず、買主の救済を害しないと定めているからである。代替品の引渡しを要求する場合には、危険は買主に移転したままとなっていると解釈せざるを得ない。買主がこのような結果を避けようとすれば、契約を解除する以外ない。

さらに、売主の契約違反が重大な違反に相当しない場合には、買主は、契約の解除を宣言することはできないから、67条、68条及び69条の規定によって買主に移転した危険を売主に戻す手段はないが、売主に欠陥品の修補（46条(3)）、代金の減額（50条）又は損害賠償（74条-77条）を要求することができる。

請求原因
1 YはXとの間で、100カートンのトランジスタを○万円、Xの倉庫で7月中にXが受領する約定で売買する契約を締結したこと
2 Xは、7月20日に100カートンの引渡しを受領し、同時にYに対し、代金を支払ったこと
 ＊請求原因2の受領によって、危険は69条(1)に基づき、7月20日に買主に移転することとなる。
3 7月21日、Xが38条で要求されている検査をする前に、50カートンが火災によって損壊したこと
4 Xが残りの50カートンの内容を検査したところ、トランジスタは契約に適合せず、その不適合は重大な契約違反となるも

のであったこと
（5　XはYに対して、請求原因4の契約不適合の事実を通知したこと）
6　XはYに対し、請求原因1の売買契約を解除する意思表示をしたこと
＊Xは、危険の移転後に生じた火災のために、100カートン全部を返還することができないが（82条(2)(a)）、Xは契約を解除し、支払った代金の返還を求めることができる。

訴訟物　　XのYに対する売買契約解除に基づく代金返還請求権
＊上記の事務局注釈288頁【例82A】と同じ事案で、X会社がトランジスタを受け取ってから6か月間、残りの50カートンを検査しなかった。本件は、X会社がY会社に対して契約を解除して支払済みの売買代金の返還を求めたところ、Y会社はX会社の解除の意思表示が合理的な期間経過後であると主張した事案である

請求原因　1　YはXとの間で、100カートンのトランジスタを○万円、Xの倉庫で7月中にYが受領する約定で売買する契約を締結したこと
2　Xは、7月20日に100カートンの引渡しを受領し、その時にYに対し、代金を支払ったこと
＊請求原因2の受領によって、危険は69条(1)に基づき、7月20日に買主に移転することとなる。
3　7月21日、Xが38条で要求されている検査を行なうことができる前に、50カートンが火災によって損壊したこと
4　Xが残りの50カートンの内容を検査したところ、トランジスタは契約に適合せず、その不適合は重大な契約違反となるものであったこと
5　XはYに対し、請求原因1の売買契約を解除する意思表示をしたこと

（合理的な期間の経過）
抗弁　　1　物品の不適合を発見すべきであった時から合理的な期間が経過したこと
＊49条(2)(b)の適用上、「買主が当該違反を知り、又は知るべきであった時」から合理的な期間内に、契約の解除の意思表

(合理的な期間内の解除)

再抗弁 1 請求原因5の解除の意思表示は、抗弁1の期間内に行なわれたこと
＊本件においては、X会社は物品の受領後6か月検査をしなかったのであるから、さらにそれより後の解除の意思表示が行なわれており、再抗弁1に該当しない。

訴訟物 XのYに対する売買契約解除に基づく代金返還請求権
＊上記の事務局注釈288頁【例82A】と同じ事案で、契約に基づく義務の一部履行として、Y会社は7月1日、契約で求められている100カートンではなく、50カートンのトランジスタを契約上の物品として特定した。8月5日、X会社が物品の引渡しを受領する前に、50カートンがY会社の倉庫内で火災によって損壊した。7月31日の営業終了時に、50カートンについての危険はX会社に移転していたのであるが、契約上の物品として100カートンではなく、50カートンだけを特定したことが重大な契約違反となる場合には、X会社はなお本条を根拠に、契約解除をすることができる。ただし、X会社は、その数量不足を「知り、又は知るべきであった時……から合理的な期間内」に、契約解除の意思表示を行なわなければならず、そうしなければ、49条(2)(b)により、契約解除権を失う（事務局注釈288頁【例82C】）。本件は、X会社がY会社に対して契約を解除して支払済みの売買代金の返還を求めた事案である。

請求原因 1 YはXとの間で、100カートンのトランジスタ（本件物品）を代金○万円、Yの倉庫で7月中にXが受領する約定で売買する契約を締結したこと
2 XはYに対し、代金を支払ったこと
3 Yは7月1日、契約で求められている100カートンではなく、50カートンのトランジスタを契約上の物品として特定したこと
4 8月5日、Xが物品の引渡しを受領する前に、50カートンがYの倉庫内で火災によって損壊したこと

前の頁から続く:
示をしていなかったので、契約を解除できない（事務局注釈288頁【例82B】）。

＊7月31日の営業終了時に、50カートンについての危険は買主に移転していたのであるが、契約上の物品として100カートンではなく、50カートンだけを特定したことが重大な契約違反となる場合には、Xはなお本条を根拠に、契約解除の意思表示を行なうことができる。

5 Xが残りの50カートンの内容を検査したところ、トランジスタは契約に適合せず、その不適合は重大な契約違反となるものであったこと
6 XはYに対して、請求原因5の契約不適合の事実を通知したこと
7 XはYに対し、請求原因1の売買契約を解除する意思表示をしたこと

訴訟物 XのYに対する売買契約解除に基づく代金返還請求権

＊上記の事務局注釈288頁【例82A】と同じ事案で、売主のX会社は、買主のY会社が7月中のいつでも引渡しを受領できるように、100カートンの準備を整えておくべきであったが、9月15日まで、どのカートンにも買主Y会社の氏名による荷印を付さず、またその他の方法によっても契約上の物品として特定しなかった。Y会社は9月20日に引渡しを受領した。9月23日、物品は、買主Y会社の過失によらずに損傷した。本件は、X会社がY会社に対して契約を解除して支払済みの売買代金の返還を求めた事案である（事務局注釈288頁【例82D】）。

＊危険は、Yが物品の引渡しを受領した9月20日に買主に移転する。売主が物品を買主の処分にゆだねることの遅滞が重大な契約違反となる場合には、本条が、危険の移転後の物品の損傷によって、買主が契約解除の意思表示を行なうことは妨げられないと定めている。しかし、49条(2)(a)の適用上、いったん買主が売主の倉庫で物品を引き取ることによって、引渡しを受領した以上、「買主が引渡しが行われたことを知った時から合理的な期間内」に契約解除の意思表示をしていないとして、契約解除権を失ったものとされることになろう（事務局注釈288頁）。

請求原因 1 YはXとの間で、100カートンのトランジスタ（本件物品）

を円貨○万円、Xの倉庫で7月中にYが受領する約定で売買する契約を締結したこと
2　XはYに対し、代金を支払ったこと
3　Yは7月1日、契約で求められている100カートンではなく、50カートンのトランジスタを契約上の物品として特定したこと
4　8月5日、Xが物品の引渡しを受領する前に、50カートンがYの倉庫内で火災によって損壊したこと
　＊7月31日の営業終了時に、50カートンについての危険は買主に移転していたのであるが、契約上の物品として100カートンではなく、50カートンだけを特定したことが重大な契約違反となる場合には、Xはなお本条を根拠に、契約解除の意思表示を行なうことができる。
　＊請求原因2の受領によって、危険は69条(1)に基づき、7月20日に買主に移転することとなる。
5　7月21日、Xが38条で要求されている検査を行なうことができる前に、50カートンが火災によって損壊したこと
6　Xが残りの50カートンの内容を検査したところ、トランジスタは契約に適合せず、その不適合は重大な契約違反となるものであったこと
7　XはYに対して、請求原因6の契約不適合の事実を通知したこと
8　XはYに対し、請求原因1の売買契約を解除する意思表示をしたこと

訴訟物　XのYに対する売買契約に基づく代金支払請求権

　＊事務局注釈288頁【例82A】と同様の契約で、ただ、売主のX会社が物品をFOB条件で7月中に発送しなければならないものとされていたとする。物品は、遅れて9月15日に発送された。67条(1)に基づき、危険は9月15日に買主Yに移転した。9月17日、物品は運送中に損傷した。9月19日に、物品が9月15日に発送されたこと、そして9月17日に損傷したことが、買主のY会社に伝えられた。本件は、X会社がY会社に対して、代金の支払を求めたところ、Y会社は契約解除を主張し、その解除が合理的な期間を経過し

ていたか否かが争点となった事案である（事務局注釈289-290頁【例82E】）。

請求原因 1　XはYとの間で、100カートンのトランジスタを円貨〇万円、Xの倉庫で7月中にYが受領する約定で売買する契約を締結したこと

（解除）
抗　弁 1　請求原因1の売買契約において、Xが物品をFOB条件で7月中に発送しなければならないと約定されていた
　　　　2　物品は、遅れて9月15日に発送されたこと
　　　　＊9月17日、物品は運送中に損傷した場合に、67条(1)に基づき、危険は9月15日にYに移転したこととなる。
　　　　3　抗弁2の遅れた引渡しが、重大な契約違反となることを基礎付ける事実
　　　　4　YはXに対して、請求原因1の売買契約を解除する意思表示をしたこと
　　　　＊買主は、「買主が引渡しが行われたことを知った時から合理的な期間内」であれば契約解除をすることができるが、この期間はこの状況の下で、疑いなく極めて短いものとされよう。

（合理的な期間の経過）
抗　弁 1　Yが引渡しが行なわれたことを知った時から合理的な期間を経過していること
　　　　＊この事案の下では、遅れた引渡しが重大な契約違反となる場合には、買主Yは、「買主が引渡しの行われたことを知った時から合理的な期間内」であれば契約解除をすることができるが、この期間はこの状況の下で、疑いなく極めて短いものとされよう（事務局注釈289-290頁）。

第5章　売主及び買主の義務に共通する規定

第5章は、第2章「売主の義務」と第3章「買主の義務」を定めたうえで、その表題どおり、「売主及び買主の義務に共通する規定」を定めるものである。その内容は、履行期前の契約違反及び分割履行契約（第1節）、損害賠償（第2節）、利息（第3節）、免責（第4節）、契約解除の効果（第5節）、物品の保存（第6節）の6つからなっている。

第1節　履行期前の契約違反及び分割履行契約

第1節は、相手方の期限前の契約違反（Anticipatory Breach）が予想される場合における他方当事者側に契約履行停止権と契約解除権を認める規定（71条と72条）、及び契約履行が複数回に分かれて行なわれる売買契約である「分割履行契約（Installment Contracts）」について、個別の分割部分について契約違反が発生した場合の効果を定める規定（73条）から構成されている。

第1節が定める制度については、我が国民法には規定がないが、これらの制度は実務上生じ得る問題についての解決規定として有用である。例えば、不安の抗弁権に関して、我が国民法には71条に対応する規定が存在せず、信義則で対応してきている。債権法の改正作業の過程における改正提案3.1.1.55で制度化の提案がされ、また分割履行契約についても73条に対応する規定を設けることが提案されたが（改正提案3.2.16。16）、最終的には採用されなかった。

●(履行の停止)

第71条
(1) 当事者の一方は、次のいずれかの理由によって相手方がその義務の実質的な部分を履行しないであろうという事情が契約の締結後に明らかになった場合には、自己の義務の履行を停止することができる。

        (a) 相手方の履行をする能力又は相手方の信用力の著しい不足
        (b) 契約の履行の準備又は契約の履行における相手方の行動
   (2) 売主が(1)に規定する事情が明らかになる前に物品を既に発送している場合には、物品を取得する権限を与える書類を買主が有しているときであっても、売主は、買主への物品の交付を妨げることができる。この(2)の規定は、物品に関する売主と買主との間の権利についてのみ規定する。
   (3) 履行を停止した当事者は、物品の発送の前後を問わず、相手方に対して履行を停止した旨を直ちに通知しなければならず、また、相手方がその履行について適切な保証を提供した場合には、自己の履行を再開しなければならない。

Article 71

(1) A party may suspend the performance of his obligations if, after the conclusion of the contract, it becomes apparent that the other party will not perform a substantial part of his obligations as a result of:

   (a) a serious deficiency in his ability to perform or in his creditworthiness; or
   (b) his conduct in preparing to perform or in performing the contract.

(2) If the seller has already dispatched the goods before the grounds described in the preceding paragraph become evident, he may prevent the handing over of the goods to the buyer even though the buyer holds a document which entitles him to obtain them. The present paragraph relates only to the rights in the goods as between the buyer and the seller.

(3) A party suspending performance, whether before or after dispatch of the goods, must immediately give notice of the suspension to the other party and must continue with performance if the other party provides adequate assurance of his performance.

1 履行停止権
(1) 履行停止権の要件
ア 不履行の危惧

本条(1)によれば、履行停止権の最重要の要件は、「相手方がその義務の実質的な部分を履行しないであろうという事情が……明らかになった」ことである。

(ア) 不履行の程度

不履行の程度について、潮見＝中田＝松岡・概説 161 頁は、履行の停止は、一時的なものであったとしても、停止される当事者にとっては大きな損害を生じ得るため、ごく軽微な不履行が予測されるにとどまる場合には、履行停止権は認められない。しかし、履行期前の契約解除権（72 条）が認められるほどの「重大な契約違反」（25 条）が生じると予測される必要はない。要するに、履行の一時的な停止と契約関係の終局的な解消という法的効果の重大性の程度に応じて、要件となる不履行の程度は異なる。繰り返すが、義務の履行の停止を定めている本条(1)に対して、72 条(1)では契約の解除というより強い救済を認めているので、その要件においても、差を設けている。すなわち、本条(1)の履行停止権の場合は、「義務の実質的な部分を不履行」（not perform a substantial part of his obligations）とするのに対して、72 条の契約解除の場合は、「重大な契約違反」（fundamental breach）として、72 条がより不履行の程度が高い表現となっている（注釈Ⅱ〔松井和彦〕111-112 頁）。

(イ) 不履行が生じる蓋然性

その不履行が生じる蓋然性（不履行のおそれ）の程度について、上記(ア)と同様、72 条が契約解除権というより厳格な権利を認めていることからの対比から、72 条の「明白である場合」（it is clear）では絶対的に確実とまではいかないまでも非常に高度な蓋然性が必要とされ、本条(1)「明らかになった場合」（it becomes apparent）はそれよりも低い蓋然性で足りると解されている（注釈Ⅱ〔松井和彦〕111-112 頁）。ただし、一時的にせよ履行の停止による影響の大きさに照らすと、本条の場合も、高度な蓋然性が必要であるとされる。

イ 不履行の危惧の原因

本条(1)は、不履行の危惧の原因として、(a)相手方の履行をする能力又は相手方の信用力の著しい不足、(b)契約の履行の準備又は契約の履行における相手方の行動を挙げている。(a)には、代金支払の継続的な遅延、工場における製造の停止など財産状態の悪化のほか、戦争、ストライキ、ボイコッ

ト、自然災害、輸出入の禁止など当事者の支配領域を超える事由も含まれる。これに対して、(b)には、原材料の調達や許認可の取得など必要な準備手続を適時に行なわなかったこと、不適切な原材料の使用、不適切な輸送手段の使用、不完全な梱包、指示の不備などが含まれる（潮見＝中田＝松岡・概説162頁）。

ウ　不履行の危惧の時期

履行停止権の発生要件として、不履行の危惧は、契約締結の「契約の締結後に明らかになった」ことで足りる。これは、契約締結時既に履行の危殆化が存在していたが締結後にはじめて当事者においてこのことを知るに至った場合はもちろん、契約締結後に事情が変更して不履行の危惧が発生した場合を含む趣旨である。日本法の「不安の抗弁権」では財務状況の悪化が契約締結後に発生したものでなければならないのに対して、本条(1)の「契約の締結後に明らかになったこと」は、財務状況の悪化が契約締結時に既に発生していても、締結後にはじめてそれが判明したのであれば、同要件を満たすとしている（注釈Ⅱ〔松井和彦〕115頁）。

契約締結時における履行能力の欠如は錯誤の問題であり、意思表示の瑕疵（契約の効力）の問題を対象外とした4条(a)の立場と抵触しかねないのであるが、隔地者間の取引になることが多い国際物品売買契約においては、相手方の履行能力等に関する情報を十分に入手できないことがあるとして、契約締結時の不履行の危惧も含めて本条が定められた。したがって、契約締結時において履行の危殆化が客観的に認識可能であった場合は、たとえ当事者がそのことを知らなくても、履行停止権は認められないと解されている（潮見＝中田＝松岡・概説162頁）。

(2) 履行停止の効果

本条(1)の要件を満たす場合、当事者の一方がした履行の停止は正当なものとみなされるので、相手方には、契約違反に基づく契約解除権、損害賠償請求権は生じない。このように、履行停止は自己防衛手段であるから、履行停止の域を越えて、保証の提供や反対給付との引換給付を求めることはできない。さらに、保証の提供がないことを理由に契約を解除することも、当然には認められない。しかし、保証が提供されないことが72条の要件を満たす場合には、同条による解除をすることができる。

この規定の下では、売主は買主への引渡しを停止した物品を他へ処分することはできないし、また、買主は売主への支払を停止した資金を使って他から物品を購入することはできない。このような救済は、契約が解除された場合にのみ与えられる（75条参照）。

訴訟物　　Xの Y に対する売買契約に基づく代金支払請求権
＊ドイツのX会社は日本のY会社との間で、本件製品を○万円の先払の約定で売買する契約を締結した。その後、Y会社は、類似のニーズを有する他の買主に瑕疵ある物品の引渡しが行なわれていること、瑕疵ある物品の引渡しの原因が、特定の供給源から調達した原料を用いたことにあること、同じ供給源からの原料を使用する準備をX会社がしていることが判明した。X会社がY会社に対して代金の支払を求めたところ、Y会社が履行停止権を行使した事案である（事務局注釈212頁【例62B】）。

請求原因　1　XはYとの間で、本件製品を○万円の先払の約定で売買する契約を締結したこと

（履行停止権——不安の抗弁）

抗　弁　1　契約の履行の準備又は契約の履行における相手方の行動によってXがその義務の実質的な部分を履行しないであろうという事情が契約の締結後に明らかになったこと
＊事務局注釈212頁は、本件に関して、次のとおり解説する。必要な品質を備えた部品の製造及び引渡しに関するXの能力に悪化はなかったが、Yは、Xが類似のニーズを有する他の買主に瑕疵ある物品を引き渡していることを知った。これだけの事実では、Yが、自己の履行を停止することは認められない。しかし、Xによる他の買主への瑕疵ある物品の引渡しの原因が、特定の供給源から調達した原料を用いたことにあり、かつ、Yに対しても同じ供給源からの原料を使用する準備をXがしているという事実が加われば、XはYに対しても瑕疵ある物品を引き渡すであろうと判断する十分な根拠となろう。
＊履行停止を正当化させる事由が契約締結時既に公知の事実であったことは積極否認と位置付けられる。

2　YはXに対し、代金の先払を停止したことを直ちに通知したこと
＊履行停止の通知が履行停止権の要件となるかについては、見解が分かれる（後記3(2)参照）。注釈Ⅱ〔松井和彦〕120頁は、本条の履行停止権を主張する当事者は、本条(3)に基づき履行停止を通知したことも証明しなければならないとして

いる。

2　売主の運送差止権
(1) 意義
　本条(1)の履行停止権は、売主・買主に共通して認められる予防的な救済方法である。これに加えて、売主には、本条(2)1文が、特別な履行停止権を認めている。すなわち、本条(2)1文は、買主がその義務の実質的な部分を履行しないであろう予測される事情（売主が自己の義務の履行を停止できる事情）が明らかになる前に売主が物品を既に発送している場合（例えば、売主が買主を信用して代金を後日払として船荷証券を引き渡したが、物品が仕向地へ着く前に買主の支払不能を知った場合）には、売主は、運送途中にある物品が買主に交付されるのを妨げることができるのである。

　売主の運送差止権の意義は、履行停止権についてのそれとほぼ同様である。すなわち、売主は、買主の不履行のおそれが契約締結後の物品発送前に明らかになった場合には、履行停止権（本条(1)）を行使して発送を停止することができるが、それが物品発送後の運送中に明らかになった場合にも、運送差止権（本条(2)）を行使して買主への物品の交付を妨げることができることとして、売主を保護する趣旨である。

　運送差止権は、たとえ物品を取得する権限を与える書類（例えば、運送証券）を買主が有しているときであっても同様である。例えば、売主が買主に物品を発送した場合において、物品が仕向地に到達する前に買主の信用状態の悪化を知ったときは、売主は、たとえ買主が船荷証券を所持しているときであっても、運送人に対して買主へ物品を引き渡さないよう指示することができる（なお、運送人との関係については下記(3)イ参照）。

(2) 要件
　売主の運送差止権の要件は、①売主が自己の義務の履行を停止できる事情が明らかになる前に物品を既に発送していること、及び②買主に物品がまだ交付されていないことである。もっとも、物品発送後の運送差止権は、物品が買主に交付されるのを妨げる権利であるので、物品が買主に交付されたときには消滅する。

(3) 運送差止権の効果
ア　売買当事者間
　売主が運送差止権に基づき買主への物品の交付を妨げることは、売主の義務違反にならない。運送差止権は、物品に関する売主と買主との間の権利についてのみ妥当する（本条(2)2文）。

イ　運送人との関係

　本条(2)は、運送人の権利義務について規定するものではない。例えば、物品の引渡請求権を買主に与える運送証券を買主が有している場合に、売主から指示を受けた運送人がその指示に従うべきか否かは、運送手段の種類によりそれぞれに適用される条約及び国内法による。また、4条(b)により、本条約は、契約が売買物品の所有権に与える効果には関与しないので、第三者が買主から物品に対する権利を取得した場合に、果たして第三者の権利が売主の運送差止権に優先するか否かについては、適用される国内法によって判断される。

　第三者たる運送人により物品を引き渡す場合において、当該運送人と運送契約を締結したのが売主であった場合は、通常、売主は運送人に対して指図権を有するので、問題は生じない。これに対して、運送人と契約を締結したのが買主であった場合には、売主は運送人に対して、買主に物品を交付しないよう指図する権利を有しない反面、買主は運送人に対して、物品の交付を求める権利を有する。このため、売主と買主との関係において、売主が運送差止権を有していたとしても、実際には、物品の交付を妨げることが困難な事態が生じる。しかし、本条約は、この問題に立ち入らないことを明示している。この問題の解決は、各国内法にゆだねられるのである。日本法においては、船荷証券が発行されている場合は、船荷証券の所持人のみが運送品の処分権を有しているので（商761条）、船荷証券が買主の手許にあるときは、荷送人の売主は、運送人に運送の中止、運送品の返還その他の処分の指図をすることができない。

3　履行停止の通知
(1)　意義

　本条(3)前段は、物品の発送の前後を問わず、履行を停止した当事者は、直ちに相手方に対しその旨を通知しなければならないことを定めている。これは、本条(1)により履行を停止した当事者も、また、本条(2)により運送中の物品を差し止めた当事者も、直ちに相手方に通知しなければならないことを意味する。この通知により、相手方に保証を提供するなどの対応策を講じる機会を保証し、相手方の損害を防止ないし軽減することを目的としている。それと同時に、危機に瀕した契約関係を正常化する契機を与えるものとして機能することも期待されている。

(2)　履行停止と通知の関係

　通知義務の履行が、本条(1)の履行停止権の成立要件であるかが論じられ

ている。

ア 否定説

多数説は、停止の通知を履行停止権の成立要件ではないと解している。これによれば、通知義務に違反があった場合でも履行停止は適法なものとされ、ただ、仮に直ちに通知がされていれば相手方において適切な保証を提供していたであろうことが立証された場合には、損害賠償義務が問題となり得るのみである。

イ 肯定説

停止の通知を履行停止権の要件と位置付ける有力説もある。これによれば、直ちに通知がされなければ履行の停止は違法となり、それが重大な契約違反（25条）に該当する場合には、相手方に契約解除権（買主につき49条(1)(a)、売主につき64条(1)(a)）及び損害賠償請求権（買主につき45条(1)(b)、売主につき61条(1)(b)）が認められる余地がある。本書の設例は、肯定説の立場から、事実整理をしている。

4 履行の保証

本条(3)後段は、もし相手方が義務の履行について適切な保証を与えた場合には、履行を停止した当事者は、履行を再開しなければならないことを定める。

適切な保証の内容であるが、①相手方が事実義務を履行するであろうこと、又は②履行を停止した当事者が履行を進めることによって被るすべての損害が補償されるであろうことについて合理的な保証を与えるものでなければならない。

訴訟物　　XのYに対する売買契約に基づく物品引渡請求権

＊日本のY会社と米国のX会社間の売買契約において、物品がX会社の営業所に到達した30日後にX会社が代金を支払うものとされていた。契約の締結後、Y会社は、X会社の信用力に疑問を抱く合理的な理由のある情報を得た。Y会社が履行を停止し、その旨をX会社に通知した後、X会社は、①書類と引換えに支払うという新たな支払条件、②信頼できる銀行が発行した信用状、③X会社が支払を行なわない場合に支払をするとの信頼できる銀行その他の信頼できる当事者からの保証、④Y会社への償還を確実なものとするのに十分なX会社所有の財産への担保権設定のいずれか

を申し出た。本件は、X会社がY会社に対して物品の引渡しを求めたところ、Y会社は不安の抗弁を主張し、X会社は保証の提供をした旨などの主張した事案である（事務局注釈214-215頁【例62E】）。

請求原因 1 YはXとの間で、本件物品を○ドル、物品がXの営業所に到達した30日後にXが代金を支払うとの約定の売買契約を締結したこと

（履行停止権──不安の抗弁）

抗　弁 1 Xの履行をする能力又はXの信用力の著しい不足によって相手方がその義務の実質的な部分を履行しないであろうという事情が契約の締結後に明らかになったこと

2 YはXに対し、物品の引渡しを停止したことを直ちに通知したこと

＊履行停止の通知が履行停止権の要件となるかについては、否定説と肯定説に分かれる（上記3(2)参照）。

（保証提供）

再抗弁 1 Xは、①Xが書類と引換えに支払うという新たな支払条件を呈示、②Xが信頼できる銀行の発行した信用状を交付、③Xが支払を行なわない場合に支払をするとの信頼できる銀行その他の信頼できる当事者からの保証、④Yへの償還を確実なものとするのに十分なX所有の財産への担保権設定のいずれかの措置をするとの申出をしたこと

＊上記①ないし④の選択肢のいずれもYに支払の適切な保証を提供することになるので、Yは履行を再開する義務を負う。履行を停止した当事者は、自己の債務の履行を再開しなければならない（本条(3)後段）。この場合、履行を停止していた当事者Yの履行期は、当初の履行期よりも合理的な期間だけ延長されると考えられる。この点について、事務局注釈213頁【例62C】は、「売買契約に基づき、売主は物品を7月1日までに引き渡す義務を負っていた。買主の信用力について合理的な疑いが生じたために、5月15日に売主は履行を停止した。5月29日、買主は、物品の代金を支払うことについての適切な保証を提供した。この場合には、売主は物品を7月15日までに引き渡さなければならない」としている。

(危殆化原因の消滅)
再抗弁 1 危殆化原因が消滅したこと
＊履行の危殆化が存在しなくなった場合には、Yの履行の停止を認める必要がなくなる。このため、履行停止権は消滅する。消滅を定める規定は本条約に存在しないが、当然である。注釈Ⅱ〔松井和彦〕120頁は、履行停止を正当化する事由が後に消滅したことを立証すれば、いったん有効に成立した履行停止権が消滅することになるという。

(履行期の到来)
再抗弁 1 実質的な部分が履行されないであろうと予測される義務につき、その履行期が到来したこと
＊この場合には、Yの履行停止権は消滅する。なぜなら、この時点において義務が履行されなければ、義務違反が現実に生じたことになり履行を停止していた当事者Yは、それぞれの要件を満たす限りにおいて、契約違反に基づく救済方法(履行請求、損害賠償請求、契約解除など)を行使することができるからである。

訴訟物 XのYに対する売買契約に基づく物品引渡請求権
＊日本のY会社は、米国のX会社との間で、継続的供給契約に基づき、船積後60日払の銀行送金決済で、本件物品を売買する契約を締結していた。X会社からの支払が遅延するようになっていた。そのような状況の下、Y会社は、X会社の財務状況が悪化し、破産の申立てを行なうという情報を入手した。本件は、X会社がY会社に対し、本件物品の引渡しを求めたところ、Y会社は不安の抗弁を主張し、さらに不安を払拭する担保提供の有無が争点となった事案である。

請求原因 1 YはXとの間で、継続的供給契約に基づき、船積後60日払の銀行送金決済で本件物品を売買する契約を締結していたこと

(履行停止権——不安の抗弁)
抗弁 1 Xの履行をする能力又はXの信用力の著しい不足によって相手方がその義務の実質的な部分を履行しないであろうという事情が契約の締結後に明らかになったこと
＊本条の履行停止権を主張する当事者Yは、相手方が義務の

重要な部分を履行しないおそれを生じさせる原因たる事由（例えば、財政状態の窮迫、別の取引相手との契約において欠陥品を引き渡した、繰り返し代金支払期日を徒過している等）の存在、その事由が契約締結後に判明したことを立証する必要がある。
* 履行停止を正当化せしめる事由が契約締結時既に公知の事実であったことは、その事由が契約締結後に明らかになったことの積極否認事実である。

(2　YはXに対し、物品の供給を停止したことを直ちに通知したこと)
* 履行停止の通知が履行停止権の要件となるかについては、否定説と肯定説に分かれる（前記3(2)参照）。

(保証提供)

再抗弁　1　Yは、物品の代金を支払うことについての適切な保証を提供したこと
* 本条(3)後段に基づく再抗弁である。これは、いったん有効に成立した履行停止権がその後消滅させる事実である。「適切な保証」には、保証契約の締結、担保物権の設定、撤回不能信用状の開設、引換給付への支払条件の変更などがある。

訴訟物　XのYに対する売買契約に基づく代金支払請求権
* 日本のX会社は米国のY会社との間で、精密部品を製造し、Y会社が定期的に購入代金の先払をする約定の売買契約を締結していた。X会社が、要求されていた品質の物品を引渡期日に引き渡さなければ、Y会社に甚大な金銭的損失が生じる状況にある。Y会社としてはその部品を他の会社に製造させることも可能であるが、代替品を他の会社が引き渡すことができるようになるためには、契約締結から最短でも6か月を要する。契約では、売主が物品を製造している期間、Y会社が定期的に購入代金の先払をする約定であったが、Y会社はX会社が期日どおりに引き渡すことができないと判断する十分な根拠のある情報を得て、X会社に対し、履行をすべて停止すること、そしてその原因はX会社にあることを通知した。本件は、X会社がY会社に対して代金の支払を求めたところ、Y会社は不安の抗弁により代

金の支払を停止したと主張し、これに対し、X会社は十分な保証をしたとして、代金の先払を求めた事案である（事務局注釈215頁【例62F】）。

請求原因 1 XはYとの間で、精密部品を製造し、Yが定期的に購入代金の先払をする約定の売買契約を締結したこと

（履行停止権——不安の抗弁）

抗　弁 1 契約の履行の準備又は契約の履行における相手方の行動によってXがその義務の実質的な部分を履行しないであろうという事情が契約の締結後に明らかになったこと

（2 YはXに対し、代金の先払を停止したことを直ちに通知したこと）

（保証提供）

再抗弁 1 Xは、精密部品を製造することについての適切な保証を提供したこと

＊例えば、Xが「売主は買主に対し、契約どおりの品質の物品を期日に引き渡す旨の保証を書面で行なうとともに、売主がその義務を履行しなかった場合には契約に基づいて支払われた代金全額について、金銭的な補償を行なうという銀行保証を提供した」としても、これでは、売主は履行について適切な保証を提供したことにならない。履行するとの売主の言明は、それが、買主が売主は期日どおりに引き渡さないと判断する理由となった情報についての十分な説明を伴うものでない限り、売主の契約上の義務を改めて述べたものにすぎない。契約に基づいて支払われた代金を補償する銀行保証の提供も、不履行の場合の代金返還債務に関するものにすぎず、契約期日に物品を必要としている買主にとって、適切な保証ではない。

＊もし、Xが適当な確約をしなかったために履行を停止したYが損害を被った場合には、契約の解除権使の有無にかかわらず、損害賠償を請求することができる。本件において、Xが契約の解除の意思表示をして、代品を他社から高い価格で買った場合には、契約価格と他社からの買値との差額を求償できる。

5 危殆化が生じた義務と履行を停止する義務の関係

実質的な部分が履行されないであろうと予測される義務と、履行を停止する義務とは、同一の契約によって生じたものでなければならない。すなわち、YX間で締結された乙契約に基づく損害賠償義務をXが履行しないであろうという事情が明らかになったことを理由に、YがAとの間の甲契約に基づく物品の引渡しを停止することはできない。ただし、下記の設例のようにXが乙契約に基づく損害賠償義務を履行しないであろうという事情により、Xが甲契約に基づく代金も支払わないであろうことが明らかになることもあり、この場合には、Yに本条(1)に基づく履行停止権が認められる。

| 訴訟物 | XのYに対する売買契約に基づく物品引渡請求権
＊実質的な部分が履行されないであろうと予測される義務と、履行を停止する義務とは、同一の契約によって生じたものでなければならない。
＊本件は、米国のY会社と日本のX会社間で締結された売買契約（甲契約）に基づき、X会社がY会社に対して物品の引渡しを求めたところ、Y会社は、Y会社とX会社間の売買契約（乙契約）に基づく損害賠償義務をX会社が履行しないであろうと予測される事情が明らかになったことを理由として、Y会社がX会社との間の甲契約に基づく物品の引渡しを停止することを主張した事案である（潮見＝中田＝松岡・概説163頁、事務局注釈212頁【例62A】）。

| 請求原因 | 1 YはXとの間で、本件物品を○円で売買する契約（甲契約）を締結したこと

（履行拒絶権――不安の抗弁）
| 抗弁 | 1 本件売買契約とは別に、YX間で締結された別件売買契約（乙契約）に基づく損害賠償義務をXが履行しないこと
＊YX間で締結された乙契約に基づく損害賠償義務をXが履行しないであろうという事情が明らかになったことを理由に、YがXとの間の甲契約に基づく物品の引渡しを停止することはできない。
2 抗弁1の事情から、Xが請求原因1の本件売買契約に基づく代金も支払わないであろうことが明らかになったこと
＊Xが乙契約に基づく損害賠償義務を履行しないであろうと

いう事情により、Xが甲契約に基づく代金も支払わないであろうことが明らかになることもあり、この場合には、Yに本条(1)に基づく履行停止権が認められる。
（3　YはXに対し、物品の供給を停止したことを直ちに通知したこと）

● (履行期前の契約解除) ══════════════

第 72 条

(1)　当事者の一方は、相手方が重大な契約違反を行うであろうことが契約の履行期日前に明白である場合には、契約の解除の意思表示をすることができる。

(2)　時間が許す場合には、契約の解除の意思表示をする意図を有する当事者は、相手方がその履行について適切な保証を提供することを可能とするため、当該相手方に対して合理的な通知を行わなければならない。

(3)　(2)の規定は、相手方がその義務を履行しない旨の意思表示をした場合には、適用しない。

Article 72

(1)　If prior to the date for performance of the contract it is clear that one of the parties will commit a fundamental breach of contract, the other party may declare the contract avoided.

(2)　If time allows, the party intending to declare the contract avoided must give reasonable notice to the other party in order to permit him to provide adequate assurance of his performance.

(3)　The requirements of the preceding paragraph do not apply if the other party has declared that he will not perform his obligations.

1　履行期前の契約解除の趣旨

　債務者が履行期前に義務の履行を明確に拒絶し、もはや翻意が見込めないような場合や、契約に適合した履行がもはや見込めないような場合に、なお債権者が契約を解除するために履行期到来を待ち重大な契約違反（25 条）

が生じるのを待つよう強いることは、債権者にとって酷である。それにとどまらず、無益な時間の経過によって債権者に生じる損害を拡大させることもあり得る。そこで、このような場合に、履行期到来前であっても、債権者には契約を解除する権利が認められている（本条(1)。法文は「履行期日」であるが、「履行期」と表記する）。

2　履行期前の契約解除権の成立要件（本条(2)）
　履行期前の契約解除権の発生根拠事実は、①相手方が「重大な契約違反を行うであろうこと」（重大な契約違反のおそれ）が、②契約の履行期前に「明白である」こと（高度の蓋然性）、③解除を予告する合理的な通知を事前に行なったこと（例外がある）である。
(1)　重大な契約違反のおそれ
　将来予測される契約違反は、25条の意味における「重大な契約違反」でなければならない。これは、通常の契約解除権が「重大な契約違反」を要件としていること（25条）に対応している。すなわち、一方当事者の契約違反によって、契約の下で相手方に正当と認められた期待が実質的に奪われるような不利益な結果が生じるような場合、その違反は「重大な契約違反」となる。例えば、期日どおりに物品の引渡し又は代金支払が行なわれないおそれがある場合はもちろん、契約に適合しない物品が引き渡されるおそれがある場合や、運送に関連する義務（32条）、書類交付義務（34条）などその他の義務違反が生じるおそれがある場合も、その義務違反が現実に発生すると重大な契約違反になると評価できる限り、履行期前の契約解除権が問題となり得る。
　なお、本条約は、契約違反に基づく責任の発生要件として債務者の帰責性を必要としないので、予測される重大な契約違反についても、債務者の帰責性の有無は問題にならない。したがって、一方では、故意による重大な契約違反が予測される場合、例えば履行期前に債務者がその義務を履行しない旨の意思表示をした場合（履行期前の履行拒絶）に履行期前解除権が問題となるし（本条(3)）、不可抗力によって重大な契約違反が生じると予測される場合でも、同じである（79条(5)）。
(2)　重大な契約違反発生の高度の蓋然性
　将来において重大な契約違反が生じる高度の蓋然性が必要である。
　履行停止権を規定した71条(1)が、その要件として契約違反が生じる蓋然性につき、それが「明らかになった」（it becomes apparent）と定めているのに対し、本条(1)は、契約違反が生じる蓋然性につき、それが「明白であ

る」(it is clear) 場合に、履行期前の契約解除権を認めている。その法的効果が、解除がより重大であることに対応して、後者が前者に比べて、より高度な蓋然性を要件としているのである。これは、債務者がその義務を履行しない旨の意思表示をした場合、すなわち履行期前の履行拒絶の場合にも該当する。合理的にみて翻意が期待できないと考えられるほど明確に履行拒絶の意思が表示されたことが必要とされる。

なお、当事者の一方が71条(1)に基づいて履行を停止し、適切な保証の提供を求めたにもかかわらず、相手方がこれに応じなかった場合に、履行を停止した当事者は契約を履行期前に解除することができるか否かについては、明文の規定がない。したがって、履行の危殆化が存する状況下において適切な保証を提供しないことが、履行期前解除権を発生させるか否かは、本条(1)の要件を満たすか否かによることとなる。

訴訟物　　　　XのYに対する売買契約に基づく物品引渡請求権
　　　　　　＊イタリアのY会社が製造する靴を日本のX会社に売買する契約において、契約日から90日の納期に先立ち、X会社はY会社との以前の取引に係る3枚の小切手のうち2枚につき決済していなかった。最終的に、これらの小切手は、訴訟においてX会社が敗訴してようやく支払われた。そこで、Y会社は今回の契約に係る代金支払につき担保を求めたが、X会社はこれに応じなかった。本件は、X会社がY会社に対して、靴100足の引渡しを求めたところ、Y会社は履行期前に解除したと主張した事案である。
　　　　　　＊注釈Ⅱ〔松井和彦〕131頁は、抗弁の立証責任について、本条に基づく契約解除の主張者は、相手方が重大な契約違反をするであろうことが明白なことを示す事実、事前の通知をしたこと、解除の意思表示をしたこと、場合によっては相手方の履行拒絶や通知をする時間の余裕がなかったことを立証しなければならないこと、そして、再抗弁について、相手方が、本条に基づく契約解除の意思表示がされる前に解除権が消滅したことを立証すべきであり、また、通知をすべきであったことについても、その立証責任があるとしている。

請求原因　1　YはXとの間で、靴100足を○ユーロで、納期を契約締結後90日との約定で、売買する契約を締結したこと

（履行期前の解除）

抗弁 1　XはYとの以前の取引に係る3枚の小切手のうち2枚につき決済せず、最終的に、これらの小切手の決済は、支払訴訟においてXが敗訴した結果行なわれたこと

＊抗弁1及び2の事実から、靴の引渡期日以前において、買主Xが代金を支払わないであろうことが「明白」であったと認定できるかが争点となろう。

＊CLOUT238は、継続的売買取引において、買主による2回の支払不履行や、一度売主に対し呈示した銀行への支払指示書を無断で取り消す等の行為だけでは十分な蓋然性をもって買主の契約履行能力や信用に著しい不足を生じせしめたと認定できないとして、本条(1)の適用を認めなかった。

(2　Yは、請求原因1の売買契約に係る代金支払につき担保を求めたところ、Xはこれに応じなかったこと)

3　YはXに対して、Xがその履行について適切な保証を提供することを可能とするため合理的な通知をしたこと

＊当初、71条に基づいて履行停止を行ない、引き続き本条に基づいて契約を解除する場合、71条(3)に基づく通知を行なったからといって、本条(2)に基づく事前の通知義務を履行したことになるわけではない。したがって、本条に基づいて契約を解除しようとする場合には、改めて事前の通知をしなければならない。

3′　通知する時間がないこと

＊本条(2)による抗弁3に代わる（等価値の）事実である。

3″　履行拒絶の意思を明らかにしたこと

＊本条(3)による抗弁3に代わる事実である。

4　YはXに対して、納期に先立って、解除の意思表示をしたこと

＊49条や64条に基づく契約解除の場合と同様に、明示的な契約解除の意思表示がなければならない（26条）。本条の要件が満たされると同時に、当然に契約が解除されるわけではない。しかし、特別な方式は必要ない。また、解除の意思表示の効力発生時期については、27条（発信主義）が適用される。これも他の契約解除の場合と同様である。

＊本条に基づく契約解除を主張する当事者（本件の場合は、売

主Y）は、本条の要件事実を主張・立証しなければならない。すなわち、①相手方（本件の場合は、買主X）が重大な契約違反をするであろうことが明白なことを示す事実、②事前の通知をしたこと、③解除の意思表示をしたこと、場合によっては、④相手方の履行拒絶や、⑤通知をする時間的余裕がなかったことを立証しなければならない。

（重大な契約違反を危惧させる事由の消滅）
再抗弁 1 将来において重大な契約違反が生じるであろうことが明白ではなくなったこと
＊何らかの事情により、将来において重大な契約違反が生じるであろうことが明白ではなくなった場合には、本条(1)の要件を欠く。実質的にも、このような場合に契約解除権を認める必要はない。したがって、契約解除権は消滅する。
＊買主Xが本条に基づく契約解除の意思表示がされる前に解除権が消滅したことを主張する場合には、そのことを証明しなければならない。また、通知をすべき場合だったことを主張する場合も、そのことを証明しなければならない。

（適切な担保の供与）
再抗弁 1 Xがその義務の履行につき適切な担保を供与したこと
＊この場合には、本条の契約解除権は消滅すると解する。将来において重大な契約違反が生じるであろうことが明白でなくなるからである。何が「適切」な担保なのかについては、個々の事案における諸事情を考慮して判断される。また、担保の「供与」とは、現実に担保が設定されるなどして将来の重大な契約違反のおそれが払拭された状態をいう。これらは71条における担保提供と同様である。本条の文言から明らかなように、担保供与を請求する権利は定められていない。言い換えると、買主Xに担保を供与すべき義務はない。

（履行期の到来）
再抗弁 1 請求原因1の履行期が到来したこと
＊本条は、履行期到来前の契約解除権を定めている。したがって、当然、履行期到来と同時に本条の契約解除権は消滅する。もっとも、この時点において買主Xから義務の履行がなされず、そのことが「重大な契約違反」になる場合には、49条(1)(a)又は64条(1)(a)に基づいて契約解除権が発生す

る。

(3) 事前の通知義務

　本条(2)によれば、本条(1)の契約を解除しようとする当事者は、時間が許す場合には、そのことにつき合理的な通知をしなければならない。71条(3)における通知義務とは異なり、本条では、事前の通知が義務付けられている。その目的は、契約解除を考えていることを知った相手方が、履行について適切な担保を供与して契約関係を維持することができるようにすることであり、この点は71条(3)と同じ趣旨である。

ア　通知義務の要件性

　この通知義務が、本条(1)の契約解除権の積極的要件であるかについては争いがある。

　通知を怠っても損害賠償義務を発生させるだけで、契約解除の効果には影響を及ぼさないとする見解もあるが、71条(3)の通知義務とは異なり、本条(2)の通知義務を契約解除権の要件であると解すべきである。それは、①履行期前の契約解除について事前の通知を要件とすべきことは、本条の起草過程において確認されていたこと（起草者の意見）と、②本条が「事前」の通知を義務付けているのは、本条(2)にも規定されているように、契約関係の解消をできるだけ回避しようとの趣旨が挙げられている（注解Ⅱ〔松井和彦〕125頁）。

イ　「時間が許す場合」について

　本条(2)の通知義務には、次の2つの例外がある。

(ｱ)　本条(2)所定の事前の通知をする時間の余裕がない場合

　本条(2)所定の事前の通知をする時間の余裕がない場合には、通知を要しない。例えば、履行期までの時間が短いために、解除の旨を事前に通知し担保供与に必要な合理的な期間を待って解除したのでは履行期が到来してしまう（したがって履行期前には解除できなくなってしまう）ような場合である。この見解によれば、適切な担保が供与できるだけの時間が確保できるかどうかだけで通知義務の成否を決することになる。したがって、現代の通信技術の下では、通知する時間的余裕がない場合は、通常考えられず、よほど特別な事情がある場合に限られることになる。これに対して、目的物の価格が急激に変動している場合や、目的物が傷みやすい物品である場合にも、通知する時間的余裕がないと解する見解もある。このように解さないと、状況を早期に確定させ代替取引を可能にするという本条の趣旨が損なわれてしまうからであるという（注解Ⅱ〔松井和彦〕126頁）。

なお、事前の通知をすべき時期については、特に制限がない。すなわち、重大な契約違反を危惧するに至った時から直ちに（又は遅滞なく）通知をなすべき義務はない。しかし、事前の通知義務を免れる目的で故意に通知を遅らせ、相手方が担保を供与する時間をなくしたうえで、事前の通知をする時間的余裕がないとして直ちに契約解除の意思表示をした場合は、信義則（7条(1)）に反し、権利の濫用とみなされるであろう。

(イ)　本条(3)が定めている相手方がその義務を履行しない旨の意思表示をした場合

　本条(3)所定の相手方がその義務を履行しない旨の意思表示をした場合には、事前の通知を要しない場合である。このような、いわゆる履行期前の履行拒絶は、合理的にみて翻意が期待できないほど履行拒絶の意思が強固である場合にのみ認められるので、もはや改めて通知をして翻意の機会を与えることは無意味だからである。履行拒絶の具体例としては、義務を履行しない旨を真摯かつ終局的に表明することである。例えば、契約の存在それ自体を否定している場合や、当事者間で合意していないような新たな条件（過度の代金増額又は減額など）を呈示し、その条件の下でのみ履行に応ずる（当初の契約内容のままでは履行しない）といった主張をする場合が、これに当たるが、単なる再交渉の申入れでは履行拒絶とは解されない。

3　解除の法的効果
(1)　契約関係の消滅

　有効な契約解除によって、契約上の権利義務は消滅する。解除により原状回復請求権や損害賠償などが生じるが、81条以下が規定している。他方、本条の要件を満たさないにもかかわらず、一方当事者が履行期前に契約解除の意思表示をした場合には、当然、解除の効果は生じない。のみならず、その当事者は契約の履行拒絶をしたものと解され、本条(3)に基づいて相手方から契約を解除され（かつ損害賠償を請求され）得る。

(2)　他の法的救済との関係
ア　履行停止権との関係

　71条と本条とは、非常に類似した状況を規定している。そのため、両規定の要件を同時に満たす場合もあり得る。しかし、両規定は別個独立して適用されるので、それぞれの規定の要件を満たす限りにおいて、いずれの権利を主張してもよい。本条の要件を満たしていればたとえ同時に71条の要件も満たしているという場合でも、直ちに本条に基づいて契約を解除してもよい。逆に、重大な契約違反のおそれがある場合でも、直ちに契約を解除せず

に、71条に基づいて履行を一時的に停止してもよい。
　イ　その他の解除権との関係
　まず、分割履行契約においては、いずれかの分割部分についての当事者の一方の何らかの義務の不履行が将来の分割部分につき重大な契約違反の発生を推断させるのに十分な根拠を与える場合には、相手方は将来に向かって契約を解除することができる（73条(2)）。本条と類似した状況を規定しており、要件面において重複する部分もあるが、両規定は別個独立して適用されるので、適用上は両規定の関連を考慮する必要はない。つまり、それぞれの規定の要件が満たされる限りにおいて、それぞれの規定に基づいて解除権が認められることになる。
　次に、現実に契約違反が発生した場合には、49条(1)(a)（買主）及び64条(1)(a)（売主）に基づいて解除権が認められる。しかし、本条が規定しているのは履行期到来前の解除権であるから、これらの規定とは場面を異にする。したがって、これらの規定との競合は生じない。
　ウ　損害賠償請求権
　本条約の一般原則に従い、契約を解除した当事者は、相手方に対して損害賠償を請求することができる（45条(1)(b)、61条(1)(b)）。ただし、重大な契約違反のおそれを生じさせる事由が当事者の支配を超えたもの（自然災害など）である場合には、79条(5)により損害賠償請求権が認められないことがある。

●（分割履行契約の解除）

第73条
　(1)　物品を複数回に分けて引き渡す契約において、いずれかの引渡部分についての当事者の一方による義務の不履行が当該引渡部分についての重大な契約違反となる場合には、相手方は、当該引渡部分について契約の解除の意思表示をすることができる。
　(2)　いずれかの引渡部分についての当事者の一方による義務の不履行が将来の引渡部分について重大な契約違反が生ずると判断する十分な根拠を相手方に与える場合には、当該相手方は、将来の引渡部分について契約の解除の意思表示をすることができる。ただし、この意思表示を合理的な期間内に行う場合に限る。
　(3)　いずれかの引渡部分について契約の解除の意思表示をする買主は、当該引渡部分が既に引き渡された部分又は将来の引渡部分と

相互依存関係にあることにより、契約の締結時に当事者双方が想定していた目的のために既に引き渡された部分又は将来の引渡部分を使用することができなくなった場合には、それらの引渡部分についても同時に契約の解除の意思表示をすることができる。

Article 73

(1) In the case of a contract for delivery of goods by instalments, if the failure of one party to perform any of his obligations in respect of any instalment constitutes a fundamental breach of contract with respect to that instalment, the other party may declare the contract avoided with respect to that instalment.

(2) If one party's failure to perform any of his obligations in respect of any instalment gives the other party good grounds to conclude that a fundamental breach of contract will occur with respect to future instalments, he may declare the contract avoided for the future, provided that he does so within a reasonable time.

(3) A buyer who declares the contract avoided in respect of any delivery may, at the same time, declare it avoided in respect of deliveries already made or of future deliveries if, by reason of their interdependence, those deliveries could not be used for the purpose contemplated by the parties at the time of the conclusion of the contract.

---

1 分割履行契約における義務違反に対する解除

本条は、履行が複数回に分かれて行なわれる売買契約である分割履行契約の個別の分割部分について契約の一部解除を認めた規定である。すなわち、分割履行契約とは物品を複数回に分けて引き渡す契約のうち、各回の引渡部分が相互に分離可能であり（可分性）、引渡部分ごとに別個に取り扱える形で契約全体から独立しているものを（別個独立性）、分割履行契約という。このような契約においては、当事者の義務の履行が複数回に及ぶため、各引渡部分について、引渡しや代金支払の遅延、契約不適合などの契約違反が考えられる。この場合契約違反が行なわれた当該引渡部分についてのみの解除が問題になると同時に、その他の引渡部分や分割履行契約全体の解除も問題となる。本条は、このような分割履行契約の特殊性に鑑み、解除権に関する

特則を規定している。

2 契約違反が行なわれた引渡部分についての解除（本条(1)）

本条(1)によれば、いずれかの引渡部分についての当事者の一方による義務の不履行が、当該引渡部分についての重大な契約違反（25条）となる場合には、相手方は、当該引渡部分について契約を解除することができる。この規定は、契約解除権に関する25条、49条(1)(a)の一般原則が分割履行契約の中のある引渡部分についても当てはまることを確認したものである。

なお、51条は、分割履行契約ではない単発の契約において売主に一部不履行があった場合につき、買主の解除権を規定しているが、分割履行契約に関する本条(1)は、買主に不履行があった場合にも適用される。すなわち、ある引渡部分に関する代金支払を買主が怠った場合や引渡しの受領を拒絶した場合、それが本条(1)の要件を満たす限りにおいて、売主はその引渡部分について契約を解除することができる。

訴訟物　X会社のY会社に対する売買契約に基づく代金支払請求権
　　＊カナダのX会社は日本のY会社との間で、1,000トンの1等級の穀物を、100トンずつ10回に分けて引き渡し、代金は最終回の引渡し後に全額を支払う契約を締結した。本件は、X会社がY会社に対して、最終回の引渡しが完了したので代金の支払を求めたところ、Y会社は、5回目に引き渡された部分は、3等級の穀物であり、5回目の部分については解除したとして、その部分の代金の支払を拒んだ事案である（事務局注釈221頁【例64A】）。
　　＊契約の全部をみた場合には、このような10分の1の部分に契約不適合があっただけでは、それが契約の全部についての重大な違反とならなくても、買主Yは、この5回目の引渡部分に限って契約を解除することができる。その結果、契約は事実上、900トンの引渡しと、按分して減額された代金からなる契約に改訂されることになる（事務局注釈221頁）。

請求原因　1　XはYとの間で、1,000トンの1等級の穀物を、100トンずつ10回に分けて引き渡し、代金は最終回の引渡し後に全額○万カナダドルで支払う契約を締結したこと

（解除）

抗弁　1　XがYに10回の履行をしたが、そのうち、5回目に引き渡

した部分は、3等級の穀物であったこと
2 YはXに対して、5回目の引渡部分を解除する意思表示をしたこと

3 将来の引渡部分についての解除（本条(2)）

　いずれかの引渡部分についての当事者の一方による義務の不履行が、将来の引渡部分について重大な契約違反が生ずると判断する根拠を相手方に与えることがあり得る。この場合、当該相手方は、将来の引渡部分について契約を解除することができる（本条(2)）。例えば、機械部品の売主が5回分の引渡部分につき引渡しを遅延したため、買主側で当該機械部品を使用した機械の製造計画に大きな狂いが生じたという場合には、合理的にみて、将来の引渡部分についても同様の遅延が生じ、買主側にさらに大きな損害が生じると判断されることがあり得る。このような場合には、売主は、将来の引渡部分について契約を解除することができる。ただし、この解除の意思表示は、合理的な期間内に行なわなければならない。

訴訟物　　X会社のY会社に対する売買契約解除に基づく代金返還請求権

＊カナダのY会社は日本のX会社との間で、1,000トンの1等級の穀物を、100トンずつ10回に分けて引き渡し、代金は第1回目に全額の支払を受ける売買契約を締結した。ところが、Y会社がX会社に5回目に引き渡した部分は、3等級の穀物であり、6回目以降も1等級の穀物の引渡しが期待できないので、5回目を含め10回目までの部分については解除した。本件は、X会社がY会社に対して、5回目から10回目までの既払の代金の返還を求めた事案である。

＊契約の全部をみた場合には、このような10分の1の部分に契約不適合があっただけでは、それが契約の全部についての重大な違反とならなくても、買主Xは、この5回目の以降の引渡部分の契約を解除することができる。その結果、契約は事実上、400トンの引渡しと、按分して減額された代金からなる契約に改訂されることになる。

請求原因　1 YはXとの間で、1,000トンの1等級の穀物を、100トンずつ10回に分けて引き渡し、代金は1回目の引渡し時に全額○万カナダドルで支払う契約を締結したこと

2　Xは請求原因1の契約に基づき代金全額を支払ったこと
3　YがXに5回目に引き渡した部分は、3等級の穀物であったこと
4　YはXに対して、5回目の引渡部分と6回目から10回目までの未引渡部分を解除する意思表示をしたこと
5　請求原因3のYの義務不履行が将来の引渡部分について重大な契約違反が生ずると判断する十分な根拠をXに与えること

＊本条(2)に基づく解除権は、71条や72条と同様、将来における不履行発生の蓋然性が高いことを要件としている。この蓋然性の程度についてみると、71条との関係については、契約関係の解消をもたらす本条(2)の方が、履行の一時的な停止にとどまる71条よりも高度な蓋然性を要求していると解するのが多数説である。他方、72条との関係については、解除が契約全体に及ぶ72条の方が、将来の引渡部分のみにとどまる本条(2)よりも高度な蓋然性を要求していると解されている。

6　請求原因3の5回目の引渡部分と6回目から10回目までの未引渡部分の解除の意思表示は合理的な期間内に行なわれたこと

＊本条(2)2文（但書）に基づく事実である。この但書は、「ただし、……に限る」とする付加的但書であり、請求原因3ないし5の事実とともに抗弁を構成する。

訴訟物　XのYに対する売買契約解除に基づく損害賠償請求権

＊フランスのX会社は、日本のY会社との間で、請求原因1と2の経緯で、ブランドの衣服の分割販売契約を締結した。その契約は、X会社が中国の顧客に販売しない合意があったにもかかわらず、Y会社はタイ向けであると偽り、実際は、香港の顧客に向けて販売していた。本件は、X会社が、新しい引渡しに進む前に物品の実際の仕向地を証明することをY会社に要求する権限があり、それが拒絶されたので、契約を解除し、76条に基づいて損害の賠償を求めた事案である。

請求原因　1　YはXに対し、5月20日、中国への販売には関心はなく、

専ら、タイの顧客のためにX会社製のブランドのジーンズを分割購入したい旨申し込んだこと
　＊8条を適用すると、YがXの意図が何であったかを知っており、又は知らないことはあり得なかった場合には、Xの言明及び行為はその意図に従って解釈しなければならない。XY間の商取引関係が中国を除き、タイ向けに船積みされる商品に関してのみであることをYが知っており、Yの5月20日付けの申込みはこの点に関してXの意図に合致するものであったといえる。
2　Xは、ジーンズを中国には販売しないように確認して、請求原因1の申入れにつき承諾したこと
3　Yは、8月31日に、1回目として、タイのバンコク向けに衣服を注文し、Xは引き渡したこと
4　Yは、10月14日、2番目の注文を検討中とXに知らせ、Xは衣服の仕向地がどこかを尋ねたところ、Yから10月17日付けで、11月15日引渡しの条件で特定の数量の注文があったが、最終の顧客の名前は知らされなかったこと
5　XはYに対し、10月21日、再度顧客の名前と住所を求めつつ、Xは10月24日付けで引渡しに合意し、10月27日、Yは、船積みの手配をし、顧客と仕向地をXに知らせる旨連絡したこと
　＊売主Xには、契約上の書類に記載された引渡しの場所が実際の引渡場所であることを証明する証拠を買主Yに対し求める権利がある。
6　11月初め、Xは10月末にYに引き渡した衣服がタイの顧客に引き渡されたことを証明するようYに求め、11月15日、10月に引き渡された衣服の最終仕向地の証拠がなければ、新しい引渡しをしないことをYに知らせたこと
7　10月に引き渡したジーンズが、タイではなく、香港の顧客に引き渡されたことが判明し、この転送は、Yがフランスの運送代理人に指示したことによることが判明したこと
　＊請求原因7の事実は、Xが契約から期待する権利（中国以外の地域の販売）をYが奪っており、Yの行為は25条所定の重大な契約違反に該当する。
8　XはYに対し、11月25日、請求原因1及び2の分割売買

契約を解除する意思表示をしたこと
* Xは、Yが契約上の義務を遵守するために、状況を考慮して10月21日から11月25日までの合理的な長さの履行の付加期間をYに与えたといえる。
* 最初の契約の十分な履行がない場合には、Xには同様の義務を課すYの契約関係を解消する権利がある。

9　Xの損害及び数額
* 本件は、Xが解除をしたが、代替取引を行なっていない事案であるから、75条の適用はない。74条ないし76条に基づく損害賠償を求めることになろう（解除をしていても、74条に基づく損害の賠償は妨げられない）。

4　相互依存関係にある他の引渡部分の解除
　各引渡部分が相互依存関係にあるため、ある引渡部分につき売主に義務の不履行があり、これを理由に買主が本条(1)に基づき当該引渡部分の契約を解除する場合（本条(1)の解除権の存在）、これによって、買主において、他の引渡部分だけが履行されたとしても、契約締結時に当事者双方が想定していた目的のためにそれが使用できないこと（相互依存関係）があり得る。このような場合には、買主にとっては、他の引渡部分のみを保持することは、無意味である。本条(3)は、(1)に基づき不履行部分を解除する買主が、これと合わせて、相互依存関係にある過去又は将来の引渡部分についても契約を解除することができることを認めている。

訴訟物　　XのYに対する売買契約解除に基づく代金返還請求権
* イタリアのY会社は日本のX会社との間で、ある特定の建造物のために特別に設計された統一規格の窓枠200組を10回に分けて引き渡す約定で、売買する契約を締結した。1回から4回まで合計80組が引き渡されたが、5回から7回の引渡部分（合計60組）について約定の期日を半年過ぎたにもかかわらず引渡しが行なわれない状況にある。本件は、X会社がY会社に対して、重大な契約違反を理由として、契約を解除し（次の注記のとおり2種類の解除が可能）、80組の部分について支払った代金の返還を求めた事案である。
* 本件の場合、まず、買主Xは遅延した引渡部分について本条(1)に基づいて契約を解除できる。次に、この窓枠は、あ

る特定の建造物のために特別に設計された統一規格のものであるから、200組全部が揃わなければ意味がなく、同一の窓枠を第三者から調達することが不可能であるため、既に引き渡された部分も将来の引渡部分も、契約締結時に当事者双方が想定していた目的のために使用することができない場合には、Xは、上記引渡部分についての契約の解除と同時に、既に引渡しが行なわれた80組についての契約も、将来の引渡部分（8回から10回までの合計60組）についての契約も、解除することができる。

請求原因
1　YはXとの間で、ある特定の建造物のために特別に設計された統一規格の窓枠200組を代金200万円で、10回に分けて、窓枠を引き渡し、代金を支払う約定で売買する契約を締結したこと
2　Yは1回から4回まで合計80組を引き渡し、Xは代金80万円を支払ったこと
3　5回から7回の引渡部分（合計60組）について約定の期日を半年経過したこと
4　請求原因3の引渡遅延が重大な契約違反を構成すること
5　XはYに対して、遅延した引渡部分（5回から7回までの合計60組）について契約を解除する意思表示をしたこと
　＊本条(1)に基づく解除の意思表示である。なお、請求原因8の解除の意思表示と「同時」にされることは必要である。
6　本件の窓枠は、ある特定の建造物のために特別に設計された統一規格のものであるから、200組全部が揃わなければ意味がないこと
7　本件窓枠と同一の窓枠を第三者から調達することが不可能であるため、既に引き渡された部分も将来の引渡部分も、契約締結時に当事者双方が想定していた目的のために使用することができないこと
8　XはYに対して、上記引渡部分についての契約の解除と同時に、既に引渡しが行なわれた80組（1回から4回までの合計80組）についての契約も、将来の引渡部分（8回から10回までの合計60組）についての契約も、解除する意思表示をしたこと
　＊この解除は、本条(3)に基づく解除の意思表示である。この

解除は、すなわち、既にされた引渡し又は将来の引渡しの部分についての解除の意思表示は、本条(1)に基づく契約不適合に基づく解除の意思表示と「同時」にしなければならない。もっとも、1つの解除の意思表示によって、双方の解除を兼ねることは妨げられない。そのため、本条(1)に基づく契約不適合の解除のみの意思表示をした後に、本条(3)に基づく解除の意思表示をすることはできない。

＊本条(1)(2)は、売主・買主のどちらも解除権者となり得ることを想定した規定であるが、本条(3)に基づく解除ができるのは買主（本件の場合はX）のみである。

第2節　損害賠償

1　第2節の構造

　当事者の一方が契約上の義務違反をすると、他方当事者には、履行請求権、契約解除権、損害賠償請求権が生じる。第2節（74条-77条）は、そのうち、損害賠償請求権の損害額に絞って定める（損害賠償請求権の発生原因自体は、買主については45条(1)(b)が、売主については61条(b)がそれぞれ定めている）。すなわち、契約の義務違反があった場合、その他方当事者側に認められる一般的な損害賠償の範囲（74条）、74条の特則として、契約解除後に他方当事者により代替取引が行なわれた場合の損害賠償額（75条）と契約解除後に代替取引が行なわれなかった場合の損害賠償額（76条）、及び損害を受けた側の損害軽減義務（77条）について規定する。

　損害を受けた当事者は、相手方の契約違反が重大であるか否か、また、損害を受けた当事者が契約の解除の意思表示をしたか否かを問わず、損害賠償を請求することができる。その意味では、損害賠償は、本条約における救済方法の要といえる。

2　損害賠償請求権の厳格責任主義と過失責任主義

(1) 本条約

　本条約の損害賠償請求権の要件は、損害及びその数額（及び因果関係）の要件を別にすると、45条(1)(b)及び61条(1)(b)が定めるとおり、「契約又はこの条約に基づく義務を履行しない」ことのみである（厳格責任主義）。この厳格責任主義は、一元的契約違反概念と過失責任主義の否定に由来する。すなわち、原始的不能による契約無効という枠組みはとられず、一元的な契約違反概念の採用により、原始的不能も履行不能も義務違反として扱われ、過失の有無も問われない（過失責任主義の否定。ただし、免責は認める）。

(2) 債権法改正後の我が国民法との比較

ア　原始的不能から契約違反へ

　民法改正前は、契約は、成立当時において給付が不可能（原始的不能）であれば、「不能なことを行なうべき債務はない」という法理によって無効であり（傍論であるが、最判昭和25年10月26日民集4.10.497〔27003510〕）、契約締結上の過失の問題として信頼利益の賠償にとどまると解されていた。改正後民法412条の2第2項は、原始的不能であっても契約は有効で

あるとの前提で（この点は同条1項の「不能であるとき」という文言からも窺われる）、民415条に基づいて債務不履行による損害賠償を求め得るとした。

イ　過失責任主義

改正民法415条1項但書は、本文の損害賠償請求権の免責要件（帰責事由）を定める（権利発生障害規定）。そして、帰責事由について「契約その他の債務の発生原因及び取引上の社会通念に照らして」判断されるという基準を示している。帰責事由という概念を維持したうえ、幅広い要素が考慮される裁判実務における免責判断のあり方に即する形で、判断基準の明文化を図ったとされる（これに対し、通説は、改正前民法415条の「債務者の責めに帰すべき事由」（帰責事由）を、故意、過失又は信義則上これと同視すべき事由と解してきた）。「債務者の責めに帰することができない事由」に付された形容句が「契約その他の債務の発生原因及び取引上の社会通念に照らして」とされるのは、契約及び契約外で発生した債務の不履行を包括的に定めることを意味する。さて、潮見佳男『民法（債権関係）改正法の概要』きんざい（2017年）67-68頁は、契約上の債務不履行について契約責任説の立場から、「改正前民法415条に定められていた『債務者の責めに帰することのできない事由』に、『契約その他の債務の発生原因及び取引上の社会通念に照らして』という修飾語を明示的に付加することで、ここでの免責事由が債務発生原因に即して判断されるべきものであること、したがって、契約の場合には免責の可否が契約の趣旨に照らして判断されるべきものであって、『帰責事由＝過失』を意味するものではないことを明らかにした」として過失責任原則の否定を意味するという。他方、この見解に対して、加藤雅信『迫りつつある債権法改正』信山社（2015年）156頁は、①法務省法制審議会民法（債権法）部会委員の見解が分裂していたこと、②債権法改正事務局の当初の「無過失化提案」に対して、各方面からの反対を受けて「帰責事由」の文言を入れる改正提案となったこと、③この「帰責事由」について「故意・過失又は信義則上これと同視すべき事由」と解してきた通説が判例実務に受け入れられてきたことなどを理由として、「過失責任主義の否定」が導かれるという理解がそのまま裁判所等に受け入れられるとは思われないという。過失責任主義からの離脱か否かの議論は学説上も今後続くであろうが、判例は、債務不履行の責任根拠について、不法行為の責任根拠と同じ意味で故意・過失にこだわってきたわけではない。例えば、平井宜雄『債権総論〈第2版〉』弘文堂（1994年）80頁は、膨大な判決群からその内容を準則として「『責ニ帰スヘキ事由』は、通説が解してきたような故意過失と等し

いものではなく、それよりも広い（その意味では「無過失」責任に近い）。起草者の考えたように、不可抗力によるもの以外、不履行はほとんど常に『責ニ帰スヘキ事由』を伴うと考えても大きな誤りではない……。故意過失との関連で『責ニ帰スヘキ事由』を規定するという発想に立たないとしたら、以上のような判例理論は承認されるべきである）」との指摘をしている。

● (損害賠償の範囲)

第74条 当事者の一方による契約違反についての損害賠償の額は、当該契約違反により相手方が被った損失（得るはずであった利益の喪失を含む。）に等しい額とする。そのような損害賠償の額は、契約違反を行った当事者が契約の締結時に知り、又は知っているべきであった事実及び事情に照らし、当該当事者が契約違反から生じ得る結果として契約の締結時に予見し、又は予見すべきであった損失の額を超えることができない。

Article 74

Damages for breach of contract by one party consist of a sum equal to the loss, including loss of profit, suffered by the other party as a consequence of the breach. Such damages may not exceed the loss which the party in breach foresaw or ought to have foreseen at the time of the conclusion of the contract, in the light of the facts and matters of which he then knew or ought to have known, as a possible consequence of the breach of contract.

1 損害賠償の範囲の基本原則

本条は損害賠償の額（範囲）を定めるものではあるが、「当該契約違反により相手方が被った損失（得るはずであった利益の喪失を含む。）に等しい額」という文言の中に、損害賠償の発生根拠事実が、「契約違反」「により（因果関係）」「被った損失（得るはずであった利益の喪失を含む。）に等しい額」の3つであることが窺える（一般には、損害賠償請求権の発生根拠事由は、「契約又はこの条約に基づく義務を履行しない場合」（45条(1)柱書、61条(1)柱書であると解かれている）。

損害賠償の対象となるのは、「当該契約違反により相手方が被った損失と等しい額」であり（相手方が被った損害を超える制裁を目的とする「懲罰的損害賠償（punitive damages）」は認められない）、これには逸失利益が含まれる（本条(1)）。ここでは、契約違反前後の財産状態の差が具体的に算定される（「差額説」）。併せて、その契約違反との関係で債権者に生じた利益も考慮される（損益相殺）。注文上は、直接損害・間接損害といった損害項目の種類による区別はなく、契約違反と因果関係がある以上、いわゆる拡大損害（物品の欠陥によって債権者の財産等に及んだ損害も対象となる（この意味で全部賠償原則を採る）。ただし、これらはいずれも予見可能性の範囲内にとどまる（本条2文）。なお、人身損害は、本条約の規律の対象から排除されているため適用できない（5条）。以下、便宜、直接損害、間接損害の用語を使う。

(1) 直接損害（direct loss）

直接損害は、債務不履行によって直接受けた損害である。例えば、購入した物品に欠陥があって、対価に対し価値が低いためその差額をいう（76条(1)は、契約金額と解除時の時価額との差額についての損害賠償を定めているが、直接損害の1例である）。

(2) 間接損害（consequential loss）

間接損害は、契約違反行為から間接的・派生的に生じる損害である。どの範囲でこれを認めるかは、当事者が契約締結当時にその損害について予見し得たか否かという基準で判断される。

例えば、購入した機械が不良品であって、通常の使用に耐えず機械が破裂したため、買主の工場自体も損傷した場合などである。

訴訟物　　XのYに対する売買契約の目的物引渡債務の履行不能に基づく損害賠償請求権

＊米国のY会社は日本のX会社との間で、本件物品（非代替物）を1,000万円で売買する契約を締結したが、Y会社が本件物品を出荷する直前に火災により焼失した。本件は、X会社がY会社に対して、本件焼失によって被った損害の賠償を求めたところ、Y会社はその損害額は契約の締結時に予見し、又は予見すべきであった損失の額を超えていると主張した事案である。

＊Yはこのように予見可能性を超えていたと主張しているのであるが、その損害が予見可能性の範囲内であったとの主

張・立証責任は、Xにあると考える（請求原因3(2)、下記2(4)参照）。

請求原因 1　YはXとの間で、本件物品（非代替物）を1,000万円で売買する契約を締結したこと

2　Yが本件物品を出荷する直前に火災により焼失したこと

　　＊請求原因2は、本件物品の引渡しが不能となったことを示すものである。契約上の義務不履行の事実を表すとともに損害の発生をも示す事実である。当事者が契約上の何らかの義務を履行しない（不履行）という客観的事実をもって契約違反となる。主たる義務や付随義務といった区別はない。また当事者の故意や過失も問題とならない（過失責任主義の否定）。売主又は買主の「義務違反」という客観的事実のみが要求される（買主の請求権については45条(1)(b)、売主の請求権については61条(1)(b)を参照のこと）。

3　(1)当該契約違反（本件物品の焼失）によりXが被った損失（得るはずであった利益の喪失を含む）に等しい額、(2)上記(1)の額は、契約違反を行なったYが契約の締結時に知り、又は知っているべきであった事実及び事情に照らし、Yが契約違反から生じ得る結果として契約の締結時に予見し、又は予見すべきであった損失の額を超えないこと

　　＊損害賠償の範囲は、本条1文（上記(1)）及び2文（上記(2)）が定めている。なお、解除後に代替取引があった場合の算定方法と代替取引がない場合の算定方法（75条、76条）、損害軽減義務違反による減額（77条）が規定されている。他方、第4節「免責」に損害賠償義務が免責される場合として、債務者に支配を超えた障害がある場合（79条）と債権者に不履行の原因がある場合（80条）を規定している。なお第3節に、独立して利息に関する規定が置かれている（78条）。

　　＊CLOUT476は、買主が売主による物品供給契約の不履行を理由に、物品価格の約50パーセントの金額を損害賠償として請求したところ、その算定基準は、買主が第三者と締結した契約価格に基づいていたが、売主は、買主が第三者との間で契約を締結していたことを知らされていなかったことから、損害額を物品価格の約10パーセントに減額（逸失利益

を予見可能性によって制限）した事案である。予見可能性の立証責任については、下記2(4)参照。
* 本条はもとより、75条、76条も含め、各条文の法律要件に該当する要件事実の立証責任は、損害賠償を主張する当事者（請求者）が負うと解される。

4　請求原因2と3の因果関係

訴訟物　XのYに対する売買契約に基づく代金支払請求権

* イタリアのワイン製造業者のX会社は日本のY会社に、ワイン1,000本を○万円で売買する契約を締結した。ところが、Y会社に引き渡されたワインには水が15パーセント混入していたため、Y会社は当局から廃棄処分を命ぜられて、これらの処置にかかった費用を負担させられた。本件は、X会社がY会社に対して代金の支払を求めたところ、Y会社は支払を拒み、廃棄にかかった費用と代金債務との相殺を主張した（45条(1)(b)及び74条）事案である（CLOUT170は、水が9パーセント混入していた）。

請求原因　1　XはYとの間で、ワイン1,000本を○万円で売買する契約を締結したこと

（相殺）

抗弁　1　XからYに引き渡されたワインには水が15パーセント混入していたこと
2　Yは当局からワインの廃棄処分を命ぜられて、これらの処置にかかった費用○万円を負担させられたこと
3　YはXに対し、請求原因1の代金債務と抗弁2のワイン処分費用債務を対当額で相殺する意思表示をしたこと
* 本条約に基づき、YはXの契約違反の結果として、損害賠償と購入代金とを相殺できると考えられる（4条の解説5(3)ア参照）。

（合理的な期間の経過）

再抗弁　1　抗弁1の契約不適合の事実（ワインには水が15パーセント混入していたこと）をXに通知する合理的な期間が経過したこと
* この抗弁は、39条に基づくものである。Yは引渡し後ワインに水が混入していないかを検査しなかった（したがって、

合理的な期間内に契約不適合の事実をXに通知しなかった）としても、ワインの不適合を援用する権利を失わないであろう（本件のような場合には、ほぼ次の再抗弁が立つからである）。

(売主の悪意)
再々抗弁 1　Xは、抗弁1の不適合の事実を知っていたか、知らないはずがあり得なかったこと
　　　　　＊40条に基づく主張である。本件のようなワインの15パーセントにも及ぶ水の混入という事実については、Xが知らないはずはあり得ないであろう。この再々抗弁は成立する可能性が高い。

2　予見可能な範囲の損害
(1) 損害賠償の外延としての予見可能性
　本条1文が定める「損害賠償の額」の基本原則は、本条(2)所定の予見可能性の範囲内にとどまるものである。すなわち、損害賠償額の範囲は、「契約違反を行なった当事者が、契約の締結時に契約違反力から生じ得る結果として契約の締結時に予見し、又は予見すべきであった損失の額」に制限される。これは「契約の締結に際し、各当事者はそれぞれが負担すべき（損害賠償責任を含む）契約リスクをあらかじめ計算すべきである」という考えに基づく。これよると、通常は、契約違反によって生じる損害賠償額は、同種の契約の下で生じる典型的な損失に制限される（我が国民法416条1項の「通常損害」に当たる）。したがって、相手方の契約違反によって特殊な損失が生ずるおそれがある場合、そのような事情については、あらかじめ契約締結時に相手方に知らせておく必要がある（民416条2項の「特別損害」に当たる）。
(2) 予見可能性の判断基準
　予見可能性の判断に当たっては、「契約違反を行った当事者」が、「契約締結時」に、予見していた「損失（損害）」が基準となる。その際、判断材料となるのは、違反した当事者が、契約締結時に「知り、又は知っているべきであった事実及び事情」である。「予見すべきであった」という客観的な判断基準も含まれることから、契約違反を行なった当事者の立場と同じ状況に置かれた「合理的な者」(8条(2))の判断が基準となる。
(3) 予見可能な範囲の損害
　予見可能性が認められる損失（損害）として、①債務者の不履行を受け

て、債権者自らが、債務者が履行していたら実現されたであろう状況に近づけるために、合理的な措置を講じた場合における費用（修補費用や代替品の賃借費用、支払遅延の場合には短期信用貸付費用など）、②相手方の義務違反によって生じる不利益を回避するために生じる費用（例えば、買主が不当に物品の受取りを拒否し、あるいは、買主が合意に基づく銀行保証を立てないために売主の引渡しが遅延した場合、さらには物品の保管が長期化することによって売主に発生する損害）などがある。

また、本条約の適用範囲である物品売買が基本的に商取引であるという性質からすると（当事者は営業所を有することが原則であり（1条(1)）、消費者売買は本条約の適用除外である（2条(a)））、①転売利益は予見可能であり、②売主が買主に契約不適合な物品を引き渡すことによって、買主が、買主の顧客（転売先）に対して何らかの責任を負う損害、少なくとも買主が契約不適合な物品の回収等によって損害を被ることも予見可能とされる。③この場合、買主が第三者に対し違約金等を負担することについても、当事者の慣習や該当する取引分野の商慣習に照らして（9条）、合理的な範囲で予見可能といえることもあろう。

訴訟物 　　XのYに対する売買契約の債務不履行（契約不適合）に基づく損害賠償請求権

＊日本の自動車ディーラーであるY会社がインドの同業者であるX会社との間で、中古自動車を売買する契約を締結し、X会社はこれを第三者Aに転売したところ、Y会社から知らされていたその自動車の走行総マイル数が事実と異なることが判明し、X会社はAに損害賠償をした。本件は、X会社がY会社に対し、Aへの賠償額○ルピーを損害であるとして、本条に基づきその支払を求めた事案である（CLOUT 168）。

請求原因 　1　YはXとの間で、本件中古自動車を代金○万円で売買する契約を締結したこと

2　請求原因1の本件中古自動車の走行総マイル数は3万マイルとされていたこと

3　Xは第三者Aに本件中古自動車を（○ルピーで）売買する契約を締結したこと

4　請求原因1の本件中古自動車の実際の走行総マイル数は15万マイルであったこと

5　XはAに対し、請求原因3の売買時点の走行総マイル数と実際の走行マイル数の違いについて、○ルピーの違約金を支払ったこと
＊本件は、契約不適合な物品の引渡しがされ、その結果、買主Xが顧客Aから債務不履行に基づく請求を受けるという「間接損害（consequential loss）」の場合である。
＊XがAに対する責任から生じた請求原因5の間接損害は、自動車が転売を通常業務としているディーラーに販売されたのであるから、請求原因1の契約締結時において、予見可能な損害であると判断されるので、本件賠償額の請求は認められるであろう。

さらに、債務者の不履行が、債権者の別の物を侵害することによって生じる損害（拡大損害）は、予見可能であるとされることが多い。しかし、買主がその物品を取決めに反した形で使用したために損害が発生した場合は別である。例えば、契約どおりの目的物が入手できないことによって買主の事業が中断したような場合である。いずれにせよ、このようなリスクがある場合には、当事者は、契約締結に際して、あらかじめ他方当事者に対して、その旨示しておくことによって相手方の「予見可能性」を確保することができる。

(4) 予見可能性の立証責任
　本条2文の「契約の締結時に予見し、又は予見すべきであった損失の額」の立証責任の所在については、見解が分かれ得る。本条2文は、1文の「損害賠償の額は、当該契約違反により相手方が被った損失（得るはずであった利益の喪失を含む。）に等しい額」の定めと分離して、設けられてはいるものの、その例外であることを示す「但書」方式を採っておらず、1文と並列的に規定しているために、法文自体は必ずしも決め手になるものではない。
　ア　債権者説
　本条は、契約締結時に具体的に引き受けたリスクの範囲内に限って責任を負うということを基本原則とするものである。この点に筋目を立てると、債権者側において、債務者がそのリスクを引き受けたということ（「契約の締結時に予見し、又は予見すべきであった損失の額」）の立証責任を負うと解すべきこととなる。例えば、買主が売買目的物を転売することを予定していたにもかかわらず、売主がその物品の引渡しをしなかったことによって転売利益を得ることができなかったときは、買主は単に転売利益を得ることがで

きなかったこと（損害の発生と損害額）を立証するだけでは足りず、売主が買主の転売をすることについて「契約の締結時に予見し、又は予見すべきであった」ことまで立証する必要があるというべきである。国際物品売買契約は、転売目的であることが多いので（商社が買主の場合などが典型）、そのような場合には、あえて、買主が転売目的を告げなくとも、その予見可能性を認めることは可能である。本書は、この債権者説の立場に立ってる。

イ　債務者説

債権者が、①債務者の契約違反、②損害の発生と損害額（本条1文）、③上記①と②との因果関係を立証しなければならないのは当然であるが、これに対し、債務者が損害が予見可能でなかったことの立証責任を負うと解する見解がある。

ウ　我が国の改正民法416条の特別損害に関する「予見し、又は予見すべきであった」の立証責任

改正前416条2項は、「予見し、又は予見することができた」と定めていたが、これを今般の債権法改正に伴って、「予見すべきであった」と改めたが、これは、「予見」が、事実としての予見（可能性）の有無によって判断されるものでなく、規範的要件であることを明確にする趣旨である。そして、「予見すべきであった」ことの立証責任については、拙著『第4版要件事実民法(4)債権総論』第一法規（2016年）105頁の記述を引用することとする。

損害額が、特別損害である場合は、債権者は、さらに「債務の履行期以前に特別の事情を債務者が予見し、又は予見すべきであったこと」をも加えて主張・立証することが必要である（奥田昌道『債権総論〈増補版〉』悠々社（1992年）177頁）。この点について、内田貴『民法Ⅲ〈第3版〉債権総論・担保物権』東京大学出版会（2005年）158-159頁は、「通常損害と特別損害を区別する意味は、予見可能性を立証する必要性の有無にある。すなわち、通常損害とされれば、予見可能性の立証は不要であるが、特別損害なら、債権者の方で『特別の事情』の予見可能性を立証する必要があるのである。しかし、通常損害と特別損害の判定は、具体的な事案において必ずしも容易なわけではない」「416条で予見の対象となっているのは、『特別の事情』であって『損害』そのものではないことは、文言上も明らかである。しかし、予見可能性という概念は、裁判例上必ずしも厳格な使い方がなされておらず、場合によっては『損害』の予見を問題としていることもある」と述べる。特別の事情の予見時期が債務の履行期以前であることについては、大判大正7年8月27日民録24.1658〔27522706〕が判示している。

なお、鈴木禄弥『債権法講義〈第5訂版〉』創文社（2007年）216頁は、「債務不履行と事実的因果関係に立つ損害の発生が債権者により立証されると、それは原則として通常損害であるから、特段のことがなければ当然に損害賠償がなされるべきことになる。しかし、もし、それが特別損害であることが債務者によって抗弁され立証されると、債権者は、再抗弁として予見可能性のあったことを主張・立証しないかぎり、賠償請求することができない」としているが、原告によって主張された損害が普通損害か特別損害かは法律判断の問題であって、特別損害に当たることが被告の抗弁であるとする点には、疑問が残る。特別損害を主張する原告は併せて被告が予見すべきであったことを主張・立証しなければならないと解すべきであろう。

損害賠償の範囲・判断時期

	本条約	民法416条
損害賠償の範囲	契約違反の結果生じ得る予見できたすべての損害（通常・特別損害の区別なし）	通常損害及び予見すべき特別損害
判断時期	契約締結時	債務不履行時

3 本条と75条と76条の関係
(1) 本条と75条、76条との補完関係

損害賠償額に関する規定として、本条のほか、75条及び76条の合わせて3か条が置かれている。これらの規定の適用範囲のいわば棲み分けは、次のとおりである。

結論からいうと、本条は解除が可能か否かにかかわらず、損害賠償を請求している当事者によって、契約解除の意思表示がされなかったすべての場合に適用され得る一般原則規定である。また、75条及び76条は、契約が解除された場合の損害賠償に関する特別の規定である。すなわち、契約代金と代替取引の価格との差額（75条）、又は契約代金と時価（76条）との差額について、本条の要件と立証責任を緩和して（相手方の予見可能性（本条）の立証を要しない）、解除した当事者に損害賠償請求を認めることとし、解除時の損害賠償をめぐる紛争処理を容易にしている。これを超える損失については、本条に基づいて相手方の予見可能性を立証する限り追加的に損害賠償が可能である（物品の検査費用、保管費用、解除後の原状回復費用など）。なお、解除時にあっても、損害賠償請求権者は、75条及び76条によることなく、本条に基づく損害賠償を請求することもできる。

なお、本条の適用が排斥されるわけではなく、75条や76条によることなく、本条に基づいて損害賠償を請求することができる（解除がされた場合であっても、損害賠償請求権者は、75条及び76条によることなく、本条に基づく損害賠償をすることもできる。75条も76条(1)1文は、いずれも「……請求することができる」のであって、本条の適用を排除しているわけではない）。また、75条や76条の要件を欠く場合であっても、一般原則である本条に基づいて損害賠償を請求することができる。加えて、本条は、契約が解除された場合も、75条及び76条によって算定できる損害賠償額のほかに損害があった場合にも適用される（75条及び76条は、この点を明文で定めている）。

(2) 75条と76条との排他的関係

75条と76条は排他的な適用関係にあり、75条にいう合理的な代替取引がある以上、76条を任意選択的に適用することはできない。したがって、解除した当事者にとって76条に基づく時価を基準にした方が、より賠償額が多くなるとしても、75条の要件を満たす代替取引が現実にあった以上、もはや76条に基づくことはできない。

4　損害賠償額の予定

本条の規定は任意規定であることから、当事者は本条に拘束されることなく（6条）、損害賠償義務について最低額や最高額を合意しておくことも、また包括的に損害賠償額を予定しておくこともできる。例えば、「引渡遅延の損害賠償予約は、遅延貨物の価格の10パーセントを限度に1週間遅延することに、価格の0.5パーセントの損害賠償請求の額とする。」(Liquidated damages for delay in delivery shall be 0.5% of price of delayed goods per week、with a maximum of 10% of the price of delayed goods.) との条項を置くことになる。

ところで、損害賠償額の予定については、本条約は規定を設けていない。これらが売買契約に際して付随的に合意された場合、その成立については本条約の契約成立規定に従って判断し、合意内容の許容性については、合意の有効性に関する問題として、国内法に従って判断される。

5　売主が物品を製造又は買い付ける前に買主による契約違反が生じた場合

このような場合には、売主は契約の履行によって得たであろう利益に加えて契約の履行のために支出した費用を回復することができると解される。

訴訟物　　XのYに対する売買契約の代金支払債務の履行拒絶に基づく損害賠償請求権

＊米国のX会社は日本のY会社との間で、X会社製造による工作機械100台をFOB価格50,000ドルで売買する契約が締結されたが、Y会社は、工作機械の製造が開始される前に契約の履行を拒絶した。契約が履行されていたとすると、X会社が支出していたであろう費用は総額45,000ドルであり、そのうち40,000ドルは、その契約にのみ支出される費用（例えば、材料、燃料、契約のために雇用され、あるいは生産単位によって用いられた労働力）であり、残りの5,000ドルは、その企業の間接費用（借入資本費用、一般管理費、工場設備の減価償却）のうち当該契約に割り当てられた（allocation）分であった。本件は、X会社がY会社に対して、Y会社の履行拒絶に基づく損害の賠償を求めた事案である（事務局注釈246頁【例70A】）。

請求原因
1　XはYとの間で、X製造による工作機械100台をFOB価格50,000ドルで売買する契約を締結したこと
2　Yは、工作機械の製造が開始される前に契約の履行を拒絶したこと
　＊買主Yが明示的に代金の支払を拒絶したときは、64条(1)(a)所定の重大な契約違反となる。
3　XはYに対して、請求原因1の契約を解除する意思表示をしたこと
4　契約が履行されていたら、Xが支出していた費用は総額45,000ドルであり、そのうち40,000ドルは、本件契約のためのみ支出される費用（例えば、材料、燃料、契約のために雇用され、あるいは生産単位によって用いられた労働力）であり、その余5,000ドルは、その企業の間接費用（借入資本費用、一般管理費、工場設備の減価償却）のうち本件契約に割り当てられた（allocation）分であったこと
　＊Yが契約の履行を拒絶したので、Xは、本件契約のために支出したであろう費用である40,000ドルについて支出をしなかった。しかし、本契約に割り当てられた間接費用である5,000ドルは、本件契約の存否に関わりない事業費用である。この費用は、問題となる期間を通じて売主Xが自己の

生産能力を全部発揮させる必要があるような契約を他に締結したのでない限り、抑えることはできないのであり、Xは、契約が履行されていれば間接費用に5,000ドルを割り当てることができたという利益を、Yの違反によって失ったことになる。したがって、この設例において、Yが責任を負うべき損失の額は、10,000ドルである。

　　違反から生じた損失の額（10,000）＝契約価格（50,000）
　　－節約できた履行費用（40,000）

＊本件事案（事務局注釈246頁【例70A】）において、Yによる契約の履行拒絶より前に、Xが既に契約の一部履行のために、回収不可能な費用として15,000ドルを支出していた場合には、損害賠償の総額は25,000ドルとなる（事務局注釈247頁【例70B】）。【例70A】の場合は、節約できた履行費用は40,000ドルであるが、回収不可能な費用として15,000ドルを支出していたのであるから、節約できた履行費用は、25,000ドルである。算式は、次のとおりである。

　　違反から生じた損失の額（25,000）＝契約価格（50,000）
　　－節約できた履行費用（25,000）

＊さらに、この場合において、一部履行として生産されたものが、廃品として第三者に5,000ドルで売却できたとすれば、Xの損失の額は20,000ドルに減額される（事務局注釈247頁【例70C】）。算式は次のとおりである。

　　違反から生じた損失の額（20,000）＝契約価格（50,000）
　　－節約できた履行費用（25,000）＋廃品としての売却代金（5,000）

6　売主が引き渡した物品に欠陥（不適合）があったが、買主が契約を解除せずに物品を保有している場合

　この場合における買主の損失は事案による。例えば、もし買主が欠陥（不適合）を追完することができれば、修補費用が損失とされよう。もし物品が工作機械なら、買主の損失には機械が使用できなかった期間の減産から生じた損失も含まれることになろう。物品が「相場商品」のように価値が変動する物品の場合には、買主の損失は、現存する物品の価値ともし契約に定められたとおりの物品であったとしたら物品が持っているであろう価値との差額である。この公式は、契約が正しく履行されていれば買主が得ていたであろ

う経済的地位に買主を復帰させようとするものであるから、契約価格は損害賠償額の計算の要素とはならない。このように計算された金額に、違反の結果として生じた追加費用が加算されることもある。

訴訟物　XのYに対する売買契約の契約不適合に基づく損害賠償請求権

＊米国のY会社は日本のX会社との間で、100トンの穀物をFOB価格で総額50,000ドルで売買する契約が締結され、引渡しがされたところ、穀物には契約条項で許容される以上の水分が含まれており、その水分のために、品質の劣化がみられた。穀物を乾燥させるためにX会社が被った追加的費用は、1,500ドルであった。穀物が契約どおりの状態であったとすれば、その価値は55,000ドルであったが、水分による品質低下のために、乾燥後の穀物は51,000ドルの価値しかなかった（事務局注釈248頁【例70D】）。

請求原因
1　YはXとの間で、100トンの穀物について、FOB価格で総額50,000ドルで売買する契約を締結したこと
2　YはXに対して、100トンの穀物を引き渡したこと
3　穀物には契約条項で許容される以上の水分が含まれており、その水分のために、品質の劣化がみられたこと
4　穀物を乾燥させるためにXが被った追加的費用は1,500ドルであったところ、穀物が契約どおりの状態であったとすれば、その価値は55,000ドルであったが、水分による品質低下のために、乾燥後の穀物は51,000ドルの価値しかなかったこと

＊相場がある物品の売買において、引き渡された物品が契約に適合していない場合で、契約が解除されないときは、現実に引き渡された物品の価値（51,000ドル）と契約に適合する物品の価値（55,000ドル）との差額が損害となる。したがって、損害賠償請求額は、55,000ドルと51,000ドルの差額4,000ドルと、乾燥費用1,500ドルとの合計額である5,500ドルである。物品の契約価格がいくらであったかはこの算定に影響を及ぼさない（曽野＝山手・国際売買237頁）。算式は次のとおりである。

違反から生じた損失の額（5,500）＝契約どおりであれば

有したであろう穀物の価値 (55,000) −引き渡された穀物の価値 (51,000) ＋穀物を乾燥させるための追加的費用 (1,500)

●(契約解除後に代替取引が行われた場合の損害賠償額)━━━

第75条 契約が解除された場合において、合理的な方法で、かつ、解除後の合理的な期間内に、買主が代替品を購入し、又は売主が物品を再売却したときは、損害賠償の請求をする当事者は、契約価格とこのような代替取引における価格との差額及び前条の規定に従って求めることができるその他の損害賠償を請求することができる。

Article 75
If the contract is avoided and if, in a reasonable manner and within a reasonable time after avoidance, the buyer has bought goods in replacement or the seller has resold the goods, the party claiming damages may recover the difference between the contract price and the price in the substitute transaction as well as any further damages recoverable under article 74.

1　代替取引がある場合の損害賠償額
(1)　趣旨

　本条は、契約解除後に合理的な代替取引が行なわれた場合の損害賠償額を定める。すなわち、①契約を解除した後に、②合理的な方法で、かつ③解除後の合理的な期間内に、④代替取引（代替品の購入あるいは物品の再売却）がされた場合には、契約価格とこの代替取引における価格との差額をもって、損害額と評価することができる。これは、74条に基づく損害賠償の請求と比較すると、相手方の契約違反による損害の範囲を特定し、かつ、及び損害額の算出を容易にする（相手方の予見可能性の有無を問題としない）ものである。

　さらに、本条は、74条の下で回復可能な損害賠償額も請求できることとしている。もちろん場合によるが、物の契約不適合を発見するための検査費、物が受領されないときの保管費、解除後の原状回復のための物の保管

費、返送費などがある。
　この場合、請求可能な損害賠償額の公式は、下記のとおりとなる。
　（買主に与えられる損害賠償額）＝（代替品の買付価格）－（契約価格）＋（74条による損害賠償額）
　（売主に与えられる損害賠償額）＝（契約価格）－（転売価格）＋（74条による損害賠償額）
(2) 買主に与えられる損害賠償額
ア　物品の引渡しがない時点での買主の解除
　例えば、契約に適合する物品の引渡しがないため、買主が契約を解除し、契約代金よりも高い価格で代替品を購入した場合（代替取引）において、買主が売主に対して、損害の賠償を求める場合である。

訴訟物　　XのYに対する売買契約解除に基づく損害賠償請求権
　　　　　＊米国のY会社は日本のX会社との間で、本件物品を1,000ドル、9月積みで売買する契約を締結した。X会社は、この物品をXの工場で製品に加工するのに必要な原料として求めたものである。ところが、本件物品の相場が高騰し、他に売れば、1,500ドルで売れるのでY会社はX会社に売るのが惜しくなり、Y会社は9月末になっても本件物品を出荷しなかった。X会社は工場で加工する原料がなくなって困惑したが、Y会社に対して10月末までの猶予（付加期間）を与えた。しかし、10月末になっても、Y会社は物品を引き渡さなかった。X会社は、やむを得ず契約を解除し、第三者Aから物品を1,500ドルで買い付けて、工場で製品に加工した。本件は、X会社がY会社に対して、被った損害の賠償を求めた事案である。

請求原因　1　YがXとの間で、本件物品を1,000ドル、9月積みで売買する契約を締結したこと
　　　　　2　船積み期間の末日である9月末が経過したこと
　　　　　3　10月初旬、XはYに対して、10月末までの猶予（付加期間）を与えて履行を求めたこと
　　　　　4　請求原因3の猶予期間の末日の10月末が経過したこと
　　　　　5　XはYに対して、請求原因1の売買契約を解除する意思表示をしたこと
　　　　　＊Yが契約どおり船積みしないことを取り上げて重大な違反

として直ちに契約を解除すると、後日「重大な違反」とまではいえないと判断された場合、逆にXが契約違反に問われる可能性がある。念のため付加期間を設定して（請求原因2、3）解除することが安全といえよう。

6　AはXとの間で、解除後の合理的な期間内に、本件物品（代替品）を1,500ドルで売買する契約を締結したこと

＊Xが同じ物品を恒常的に反復取引している場合には、いずれの取引が代替取引であるか特定が難しい。特定の取引が代替取引に当たることを証明できない場合には、代替取引は認めることができないから、損害額については76条が適用されることになる。またXが解除後合理的な期間内に取引を行なわなかったために、代替取引における価格が上昇した場合（時機を失して行なわれた代替取引）にも、合理的な代替取引が行なわれなかった以上、76条の問題として処理することになる。

7　Xの損害及びその数額

＊本件の損害額は、次のとおりである。

（Aからの買付価格1,500ドル）－（Yとの契約価格1,000ドル）＋（74条による損害賠償額）

74条による損害賠償額は、本件の場合、1か月間工場が原料（本件物品）がないため止まったことによる損害額になるであろう。

イ　物品の引渡しを受けた後の買主の解除

この契約解除が認められると、買主が81条(2)に基づき契約履行で受領したものを返還することで原状に復する義務を負っている。これを前提としたうえで、買主は自己の意に沿う代替取引をして、生じた損害を売主に賠償を求めることができる（本条）。さらに、Xは45条、74条に基づき損害賠償を請求する権利を有する。

訴訟物　　XのYに対する売買契約解除に基づく損害賠償請求権

＊米国のY会社は日本のX会社との間で、印刷機械を〇ドルで売買する契約を締結した。X会社において本件印刷機械を据え付けたところ、正常に作動しなかったが、Y会社は既存の発電機に接続された印刷機械の修補を拒み、まずY

会社が違う電圧の発電機に接続するよう求めた。しかし、その後も故障の原因は不明であったので、X会社はオランダのA会社から代用の印刷機械を購入し、その印刷機械は予定どおり稼動体制に入った。他方、Y会社から買い入れた印刷機械は新しい電気接続でも改善しなかったため、X会社はY会社との契約を解除した。本件は、X会社がY会社に対して、売買代金の銀行送金手数料、輸入手続手数料、そして代用の印刷機械購入費用から転売費用を控除した額を損害として支払を求めた事案である。

請求原因 1　YはXとの間で、印刷機械を○ドルで売買する契約を締結したこと
2　Xにおいて本件印刷機械を据え付けた後、正常に作動しなかったが、Yは既存の発電機に接続された印刷機械の修補を拒み、Yが違う電圧の発電機に接続するよう求めたが、新しい電気接続でも改善せず、故障の原因は不明のままであったこと
　＊Yが瑕疵ある印刷機械を納入したことについては、25条、35条(1)(2)に照らして、重大な契約違反が認められるであろう。印刷機が不適切な場所（発電機）に据え付けられたために正常に作動しなかったとのYの主張は事実関係からみて認められない。
　＊Xについては、60条の買主の引渡しの受領義務の違反はない。
3　XはオランダのAから代用の印刷機械を請求原因1の代金を超える金額で購入したこと
　＊Aから購入した印刷機械は、問題なくXにおいて稼動している。
4　XはYに対し、請求原因1の売買契約を解除する意思表示をしたこと
5　Xの損害及びその数額
　＊本件の場合は、①売買代金の銀行送金手数料、②輸入手続手数料及び③代用機械の購入価格と本件契約価格との差額である。①②は74条、③は本条に基づく損害賠償である。
　＊③の損害については、請求原因3の代用機械の購入が請求原因4の解除の意思表示に先立っているので、本条の損害とし

て認めないとの見解もあろう。しかし、Yの印刷機械の瑕疵の原因が詳らかにならなかったのは代用機械の購入時もその後も同じである（Yの印刷機械の瑕疵が原因であるための代品購入である）から、損害額には代用機械の購入時の代金から転売価格を控除した額をも含めることができる。

(3) 売主に与えられる損害賠償額

例えば、買主から代金の支払がないため、売主が契約を解除し、目的物を解除した契約の代金よりも低額で他の者に売却した場合（代替取引）において、売主が買主に対して、損害の賠償を求める場合である。この場合、売主は解除することによって契約上の義務から解放され（81条）、自らの財産である目的物を自由に処分できる地位を回復し、代替取引をすることができるのである。

訴訟物 　XのYに対する売買契約解除に基づく損害賠償請求権
＊米国のX会社は日本のY会社と本件物品を1,000ドル、9月積みで売却する契約を締結した。X会社が9月末に物品をY会社に引き渡そうとしたところ、物品の市場価格が下落して他から買えば700ドルで買えるので、Y会社は契約を履行することを嫌い、物品を受け取らない。X会社は、仕方なく物品を倉庫に保管し、Y会社に10月末まで（付与期間）に引き取るように求めた。しかし、Y会社は10月末になっても引き取らなかった。X会社は、やむを得ず契約を解除し、物品を700ドルで第三者Aに転売した。本件は、X会社がY会社に対し、被った損害の賠償を求めた事案である。

請求原因 　1　XがYとの間で、本件物品を代金1,000ドル、9月積みで売買する契約を締結したこと
　2　XはYに対し、9月末に、本件物品を引き渡そうとしたところ、Yは受領を拒絶したこと
　3　10月初旬、XはYに対して、10月末までの猶予（付加期間）を与えて履行（本件物品の受領）を求めたこと
　4　請求原因3の10月末が経過したこと
　5　XはYに対して、請求原因1の売買契約を解除する意思表示をしたこと

6　XはAとの間で、解除後の合理的な期間内に、本件物品を代金700ドルで売買する契約を締結したこと
　　　　＊CLOUT795は、買主が契約に違反して物品を受領しなかったため、売主が安価でその物品を売却しなくてはならなくなり、売主は契約解除の意思表示をし、それに代わる売買を実行したところ、その価格と代替取引の時期の合理性が争点となった事案であるが、価格も時期も合理的かつ本条に適合的であると判断された。時期に関しては、契約の締結日から起算する場合であろうと、契約の解除の日から起算する場合であろうと合理的であるとし、価格に関しても、物品が缶詰であっても、賞味期限はあるから、物品の消費期限の短縮を誘発した買主の行為によって価格が5分の1に下がったと解するのが合理的であるとした。
　　　7　Xの損害及びその数額
　　　　＊本件の損害額は、次のとおりである。
　　　　（Yとの契約価格1,000ドル）－（Aへの転売価格700ドル）＋（74条による損害賠償額）
　　　　　74条による損害賠償額は、1か月間の倉庫保管料と金利となるであろう。

3　代替取引
(1)　意義
　「代替取引」といえるためには、本来の契約目的ないし履行利益を実現するものでなければならない。解除された契約において対象とされていた物品が、単発的に取引された場合は代替取引であることが比較的容易に特定することができる。しかし、当事者が同じ物品を恒常的に反復取引している場合には、いずれの取引が代替取引であるか特定が難しい（注釈Ⅱ〔山本宣之〕173頁）。特定の取引が代替取引に当たることを証明できない場合には、代替取引は認めることができないから、76条が適用されることになる。また債権者が解除後合理的な期間内に取引を行なわなかったために、代替取引における価格が上昇した場合（時機を失して行なわれた代替取引）にも、合理的な代替取引が行なわれなかった以上、76条の問題として処理することになる。なお、合理的な理由なく解除そのものが遅延した場合には、本条を適用のうえ、77条の損害軽減義務違反に照らし損害賠償額が減額されることになる。

(2) 合理的な方法と合理的な期間内

「合理的な方法」要件において、最も重要な問題となるのは代替取引の価格の合理性であろう。合理的な者（8条）や慣習（9条）が1つの基準となろう。物品に時価がある場合、時価による取引である限り合理的なものといえるが、債権者によってはこれを下回る価格で調達することに合理的な期待がある場合もあり、常に時価どおりの代替取引が合理的とはいえない。

「合理的な期間内」は解除時から起算される。解除前にされた「代替取引」は、本条の文言上、対象とはならない。

● (契約解除後に代替取引が行われなかった場合の損害賠償額)

第76条

(1) 契約が解除され、かつ、物品に時価がある場合において、損害賠償の請求をする当事者が前条の規定に基づく購入又は再売却を行っていないときは、当該当事者は、契約に定める価格と解除時における時価との差額及び第74条の規定に従って求めることができるその他の損害賠償を請求することができる。ただし、当該当事者が物品を受け取った後に契約を解除した場合には、解除時における時価に代えて物品を受け取った時における時価を適用する。

(2) (1)の規定の適用上、時価は、物品の引渡しが行われるべきであった場所における実勢価格とし、又は当該場所に時価がない場合には、合理的な代替地となるような他の場所における価格に物品の運送費用の差額を適切に考慮に入れたものとする。

Article 76

(1) If the contract is avoided and there is a current price for the goods, the party claiming damages may, if he has not made a purchase or resale under article 75, recover the difference between the price fixed by the contract and the current price at the time of avoidance as well as any further damages recoverable under article 74. If, however, the party claiming damages has avoided the contract after taking over the goods, the current price at the time of such taking over shall be applied instead of the current price at the time of avoidance.

(2) For the purposes of the preceding paragraph, the current price is the price prevailing at the place where delivery of the goods

should have been made or, if there is no current price at that place, the price at such other place as serves as a reasonable substitute, making due allowance for differences in the cost of transporting the goods.

1　代替取引がない場合の「時価」に基づく損害賠償額
　一般に、売買契約が解除された場合においては、買主においてその物品の必要性がなくならない限り、買主は代替品を第三者から買い付けることになり、また、売主は営業活動を継続する限り、その物品を第三者に転売することになろう。その場合、代替取引の価格と契約価格との差額の損害と、74条による損害がある場合はその額を加えた額を相手方に請求することになる。しかし、このような代替取引が実際に行なわれず、又は75条の要件（合理的な方法及び合理的な期間内）を満たしていない場合の救済措置を、本条が定める。
(1)　時価の「基準時」
　上述したとおり、代替取引が実際に行なわれず、又は行なわれた取引が75条の要件（合理的な方法及び合理的な期間内）を満たしていない場合には、本条(1)1文による時価に基づく損害算定においては、原則として「契約解除時」が基準となる。履行期以前に契約を解除した場合も同様とされる。すなわち、「代替取引の価格」の代わりに用いる時価としては、被害を受けた当事者が物品の引渡し前又は引渡しと同時に契約を解除した場合には、その物品に時価（current price）がある限り、「契約が解除された時の時価」を用いることとしている（本条(1)1文）。本条(1)1文の損害額の算定は、74条の原則的な損害額の算定に比較して、類型的な処理である。
(2)　時価の「基準地」
　損害の時価の算定は、「物品の引渡しが行われるべきであった場所」が基準となる（本条(2)）。実際には異なる場所で引き渡された場合も同様とされる。引渡しの場所について、契約による指定がない場合には、31条によって定まる。引渡場所において時価を確定できない場合には、合理的な代替地となる場所の時価を基準とする。合理的な代替地とは、契約の目的物と同種の物品について比較可能な契約条件の下で取引が反復されている場所をいう。この場合、物品の運送費用について生じる差額を考慮しなければならないため（本条(2)2文）、合理的な代替地が複数ある場合には、引渡しの場所に最も近い場所とするのが妥当とされる（注釈Ⅱ〔山本宣之〕186頁）。

(3) 損害額

契約が解除され、かつ、物品に時価（current price）がある場合には、損害賠償を請求する当事者は、もし 75 条の下で代替品の買付け又は転売をしていなければ、契約で定められた価格と契約を解除した時の時価との差額を回復することができ、さらに 74 条の下で回復可能な損害賠償額も請求できる（本条(1) 1 文）。この規定は、契約が解除されたが、代替取引が行なわれない場合における損害賠償額を算定する算式を次のとおり定めている。

記

（売主に与えられる損害賠償額）＝（契約価格）－（時価）＋（74 条による損害賠償額）

（買主に与えられる損害賠償額）＝（時価）－（契約価格）＋（74 条による損害賠償額）

ア　売主に与えられる損害賠償額

買主に契約違反があって売主が契約解除をしたが、売主はその物品を代替取引として他に転売しなかった場合には、売主は契約価格と解除時の時価との差額に 74 条による損害額を加えて買主に賠償請求をすることができる。

訴訟物　　X の Y に対する売買契約の代金債務不履行に基づく損害賠償請求権

＊米国の X 会社は日本の Y 会社との間で、本件物品を CIF 価格 50,000 ドルとする売買契約を締結した。ところが、Y 会社に重大な契約違反行為があったため、X 会社は契約を解除した。物品が最初の運送人に交付されるべきであった場所での契約で定めた種類の物品の契約解除時における時価は、45,000 ドルであった。本件は、X 会社が Y 会社に対して、本条に基づき、5,000 ドルの損害の賠償を求めた事案である（事務局注釈 256 頁【例 72A】）。

請求原因　1　X は Y との間で、本件物品を CIF 価格 50,000 ドルとする売買契約を締結したこと

2　Y は、重大な契約違反をしたこと

3　X は Y に対して請求原因 1 の契約を解除する意思表示をしたこと

4　物品が最初の運送人に交付されるべきであった場所での契約

で定めた種類の物品の契約解除時における時価は、45,000 ドルであったこと
* 本条では、解除した当事者が実際に契約価格と時価の差額の損害を被っていたか否かは問題とならず、また相手方の予見可能性も問題とされない。解除した当事者は、契約の解除、基準地及び基準時における時価の存在とその額を証明しなければならないが、それ以上の証明は不要である（注釈Ⅱ〔山本宣之〕186頁）。
* これを超える損失については、74条に従って相手方の予見可能性を立証する限り追加的に損害賠償が可能である（物品の検査費用、保管費用、解除後の原状回復費用など）。なお、解除時にあっても、損害賠償請求権者は、75条及び本条によることなく、74条に基づく損害賠償を請求することもできる。

イ　買主に与えられる損害賠償額

売主に契約違反があって買主が契約解除をしたが、買主は代替取引として物品を購入しなかった場合には、買主は契約価格と解除時の時価との差額（損害）に74条による損害額を加えて売主に賠償請求をすることができる。

訴訟物　　XのYに対する売買契約の物品引渡債務不履行に基づく損害賠償請求権
* 米国のY会社は日本のX会社との間で、本件物品をCIF価格50,000ドルとする売買契約を締結した。しかし、Y会社が物品の引渡しを行なわないため、X会社は契約を解除した。物品が最初の運送人に交付されるはずであった場所での契約で定めた種類の物品の契約解除時における時価は、53,000ドルであった。また、Y会社の違反によってX会社が被った追加的費用は、2,500ドルであった。本件は、X会社がY会社に対し、74条及び本条に基づき、5,500ドルの損害の賠償を求めた事案である（事務局注釈256頁【例72B】）。
* CLOUT328は、被告であるドイツの売主と原告であるスイスの買主は、転売のためのポリ塩化ビニルとその他の合成資材の供給を目的とする契約を締結したところ、引渡しがされ

なかったため、買主は契約解除の意思表示をしたうえで、損害賠償を請求した。買主は代替品を購入してはいなかったため、売主による契約の不履行から生じる損害賠償額は、本条に基づく概算によって算定（すなわち、買主は契約で定められた価格と契約の解除時における一般的な平均市場価格との差額）された事案である。

請求原因
1 　Y は X との間で、本件物品を CIF 価格 50,000 ドルとする売買契約を締結したこと
2 　Y は物品の引渡しを行なわないこと
3 　X は Y に対して請求原因 1 の契約を解除する意思表示をしたこと
4 　契約解除時における、物品が最初の運送人に交付されるはずであった場所での契約で定めた種類の物品の時価は、53,000 ドルであったこと
 　＊時価とはどの場所におけるものかという点については、物品の引渡しがされるはずであった場所で広く行なわれている価格である（本条(2)1 文）。もしその場所で時価に当たるものが存在しない場合には、合理的な代替地での価格を物品の運賃差を適切に調整したうえで用いる（本条(2)2 文）。
 　＊引渡しの場所については、本条約では、売主 Y の義務についての 31 条に規定があり、売主は買主 X への輸送のために第 1 運送人へ物品を引き渡せばよいとされているが、契約上他の特定の場所における引渡しが要求されている場合には、契約の規定が優先する。国際貿易で用いられている CIF（CFR）及び FOB 契約は、いずれも積地契約で、売主は船積地において本船上で物品を引き渡さなければならないから、物品が仕向地に到着して検査の結果粗悪品であることが判明し、買主が契約を解除した場合には、買主は船積地の時価を用いなければならず、不便である。しかし、この場合には買主 X は仕向地で代替品の買付けを行ない、75 条に基づいて損害賠償の請求を行なえばよい。もし時価と契約価格との差額では補塡されない損害がある場合には、74 条に基づいてさらに賠償をすることができる（請求原因 5）。これは 75 条の場合と同様である。
5 　Y の違反によって X が被った追加的費用は、2,500 ドルで

あったこと

2　物品受領後の契約解除

　75条の代替取引が実際に行なわれず、又は75条の要件（合理的な方法及び合理的な期間内）を満たしていない場合には、「代替取引の価格」の代わりに用いる時価としては、損害賠償を請求する当事者が物品を引き取った後に契約を解除した場合には、「引取りの時の時価」を用いる（本条(1)2文）。これは、買主が市況が下落した後に売主の犠牲において契約を解除することを防ぐためである。本条(1)2文の損害額の算定は、本条(1)1文の場合と同様、74条の原則的な損害額の算定に比較して、類型的な処理である（「解除時における時価」とこれに代わって「物品を受け取った時における時価」が使用される違いはあるが、類型的な処理であることには変わりない）。本条(1)2文は、例えば、上記1(3)イの設例の事案に加えて、買主が物品を受領し、その後の解除がされた事実があれば、次の抗弁が考えられる。

（物品受領時の時価）

抗　弁　1　買主Xは物品を受け取った後に、契約を解除したこと
　　　　2　物品を受け取った時における時価が〇ドルであったこと
　　　　　　＊本条(1)2文に基づく（一部）抗弁である（本条(1)2文は、「但書（If, however）」であり、形式上も、1文（請求原因）に対して抗弁と解する根拠となる。
　　　　　　＊この抗弁は、「物品受取時の時価」が「解除時時価」より多額である場合にのみ、損害額を減少させる一部抗弁として機能する。
　　　　　　＊上述したとおり、当事者が時価の変動をみながら、自分に有利な（損害賠償額がより多額）時期を恣意的に選んで解除するのを防止するためである。

3　代替取引が行なわれた場合（75条）と本条の関係

　代替取引価格に基づく求償を認めている75条と、時価に基づく求償を認めている本条との関係については、契約違反によって損害を被った当事者は、75条の要件に合致した代替取引を行なった場合には、75条により代替取引価格に基づく求償を行なうことになり、本条による時価に基づく求償は認められない。また、代替取引が事実行なわれなかったか、又は、合理的な方法により又は契約が解除された後合理的な期間内に行なわれなかった場

合、又は、代替取引が行なわれたことが不明の場合には、本条による時価に基づく求償のみが認められる。

次の「代替取引」の抗弁は、上記1(3)イの設例の請求原因に続くものである。

(代替取引)

抗　弁　1　XはAとの間で、請求原因3の解除後の合理的な期間内に、本件物品の代替品を（○ドルで）売買する契約を締結したこと
＊75条と本条は排他的な適用関係にあり、75条にいう合理的な代替取引がある以上、本条を任意選択的に適用することはできない。解除の相手方であるYにおいて、75条の要件を満たす代替取引を立証すれば、本条に基づく損害賠償を認めることはできない。なお、代替取引の代金額までYが立証する必要はないと考える（代替取引による損害額の主張・立証責任はXにある）。

● (損害の軽減)

第77条　契約違反を援用する当事者は、当該契約違反から生ずる損失（得るはずであった利益の喪失を含む。）を軽減するため、状況に応じて合理的な措置をとらなければならない。当該当事者がそのような措置をとらなかった場合には、契約違反を行った当事者は、軽減されるべきであった損失額を損害賠償の額から減額することを請求することができる。

Article 77

A party who relies on a breach of contract must take such measures as are reasonable in the circumstances to mitigate the loss, including loss of profit, resulting from the breach. If he fails to take such measures, the party in breach may claim a reduction in the damages in the amount by which the loss should have been mitigated.

1　損害軽減義務

　本条1文は、相手方の契約違反に基づき損害賠償請求権を主張しようとする当事者に、損害を軽減するためにその「状況に応じて合理的な措置」を採るよう義務付けている。義務の内容は、状況に応じた合理的な措置であるから、契約違反を援用する当事者は、過大な費用や労力を掛けてまで、その契約違反によって自らに生ずる損失を軽減するためにすべての措置を採らなければならないということではない。なお、自ら損害を被る者は、本条の義務を課せられる以前の問題として、できるだけ損失を軽減させる（損害の極小化を図る）ように積極的に行動するのが常であろう。なぜなら、判決等により一定の額の損害賠償が認められるとしても、それを実現するには時間と経費が掛かり、また、相手方に資力がなければ、被った損害額のすべてを回収できるとは限らないからである。

2　損害軽減義務違反の効果

　本条2文は、この損害軽減義務に違反した場合、損失が軽減されるべきであった額に応じて、損害賠償額の減額を求めることができると定めている。本条所定の損害軽減義務違反の効果は、契約違反をした当事者が賠償すべき損失額の減少であって、62条所定の売主の物品代金支払請求権や50条所定の買主の物品代金減額権には影響を与えるものではない。

3　合理的な措置

　その「状況において合理的な措置」は、一般に、慣習（9条）や、当事者間で形成された慣行、当該契約の特殊性、さらには契約対象となる物品がどのようなリスクを持つのか（損害発生リスクの種類）など、個別の事例における具体的な状況における損害賠償請求権者の合理的な行為が問題となる。

(1) 代替取引

　契約を解除した当事者が、損害の軽減を目的として、直ちに代替取引を行なう義務を当然に負うわけではない（これは76条が存在することからも明らかである）。もっとも、当該物品の市場動向など、個別の状況においては、適切な時期に代替取引を行なうことが損害軽減のための合理的な措置に当たる。このことは賠償権利者が従来から反復的に同種の取引を行なっているなど、時価よりも有利な代替取引をすることが賠償権利者に期待可能な場合にも当てはまる。むろん、契約解除後の価格変動が損害賠償額に及ぼす影響については、既に75条、76条の規定によってカバーされている。したがってこのような場面においては、当事者が74条に基づいて損害賠償を請求する

限りで、本条の損害軽減義務は意味がある。

訴訟物　　XのYに対する売買契約の引渡債務履行不能に基づく損害賠償請求権

＊米国のY会社は日本のX会社との間で、本件工作機械をCIF価格50,000ドルとする売買契約を締結した。その契約において、Y会社が12月1日までに工作機械100台を総額50,000ドルで引き渡すべきことが定められていた。7月1日に、Y会社はX会社に対して書面を送り、今年いっぱいは確実に続くであろう価格上昇のために、X会社が60,000ドルの支払に合意しない限り、工作機械の引渡しを行なわないことを告げた。X会社は、Y会社が50,000ドルの契約価格で工作機械を引き渡すように求める返事をした。その後の合理的な期間内に、X会社は他の売主Aとの間で12月1日引渡しの約定で買う契約を締結することができた。その価格は、56,000ドルであった。12月1日に、X会社は3月1日引渡し、代金61,000ドルの条件で代替品の購入を行なった。工作機械の受取りが遅れたために、買主は3,000ドルの追加的損害を被った。

　本件は、X会社がY会社に対して、12月1日まで待ってから代替品の購入を行なったために被った損害の総額14,000ドルの賠償を求めたところ、Y会社は、X会社の請求は7月1日あるいはその後の合理的な期間内に代替品の購入を行なったならば被っていたであろう損害額6,000ドルに限定されると抗弁した事案である（事務局注釈258頁【例73A】）。

請求原因
1　YはXとの間で、工作機械100台を総額50,000ドルで12月1日までに引き渡す約定で売買する契約を締結したこと
2　YはXに対して、7月1日、今年いっぱいは確実に続くであろう価格上昇のために、Xが60,000ドルの支払に合意しない限り、工作機械の引渡しを行なわない旨を告げたこと
3　XはYに対して、請求原因1の売買契約を解除する意思表示をしたこと
4　XはAから、12月1日に、本件工作機械の代替品を、3月1日引渡し代金61,000ドルの約定で買い受けたこと

5　Xは、工作機械の受取りが遅れたために、3,000ドルの追加的損害を被ったこと

（合理的な措置義務違反）

抗　弁　1　請求原因2の通告をした7月1日の後の合理的な期間内に、買主が他の売主との間で本件工作機械の代替品を12月1日引渡しの約定で締結することができた契約の価格は、56,000ドルであったこと
　　2　Xは上記の期間に、上記の代替品の購入をしなかったこと
　　　＊損害軽減義務違反は、損害賠償の減額をもたらすにとどまる一部抗弁である。売主の代金支払請求権（62条）や買主による代金減額請求権（50条）には影響を与えない。本件においては、買主Xに認められる損失額は、14,000（61,000－50,000＋3,000）ドルではなく、6,000（＝56,000－50,000）ドル、つまり、買主Xが7月1日あるいはその後の合理的な期間内に代替品を購入していた場合に被ったであろう金額となる（曽野＝山手・国際売買250頁）。
　　　＊Yの契約違反を援用するXがいつの時点で損害軽減措置を採るべきかについては、本条の文言は具体的でない。しかし、契約の相手方Yが重大な契約違反を起こすことが明らかな場合には、Xは、72条に基づき、契約の履行期を待つことなく、契約を解除したうえで、「代替取引」を行なうなど損害軽減措置を採ることが求められる。

訴訟物　XのYに対する売買契約の引渡債務履行不能に基づく損害賠償請求権
　　　＊上記の設例において、7月1日付けの売主からの書簡を受け取った後、速やかに、X会社はY会社に対し、71条に基づいて、約定どおり12月1日に履行することについて、適切な保証を求めた。Y会社は、X会社の指定した合理的な期間内に保証を提供することができなかった。X会社は速やかに、実勢価格である57,000ドルで代替品の購入を行なった。
　　　　本件は、X会社がY会社に対して、代替品の購入を行なったために被った損害7,000ドルの賠償を求めた事案である。この場合には、X会社が損害賠償として請求できる額

は、上記の設例における 6,000 ドルではなく、7,000 ドルである（事務局注釈 259 頁【例 73B】）。

請求原因
1　YはXとの間で、工作機械 100 台を総額 50,000 ドルで 12 月 1 日までに引き渡す約定で売買する契約を締結したこと
2　YはXに対して、7月1日、今年いっぱいは確実に続くであろう価格上昇のために、Xが 60,000 ドルの支払に合意しない限り、工作機械の引渡しを行なわない旨を告げたこと
3　XはYに対し、71 条（履行の停止）に基づいて、約定どおり 12 月 1 日に履行することについて、適切な保証を求めたこと
4　請求原因3の適切な保証を求めた日から合理的な期間が経過したこと
5　XはYに対して、請求原因1の売買契約を解除する意思表示をしたこと
6　Xは速やかに、実勢価格である 57,000 ドルで代替品の購入を行なったこと

（保証の提供）
抗　弁　1　YはXに対し、合理的な期間内に保証を提供したこと
　　＊本件事案においては、この事実は見受けられない。

(2) その他

　CLOUT284 は、買主が売主の供給した瑕疵ある原材料を使用した結果損害の賠償を求めたところ、買主が簡単な検査により発見可能であったにもかかわらず検査を行なわなかったことに損害軽減義務違反があるとして、損害の賠償請求を認めなかった事案である。

第3節 利　　息

　利息については、宗教上の理由などにより各国の法制が異なる。そのため、第3節は「利息」と題して78条1か条のみを置き、同条において、売買代金その他について延滞が発生し、それが損害賠償責任を免除される自己の支配を超えた障害による場合（79条）であっても、延滞分の利息を支払うべきことを明確にするために、一般原則としての利息支払義務を規定している。

● (利息)

第78条　当事者の一方が代金その他の金銭を期限を過ぎて支払わない場合には、相手方は、第74条の規定に従って求めることができる損害賠償の請求を妨げられることなく、その金銭の利息を請求することができる。

Article 78
　If a party fails to pay the price or any other sum that is in arrears, the other party is entitled to interest on it, without prejudice to any claim for damages recoverable under article 74.

1　代金支払遅延による利息請求権

　本条は、債務者が金銭債務（代金その他の支払われるべき金額）を合意した弁済期日に支払わなかった場合（弁済期日の合意がない場合は58条による）、債権者に利息請求権が発生することを定める。また、本条は、本条の利息請求権は、74条に基づく損害賠償の請求をすることが妨げられないと定める（債務者の支払遅延によって、債権者に利息を超える損失が発生した場合には、債権者は74条の規定に従い損害賠償を請求できる）。

　このように本条の利息請求権は、節を分けて規定されている損害賠償請求権とは、その性質を異にする独立したものである。そのため、債務者が、損害賠償請求権について79条による免責を受ける場合であっても、本条による利息の支払義務は免責されることはない。その意味で、金銭債務の不履行

に際しては、債権者は、少なくとも利息分については本条により確保することができる。

利息の請求は、74条による損害賠償の請求を妨げないとされているが、両者を重複して請求できるのではなく、本条所定の利息によっては補填されない損失だけを損害賠償として請求できると解すべきであろう。

| 訴訟物 | XのYに対する売買代金支払遅延に基づく利息請求権 |

＊日本のY会社（買主）は、オーストリアの家具製造業者X会社（売主）から革張りの椅子を買う契約を締結した。本件は、X会社がY会社に対し代金の支払が遅延したので、本条に基づきその利息の支払を求めた事案である。

| 請求原因 | 1　XはYとの間で、革張りの本件椅子10脚を円貨○万円で売買する契約を締結したこと |

  2　請求原因1の売買契約においては、当事者のいずれかが支払期日に支払をしない場合、他方当事者は、支払期日が到来した日から8パーセントの利率の利息の権利を有するとの合意があること

  ＊この金利等の特約については、下記2「利率及び利息の発生時期」参照。

  3　支払期日とその到来

2　利率及び利息の発生時期

本条約は、利率や利息の計算の始期などを定めていない。

(1) 合意（約定利率、約定の発生時期）

利息の発生時期及び利率について、当事者間であらかじめ合意しておく場合は、その定めによる（6条）。その条項は、例えば、「当事者のいずれかが支払期日に支払をしない場合、他方当事者は、支払期日が到来した日から8パーセントの利率の利息の権利を有する。」(If either or the party does not make any payment when it falls due, the other party is entitled to interest at the rate of eight percent (8%) upon that unpaldamount from the time when payment is due to the time of payment.) とする。

それ以外の場合には、7条(2)に基づき、法廷地の国際私法に従って適用される各国内法にゆだねられる（その結果、多くの場合、売主が営業所を有する国の法律が参照されるであろう）。

(2) 合意がない場合

合意がない場合は、7条(2)に基づくこととなるが、次のようになろう。

ア　利息の発生時期

利息の発生時期については、当事者間の合意がない場合には、9条（慣習若しくは当事者間で確立した慣行）又は58条を適用したうえで決定されることとなるが、代金以外の金銭債務の発生時期については本条約には規定がないため、この場合には債権者から請求がされた時に弁済期が到来すると解されている（注釈Ⅱ〔馬場圭太〕195頁）。

イ　利率

利率の決定については、国際私法の準則により適用される準拠法の法定利率による方法が支配的（注釈Ⅱ〔馬場圭太〕197頁）といわれるが、仲裁の場合は、国際物品取引により適合するLIBOR（London Interbank Offerd Rate：ロンドン銀行間取引金利）やプライムレート（最優遇金利）などによるとすることもあるようである。本条は利率についての具体的な定めはないが、利率の決定に当たっては、7条(2)によれば、直ちに国際私法による国内法でを適用するのではなく、「この条約の基礎を成す一般原則に従い」、法の一般原則としてのユニドロワ国際商事契約原則によることが考えられる。ユニドロワ原則の7.4.9条の2項によれば、「支払地の銀行による最優遇短期貸出の平均レート」を基準としている。

3　解除時における売主の代金返還に際しての利息

84条(1)は、契約が解除された後、売主が代金を返還しなければならない場合には、代金が支払われた日から利息を支払わなければならない旨を規定しているが、この点について、事務局注釈243頁は、「売主は、この期間、購入代金を占有していたことによって利益を得たものと考えられるため、利息の支払義務は自動的に生ずる。利息支払義務は、売主の原状回復義務の一部であり、買主の損害賠償請求権の一部ではないため、請求できる利息の利率は、売主の営業所における最新のものが基礎とされることになる」としている。

第4節 免　　責

　第4節（「免責」）は、まず、当事者を損害賠償から免除する障害（79条）について規定している。契約締結後に、大地震や戦争など予想しない事態が生じて履行が不可能になることがある。このような債務者の責めに帰さない様々な事情により契約が履行できない場合の免責を認める点では、各国は一致するものの、その法的構成は、履行不能（impossibility）、不可抗力（force majeure）、契約目的の達成不能（frustration）など様々である。本節は、当事者が契約で別段の定めを置いていない場合に備えて、「障害（impediment）」という中立的な用語を用いて、具体的に免責（exemption）の制度を定めるものである。

　本条約は、45条(1)(b)、61条(1)(b)が定めるように厳格責任主義を採用しているが、79条はこの厳格責任を制限し、債務者の支配を超えた障害に起因する不履行の場合に、債務者の損害賠償責任を免ずるものである。また、他の当事者によって引き起こされた不履行（80条）は、本条約の信義誠実の原則（7条(1)）に基づく免責規定である。

　なお、79条を71条-73条などと併せ考えると、本条約は、状況が変化した場合に請求権が存続するか否かに関するいわゆる「事情変更の原則」を具体的に取り込んで規定しているものと解すべきである。したがって、本条約の適用がある場合には、事情変更の原則が、本条約と競合して一般に適用されることはないと解される。

●（債務者の支配を超えた障害による不履行）

第79条
　(1)　当事者は、自己の義務の不履行が自己の支配を超える障害によって生じたこと及び契約の締結時に当該障害を考慮することも、当該障害又はその結果を回避し、又は克服することも自己に合理的に期待することができなかったことを証明する場合には、その不履行について責任を負わない。
　(2)　当事者は、契約の全部又は一部を履行するために自己の使用した第三者による不履行により自己の不履行が生じた場合には、次の(a)及び(b)の要件が満たされるときに限り、責任を免れる。
　　(a)　当該当事者が(1)の規定により責任を免れること。

(b) 当該当事者の使用した第三者に(1)の規定を適用するとしたならば、当該第三者が責任を免れるであろうこと。
(3) この条に規定する免責は、(1)に規定する障害が存在する間、その効力を有する。
(4) 履行をすることができない当事者は、相手方に対し、(1)に規定する障害及びそれが自己の履行をする能力に及ぼす影響について通知しなければならない。当該当事者は、自己がその障害を知り、又は知るべきであった時から合理的な期間内に相手方がその通知を受けなかった場合には、それを受けなかったことによって生じた損害を賠償する責任を負う。
(5) この条の規定は、当事者が損害賠償の請求をする権利以外のこの条約に基づく権利を行使することを妨げない。

Article 79

(1) A party is not liable for a failure to perform any of his obligations if he proves that the failure was due to an impediment beyond his control and that he could not reasonably be expected to have taken the impediment into account at the time of the conclusion of the contract or to have avoided or overcome it or its consequences.

(2) If the party's failure is due to the failure by a third person whom he has engaged to perform the whole or a part of the contract, that party is exempt from liability only if:

(a) he is exempt under the preceding paragraph; and
(b) the person whom he has so engaged would be so exempt if the provisions of that paragraph were applied to him.

(3) The exemption provided by this article has effect for the period during which the impediment exists.

(4) The party who fails to perform must give notice to the other party of the impediment and its effect on his ability to perform. If the notice is not received by the other party within a reasonable time after the party who fails to perform knew or ought to have known of the impediment, he is liable for damages resulting from such non-receipt.

(5) Nothing in this article prevents either party from exercising

any right other than to claim damages under this Convention.

---

1 「義務の不履行」の範囲

　本条(1)所定の「義務の不履行」は、本条約にいう契約違反（45条、61条参照）が典型であり、履行遅滞、履行不能、不完全履行等を含む包括的なものである。本条(1)の文言は、原始的不能の給付の場合をも含んでいる趣旨と解され、また、68条3文は、不能の給付を対象とする契約も有効であることを前提とする規定である。したがって、原始的不能の問題は本条自体が規律していると解される。

　ところで、国内法の規定の適用はここでは排除される契約不適合な物品（35条参照）の引渡しによる不履行が本条の免責の対象になるかについては、契約不適合の物品の給付も本条の義務の不履行に該当し、本条約は瑕疵担保責任に関する規定を置かず、代替品の引渡し及び修補義務等を定めていることからすると（46条(2)(3)）、他の不履行と同様に免責を認めることとなろう。しかし、物品の契約不適合といっても、その物品は売主が製造・調達するものであるから、売主の支配領域内で生じた障害であって、免責の要件を満たさないので、本条による免責が認められることは天変地異などの極めて例外的な場合に限られるといえよう。

　また、我が国民法においては金銭債務の債務者は不可抗力をもって抗弁とすることができないが（民419条3項）、為替管理の影響があり得る国際物品売買においては代金支払債務の不履行も本条所定の免責の対象となり得る（ただし、免責されるのは、障害の存在する間に限られる（本条(3)））。なお、支払遅延に基づく利息支払の請求権（78条）は、損害賠償の性質を有するものではないので、代金支払の遅延の場合であっても、免責の対象ではない（曽野＝山手・国際売買265頁）。

2　自己の義務不履行についての免責

　本条約においては、買主は45条(1)(b)に基づき、また売主は61条(1)(b)に基づき、それぞれの相手方が義務を履行しない場合には損害賠償を請求する権利を有する。しかし、本条は、不履行当事者が、本条(1)の要件を「証明」することによって、免責を受けることができることを定めている。外務省訳は、本条(1)の要件を、①「自己の義務の不履行が自己の支配を超える障害によって生じたこと」（自己の支配を超えた障害の要件）に加えて、

②「契約の締結時に当該障害を考慮することも……できなかったこと」(予見不可能性の要件)と、③「当該障害又はその結果を回避し、又は克服することも自己に合理的に期待することができなかったこと」(回避又は克服不可能性の要件)を累積的なものとしている。なお、本条(1)の原文は、②予見不可能の要件と③回避又は克服不可能の要件とを"or"で結んでいるが、小山貞夫編著『英米法律用語辞典』研究社（2011年）784頁がいうように「通常の用法ではないが、時に文脈・解釈上 and と同義に理解されなければならないこともある」のである。曽野＝山手・国際売買263頁も、外務省訳と同様に①②③要件を累積的に解している。以下、この3要件を分説する。

(1)「自己の義務の不履行が自己の支配を超える障害によって生じたこと」（自己の支配を超えた障害の要件）

本条の「不履行（failure to perform）」概念は、損害賠償の規定（74条-77条）で用いらる「契約違反（breach of contract）」と同じ意義と解される（45条、61条参照）。「債務者の支配を超える障害（impediment beyond his control）」とは、客観的な事情、つまり債務者個人の外側に存在する外在的事情に限られる。例えば自然災害、戦争やテロの勃発、公権力による処分（輸出入の禁止、特定物品や外貨統制、通商停止など）、債務者の事業外で生じた事故（原子炉の事故、有毒ガスの流出）、さらには第三者の行為（国際輸送通路の閉鎖、強奪）などである。極端な市場の変化や通貨の暴落などによる経済的不能の場合も、本条による免責の余地はあろう。これに対し、債務者の行為に伴うリスクや債務者の組織内に属すると考えられるリスクについては考慮されない（機械の故障、輸送上のトラブル、従業員の死亡など）。したがって、労働争議については、大規模な政治的ストライキは免責の余地があるが、一般には免責されない。

ただし、この(1)の事実だけで免責されるわけではない。これらの障害は過去生じてきたし、考慮できなかったか、回避・克服することができなかったかに関し、次の要件(2)及び(3)を、併せて充足するかが問題となる。

> **訴訟物**　　XのYに対する売買契約不適合物に基づく損害賠償請求権
> ＊日本のY会社は、オーストリアのX会社に対して、ぶどうの樹専用のワックスの売買契約を締結した。X会社はワックスを樹の乾燥と病気の感染を防ぐために使用した。このワックスは、Y会社の指示によりX会社への製品供給元（サプライヤー）が開発したものである。ワックスは、X会社が製造を委託した供給元のA会社からX会社に直送され、

Y会社は本件ワックスを受領も検査もしなかった。X会社がぶどうの樹にワックス処理をしたところ、ぶどうの樹が損傷を受けた。本件は、X会社がY会社に対して、物品の契約不適合を主張して損害の賠償を求めたところ、Y会社は、実質的には物品の仲介者でしかなく、物品の契約不適合の原因は、A会社による瑕疵ある物品の製造にあり、これは自己の支配を超えるものであると反論した事案である（CLOUT271、CLOUT272）。

請求原因 1 YはXとの間で、ぶどうの樹専用の乾燥防止及び病気感染防止用ワックスを○ユーロで売買する契約を締結したこと
2 Xが引渡しを受けた本件ワックスをぶどうの樹に塗ったところ、ぶどうの樹が損傷を受けたこと
3 Xの損害の発生と損害額
＊74条に基づく損害賠償請求である。本件ワックスが単に効能がなかった場合（この場合は代金額の損害）と異なり、その使用により、結果として、ぶどうの樹が損傷を受けたのであるから、その損害額は、損傷を受ける前のぶどうの樹の時価相当額ということになろう（いわゆる間接損害である。もちろん、予見可能性の範囲内の損害である）。

（免責）
抗弁 1 請求原因2のぶどうの樹の損傷はYの支配を超える出来事によって発生したこと
＊本条の適用が検討されるとしても、ワックスの瑕疵（契約不適合）は売主Yの支配を超える障害ではないから、Yは免責されない。さらに、本条の免責は危険の負担を変更するものではない。契約に適合した物品を引き渡すYの義務違反による責任に関しては、瑕疵がYの責めによるか、その供給元Aの責めによるかは結論を左右しない。いずれの場合も売主Yがその責任を負う。
2 契約の締結時にその障害を考慮に入れることが合理的に期待することができなかったこと
3 契約後に、その障害又はその結果を回避し、又は克服することが合理的に期待することができなかったこと

訴訟物 XのYに対する売買契約不適合物に基づく損害賠償請求権

＊日本のX会社がドイツのY会社から粉ミルクを購入したが、ミルクにセシウムが混入していた。X会社が販売した顧客に健康被害が生じ、X会社はその賠償に応じた。本件は、X会社がY会社に対し、顧客に対する賠償額相当額を損害としてその賠償を求めたところ、Y会社は、契約不適合の物品の給付にも本条の適用があり、本件粉ミルクは当時の科学水準に従って製造されたものであり、その水準によればセシウムの混入を防ぐことはできなかったと主張した事案である。

請求原因
1　YはXとの間で、粉ミルクを代金○ユーロで売買する契約を締結したこと
2　Xが引渡しを受けた本件粉ミルクにはセシウムが混入していたこと
3　Xが販売した顧客に健康被害が生じ、Xはその賠償に応じたこと
4　請求原因3の賠償額
＊本件の場合は、Xの解除がない場合であるから、74条に基づく損害賠償となる。
＊本件は、YのXに対する契約不適合物品の引渡しの結果、Xにさらなる損害（間接損害）を生じさせた場合である。

（免責）

抗　弁
1　請求原因2のセシウムの混入はYの支配を超える出来事によって発生したこと
＊契約不適合の物品の給付も本条による免責の対象となるとしても、Yが本条によって免責されるのは、Yが本件のセシウム混入につき、抗弁1ないし3の要件を充足する場合であるが、セシウムの混入を要求される分析方法を注意深く用いても発見できなかったこと、及び、本件混入がYの支配を超える原因に基づくことなどを立証することは困難であろう。
2　契約の締結時にその障害を考慮に入れることが合理的に期待することができなかったこと
3　契約後に、その障害又はその結果を回避し、又は克服することが合理的に期待することができなかったこと

(2)「契約の締結時に当該障害を考慮することも……できなかったこと」(予見不可能性の要件)

　これは、契約の締結時に、その障害を考慮に入れることが合理的に期待することができなかったことである。しかるに、上記(1)の債務者の支配を超える障害、すなわち、契約の履行にとっての潜在的な障害はすべて、ある程度予見可能であるともいえる。戦争、荒天、火災、政府の禁輸措置、そして国際航路の封鎖といった障害は、いずれも過去に生じたことがあって、将来に再び生ずることが想定されるものである。言い換えれば、不履行当事者にとって立証が困難である。したがって、6条に基づいて、特定の障害事由の発生によって不履行当事者が不履行の結果から免責されるか否かを当事者が明示的に特約しておくことが多い。

(3)「当該障害又はその結果を回避し、又は克服することも自己に合理的に期待することができなかったこと」(回避又は克服不可能性の要件)

　これは、契約後に、その障害又はその結果を回避し、又は克服することが合理的に期待することができなかったことである。障害は、契約の締結時に存在するものであってもよい。例えば、契約の目的物であった不代替物が、契約の締結時に既に滅失していた場合が考えられる。しかし、物品の損壊を契約の締結時に考慮することを売主に合理的に期待することができた場合には、売主は、本条に基づく免責を受け得ない。したがって、免責されるためには、売主が、物品が既に損壊していたことを知らなかったこと、及び、その損壊を想定しなかったことが合理的であったことが必要である。

訴訟物　　XのYに対する売買目的物引渡不能による損害賠償請求権

＊日本のY会社はルーマニアのX会社との間で、鶏肉部位を〇ユーロで売買する契約を締結したが、Y会社が船積みした直後、アジアで鳥インフルエンザが発生したため、ルーマニア政府は鶏肉の輸入を禁止した。X会社は、政府の規制により全量を輸入できないため、ルーマニア国外の港での陸揚げを提案したが、Y会社はこれを拒否し、売買契約は不可抗力(force majeure)により売買契約は無効になったと誤解し、他の買主Aに本件鶏肉部位を転売した。本件は、X会社がY会社に対し、鶏肉部位の引渡しを受けることができなかったため被った損害の賠償を求めたところ、Y会社は、本条に基づく免責を主張した事案である。

＊本件は、免責の抗弁について、自己の支配を超えた障害が認

められ、かつ、予見不可能性も認められるが、回復不可能性が認められないため、免責が否定される事案である。

請求原因 1 YはXとの間で、本件鶏肉部位を○ユーロで売買する契約を締結したこと
2 Yは、Xに送るために船積みした本件鶏肉部位をAに売買したこと
3 Xの損害の発生及び損害額
 ＊本件鶏肉部位の引渡しを受けることができなかったことによる損害としては、この取引によって想定する利益（得べかりし利益）の喪失による損害といえる（解除もされていないから、74条に基づく損害賠償請求である）。

（免責）

抗　　弁 1 Yの引渡債務の不履行は、契約締結直後にアジアで鳥インフルエンザが発生したため、ルーマニア政府が鶏肉の輸入を禁止したこと
 ＊Yの売買契約上の引渡債務が「自己の支配を超える障害によって生じたこと」を示す要件事実である。
2 契約の締結時にその障害を考慮に入れることが合理的に期待することができなかったこと
 ＊アジアでの鳥インフルエンザの発生それに伴うルーマニア政府の鶏肉の輸入禁止措置は、予見が不可能であったといえるであろう。
3 契約後に、その障害又はその結果を回避し、又は克服することが合理的に期待することができなかったこと
 ＊回避不可能性の要件は、合理的な代替する履行又は給付が可能であるならば、そのような代替の履行をすることが求められているといえよう。本件の場合は、YはXが提案したとおり、本件鶏肉部位をルーマニア国外の揚地に出荷することにより、ルーマニア政府の決定を回避することができるものといえるであろう。

3　免責事由の立証責任

不履行当事者は、その障害を契約の締結時に考慮することを自己に合理的に期待することができなかったことを証明できたとしても、それに加えて、その障害を回避又は克服することも、あるいはその障害の結果を回避又は克

服することも自己に合理的に期待することができなかったことを証明しなければならない。

　本条の文言及び趣旨により、本条の免責をもたらす障害についての立証責任は、債務者が負う。立証自体は、法廷地の法律 lex fori に従って行なわれるが、立証責任の分配は、実体法上の基礎を有するから、7条(2)所定の「この条約が規律する事項」に含まれるのである。障害が、本条(2)にいう「第三者」の行為に基づく場合も同様である。ただし、本条(4)の定める通知の解怠又は不到達に基づく損害賠償請求については、賠償を請求する債権者の側が主張・立証責任を負う。

訴訟物　　XのYに対する物品売買契約の物品損壊に基づく損害賠償請求権

* 米国のY会社は日本のX会社との間で、本件物品（不代替物）を○ドルで売買する契約を締結した。67条（運送を伴う売買契約における危険の移転）又は68条（運送中の物品の売買契約における危険の移転）に従って本件物品の危険がX会社に移転する前に、Y会社の支配を超える出来事によって発生した火災のために、物品が焼失した。X会社はY会社に対して、本件物品の焼失による損害の賠償を求めたところ、Y会社は免責を主張した事案である（事務局注釈228頁【例65A】）。
* 本件と事案が異なるが、67条又は68条により既に買主Xに危険が移転している場合には、その事実をもって抗弁できる（以下にみるような免責の抗弁より立証は容易な場合が多いであろう）。

請求原因
1　XはYとの間で、物品（不代替物）を○ドルで売買する契約を締結したこと
2　請求原因1の物品が火災により焼失したこと
3　Xの損害及びその数額
* 74条に基づく損害賠償請求である。例えば、Xが転売先を確保していた場合における転売利益などである。

（免責）

抗弁　1　Yの支配を超える出来事によって火災が発生したこと
* 抗弁1の事実のみでは、免責の抗弁が成立せず、以下の2及び3の要件の充足も必要である。

2 契約の締結時にその障害を考慮に入れることが合理的に期待することができなかったこと
3 契約後に、その障害又はその結果を回避し、又は克服することが合理的に期待することができなかったこと

訴訟物 XのYに対する物品売買契約に基づく代金支払請求権

＊上記の事務局注釈228頁【例65A】と同じ事案であるが、訴訟物が代金支払請求権であるため、原被告の立場が入れ替わっている。米国のX会社は日本のY会社との間で、本件物品（不代替物）を○ドルで売買する契約を締結した。67条（運送を伴う売買契約における危険の移転）又は68条（運送中の物品の売買契約における危険の移転）に従って、本件物品の危険が移転する前に、X会社の支配を超える出来事によって発生した火災のために、物品が焼失した。X会社はY会社に対して、本件物品の代金の支払を求めたところ、Y会社は、危険が移転していない物品に対する支払をする必要はないとして支払を拒んだ事案である（事務局注釈228頁は、買主Yは危険が移転していない物品に対する支払をする必要はないとしている）。

請求原因 1 XはYとの間で、物品（不代替物）を○ドルで売買する契約を締結したこと

（危険移転前の焼失）

抗弁 1 請求原因1の物品が焼失したこと
2 抗弁1の焼失は、67条（運送を伴う売買契約における危険の移転）又は68条（運送中の物品の売買契約における危険の移転）に従って危険が移転する前に生じたこと

訴訟物 XのYに対する物品売買契約の物品損壊に基づく損害賠償請求権

＊米国のY会社は日本のX会社との間で、500台の工作機械（代替物）を○ドルで売買する契約を締結した。危険の移転前に、Y会社の支配を超える出来事によって発生した火災のために、工作機械が損傷した（事務局注釈228頁【例65A】と同様の状況）。X会社はY会社に対して、本件物品の損壊による損害の賠償を求めたところ、Y会社は免責を主

張した事案である（事務局注釈229頁【例65B】）。

＊67条又は68条により既に買主Xに危険の移転がされている場合には、その事実をもって抗弁できる（以下にみるような免責の抗弁より立証は容易な場合が多いであろう）。

＊本件の場合、XがYに対して、500台の工作機械の引渡しを求めた場合には、Yは、応じなければならない。当初の500台の工作機械が損壊しても、それは、代替品であるからである。要するに、本件の場合、Yは代替品の500台の工作機械を引き渡すか、それを拒絶する場合には、損害賠償の責任を負うか（免責は得られない）である。

請求原因
1　YはXとの間で、500台の工作機械（代替物）を○ドルで売買する契約を締結したこと
2　請求原因1の物品が火災により焼失したこと
3　Xの損害及びその数額

＊74条に基づく損害賠償請求である。例えば、Xが転売先を確保していた場合における転売利益などである。

（免責）

抗　弁
1　Yの支配を超える出来事によって火災が発生したこと
2　契約の締結時にその障害を考慮に入れることが合理的に期待することができなかったこと
3　契約後に、その障害又はその結果を回避し、又は克服することが合理的に期待することができなかったこと

＊この場合、売主Yは買主Xに対する損害賠償の責任を免れることはできない。【例65A】との違いは、【例65A】では売主は契約で約定された目的物（非代替物）を提供することができないのに対して、本件において、Yは代替品を発送することによって工作機械の損壊の影響を克服することができるからである（事務局注釈229頁【例65B】）。

訴訟物　　XのYに対する売買契約に基づく物品引渡請求権

＊米国のY会社は日本のX会社との間で、本件物品を○ドル、プラスチック製容器で包装する約定で売買する契約を締結した。本件は、X会社がY会社に対して本件物品の引渡しを求めたところ、Y会社は、包装がされるべき時点で、プラスチック製容器は、Y会社が回避できない事由のため

に入手できない状況にあったとして免責を主張したので、これに対し、商取引上合理的な代替の包装資材が手に入るのであれば、Y 会社は物品の引渡しを拒絶するのではなく、それらの資材を用いて障害を克服しなければならないと X 会社が再反論した事案である（事務局注釈 229 頁【例 65D】）。

＊なお、訴訟物は異なるが、Y が商取引上合理的な代替の包装資材を用いた場合には、売主は損害賠償責任を負わない。それに加え、重大な契約違反がないため、X は契約を解除できないが、契約不履行に当たる包装資材を用いたために物品の価値が下がったという場合には、X は 50 条に基づき代金を減額することができる。

請求原因　1　Y は X との間で、代金を○ドルとし、物品をプラスチック製容器で包装する約定で売買契約を締結したこと

（免責）

抗　　弁　1　包装がされるべき時点で、プラスチック製容器は、売主が回避できない事由のために入手できない状況にあったこと
2　契約の締結時にその障害を考慮に入れることが合理的に期待することができなかったこと
3　契約後に、その障害又はその結果を回避し、又は克服することが合理的に期待することができなかったこと

＊商取引上合理的な代替の包装資材が手に入るのであれば、Y は物品の引渡しを拒絶するのではなく、それらの資材を用いて障害を克服しなければならない（事務局注釈 229 頁【例 65D】）。

訴 訟 物　X の Y に対する売買契約の履行遅滞に基づく損害賠償請求権

＊Y 会社は X 会社との間で、本件物品を○ドルで売買する契約を締結した。契約では、特定の船舶への船積みが定められていた。しかし、船舶の航行日程が、契約当事者の支配を超える出来事により変更されたため、その船舶は船積期間内に指示された港に寄港しなかった。そのため、Y 会社は遅れた船積みをせざるを得ず、引渡しは合意した引渡時期を大幅に遅れた。そのため、X 会社は本件物品の販売時期を失って損害を被った。本件は、X 会社が Y 会社に対して、損害

の賠償を求めたところ、Y会社は免責を主張した事案である（事務局注釈229頁【例65E】）。

請求原因
1 YはXとの間で、本件物品を○ドルで売買する契約を締結したこと
2 YのXに対する引渡しは、合意した引渡時期を大幅に遅れたこと
3 Xの損害の発生と損害額
＊74条に基づく損害賠償請求である。例えば、Xが転売先を確保していた場合における転売利益などである。

（免責）

抗　弁
1　請求原因1の契約では、特定の船舶への船積みが定められていたこと
2　船舶の航行日程が、契約当事者の支配を超える出来事により変更されたため、その船舶は船積期間内に指示された港に寄港しなかったこと
3　抗弁2の結果、Yは遅れた船積みをせざるを得ず、請求原因2の大幅な引渡しの遅延となったこと
＊抗弁1ないし3は、「自己の義務の不履行が自己の支配を超える障害によって生じたこと」（自己の支配を超えた障害の要件）を示す要件である。
4　契約の締結時にその障害を考慮に入れることが合理的に期待することができなかったこと
5　契約後に、その障害又はその結果を回避し、又は克服することが合理的に期待することができなかったこと
＊この状況では、物品の運送手配をする義務を負う当事者は、代替の船舶を用意することによって障害を克服するよう努めなければならない（事務局注釈229頁【例65E】）。

4　第三者による不履行の場合の免責（本条(2)）

　債務者は、契約の一部又は全部の履行のために用いた第三者（履行引受人）がもたらした契約の不履行についても責任を負わなければならない。しかし、債務者のみならず、その第三者にとっても、本条(1)の要件（障害事由が支配を超えたものであり、予見不能かつ回避・克服も不能）が満たされる限りで債務者は免責される（本条(2)）。

　本条(2)でいう「第三者」とは、原則として「独立した立場で履行に関与

する者」をいう。例えば、物品の引渡しを委託された運送人や下請業者（subcontractor）などである。したがって債務者の従業員等はここでいう第三者には当たらない。いわゆる履行補助者の責任の問題は、債務者の人的リスクの問題として、本条(1)の適用範囲に含まれるからである。

訴訟物　　XのYに対する機械設備供給契約の履行遅滞に基づく損害賠償請求権

＊日本のY会社はシンガポールのX会社との間で、機械設備供給契約を締結した。Y会社は、A社にその設備の重要構成部分を下請生産委託をしていた。A会社において労働争議が発生したため、下請製品の生産が遅れ、X会社への納期が遅れる事態が発生した。Y会社はその重要構成部分を他社から調達することができず、そのためY会社の機械設備の完成、納入が大幅に遅れる事態になった。Y会社はX会社に、下請会社A会社の不可抗力事態発生により納期が遅れる旨通知した。本件は、X会社がY会社に、納期遅延による損害の賠償を求めたところ、Y会社は、履行遅延の原因は、下請会社A会社の不可抗力事態の発生であるとして免責を主張した事案である。

請求原因　1　YはXとの間で、○万ドルで機械設備供給契約を締結したこと

＊3条(1)所定の「製作物供給契約」であり、本条約の適用を受ける。

2　機械設備の供給が納期に遅れたこと
3　Xにおける損害の発生及びその数額

＊本件においては、解除されていないので、74条に基づく損害賠償を求めることになる。

（4　請求原因2の遅延と請求原因3の損害との因果関係）

＊この因果関係は明らかであることが多く、この場合は明示で主張されることは少ない。

（免責）

抗　弁　1　売主Yの支配を超える障害が生じたこと

＊本件においては、Yがその設備の重要構成部分を下請生産委託していたところ、その下請会社における下請製品の生産が労働争議が発生したため、納期が遅れる事態が発生した場

合も同様である（本条(2)参照）。
2　Yは契約の締結時に抗弁1の障害を考慮することも、その障害又はその結果を回避し、又は克服することもYに合理的に期待することができなかったこと
＊「合理的に」とは、いずれも「合理的な者が債務者の立場に立った場合」という客観的な基準をいう。
＊障害は契約締結時に考慮できなかったものに限られる（障害の予見不能）。たとえ外部的事情であれ、その障害を契約締結時に考慮することが売主Yに合理的に期待され得る場合には、Yは免責されない。仮にYが障害の現実的可能性を認識あるいは認識可能であったにもかかわらず、留保なしに契約した場合には、Yはその障害によるリスクを引き受けたものと解される。
＊障害及びその結果を回避することも克服することもできないものでなければならない。たとえその障害はYが契約締結時に予見すべきものでなかったとしても、Yにその障害あるいはその結果の回避や克服が可能かつ合理的に期待されるのであれば、なおYは免責されない。たとえ輸送費が増したとしても、例えば輸送経路の変更によって障害を回避する可能性がある限り免責されないとされる。
＊Yの免責は、予見不能かつ回避不能の障害が不履行の排他的原因となることを前提としつつも、障害と契約違反が競合して不履行が生じた場合にも、Yの責任はなお存続する（例えばある物品が適切な荷造りでなかったために、予期しない自然現象によって滅失した場合）。またYが遅滞に陥っている間に障害が発生した場合、契約どおりに履行していれば障害による影響を受けなかった場合にも、Yは免責されない。
3　請求原因のY（債務者）の契約上の義務の不履行が抗弁1の障害によって生じたこと（因果関係）

5　免責の時間的制限（本条(3)）
　障害が一時的なものである場合、その障害が存在する期間のみ、債務者は損害賠償責任（とりわけ遅延損害の賠償）を免れる（本条(3)）。この場合も、債務者は、障害の事実、その予想される継続期間及び障害の中止を債権

者に通知する義務を負う（本条(4)）。障害がなくなったにもかかわらず、さらに遅延損害が発生した場合には、その限りで債務者は責任を負う。むろんこの履行遅滞が重大な契約違反と認められる限りで債権者は契約を解除できる（49条）。

訴訟物　　XのYに対する機械設備供給契約の履行遅滞に基づく損害賠償請求権

＊日本のY会社はシンガポールのX会社との間で、機械設備供給契約を締結した。Y会社は、A会社にその設備の重要構成部分を下請生産委託していた。A会社に労働争議が発生したため、下請製品の生産が遅れ、X会社への納期（2月1日）に遅れる事態が発生した。Y会社はその重要構成部分を他社から調達することができず、機械設備の完成、X会社への納入が大幅に遅れる事態になった。Y会社はX会社に、下請のA会社の不可抗力事態発生により納期が遅れる旨通知した。労働争議は、3月1日に収束し、生産は再開した。Y会社は3月15日に機械設備を引き渡した。本件は、X会社がY会社に、納期遅延による損害の賠償を求めたところ、Y会社は、履行遅延の原因は、下請のA会社の不可抗力事態の発生であるとして、免責を主張したところ、A会社の労働争議は3月1日に収束したと反論した事案である（事務局注釈【例65F】）。

＊Yは、障害が除去された日である3月1日まで引渡しが遅滞したことにより生じた損害の賠償を免責される。しかし、障害は約定の引渡期日後に除去されたのであるから、Yは、3月1日から同月15日までの間に、引渡しが遅滞したことの結果として生じた損害の賠償については、責任を負う。

請求原因　1　YはXとの間で機械設備を○万ドル、納期2月1日の約定で供給する締結したこと
2　機械設備の供給が請求原因1の納期に遅れたこと
3　Xにおける損害の発生及びその数額
＊74条に基づく損害賠償である。例えば、納期の2月1日から実際に納入された3月15日までの遅延損害金の支払などである。
4　請求原因2の遅延と請求原因3の損害との因果関係

(免責)
抗弁 1 売主Yの支配を超える障害が生じたこと
  ＊具体的には、「下請Aの労働争議が発生し、請求原因1の設備機械を期日までに供給できなかったこと」である。
2 契約の締結時に抗弁1の障害を考慮に入れることが合理的に期待することができなかったこと
  ＊下請のAの労働争議という障害がYの「考慮に入れることが合理的に期待することができなかった」こととは言い切れない。
3 契約後に、その障害又はその結果を回避し、若しくは克服することが合理的に期待することができなかったこと

(障害の除去)
再抗弁 1 Aの労働争議は、3月1日に収束し、生産は再開したこと

6 通知義務（本条(4)）
(1) 通知義務についての到達主義

障害によって不履行に陥った当事者は、障害の事実及び自己の履行能力に対する障害の影響について、合理的な期間内に相手方に通知する義務を負う（本条(4)1文）。通知には12条の例外を除いて、方式は要求されない。この通知は、相手方がその通知を受け取った場合にのみ有効となる（本条(4)2文）。その限りで本条の通知の不到達及び遅滞のリスクを負担するのは債務者であり、27条（発信主義）とは異なる。

(2) 通知義務の効果

通知義務違反があった場合、すなわち、通知懈怠又は合理的な期間内の不到達の場合でも、免責の効力は維持されるが、それにより債権者に生じた損害を賠償する責任を負う。この損害とは、契約の不履行自体から生じた損害ではなく、通知が到着していれば避けられたであろう追加費用等である。したがって、通知がなくとも債務者が障害を認識していた場合は問題とならない。

7 免責の効果（本条(5)）
(1) 免責される責任の範囲

本条により債務者は「この条約に基づく損害賠償」責任を免れるが、そのことは、債権者の損害賠償請求権以外の法的救済手段、例えば、履行請求権（46条、62条）、契約解除権（45条(1)(a)、49条、51条、61条(1)(a)、64

条)、代金減額権（50条)、利息支払請求権（78条)、費用償還請求権（85条、86条）には影響を与えない。

訴訟物　　XのYに対する売買契約に基づく代金支払請求権
　　　　　＊4月1日に、オランダのチーズ製造業者であるX会社は日本の食品加工業者であるY会社との間で、1等品質のチーズを6月1日までに神戸港で引き渡すべきDES（Ex ship）条件で、契約締結時の市場価格10万ドルで売買契約を締結した。X会社は、契約に適合するチーズを適時に発送したが、予期しない戦争が勃発し、本船は運河通過のために2か月間運河付近での停泊を余儀なくされた。本船の冷蔵装置は運河付近の暑い夏季の気候に対応し得ず、本船が8月1日に神戸港に到達した際にはチーズは溶けて4等品質のものに劣化していた。ただし、手を加えれば利用可能であった。1等品質のチーズの市場価格は契約締結時と8月1日とで同じであり、4等品質のチーズは2万ドルの価値があった。Y会社は食品加工に必要であったのでそのチーズを受領することにしたが、到達の遅延及びチーズを利用可能な状態にするために1万5,000ドルの損失を被った。本件は、X会社がY会社に対して、代金の支払を求めたところ、Y会社は目的物の不適合による損害賠償との相殺及び代金減額権の行使を主張し、これに対し、X会社が損害賠償（相殺の抗弁の自働債権）に対して免責を主張した事案である（本設例は、曽野＝山手・国際売買177頁によるものである）。

請求原因　1　XはYとの間で、4月1日に、1等品質のチーズを6月1日までに神戸港で引き渡すべきEx ship（着船渡し）条件で、市場価格10万ドルで売買契約を締結したこと

（相殺）
抗弁　　1　Yは、8月1日に神戸港で本件チーズの引渡しを受けたが、チーズは溶けて4等品質のものに劣化していたこと
　　　　　＊Ex ship条件であるので輸送中の危険は売主にあり、したがって、Xは36条(1)により不適合につき責任を負う。
　　　　　2　Yは、到達の遅延及びチーズを利用可能な状態にするために1万5,000ドルの損害を被ったこと
　　　　　3　YはXに対して、抗弁2の損害賠償請求権と請求原因1の

代金債権とを対当額で相殺する意思表示をしたこと
＊相殺と本条約の関係については、4条の解説5(3)参照。

（免責）

再抗弁 1 抗弁1の原因は、Xが契約に適合するチーズを適時に発送したが、予期しない戦争が勃発し、本船は運河が封鎖されたため通過できなくなったこと
＊仮に免責の再抗弁が認められるとしても、免責されるのは、本条(5)が定めるとおり損害賠償責任のみであるので、買主による8万ドルの代金減額権は残ることになる（曽野＝山手・国際売買177頁）。

2 Xは、契約の締結時に抗弁1の障害を考慮に入れることが合理的に期待することができなかったこと
＊戦争勃発及び運河の封鎖の予見可能性の有無の判断は、その時点の政治情勢とも関係する微妙な問題である。

3 Xは契約後に、その障害又はその結果を回避し、若しくは克服することが合理的に期待することができなかったこと
＊本件の場合、結果として、本船は2か月間運河付近での停泊を余儀なくされ、そのため、本船の冷蔵装置は運河付近の暑い夏季の気候に対応し得なかったため、チーズは溶けたのであるが、運河の封鎖が解かれるのを待つことなく、別ルートに転ずることが可能であったかが（経済的・時間的要素も考慮に入れて）検討されることになる。

（代金減額権）

抗　弁 1 Yは、8月1日に神戸港で本件チーズの引渡しを受けたが、チーズは溶けて4等品質のものに劣化していたこと

2 1等品質のチーズの市場価格は契約締結時と8月1日とで同じであり、4等品に劣化したチーズの価値は2万ドルの価値であったこと

3 YはXに対し、8万ドルについて減額権を行使する意思表示をしたこと
＊上記再抗弁（免責）1の注記のとおり、減額権は免責の対象にならない。

(2) 免責の対象にならない責任の帰すう

債務者は免責を受けても、その履行義務は存続するから、債権者が重大な契約違反を理由に契約を解除しない限り、履行が客観的に不能な場合にも、債権者は履行請求権を有するという状態が論理的には生ずることになるが、一般的には、客観的不能の場合には履行請求権は消滅すると解されよう。しかるに、あえて、履行請求からの免責を認めるべきでないとされた理由について、曽野＝山手・国際売買 277 頁は、「履行義務の免除を認めてしまうと、契約違反自体が存在しなくなる結果、契約を解除することができなくなるとの論理が働き得ること、一時障害が除去された場合に備えて履行請求権を残しておく必要があること、履行義務を免除すれば、他の救済も消滅するとの論理も働くおそれがあること等であった」としている。

免責をもたらした障害によって債務者が利益を得た場合（例えば滅失した物品の保険金）、このような代償利益を債権者に返還する義務について、本条約に明確な規定はないが、84 条(2)(b)を類推するなどして、これを認める見解もあろう。

8 免責約款

(1) 不可抗力条項

本条の文言は、評価的要件が多く含まれている。そのため、当事者が、合意によって、当事者の能力を超える予期せざる事態が発生した場合の免責約款を契約に入れておくことが多い。これは、不可抗力条項（force majeure clause）ともいわれる。不可抗力条項は、当事者の支配を超える不測の事態によって契約上の義務の履行が不可能となった場合の、履行不能の当事者を免責する条項である。不可抗力条項では、何が不可抗力事態であるか、不可抗力により免責の適用を受ける事態を詳細に列挙する。

上記 2 及び 3 の各設例における免責の抗弁に代えて、下記の不可抗力条項の抗弁が成立し得る。なお、下記抗弁 2 の内容は不可抗力の抗弁ではないが、実務上、抗弁 1 の内容と通常 1 セットとして条項化されているので参考までに掲記するものである。

> **訴訟物**　　X の Y に対する売買契約の引渡義務違反に基づく損害賠償渡請求権
> 　　＊日本の Y 会社は中東の締約国の X 会社との間で本件物品（石油掘削用の極厚の鋼管）を売買する契約を締結したが、Y 会社が外為 48 条に基づく経済産業大臣に対する本件物品

の輸出申請に対してミサイル発射管に転用される可能性があるとして不許可となったため、Y会社の引渡義務は、履行不能となった。本件は、X会社がY会社に対して契約解除をしたうえで、損害の賠償を求めたところ、Y会社は不可抗力条項に該当するとの抗弁を主張した事案である。

請求原因
1. YはXとの間で、本件物品（石油掘削用の極厚の鋼管）を○万円で売買する契約を締結したこと
2. Yは請求原因1の本件物品の引渡しをしないことを決定したこと
    ＊請求原因2の事実は、重大な契約違反に該当する。そのため、請求原因3のとおり、付加期間を与えることなく解除することができる（49条(1)(a)）。
3. YはXに対し、請求原因1の売買契約を解除する意思表示をしたこと
4. Xの損害の発生及び損害額
    ＊請求原因2の履行不能が公法上の許可が下りないことによるものであった（抗弁2及び3）としても、それは請求原因1の売買契約を無効とするものではなく、不可抗力条項（抗弁1）が設けられていない場合には、損害賠償の責任を負うことになる。
    ＊Xは、76条によって、解除をして代替取引をしなかった場合の損害額（契約に定める価格と解除時における時価との差額及び74条所定のその他の損害賠償）の賠償を求めることができる。解除していても、74条による損害賠償請求を求めることは妨げられない。

（不可抗力条項）

抗弁
1. XとYの請求原因1の売買契約には、次の(1)及び(2)からなる不可抗力条項が設けられていること
    (1) いずれの当事者も、他方当事者に対して、かかる不履行又は履行遅延が、戦争（宣戦布告の有無にかかわらず）、内乱、暴動、革命、台風、暴風雨、サイクロン、地震、津波、洪水、雷、爆発、火災による破壊、工場機械、他の施設の破壊、ボイコット、ロックアウト、産業災害、電力、燃料、他のエネルギーの不足、政府、地方政府により課される規制、禁止、例えば、輸出入の禁止、制限、通貨規制等、また、か

かる当事者の支配を超えるいかなる他の事態に限らず含む不可抗力事態による場合には責任を負わないものとする。
(2) 不可抗力事態が発生したら、影響を受けた当事者は遅滞なくかかる不可抗力事態の詳細を他方当事者に通知するものとする。

＊不可抗力事態の発生により履行することができなくなった当事者は、相手方当事者に不可抗力事態発生の通知義務が規定されることが多い。この通知義務を怠ると相手方が損害を被った場合には、損害賠償の義務責任が発生する。

＊売主Yの買主Xへの通知義務に加えて、実務上は、新しい引渡しスケジュールを連絡する義務を定める条項や、遅延がある期間以上（例えば60日以上）に及び、しかも、その間に免責事由が終ったときの新しい履行の条件について当事者が合意に達しなかった場合には、当事者の一方は、未履行部分について契約を解除できる旨の規定が置かれることもある。

2　Y会社が外為48条に基づく経済産業大臣に対し本件物品の輸出申請をしたこと
3　抗弁2の申請は、ミサイル発射管に転用される可能性があるとして不許可となったこと

＊外為48条1項は、「国際的な平和及び安全の維持を妨げることとなると認められるものとして政令で定める特定の地域を仕向地とする特定の種類の貨物の輸出をしようとする者は、……経済産業大臣の許可を受けなければならない」と定め、これについて、同法69条の6第2項2号は「第48条第1項の特定の種類の貨物であって、核兵器等又はその開発等のために用いられるおそれが特に大きいと認められる貨物として政令で定める貨物について、第25条第4項の規定による許可を受けないで同項の規定に基づく命令の規定で定める取引をした者又は第48条第1項の規定による許可を受けないで同項の規定に基づく命令の規定で定める輸出をした者」は、「10年以下の懲役若しくは3,000万円以下の罰金に処し、又はこれを併科する。ただし、当該違反行為の目的物の価格の5倍が3,000万円を超えるときは、罰金は、当該価格の5倍以下とする」ことになる。

(2) ハードシップによる再協議

　契約締結後に、当事者の責任のない、当事者の支配を超える不測の事態が発生して、当事者の履行に要する費用が増加し、又は当事者の受領する履行の価直が減少し、それによって、契約の均衡に重大な変更が生じた場合、例えば、急激なインフレーション、為替相場の急激な変動により、当事者双方、又は一方が契約上の義務を履行することが困難となった場合をハードシップ（hardship）といい、不利な立場の当事者は、契約内容を事情の変更に適応させるために、相手方に契約内容の再交渉を要請する権利を認めている。不可抗力事態とハードシップの関係については、それぞれの事態が重複することも考えられるが、不可抗力は、その義務不履行について免責を受けることを目的としており、一方、ハードシップは、原契約内容の再交渉をしたうえで、改訂された契約内容の下で契約を維持して、契約の履行を行なうことを目的としている点が異なる。

　長期継続的取引契約では、種々の不測の事態の発生が想定されるので、契約書に、次のような不可抗力条項（force majeure clause）とともに、ハードシップ条項（hardship clause）が規定されることが一般的になってきている。

　「本契約当事者は、本契約の条項は、本契約の他方当事者の利益に損害を当て得ることなく、本契約当事者間で公正に作用するものであることを意図していることを宣言し、その理解が本契約が交渉、締結された基本精神を構成するものである。万が一、本契約履行前、又は期間中、本契約書に含まれる条件が本契約日に存在する状況を含み、本契約当事者の支配を超える要因により公正でなくなり、又は不平等になった場合は、その時は、本契約当事者は、かかる状況をどの範囲まで考慮するか協議し、さらに必要に応じて本契約のあらゆる内容を再検討するものとする。」

● (債権者の作為、不作為によって生じた不履行)

第80条　当事者の一方は、相手方の不履行が自己の作為又は不作為によって生じた限度において、相手方の不履行を援用することができない。

Article 80

A party may not rely on a failure of the other party to perform, to the extent that such failure was caused by the first party's act or omission.

1 本条の趣旨・効果

　本条は、信義誠実の原則（7条(1)）に基づくものである。すなわち、当事者の一方Ａが、相手方Ｂの不履行がＡの作為・不作為によって生じた限度において、Ｂの不履行を援用できないとする。例えば、債権者が契約遂行において協力義務を果たさないが債務者の契約違反の原因となった場合、債権者は債務者による義務の不履行を「援用」（主張）することができない。すなわち、FOB契約で買主が本船を手配する義務を負っている場合に、買主はその手配をしないでおいて、売主が船積みしないことの契約違反を問うことはできない。また、売主による契約に適合した物品の引渡義務の不履行が、買主が与えた物品の設計図や指示による場合などには、契約不適合を買主は主張することができない。

　債権者は「相手方の不履行を援用（主張）することができない」結果、債権者は債務者の契約違反を原因とするすべての権利（履行請求権、契約解除権、代金減額権、損害賠償請求権、利息支払請求権）を失う。この効果は、79条が債務者の損害賠償責任に限って免責するのと異なり、債務者は不履行に基づくあらゆる責任を免れることとなる。

　なお、本条により債務者が免責される場合も、債務者は反対給付を受ける権利を失わない。なお、買主が免責により支出を免れた費用がある場合には、その額は衡平の見地から代金額から控除されると解されている。

2 本条の要件と立証責任

　本条による免責要件は、①一方当事者（債権者側）の作為・不作為、②他方当事者（債務者）の不履行、③上記①と②との因果関係である。本条により免責を主張する債務者が、不履行が債権者側の行為によって惹起されたことを立証しなければならない。

> 訴訟物　　ＸのＹに対する売買契約に基づく物品引渡請求権
> 　　　　＊日本のＹ会社は韓国のＸ会社との間で、本件物品を○万円で、FOB条件の約定による売買契約を締結し、支払方法としてＹ会社による信用状の開設が合意されていた。Ｘ会社は信用状を開設せず、Ｙ会社もまた本件物品を引き渡さな

かった。本件は、X会社がY会社に対して、本件物品の引渡しを求めたところ、Y会社はX会社が信用状を開設しなかったため解除したと主張し、これに対し、X会社は、Y会社が信用状開設のための船積地の通知を懈怠したと主張した事案である（CLOUT176）。

請求原因 1　YはXとの間で、本件物品を○万円で、FOB条件の約定による売買契約を締結し、支払方法としてXによる信用状の開設が契約上合意されていたこと

（解除）
抗　弁 1　Xは信用状を開設しなかったこと
＊54条により買主は信用状開設義務を負い、かつ、買主は信用状開設後にのみ売主に本件物品の引渡義務の履行を請求できること、信用状の開設は代金支払義務の一部であり、開設しないことは契約違反となる（61条以下）。
2　YはXに対して、請求原因1の売買契約を解除する意思表示をしたこと

（債権者の作為、不作為によって生じた不履行）
再抗弁 1　Xの特定の作為又は不作為があったこと
＊本件では、売主Yは、信用状開設の際の必要事項である船積地を買主Xに通知する義務があるところ、売主Yが買主Xに船積地を通知しなかったので、信用状は開設されなかった。したがって、買主Xにより信用状が開設されなかったことは、売主Yの不作為（船積地の通知懈怠）に起因するものであるから、本条により、売主Yは買主Xの信用状開設義務違反を援用することができないこととなる。
＊そのほか、本条の「作為又は不作為」の例として、買主Xが物品の製造に必要な設計図を適切に指図しない、必要な輸入許可を得ない、引渡しに必要な倉庫の準備をしないといった場合である。また債権者自身の行為に限らず、債権者の履行補助者の行為も含まれる。
＊債権者の行為が契約締結時に予見可能であった場合は、79条による債務者の免責は認められないが、本条による保護は受けることができる。
2　再抗弁1のXの行為又は不作為と抗弁1のXの不履行との間の因果関係

＊本条に基づく免責を主張する売主Yは、不履行が買主Xの行為によって引き起こされたこと（因果関係）の証明責任を負う。

訴訟物　XのYに対する売買契約の物品の契約不適合に基づく損害賠償請求権

＊オランダのY会社が日本のX会社に毛布を売買する契約を締結し、契約に基づき毛布を引き渡したが、その一部に契約不適合があった。本件は、X会社がY会社に対して、被った損害の賠償を求めたところ、Y会社は、X会社からの通知を受けて、直ちに代替品の毛布の引渡しをすると申し出たところ、X会社が理由なく拒絶したと主張した事案である（CLOUT282）。

請求原因　1　YはXとの間で、毛布を○ユーロで売買する契約を締結したこと

2　YはXに対し、請求原因1に基づいて、毛布を引き渡したこと

3　請求原因2の毛布の一部は、契約不適合の粗悪品であったこと

4　Xの損害の発生及び損害額

＊契約不適合の毛布は売り物にならないので、Xとしては、その部分についての得べかりし利益（逸失利益）の損害賠償の請求を、74条に基づいて行なうことになる。

(債権者の作為、不作為によって生じた不履行)

抗　弁　1　Yは新たな物品の引渡しを申し出たところ（48条(1)）、Xは理由なくこれを拒絶したこと

＊本条の「自己(X)の作為又は不作為によって」の要件に該当する事実である。

訴訟物　XのYに対する売買契約の契約不適合（数量不足）に基づく損害賠償請求権

＊イタリアのY会社は日本のX会社との間で、紳士靴500足を500万円で売買する契約を締結したが、数量につき紛争が生じた。X会社が合意した代金を支払わなかったので、売主は注文した靴の数量の一部400足のみ引き渡した。本件

は、X会社がY会社に対して、契約不適合（数量不足）の物品の引渡しにより生じた損害賠償を請求したところY会社に残りの物品の引渡しを中止させたのは、買主X会社の代金支払の拒絶であると主張した事案である。

請求原因
1　YはXとの間で、紳士靴500足を500万円で売買する契約を締結したこと
2　YはXに対し、400足のみ引き渡したこと
3　請求原因2の契約不適合（数量不足）の物品の引渡しにより生じた損害と損害額
　＊100足の納入不足分について、Xが販売できないことによる得べかりし利益を、74条に基づく損害賠償として求める。

（債権者の作為、不作為によって生じた不履行）

抗弁
1　XはYに対し、本件契約の代金として400万円しか支払わないと強硬に主張したこと
2　残りの100足の引渡しを中止させたのは、抗弁1のXの代金支払の拒絶があったからであること、
　＊58条によれば、当事者に別段の合意がなければ、買主Xは引渡しの時に代金全部を支払わねばならない。したがって、本条により、買主Xの損害賠償請求は認められないと解される。

第 5 節　解除の効果

　第 5 節（「解除の効果」）は 81 条から 84 条までの 4 か条によって構成されており、契約が解除された場合の効果について規定している。81 条は契約の解除の効果を定め、82 条ないし 84 条は 81 条の内容を実行するための細則を定めている。すなわち、解除の効果は、損害賠償義務を除く契約上の義務からの解放（81 条(1)）、原状回復義務（81 条(2)）、代金返還に伴う利息支払義務及び物品返還等に伴う利益返還義務（84 条）である。第 5 節では、解除権と代替品引渡請求権が同列の扱いを受けるという特徴がある。解除の効果のほかに、買主が物品を返還できない一定の場合に、契約解除権及び代替品引渡請求権の喪失が定められている（82 条、83 条。代替品引渡請求権も引渡しを受けている物品を返還すべきものだからである）。本条約の解除は、物品の所有権に影響を及ぼすものではなく、あくまで、それは物権の準拠法の規定に従う（4 条(b)）。

● (解除の効果)

第 81 条
　(1)　当事者双方は、契約の解除により、損害を賠償する義務を除くほか、契約に基づく義務を免れる。契約の解除は、紛争解決のための契約条項又は契約の解除の結果生ずる当事者の権利及び義務を規律する他の契約条項に影響を及ぼさない。
　(2)　契約の全部又は一部を履行した当事者は、相手方に対し、自己がその契約に従って供給し、又は支払ったものの返還を請求することができる。当事者双方が返還する義務を負う場合には、当事者双方は、それらの返還を同時に行わなければならない。

Article 81

(1)　Avoidance of the contract releases both parties from their obligations under it, subject to any damages which may be due. Avoidance does not affect any provision of the contract for the settlement of disputes or any other provision of the contract governing the rights and obligations of the parties consequent upon the avoidance of the contract.

(2)　A party who has performed the contract either wholly or in part may claim restitution from the other party of whatever the first party has supplied or paid under the contract. If both parties are bound to make restitution, they must do so concurrently.

1 契約に基づく義務からの解放

両当事者は、契約の解除によって、「契約に基づく義務」を免れる（本条(1)1文）。それら義務は消滅して、それら義務から解放されるのである。ここに「契約上の義務」とは、履行されていないところの、相互に負担する基本的給付義務（引渡義務、代金支払義務）がこれに当たる。加えて、書類の交付義務（34条）、物品の運送に関する手配義務（32条(2)）などの、履行のために合意された、又は履行に不可欠な付随義務もこれに含まれる。解除後は、こうした義務の違反は（その違反を起因とする損害についての賠償も）、問題とされない。

訴訟物 XのYに対する売買契約に基づく代金支払請求権

*日本の家具購入業者Y会社は、オーストリアの家具製造業者X会社から革張りの椅子10脚を購入する契約を締結した。本件は、X会社がY会社に対し代金の支払を求めたところ、Y会社はX会社が納期を経過しても引き渡さないので、一定期間内に履行するよう催告したうえで解除したと主張した事案である。

*契約に基づく義務からの解放を主張するY会社は、解除権発生根拠事実の主張・立証責任を負う（本条(1)）。

請求原因 1 XはYとの間で、革張りの本件椅子10脚を〇万円で売買する契約を締結したこと

（解除）

抗弁 1 本件椅子の引渡期日は、平成〇年〇月〇日と定められたこと
2 抗弁1の引渡期日が経過したこと
3 YはXに対し、一定期間に引き渡すべきことを催告したこと

*短すぎる付加期間の設定は、付加期間の設定そのものを無効とするものではない。この場合、買主Yは、合理的な期間が経過した後に解除をすることができる。他方、売主Xが

買主Yの設定した付加期間よりも長い期間での引渡しの申出をした場合には、買主Yがその申出を遅滞なく拒絶しなければ、売主Xの申し出た期間が優先される。
* 付加期間が設定された場合、その期間内は、買主Yは契約の解除をすることができない（47条(2)）。もっとも、売主Xが付加期間内に確定的な引渡拒絶をした場合は、買主Yは直ちに解除をすることができる（64条(1)(b)）。

 4 YはXに対して、売買契約を解除する意思表示をしたこと

（合理的な期間の経過）

再抗弁 1 XはYに対して、革張りの椅子を引き渡したこと
   2 Yが再抗弁1の引渡しを知った日から合理的な期間が経過したこと

（期間前の解除の意思表示）

抗　弁 1 抗弁4の契約の解除の意思表示は、再抗弁2の期間経過内であること

2　契約解除によって消滅しない契約上の義務

　本条(1)2文は、契約の解除によって消滅しない契約上の義務として、2つの具体的な義務が挙げられている。すなわち、①損害賠償や仲裁条項など紛争解決のための条項（裁判管轄条項、仲裁条項、損害賠償額の予定、違約罰の合意、交渉義務等）と、②物品の保存・返還義務のような解除の結果として生じる当事者の権利・義務を規律する条項である。この定めは、契約の解除が契約関係のすべてを消滅させるものではなく、契約上の関係の清算を目的とす性質を有することに起因する。

　しかし、これは限定列挙ではない。これ以外にもいくつかの存続する義務（continuing obligation）が、この条約のその他の規定で定められている。例えば、85条は、「物品が買主によって受け取られた場合において、買主は、当該物品を拒絶する意図を有するときは、当該物品を保存するため、状況に応じて合理的な措置をとらなければならない」（86条(1)の文言は若干異なるが実質的な相違はない）と規定しているし、また、本条(2)は、当事者の一方が、相手方に対し、自己がその契約に従って供給し、又は支払ったものの返還を請求することができることを規定している。その他にも、存続する義務が、契約自体の中に規定されている場合もある。

3 原状回復（restitution）

契約が解除された時点で、当事者の一方又は双方が、義務の全部又は一部を履行していることがあり得る。本条(2)1 文は、契約の全部又は一部を履行した当事者は、どちらも、相手方に対し、自己がその契約に従って供給し、又は支払ったものの返還（原状回復）を請求することを認めている。そして、当事者双方が返還義務を負う場合には、当事者双方はそれらの返還を同時に行なわなければならない（本条(2)2 文）。

本条(2)は、契約解除権を有する当事者のみが返還請求（原状回復請求）を行なうことができるとする、いくつかの国における準則とは異なる。むしろ、本条(2)は、返還（原状回復）について、契約の解除によって、どちらの当事者も相手方から受け取ったものを保持し得る原因を失うという考え方を基礎とするものである（事務局注釈 236 頁）。

なお、本条から 84 条までの規定は、49 条や 64 条以外にも、51 条、72 条、73 条の解除権にも適用があり、さらに約定解除や合意解除にも類推される。

> **訴訟物**　　Ｘの Ｙ に対する売買契約解除に基づく原状回復請求権としての代金返還請求権
> ＊日本の Ｘ 会社は、オーストリアの家具製造業者 Ｙ 会社から本革張りの椅子を購入する契約を締結した。Ｙ 会社から送られてきた物品はすべて合成皮革張りの椅子であったので、Ｘ 会社は Ｙ 会社に対して、その契約不適合の旨を通知した。本件は、Ｘ 会社が Ｙ 会社に対して、売買契約を解除して、支払済みの代金の返還を求めた事案である。
> ＊契約上給付した物品の返還を要求する Ｘ 会社は、その根拠となる解除権に関する要件事実を主張・立証する義務を負う（本条(2)）。
> ＊本条約は、返還義務の履行地について定めを置いていない。この点、CISG-AC 意見第 9 号「契約解除の結果」（2008 年 11 月 15 日）によれば、物品の返還の履行地は、買主の営業所、合意された引渡場所、合理的に行為する買主が物品を倉庫で保管している場所などとされ（第 2.2）、これに対し、代金の返還の履行地は、買主の営業所又は買主が選択する銀行であるとされる（第 2.3）。また、代金の返還は、代金が支払われたときの通貨と同じ通貨により返還されるべきであ

るとされる（第2.4）。

請求原因
1　YはXとの間で、本革張りの椅子10脚を〇万円で売買する契約を締結したこと
2　XはYに対し、代金〇万円を支払ったこと
3　YはXに対し、合成皮革張りの椅子10脚を引き渡したこと
＊請求原因3のように、売主Yが契約に適合しない物品を交付した場合には、買主Xが付加期間を設定するのは自由であるが（63条(1)）、たとえ自らが設定した付加期間が経過しても、それだけでは解除権は発生せず、重大な契約違反による解除が問題になるだけである（64条(1)(a)）。付加期間の経過によって解除権が生ずるのは「代金の支払義務若しくは物品の引渡しの受領義務」の不履行に限られる（64条(1)(b)）。
4　XはYに対して、請求原因1の売買契約を解除する意思表示をしたこと

（同時履行）
抗　弁
1　Xが合成皮革張りの椅子を返還するまで代金の返還を拒絶するとのYの権利主張
＊我が国民法533条（同時履行）についての権利抗弁説と同様の見解に立った主張である。

訴訟物　XのYに対する売買契約解除に基づく原状回復請求権としての代金相当額返還請求権
＊日本のX会社は、ドイツのY会社との間で、自動車の売買契約を締結し、X会社は同契約に関しあらかじめY会社から小切手を受領した。その後、契約は合意解除されたため、その小切手については、返還に代えてその小切手と同額の金員をY会社に返還した。しかるに、Y会社から受領していた小切手は不渡りとなった。本件は、X会社がY会社に対して、本条(2)の類推適用を主張して、合意解除により売主が買主に返還した代金相当額を原状回復として返還することを求めた事案である（CLOUT288）。

請求原因
1　XはYとの間で、自動車の売買契約を締結したが、XとYは、これを合意によって解除したこと
2　Xは請求原因1の売買契約に関しあらかじめYから受領し

ていた小切手と同額の金員をYに返還したこと
3 請求原因2の小切手が不渡りとなったこと
  ＊本条(2)に基づく原状回復としての返還請求は、契約に基づいて相手方に引き渡したものの返還を求めるものである。本件の場合、先払として受領した小切手を返還する代わりに金員を交付したのであるから、X会社は本条(2)に基づき契約の解除による原状回復としての金員の返還請求はできない（契約準拠法である我が国民法の不当利得返還請求権の行使は別論）。

4 原状回復義務に関する特約の必要性

　原状回復義務の履行地、費用負担及び支払通貨につき、条約は明示の定めを欠くので、契約において明確に定めるべきである。また、返還方法（搬送方法、保険の要否）、金員返還の場合の相殺の可否及び反対債権の範囲（他の契約から生ずる債権でもよいか等）も定めるべきである。合意解除と契約違反による解除とで、費用負担等につき異なる定めをすることも考えられる。また、現物返還が返送費用や返還後の販売可能性等の点から不合理である場合、現地での処分代価を代金から差し引く方法など、商業上合理的な現物返還に代わる方法を特約することが考えられる（杉浦＝久保田・実務解説333-334頁）。

●(物品の返還不能による解除権及び代替品引渡請求権の喪失)

第82条

(1) 買主は、受け取った時と実質的に同じ状態で物品を返還することができない場合には、契約の解除の意思表示をする権利及び売主に代替品の引渡しを請求する権利を失う。

(2) (1)の規定は、次の場合には、適用しない。

　(a) 物品を返還することができないこと又は受け取った時と実質的に同じ状態で物品を返還することができないことが買主の作為又は不作為によるものでない場合

　(b) 物品の全部又は一部が第38条に規定する検査によって滅失し、又は劣化した場合

　(c) 買主が不適合を発見し、又は発見すべきであった時より前に物品の全部又は一部を通常の営業の過程において売却し、又は

通常の使用の過程において消費し、若しくは改変した場合

Article 82

(1) The buyer loses the right to declare the contract avoided or to require the seller to deliver substitute goods if it is impossible for him to make restitution of the goods substantially in the condition in which he received them.

(2) The preceding paragraph does not apply:

(a) if the impossibility of making restitution of the goods or of making restitution of the goods substantially in the condition in which the buyer received them is not due to his act or omission;

(b) if the goods or part of the goods have perished or deteriorated as a result of the examination provided for in article 38; or

(c) if the goods or part of the goods have been sold in the normal course of business or have been consumed or transformed by the buyer in the course of normal use before he discovered or ought to have discovered the lack of conformity.

---

1 給付同等物返還の原則

本条(1)によれば、売主の義務違反を理由に買主が契約を解除し、又は代替品の引渡しを求めるためには、「受け取った時と実質的に同じ状態」で物品を返還することができることが必要である（給付同等物返還の原則）。「実質的に同じ状態で物品を返還すること」ができるか否かは、関連する取引の実態、物品の使用目的その他当該事件の個別事情などを考慮して判断される。なお、同一性を失わない（実質的に変わらない）劣化や損傷は許容される（86条(1)との違いについては、86条の解説2(2)参照）。

2 本条の要件と効果の原則
ア 要件

本条(1)は、物品を受け取った買主が「受け取った時と実質的に同じ状態で物品を返還することができない場合」（例えば、滅失・破損・盗難）には、買主は解除権及び代替品引渡請求権を失うことを定めている。

イ 効果

本条(1)の、「買主は……権利を失う」いう文言からすると、解除権等が契約不適合によって既に生じていることを前提としたうえで、買主が契約を解除しようとする場合には、解除の意思表示をする時点で、買主にとって返還が可能である必要がある。その時点で返還が不能であるときには、解除権が消滅すると考えられる。したがって、解除権成立後に返還が不能となったとしても、解除の意思表示をする時までは解除権は存続する。解除の意思表示後に、返還が不能となったとしても、契約解除の形成的な性質及び当事者の地位の法的安定性からすると、その後解除権が消滅することはないとされる（注釈Ⅱ〔谷本圭子〕248頁）。

なお、解除権が消滅した場合であっても、買主は、売主の契約違反に対して、損害賠償請求権（45条(1)）、修補請求権（46条）、代金減額権（50条）など契約又は本条約に基づく他の救済を求める権利を失うわけではない（83条）。

訴訟物 XのYに対する売買契約に基づく代金支払請求権
＊韓国のX会社は日本のY会社との間で、海苔を○ウォンで売買する契約を締結した。Y会社に引き渡された海苔は粗悪品であった。本件は、X会社がY会社に対し、代金の支払を求めたところ、Y会社は契約を解除したことを主張したが、給付物と同等の海苔が返還できなかったため、その理由が争点となった事案である。

請求原因 1 XはYとの間で、海苔を○ウォンで売買する契約を締結したこと

（解除）

抗弁 1 Yに引き渡された海苔は粗悪品であったこと
＊抗弁1は、重大な契約違反に該当する程度のものであったことを前提とする。

2 YはXに対し、請求原因1の売買契約を解除する意思表示をしたこと

（給付同等物返還の不能）

再抗弁 1 買主Yは、受け取った時と実質的に同じ状態で物品（海苔）を返還することができなかったこと
＊売主Xが本条(1)に基づいて買主Yの解除権の効果を覆滅するためには、物品がもはや買主Yが当初その給付を受け

た時と同じ状態ではないことを売主Xは立証しなければならない。

訴訟物　XのYに対する売買契約の物品不適合に基づく損害賠償請求権

＊ドイツのX会社と日本のY会社は、一定の処理を施した壁用パネルを〇万円で売買する契約を締結した。しかし、X会社は未処理の壁用パネルをY会社に引き渡した。双方は協議の結果、売買契約を合意解除し、壁用パネルはX会社に返品されたが、著しい損傷があった。本件は、X会社がY会社に対して、その損傷の損害につき賠償を求めた事案である（CLOUT422）。

請求原因
1　XとYは、一定の処理を施した壁用パネルを〇万円で売買する契約を締結したこと
2　Xは未処理の壁用パネルをYに引き渡したこと
3　XとYは請求原因1の売買契約を合意解除したこと
4　YからXに返品された壁用パネルは、著しい損傷があったこと
5　請求原因4の損害額
6　返品された壁用パネルの損傷がYの作為・不作為に起因すること

＊合意解除には、81条以下が準用されるが、本条の下では、物品の劣化の危険は、その原因が買主Yの作為・不作為に起因する場合を除き、売主Xが負担する。本条に基づいて、瑕疵ある物品の返還から生ずる危険を売主Xに負担させることは、この危険が契約と合致する物品を引き渡す義務を果たさなかった売主Xの行為から生じているときには、正当化できる。売主Xは返還された物品の損傷が買主Yの作為・不作為に起因することについての立証責任を負担する。

3　例外

給付同等物返還の原則に対しては、本条(2)で、以下の(1)ないし(3)の重要な例外が定められている。これらの例外をみると、買主が解除権や代替品引渡請求権を失うのは、買主が物品を自分に責任ある理由に基づき返還することができない場合に限られることがわかる。

これら3つの場合には、買主は、たとえ実質的に同じ状態で物品を返還できなくても、契約の解除の意思表示又は代替品の引渡請求をすることができる。また、下記の(4)は、本条(1)に対して、70条が第4の例外といえる。なお、買主が本条(2)によって、解除権・代替品引渡請求権を失うことなく維持しようとするときは、当然、買主がその要件事実を証明しなければならない。

(1) 物品を返還することができないことや、受け取った時と実質的に同じ状態で物品を返還することができないことが、買主の作為・不作為によるものでない場合には、解除権や代替品引渡請求権は排除されない（本条(2)(a)）。

買主の作為・不作為にその過失の有無は関係なく、また、その支配領域内の者（従業員等）の作為・不作為も含むとされる。

| 訴訟物 | XのYに対する売買契約解除に基づく原状回復請求権としての代金返還請求権 |

＊日本のY会社はスイスのX会社との間で、Y会社が本件機械を製造して代金○ユーロ（先払）の約定で売買する契約を締結した。X会社は、重大な契約不適合を理由に物品の受領を拒絶したところ、Y会社は機械の修補に同意した。しかし、機械はY会社への返送途中、粗雑な荷積みが原因して毀損していた。Y会社は機械の引取りを拒否し、機械の修補も行なわなかった。本件は、X会社が契約解除をしたうえで、先払いした代金の返還を求めたところ、Y会社は本件機械が当初引き渡した時と同等の状態でないとして解除の効果は生じないと主張した事案である（CLOUT594）。

| 請求原因 | 1　YはXとの間で、Yが本件機械を製造して代金○ユーロ（先払）の約定で売買する契約を締結したこと |

　　2　XはYに対して、代金○ユーロを先払いしたこと
　　3　YからXに引き渡された本件機械は重大な契約不適合であったこと
　　4　XはYに対して、請求原因1の売買契約を解除する意思表示をしたこと

（給付物品同等物の返還不能）

| 抗　弁 | 1　Xは、受け取った時と実質的に同じ状態で本件機械を返還することができないこと |

(買主の作為・不作為によらないこと)
再抗弁　1　抗弁1の事実は、Xの作為・不作為によるものでないこと
　　　　　　＊再抗弁1は、本条(1)(2)(a)に基づく再抗弁である。本件事案に即してその事実を拾うと、売主Yは物品の不適合を認めており修補する義務を負う。機械の返送については、合意により売主Yが運送の手配の責任を負うものが通常であり、契約上、機械を取り戻し修補する売主Yの義務には、31条(c)が適用される。買主Xは、運搬に適する方法で機械を売主の処分にゆだねるという義務を果たしており、荷積み自体は買主Xの義務ではない。買主Xは物品保存義務を負うが(86条)、その義務も果たしている。したがって、本条(1)は適用されず、買主Xは解除権を失わない。

(2)　物品の全部又は一部の滅失や劣化が38条で要求される検査によるものであった場合には、解除権・代替品引渡請求権は排除されない(本条(2)(b))。

　この38条所定の検査をした場合の例外は、買主が「適切な検査」をしたことを前提としている。この例外が想定されているのは、まず、物品の本体に手を加えざるを得ない場合、例えば、適切な範囲での抜取り検査をすることが必要な缶詰や化学合成物などである。また、適切な検査に際して物品の瑕疵を原因として物品が滅失したり毀損された場合、例えば試運転の場合も、本規定の対象となる(注釈Ⅱ〔谷本圭子〕251頁)。

訴訟物　　XのYに対する売買契約に基づく代金支払請求権
　　　　　　＊ドイツのX会社は日本のY会社との間で、ステンレス・スチール・ワイヤ(本件物品)を○ユーロで売買する契約を締結し、本件物品を引き渡した。Y会社は検査したところ、X会社が引き渡した標準以下の物品では役に立たないとして、契約を解除し、かつ、それらの処分をX会社の裁量にゆだねると通知した。本件は、X会社がY会社に対し代金の支払を求めたところ、Y会社は契約の解除を主張したが、本件物品を加工したため物品の現状返還が不能となったことが解除権を制約するかが争点となった事案である。
　　　　　　＊物品によっては検査により瑕疵を発見することが困難であり、その物品を加工することによってはじめて瑕疵が判明す

るような場合もある。このような場合は、本条(2)の例外に明文では含まれていないので、買主Yの立場からは例外事由として特約しておく必要がある。

請求原因 1　XはYとの間で、ステンレス・スチール・ワイヤ（本件物品）を○ユーロで売買する契約を締結したこと

（解除）
抗　弁 1　XはYに本件物品を引き渡したこと
2　本件物品は、標準以下の物品であって、Yの役に立たないこと
3　YはXに対して、請求原因1の売買契約を解除する意思表示をしたこと

（給付同等物返還の不能）
再抗弁 1　Yは、本件物品を加工したため、受け取った時と実質的に同じ状態で物品を返還することができないこと

（検査による劣化）
再々抗弁 1　本件物品が標準品以下のものである事実は、原材料の加工の過程においてのみその全体が明らかになるものであったこと
2　38条の下で、検査のために必要な加工により、原材料が改変されたといえること
＊本件加工により物品の原状返還が不可能だからといって、本条(1)に基づく買主Yの契約解除権は失われない。引き渡された原材料のうちどの部分が標準以下の品質かを見極めるため、買主Yはすべての原材料を加工してみる必要がある場合もある。

(3)　買主が不適合を発見し、又は発見すべきであった時より前に、買主が物品の全部又は一部を通常の営業の過程において売却し、又は通常の使用の過程において消費若しくは改変した場合にも、解除権・代替品引渡請求権は排除されない（本条(2)(c)）。

物品の不適合を発見する可能性を要件とするのは、物品の不適合の発見は、解除又は代替品引渡請求による当該物品の売主への返還可能性の認識を意味するから、その物品の無制限な利用・処分は、物品の返還義務と両立しない矛盾した行為だからである。

発見する可能性の解釈にに当たっては、買主の物品検査義務（38条）が考慮され、適切な検査により不適合が発見可能であった場合、その検査の時

が発見すべきであった時であり、隠れた不適合があり適切な検査によっても発見が困難な場合には、実際にその不適合を発見した時がその時と解される。

なお、本条(2)(c)に該当する場合、特に転売・消費により物品を返還できない場合にも、なぜ買主は損害賠償の請求ではなく、契約解除を選択するのかという疑問が生ずる。契約解除により買主は売主から代金の返還を受け得るが、損害賠償請求の場合、買主は損害の範囲を立証する必要があるからである。転売により返還できない物品については、転売代金の純益を利益返還の規定（84条）により売主に引き渡すことになる。

(4) 70条においては、もし売主が重大な契約違反をした場合には、67条、68条又は69条の下で危険が買主に移転した後に物品が滅失又は損傷を被っても、買主は代替品の引渡要求又は契約の解除をすることが認められる。この場合、実質的に同じ状態で物品を返還することは期待できないから、明らかに本条(1)に対する例外である。70条の場合を、本条(2)(a)ないし(c)の例外に加えて第4の例外として位置付けるか、(a)の事例の1つであり(a)に含まれると説明するかについては、見解が分かれる（曽野＝山手・国際売買284頁は、70条の場合は(a)の一場合であるとしている）。

● (前条の場合におけるその他の救済方法)

第83条　前条の規定に従い契約の解除の意思表示をする権利又は売主に代替品の引渡しを請求する権利を失った買主であっても、契約又はこの条約に基づく他の救済を求める権利を保持する。

Article 83

A buyer who has lost the right to declare the contract avoided or to require the seller to deliver substitute goods in accordance with article 82 retains all other remedies under the contract and this Convention.

本条は、買主が受け取った時と実質的に同じ状態で物品を返還することができないために、契約解除権又は売主に代替品の引渡しを請求する権利を失った（82条）としても、買主は、45条(1)(b)に基づく損害賠償請求権、46条に基づく修補請求権及び50条に基づく代金減額権を失わないことを定め

ている（事務局注釈241頁）。

訴訟物　XのYに対する売買契約に基づく代金支払請求権
＊イタリアのX会社は日本のY会社との間で、コーヒー機器を〇万円で売買する契約を締結し、引渡しを受けたY会社はそれを顧客に転売した。そのコーヒー機器には欠陥（商業的価値を全く失う）があり、その修補を図ったがすべて徒労に終わった。本件は、X会社がY会社に対し、代金の支払を求めたところ、Y会社は49条により、解除が合理的な期間内に行なわれておらず解除する権利を失っていたため、50条に基づいて代金をゼロにまで減額すると主張した事案である（CLOUT747）。

請求原因　1　XはYとの間で、コーヒー機器を〇万円で売買する契約を締結したこと

（代金減額権）

抗　弁　1　Xからそのコーヒー機器の引渡しを受けたYはそれを顧客に転売したところ、その機器には商業的価値を全く失う欠陥があったこと
　　　　　2　YはXに対して、代金をゼロ円に減額する通知をしたこと
＊CLOUT747は、49条に基づき契約の解除を宣言することができるような場合には、50条も適用ができ、もし物品に価値が全くないのであれば、代金をゼロにまで減額することも認められるとした。これは、契約解除権が失効したとしても、代金減額請求権は認められることを明らかにしたものと理解できる。

●（売主による利息の支払、買主による利益の返還）══════

第84条

(1)　売主は、代金を返還する義務を負う場合には、代金が支払われた日からの当該代金の利息も支払わなければならない。

(2)　買主は、次の場合には、物品の全部又は一部から得たすべての利益を売主に対して返還しなければならない。
　　(a)　買主が物品の全部又は一部を返還しなければならない場合
　　(b)　買主が物品の全部若しくは一部を返還することができない

場合又は受け取った時と実質的に同じ状態で物品の全部若しくは一部を返還することができない場合において、契約の解除の意思表示をし、又は売主に代替品の引渡しを請求したとき。

....

Article 84
　(1)　If the seller is bound to refund the price, he must also pay interest on it, from the date on which the price was paid.
　(2)　The buyer must account to the seller for all benefits which he has derived from the goods or part of them:
　　(a)　if he must make restitution of the goods or part of them; or
　　(b)　if it is impossible for him to make restitution of all or part of the goods or to make restitution of all or part of the goods substantially in the condition in which he received them, but he has nevertheless declared the contract avoided or required the seller to deliver substitute goods.

1　代金の利息

　売主が代金を返還する義務を負う場合には、売主は、代金が支払われた日からのその代金の利息も支払わなければならない（本条(1)）。ここで返還が義務付けられる利息は、損害賠償ではなく、当事者双方の利益状況を平等にするもの（不当利得の返還の理念を下に清算関係上の義務を明確化するもの）としてとらえられる。その際、利息は契約で定められた基準によって計算されるが、それを超える利息を請求するには（例えば、買主が高い利率で借りる必要があったとき）、損害賠償請求の方法によるほかない。

　なお、本条(1)の利息支払義務は78条の特則であり、利息を付する始期が明定されている（「代金が支払われた日」）。78条と同じく利率についての定めがないので、利率に関し契約上の合意がない場合の利率については78条と同様に見解が分かれる。

2　物品から得た利益の返還義務

　買主は、下記(1)及び(2)の場合には、物品の全部又は一部から得たすべての利益を売主に対して返還しなければならない（本条(2)柱書）。

(1) 買主が物品の全部又は一部を返還しなければならない場合（本条(2)(a)）

天然果実としては、例えば、牛からの牛乳、母馬から生まれた仔馬、羊からの羊毛などであり、法定果実としては、例えば、賃料、ライセンス実施料などである。

買主自身の使用利益もここに含まれるが、その額は、市場のレートなどを参考にして、客観的によって決定される。なお、この場合の利益と物品の使用に伴う費用との関係については本条約に規定がないが、本条(2)の利益は「純利益」であり、費用を控除したものと解されている。また、買主が得ることが予期されたものの実際は受領しなかった利益については、本条(2)の「得たすべての利益」との文言からすると、実際に受領された利益だけが考慮されるべきだとして、その返還を否定するのが多数説である。

(2) 買主が物品の全部又は一部を返還することができないか、受け取った時と実質的に同じ状態で物品の全部又は一部を返還することができないものの、82条(2)により契約解除権が発生し、買主が解除の意思表示をした場合（本条(2)(b)）である。

例えば、物品の改変・転売・使用から引き出された全利益（転売代金・損害賠償請求権・保険金請求権など）である物品。なお、ここでも、物品の改変・転売・使用に伴う費用（広告・輸送・保存など）の控除がされるべきである（物品に隠れた瑕疵がある場合の転買主からのクレームに対処するために買主が支払った額は、買主が得た利益物品の額を超えることもあろう）。

訴訟物　XのYに対する売買契約解除による損害賠償請求権及び利得返還請求権

*X会社はY会社との間で、骨董品の自動車を17万ユーロで売買する契約を締結した。Y会社は代金のうち7万ユーロを支払った段階で、それを19万8,500ユーロで第三者Aに転売し、残代金を支払わない旨をX会社に通知した。X会社は支払のための付加期間を定め、付加期間の経過時に、契約の解除の意思表示をした。本件は、X会社がY会社に対し、残代金10万ユーロと損害賠償の支払を求めた事案である（CLOUT165）。

請求原因　1　XはYとの間で、骨董品の自動車を17万ユーロで売買する契約を締結したこと

2　Yは、第三者Aに本件自動車を19万8,500ユーロで転売し

たこと
　＊物品の返還不能による買主Ｙの解除権喪失の例外を定める82条(2)(c)の規定を、売主Ｘの解除権の制約のために類推し、Ｙは契約違反の前に車を転売したので不誠実に行為したものではなく、Ｘは契約を解除する権利を有しないとの考えもあるが、Ｘの契約解除権を否定する形で、82条(2)(c)をＸの立場に類推的に適用することは、認めるべきではない。もし、ＸにＹの物品保存義務違反（86条）による損害賠償請求しか認められないとしたら、Ｘにとっては極めて不利益であろう。

3　ＸはＹに対し、残代金10万ユーロを１か月以内に支払うよう催告したこと
4　請求原因３の付与期間（催告期間）が経過したこと
5　請求原因４の付与期間が経過した後、ＸはＹに対し、請求原因１の売買契約を解除する意思表示をしたこと
6　Ｘの損害の発生及び損害額
　＊ＸのＹに対する解除の意思表示が有効ならば、少なくとも残代金10万ユーロが損害額になる。
7　物品から得た利益
　＊本条(2)(b)の適用によって、物品の転売利益（転売費用を差し引いた後のもの）は本条(2)の「利益」に当たると解される。したがって、ＹはＸに対し、未払代金10万ユーロの損害に加え、転売費用を控除後の転売利益の額（本条(2)）と利息（78条）を支払う義務がある。
　＊物品から得た利益返還義務（本条(2)）は、Ｙによる使用利益、利用利益（果実等）、処分利益（転売）、82条(2)(a)が適用される毀損・滅失によりＹが得た保険金・第三者に対する損害賠償請求権に及ぶ。利益は金銭的に評価し、物品に関する諸費用（維持管理費、修補費等）を控除した後の純利益の返還をすることになる。本条約上、収益義務をＹに課していないので、Ｙは物品から現実に利益を得た場合にのみ返還すれば足りる。

第6節　物品の保存

　第6節（85条-88条）は、買主による物品の受領若しくは代金の支払が遅れ、又は、買主が一度受領し又は買主の処分にゆだねられた物品を拒絶しようとする場合に、物品の滅失又は減価を防ぐことを目的として、物品の保存義務等について規定している。ここでは、物品を管理するのに最も適した立場にある者が、契約違反の有無を問わず、物品を保存する義務が課されている。併せて、物品の価値の維持が困難な場合や不合理な保存費用を回避するために物品の売却義務を定める一方、保存義務から解放するため一定の場合に物品を売却する権利も認める。第6節の理論的基礎は、国際物品売買契約における信義の遵守（7条(1)）及び損害軽減義務（77条）に求められる。

● (売主の物品保存義務)

第85条　買主が物品の引渡しの受領を遅滞した場合又は代金の支払と物品の引渡しとが同時に行われなければならず、かつ、買主がその代金を支払っていない場合において、売主がその物品を占有しているとき又は他の方法によりその処分を支配することができるときは、売主は、当該物品を保存するため、状況に応じて合理的な措置をとらなければならない。売主は、自己の支出した合理的な費用について買主から償還を受けるまで、当該物品を保持することができる。

Article 85

If the buyer is in delay in taking delivery of the goods or, where payment of the price and delivery of the goods are to be made concurrently, if he fails to pay the price, and the seller is either in possession of the goods or otherwise able to control their disposition, the seller must take such steps as are reasonable in the circumstances to preserve them. He is entitled to retain them until he has been reimbursed his reasonable expenses by the buyer.

1 売主の物品保存義務の趣旨

本条1文は、下記2の要件を充足する場合に、物品が買主に交付されるまでの間、その物品を保存する措置を採らなければならないことを定める。この規定が物品保存義務を売主に課したのは、本条約が危険の移転と引渡しとを切り離したことに起因する。すなわち、買主が自己の処分にゆだねられた物品を適時に引き取らなかったときには、引渡受領義務の違反を理由として危険が買主に移転する（69条(1)）。また、買主の指定する場所への物品の運送を伴う売買では、引渡期日が到来し、かつ、物品がその場所で買主の処分にゆだねられていることを買主が知った時にも、危険が買主に移転する（69条(2)）。ところが、これらの場合には、危険が買主に移転しているものの、物品は売主が占有している状況にある（この危険の移転は、物品の所有権が買主に移転しているか否か（所有権の移転は国内法により判断される問題である）に関わらない）。そのため、本条は、売主に対して、自己の支配の下にある物品を保存するために合理的な措置を採るべき義務を課したのである。なお、本条は、物品が明確に特定されていないために危険が買主に移転していない場合（69条(3)）における売主の物品保存義務について規定するものではない。

2 売主の物品保存義務の成立要件

(1) 買主側の要件

買主側の要件は、次のア又はイのいずれかの事実である。

ア 買主が、物品の引渡しの受領を遅滞していること

引渡しの受領を遅滞しているか否かは、①物品の引渡受領のための期日が契約により定められているか、②売主が、買主に合意どおりの履行の提供を行なったにもかかわらず、買主がこれを引き取らなかったのか、③関係する取引部門の慣行により、物品の引渡受領のための日時が確定されるかの区分に応じて判断される。

イ 代金の支払と物品の引渡しとが同時に行なわれなければならない場合において、買主が代金を支払っていないこと

本条は、上記アのように、買主に引渡受領義務違反がある場合だけでなく、代金支払と物品引渡しが同時履行の関係にあって、買主が代金を支払わないために売主が物品の引渡しをしていない場合にも、売主の物品保存義務が生じることを法文上明らかにしている。また、買主が代金支払につき先履行義務を負う場合にも本条は適用ないし類推適用されると解される。代金支払につき先履行義務を負う買主が、引渡しがされるべき時点でまだ代金を支

払っていない場合、58条(1)2文に従い、売主は代金の支払と引換えにのみ物品を交付する義務を負うことになるからである。この場合も、売主は、他の法的救済手段を行使するまでは物品の引渡しを義務付けられており、また、その保存をも義務付けられることになる（注釈Ⅱ〔高嶌英弘〕264頁）。

(2) 売主側の要件

売主側の要件は、次のア又はイのいずれかの事実である。

ア　売主が、その物品を占有していること

「物品の占有」とは、物品を物理的に支配することをいう。

イ　売主が、他の方法により、その物品の処分を支配することができること

物品の「処分を支配することができる」とは、物理的支配とは関係なく、物品の処分に対する影響可能性を有していることである。例えば、売主がその物品を倉庫での保管のために第三者に委託している場合、売主が物品を買主に送付するためにその物品を運送人に委託している場合、売主が物品の船荷証券、貨物引換証などの運送証券を保持している場合、売主が自らの商事代理人に物品を引き渡した場合などである。

事務局注釈262頁【例74B】は、CIF条件の引渡しが定められている契約において、買主が呈示された為替手形の引受けを不当に拒絶した結果、船荷証券その他の物品に関する書類が買主に交付されなかった場合に、本条は、船荷証券の所持によって物品の処分を支配する地位にある売主に、物品が仕向地の港で荷降ろしされた際に、それを保存する義務を課している事案を挙げている。

これに対し、売主が物品を買主に送付するために物品の船荷証券、貨物引換証などの運送証券を運送人に交付したときには、もはや売主はその物品に対する影響可能性を失っているので、物品の「処分を支配することができる」とはいえない。

3　売主の物品保存義務の内容

物品保存義務の内容は、その状況下において「合理的な措置」（reasonable steps）を採ることである。「合理的な措置」は、契約の趣旨に照らして、物品の性質、損害発生の蓋然性、発生し得る損害の重大性などを考慮して判断される。例えば、保冷の必要な食品の冷蔵庫への保管、家畜への餌の提供、第三者の倉庫への寄託などである。その状況下において「合理的な措置」を採れば足り、「合理的な措置」を採ったにもかかわらず物品が劣化又は損傷したとしても、売主は、その物品をそのまま買主に引き渡せばよい。売主の物品保存義務は、買主が物品を受け取るか、契約が解除されるか、又

は売主が保存物品を売却するまで存続する。

　本条は、物品保存義務に関して、大陸法でいう「善良な管理者の注意」、「自己の財産に対するのと同一の注意」という概念を用いていないが、いずれの注意基準に相当するものかについては、①合理性が強調されていることから、「善良な管理者の注意」に相当するものが求められているとする見解と、②本条の物品保存義務が買主の引渡受領義務（受領義務）違反・代金支払遅滞の場合に問題となることから、「自己の財産に対するのと同一の注意」で足りるとする見解とに分かれる。いずれにせよ、「合理的な措置」には、物品を注意深く管理するにとどまらず、物品を適切に保管することも含まれる。第三者への寄託（87条）や、保存物品の売却（88条）も、ここにいう「合理的な措置」に含まれ得る。

4　物品保存義務履行の効果

　本条の定める物品保存のための「合理的な措置」を講じた売主は、買主に対して、自己の支出した合理的な費用について償還を求めることができる。例えば、物品を倉庫に保管する費用、物品の調査費用などが、ここにいう費用に当たる。

訴訟物	XのYに対する売買契約に基づく物品保存費用償還請求権

＊ドイツのX会社は日本のY会社との間で、本件物品（食料品）を〇万円で売買する契約を締結したところ、Y会社は本件物品の引渡しの受領を遅滞したので、X会社はその物品を倉庫業者Aの倉庫に保管を委託した。本件は、X会社がY会社に対して、物品保存費用の償還を求めた事案である。

＊物品保存費用償還請求権の発生根拠事実については、保存義務を負う売主が立証責任を負う。

請求原因	1　XはYとの間で、本件物品（食料品）を〇万円で売買する契約を締結したこと

2　Yは本件物品の引渡しの受領を遅滞したこと
3　Xはその物品を占有していたこと
4　Xはその物品を倉庫業者Aの倉庫に保管したこと
5　XはAに、請求原因4の保管に基づく保管料〇万円を支払ったこと

5 物品保存義務違反の効果

売主が物品保存義務に違反したとき、買主は、これによって生じた損害の賠償を売主に対して請求することができる（45条(1)(b)参照）。しかし、物品保存義務違反を理由として契約を解除することはできない。もとより、本条の物品保存義務が成立するのは買主に引渡受領義務違反又は支払遅滞が存在する場面であるところ、売主は、物品保存義務に違反したからといって、引渡受領義務違反又は支払遅滞を理由とする自らの救済手段を失うものではない。

訴訟物　XのYに対する売買物品の保存義務違反に基づく損害賠償請求権

＊米国のY会社は日本のX会社との間で、X会社が10月中にY会社の倉庫で本件物品の引渡しを受領する約定で売買する契約を締結した。Y会社は10月1日に物品をX会社の処分にゆだねることによって引渡しを行なった。11月1日にY会社が、本件物品をこの物品の保存にはあまり適していない倉庫の一画に移動させた。11月15日、X会社は物品の引渡しを受領したが、この時点でその物品は、それらが移動された倉庫の一画が不適切であったために損傷していたことが判明した。本件は、X会社がY会社に対し、11月1日から15日までの間に生じた物品の損傷について、Y会社が保存を行なう義務に違反したとして、損害の賠償を求めた事案である（事務局注釈262頁【例74A】）。

請求原因
1. YはXとの間で、Xが10月中にYの倉庫で物品の引渡しを受領する約定で売買する契約を締結したこと
2. YはXに対し、10月1日に、物品を買主の処分にゆだねることで引渡しをしたこと
3. Yが、11月1日に、物品をこの物品の保存にはあまり適していない倉庫の一画に移動させたこと

   ＊売主Yの保存義務違反に基づく損害賠償請求権の要件については、買主Xが売主Yの義務違反を証明しなければならない。

   ＊11月1日は買主Xが引渡受領義務に違反することになった日であり、また危険が買主に移転した日でもある。

4. 11月15日、Xは物品の引渡しを受領したこと

5　請求原因4の時点で、その物品は、それらが移動された倉庫の一画が不適切な場所であったために損傷していたこと
　　＊11月1日に危険が買主Xに移転していたが、売主Yは物品保存義務に違反している。
6　Xの請求原因5の損傷による損害額

6　売主の物品保持権

　売主は、費用償還請求権を担保するため、当該費用について買主から償還を受けるまで、当該物品を保持することができる（本条2文）。我が国民法295条以下が定める留置権とは異なり、あくまでも債権的な物品保持権である（売主は、当該費用の同時支払と引換えにのみ、物品の引渡しを義務付けられるにすぎない）。
　買主が費用を支払わないときには、売主は、自助売却権（88条(1)）を行使することもできる。

7　本条の類推適用

　本条は、物品が引き渡される前に買主に危険が移転したという状況下での売主の物品保存義務を定めたものである。しかし、この基本的な考え方は、その他の場合にも類推適用することができる。そのような場合とは、①売買契約が解除されたところ、その後に、81条(2)1文に基づき返還されるべき物品を売主が引き取らない場合や、②売主が46条(2)に基づき代替品を引き渡すべき場合において、買主がこれを引き取らない場合などである。

● (買主の物品保存義務)

第86条

(1)　買主は、物品を受け取った場合において、当該物品を拒絶するために契約又はこの条約に基づく権利を行使する意図を有するときは、当該物品を保存するため、状況に応じて合理的な措置をとらなければならない。買主は、自己の支出した合理的な費用について売主から償還を受けるまで、当該物品を保持することができる。

(2)　買主に対して送付された物品が仕向地で買主の処分にゆだねられた場合において、買主が当該物品を拒絶する権利を行使するときは、買主は、売主のために当該物品の占有を取得しなければな

らない。ただし、代金を支払うことなく、かつ、不合理な不便又は不合理な費用を伴うことなしに占有を取得することができる場合に限る。この規定は、売主又は売主のために物品を管理する権限を有する者が仕向地に存在する場合には、適用しない。買主がこの(2)の規定に従い物品の占有を取得する場合には、買主の権利及び義務は、(1)の規定によって規律される。

....

Article 86

(1) If the buyer has received the goods and intends to exercise any right under the contract or this Convention to reject them, he must take such steps to preserve them as are reasonable in the circumstances. He is entitled to retain them until he has been reimbursed his reasonable expenses by the seller.

(2) If goods dispatched to the buyer have been placed at his disposal at their destination and he exercises the right to reject them, he must take possession of them on behalf of the seller, provided that this can be done without payment of the price and without unreasonable inconvenience or unreasonable expense. This provision does not apply if the seller or a person authorized to take charge of the goods on his behalf is present at the destination. If the buyer takes possession of the goods under this paragraph, his rights and obligations are governed by the preceding paragraph.

═══

1　趣旨
(1) 買主の物品保存義務
　本条(1)1文は、「買主は、物品を受け取った場合において、当該物品を拒絶するために契約又はこの条約に基づく権利を行使する意図を有するときは、当該物品を保存するため、状況に応じて合理的な措置を採らなければならない」と規定する。本条約が保存義務を買主に課したのは、本条所定の場面（買主が物品を受け取っている）では買主が売主よりも物品に対してより近い（緊密な）関係にあることから、合理的な行動を要求したことによる。本条(1)2文は、85条2文と同様の保持権を定めるものである。

(2) 物品が買主に宛てて送付された場合

　本条(2)1文は、「買主に対して送付された物品が仕向地で買主の処分にゆだねられた場合において、買主が当該物品を拒絶する権利を行使するときは、買主は、売主のために当該物品の占有を取得しなければならない」と規定する。この買主の義務は、占有の取得にとどまらず、占有を取得した物品について合理的な保存措置を採ることも含まれる（本条(2)3文）。その内容は、売主の物品保存義務と同様に解される。これにより、本条(2)1文所定の要件を満たす場合には、買主は、物品の占有を取得し保存する措置を採る義務が課される。本条(2)は、本条(1)の特別な場面を定めたものである。

2　買主の物品保存義務の要件と効果
(1) 買主の物品保存義務の発生要件
　本条(1)に基づく買主の物品保存義務の発生要件は、次のとおりである。
ア　買主が物品を受け取って物品を占有していること
イ　買主が、当該物品を拒絶するために、契約又は本条約に基づく権利（物品拒絶権）を行使する意図を有すること
(ア)　「物品を拒絶するために契約又はこの条約に基づく権利」
　この権利としては、代替品引渡請求権（46条(2)）、契約解除権（49条(1)）、引渡義務の履行期が到来する前の引渡しや数量超過の引渡しがあった場合における買主の受領拒絶権（52条）、売主の履行能力又は信用状態の悪化が判明した場合の履行停止権（71条）がこれに当たる。これに対し、買主が、修補請求権（46条(3)）、代金減額権（50条1文）あるいは損害賠償請求権（45条(1)(b)）を行使しようとする場合は、本条はこれに当たらない。なぜなら、これらの場合、買主は物品を拒絶するものではなく、物品を保持しつつ、別の救済を求めるものであるからである。
(イ)　買主が物品受領後直ちに物品を拒絶する意思を表示することの要否
　買主が物品受領後直ちに物品を拒絶する意思を表示する必要があるかについては見解が分かれている。これを否定する立場に立つと、買主は、物品受領後しばらく時間が経過してから物品が契約不適合であることを発見し物品を拒絶する意思を表示したときでも、意思を表示した時点から直ちに物品保存義務を負うことになるとされる（注釈Ⅱ〔吉井啓子〕270-271頁）。
(2) 買主の物品保存義務の効果
　本条(1)の要件を満たす場合、買主は、その物品を保存するため、状況に応じて「合理的な措置」を採らなければならない。これは85条所定の売主の物品保存義務と対応する。ここでの保存義務の内容は、82条(1)の「受け

取った時と実質的に同じ状態で」物品を保存することではなく、原状での物品の状態・価値を保持することをいう。買主の物品保存義務は、売主が物品を取り戻すか、又は買主が保存物品を売却する（88条）まで存続する。

訴訟物　XのYに対する売買契約の物品占有・保存義務違反に基づく損害賠償請求権

＊米国のX会社は日本のY会社との間で、本件物品を○ドルで売買する契約を締結した。Y会社が、物品を受け取った後に、契約不適合を理由にその契約を解除する意思を有していたが、物品の保存をせず、放置した。本件は、X会社はY会社に対し、保存義務違反を理由に被った損害の賠償を61条(1)(b)に基づいて求めた事案である（事務局注釈265頁【例75A】）。

＊買主Yが本条に違反した場合、売主Xは、本件のように損害賠償を求めることができるが、本条違反を理由として契約を解除することはできないと解されている。

請求原因
1　XはYとの間で、本件物品を○ドルで売買する契約を締結したこと
2　Yは本件物品を受領したこと
3　本件物品には、品質について重大な契約違反があること
4　YはXに対して、請求原因1の売買契約を解除する意図を有していたこと

＊本件の場合、買主Yは、49条(1)(a)に基づき、契約を解除する権利を有するが、本条(1)により、当該物品を売主のために保存する義務を負う。

5　Yは、本件物品の占有・保存をしないで放置したこと
6　Xの損害の発生及びその数額

＊請求原因5の放置により生じた本件物品の損傷による損害が考えられる。

3　物品が買主に宛てて送付された場合の占有取得義務・物品保存義務

本条(2)は、物品が買主に宛てて送付され買主の処分にゆだねられたが、まだ買主が占有を取得しておらず、買主がその物品の拒絶を望んでいるという特別な場合を規定する。このような場合、一定の要件が満たされるときは、買主には物品の占有を取得し保存する義務が課せられる（ただし、この

場合の占有取得は、60条における「引渡しの受領（taking over the goods)」には当たらない)。

また、本条(2)1文は物品保存義務の発生に触れていないが、本条(2)3文が「買主がこの(2)の規定に従い物品の占有を取得する場合には、買主の権利及び義務は、(1)の規定によって規律される」と規定していることから、本条(2)1文の場合にも物品保存義務が生じることは当然であると解される。なお、物品保存措置の内容については、85条における売主の物品保存義務と同じである。

(1) 占有取得義務・物品保存義務の発生要件

本条(2)に基づいて買主に占有取得義務・物品保存義務が課されるのは、次の要件が満たされた場合である（本条(2)1文)。

ア　物品が買主に対し、仕向地に向けて送付されたこと

物品は、売主によって、買主に宛てて（すなわち、買主の所在地又は住所がある場所に向けて）送付されなければならない。

イ　物品が仕向地において、買主の処分にゆだねられたこと

物品は、仕向地（通常は買主の所在地又は住所である）で買主の処分にゆだねられなければならない。少なくとも買主は、物品を検査しサンプルをとるなどの行動をとる機会を有していなければならないであろう。

ウ　買主が当該物品を拒絶する権利を行使する意図を有すること

買主は、46条(2)、49条(1)、52条、71条で認められた物品拒絶権（代替品引渡請求権、契約解除権など）を行使する意思を持っていなければならない。この点は、本条(1)と同様である。

エ　買主が、代金を支払うことなく、物品の占有を取得することができること

契約で物品引渡し後の代金支払期日を取り決めている場合、又はそのような代金支払期日が契約締結後合意された場合は、本条の要件を満たすことになる。下記(2)の設例（事務局注釈266頁【例75C】）は、代金を支払わないと物品の占有を取得することができない事案である。

オ　不合理な不便又は不合理な費用を伴わないこと

買主は、「不合理な不便なく」占有を取得できなければならない。占有取得費用は、占有を取得するために通常必要とされる合理的な限度を超えてはならない。保存費用が不合理なものとなる場合には、買主は88条(2)に基づき物品を売却する義務を有する場合がある。しかし、買主は、このような場合でも、占有取得を拒絶することはできない。

(2) 占有取得義務・物品保存義務の内容

上記(1)の要件が満たされると、買主は物品の占有を取得し保存措置を採る義務が生じる。本条(2)1文は物品保存義務を明定しないが、物品保存義務が生じることについては既に述べた。内容については、85条の解説参照。

訴訟物 　XのYに対する売買契約の物品占有・保存義務違反に基づく損害賠償請求権

＊米国のX会社は日本のY会社との間で、本件物品を〇ドルで売買する契約を締結した。契約には、CIF条件での引渡しが定められていた。為替手形が買主に呈示されたが、添付書類が売買契約に適合していないとして、買主はその引受けを拒絶した。本件は、X会社がY会社に対して、物品占有義務違反があるとして、損害の賠償を求めた事案である（事務局注釈266頁【例75C】）。

＊この事案では、次の理由から、買主は物品の占有を取得する義務を負わない。買主が為替手形の引受けを拒絶した時点で、物品がまだ到達しておらず、仕向地で買主の処分にゆだねられていない場合には、本条(2)はそもそも適用されない。本条(2)の適用を受ける場合であったとしても、買主は為替手形の支払を行なわなければ物品の占有を取得できないため、買主は、物品の占有を取得して物品を保存するという、本条(2)に基づく義務を負わない。

請求原因 　1　XはYとの間で、本件物品を〇ドルで売買する契約を締結したこと
　2　契約には、CIF条件（本船の手すり通過時にYに危険が移転する）での引渡しが定められていたこと
　3　Yは仕向地に到着した本件物品について、その代金支払のための為替手形を引き受けず、本件物品を占有・保存せず放置したこと
　4　Xの損害及びその数額

（添付書類の不備）

抗弁 　1　本件売買契約の代金の支払のために為替手形がYに呈示されたが、添付書類が売買契約に適合していなかったためであること

＊本条(2)2文に基づく抗弁である。

ア　占有取得義務を負わない場合

　買主は、売主又は売主のために物品を管理する権限を有する者が仕向地に存在すること（本条(2)2文）を主張・立証することにより、占有取得義務を免れることができる。このような場合には、売主の方が買主よりも物品に対してより緊密な関係にあるといえるからである。

訴訟物　　XのYに対する売買契約の物品占有・保存義務違反に基づく損害賠償請求権

＊米国のX会社は日本のY会社との間で、本件物品を○ドルで売買する契約を締結した。本件物品が仕向地において、Yの処分にゆだねられたところ、Y会社は、占有を取得する前に、物品を検査し、品質について重大な契約違反があることを発見した。Y会社は、49条(1)(a)に基づき、契約を解除したが、その後、本件物品を保存せず放置した。本件は、X会社がY会社に対して、買主の保存義務違反を主張して、被った損害の賠償を求めた事案である（事務局注釈265頁【例75B】）。

請求原因
1　XはYとの間で、本件物品を○ドルで売買する契約を締結したこと
2　本件物品が仕向地において、Yの処分にゆだねられたこと
3　Yは、占有を取得する前に、物品を検査し、品質について重大な契約違反があることを発見したこと

＊Yは、49条(1)(a)に基づき、契約を解除する権利を有するが、本条(2)により、Yは物品の占有を取得して、物品を保存する義務を負う。

4　YはXに対して、請求原因1の売買契約を解除する意図を有したこと
5　Yは、本件物品の占有・保存を取得しないで放置したこと
6　Yは、本件物品を、代金を支払うことなく、かつ不合理な不便又は不合理な費用を伴うことなしに占有を取得することができる場合であったこと

＊この事実に係る法律要件は、本条(2)2文であるが、「ただし、……この限りでない」とする例外規定ではなく、「ただし、……限る」であるので、本文に要件を付加する趣旨である。

7　Xの損害の発生及びその数額

(Xの管理者の存在)

抗　弁　1　X又はXのために物品を管理する権限を有する者が仕向地に存在すること
＊本条(2)3文による抗弁である。

4　60条の引渡受領義務と本条(2)の占有取得義務との関係

　買主は、売買契約上の義務として、物品の「引渡しを受領する」(take delivery) 義務を負う (53条、60条)。そして、引渡しの受領には、物品を「受け取る」(take over) ことが含まれる (60条(b))。このように、買主には引渡受領義務(「受領義務」ともいう)が課されているところ、この義務と、本条(2)所定の占有を取得する (take possession) 義務との関係が問題となる。

　例えば、買主が、売主の重大な契約違反を理由に契約を解除し (49条(1))、又は代替品の引渡しを請求しようとするときには (46条(2))、買主は、本条(2)により、物品の占有を取得しなければならない。そして、占有をした物品を保存するため合理的な措置を採らなければならない。これは、占有取得義務及びこれに続く物品保存義務の問題である。

　他方、買主が、売主の重大な契約違反を理由に契約を解除し (49条(1))、又は代替品の引渡しを請求するときには (46条(2))、売主からの引渡しを受領する義務を負わない (契約に適合しない物品を「受け取る」義務はない)。これは、引渡受領義務の問題である。

　なお、売主に重大な契約違反が認められないときには、本条の適用の余地がないから、本条にいう占有取得義務も物品保存義務も問題とならない。他方、この場合、買主は契約解除権も代替品引渡請求権も有しないから、引渡しを拒絶できず、引渡しを受領する義務を負う (したがって、物品を「受け取る」義務を負う)。

5　義務違反の効果

　買主が物品保存義務・占有取得義務に違反したとき、売主は、これによって生じた損害の賠償を買主に対して請求することができる (45条(1)(b)参照)。しかし、物品保存義務違反を理由として契約を解除することはできないと解されている。

訴 訟 物　　XのYに対する売買契約の物品不適合に基づく損害賠償請

求権

＊インドネシアのY会社は日本のX会社との間で、メルバウ（太平洋鉄木）の丸太を〇万円で売買する契約を締結した。契約には、物品の仕様について明確な取決めがされていた。X会社は信用状で代金を支払った。X会社は、仕向港に物品が到着した時に検査し、物品の量、仕様、体積及び質が契約に適合していないことを発見し、また、体積の不足は船積み前の不正確な採寸によること、深刻な品質の欠陥は船積みの時点で存在したことが判明した。買主は、直ちに量及び体積の不足並びに品質欠陥を主張して、Y会社にその旨を通知した。Y会社は、再検査等の検討の結果、物品の拒絶を受け入れ、受け取った代金を返還することの準備ができたことをX会社に通告した。両当事者が、物品の状況についていまだ話し合っている間に、X会社は物品を処分した。Y会社の申出にもかかわらず、X会社がそれに返答することなく売却したものもある。本件は、X会社がY会社に対し、物品の不足及び欠陥を主張して損害の賠償を求めたところ、Y会社は、X会社の物品保存義務違反を主張した事案である（CLOUT806）。

＊X会社が、物品が仕向港に到着した後に迅速に物品を検査し、検査の結果を直ちにY会社に報告している点では、契約に基づき適切かつ合理的に行動したと考えられるので、これに関する合理的な期間の抗弁は、以下には挙げていない。

請求原因
1　YはXとの間で、メルバウ（太平洋鉄木）の丸太を〇万円で売買する契約を締結したこと
2　Xは、仕向港に到着した物品は、その量、仕様、体積及び質が契約に適合していなかったこと
3　Xは信用状で代金を支払ったこと
4　Xの損害及び損害額

＊Xとしては、解除をしないまま、単に損害賠償を求める選択もあり得る。

（放棄）

抗弁
1　Xは、損害賠償請求権を放棄したこと

＊XがYからの連絡に対して何らの返答をしないまま、一方的に丸太の多くの部分を処分した。この措置は、本条(1)の

関連規定に違反するだけでなく、国際慣行にも反する。それゆえに、買主は物品を受領し、かつ、損害賠償請求権を放棄したものとみなされるべきである（CLOUT806）。

6 売主に対する費用償還請求権と買主の保持権

本条の定める物品保存のための合理的な措置（本条(2)の場合には、さらに占有取得措置）を講じた買主は、売主に対して、自己の支出した合理的な費用（物品保存費用。本条(2)の場合には、さらに占有取得費用）について償還を求めることができる（本条(1)2文、(2)4文）。その内容については、売主の物品保存義務と同様に考えればよい。そして、買主は、この費用償還請求権を担保するため、当該費用について売主から償還を受けるまで、当該物品を保持することができる（本条(1)2文、(2)4文）。（ただし、我が国民法295条以下が定める留置権とは異なり、あくまでも債権的な保持権である。

●(第三者への寄託)

第87条 物品を保存するための措置をとる義務を負う当事者は、相手方の費用負担により物品を第三者の倉庫に寄託することができる。ただし、それに関して生ずる費用が不合理でない場合に限る。

Article 87

A party who is bound to take steps to preserve the goods may deposit them in a warehouse of a third person at the expense of the other party provided that the expense incurred is not unreasonable.

1 趣旨

本条は、85条及び86条に基づいて物品保存義務を負う当事者がその義務に応じるための方法の1つとして、第三者の倉庫への寄託についてその要件と効果を定めている。一方の当事者が物品保存義務を負う場合であっても、自らが保存に当たることが適当でない場合、又は困難を伴う場合もあるため、そのような場合に、当事者に不合理な負担を負わせないために、本条1文は、第三者への寄託という方法で保存義務を履行し得ること、及び、本条

2文は、第三者に寄託した場合において、その保存に関して生じる費用が不合理でない場合に限ることとして、物品保存義務を負う者の相手方にも配慮することとしている。

2　寄託権の要件

寄託権の発生要件は、次の2つである。
(1) 85条ないし86条による保存義務が生じていること（本条1文）
(2) 保存に関して生ずる費用が不合理でないこと（本条2文）

本条2文は、付加的但書（provided that）であって、本文の要件に加えて但書の要件を要求していることが法文の形式上から読み取れる（4条の解説5(5)ウ参照）。もっとも、この制限に反した場合でも、物品保存義務者の相手方に対する費用償還請求権が合理的な額に限定されるにすぎず、それによって寄託の危険が寄託者に移転することはないと解される（注釈Ⅱ〔鹿野菜穂子〕275頁）。

3　法的効果
(1) 寄託料償還請求権

寄託をした当事者は、合理性の範囲内で、寄託費用の償還を売買契約の相手方に請求することができる。もっとも、寄託によって不合理な費用が生じた場合であっても、上記2(2)記載のとおり、合理的な額の限度で費用の償還を請求し得ると解されている。

訴訟物　　XのYに対する売買契約の寄託料償還請求権
　　　　　＊米国のY会社は日本のX会社との間で、本件物品を○ドルで売買する契約を締結した。X会社が、物品を受け取った後に、契約不適合を理由にその物品を解除したうえで、X会社が本件物品をA倉庫に寄託し、その寄託料（保管料）を負担した。本件は、X会社がY会社に対し、寄託料の支払を求めた事案である。

請求原因　1　YはXとの間で、本件物品を○ドルで売買する契約を締結したこと
　　　　　2　Xは本件物品を受領したこと
　　　　　3　本件物品には、品質について重大な契約違反があること
　　　　　4　XはYに対して、請求原因1の売買契約を解除する意思表示をしたこと

            5　Xは倉庫業者Aとの間で、本件物品を寄託する契約を締結
            し、保管料を支払ったこと
            6　請求原因5の寄託に関して生ずる費用（保管料）が不合理で
            ないこと
            　＊本条2文は、付加的但書であるから、本条2文は、1文に対
            　　して付加的要件を定めるものである。本条1文及び2文と
            　　も、Xが主張・立証責任を負う。ただし、上述したとおり、
            　　仮に不合理に高額であったとしても、寄託料償還請求権が認
            　　められないわけではなく、合理的な額の範囲内で償還請求は
            　　認められる。

(2) 寄託による履行の効果の有無

　本条は、保存義務を負う当事者は寄託によって自らの給付義務ないし目的物返還義務から解放されるかという問題がある。債務者がいかなる方法で自らの義務を履行し得るのかという問題は、本条約が包括的に規定していると解されるところ、本条約においては、特に規定がない。したがって、本条による寄託が行なわれた場合でも、履行義務からの解放は生じないと解されている（注釈Ⅱ〔鹿野菜穂子〕276頁）。

(3) 受寄者と寄託者の売買相手方との関係

　本条は、物品の寄託を受けた第三者（受寄者）と、寄託者の売買契約相手方との法律関係については規定していない。それゆえ、寄託者の売買契約相手方と受寄者との間には直接の権利義務は生じないと解されている（注釈Ⅱ〔鹿野菜穂子〕277頁）。

●（保存物品の売却）

第88条

(1)　第85条又は第86条の規定に従い物品を保存する義務を負う当事者は、物品の占有の取得若しくは取戻し又は代金若しくは保存のための費用の支払を相手方が不合理に遅滞する場合には、適切な方法により当該物品を売却することができる。ただし、相手方に対し、売却する意図について合理的な通知を行った場合に限る。

(2)　物品が急速に劣化しやすい場合又はその保存に不合理な費用を伴う場合には、第85条又は第86条の規定に従い物品を保存する義務を負う当事者は、物品を売却するための合理的な措置をとら

なければならない。当該当事者は、可能な限り、相手方に対し、売却する意図を通知しなければならない。
(3) 物品を売却した当事者は、物品の保存及び売却に要した合理的な費用に等しい額を売却代金から控除して保持する権利を有する。当該当事者は、その残額を相手方に対して返還しなければならない。

Article 88

(1) A party who is bound to preserve the goods in accordance with article 85 or 86 may sell them by any appropriate means if there has been an unreasonable delay by the other party in taking possession of the goods or in taking them back or in paying the price or the cost of preservation, provided that reasonable notice of the intention to sell has been given to the other party.

(2) If the goods are subject to rapid deterioration or their preservation would involve unreasonable expense, a party who is bound to preserve the goods in accordance with article 85 or 86 must take reasonable measures to sell them. To the extent possible he must give notice to the other party of his intention to sell.

(3) A party selling the goods has the right to retain out of the proceeds of sale an amount equal to the reasonable expenses of preserving the goods and of selling them. He must account to the other party for the balance.

1 物品保存義務者の自助売却権
(1) 趣旨
　85条又は86条により物品を保存するための措置を採る義務を負う当事者は、相手方が物品の取得若しくは取戻しを不合理に遅滞する場合、又は代金若しくは保存費用の支払を不合理に遅滞する場合には、適切な方法（appropriate means）によって、その物品を売却することができる（本条(1)1文。自助売却権）。
(2) 要件
ア　履行の遅滞

本条(1)は、保存義務を負う当事者の相手方が一定の義務を適時に履行しない場合に適用される。ここに相手方の義務とは、①85条の場合における買主の物品の占有取得義務、②86条の場合における売主の物品引取義務、③85条の場合における買主の代金支払義務、④85条、86条又は87条の場合における保存費用の支払義務などである。

同様に、本条は、86条の場合（買主が物品を拒絶することができる場合）において、売主が、物品の返還を受ける意思は有していたが、それと引換えにすべき給付とりわけ代金返還を拒絶した場合にも適用される。同じことは、物品が契約に適合しない場合において、売主が物品の返還を受ける意思は有するが、代替給付をすることを拒絶した場合にも妥当する。

イ　遅滞の不合理性

「不合理に遅滞」したか否かは、累積する保存費用の額、物品保存義務を負う当事者が保存費用を相手方から回収できる可能性等によって判断することとなる。特に、既に生じた費用の額が考慮される。保存費用を相手方から回収することが不可能又は困難になる正当なおそれがある場合には、自助売却は、比較的短い期間が経過した時点で認められる。給付の確定的な拒絶は、それがたとえ受領義務や支払義務の期限到来前に表明されたものであっても、不合理な遅滞と同視される。

ウ　売却意図の通知

自助売却をしようとする当事者は、その売却の意図を相手方に対して事前に通知しなければならない（本条(1)2文）。通知については何ら特別の方式は要求されていない。この通知は、相手方に、その義務を履行することによってその売却を回避する機会を与えるものでなければならない。この通知は、27条により、発信主義が採られている。この通知は、不合理な遅滞が生じる前に行なってもよい。

なお、売却意図の通知に対して相手方が異議を唱えても、その異議によって自助売却は妨げられない。

事前の通知義務を履行せずに自助売却を行なった当事者は、その売却によって相手方が被った損害の賠償義務を負う。しかし、この通知義務違反が、売却の効力に影響を及ぼすかについては見解が分かれる。1つは、有効性には影響を及ぼさないとしているが、ほかは、この事前の通知要件を満たさない場合には売却は原則として無効であるが、しばしば、国際私法によって適用が決定される国の法律における善意取得の制度等によって、所定の要件を満たした場合には、善意の第三者による有効な権利取得が認められることがあるとする。

(3) 法的効果

上記(1)の要件を充足すれば、自助売却権が認められる。本条は、自助売却の実行方法について具体的には定めておらず、抽象的に、売却は「合理的な方法で」行なうことができるとしているにすぎない。物品の売却は、商524条におけるのと異なり、競売による必要はなく、適切な方法であれば、自らが市場でする任意売却であってもよいし、自助売却をする当事者自らが買い受けてもよい。

訴訟物　XのYに対する売買契約解除後の自助売却権行使による損害賠償請求権

＊米国のX会社は日本のY会社との間で、本件物品を○ドルで売買する契約を締結した。Y会社が、物品を受け取った後に、契約不適合を理由にその物品を解除したうえで、Y会社が本件物品をA倉庫に寄託し、X会社に対し、負担した保管料の支払を求めたが、X会社が支払わないので、Y会社は本件物品を第三者Bに売却した。本件は、X会社がY会社に対し、本件物品を売却したことによる損害の賠償を求めた事案である。

請求原因
1　XはYとの間で、本件物品を○ドルで売買する契約を締結したこと
2　XはYに対し、本件物品を引き渡したこと
3　Yは受領した本件物品の品質には、重大な契約違反があったとして、Xに対し、請求原因1の売買契約を解除する意思表示をしたこと
4　Yは受領した本件物品を保存することなく、第三者Bに売却したこと
＊請求原因1ないし4によれば、Yは86条(1)の買主の物品保存義務に違反することになる。
5　Xの損害及び損害額
＊請求原因5のBへの売却価格は時価より低いと主張して、その差額について損害賠償を求めることが考えられる。

（自助売却権）

抗弁
1　Yは倉庫業者Aとの間で、本件物品を寄託する契約を締結し、保管料を支払ったこと
2　抗弁1の寄託に関して生ずる費用（保管料）が不合理でない

こと
3　Xは（物品の取戻し又は）保存のための費用（保管料）の支払を不合理に遅滞すること
＊当事者が相手方のために物品を保存する場合には、その期間中、相手方は物品を受領する義務あるいは物品を取り戻す義務の不履行に陥っているわけであるが、相手方がこれらの義務の履行や保存費用の支払を不当に遅延するときは、当事者には保存中の物品を売却することが認められる（本条(1)）。
4　YはXに対し、売却する意図について合理的な通知を行ったこと
＊本条(1)2文に基づく事実である。Xに売却を回避する時間と機会を与えるものでなければ合理的な通知とはいえない。本条(1)2文は、「……に限る」という文言が示すとおり、本文に対して付加的要件を定めるものである。売却意図の通知を受けた相手方が異議を唱えても、自助売却をすることは妨げられない。通知義務に違反しても、これを理由とする損害賠償義務が発生するだけであって（45条(1)(b)）、通知なくしてされた売却であっても無効とはならない。
5　請求原因5の売却は、抗弁1から相当期間経過後であること
＊抗弁5（請求原因5）の売却方法は当該状況の下で適当なものでなければならないが、誠実かつ商業上合理的な方法である限りいかなる方法でもよい。

2　保存義務者の緊急売却義務
(1) 趣旨
85条又は86条により物品を保存するための措置を採る義務を負う当事者は、本条(2)は、①物品が急速に劣化（deterioration）しやすい場合や、②物品の保存に不合理な費用を伴う場合には、その物品を売却するための合理的な措置を採らなければならない（緊急売却義務）としている。
(2) 要件
ア　急速な劣化の危険

売却義務が生ずるのは、第1に、その物品が急速な劣化の危険にさらされている場合である。例えば食料品のような傷みやすい物品や短期間で品質に大きな変化が生ずるような物品がこれに該当することについては一般的に認められている。

これに対して、物品の経済的価値の低下又は相場価格の急激な下落により価値が失われることなどがこれに当たるかについては、見解が分かれるが、本条の「劣化 deterioration」という文言は物品の物理的な変化を示していると考えられ、物品保存義務者に価値下落に関するリスクを負担させるのは実質的にも妥当ではないことなどを根拠として、これを否定する見解が多数説といえる。

イ　不合理な保存費用

保存費用が合理的な限度を超えるおそれがある場合にも、物品の売却義務が生ずる。ここでも、この限度を超えたか否かは各場合の諸事情によって判断される。その中でも、まず、物品の価値との関係が考慮されるべきであろう。すなわち、保存費用が物品の価値を上回るおそれがある場合には、合理性の限界を超えていると認められるし、そこまでいかなくても、保存費用が、自助売却の場合に生ずるであろう損失を上回ることになる場合には、不合理な費用だと認められる場合がある。さらに、必要とされる費用が通常の費用を著しく超える場合、例えば、その物品の特別の性質から、特別の方法又は特別の専門家によって保存しなければならないような場合にも、不合理な費用と認められ得るとされている。

ウ　売却意図の通知

緊急売却のための措置を採る場合、本条(1)の自助売却の場合と異なって、その当事者は、「可能な限り」相手方に対し、売却する意図を通知しなければならないとされている（本条(2)）。「可能な限り」とされたのは、急速に劣化しやすい物品の場合に、事前に通知する時間的余裕がない場合があるからである。通知義務に違反したとしても、これを理由とする損害賠償義務が発生するだけであって（45条(1)(b)）、売却が通知なしにされた場合であっても、その売却自体は無効とならない。

なお、緊急売却の場合において、要求される通知が行なわれなかったときには、その通知懈怠によって損害が生じた場合、例えば、通知があれば相手方が物品の売却を回避できたであろう場合には、売却者（保存義務者）は相手方に対して損害賠償義務を負う。

(3) 法的効果

緊急売却義務は、あくまで売却のための合理的な措置を採るべき義務（手段債務）であり、売却に成功することを義務付けられてはいない（結果債務ではない）。ただし、売却のための合理的な措置を採るべき義務に違反した当事者は、これにより相手方に生じた損害につき賠償義務を負う（45条(1)(b)）。

次の抗弁は、上記1(3)の設例の請求原因に対する抗弁である。

(緊急売却義務)

抗　弁　1　本件物品は急速に劣化しやすい場合又はその保存に不合理な費用を伴う場合であること
　　　＊急速な物品の劣化に、その物品の急速な市場価格の下落を含めて解釈するか否かは、見解が分かれるであろうが、仮に入らないと解するとしても、損害軽減義務（77条）の見地から、含むと解するのと同様の結果となろう。
　　2　YはXに対し、可能な限りで、売却する意図について合理的な通知を行なったこと
　　　＊緊急売却義務の履行の場合には、売却の意図についての相手方への通知は可能な限りで与えればよい（本条(2)）。
　　　＊可能か否かの判断において決定的なのは、通知を行なってもなお、劣化の危険ないし保存費用の不当な増大の危険を排除し得る時期に売却を行なうことができるか否かである。通知は、本条(1)と同様、発信主義が採られている。
　　3　請求原因5の売却は、抗弁1の事情に基づくこと
　　　＊本条(2)所定の合理的な措置を採る義務は努力義務であり、売却の成功までを義務付けているわけではない。

3　投下費用への売却代金の優先充当権

　自助売却であれ、緊急売却であれ、物品を売却した当事者は、物品の保存及び売却に要した合理的な費用に等しい額を売買代金から控除して保持する権利（right to retain）を有する（本条(3)1文）。これにより、投下費用への優先充当権が認められている。

　我が国商法524条3項と異なり、本条(3)1文によっては売却代金の残額を未払代金に充当することはできない。例えば、YがXに物品を売買したが、Xが物品の引渡しの受領をしなかったために、Yが物品を保存し、その後に自助売却したとき、Yは自助売却による売却代金を保存や売却に要した費用に充当することはできるものの、本条(3)1文によっては、その残額をXが支払わない代金に充当することはできない。結局、保存及び売却費用以外の相手方に対する請求権（損害賠償請求権、代金支払請求権など）を売却代金から控除（相殺）できるかにつき、本条約には定めがないため、契約準拠法となる国内法の定めによる。

第4部　最終規定

　第4部「最終規定」は、本条約の国際公法上の枠組みを定めるものであって、具体的には、(1)本条約の受容方法（89条、91条）、(2)留保条項（92条‐96条、98条）、(3)時間的適用範囲（97条、99条、100条）、(4)本条約の廃棄（101条）、(5)他の条約との関係（90条、99条）を定めている。

●(条約の寄託者)

第89条　国際連合事務総長は、ここに、この条約の寄託者として指名される。

Article 89

　The Secretary-General of the United Nations is hereby designated as the depositary for this Convention.

　本条約の委託者として、国際連合事務総長が指名されている。これは、本条約が、国連の枠組みにおいて作成及び締結されたものであり、その通例に従うものである（注釈Ⅱ〔齋藤彰〕287頁）。

●(他の国際的な合意との関係)

第90条　この条約は、既に発効し、又は今後発効する国際取極であって、この条約によって規律される事項に関する規定を含むものに優先しない。ただし、当事者双方が当該国際取極の締約国に営業所を有する場合に限る。

Article 90

　This Convention does not prevail over any international agreement which has already been or may be entered into and which contains provisions concerning the matters governed by this Convention, provided that the parties have their places of business in States parties to such agreement.

　本条約は、既に発効し又は今後発効する条約等の国際的な取極（合意）であって、本条約により規律される事項に関する規定を含むものには優先しない（本条）。本条にいう「国際取極」は条約をも含む広義のものであるが、注釈Ⅱ〔齋藤彰〕288-289 頁は、(1)国際私法を統一する条約との関係と(2)統一実質法を形成する条約との関係の 2 面で、次の不明確さが残ることを指摘している。

1　統一国際私法との関係
　具体的には、「国際取極」にハーグ国際私法会議の 1955 年の国際動産売買準拠法条約やその他の統一国際私法条約が含まれるかが問題となる。本条は、それらを明確に排除していないから、ハーグ国際私法会議による条約が本条の「国際取極」に含まれることになる。すなわち、本条約はハーグ国際私法条約の優先を認めていると解される。統一国際私法と本条約は相互補完的であって、その間に矛盾することはないであろう（注釈Ⅱ〔齋藤彰〕288 頁）。
　CLOUT647 は、イタリアの売主とマレーシアの買主がマレーシアにあるプラントにおける金属加工及び売買に関する契約を締結し、売主がイタリアの裁判所に訴えを提起して、プラントが契約書どおりであることを求めたところ、買主がイタリアの裁判所は本件に関する裁判管轄権を有しないと主張した事案であるが、「民事及び商事事件における裁判管轄及び裁判の執行に関するブリュッセル条約」5 条(1)（義務履行地管轄）と「物品の国際売買の準拠法に関するハーグ条約」3 条を適用したうえで、本条約を参照し、31 条で義務履行地はマレーシアにあるため、イタリアの裁判所は裁判管轄権を有しないとされた。

2　統一実質法との関係
　実体法に関する条約で本条約と規定内容が異なる場合には問題が生じる可能性がある。特に、EU 諸国における EU 規則（Regulation：EU 域内の企業等を直接規制し、EU 加盟国の国内法より優先して適用される）や EU 指令（Directive）が本条でいう「国際取極」（international agreement：EU

加盟国へは原則として直接適用されず国内法として制定・改正する必要がある）に該当するか否かが重要である。これに対しては、学説が分かれており、①EU規則やEU指令が国際取極に該当し、本条によって本条約に優先適用されると解する説がある一方、②EU加盟国に直接適用されるEU規則はともかく、EU加盟国における国内法化を指図しただけのEU指令は優先適用しないとする説、③94条の留保宣言をしない限りはEU指令やEU規則が優先適用されることはなく、本条約が適用されるとする学説が分かれている（杉浦＝久保田・実務解説 360-361 頁）。本条約の適用の予見可能性の観点からは、③が優れている。

なお、本条の「国際取極」の中にULF及びULISが含まれないことは、99条(3)によって本条約の締約国はそれらを廃棄することが義務付けられていることから明らかである。

● (署名、批准・受諾・承認、加入)

第91条

(1) この条約は、国際物品売買契約に関する国際連合会議の最終日に署名のために開放し、1981年9月30日まで、ニューヨークにある国際連合本部において、すべての国による署名のために開放しておく。

(2) この条約は、署名国によって批准され、受諾され、又は承認されなければならない。

(3) この条約は、署名のために開放した日から、署名国でないすべての国による加入のために開放しておく。

(4) 批准書、受諾書、承認書及び加入書は、国際連合事務総長に寄託する。

Article 91

(1) This Convention is open for signature at the concluding meeting of the United Nations Conference on Contracts for the International Sale of Goods and will remain open for signature by all States at the Headquarters of the United Nations, New York until 30 September 1981.

(2) This Convention is subject to ratification, acceptance or approval by the signatory States.

(3) This Convention is open for accession by all States which are

not signatory States as from the date it is open for signature.

(4) Instruments of ratification, acceptance, approval and accession are to be deposited with the Secretary-General of the United Nations.

　本条約は、1980年4月11日にウイーン外交会議において採択されてから1981年9月30日までの18か月間、署名（signature）のために開放された（本条(1)）。その間に署名した国にあっては、締約国として条約に拘束されるという国家の意思は、その後の条約の批准（ratification）、受諾（acceptance）又は承認（approval）によって示される（本条(2)）。

　我が国は、本条(1)の定める署名のために開放された期間内に署名しなかった。そのため、署名後に批准（ratification）という形式ではなく、本条(3)によって直接に加入（accession）することで締約国となった。すなわち、日本においては、衆議院が、2008年5月20日、本条約への加入を承認し、日本国憲法61条の条約における衆議院の優先の規定に基づき、6月19日に衆議院の決議が国会の決議となった。それを受けて、日本政府は、7月1日にニューヨークにおいて国連事務総長に加入書を提出した。これによって、本条約は、99条(2)により、2009年8月1日に日本について発効し、日本は71か国目の加盟国となった。

　そして、本条約は、自動執行力のある（Self-executing）条約と性格付けられており、日本については、発効日以降は条約自体が国内法に組み込まれることになり、国内法的効力を有するに至った。

●（第2部又は第3部に拘束されない旨の留保）

第92条

(1) 締約国は、署名、批准、受諾、承認又は加入の時に、自国が第2部の規定に拘束されないこと又は第3部の規定に拘束されないことを宣言することができる。

(2) 第2部又は第3部の規定に関して(1)の規定に基づいて宣言を行った締約国は、当該宣言が適用される部によって規律される事項については、第1条(1)に規定する締約国とみなされない。

Article 92

(1) A Contracting State may declare at the time of signature, ratification, acceptance, approval or accession that it will not be bound by Part II of this Convention or that it will not be bound by Part III of this Convention.

(2) A Contracting State which makes a declaration in accordance with the preceding paragraph in respect of Part II or Part III of this Convention is not to be considered a Contracting State within paragraph (1) of article 1 of this Convention in respect of matters governed by the Part to which the declaration applies.

　本条(1)によると、本条約は、第2部（契約の成立）、又は第3部（物品の売買）のいずれか一方を除いて採択することができる。これは、契約の成立に関する第2部の規定の採択を避けたいスカンジナビア諸国の要望に基づく（スカンジナビア諸国は既に動産売買統一法を有しており、特に契約の成立については、本条約の適用は不要とする）。実際、デンマーク、フィンランド、ノルウェー、スウェーデンが、第2部に拘束されないとの宣言を行なっている。これらの国については、第2部の対象となる事項については、本条約の締約国とみなされないことになる（本条(2)）。

　したがって、例えば、契約当事者の営業所が、一方は日本に、他方は上記の国にある場合、通常ならば1条(1)(a)に基づき本条約が適用されるところであるが、申込みの効力発生時期（15条）など契約の成立に関しては、本条約が適用されないことになる。

　ただし、上記の契約当事者が、日本法を契約準拠法とする旨の準拠法条項を契約に入れた場合には、法適用通則7条及び本条約1条(1)(b)に基づき本条約の第2部が適用されることとなる。すなわち、本条の留保宣言国に営業所を持つ会社と契約が成立したか否か紛争となった場合、直ちに第2部が適用されないというのでなく、法廷地の国際私法の準則に従い本条宣言国法が準拠法となる場合、その国内法が適用され、それ以外の締約国法が準拠法となる場合、本条約が適用されることになるのである。

● (不統一法国による適用領域に関する留保) ━━━━━━━

第93条

(1) 締約国は、自国の憲法に従いこの条約が対象とする事項に関してそれぞれ異なる法制が適用される二以上の地域をその領域内に有する場合には、署名、批准、受諾、承認又は加入の時に、この条約を自国の領域内のすべての地域について適用するか又は一若しくは二以上の地域についてのみ適用するかを宣言することができるものとし、いつでも別の宣言を行うことにより、その宣言を修正することができる。

(2) (1)に規定する宣言は、寄託者に通報するものとし、この条約が適用される地域を明示する。

(3) この条約がこの条の規定に基づく宣言により締約国の一又は二以上の地域に適用されるが、そのすべての地域には及んでおらず、かつ、当事者の営業所が当該締約国に所在する場合には、当該営業所がこの条約の適用される地域に所在するときを除くほか、この条約の適用上、当該営業所は、締約国に所在しないものとみなす。

(4) 締約国が(1)に規定する宣言を行わない場合には、この条約は、当該締約国のすべての地域について適用する。

....

Article 93

(1) If a Contracting State has two or more territorial units in which, according to its constitution, different systems of law are applicable in relation to the matters dealt with in this Convention, it may, at the time of signature, ratification, acceptance, approval or accession, declare that this Convention is to extend to all its territorial units or only to one or more of them, and may amend its declaration by submitting another declaration at any time.

(2) These declarations are to be notified to the depositary and are to state expressly the territorial units to which the Convention extends.

(3) If, by virtue of a declaration under this article, this Convention extends to one or more but not all of the territorial units of a Contracting State, and if the place of business of a party is located in that State, this place of business, for the purposes of this Convention, is con-

sidered not to be in a Contracting State, unless it is in a territorial unit to which the Convention extends.

(4) If a Contracting State makes no declaration under paragraph (1) of this article, the Convention is to extend to all territorial units of that State.

　本条は、中央政府が統一売買法条約に批准する権限を有さない連邦制国家等のための規定である。米国は、本条を必要としない。しかし、カナダにはこうした困難が存在するため、本条による宣言を行なっている。

　本条(1)は、そうした締約国の地域の一部又は全部に本条約が適用される旨を宣言することを許容することにより、この問題を解決している。また、本条(3)は当事者の営業所がそうした締約国内の本条約の適用がない地域にある場合には、その当事者は本条約の適用に関して締約国に営業所を有しないものとして扱うことを定める（以上、注釈Ⅱ〔齋藤彰〕293頁）。

　なお、香港・マカオには本条約の適用はない。中国は自国に適用される条約のうち香港・マカオにも適用されるものを国連事務総長に示した（1997年に香港、1999年にマカオ）が、いずれも本条約を含んでいない。

　CLOUT1030は、香港のY会社（売主）がフランスのX会社（買主）との間で電話機を売買する契約を締結したが、電話機に不良部分があり、製造元に戻して修補することで合意したが、直すことができなかったため、X会社がY会社に対して損害の賠償を求めた事案（法廷地はフランス）であり、本条約の適用の有無が争点となったが、結論として本条約の適用は、本条に基づいて否定された。中国は1997年6月27日に国連事務総長に対して中国が当事者となる127の条約が香港にも適用されることを書面で宣言したが、この中に本条約は含まれていないからである。

●(密接に関係する法令を有する二以上の国による適用制限に関する留保)

第94条

(1) この条約が規律する事項に関して同一の又は密接に関連する法規を有する二以上の締約国は、売買契約の当事者双方がこれらの国に営業所を有する場合には、この条約を当該売買契約又はその

成立について適用しないことをいつでも宣言することができる。その宣言は、共同で又は相互の一方的な宣言によって行うことができる。

(2)　この条約が規律する事項に関して一又は二以上の非締約国と同一の又は密接に関連する法規を有する締約国は、売買契約の当事者双方がこれらの国に営業所を有する場合には、この条約を当該売買契約又はその成立について適用しないことをいつでも宣言することができる。

(3)　(2)の規定に基づく宣言の対象である国がその後に締約国となった場合には、当該宣言は、この条約が当該締約国について効力を生じた日から、(1)の規定に基づく宣言としての効力を有する。ただし、当該締約国が当該宣言に加わり、又は相互の一方的な宣言を行った場合に限る。

Article 94

(1) Two or more Contracting States which have the same or closely related legal rules on matters governed by this Convention may at any time declare that the Convention is not to apply to contracts of sale or to their formation where the parties have their places of business in those States. Such declarations may be made jointly or by reciprocal unilateral declarations.

(2) A Contracting State which has the same or closely related legal rules on matters governed by this Convention as one or more non-Contracting States may at any time declare that the Convention is not to apply to contracts of sale or to their formation where the parties have their places of business in those States.

(3) If a State which is the object of a declaration under the preceding paragraph subsequently becomes a Contracting State, the declaration made will, as from the date on which the Convention enters into force in respect of the new Contracting State, have the effect of a declaration made under paragraph (1), provided that the new Contracting State joins in such declaration or makes a reciprocal unilateral declaration.

本条は、同一又は相互に密接な関係を持つ売買法を有する締約国の当事者同士の契約に、本条約を適用しないようにすることを可能としている。スカンジナビア諸国は、統一売買法を有しており、本条に基づく留保宣言により、デンマーク、フィンランド、アイスランド、ノルウェー、スウェーデン間の国際物品売買については、本条約は適用されない。しかし、これも、契約当事者の一方が我が国に営業所を有する場合には関係がないことになる。

● (第1条(1)(b)に拘束されない旨の留保)

第95条 いずれの国も、批准書、受諾書、承認書又は加入書の寄託の時に、第1条(1)(b)の規定に拘束されないことを宣言することができる。

Article 95
 Any State may declare at the time of the deposit of its instrument of ratification, acceptance, approval or accession that it will not be bound by subparagraph (1)(b) of article 1 of this Convention.

1　1条(1)(b)の適用の回避のための留保宣言

　本条は、締約国が批准、受諾、承認又は加入の文書を寄託するとき、本条約の適用要件を定める1条(1)(b)に拘束されない旨宣言することを認める。すなわち、本条の留保を行なった締約国に当事者のいずれかが営業所を有する場合には、1条(1)(b)（本条約の締結国の法が準拠法に指定される場合の本条約の間接適用）は適用されない。2015年12月現在で本条の留保国は、中国、米国、中国、アルメニア、チェコ、シンガポール、スロバキア、セントビンセント及びグレナディーン諸島である。本条は、米国の主張によって取り入れられた。すなわち、米国は、売買法として米国統一商事法典（Uniform Commercial Code）を有しており、国際私法によって米国法が準拠法とされる場合には、本条約ではなく米国統一商事法典を適用することを考えたからである。

2　本条の留保と準拠法の指定の効果

　本条の留保条項によれば、締約国は1条(1)(b)に拘束されないことを宣言できる。ところで、例えば、92条においては、第2部や第3部の規定に

拘束されないと宣言すると、その留保宣言をした国は、1条(1)に定める締約国とみなさないとする擬制規定を置いている（92条(2)）。しかし、本条は同様の擬制規定を置いていない。そのため、法廷地と準拠法所属国のいずれか一方が本条の留保国である場合に、留保締約国当事者と非留保締約国当事者の物品売買契約に対して、本条約が適用されるか否かの問題が生じる。以下、1条(1)(b)と本条留保の関係を、下表のように場合を分けることができる（この表は、黒瀧晶「『国際物品売買契約に関する国連条約』に関する一考察」明治学院大学法科大学院ローレビュー23号（2015年）17-19頁の記述によっている）。いずれの場合も、1条(1)(a)は適用されず、また、法廷地の国際私法によって法廷地法とは異なる別の国の法が準拠法として指定される場合を前提とする。

**留保締約国当事者と非留保締約国当事者の
物品売買契約に対する本条約の適用の有無**

法廷地＼準拠法	①非留保締約国	②留保締約国
Ⅰ 非留保締約国（日本など）	法廷地が非留保締約国で、国際私法により指定された準拠法が非留保締約国法である場合は、1条(1)(b)に従い本条約が適用されることに異論はない。	法廷地が非留保締約国で、準拠法が留保締約国である場合は、見解が分かれる。 絶対的留保説（ドイツの立場）は、適用義務なしとする。留保国はあらゆる場合において留保国として扱われるべきとする。すなわち、法廷地が非留保国であっても国際私法により留保締約国が準拠法として選択された以上、適用されるのは95条の留保が付された本条約であり、法廷地の裁判所は本条約の適用義務はないとする（注1-1）、（注1-2）。 　相対的留保説は、留保国が法廷地になった場合においてのみその留保は有効とする。非留保国の国際私法が留保国を指定した場合には、本条約は通常どおり適用される。すなわち、法廷地裁判所が留保締約国の宣言に

		は拘束されず、本条約の適用義務に拘束されるとする（注1-3）。
Ⅱ 留保締約国 （米国など）	1条(1)(b)に基づく本条約の適用は、締約国が法廷地であれば法廷地法であるとする立場から、準拠法が非留保諦約国となった場合は本条約が適用されないとする。それは、法廷地が留保国であれば、国際私法によって締約国法が準拠法となったとしても、法廷地は95条による拘束を受けないため、締約国の義務として本条約の適用義務を負わないからである。その結果、準拠法所属国の本条約以外の売買契約に関する法律が適用される。95条留保締結国の米国はこの立場をとる（注2-1）、（注2-2）。これに対して反対説がある（注3）。	国際私法を適用した結果、準拠法が95条留保締結国となった場合は、本条約実体法規定の適用義務がなく、もちろん1条(1)(b)にも拘束されないことに争いはない。
Ⅲ 非締結国 （英国など）	非締結国が法廷地となり、準拠法が95条非留保締結国となった場合は、非締結国の裁判所は条約適用の義務を負わないが、その国の国際私法の適用により95条の非留保締結国法が指定されれば、それは締約国法の一部として本条約が含まれると解すべきであり、本条約が適用される。	非締結国が法廷地であり、準拠法所属国が95条留保締結国である場合については、Ⅰ②とパラレルに考えて、この場合にも、準拠法として指定された国の法には95条留保を含んだ本条約が含まれており、本条約の適用はないと考えるべきである。

（注1-1）本条の留保をしていない日本の裁判所に、米国（留保締約国）当事者と英国（非締約国）当事者との紛争に関する訴えが提起され、ニューヨーク州法が準拠法と指定された場合には、日本の裁判所が米国の留保を尊重してニューヨーク州法を適用するか、あるいは日本は米国の留保に拘束されないとして1条(1)(b)に従って本条約を適用するかは明瞭ではない。前者の見解を採るフォルソン他・アメリカ国際商取引法51頁は、「この留保を草

案作成段階で検討した際に明らかにされたことは、米国の当事者と非締約国であるＮ国の当事者間の契約には、訴訟が締約国でそのような留保をしていないフランスで提起された場合でも、CISG が適用されることはない、ということである。CISG 1 条(1)(b) の解釈に関しては米国は『締約国』ではない、ということである」としている（この理は、法廷地をフランスから日本に置き換えても同じ）。

(注 1 − 2) 絶対的留保説（多数説）は、次のように解している。すなわち、法廷地の国際私法によって指定された準拠法所属国の法は、その国の裁判所が自国の法を適用すると同じように適用されるべきである。準拠法所属国が、留保締約国である場合には、その国は本条約を 1 条(1)(a) の要件が満たされる場合にのみ適用するはずである。したがって、法廷地国はこの準拠法所属国による本条の留保を考慮しなければならず、間接的・直接的かを問わず、本条に拘束されることになる。つまり、法廷地の国際私法により指定された準拠法には、本条の留保を含めた本条約が含まれているとみる。このように解する場合にのみ、留保国の法を準拠法とするのが、その国である場合と、別の国である場合に、結果が異なってしまうという不都合を回避できるという（黒瀧・前掲 18 頁）。

　1 条(1)(b) による本条約の適用が法廷地法としての適用とするのであれば、準拠法所属国が留保国であるか否かは結果に影響を与えないのが妥当な結論である。しかしながら、1 条(1)(b) による本条約の適用は準拠法所属国法としての適用である。つまり、留保宣言が付された本条約が適用されると考えるべきであろう（留保宣言には絶対的な効力が認められる）。

(注 1 − 3) この場合も、仮に 1 条(1)(b) に基づく本条約の適用が、法廷地法としての条約適用なのであれば、問題は簡明である。準拠法所属国法が留保をしているか否かは、1 条(1)(b) に基づく本条約の適用に関係がなく、本条約は適用される。すなわち、この場合、1 条(1)(b) の理解として、まず、締約国法が国際私法により導かれるか否かを検討する。そして、本条には、92 条などのように、留保宣言国を締約国とはみなさないとする規定がないため、1 条(1)(b) が発動されるとする。そのうえで、法廷地法としての本条約が適用されるため、法廷地は準拠法所属国が留保宣言をしていることを考慮する必要もなく、さながら法廷地自身が留保宣言をしているかのようにふるまう必要もないとする。つまり、留保宣言をした国が法廷地である場合にのみ、留保の効力に縛られることになる（相対的留保説）。

(注 2 − 1) 米国は本条に従って 1 条(1)(b) に拘束されないという留保をしている。米国が留保を選択した理由は、もし留保をしていないと締約国の米国

と非締約国間の売買において、国際私法が非締約国の法を準拠法と指定するときはその国の国内法が適用されるのに対し、国際私法が米国の法を指定するときは1条(1)(b)により本条約が適用されて米国統一商事法典（UCC）の適用は排斥されることになる。米国の法が国際取引に不適切なものであれば本条約の適用を優先させることもやむを得ないといえようが、UCCは国際売買で発生する問題にも対応できるように規定されているから、このような結果は留保によって避けるというのである（曽野＝山手・国際売買37頁）。

　次に、ドイツは加盟の際、本条の留保はしなかったが、1条(1)(b)の適用に当たって本条の留保をしている国を1条(1)(b)にいう「締約国」とはみなさないという解釈宣言をした（92条(1)の留保をした国の場合には同条(2)が1条(1)の「締約国」とみなさないとしているが、本条の留保をした国の場合には、「締約国」とみなさないとの規定がないため、ドイツは解釈によって上記の解釈宣言をしたものである）。これはある締約国が本条の留保をしている場合には、ドイツは本条約を適用しないことを意味する。これについて、曽野＝山手・国際売買37頁は、「その前提には、95条の留保をした国は、その国の複数の法源体間の分配をその留保宣言により内外に示しているとの了解がある。……この解釈宣言がその方向への統一的解釈をさらに固めた貢献はきわめて大きい」と評価し、「また、このような解釈に立ちつつ95条の留保をしなかったドイツは、自国内の複数の法源体間の分配の問題について、あらゆる『国際売買』に対して条約の適用を選択したことをも意味する」と指摘している。

(注2－2)　締約国が法廷地であれば法廷地法であるとする考え方を貫くのであれば、本条約は適用されないとなるであろう。なぜなら、法廷地が留保国であるならば、国際私法によって締約国法が準拠法となったとしても法廷地は本条による拘束を受けないため、締約国の義務として本条約を適用する義務を負わないからである。この場合、準拠法所属国の本条約以外の売買契約に関する法律が適用されることになる。留保国の米国の裁判実務はこの立場に立っている。また、本条約の統一性を確保するために法廷地法が適用されると考えるべきとする立場からも、この場合に本条約の適用を排除すべきとする見解が主張されている。

(注3)　しかし、同様に法廷地法として条約を適用するという立場からも、この場合に本条約が適用されるとする見解が多い。その理由は、まず、この場合、仮に適用されないとの見解に立つのであれば、締約国法が準拠法となっても、1条(1)(b)に基づいて本条約を適用することはできない、というこ

とになる。しかし、契約準拠法として指定された本条非留保国法には本条約が含まれているのであって、そこから本条約のみを排除することは、法廷地が契約準拠法の内容を変質させることを意味する。また、このような場合にまで法廷地における留保の効力を広げると、非締約国が法廷地で本条非留保国法が準拠法となる場合には本条約が適用されるのに対して留保国が法廷地であれば適用されない結果を招き、法廷地漁り (forum shopping) を助長し、統一条約としての性格にも悪影響を与える。そもそも1条(1)(b)で適用される本条約は、準拠法所属国法の一部としての条約であるから、法廷地が留保締約国であっても、適用される法の内容には影響されないと考え、この場合にも、本条約は適用されるべきである（黒瀧・前掲18頁）。

● (書面を不要とする規定を適用しない旨の留保) ━━━━━━━━━━

第96条 売買契約が書面によって締結され、又は証明されるべきことを自国の法令に定めている締約国は、売買契約、合意によるその変更若しくは終了又は申込み、承諾その他の意思表示を書面による方法以外の方法で行うことを認める第11条、第29条又は第2部のいかなる規定も、当事者のいずれかが当該締約国に営業所を有する場合には第12条の規定に従って適用しないことを、いつでも宣言することができる。

Article 96

A Contracting State whose legislation requires contracts of sale to be concluded in or evidenced by writing may at any time make a declaration in accordance with article 12 that any provision of article 11, article 29, or Part II of this Convention, that allows a contract of sale or its modification or termination by agreement or any offer, acceptance, or other indication of intention to be made in any form other than in writing, does not apply where any party has his place of business in that State.

本条は、契約の方式に関するものである。売買契約に関して国内法上一定の方式を要求する国が本条約の「方式自由の原則」を定める規定について留保することを認めるものである。

本条約では、11条で契約の方式は自由とされている。しかし、売買契約が書面によって締結され、又は証明されるべきことを自国の法令に定めている締約国は、売買契約合意によるその変更若しくは終了又は申込み、承諾その他の意思表示を書面による方法以外の方法で行なうことを認める11条、29条又は第2部のいかなる規定も、当事者のいずれかが当該締約国に営業所を有する場合には12条の規定に従って適用しない旨の、留保宣言をすることができる。これは、契約の成立に関するいわゆる詐欺防止法を有して、その効力を維持しようとした国との妥協の結果である。この留保宣言を行なっているのは、2015年12月現在で、アルゼンチン、アルメニア、ベラルーシ、チリ、中国、ハンガリー、ラトビア、リトアニア、パラグアイ．ロシア、ウクライナ及びベトナムである。

　例えば、CLOUT1108は、売主と買主との売買取引は、書面により行なわれなかった事案であるが、次の判断をしている。12条及び本条によると、ロシアは本条の留保宣言国であるが、国際物品売買契約は書面で行なわれなければならないという規定はロシア連邦において効力を有する。物品の受取人及び支払人は第三者であり、売主は物品を買主の住所で引き渡さず、買主からの支払を受け取らず、物品が第三者に譲渡されていることを買主から知らされていなかった。この方法により物品の引渡し及び支払を行なうという慣習及び慣行が原告自身と被告との間に生じていた（売買に関する法律関係は当事者間で確立した取引慣行により規律されるとする9条の適用があるという）原告の主張は採用されず、当事者間には、国際物品売買契約は存在しないとされた。

　したがって、契約当事者の営業所が一方は日本、他方はこれらの国にある場合の契約には、11条等は適用がないことになる。ただし、この場合も、我が国の裁判所で直ちにこの留保した国の詐欺防止法などの書面性要件に関する規定が適用されるわけではない。この場合には、我が国の裁判所であれば、自国の国際私法の方式に関する法規定、すなわち、法適用通則10条に従って、方式に関する準拠法を決定する。それによると、契約の成立の実質的成立要件の準拠法か、行為地法すなわち契約締結地法の、いずれかの方式に従っていれば方式上有効となる。この結果、契約の締結が東京で行なわれた場合、契約締結地法である日本法は方式の点について書面を要求していないので、この契約は方式上有効となる。

　なお、以上の留保を行なうことのできる時期であるが、署名、受諾、承認又は加入の時に限られている。ただし、94条及び本条の留保については、いつでも可能である。また、97条は留保宣言の手続について定めており、

留保の撤回はいつでも可能である（97条(4)(5)）。

|訴訟物| XのYに対する売買契約解除に基づく損害賠償請求権
＊チリのX会社は日本のY会社との間で、生鮮果実（木苺）を代金〇万円とし、代金決済は信用状で行なう約定で売買する契約を締結した。契約締結直後から、木苺の市況が急落したため、Y会社はX会社に対して、価格の引下げを求めたが、X会社は応じなかった。また、Y会社が代金決済の信用状を手配しなかったため、X会社は船積みをしなかった。X会社は、Y会社が信用状を手配しなかったことが重大な契約違反であるとして売買契約を解除したうえで、第三者にY会社向けの木苺を急落後の代金で売却した。本件は、X会社がY会社に対して、76条に基づいて、本件売買契約の代金額と第三者への売却金額との差額の損害の賠償を求めたところ、Y会社はX会社との間で、価格の引下げの合意が成立したと主張した事案である。

|請求原因| 1 XはYとの間で、生鮮果実（木苺）を代金〇万円とし、代金決済は信用状で行なう約定で売買する契約を（書面で）締結したこと
2 信用状が開設されるべき期限が経過したこと
＊L/C（信用状）を開設しなかったことは、買主Yの「代金支払義務」（54条）の不履行となる。そして、L/C（信用状）を開設しなかったことは、25条及び64条(1)(a)に規定される重大な契約違反に相当すると解される。
3 XはYに対して、請求原因1の売買契約を解除する意思表示をしたこと
4 Xは、請求原因3の解除後、第三者にY会社向けの木苺を急落後の代金で売却したこと
5 請求原因1の本件売買契約の代金〇万円と第三者への売却金額との差額
＊請求原因3ないしは、代替取引が行なわれた場合の損害賠償（75条）の要件事実である。

（代金額の変更）
|抗弁| 1 YはXとの間で、請求原因1の売買契約の価格の引下げの合意が成立したこと

＊チリは、本条の留保を宣言しており、契約の成立と変更についてはチリ国内法によることになるが、同国法は書面で行なうこととしているので、抗弁 1 の合意が書面で行なわれていれば、価格の引下げの合意は成立していることになるが、書面による合意でない場合には、価格の引下げは成立しないことになる。

＊XY 間の価格引下げが書面によって行なわれたことを前提とすると、その変更後の代金額が X の第三者への売却価格より低かったときは、全部抗弁として機能することになろう（X に損害は発生しない）。

● (留保宣言及びその撤回)

第 97 条

(1)　署名の時にこの条約に基づいて行われた宣言は、批准、受諾又は承認の時に確認されなければならない。

(2)　宣言及びその確認は、書面によるものとし、正式に寄託者に通報する。

(3)　宣言は、それを行った国について、この条約の効力発生と同時にその効力を生ずる。ただし、寄託者がこの条約の効力発生後に正式の通報を受領した宣言は、寄託者がそれを受領した日の後 6 箇月の期間が満了する日の属する月の翌月の初日に効力を生ずる。第 94 条の規定に基づく相互の一方的な宣言は、寄託者が最も遅い宣言を受領した日の後 6 箇月の期間が満了する日の属する月の翌月の初日に効力を生ずる。

(4)　この条約に基づく宣言を行った国は、寄託者にあてた書面による正式の通告により、当該宣言をいつでも撤回することができる。その撤回は、寄託者が当該通告を受領した日の後 6 箇月の期間が満了する日の属する月の翌月の初日に効力を生ずる。

(5)　第 94 条の規定に基づいて行われた宣言の撤回は、その撤回が効力を生ずる日から、同条の規定に基づいて行われた他の国による相互の宣言の効力を失わせる。

Article 97

(1)　Declarations made under this Convention at the time of signature are subject to confirmation upon ratification, acceptance or approval.

(2) Declarations and confirmations of declarations are to be in writing and be formally notified to the depositary.

(3) A declaration takes effect simultaneously with the entry into force of this Convention in respect of the State concerned. However, a declaration of which the depositary receives formal notification after such entry into force takes effect on the first day of the month following the expiration of six months after the date of its receipt by the depositary. Reciprocal unilateral declarations under article 94 take effect on the first day of the month following the expiration of six months after the receipt of the latest declaration by the depositary.

(4) Any State which makes a declaration under this Convention may withdraw it at any time by a formal notification in writing addressed to the depositary. Such withdrawal is to take effect on the first day of the month following the expiration of six months after the date of the receipt of the notification by the depositary.

(5) A withdrawal of a declaration made under article 94 renders inoperative, as from the date on which the withdrawal takes effect, any reciprocal declaration made by another State under that article.

本条は、宣言の方法とその宣言が効力を生ずる時間的基準を示すものである（注釈Ⅱ〔樋爪誠〕299頁）。

● (他の留保の禁止)

第98条 この条約において明示的に認められた留保を除くほか、いかなる留保も認められない。

....

Article 98

No reservations are permitted except those expressly authorized in this Convention.

本条は、本条約に関する留保は、92条以下に明示的に認められた場合に限られ、それ以外の留保を行なうことは認められないという原則を定めている。

● (条約の発効時期、1964年ハーグ条約との関係) ════════

第99条
(1) この条約は、(6)の規定に従うことを条件として、第10番目の批准書、受諾書、承認書又は加入書（第92条の規定に基づく宣言を伴うものを含む。）が寄託された日の後12箇月の期間が満了する日の属する月の翌月の初日に効力を生ずる。

(2) いずれかの国が、第10番目の批准書、受諾書、承認書又は加入書の寄託の後に、この条約を批准し、受諾し、承認し、又はこれに加入する場合には、この条約（適用が排除される部を除く。）は、(6)の規定に従うことを条件として、当該国の批准書、受諾書、承認書又は加入書が寄託された日の後12箇月の期間が満了する日の属する月の翌月の初日に当該国について効力を生ずる。

(3) 1964年7月1日にハーグで作成された国際物品売買契約の成立についての統一法に関する条約（1964年ハーグ成立条約）及び1964年7月1日にハーグで作成された国際物品売買についての統一法に関する条約（1964年ハーグ売買条約）のいずれか一方又は双方の締約国であって、この条約を批准し、受諾し、承認し、又はこれに加入するものは、その批准、受諾、承認又は加入の時に、オランダ政府に通告することにより、場合に応じて1964年ハーグ成立条約及び1964年ハーグ売買条約のいずれか一方又は双方を廃棄する。

(4) 1964年ハーグ売買条約の締約国であって、この条約を批准し、受諾し、承認し、又はこれに加入し、及び第92条の規定に基づき第2部の規定に拘束されないことを宣言する、又は宣言したものは、その批准、受諾、承認又は加入の時に、オランダ政府に通告することにより、1964年ハーグ売買条約を廃棄する。

(5) 1964年ハーグ成立条約の締約国であって、この条約を批准し、受諾し、承認し、又はこれに加入し、及び第92条の規定に基づき第3部の規定に拘束されないことを宣言する、又は宣言したものは、その批准、受諾、承認又は加入の時に、オランダ政府に通告

することにより、1964年ハーグ成立条約を廃棄する。

(6) この条の規定の適用上、1964年ハーグ成立条約又は1964年ハーグ売買条約の締約国によるこの条約の批准、受諾、承認又はこれへの加入は、これらの2条約について当該締約国に求められる廃棄の通告が効力を生ずる時まで、その効力を生じない。この条約の寄託者は、この点に関して必要な調整を確保するため、当該2条約の寄託者であるオランダ政府と協議する。

Article 99

(1) This Convention enters into force, subject to the provisions of paragraph (6) of this article, on the first day of the month following the expiration of twelve months after the date of deposit of the tenth instrument of ratification, acceptance, approval or accession, including an instrument which contains a declaration made under article 92.

(2) When a State ratifies, accepts, approves or accedes to this Convention after the deposit of the tenth instrument of ratification, acceptance, approval or accession, this Convention, with the exception of the Part excluded, enters into force in respect of that State, subject to the provisions of paragraph (6) of this article, on the first day of the month following the expiration of twelve months after the date of the deposit of its instrument of ratification, acceptance, approval or accession.

(3) A State which ratifies, accepts, approves or accedes to this Convention and is a party to either or both the Convention relating to a Uniform Law on the Formation of Contracts for the International Sale of Goods done at The Hague on 1 July 1964 (1964 Hague Formation Convention) and the Convention relating to a Uniform Law on the International Sale of Goods done at The Hague on 1 July 1964 (1964 Hague Sales Convention) shall at the same time denounce, as the case may be, either or both the 1964 Hague Sales Convention and the 1964 Hague Formation Convention by notifying the Government of the Netherlands to that effect.

(4) A State party to the 1964 Hague Sales Convention which ratifies, accepts, approves or accedes to the present Convention and declares or has declared under article 92 that it will not be bound by Part II of this Convention shall at the time of ratification, acceptance, approval or acces-

sion denounce the 1964 Hague Sales Convention by notifying the Government of the Netherlands to that effect.

(5) A State party to the 1964 Hague Formation Convention which ratifies, accepts, approves or accedes to the present Convention and declares or has declared under article 92 that it will not be bound by Part III of this Convention shall at the time of ratification, acceptance, approval or accession denounce the 1964 Hague Formation Convention by notifying the Government of the Netherlands to that effect.

(6) For the purpose of this article, ratifications, acceptances, approvals and accessions in respect of this Convention by States parties to the 1964 Hague Formation Convention or to the 1964 Hague Sales Convention shall not be effective until such denunciations as may be required on the part of those States in respect of the latter two Conventions have themselves become effective. The depositary of this Convention shall consult with the Government of the Netherlands, as the depositary of the 1964 Conventions, so as to ensure necessary co-ordination in this respect.

1　本条約の発効

本条(1)に従い、本条約は、10番目の批准書が寄託された1986年12月11日の後、12か月が経過した翌月の初日である1988年1月1日に発効した。

2　日本における本条約の発効

10番目の批准書が寄託された後に加盟する日本の場合、91条(2)により、2008年7月1日の加入書の寄託後、12か月が経過した翌月の初日である2009年8月1日に発効した。

3　ハーグ統一売買法条約と本条約の関係

本条約に先行して、①有体動産の国際的売買に関する条約（Convention Relating to a Uniform Law on the International Sale of Goods；ULIS）と、②有体動産の国際的売買契約の成立に関する条約（Convention Relating to a Uniform Law on the Formation of Contracts for the International Sale of Goods；ULF）が成立していた（本条の解説においては、この両条約を総称して「ハーグ統一売買法条約」という）。ハーグ統一売買法条約は、①大陸

法中心の理論が基礎となっており、英米法との乖離が大きいこと、②理論的な精緻さを誇る一方で、いわゆる特定物ドグマ理論など構成が複雑で内容が不明瞭であること、③国際取引実務が反映されていないことなどの指摘がされて、加盟国は少数にとどまっていた。

　本条約は、ハーグ統一売買法条約の改訂を目的として採択されるに至った（本条約の第2部（契約の成立）がULFに、第3部（物品の売買）がULISに対応する）。

　以上の経緯から、ハーグ統一売買条約の締約国が本条約に加盟する場合には加盟と同時にハーグ条約の廃棄手続をとる必要がある（本条(3)ないし(6)）。これにより、本条約の締約国が同時にハーグ統一売買条約の締約国になることのないようにしている。

● (時間的適用範囲)

第100条

(1)　この条約は、第1条(1)(a)に規定する双方の締約国又は同条(1)(b)に規定する締約国についてこの条約の効力が生じた日以後に契約を締結するための申入れがなされた場合に限り、その契約の成立について適用する。

(2)　この条約は、第1条(1)(a)に規定する双方の締約国又は同条(1)(b)に規定する締約国についてこの条約の効力が生じた日以後に締結された契約についてのみ適用する。

Article 100

(1)　This Convention applies to the formation of a contract only when the proposal for concluding the contract is made on or after the date when the Convention enters into force in respect of the Contracting States referred to in subparagraph (1)(a) or the Contracting State referred to in subparagraph (1)(b) of article 1.

(2)　This Convention applies only to contracts concluded on or after the date when the Convention enters into force in respect of the Contracting States referred to in subparagraph (1)(a) or the Contracting State referred to in subparagraph (1)(b) of article 1.

加入書を2008年7月1日に国連事務総長に寄託した我が国については、99条(2)に基づき、2009年8月1日に効力を生じた。この日から、我が国の裁判所では本条約に基づいてその適用があるかを判断することになる。ただし、本条約の時間的適用範囲に関する規定をみなければならない。1条(1)(b)の契約当事者が異なる締約国に営業所を有することに基づいて本条約が適用されるのは、その締約国の双方について本条約が効力を生じた時点、すなわち日本については2009年8月1日以降に、契約が締結された場合に限られ、それ以前の契約に遡及的に本条約が適用されることはない。1条(1)(b)に基づき、例えば日本法が契約準拠法となるために本条約が適用される場合についても同様に、基準時点は2009年8月1日である（本条(2)）。ただし、本条約の第2部に関しては、契約を締結するための申入れがされた時点が基準時となる。

● (条約の廃棄)

第101条

(1) 締約国は、寄託者にあてた書面による正式の通告により、この条約又は第2部若しくは第3部のいずれかを廃棄することができる。

(2) 廃棄は、寄託者がその通告を受領した後12箇月の期間が満了する日の属する月の翌月の初日に効力を生ずる。当該通告において廃棄の効力発生につき一層長い期間が指定されている場合には、廃棄は、寄託者が当該通告を受領した後その一層長い期間が満了した時に効力を生ずる。

Article 101

(1) A Contracting State may denounce this Convention, or Part II or Part III of the Convention, by a formal notification in writing addressed to the depositary.

(2) The denunciation takes effect on the first day of the month following the expiration of twelve months after the notification is received by the depositary. Where a longer period for the denunciation to take effect is specified in the notification, the denunciation takes effect upon the expiration of such longer period after the notification is received by the

depositary.

　本条は、本条約の廃棄に関する規定である。限界線上の問題であるが、廃棄前に成立した契約については本条約がなお適用される。しかし、廃棄後に承諾がされた場合には、本条約の適用はない（注釈Ⅱ〔樋爪誠〕304頁）。

　締約国は、本条(1)が定める通告によりこの条約又は第2部若しくは第3部を廃棄することができるので、加盟時に92条の留保宣言をしなくとも、本条(1)の一部廃棄により、同様の効果を生じさせることができる。

1980年4月11日にウィーンで、ひとしく正文であるアラビア語、中国語、英語、フランス語、ロシア語及びスペイン語により原本一通を作成した。

　以上の証拠として、下名の全権委員は、各自の政府から正当に委任を受けてこの条約に署名した。

Done at Vienna, this day of eleventh day of April, one thousand nine hundred and eighty, in a single original, of which the Arabic, Chinese, English, French, Russian and Spanish texts are equally authentic.
In witness whereof the undersigned plenipotentiaries, being duly authorized by their respective Govemments, have signed this Convention.

　本条約は、国連公用語である6か国語（英語、フランス語、スペイン語、中国語、ロシア語、アラビア語）のテキストが正文である。日本語の公定訳があっても、本条約の適用は、正文によって行なわれる。正文のうちでも、国連の作業用語が英語とフランス語であり、制定過程では英文が使用されていたので、英文を重視すべきであろう。

訴訟物索引

〔き〕
機械設備供給契約の履行遅滞に基づく損害賠償請求権 ……………………529
　　抗弁・免責
機械設備供給契約の履行遅滞に基づく損害賠償請求権 ……………………531
　　抗弁・免責　再抗弁・障害の除去

〔け〕
契約不適合に基づく損害賠償請求権 …………………………………………252
　　抗弁・期間制限　再抗弁・売主悪意

〔し〕
指定売買契約の指定義務不履行に基づく損害賠償請求権 …………………399

〔は〕
売買契約解除後の自助売却権行使による損害賠償請求権 …………………579
　　抗弁・自助売却権　・緊急売却義務
売買契約解除に基づく原状回復請求権としての代金返還請求権 …………547
売買契約解除に基づく原状回復請求権としての代金返還請求権 …………552
　　抗弁・給付物品同等物の返還不能　再抗弁・買主の作為・不作為によらな
　　　いこと
売買契約解除に基づく原状回復請求権としての代金返還請求権 …………546
　　抗弁・同時履行
売買契約解除に基づく損害賠償請求権 ………119, 191, 341, 367, 392, 476, 497, 498, 500
売買契約解除に基づく損害賠償請求権 ………………………………………287
　　抗弁・解除
売買契約解除に基づく損害賠償請求権 ………………………………………165
　　抗弁・契約の変更に合意に関する約定
売買契約解除に基づく損害賠償請求権 ………………………………………598
　　抗弁・代金額の変更
売買契約解除に基づく損害賠償請求権 ………………………………………372
　　抗弁・引渡受領の準備行為
売買契約解除に基づく損害賠償請求権 ………………………………………145
　　抗弁・予見不可能性
売買契約解除に基づく代金返還請求権 …………………290, 445, 448, 449, 475, 478
売買契約解除に基づく代金返還請求権 ………………………………………307

抗弁・期間制限　再抗弁・合理的な期間の経過　・通知　・権利の保存
売買契約解除に基づく代金返還請求権 ……………………………………………396
　　　抗弁・合理的な期間の経過
売買契約解除に基づく代金返還請求権 ……………………………………………447
　　　抗弁・合理的な期間の経過　再抗弁・合理的な期間内の解除
売買契約解除に基づく代金返還請求権 ……………………………………………238
　　　抗弁・合理的な期間の経過　再抗弁・通知　・禁反言則　・検査時期及び
　　　通知期限の特約　・売主悪意　・不通知の合理的な理由
売買契約解除に基づく代金返還請求権 ……………………………………………175
　　　抗弁・担保責任免責
売買契約解除に基づく物品返還請求権 ……………………………………385, 391, 394
売買契約解除による損害賠償請求権及び利得返還請求権 …………………………558
売買契約存在（確認）………………………………………………………………347
売買契約に基づく商品契約不適合に基づく損害賠償請求権 ………………………263
　　　抗弁・買主の悪意・過失　・買主の指示　再抗弁・合理的な期間の経
　　　過　・不通知の合理的な理由　再々抗弁・通知　・売主の悪意
売買契約に基づく石炭引渡請求権 …………………………………………………111
　　　抗弁・定められた承諾期間の経過　・合理的な期間の経過　再抗弁・期間
　　　内の承諾　・期間内の承諾
売買契約に基づく代金支払請求権 ………………………………6, 9, 68, 83, 332, 349
売買契約に基づく代金支払請求権（仲裁事件）……………………………………19
売買契約に基づく代金支払請求権 …………………………………………………119
　　　抗弁・異議
売買契約に基づく代金支払請求権 …………………………………………………28, 29
　　　抗弁・役務提供契約
売買契約に基づく代金支払請求権 ……………………156, 204, 210, 309, 327, 401, 433, 474
　　　抗弁・解除
売買契約に基づく代金支払請求権 …………………………………………………424
　　　抗弁・解除　再抗弁・FCA条件
売買契約に基づく代金支払請求権 …………………………………………………205
　　　抗弁・解除　再抗弁・買主の悪意　・合理的な期間の経過　再々抗弁・通
　　　知
売買契約に基づく代金支払請求権 …………………………………………………255
　　　抗弁・解除　再抗弁・買主の同意
売買契約に基づく代金支払請求権 ………………………………………………436, 440
　　　抗弁・解除　再抗弁・危険移転後の契約不適合
売買契約に基づく代金支払請求権 ………………………………………………414-417
　　　抗弁・解除　再抗弁・危険移転後の契約不適合　再々抗弁・売主の作為・
　　　不作為による滅失

売買契約に基づく代金支払請求権 …………………………………………………439
　　抗弁・解除　再抗弁・危険移転後の契約不適合　・合理的な期間の経過
売買契約に基づく代金支払請求権 …………………………………………………420
　　抗弁・解除　再抗弁・危険移転後の損傷
売買契約に基づく代金支払請求権 …………………………………………………437
　　抗弁・解除　再抗弁・危険移転後の滅失
売買契約に基づく代金支払請求権 …………………………………………………442
　　抗弁・解除　再抗弁・危険の移転　再々抗弁・目的物の特定時期
売買契約に基づく代金支払請求権 …………………………………………………550
　　抗弁・解除　再抗弁・給付同等物返還の不能
売買契約に基づく代金支払請求権 …………………………………………………553
　　抗弁・解除　再抗弁・給付同等物返還の不能　再々抗弁・検査による劣化
売買契約に基づく代金支払請求権……………………………………………………73
　　抗弁・解除　再抗弁・権利放棄　再々抗弁・権利不放棄条項
売買契約に基づく代金支払請求権 …………………………………………………241
　　抗弁・解除　再抗弁・合理的な期間の経過
売買契約に基づく代金支払請求権 …………………………………………………251
　　抗弁・解除　再抗弁・合理的な期間の経過　再々抗弁・売主の悪意
売買契約に基づく代金支払請求権 …………………………………………158, 242
　　抗弁・解除　再抗弁・合理的な期間の経過　再々抗弁・通知
売買契約に基づく代金支払請求権 …………………………………………………207
　　抗弁・解除　再抗弁・合理的な期間の経過――契約不適合の通知　・合理
　　的な期間の経過――契約解除の意思表示　・買主の悪意　再々抗弁・通
　　知
売買契約に基づく代金支払請求権 …………………………………………………434
　　抗弁・解除　再抗弁・先立つ引渡し
売買契約に基づく代金支払請求権 …………………………………………………297
　　抗弁・解除　再抗弁・追完の申出に対する拒絶　再々抗弁・買主の不合理
　　な不便等
売買契約に基づく代金支払請求権 …………………………………………………261
　　抗弁・解除　再抗弁・免責特約
売買契約に基づく代金支払請求権 …………………………………………………153
　　抗弁・解除　再抗弁・予見可能性がないこと
売買契約に基づく代金支払請求権 …………………………………………………544
　　抗弁・解除　・期間前の解除の意思表示　再抗弁・合理的な期間の経過
売買契約に基づく代金支払請求権 …………………………………………………450
　　抗弁・解除　・合理的な期間の経過
売買契約に基づく代金支払請求権 …………………………………………………311
　　抗弁・解除　・合理的な期間の経過　再抗弁・合理的な期間の経過　再々

抗弁・合理的な期間内の解除の意思表示
売買契約に基づく代金支払請求権 ……………………………………………………329
　　　抗弁・解除　・合理的な期間の経過　再抗弁・通知
売買契約に基づく代金支払請求権 ……………………………………………………381
　　　抗弁・解除　・損害軽減義務違反——主張自体失当
売買契約に基づく代金支払請求権 ……………………………………………………412
　　　抗弁・解除　・免責　再抗弁・危険移転後の契約不適合
売買契約に基づく代金支払請求権 ……………………………………………………108
　　　抗弁・価格変更
売買契約に基づく代金支払請求権 ……………………………………………………71
　　　抗弁・完全合意条項
売買契約に基づく代金支払請求権 ……………………………………………………85
　　　抗弁・口頭契約　・代金減額権
売買契約に基づく代金支払請求権 ……………………………………………………32
　　　抗弁・公序良俗違反
売買契約に基づく代金支払請求権 ……………………………………………………110
　　　抗弁・合理的な期間の経過　再抗弁・期間内の承諾
売買契約に基づく代金支払請求権 ……………………………………………………114
　　　抗弁・定められた承諾期間の経過　・合理的な期間の経過　再抗弁・期間
　　　内の承諾
売買契約に基づく代金支払請求権 ……………………………………………363-365
　　　抗弁・支払前の検査　再抗弁・支払前の検査と両立しない支払方法
売買契約に基づく代金支払請求権 ……………………………………………………129
　　　抗弁・承諾の取りやめ
売買契約に基づく代金支払請求権 ……………………………………………………22
　　　抗弁・消費者売買　再抗弁・売主の善意・無過失
売買契約に基づく代金支払請求権 ……………………………………………………25
　　　抗弁・製作物供給契約
売買契約に基づく代金支払請求権 ………………………………………39, 281, 284, 356
　　　抗弁・相殺
売買契約に基づく代金支払請求権 ……………………………………………………486
　　　抗弁・相殺　再抗弁・合理的な期間の経過　再々抗弁・売主の悪意
売買契約に基づく代金支払請求権 ……………………………………………………533
　　　抗弁・相殺　・代金減額権　再抗弁・免責
売買契約に基づく代金支払請求権 ……………………………………………………200, 556
　　　抗弁・代金減額権
売買契約に基づく代金支払請求権 ……………………………………………………428, 430
　　　抗弁・代金減額権　再抗弁・危険移転後の物品不適合
売買契約に基づく代金支払請求権 ……………………………………………………431

抗弁・代金減額権　再抗弁・危険移転後の物品不適合　再々抗弁・契約締
　　　結時に悪意又は有過失善意の減失・損傷の不開示
売買契約に基づく代金支払請求権 ………………………………………… 234, 321
　　　抗弁・代金減額権　再抗弁・合理的な期間の経過　再々抗弁・通知
売買契約に基づく代金支払請求権 ………………………………………………… 222
　　　抗弁・代金減額権　再抗弁・引渡期日前の追完申出　再々抗弁・不合理な
　　　不便又は不合理な費用を生じさせる追完
売買契約に基づく代金支払請求権 ………………………………………………… 219
　　　抗弁・代金減額権　再抗弁・不適切な行為
売買契約に基づく代金支払請求権 ………………………………………………… 197
　　　抗弁・代金減額権　・合理的な期間の経過　再抗弁・通知
売買契約に基づく代金支払請求権 ………………………………………………… 322
　　　抗弁・代金減額権　・追完権の行使　・買主の追完の拒絶
売買契約に基づく代金支払請求権 ………………………………………………… 358
　　　抗弁・同時履行　再抗弁・先履行の合意　・買主の処分にゆだねたこと
売買契約に基づく代金支払請求権 ………………………………………………………35
　　　抗弁・取消し
売買契約に基づく代金支払請求権 ………………………………………………… 360
　　　抗弁・引換履行関係創設権による同時履行　再抗弁・先履行の合意　・買
　　　主の処分にゆだねたこと
売買契約に基づく代金支払請求権 ………………………………………………… 168
　　　抗弁・変更書面の欠如の援用の不許
売買契約に基づく代金支払請求権 ………………………………………………… 336
　　　抗弁・弁済
売買契約に基づく代金支払請求権 …………………………………………………… 69
　　　抗弁・妨訴抗弁
売買契約に基づく代金支払請求権 ………………………………………………… 456
　　　抗弁・履行停止権──不安の抗弁
売買契約に基づく代金支払請求権 ………………………………………………… 462
　　　抗弁・履行停止権──不安の抗弁　再抗弁・保証提供
売買契約に基づく鉄鉱石引渡請求権 ………………………………………………… 99
　　　抗弁・申込みの撤回　再抗弁・確定申込み　・相手方の合理的信頼
売買契約に基づく物品引渡請求権 ……………………… 91, 107, 113, 121, 128, 161
売買契約に基づく物品引渡請求権 ………………………………………………… 181
　　　抗弁・営業所による引渡し
売買契約に基づく物品引渡請求権 ……………………………………………… 275, 371
　　　抗弁・解除
売買契約に基づく物品引渡請求権 ………………………………………………… 395
　　　抗弁・解除　再抗弁・解除制限

売買契約に基づく物品引渡請求権 ……………………………………………539
　　抗弁・解除　再抗弁・債権者の作為、不作為によって生じた不履行
売買契約に基づく物品引渡請求権 ……………………………………………388
　　抗弁・解除　再抗弁・付与期間中の解除
売買契約に基づく物品引渡請求権 ………………………………………………32
　　抗弁・強制法規違反
売買契約に基づく物品引渡請求権 ……………………………………………103
　　抗弁・先立つ拒絶　再抗弁・拒絶の取りやめ
売買契約に基づく物品引渡請求権 ……………………………………………127
　　抗弁・承諾失効の通知
売買契約に基づく物品引渡請求権 ……………………………………………182
　　抗弁・特定場所での引渡し
売買契約に基づく物品引渡請求権 ……………………………………………362
　　抗弁・引換履行関係創設権による同時履行　再抗弁・先履行の合意　・物
　　品又は書類の交付の提供
売買契約に基づく物品引渡請求権 ……………………………………………178
　　抗弁・物品の運送を伴う場合の引渡し
売買契約に基づく物品引渡請求権 ……………………………………………180
　　抗弁・物品の運送を伴わず、特定場所にあり、又は特定場所で製造・生産
　　される場合の引渡し
売買契約に基づく物品引渡請求権 ……………………………………………526
　　抗弁・免責
売買契約に基づく物品引渡請求権 ………………………………………………97
　　抗弁・申込みの取りやめ
売買契約に基づく物品引渡請求権 ……………………………………………467
　　抗弁・履行期前の解除　再抗弁・重大な契約違反を危惧させる事由の消
　　滅　・適切な担保の供与　・履行期の到来
売買契約に基づく物品引渡請求権 ……………………………………………464
　　抗弁・履行拒絶権――不安の抗弁
売買契約に基づく物品引渡請求権 ……………………………………………274
　　抗弁・履行請求と両立しない請求　・引渡期日　再抗弁・引渡期日の到来
売買契約に基づく物品引渡請求権 ……………………………………………343
　　抗弁・履行停止権　再抗弁・買主の作為・不作為による債務不履行
売買契約に基づく物品引渡請求権 ……………………………………………461
　　抗弁・履行停止権――不安の抗弁　再抗弁・保証提供
売買契約に基づく物品引渡請求権 ……………………………………………459
　　抗弁・履行停止権――不安の抗弁　再抗弁・保証提供　・危殆化原因の消
　　滅　・履行期の到来
売買契約に基づく物品保存費用償還請求権 …………………………………563

訴訟物索引 615

売買契約の寄託料償還請求権 …………………………………………………………575
売買契約の契約違反に基づく損害賠償請求権 ………………………………………378
　　抗弁・免責
売買契約の契約不適合に基づく損害賠償請求権 ……………………………………495
売買契約の契約不適合に基づく損害賠償請求権 ……………………………………146
　　再抗弁・予見不可能性
売買契約の契約不適合（数量不足）に基づく損害賠償請求権 ……………………541
　　抗弁・債権者の作為、不作為によって生じた不履行
売買契約の契約不履行に基づく損害賠償請求権 ……………………………………122
　　抗弁・異議
売買契約の債務不履行（契約不適合）に基づく損害賠償請求権 …………………488
売買契約の債務不履行（品質の契約不適合）に基づく損害賠償請求権 …………116
売買契約の代金減額権に基づく代金返還請求権 ………………………………247, 332
売買契約の代金減額権に基づく代金返還請求権 ……………………………………248
　　抗弁・期間制限
売買契約の代金減額権に基づく代金返還請求権 ……………………………………246
　　抗弁・合理的な期間の経過　　**再抗弁**・通知
売買契約の代金債務不履行に基づく損害賠償請求権 ………………………………504
売買契約の代金支払債務の履行拒絶に基づく損害賠償請求権 ……………………493
売買契約の引渡義務違反に基づく損害賠償渡請求権 ………………………………535
　　抗弁・不可抗力条項
売買契約の引渡義務違反（履行不能）に基づく損害賠償請求権……………………80
売買契約の引渡債務履行不能に基づく損害賠償請求権 ……………………………510
　　抗弁・合理的な措置義務違反
売買契約の引渡債務履行不能に基づく損害賠償請求権 ……………………………511
　　抗弁・保証の提供
売買契約の物品契約不適合に基づく修補請求権 ……………………………………283
　　抗弁・不合理な修補請求　・合理的な期間の経過　・価値減少分の請求又
　　は修補費用の請求　**再抗弁**・通知
売買契約の物品占有・保存義務違反に基づく損害賠償請求権 ……………………568
売買契約の物品占有・保存義務違反に基づく損害賠償請求権 ……………………571
　　抗弁・管理者の存在
売買契約の物品占有・保存義務違反に基づく損害賠償請求権 ……………………570
　　抗弁・添付書類の不備
売買契約の物品の契約不適合に基づく損害賠償請求権 ………………………202, 214
売買契約の物品の契約不適合に基づく損害賠償請求権 ……………………………212
　　抗弁・技能・判断に依存しないこと、又は依存することの不合理性　・合
　　理的な期間の経過　**再抗弁**・通知
売買契約の物品の契約不適合に基づく損害賠償請求権 ……………………………230

抗弁・合理的な期間の経過 ・除斥期間 再抗弁・通知 ・権利の保存	
売買契約の物品の契約不適合に基づく損害賠償請求権	541
抗弁・債権者の作為、不作為によって生じた不履行	
売買契約の物品引渡債務不履行に基づく損害賠償請求権	191
売買契約の物品引渡債務不履行に基づく損害賠償請求権	505
抗弁・物品受領時の時価 ・代替取引	
売買契約の物品引渡債務履行不能に基づく損害賠償請求権	150
抗弁・予見可能性の不存在	
売買契約の物品引渡債務履行不能に基づく損害賠償請求権	148
再抗弁・予見不可能性	
売買契約の物品（品質）不適合に基づく代金返還請求権	317
抗弁・買主の悪意 ・合理的な期間の経過 再抗弁・通知 ・不通知の合理的な理由 ・売主の悪意	
売買契約の物品不適合に基づく損害賠償請求権	211
売買契約の物品不適合に基づく損害賠償請求権	244
抗弁・期間制限 ・合理的な期間の経過 再抗弁・権利の保存 ・不通知の合理的な理由	
売買契約の物品不適合に基づく損害賠償請求権	59
抗弁・合理的な期間の経過 再抗弁・禁反言則	
売買契約の物品不適合に基づく損害賠償請求権	225
抗弁・合理的な期間の経過 再抗弁・通知	
売買契約の物品不適合に基づく損害賠償請求権	572
抗弁・放棄	
売買契約の物品不適合に基づく代替品引渡請求権	299
抗弁・解除 ・代替品の引渡し	
売買契約の物品不適合に基づく代替品引渡請求権	280
抗弁・給付の無傷返還の不能 再抗弁・買主の作為又は不作為によらないこと ・38条の検査 ・通常の使用による改変等	
売買契約の物品不適合に基づく代替品引渡請求権	278
抗弁・追完の申出 ・価値減少分の請求又は修補費用の請求 再抗弁・不合理な不便又は不合理な費用	
売買契約の物品不適合による解除に基づく代金返還請求権	232
抗弁・合理的期間の経過 再抗弁・通知	
売買契約の不履行（物品受領拒絶）に基づく損害賠償請求権	133
抗弁・契約成立の評価障害事実 ・合意解除	
売買契約の目的物引渡債務の不履行に基づく損害賠償請求権	92
売買契約の目的物引渡債務の履行不能に基づく損害賠償請求権	484
売買契約の目的物引渡しの履行遅滞に基づく損害賠償請求権	187
売買契約の目的物不適合に基づく損害賠償請求権	48

　　　　抗弁・合理的な期間の経過　・除斥期間　**再抗弁**・通知
売買契約の履行遅滞に基づく損害賠償請求権 …………………………………………527
　　　　抗弁・免責
売買契約不適合に基づく損害賠償請求権 …………………………………………301
　　　　抗弁・追完権
売買契約不適合物に基づく損害賠償請求権 …………………………………519, 520
　　　　抗弁・免責
売買代金支払遅延に基づく利息請求権 ……………………………………………514
売買物品の保管義務違反に基づく損害賠償請求権 ………………………………564
売買目的物引渡不能による損害賠償請求権 ………………………………………522
　　　　抗弁・免責
売買目的物不適合に基づく代替品引渡請求権………………………………………66
　　　　抗弁・合理的な期間の経過　**再抗弁**・当事者の意図

〔ふ〕
物品売買契約に基づく代金支払請求権 …………………………………………64, 65
物品売買契約に基づく代金支払請求権 ……………………………………………525
　　　　抗弁・危険移転前の焼失
物品売買契約の物品損壊に基づく損害賠償請求権 ……………………………524, 525
　　　　抗弁・免責

事項索引

〔A〕

AAA ································15
agency agreement ·················30
Anticipatory Breach ············452
as is basis ························203
avoidance of the contract·······377

〔B〕

battle of forms ···················121
breach of contract···············519

〔C〕

CFR ································410
CIETAC ······················15, 20
CIF ································411
CIP ································409
CISG ·······················44, 51, 594
common law ·············160, 382
consequential loss ··············484
consideration ····················164
CPT ································408
cress offers ·······················109
currency of settlement ··········95
current price ····················503

〔D〕

DAP ································409
DAT ································409
DDP ································409
declaration ························308
Defective performance ········141
delivery quantity allowance ····333
DES ································533
destination contract ············182
direct loss ·························484

〔E〕

Directive ···························584
distributorship agreement ·······30
documentary sales··········152, 312

〔E〕

Entire Agreement Clause ·······70
equity ·······················160, 382
Estoppell ···························101
EU 規則 ···························584
EU 指令 ···························584
except·······························43
exemption ························516
ExFactory ························418
ExShip ····························533
EXW ·······························408

〔F〕

failure to perform ···············519
Fair Average Quality Terms ····202
FAS ································410
FCA ································408
FOB ························370, 410
force majeure ····················516
force majeure clause·······535, 538
forum shopping ··················596
framework contract ···············30
free offer ···························99
frustration ························516
fundamental breach ····142, 306, 454
fundamental breach of contract ·····143

〔G〕

Good Merchantable Quality Terms
································202
gross weight ······················352

〔H〕

handover ··171
hardship clause ·····································538
HlAC ··15
however ···43

〔I〕

ICC ···15
impediment ···516
impediment beyond his control ······519
impossibility ···516
Incoterms 2010 ···································408
Installment Contracts ·······················452

〔J〕

JCAA ··15

〔K〕

knock out rule ····································122

〔L〕

last shot rule ······································122
law of the forum ·································161
LCIA ··15
Letter of Credit ···································344
Letter of Intent ·····························70, 132

〔M〕

mirror image rule ·························109, 116
monetary damages ····························382

〔N〕

net weight ··352
Non-performance ·································141
notice ···109, 308
No Waiver ···77
No Waiver Clause ·································72
No warranty ···203

〔O〕

Obliegenheit ··339

〔P〕

parol evidence rule ································68
payment against document ······194, 354
place of shipment contract ············182
practices ··75, 352
provided that ································43, 575
Purchase Confirmation ·····················121

〔R〕

reasonable excuse ······························268
regional trade usage ···························76
Regulation ··584
restitution ··546
revocation ··97
right to compel performance ········377

〔S〕

sale by brand or sale by trademark
 ··201
sale by grade or type ·······················203
sale by sample ····································200
sale by specification ··························201
sale by standard quality ···················201
Sales Confirmation ·····························121
SIAC ··15
specific performance ··················160, 381
Statute of Frauds·································84
Strictliability ···45

〔T〕

Trade Terms ···53

〔U〕

UCC ···160, 595
UCP ··193
ULF ··603

ULIS ·······603
UNCITRAL ·······2
UNIDROIT ·······56
Uniform Commercial Code ·······591
United Nations Convention on Contracts for the International Sale of Goods ·······2

unless ·······43
usage ·······75

〔W〕

withdrawal ·······97
Without Warranty Clause ·······176

96 条
　　──に基づく留保宣言の効果………85
　　──の留保宣言………………………84

〔あ〕

相手方の合理的信頼 …………………101
相手方の特定性…………………………90
明らかになった場合 …………………454

〔い〕

意思表示の到達 ………………………137
一部不履行 ……………………271, 326
一般原則…………………………………56
インコタームズ……53, 183, 193, 406, 443
　　──取引条件 ……………………183
　　──に準拠した価格条件…………95
　　──の採用………………………53

〔う〕

売主
　　──から買主への危険の移転 ……412
　　──による重大な契約違反と危険移転
　　　の関係 …………………………444
　　──による仕様の指定 ……………398
　　──の運送差止権 ………………457
　　──の営業所 ……………………353
　　──の義務 ………………131, 170
　　──の救済措置 …………………377
　　──の契約違反 …………………151
　　──の権利 ………………………132
　　──の作為又は不作為による滅失又は
　　　損傷 ……………………………414
　　──の知っていた不適合 …………251
　　──の指定権 ……………………400
　　──の修補権 ……………………223
　　──の情報提供義務 ……………185
　　──の責任に対する制限 …………262
　　──の追完権 ……………………293
　　──の引換履行関係創設権 …360, 361

　　──の物品保持権 ………………565
　　──の物品保存義務 ……………561
運送契約の手配 ………………………185
運送中に売却された物品に関する危険の
　移転 …………………………………427
運送停止権 ……………………………457
運送に関連する義務 …………………183
運送を伴う売買の例外 ………………324

〔え〕

営業所……………………………………78
営業所の変更 …………………………356
役務提供契約 ……………………24, 27
エクイティ ……………………………160

〔か〕

外国仲裁判断の承認及び執行に関する条
　約………………………………………18
解除
　　──の意思表示 …………………155
　　──の方法 ………………………155
解除権行使の期間制限 ………………394
買主
　　──悪意の抗弁の不許 …………266
　　──による同意 …………………257
　　──による付加期間設定の機能 …286
　　──による不適合の通知 ………236
　　──の悪意 ………………………215
　　──の悪意・重過失 ……………262
　　──の基本的義務 ………………335
　　──の義務 ………………132, 335
　　──の義務違反 …………………154
　　──の救済方法 …………………271
　　──の検査義務・通知義務 ………224
　　──の検査権 ……………………363
　　──の権利 ………………………131
　　──の再抗弁 ……………………266
　　──の修補請求権 ………………282
　　──の処分にゆだねる …………180

――の損害賠償請求権等 …………223
――の物品保存義務 ………………566
確定されていない事項………………94
確定申込み………………………99, 101
隠れた瑕疵……………………………48
過失責任………………………………46
過失責任主義……………335, 481, 482
価値比率の評価時…………………323
価値比率の評価地…………………323
慣習……………………………………77
――の有効性…………………………37
間接義務……………………………339
間接損害……………………………484
間接適用………………………………11
完全合意条項…………………………70

〔き〕

規格品売買…………………………203
期間の経過による解除権の消滅 …312
期間の合理性………………………386
危険移転
――後に生じた不適合 ……………218
――時における不適合の存在 ……217
――における危険の範囲 …………411
――の効果 …………………………411
――の時点……………………………172
危険の移転 …………………171, 404
寄託権 ………………………………575
寄託料償還請求権 …………………575
規範的要件……………………………53
義務の不履行の範囲………………518
急速な劣化の危険…………………580
給付危険……………………………404
給付同等物返還の原則……………549
強行法規違反…………………………32
強制執行その他法令に基づく売買……23
鏡像原則 ……………………109, 116, 118
協力行為義務………………………369
金銭賠償……………………………382

禁反言………………………………101
禁反言の原則…………………59, 60, 240

〔け〕

契約
――の成立時期 ……………………130
――の取消し…………………………34
――の変更又は終了 ………………164
――の民商事性………………………12
契約解除権…………………271, 305, 389
契約解除の特約条項 ………………397
契約締結上の過失……………………38
契約適合性…………………………171
契約による第三者への権利設定……41
契約不適合……………………48, 141, 195
――の通知 …………………………317
契約不適合物品の返還 ……………277
契約目的の達成不能 ………………516
契約若しくはその条項又は慣習の有効性
………………………………………31
決済通貨………………………………95
厳格責任…………………………45, 335
厳格責任主義…………………290, 481
検査
――の方法 …………………………227
――をすべき期間 …………………225
検査義務の性質 ……………………225
検査義務の内容 ……………………225
検査費用 ……………………………228
原始的不能…………………34, 142, 481
原状回復……………………………546
権利不放棄条項………………………72

〔こ〕

合意した慣習…………………………75
交叉申込み…………………………109
公序良俗違反…………………………31
拘束される意思………………………91
口頭証拠排除原則……………………68

口頭による契約の変更及び終了 ……167
交付 ……………………………………171
衡平法 ………………………………382
合理性の基準…………………………56
合理性の原則…………………………56
合理的な期間内………………58, 502
　　――の通知 …………………265
合理的な期間の経過の抗弁 ……238
合理的な措置 ………509, 562, 567
合理的な方法 ………………………502
合理的な理由 …………………266, 268
国際私法を介した適用 ………………7
国際取極 …………………………584
国際売買契約の成立…………………89
国境を越えた …………………………5
誤表は害せずの原則…………………63
コモンロー …………………………160

〔さ〕

再協議 ………………………………538
債権譲渡………………………………41
債権法的領域 ………………………174
催告の不要性 ………………………366
最初の運送人 ………173, 420, 422
最密接関係地 …………………………9
最密接関係地法 …………8, 26, 52
債務引受け……………………………41
詐欺防止法……………………………84

〔し〕

時価 …………………………………503
時間が許す場合 ……………………470
時効 …………………………………36
自己の義務不履行についての免責 …518
事情変更の原則 ……………………516
実質的な相違・変更を含む承諾 …116
実質的変更の意義 …………………118
指定義務の履行請求権 ……………403
指定売買 ……………………………399

自動執行力……………………………51
支払
　　――の遅滞 …………………154
　　――の場所 …………………352
　　――を可能にする措置 ……341
　　――を可能にする手続き ……343
支払時期の決定 ……………………357
支払場所の合意 ……………………353
仕向地における検査 ……………228
重大な契約違反
　　………………142, 143, 276, 286, 306, 454
　　――に基づく契約解除 ……391
　　――の類型 …………………151
　　――を理由とする買主の解除 ……306
収納・包装 …………………………204
十分に確定される申込み……………93
自由申込み……………………………99
受働債権………………………………40
受領義務違反 ………………………155
受領遅滞 ……………………………372
準拠法条項 ………………………12, 50
準拠法の指定………………………51, 591
障害 …………………………………516
状況が示している場合 ……………429
状況に応じて適切な方法 …………158
仕様書売買 …………………………201
承諾
　　――の効力発生 ……………139
　　――の撤回 …………………130
　　――の到達主義 ……………109
　　――の取りやめ …………129, 139
　　――の要件 …………………106
承諾期間
　　――の計算 …………………124
　　――の始期 …………………139
消費者売買 …………………………22
条約
　　――の適用排除 ……………13, 50
　　――の適用排除の合意………51

――の適用範囲 …………………5
　　　――の任意規定性 ………………50
将来の引渡部分 ……………………475
書式の戦い …………………………121
書面……………………………………86
所有権の移転…………………………37
所有権留保 …………………………176
書類
　　　――の交付 ……………………190
　　　――の交付遵守義務違反 ……152
書類売買 ……………………………152
書類引換払条件 …………………194, 354
書類引渡義務 ………………………174
信義則 …………………………………55
人身損害についての適用除外 ………45
信用状 ………………………………344
信用状統一規則 ……………………193
心裡留保 ………………………………63

〔す〕

数量
　　　――の過不足 …………………197
数量過不足許容規定 ………………199
数量超過の引渡し ………271, 330, 332
数量不足や権利の契約不適合 ……152

〔せ〕

製作物供給契約 …………………24, 25
製造物（生産物）責任………………45
積地契約 ……………………………182
競り売買 ………………………………23
占有取得義務 ………………………569

〔そ〕

相互の保証 ……………………………16
相殺 ……………………………………39
損害軽減義務 …………………383, 509
損害賠償額
　　　――の算定 ……………………271

　　　――の予定 ……………………492
損害賠償請求権 ……………………378
　　　――の留保 ……………………194

〔た〕

対価危険 ……………………………404
　　　――の移転と引渡義務違反 …418
代金
　　　――の減額 ……………………271
　　　――の不確定 …………………345
　　　――の利息 ……………………557
代金減額権 …………………………316
　　　――に対する追完権の優先 …324
代金減額権行使通知 ………………317
代金支払義務 …………………336, 340
　　　――の不履行 …………………391
代金支払義務違反の効果 …………343
第三者の権利又は請求 ……………255
代替取引 ……………………496, 501, 509
代替品取替費用 ……………………281
代替品引渡請求権 …………………276
代理 ……………………………………34
代理店契約 ……………………………30
但書 ……………………………………42
建値通貨 ………………………………95
単月積み ……………………………187

〔ち〕

遅延した承諾
　　　――の原則 ……………………126
　　　――の例外 ……………………127
知的財産権
　　　――に関する売主の認識可能性 …260
　　　――を考慮すべき国 …………260
中国国際経済貿易仲裁委員会 ……15, 20
仲裁廷 …………………………………14
重畳的債務引受け ……………………41
直接損害 ……………………………484
直接適用 ………………………………10

沈黙 …………………………………………106

〔つ〕

追完権 …………………………………271, 294
　　──の要件 …………………………………295
追完の方法 …………………………………299
通常使用されるであろう目的への適合性
　　…………………………………………205
通信状態を理由とする遅延 …………127
通信の遅延、誤り ……………………………158
通知義務 ………………………………179, 532
　　──の趣旨 …………………………………236
通知義務違反の効果 …………………249
通知の再抗弁 …………………………………238

〔て〕

締約国…………………………………2, 79, 591
適合性の有無の判断基準 ……………205
適用基準 ………………………………………4
適用除外……………………………………21
撤回……………………………………………97
　　──の効果 …………………………………102
撤回不能の表示 ……………………………101
転送地における検査 ……………………229

〔と〕

統一国際私法 …………………………………584
投下費用への優先充当権 ……………582
動産売買統一法 ……………………………587
当事者
　　──による準拠法の指定 ……………8
　　──の意図………………………………66
　　──の認識可能性……………………11
当事者間で確立した慣行……………75
当事者自治の原則……………………………51
同時履行 ……………………………191, 358, 360
到達主義 …………………………………………109
特徴的給付 …………………………………26, 52
　　──の理論 ……………………………………8

特定月の指定 …………………………………187
特定履行 …………………………………………381
　　──を命ずる裁判をする義務 ……285
特定履行請求権 ……………………………160
取りやめ………………………………………97

〔に〕

荷為替信用状 …………………………………341
日本商事仲裁協会 ……………………15, 21

〔の〕

納期違反の法的効果 …………………189
ノックアウト・ルール ……………………122

〔は〕

ハーグ統一売買法条約 …………………603
ハードシップ …………………………………538
売却意図の通知 ………………………578, 581
売買契約の証明……………………………83
売買契約の成立 ……………………………131
売買契約の方式……………………………82
発信主義の原則 ……………………………157
ばら荷の特定 ……………………………426
販売店契約……………………………………30

〔ひ〕

引換履行関係 ……………………………354
引渡し ………………………………170, 171
　　──の時期 …………………………………186
　　──の時点 …………………………………172
　　──の受領 …………………………………569
　　──のための物品の特定 ……………426
　　──の場所 …………………………………177
　　──の場所による引渡義務の内容
　　……………………………………………178
　　──の履行遅滞 …………………………152
引渡期日の効果 ……………………………189
引渡期日前の追完 …………………………221
引渡期日前引渡し物品の不適合の追完

……………………………………221
引渡義務の内容 ……………………177
引渡時期の種類 ……………………186
引渡受領義務 ………………………369
引渡履行期前の引渡し ……271,330,331
非締約国 ………………………………79
評価的要件 ……………………………53
標準品売買 …………………………201
標準約款 ………………………………35
非留保締約国 ………………………592
比例減額方式 ………………………323
品質・種類 …………………………200

〔ふ〕

付加期間 …………………157,271,384
　　──の通知について発信主義 ……386
　　──の付与 ………………………286
　　──の付与の要件 ………………386
付加期間設定による解除 ………310,393
不可抗力 ………………………516,522
不可抗力条項 ………………………535
付加的但書 …………………………575
不合理な保存費用 …………………581
不通知の抗弁 ………………………237
普通法 ………………………………382
物権法的領域 ………………………174
物的損害 ………………………………48
物品受取義務 ………………………371
物品運送の手配義務 ………………179
物品受領義務 ………………………337
物品受領後の契約解除 ……………507
物品所有権の移転義務 ……………174
物品
　　──の契約適合性 ………………197
　　──の契約不適合 ……………276,316
　　──の契約不適合についての売主の悪意 ……………………………251
　　──の検査 ………………………224
　　──の数量 …………………………94

　　──の適合性 ……………………195
　　──の特定 …………………184,426
物品の引渡受領義務の不履行 ………392
物品引渡義務 ………………………170
物品保存義務者の自助売却権 ………577
不適合性判断の基準時 ……………215
不適合な書類の訂正・追完 ………193
不適合についての売主の責任 ………216
不適合の援用の期間制限 …………243
不適合物品の引渡し ………………151
不適合を援用する権利の喪失 ………243
不到達のリスク ……………………158
フルターンキー契約 …………………29
分割履行契約 ………………………473

〔へ〕

米国統一商事法典 …………………160

〔ほ〕

方式自由の原則 …………………52,596
方式の自由 …………………………302
妨訴抗弁 ………………………………69
法定責任説 …………………………141
法廷地漁り …………………………596
保険 …………………………………185
補充基準として国際私法 ……………61
保証期間 ……………………………246
保存義務者の緊急売却義務 ………580
本船の船上に物品を置いた時 ………407
本船の手すりを通過した時 ………407

〔み〕

見本売買 ……………………………200
見本又はひな型との適合性 ………214
ミラーイメージルール ………………89

〔め〕

銘柄又は商標売買 …………………201
明示的・黙示的に売主に知らされた特定

――の目的への適合性 ……………212
明白である場合 ……………………454
免除 …………………………………169
免責 …………………………………516
免責条項 ……………………………176
免責の効果 …………………………532
免責の時間的制限 …………………530
免責約款 ……………………………535

〔も〕

申込み…………………………………90
　　――に対する拒絶 ………………105
　　――に対する拒絶による失効 …103
　　――に同意する旨の通知 ………109
　　――の拒絶通知 …………………138
　　――の効力発生 …………………138
　　――の効力発生時期………………97
　　――の撤回 ………………………138
　　――の撤回自由の原則……………99
　　――の取りやめ…………………97, 138
　　――を実質的に変更しない承諾 …118

〔や〕

約定された引換履行関係 …………354

〔ゆ〕

優先充当権 …………………………582
有体動産の国際的売買契約の成立に関する条約 ……………………………603
有体動産の国際的売買に関する条約 ……………………………………603
猶予期間付与の禁止 ………………380
ユニドロワ国際商事契約原則
　　……………………41, 56, 61, 144, 515

〔よ〕

揚地契約 ……………………………182
予見可能な範囲の損害 ……………487

〔ら〕

ラスト・ショット・ルール………89, 122

〔り〕

履行……………………………………38
　　――のための付加期間の付与 …384
　　――の遅滞を除く買主による違反
　　…………………………………396
　　――の保証 ………………………459
　　――の猶予 ………………………169
　　――を求める権利 ………………272
履行期前の契約解除 ………………465
履行請求権 ……………………271, 273, 380
　　――の位置付け …………………273
履行停止権 …………………………454
履行停止権の要件 …………………454
履行停止の通知 ……………………458
履行不能 ……………………………516
リスクの回避策………………………77
利息請求権 …………………………513
立証責任………………………………41
　　――と保険 ………………………431
　　――の分配…………………………42
売主の悪意の―― …………………431
売主の合理的な引渡期間の経過の――
　　…………………………………188
売主の指定権の―― ………………402
売主の認識可能性の―― …………261
解除権発生根拠事実の―― ………544
期間経過による解除権消滅に起算点となる買主の認識等の―― …………312
危険移転後の減失・損傷の―― …412
危険の移転の―― …………………426
擬制到達の―― ……………………139
契約不適合の―― ……198, 212, 218
契約不適合の通知の―― …………308
合理的な期間内における代替品請求の
　　―― ……………………………277
合理的な引渡期間の―― …………188

債権者の作為・不作為によって生じた
　不履行の—— ……………539
材料の重要な部分の供給の——……27
支払場所の—— …………………355
重大な契約違反の—— ………144, 277
重大な契約違反の予見可能性の——
　………………………………150
修補の合理性の—— ……………283
損害賠償の予見可能性の——
　……………………………485, 489
代金減額算定の基礎となる事実の——
　……………………………… 319
代替取引の損害額の—— ………508
代替品請求のための重大な契約違反の
　—— …………………………277
追完が買主において不合理か否かの
　—— …………………………298
通知義務の—— …………………237
到達の—— …………………111, 138
特定の目的への適合性の—— ……212
引渡の—— …………………179, 190
表意者の主観的意図の——…………63
付加期間内の売主の履行拒絶通知の

　—— …………………………292
付加期間の経過又は履行期間内に履行
　しない旨の通知の—— …………388
不通知の合理的な理由の——
　……………………………266, 268
物品が買主の処分にゆだねられた認識
　の—— …………………………437
物品保存費用償還請求権の発生根拠事
　実の—— ………………………563
免責事由の—— …………………523
履行請求権の—— ………………273
両立しない救済の—— …………275
留保宣言 …………………………591
留保締約国 ………………………592

〔れ〕
例外としての到達主義 ……………159
レター・オブ・インテント …66, 70, 132
連月積み …………………………187

〔わ〕
和解 ………………………………169

法 令 索 引

＊引用判例・文献中の法令については除外した。

〔か〕
外国為替及び外国貿易法
　48条 ……………………32, 33, 535, 537
　48条1項 ……………………………33, 537
　69条の6第1項2号 ………………………33
　69条の6第2項2号 ……………………537

〔け〕
憲法
　61条 ……………………………………586

〔さ〕
裁判所法
　74条 ………………………………………15

〔し〕
商法
　509条 ………………………………61, 89
　509条2項 ………………………………100
　524条 ……………………………………579
　524条3項 ………………………………582
　526条 ………………………………61, 251
　526条2項 ……………………232, 238, 244
　562条2項 ………………………………238
　761条 ……………………………………458

〔せ〕
製造物責任法
　2条2項 …………………………………47
　3条 ………………………………………47
　6条 ………………………………………48

〔ち〕
仲裁法
　13条 ………………………………………15
　13条2項 …………………………………20
　14条1項 ………………………………69, 70
　16条 ………………………………………15
　17条 ………………………………………15
　26条 ………………………………………15
　30条 ………………………………………15
　36条 ………………………………………15
　44条 ………………………………………15
　45条 ………………………………………15
　46条 ………………………………………15

〔ほ〕
法の適用に関する通則法
　7条 ………………………8, 13, 23, 51, 587
　8条 …………………………………23, 26
　8条1項 ……………………8, 26, 52, 61
　8条2項 …………………8, 9, 26, 52, 61
　10条 ……………………………………597
　13条2項 …………………………174, 175
　17条 ………………………………………45
　18条 ………………………………………45

〔み〕
民事執行法
　22条6号の2 ……………………………15
　24条 ………………………………………15
　24条3項 …………………………………17
民事訴訟法
　118条 …………………………………14-16

118 条 4 号 ……………………17
283 条 ……………………………20

民法
　1 条 2 項 ……………………55
　1 条 3 項 ……………………55
　67 条 ………………………433
　68 条 ………………………433
　90 条 …………………31, 32
　93 条 …………………63, 64
　96 条 …………………………35
　97 条 1 項 ……………89, 109
　176 条 ………………………174
　295 条 …………………565, 574
　412 条の 2 第 2 項 …………481
　413 条 …………………337, 372
　413 条 1 項 …………………372
　413 条 2 項 …………………372
　413 条の 2 ……………………372
　415 条 ………………………482
　415 条 1 項 …………………482
　416 条 ……………………487, 490

416 条 1 項 …………………487
416 条 2 項 …………………487
419 条 ………………………518
505 条 …………………………40
521 条 1 項 ……………………89
523 条 ………………………100
523 条 1 項 …………………103
524 条 …………………89, 103
528 条 …………………89, 116
533 条 …………………360, 547
541 条 ………………291, 315, 387
541 条 1 項 …………………387
548 条の 2 ……………………36
548 条の 4 ……………………36
555 条 …………………27, 132
562 条 1 項 …………………304
563 条 ………………………326
564 条 …………………304, 326
566 条 ………………………244
566 条 3 項 …………………232
709 条 …………………………48

CLOUT 索引

＊CLOUT（Case Law on UNICITRAL Texts）の判例番号を昇順に記載した。

CLOUT2	153, 154
CLOUT3	240
CLOUT7	39
CLOUT23	70
CLOUT26	27
CLOUT47	373
CLOUT50	119
CLOUT52	95
CLOUT53	95, 347, 348
CLOUT56	323
CLOUT92	51
CLOUT105	25
CLOUT106	95, 348
CLOUT107	219, 220
CLOUT123	207
CLOUT125	40
CLOUT131	5
CLOUT132	36, 41, 137
CLOUT136	291
CLOUT139	95, 348
CLOUT151	348
CLOUT152	151
CLOUT155	95
CLOUT158	95
CLOUT161	5
CLOUT165	36, 558
CLOUT166	154
CLOUT168	488
CLOUT170	205, 486
CLOUT171	309, 366
CLOUT175	214
CLOUT176	344, 540
CLOUT190	22
CLOUT191	217, 421
CLOUT202	215
CLOUT204	218
CLOUT215	68, 350
CLOUT216	359
CLOUT220	240
CLOUT222	67
CLOUT227	120
CLOUT230	226, 227
CLOUT238	468
CLOUT239	34
CLOUT269	41
CLOUT271	520
CLOUT272	520
CLOUT273	367
CLOUT277	148
CLOUT278	50, 52
CLOUT280	241, 242
CLOUT282	297, 298, 325, 541
CLOUT284	512
CLOUT288	547
CLOUT301	386
CLOUT309	106
CLOUT328	505
CLOUT330	93
CLOUT334	34
CLOUT340	439
CLOUT343	322, 348
CLOUT345	36, 137
CLOUT362	119, 287, 291, 387
CLOUT411	242

CLOUT414 ……83	CLOUT749 ……329
CLOUT416 ……34	CLOUT752 ……213
CLOUT420 ……30	CLOUT753 ……261
CLOUT422 ……551	CLOUT775 ……233,234,320
CLOUT425 ……76	CLOUT795 ……501
CLOUT447 ……77	CLOUT806 ……573,574
CLOUT476 ……485	CLOUT808 ……192,193
CLOUT477 ……252	CLOUT881 ……29
CLOUT480 ……379	CLOUT987 ……370
CLOUT488 ……191	CLOUT995 ……441
CLOUT547 ……55	CLOUT1026 ……244,245
CLOUT594 ……552	CLOUT1027 ……245
CLOUT630 ……50	CLOUT1030 ……589
CLOUT631 ……341,342	CLOUT1108 ……597
CLOUT647 ……584	CLOUT1115 ……24
CLOUT747 ……323,556	CLOUT1256 ……211

判　例　索　引

＊引用判例・文献中の判例については除外した。

裁判年月日	裁判所名	判例集	頁
大 4・5・29	大判	民録 2.858〔27521954〕	372
大 7・8・27	大判	民録 24.1658〔27522706〕	490
昭25・10・26	最判	民集 4.10.497〔27003510〕	481
昭29・12・21	最判	民集 8.12.2211〔27003099〕	387
昭31・12・6	最判	民集 10.12.1527〔27002861〕	387
昭40・12・3	最判	民集 19.9.2090〔27001247〕	372
昭40・12・23	最判	民集 19.9.2306〔27001237〕	33
平 4・10・20	最判	民集 46.7.1129〔27813262〕	232
平 5・7・14	岡山地判	判時 1492.125〔27819998〕	20
平15・4・9	大阪高判	判時 1841.111〔28090358〕	17
平22・12・22	東京地判	判タ 1382.173〔28173991〕	47

著者紹介

大江　忠（おおえ　ただし）
1944年　広島市に生まれる
1967年　東京大学法学部卒業
現　在　弁護士（第二東京弁護士会所属）

```
                  サービス・インフォメーション
                                              ─ 通話無料 ─
┌─────────────────────────────────────────────┐
│ ①商品に関するご照会・お申込みのご依頼                          │
│       TEL 0120（203）694／FAX 0120（302）640              │
│ ②ご住所・ご名義等各種変更のご連絡                             │
│       TEL 0120（203）696／FAX 0120（202）974              │
│ ③請求・お支払いに関するご照会・ご要望                          │
│       TEL 0120（203）695／FAX 0120（202）973              │
└─────────────────────────────────────────────┘
```
●フリーダイヤル（TEL）の受付時間は、土・日・祝日を除く
　9：00～17：30です。
●FAXは24時間受け付けておりますので、あわせてご利用ください。

要件事実国際売買法

平成30年3月15日　初版第1刷発行

著　者　　大　江　　　忠
発行者　　田　中　英　弥
発行所　　第一法規株式会社
　　　　　〒107-8560　東京都港区南青山2-11-17
　　　　　ホームページ　http://www.daiichihoki.co.jp/

要件国際売買価　ISBN978-4-474-06210-8　C3032（9）

Ⓒ2018 by Tadashi Ohe. Printed in Japan.